JN151602

〔没後 50 年記念〕

復刻 聴講五年

晩年の内村鑑三に接して

斎藤宗次郎〔著〕

田村眞生子〔監修〕

児玉実英・岩野祐介〔編〕

教文館

柏木今井館聖書講堂の門前に立つ内村鑑三（1924年）。NPO法人今井館教友会提供。斎藤宗次郎は、しばしばこの門から出入りし、内村に接していた。本書本文は、そのうち5年間の記録。

孫女を抱く内村鑑三（1926年）。NPO法人今井館教友会提供。本書「あとがき」参。

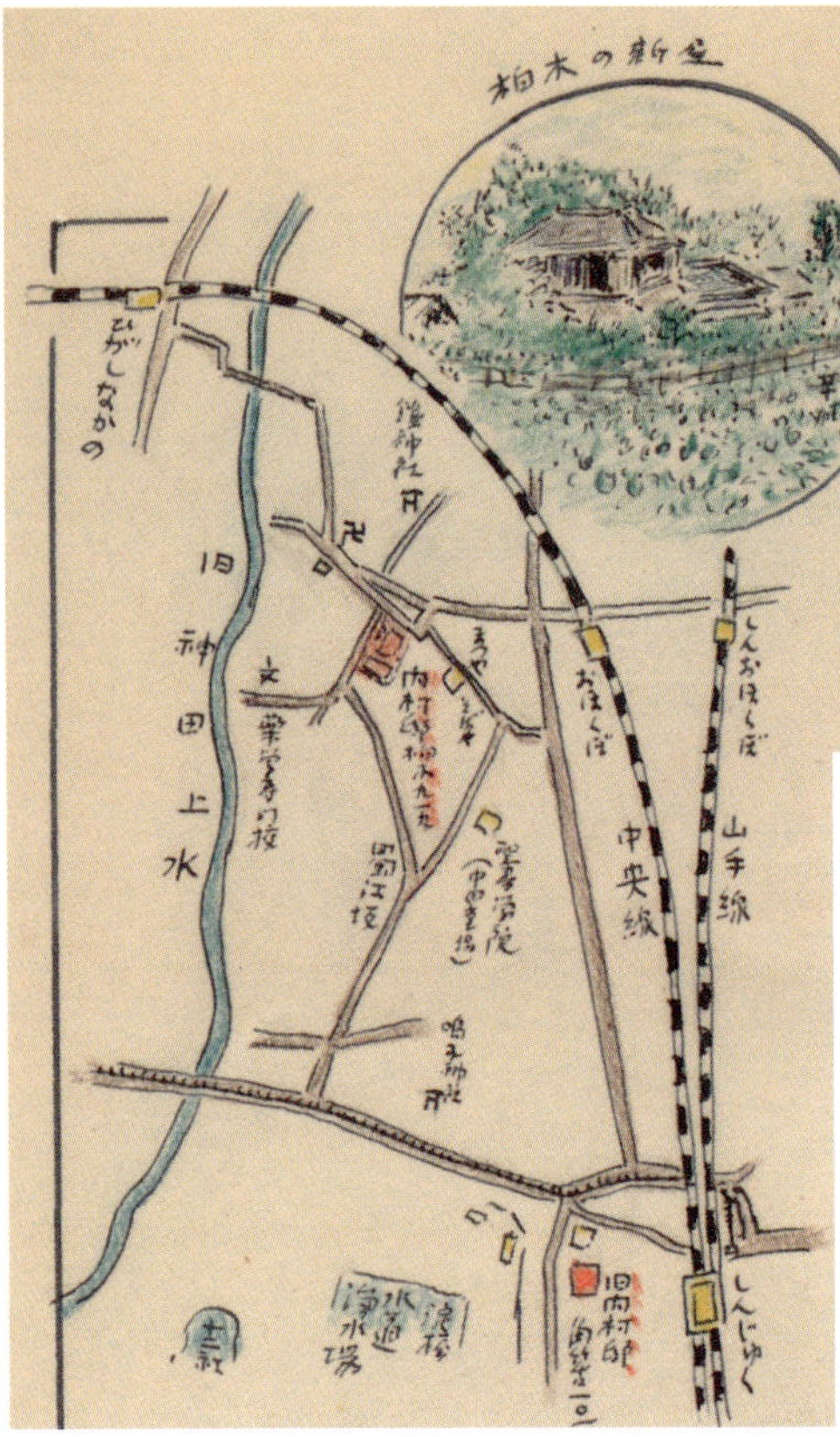

斎藤宗次郎筆「内村先生の労働室」。右上は「角筈時代の労働場」、円内は「柏木の新居」。左の地図は、角筈、柏木付近の略図で、右下に小さく「旧内村邸、角筈一〇一」、中央部に「内村邸柏木九一九」と記入されている。斎藤宗次郎「一日一地点」（手稿、1952年作成、未出版）第2巻226頁。

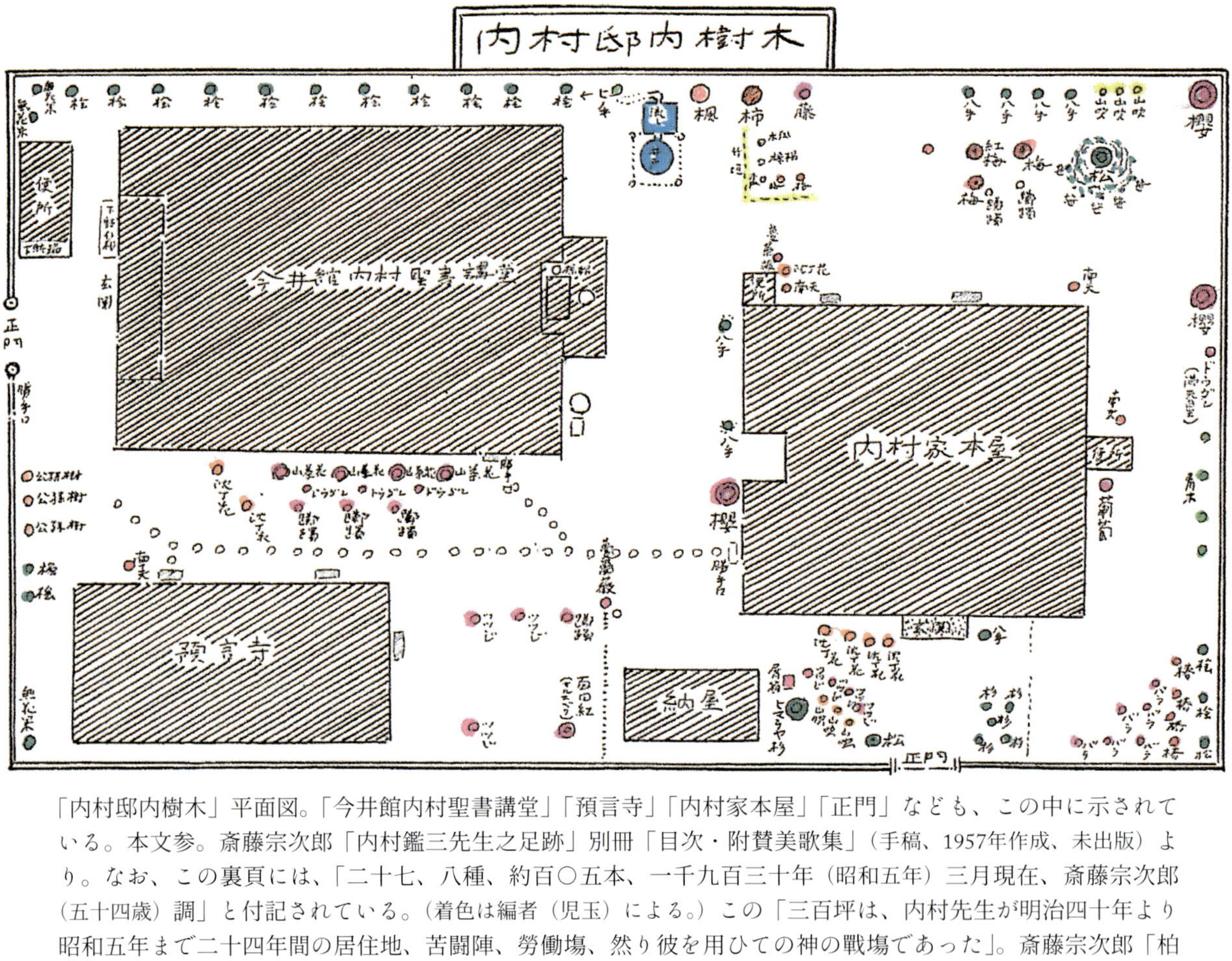

「内村邸内樹木」平面図。「今井館内村聖書講堂」「預言寺」「内村家本屋」「正門」なども、この中に示されている。本文参。斎藤宗次郎「内村鑑三先生之足跡」別冊「目次・附賛美歌集」（手稿、1957年作成、未出版）より。なお、この裏頁には、「二十七、八種、約百〇五本、一千九百三十年（昭和五年）三月現在、斎藤宗次郎（五十四歳）調」と付記されている。（着色は編者（児玉）による。）この「三百坪は、内村先生が明治四十年より昭和五年まで二十四年間の居住地、苦闘陣、労働場、然り彼を用ひての神の戰場であった」。斎藤宗次郎「柏木通信」第33信、『聖書之眞理』第71号、1933.10.1、317頁。

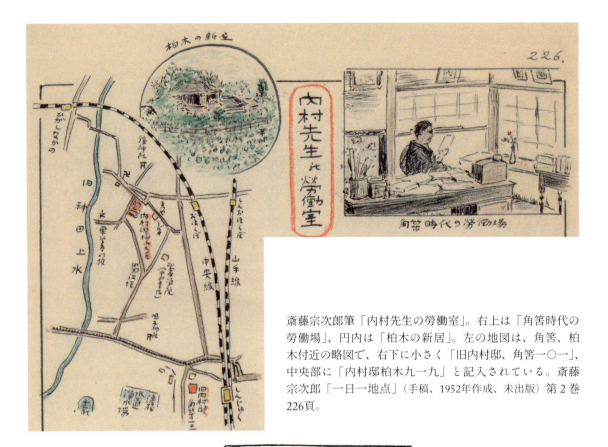

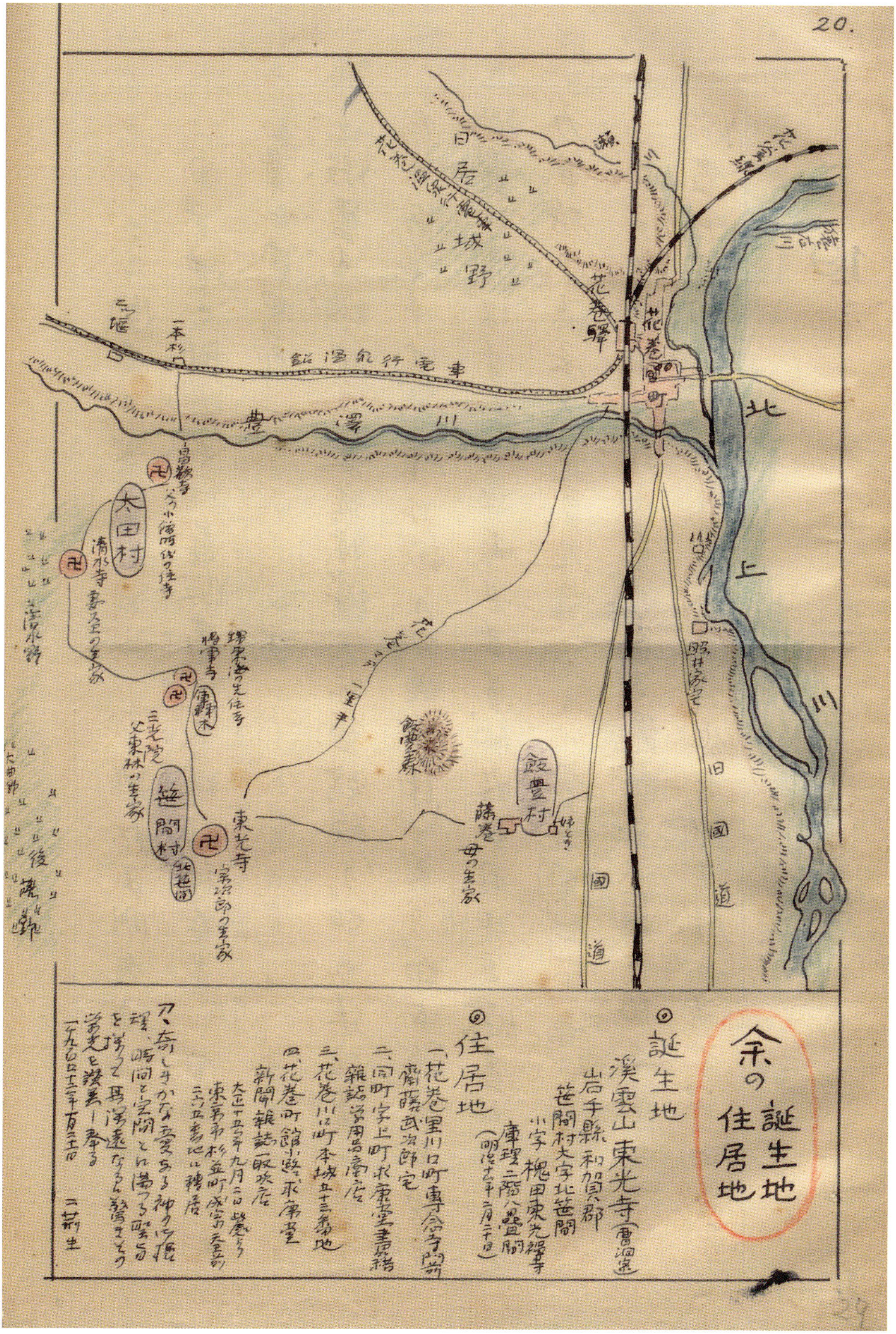

「余の誕生地、住居地」。斎藤宗次郎「一日一地点」第１巻20頁。本書「略年譜」1877年、91年、99年の項参。

岩手県から斎藤宗次郎に出された辞令。

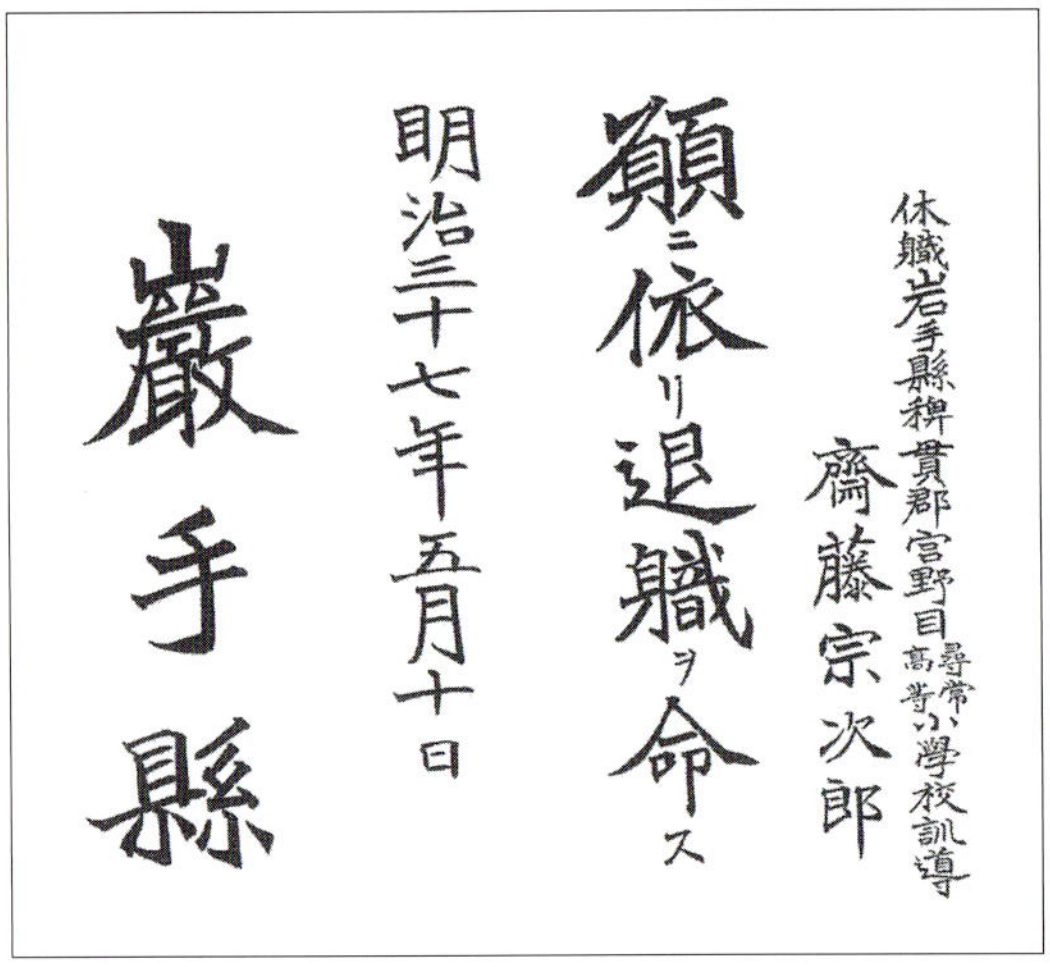
休職岩手縣稗貫郡宮野目尋常高等小學校訓導
齋藤宗次郎
願ニ依リ退職ヲ命ス
明治三十七年五月十日
岩手縣

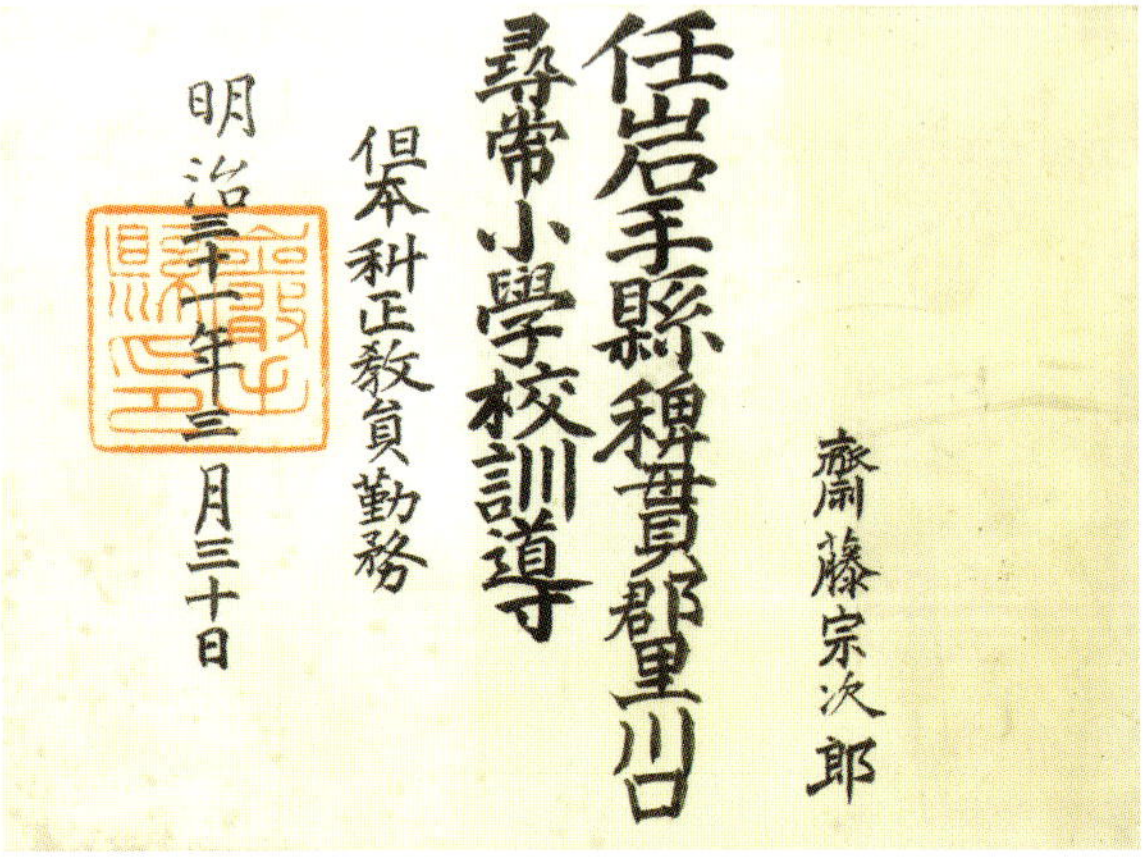
齋藤宗次郎
任岩手縣稗貫郡里川口尋常小學校訓導
但本科正教員勤務
明治三十一年三月三十日

斎藤宗次郎画「中村不折」(1866-1943)。不折《ふせつ》は宗次郎が尊敬していた画家、書家。「内村先生と不折先生とは、余の二大恩人である。余の今日あるは、全く両先生の恩愛によるものである」とこの肖像に書き添えている。「一日一地点」第2巻230頁より。

中村不折画、寒椿図。添え書きには、謹んで愛子嬢の長逝を弔む、と記されている。「略年譜」1909年の項参。

左頁　「斎藤家の苺畑」。下方の地図中、左下に「明治時代」「書店」とあるのは、花巻里川口町専念寺門前、斎藤武次郎宅と、同町字上町の最初の「求康堂」店舗。「略年譜」1891年、1905年の項参。中央部「本屋」、「余の畑」「畑」および、やや上方に「余の畑」とあるのは、彼のいちご畑などと、川口町「古城趾の吾が家、本城五十三番地」。「略年譜」1908年の項参。1925年、内村鑑三はこのいちご畑を訪れている。(高台にあって、現在は文化財保存館が建っているあたりと思われる。) なお地図左端中ほどの「新聞店」は宗次郎の「館小路の求康堂」(現在その地には石碑が建てられている)。中央部の下方に「宮沢賢治宅」が見える。「略年譜」1908年の項、1923年の項、および「参考文献」山折哲雄の項参。

斎藤家の苺畑図

函舘官時任家よりの
帰途立寄られし内村先生

永気園

◎大正十四年（一九二五年）六月二十七日（土）晴．
六時十五分盛岡を発し、七時間の暑い汽車旅行にて陸中花巻に着き、その地の教友の大歓迎を受けた。明治四十年以来の初ての花巻訪問である。土地の変化と発展に驚いた。然しそれよりも驚いたのは懐しき教友の信仰の変らない事であった。我等は旧城内の斎藤宗次郎の苺畑に於て細かなる感謝祈祷会を開いた。終って畑より直に摘取りし赤い、甘い、大粒の苺の豊かなる饗応に与かった。花巻に止まりし三時間は一刻千金であった。午後五時発の汽車にて帰途に就いた。五人は水沢まで、一人は一ノ関まで送って呉れた。それより急行列車に乗換へ、再び客車を旅館として安き眠に就いた。一日を花巻の為に費して非常に嬉しかった。

来て見れば昔しながらの花巻や
嘗め苺に友の真心
内村鑑三

此日会衆鶴掌に埋もり余の祈祷の丘に於て内村先生を中央に教友一同記念として撮影した。
先生は終始喜色満面であった。先生ちまるか
お花巻の地し。

二新 記

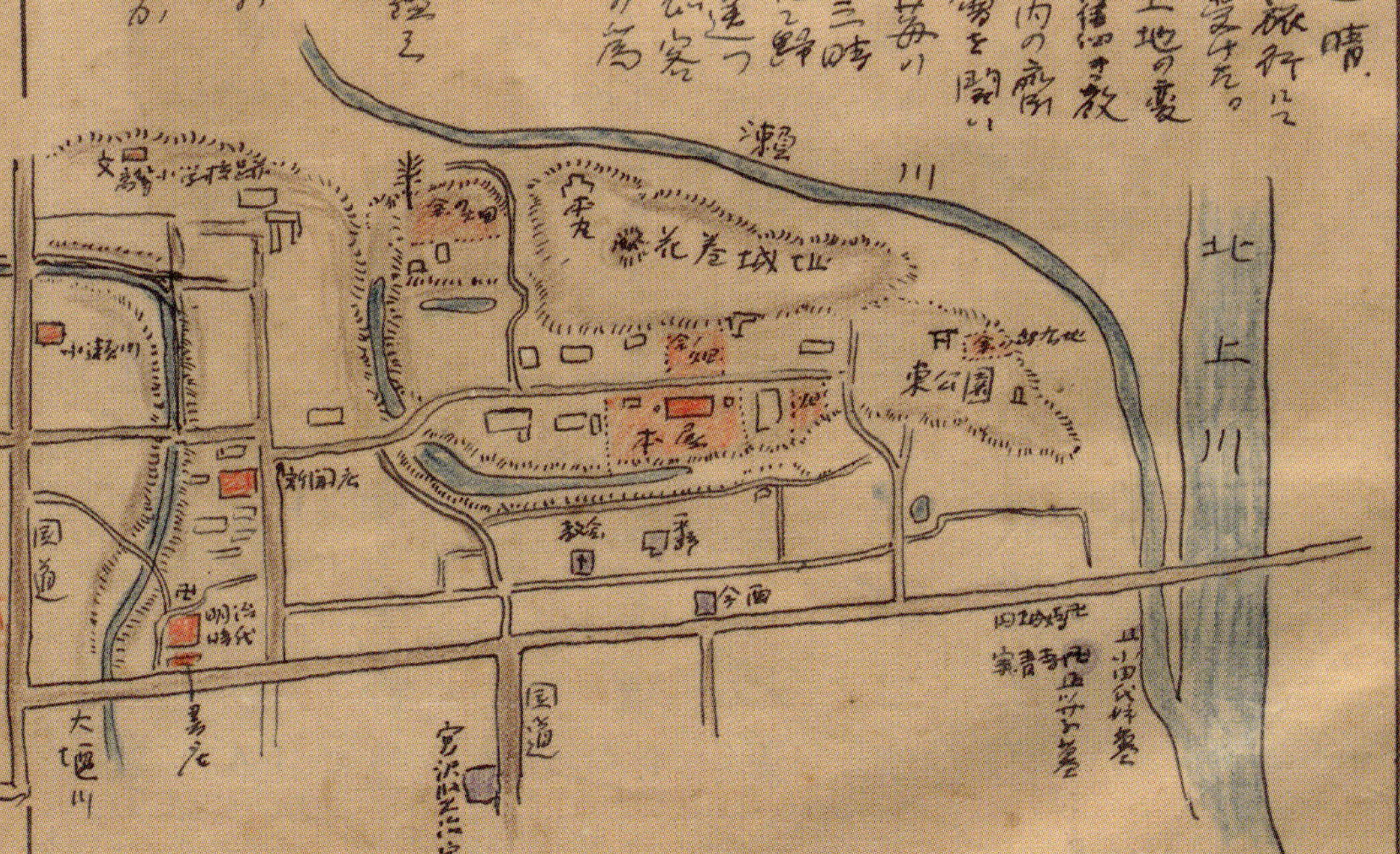

内村先生の御尽力により佐藤昌蔵・昌介両氏より譲受けし古城址の吾が家。印
本城五十三番地

（四月十二日）

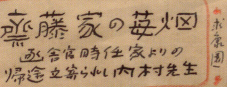

現在、岩手県花巻市北笹間にある曹洞宗渓雲山東光寺。開山奕室禅《えきしつぜん》叟大《そうだい》和尚《おしょう》の名刹。宗次郎生誕の地。「略年譜」参。

現在、花巻市太田にある天台宗音羽山清水寺の山門。清水寺は、宗次郎の最初の妻スエの実家。坂上田村麻呂の草創と伝えられ、京都、播磨の清水寺とともに「日本三清水」と称せられる古刹。

花巻市館小路に建つ「求康堂跡」の碑。その上部にはめ込まれたプレートには「求康堂は無教会派のキリスト教信者で、内村鑑三の高弟だった斎藤宗次郎（1877-1968）が営んでいた新聞書籍類の販売店である……」などと、その由来とともに、宮沢賢治との交友のことが書き記されている。

斎藤宗次郎の著作

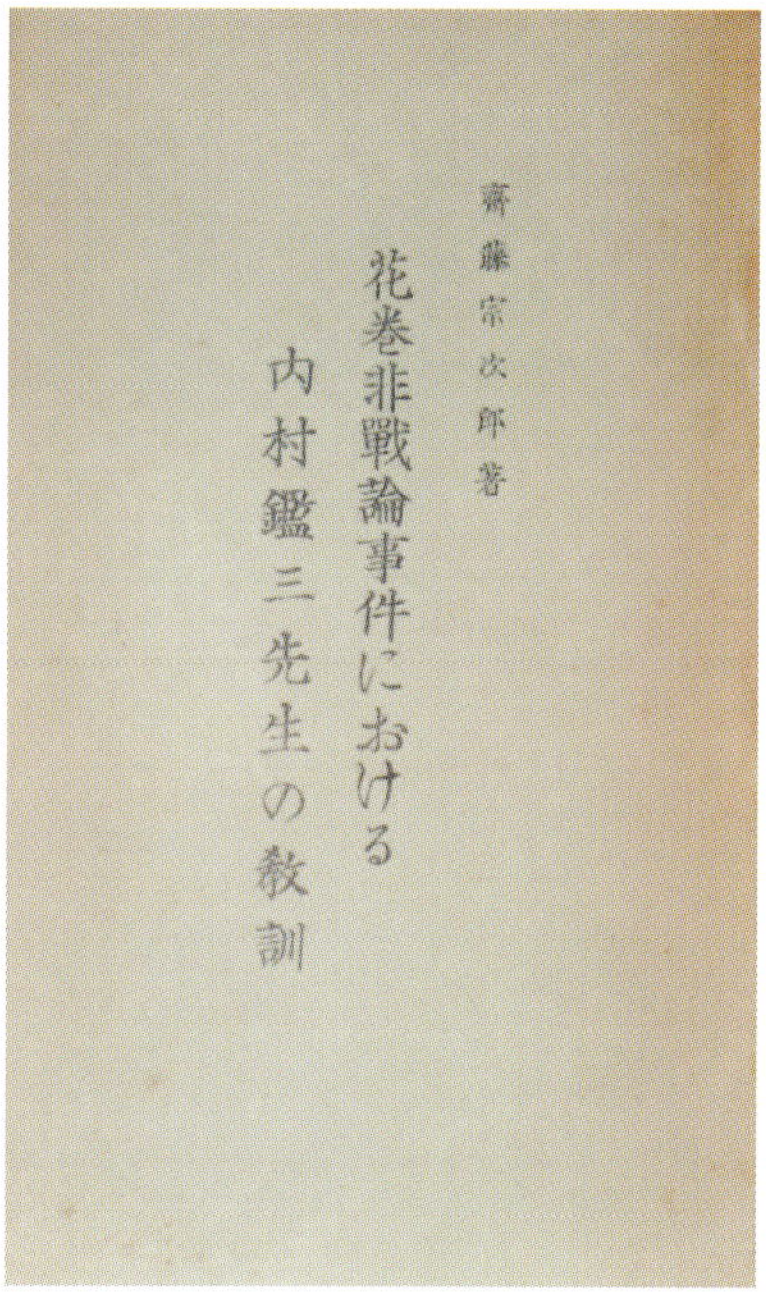

『花巻非戦論事件における内村鑑三先生の教訓』山本泰次郎編、クリスチャン・ホーム、1957年。初版。

『恩師言——内村鑑三言行録——ひとりの弟子による』教文館、1986年。死後出版。『ある日の内村鑑三先生』教文館、1964年。『柏木通信』私家版。

『内村鑑三先生之足跡』全５巻と別冊１巻
（手稿、1957年作成、未出版）。

斎藤宗次郎の米寿、妻仁志の㐂寿、茂夫と多祈金婚の感謝祝賀会（1964年４月）。「略年譜」参。

松阪創能子
松阪廣一
田村明
田村眞生子
山本泰次郎
山本黎子
渡辺忠雄
渡辺頌々子
児玉実英

斎藤多祈
斎藤仁志
斎藤宗次郎
斎藤茂夫
児玉佳與子

松阪真希子
松阪郁子
松阪幹子
山本祐子
渡辺守雄
児玉実夫

まえがき

田村　眞生子

私の祖父、斎藤宗次郎は、内村鑑三先生を「恩師」と仰いでいました。先生を尊敬し、心の底から傾倒して居りました。晩年、郷里の岩手県花巻を引き払って東京に居を移しましてよりは、日曜の聖書の集会でお話を聴くことを生きがいとし、先生の御病気後は身辺のお手伝いなど、そこで直接見たり聞いたりしたことを、できるだけ臨場感をもって記録にとどめることを、天から与えられた自分の大切な仕事と考えていたようです。その結果できあがったものの一つが、この「聴講五年」です。

祖父は、日記によりますと、岩手県花巻を引き払い、東京に出てきた翌日、一九二六年（大正十五年）九月五日、早速柏木に赴き、内村先生の集会の席に「連なって」います。しかし「聴講五年」が始まるのは、同年九月十九日、柏木聖書講堂で「聴講」するところからです。筆が擱かれるのは、内村先生が天に召されて、その葬儀後、火葬場から戻り、内村家の八帖の間で祈禱会がもたれた一九三〇年（昭和五年）三月三十日の夜の場面です。

この約五年間の記録は、自筆原稿のまま、きれいに三冊に分けて綴じられ、そのまま、ほとんど日の目を見ず眠っていました。おそらく祖父は、いつか、だれかがこれを見つけ、お役に立つことを、ひそかに願っていたのでしょう。

その後、これは出版の価値あり、と目を止めたのは、故山本泰次郎兄でした。しかしそのとき、それ以上は前に進みませんでした。最近、これはぜひ出版したらという気運があり、京都在住の私の妹、佳與子とその夫児玉実英が旧知の関西学院大学神学部の岩野祐介先生に、この「聴講五年」に註釈をつけて頂くことをお願いし、以前からご縁のあった教文館に出版をお願いする方向で、話が進むことになりました。このたび幸いにもこのような形で上梓の運びになり、大変嬉しく思って居ります。すべて神様のお導きと感謝いたして居ります。

祖父は、若い時から毎朝早く起き、讃美歌を口ずさみながら嬉々として働く人でした。老年になってからも、庭の畑仕事をしたり、日記（「二荊自叙伝」）を書いたり、内村鑑三先生の記録を書き直したりと、充実した日々を過ごして居りました。若い時の激しい迫害にも耐え、正に聖書の教えを身をもって実践した生涯でした。キリストに自分を捧げ切って、感謝とよろこびに生きる信仰者としての生活を、眼のあたりに見せてくれました。私ども五人の孫の名前を祖父は聖書からいただいてつけてくれました（黎子《れいこ》、頌々子《すずこ》、創能子《そのこ》、眞生子《まきこ》、佳與子《かよこ》）。孫の教育は親に任せて、決して出しゃばらないが行き届いた配慮をし、祈りのうちに孫一人一人のことを心にとめて、可愛がってくれました。その後私共はそれぞれ結婚して、杉並の成宗の家を出ましたが、里に帰る度に、あの光り輝くような笑顔と、固い握手で迎えてもらうことは、大きな支えでした。

　祖父母が生きていたなら、この本を手に、涙を流して喜んだことでしょう。父母斎藤茂夫、多祈も、そして姉妹たちも、きっとどんなにか喜んだことでしょう。ひとつ屋根の下で暮らした九人のうち、ただ一人生き残っている私は、若い世代のものも含め、斎藤家を代表いたしまして、出版にいたるまでお世話になった多くの方々に、こころより御礼を申し上げたく存じます。ありがとうございました。なおまだ宗次郎が残した資料がいくつかありますが、これらもいつかお役に立つことを願っております。

目次

まえがき……田村眞生子 1

聴講五年……斎藤宗次郎 5

聴講五年 上……7

聴講五年 中……257

聴講五年 下……491

注……岩野祐介 739

「聴講五年」の注について……岩野祐介 761

参考文献……児玉実英・岩野祐介 765

斎藤宗次郎略年譜……児玉実英 769

あとがき……児玉実英 777

装丁 熊谷博人

聴講五年

斎藤宗次郎

聴講五年　上

1.

●聴講五年

〔自一九二六年（昭和元年）九月十九日 内村鑑三先生六六歳 斎藤宗次郎五〇歳
至一九三〇年（昭和五年）三月三十日 内村鑑三先生七〇歳 斎藤宗次郎五四歳〕

●聴取 三百四十回

番號	年月日	集會	題名	講師	司會者	讃美歌	聖句	場所	頁
1.	一九二六年（大正十五）九月十九日	日曜	●理想と現實	内村先生	内村先生		黙二一ノ十一—九 太五ノ三—八	柏木聖書講堂	1.
2.	九月二十六日	〃	●「團合一致」の幸福	〃	〃		詩一三三 太一八ノ一九・二〇	〃	1.
3.	十月三日	〃	●知と行	〃	〃		羅一〇ノ一—一五	〃	2.
4.	十月七日	世界傳道會	●蘭州・平陽・南洋・朝鮮	〃	〃		↓	〃	2.
5.	十月十日	日曜	主の祈の本體	塚本先生				〃	5.
6.	〃	〃	●エルサレム會議	内村先生	内村先生		徒一五	〃	〃
7.	十月十七日	〃	●エルサレム會議の裏面	〃	〃			〃	〃
8.	十月二十四日	〃	●福音欧洲に渡る	〃	〃		徒一六ノ一—一一	〃	〃
9.	十月三十一日	〃	●ピリピ傳道	〃	〃			〃	6.
10.	十一月七日	〃	●ピリピ書の一瞥	〃	〃	六五	腓二ノ一—一一 三ノ一 四ノ四—七	〃	〃
11.	十一月十四日	〃 午前	●テサロニケ傳道	〃	〃		徒一七	〃	7.
12.	〃	〃 午後	●アイの攻略	〃	〃		書七・八	〃	〃

13.	十一月二十一日	日曜 前	●アテンスに於けるパウロ	内村先生	内村先生			柏木聖書講堂	7.
14.	〃	〃 后	キリストの訓話	塚本先生	塚本先生			〃	〃
15.	〃	〃 〃	●アフリカ傳道	内村先生				〃	8.
16.	十一月二十八日	〃 前	●アテンスに於けるパウロの説教	〃	内村先生			〃	〃
17.	〃	〃 后	●士師記大意	〃	〃			〃	〃
18.	十二月五日	〃	●西洋文明と基督教	〃	〃			〃	9.
19.	十二月十二日	〃 前	●基督教と東洋文明	〃	〃			〃	〃
20.	十二月十九日	〃 前	●基督教と日本	〃	〃			〃	10.
21.	〃	〃 後	●ダビデ對ゴリアテ	〃	〃			〃	13.
22.	十二月二十一日	火 青年會	婦人會感謝祈禱會	内村先生外十数名感話	石原兵永			〃 五十名	14.
	十二月二十五日	土曜 前一時廿五分	聖上崩御（四十八歳）						15.
23.	一九二六年（昭和元）十二月二十六日	日曜 前	生死の問題	畔上先生	塚本先生		詩九〇 約（五-一七）	〃	15.
24.	〃	〃	●天皇崩御に接しての感想	内村先生				〃	15.
25.	一九二七年（昭和二）一月二日	〃 前	今年最初の所感	塚本先生	畔上先生		詩三三	〃	19.
26.	〃	〃	●年頭の所感	内村先生				〃	19.

3.

27.	一月九日	日曜		高壇に立つ我等の覺悟	塚本先生	塚本先生			柏木聖書講堂	21.
28.	〃	〃		●コリント傳道	内村先生			徒一八・一－五	〃	〃
29.	〃	〃	后	●サムエル後書の大意	〃				〃	22.
30.	一月十六日	〃	前	失われたる羊の喩	畔上先生	畔上先生			〃	22.
31.	〃	〃		●コリント傳道に就て（續）	内村先生				〃	〃
32.	〃	〃	后	五千人に食を與え給いし奇跡	塚本先生	塚本先生			〃	〃
33.	〃	〃	〃	●サムエル後書の大意（續）	内村先生				〃	〃
	一月十八日	火曜		内村先生の仰せに従い「試練の道」執筆	余				〃	
34.	一月二十三日	日曜	前	●パウロの剪影	内村先生				〃	23.
35.	〃	〃	后	●列王紀略上の大意（八章まで）	〃				〃	〃
36.	二月二日	水曜		ヘブの古代詩に就て	藤井武				〃 八十名	〃
37.	二月六日	日曜	前	放蕩息子の説喩	畔上先生	畔上先生			〃	24.
38.	〃	〃		シワイチエル オイケンに關する報告	塚本先生				〃	〃
39.	〃	〃		●右報告二事に就ての所感	内村先生				〃	〃
40.	〃	〃	后	信仰とは	塚本先生	塚本先生			〃	〃

41.	二月六日	日曜	●病氣の所感	内村先生	〃		柏木聖書講堂	24.
42.	二月十三日	〃 前	イエスとカナンの女との問答に就て	塚本先生			〃	25.
43.	〃	〃	●現代思想と基督教 (一)	内村先生			〃	–
44.	〃	〃 后	●列王紀略上大意 (二)	〃			〃	〃
45.	〃	〃 〃	●宗教法案の件	〃			〃	–
	二月十七日	木曜	鈴木俊郎氏インテリゼンサーの原稿を	タイプライターにて打つ			預言寺	26.
46.	二月二十日	日曜 前	イエス神と人とに益々愛せられたり	塚本先生	齋藤宗次郎	六、一六五	柏木聖書講堂	〃
47.	〃	〃	●現代思想と基督教 (二)	内村先生			〃	–
48.	〃	〃 后	我は生命のパンなり	塚本先生			〃	27.
49.	〃	〃	●エリヤ傳 (一)	内村先生		列王上一七	〃	〃
50.	二月二十七日	〃 前	雅歌書の研究	塚本先生	藤本武平二		〃	28.
51.	〃	〃	●現代思想と基督教 (三)	内村先生		黙一九–二〇	〃	〃
52.	〃	〃 后	信仰・望・愛につき	畔上先生	畔上先生	列王六	〃	30.
53.	〃	〃	●エリヤ傳 (二)	内村先生			〃	–
54.	三月六日	〃 前	放蕩息子の譬喩 (續き)	畔上先生	畔上先生		〃	–

5.

番号	月日	曜日	題目	講師			聖句	場所	
55.	〃	〃	●福音エペソに入る	内村先生			↑	徒八 二六–二	30.
56.	〃	〃 后	約翰伝六章四八節以下	塚本先生	塚本先生			〃	31.
57.	〃	〃	●エリヤ伝 (三)	内村先生			列王一八	〃	〃
58.	三月十三日	〃 前	ピリピ書一章一二挨拶に就て	塚本先生	塚本先生			〃	32
59.	〃	〃 〃	●アポロの出現	内村先生				一	〃
60.	〃	〃 后	コリント前書十四章	畔上先生	畔上先生			〃	〃
61.	〃	〃	●エリヤ伝 (四)	内村先生			列王一九	〃	〃
	三月十八日	全宗教	法案反対基督教大演説会	山室、宮崎、富永、佐波等	中田重治			青山会館	32
62.			●完全なる自由	内村先生					
63.	三月二十日	日曜 前	放蕩息子の譬喩の精神	畔上先生	畔上先生			柏木聖書講堂	33.
64.	〃	〃	●エペソ伝道の成功	内村先生			徒一九 八–二〇	〃	〃
65.	〃	〃 后	ヨハネ伝六章六十節以下に就て	塚本先生	塚本先生			〃	34.
66.	〃	〃	●宗教法案に就ての所感	内村先生				〃	〃
67.	四月二日	〃 前	不義なる按富者の喩	畔上先生	藤本武平二			〃	35.
68.	〃	〃	●トロアスの集会	内村先生			徒二〇 一–一二	〃	〃

69.	四月二日	日曜 后	ヨハネ傳六章	塚本先生	塚本先生			柏木聖書講堂	36
70	〃	〃	●エリアの昇天	内村先生			列王下二章	〃	〃
71.	四月十日	〃 前	不義なる勞會者の喩話の續	畔上先生	畔上先生			〃	37.
72.	〃 〃	〃	●ミレトスに於けるパウロの告別演説	内村先生			徒二〇ノ一七以下	〃	〃
73.	〃	〃 后	ユダヤ人の救濟に就てパウロの考	塚本先生	塚本先生			〃	38
74.	〃	〃	●エステル書研究	内村先生				〃	39.
75.	四月十七日	〃 前	不義なる勞會者の喩話の續	畔上先生	畔上先生			〃	〃
76.	〃	〃	●ミレトスよりエルサレムまで	内村先生				〃	〃
77.	〃	〃 后	復活について	塚本先生	塚本先生			〃	40.
78.	〃	〃	●ワシテの没落	内村先生			エステル書	〃	〃
	四月十八日	月曜 栃	木縣旅行 ー宇都宮、狹間田、烏山（青木義雄氏宅に泊）						
79.			信仰、内村先生の天職、私の自覺	齋藤宗次郎				青木義雄宅	41.
80.	四月十九日	火	●烏山中學講演	内村先生	黒木耕一			烏山中學校	〃
81.	四月二十四日	日曜 前	ルカ傳、イエス對律法家	畔上先生	大島先生			柏木聖書講堂	43.
82.	〃	〃	●パウロ對エルサレム會議	内村先生				〃	〃

83.	四月二十九日	〃 后	ユダヤ人の救濟に就て	塚本先生	塚本先生	羅九、六－一三	〃	43.
84.	〃	〃	●エステルの榮顯	内村先生			〃	44.
85.	五月一日	〃 前	律法の精神	畔上先生	畔上先生		〃	〃
86.	〃	〃	●パウロの自己辯護	内村先生		徒三	〃	〃
87.	〃	〃 后	豫定說	塚本先生	塚本先生		〃	45.
88.	〃	〃	●ハマンの惡計	内村先生		エステル三、四章	〃	〃
89.	五月八日	〃 前	離婚に就て	畔上先生	畔上先生	ルカ十六、一八	〃	〃
90.	〃	〃	●苦難と傳道	内村先生		徒三	〃	〃
91.	〃	〃 后	羅九、一九－三　十、十一章－至難の箇所	塚本先生	塚本先生		〃	47.
92.	〃	〃	●エステルの勇敢	内村先生		エステル四、五、	〃	〃
93.	五月十四日	土、學	生聯合禮拜「基督教世界觀	高倉德太郎			青山會館 名稱	48.
94.	五月十五日	日曜前	「富人とラザロ」の喩	畔上先生	畔上先生		柏木聖書講堂	〃
95.	〃 〃	〃	●パウロを害せし人々	内村先生			〃	〃
96.	〃	〃 后	只信仰	塚本先生	塚本先生	羅九、三〇以下－十、一三	〃	〃
97.	〃	〃	●ハマン對モルデカイ	内村先生		エステル七、	〃	

98.	五月二十二日	日曜前	「富人とラザロの喩」續	畔上先生	畔上先生			柏木聖書講堂	49.
99.	〃	〃	●罪の赦しの宗教	内村先生					〃
100.	〃	后	パリサイ人と税吏	塚本先生	塚本先生				50.
101.	〃	〃	●ユダヤ人對異邦人	内村先生			羅馬九・一〇		〃
102.	五月二十九日	前	路加十七章一二の講義	畔上先生	大島先生				51.
103.	〃	〃	●祈禱の効力	内村先生			太二一・一八ー二二		〃
104.	〃	后	十字架の死	塚本先生	塚本先生				〃
105.	〃	〃	●罪の赦しの宗教（福音）	内村先生					52.
106.	六月五日	前	ヨハネ一書三、六ー九	塚本先生	畔上先生				〃
107.	〃	〃	●金の價値	内村先生					〃
	六月六日	月曜夕	井楳太郎廿一周年記念晩餐會	十三名				東京會館	53.
	六月九日	木	・内村先生川島家耕會談					柏木預言寺	56.
108.	六月十二日	日曜前	路加十七章三、四講演	畔上先生	塚本先生			柏木聖書講堂	54.
109.	〃	〃	●パウロ獄中の二年	内村先生			徒二四	〃	〃
110.	六月十九日	后	信仰の根本義	塚本先生	畔上先生			〃	〃

9.

111.	六月十二日	〃　台	信仰の本質	塚本先生	塚本先生			〃	57.
112.	〃	〃	●以士喇書第一章	内村先生				〃	〃
113.	六月十九日	〃　晴	●ペストス、パウロの事をアグリッパ王に説く	〃				〃	〃
114.	〃	〃　台	ヨハネ三書五　三、七	塚本先生	鰭崎轍			〃	〃
115.	〃	〃	●エズラ書研究	内村先生			エズラ七ー十六	〃	〃
116.	六月二十三日	木	三谷隆信先生帰朝講演会　茶話会	三谷隆信	山本泰次郎			〃	58
117.	〃	〃	●柏木の重任	内村先生				〃	〃
118.	六月二十六日	日曜　晴	路加十七章六節の意	野上先生	野上先生			〃	59
119.	〃	〃	●パウロ對アグリッパ王　二	内村先生			徒二六	〃	〃
120.	〃	〃　台	羅十章十七ー廿節	塚本先生	政池仁			〃	60.
121.	〃	〃	●エズラの使命	内村先生			ネヘミヤ八	〃	〃
122.	六月二十八日	火	十二社三業指定地廃止同盟大演説会		栗原喜三郎	三宅博士会長　戸倉、吉原　久布白、城、益富　等		青山会館	61.
123.			●子の為を思うて	内村先生					〃
124.	六月三十日	木	柏木青年懇親会　聖地旅行談	石河光哉	野上先生	鈴木俊郎、陽田健、片山徹　卓上演説		講堂	〃
125.	〃	〃	●感想（女子代表）	内村先生				〃	〃

126.	七月三日	日曜 朝	神の眞實	塚本先生	塚本先生	・	羅三ノ一―二	柏木聖書講堂	62.
127.	〃	〃	・右に對する經驗談	内村先生				〃	〃
128.	〃	〃 后	私の三先生（岸本、ヒルティー、内村先生）	塚本先生	湯澤健			〃	〃
129.	〃	〃	・休みに就て	内村先生				〃	64.
130.	七月七日	木.	内村祐之醫學士の歸朝 ・萬歳！	〃					67.
131.	七月十日	日曜	友よ何とて來る	塚本先生	畔上先生		太二六ノ五〇	〃	71.
132.	〃	〃	・最後の晩餐に於ける御言葉	内村先生			約一三、三〇以下	〃	〃
133.	七月十一日	月.	内村祐之氏歡迎會（百〇一名）答辭	内村祐之	齋藤宗次郎			丸ノ内精養軒	72.
134.	〃	〃	歡迎の辭、山本儀市、青山士、鹽石壽、	荒城未子、	藤本武平二、	青木数雄、塚本虎二、	畔上賢造 八名	〃	75.
135.	〃	〃	・謝辭	内村先生				〃	〃
136.	七月十七日	日曜	路加十七章七節至十節の精神	畔上先生	畔上先生			柏木聖書講堂	77.
137.	〃	〃	・佛僧との問答	内村先生				〃	〃
138.	七月二十四日	〃	救いに至る讚美.	畔上先生	畔上先生		路一七章一一―一九	〃	78.
139.	〃	〃	・日蓮の死とイエスの死	内村先生				〃	〃
140.	七月三十一日	〃	我母我兄弟は誰ぞ	塚本先生	畔上先生			〃	79.

11.

141.	八月四日	〃	神の國の所在	野上先生	野上先生			〃	79
142.	八月十四日	〃	神の國の本質	野上先生	野上先生			〃	〃
143.	八月二十日	〃	同上（續）	〃	〃			〃	〃
144.	〃	〃	●夏休みの状況報告（蓋し）	内村先生				〃	〃
145.	八月二十八日	〃	「女は子を産むことによりて救いを得べし」	塚本先生	塚本先生			〃	81.
146.	九月四日	〃	神の孤獨	塚本先生	〃			〃	82
147.	〃	〃	●外國傳道に就て	内村先生				〃	〃
148.	九月九日	金、	小國傳道報告	政池仁				〃	83.
159	九月十一日	日曜	●恩恵の實驗談	内村先生	野上先生			〃	〃
160.	九月十八日	〃	「信じたり」	野上先生	野上先生			〃	85.
161.	〃	〃	●偶像と眞神	内村先生				〃	〃
	九月二十日	火	内村先生札幌に赴かる						88.
162.	九月二十三日	金、	内村先生の師弟間の事件を聞く	塚本先生				〃	89.
163.	九月二十五日	日曜 雨	詩八篇の大意	塚本先生	大島先生			〃	〃
164.	〃	〃	天國の本質 結論	野上先生	野上先生			〃	〃

165.	九月二十五日	日曜日	我が信仰	石原兵永	鈴木俊郎			柏木聖書講堂	90.
166.	〃	〃	洗禮貝示イエスに蹤かん者	塚本先生		二三四.		〃	〃
167.	九月三十日	金.	相談會、新會場に於ける擔任職務決定					〃	91.
168.	〃	〃	祈禱會並に茶話會					〃	92.
169.	〃	〃	●札幌談	内村先生				〃	〃
	十月一日	土、	日本青年館の下検分		塚本先生	畔上先生、石原先生、余の四名			〃
170.	十月二日	日曜	不義なる裁判人の喩話（祈禱の継續）	畔上先生	畔上先生	三五、一五五 二三四、一五六	詩八四.	日本青年館	94.
171.	〃	〃	●イザヤ書の紹介	内村先生				〃	〃
172.	十月九日	〃	七十人の選れる者	塚本先生	畔上先生	二三、一二二	羅二 一―一〇	〃	98.
173.	〃	〃	●イザヤと其時代	内村先生				〃	99.
174.	十月十六日	〃	パリサイ人と税吏と砕けたる魂	畔上先生	塚本先生	四〇、二三九、三〇	詩一〇八	〃 [illegible]	104.
175.	〃	〃	●イザヤの名に就て	内村先生		二五、一七四.		〃	107.
176.	十月二十三日	〃	イスラエル不信の目的	塚本先生	畔上先生	←		〃	111.
177.	〃	〃	●預言と異象	内村先生				〃	112.
178.	十月三十日	〃	イスラエル不信の目的二	塚本先生	畔上先生	一七四.	詩四二.	〃	114.

番号	月日	曜日	題	講者		讃美歌	聖書	会場	頁
			・内村鑑三妻嘉壽子墓　明治二十四年四月十九日		二十三歳	文京区原町	龍雲院	〃	
179.	十月三十日	日曜	●エホバの大訴訟 其一	内村先生				〃	117.
180.	十一月六日	〃 前	人となりしイエス	畔上先生	畔上先生	四五、二三五、二五四	詩八	柏木聖書講堂	119.
181.	〃	〃	●信仰の始終	内村先生				〃	120.
182.	〃	〃 后	我等の理想と其實現	塚本先生	塚本先生	二四	約一四六	〃	124
183.	〃	〃	●信仰と失敗	内村先生			ヨブ一 一二—一八	〃	〃
	十一月十日	木	青木家の庄蔵の結婚披露會					如水館	126.
184.	〃	〃	●家庭にキリストを迎えよ禁酒を断行せよ	内村先生				柏木聖書講堂	126
185.	十一月十三日	日曜	幼児の心	畔上先生	塚本先生	三、一〇〇、四五		日本青年館	126
186.	〃	〃	●罪の本源	内村先生			五百名	〃	127
187.	十一月二十日	〃	パウロの教會観	塚本先生	畔上先生	四五	羅一 一六—二〇		128.
188.	〃	〃	●偽わりの宗教	内村先生					129.
189.	十一月二十七日	〃	生命の所在	畔上先生	塚本先生	三六、三三五、二四	詩三二		131.
190.	〃	〃	●罪の消滅	内村先生					132.
	〃	〃 后	横濱基督教講演會		八木一男			女子青年會	133.

191.	十一月二十七日	日曜	無教會主義とは何ぞや	塚本先生				横濱女子青年會	133.
192.	十二月四日	〃	教會の合同	塚本先生	畔上先生	六五、六八	詩六五	日本青年館	136.
193.	〃	〃	●右に對する附言	内村先生				〃	137.
194.	〃	〃	●審判と救い	内村先生				〃	138.
195.	十二月七日	水	江原萬里先生「思想と生活」創刊號を惠まる。					〃	
196.	十二月十一日	日曜	信仰の性質	畔上先生	塚本先生	四五、一八七	詩一四六	〃	139
197.	〃	〃	●平和實現の夢	内村先生			賽二、二－一七 ミカ四、一－七	〃	141.
198	十二月十八日	〃	全人類の救拯 羅一二、二一	塚本先生	畔上先生			〃	142.
199	〃	〃	●平和實現の途	内村先生				〃	143.
	十二月二十三日	金	柏木有志晩餐會		鈴木俊郎	山本、伊藤、塚本、藤本、沙澤 畔上等		日本青年館 三階 宝亭	144.
200.	〃	〃	●クリスマス感話	内村先生				〃	147.
201	十二月二十五日	日曜	基督の降誕と十字架	畔上先生					150
202.	〃	〃	●講堂に就き報告	内村先生					151.
203.	〃	〃	●生けるキリスト	内村先生					153.

15.

204.	一九二六年(昭和元) 一月一日	日曜	信仰生活の土臺石	塚本先生	塚本先生	五、九八、三〇八.	詩八四	柏木聖書講堂	155.
205.	〃	〃	●私の苦言の解(前者附言)	内村先生				〃	157.
206.	〃	〃	●感謝の心(詩一三六篇)	内村先生				〃	158.
207.	一月八日	〃 前	新約	畔上先生	畔上先生	九、二二五、三〇三.	詩二三	〃	161.
208.	〃	〃	●聖俗差別の撤廢	内村先生			撒一四 二〇、二.	〃	163.
209.	〃	〃 後	萬民の救拯に就て	塚本先生	塚本先生	九、一六八.	默三 九―一七 詩一二〇	〃	164.
	一月九日	月.	先生宅にて塚本、藤本先生と共に雜煮餅を饗食せらる.					内村家の家庭	166.
210	一月十五日	日曜 前	哥羅西書の研究	塚本先生	塚本先生	一七、八九.	詩一六.	柏木聖書講堂	167.
211.	〃	〃	●繁榮と審判	内村先生					170.
	一月十九日	木.	府立第一高等女學校四年級二百五十名に對する内村先生の講演			二二八、二九.			171.
212.	〃	〃	●宗教の根本基礎たる三大要素	内村先生					172.
213.	一月二十二日	日曜 前	汝等の爲に感謝す(コロサイ一章三―八大意)	塚本先生	塚本先生	三九、一八〇.	詩二〇		174.
214.	〃	〃	●單獨の勢力	内村先生					176.
			基督教世界大會(エルサレム)日本より出席する代表者名						178
215.	〃	〃 后	天國の理想と其實現	石原兵永	石原兵永	四六			〃

216.	一月二十九日	日曜 前	イエス瞽者の眼を開き給ふ	畔上先生	畔上先生	三、九五、	詩二五	柏木聖書講堂	179.
217.	〃	〃	●吉原ひろ子の死	内村先生				〃	〃
218.	〃	〃	●波上の歩行	内村先生				〃	180.
219.	〃	〃 後	基督の上京	塚本先生	塚本先生	三六、二九五、三三、	詩八	〃	181.
220.	〃	〃	●理想と實現	内村先生				〃	183.
221.	二月五日	〃 前	ザアカイの話	畔上先生	畔上先生	一九、七九、		〃	187.
222.	〃	〃	●人生の最大問題 路一六	内村先生				〃	〃
223.	〃	〃 後	約翰傳第七章（十一―十三 三十一―三十六）	塚本先生	塚本先生	一二、		〃	189.
224.	〃	〃	●實際のユダとエルサレム	内村先生				〃	190.
	二月八日	水	九條武子夫人逝去 四十二歲						192.
225.	二月十二日	日曜	哥羅西一章	塚本先生	塚本先生			〃	193.
226.	〃	〃	●聖書の來世問題	内村先生				〃	194.
227.	二月十九日	〃	十斤の喩	畔上先生	畔上先生	八九、一八五、三〇三、		〃	196.
228.	〃	〃	●復活と其後の状態	内村先生				〃	〃
229.	〃	〃 後	約翰傳七章（三五―三六）	塚本先生	塚本先生			〃	198.

230.	〃	〃	●エルサレムの婦人 下	内村先生			イザヤ三一ノ一 エゼキエル二七	〃	198
231.	二月二十六日	〃 前	基督と萬物、基督と教會	塚本先生	塚本先生	四三、一六八、	箴七	〃	199.
232.	〃	〃	●永生の基礎 ルカ二三	内村先生				〃	201
233.	〃	〃 後	哥林多前十五章研究	畔上先生	畔上先生			〃	202
234.	〃	〃	●潔められしエルサレム	内村先生				〃	〃
235.	三月四日	〃 前	路加十九章研究	畔上先生	畔上先生	三六、一七一、		〃	203.
236.	〃	〃	●活動の來世	内村先生				〃	204.
237.	三月十一日	〃 前	神の創造は二つ	塚本先生	塚本先生	二五、一六三、		〃	205
238.	〃	〃	●イエスの榮光體に就て	内村先生				〃	206.
239.	〃	〃 後	哥林多前十五章 一ー二	畔上先生	畔上先生	六六、		〃	〃
240	〃	〃	●基督教は何を教ふるか 望	内村先生				〃	〃
241.			阪神行の随行可否問合						208.
242.	三月二十日	火、	内村先生、塚本先生阪神傳道旅行出發を午前九時半東京驛に見送る					〃	209.
243.	三月十八日	日曜 前	哥林多前十九章 十一	畔上先生	畔上先生		詩七一、	〃	211.
244.	〃	〃	●イエスの榮光體に就て 下	内村先生				〃	〃

245.	三月十八日	日曜 後	余は何故にカソリックに行かざりしか	塚本先生	塚本先生		柏木聖書講堂	212.
246.	〃	〃	●イエスは如何なる意味に於て神の子なるか	内村先生			〃	213.
247.	三月二十五日	〃 前	レプタ二を献げし寡婦の話	塚本先生	塚本先生	三二、一三五、三一。	〃	215.
248.	〃	〃	●平安獲得の途	内村先生			〃	216.
249.	〃	〃 後	哥林多前十五章 一―一一節	野上先生	野上先生	八〇、四四、六二。	〃	〃
250.	〃	〃	●聖書の中心	内村先生			〃	217.
251.	四月一日	〃 前	イエスの京上り	野上先生	野上先生	四一、一六六	〃	219.
252.	〃	〃	●イエス・キリストの教會	内村先生			〃	220.
253.	〃	〃 後	約翰傳七・八章	塚本先生	塚本先生	三五、一〇〇。	〃	221.
254.	〃	〃	●イザヤの聖召	内村先生			〃	222.
255.	四月八日	〃 前	哥羅西一章	塚本先生	塚本先生	五五、一八。	〃	223.
256.	〃	〃	●路加廿四章 二九―三五	内村先生			〃	〃
257.	〃	〃 後	哥前十五章 十二―二二 復活の記事	野上先生	野上先生	五六。	〃	224.
258.	〃	〃	●イザヤの聖召 三、六章	内村先生			〃	〃
259.	四月十五日	〃 前	苦難の精神	塚本先生	塚本先生	四〇、二二五。	〃	226

19.

260.	〃	〃	使徒行傳廿八章	畔上先生					226.
261.	〃	〃	●感想	内村先生					〃
262.	〃	〃 後	パウロの生涯の戰	畔上先生	石原先生	三〇四、三三六、			〃
263.	〃	〃	イエスの大宣言　約八章一二	塚本先生					〃
264.	〃	〃	●感話	内村先生					〃
―	〃	〃	△佛教聖歌募集　選者七名						227
―			△日本宗教大會　六月五日―十日					日本青年館	〃
265.	四月二十二日	日曜 前	哥羅西書一章廿五節の研究	塚本先生	塚本先生	六、一七四、	徒二章	柏木聖書講堂	228.
266.	〃	〃	●何西阿書の研究（一）	内村先生					229.
267.	〃	〃 後	基督の復活	畔上先生	畔上先生	二六、三五五、			231
268.	〃	〃	●イザヤの聖召（四）	内村先生					〃
269.	四月二十九日	〃 前	保羅の晩年 下	畔上先生	畔上先生				232.
270.	〃	〃	契約聖書の紹介	内村先生					〃
271.	〃	〃	●イエスとホセア	内村先生					233.
272.	〃	〃 後	約翰八章二一―三〇	塚本先生	塚本先生	二九、四五、			〃

273.	四月廿九日	日曜	●イザヤの聖召	内村先生				柏木聖書講堂	234.
274.	五月六日	〃 前	基督教の全宇宙的意義	塚本先生	塚本先生	三七、四七、三三、	詩二七.	〃	235.
275.	〃	〃	◎家庭の不幸 ホセア一三章	内村先生				〃	236.
276.	〃	〃 後	眞理と自由	塚本先生	石原先生	三四、八九、		〃	239.
277.	〃	〃	死を滅すまで	畔上先生			内村先生眼病	〃	〃
278.	五月十日	木.	●内村先生、畔上先生を呼んで今後の退壇を仰せ出でらる.					〃	240
279.	五月十三日	日曜 前	先生宛石河光哉君書翰朗讀	齋藤二莉	畔上先生	三五、一一五		〃	243.
280.	〃	〃	◎審判と救拯	内村先生				〃	243.
281.	〃	〃 後	眞の自由	塚本先生	塚本先生	八五、二四四、		〃	244.
282.	〃	〃	●ウエヴストル百年記念	内村先生				〃	245.
／	五月十七日	木.	傳道研究會		内村先生		一回生休刷	〃	246.
283.	〃	〃	●傳道に就て	内村先生				〃	〃
／	〃	〃	内地傳道（世界傳道協贊會の外に）の任務を		指定さる.	六名		〃	248.
284	五月二十日	日曜 前	感話	伊藤一隆	畔上先生	一七.	詩百三.	〃	249.
285.	〃	〃	◎人の愛と神の愛	内村先生					〃

21.

286.	〃	〃 後	「アブラハムの子」	塚本先生	塚本先生	一五三、五八、一六〇.		〃	250.
287.	〃	〃	●信仰の歴史	内村先生				〃	252.
			洗足会送別会　白山星高山師	吾宅				〃	255
288.	五月廿七日	〃 前	手紙朗読、マルチンの話	塚本先生	塚本先生	三、八二.	詩一一五.	〃	256
289.	〃	〃	●右に對し附言	内村先生	内村先生			〃	257.
290	〃	〃	●「神に倣うべし」	内村先生				〃	258.
291.	〃	〃 後	哥前十五章二七、二八.	野上先生	野上先生	二八七.		〃	259.
292.	〃	〃	●五十年前新英州のピューリタン主義	内村先生				〃	259.
	五月三十日	木	内村先生夫妻の成宗宅訪問						261.
293.	六月三日	日曜前	ペテロ前書一章	野上先生	野上先生	一五、二三.		〃	264.
294.	〃	〃	●ハリス墓前感謝の祈祷会	内村先生				〃	〃
295.	〃	〃	●曠野の囁き	内村先生				〃	265.
296.	〃	〃 後	神の子と悪魔の子	塚本先生	塚本先生	三九、三三九、三三五.		〃	266.
297.	〃	〃	●死後の注意	内村先生				〃	267.
298.	〃	一	●私は如何にして聖書を研究せしか	内村先生				〃	〃

	一九二八年 六月五日	火、[illegible]晴	内村先生信仰五十年祝賀会		畔上先生			上野精養軒	270.
/	〃	〃	感話、畔上賢造、藤本武平二、[illegible]繁、[illegible]、益富政助、塚本虎二、大島正健、伊藤一隆			三谷隆正 青木庄蔵		〃	〃
299.			●感想 謝辞	内村先生				〃	274.
300.	六月十日	日曜 前	●民と其祭司	内村先生	畔上先生	全、祈祷		柏木聖書講堂	276.
301.	〃	〃 後	神の子か狂人か 約八	塚本先生	塚本先生	九八、二九七、一七		〃	277.
302.	〃	〃	◎如何にして我が天職を知らんか	内村先生				〃	〃
/	六月十三日	水	内村先生信仰五十年記念祝賀会		塚本先生		四十五名	日本青年館	280.
303.	〃	〃	●信仰生活五十年	内村先生				柏木聖書講堂	281.
304.	六月十七日	日曜	瑞西、普通福音教会牧師アールバッハ博士と内村先生の対話			四六、一三六		〃	282.
305.	〃	〃 前	信仰一つ	アールバッハ博士	畔上先生	塚本先生通訳		〃	〃
306.	〃	〃	●浅き悔改	内村先生				〃	284.
	〃	〃	●七人結着、記念論文集を喜ぶ	内村先生		希望者に署名せしむる			〃
307.	〃	〃	ダビデ舞踊	塚本先生	塚本先生	三一、二六		〃	285.
308.	〃	〃	●自分の天職を知る事（続）	内村先生				〃	〃
309.	六月廿一日	木	◎伝道祈祷感話会 伝道報告	内村先生	内村先生	[illegible]名		〃	288.

310.	六月廿四日	日曜 前	●イスラエルの罪	内村先生	塚本先生	八〇. 一〇〇.	詩九七.	〃	290.
311.	〃	〃 後	詩篇四十二篇	野上先生	野上先生	五六. 八〇.	詩四二	〃	291.
312.	〃	〃	●何したら幸福は得らるゝか	内村先生				〃	292.
313.	一九二八年 七月一日	〃 前	護の天使	野上先生	野上先生	三八. 五九.		〃	294.
314.	〃	〃	●アムンゼン	内村先生				〃	295.
315.	〃	〃 後	微温的信仰 默三章	塚本先生	塚本先生			〃	296.
316.	〃	〃	●米國大統領選擧	内村先生				〃	298.
317.	七月二日	月.	佐野壽兄送別會				十六名	〃	299.
318.	七月三日	火.	・西川光二郎氏に先生の好意を傳ふ.（會）						〃
319.	七月八日	日曜 前	人なるイエス	野上先生	野上先生			〃	300
320.	〃	〃	●天地の道と神の道	内村先生				〃	〃
321.	〃	〃 後	ソクラテスとイエス	塚本先生	塚本先生			〃	301.
322.	七月十日	火.	先生の母畑を花畑にする様命ぜらる.（會）						304.
323.	七月十五日	日曜	信仰の維持	野上先生	西岡虎造	四七.		〃	304.
324.	〃	〃	●營利主義の基督教	内村先生				〃	〃

325	七月廿二日	〃 前	イエスの叫びと涙	畔上先生	西園虎造	四八、一三	詩九二	柏木聖書講堂	307
326	〃	〃	●罪と完全	内村先生				〃	308
	〃 廿三日	〃	○山本泰次郎兄と余と白河、若松間の傳道旅行を先生より命ぜらる					〃	309.
	七月廿三日		先生よりパナマ帽子を恵まる。						·310.
			◎内村先生の札幌傳道旅行に赴かる、際余は尻内駅まで同行。				（第六回）		310
			○余、七月廿六日より八月四日まで青森、岩手、宮城三縣下傳道旅行を為す。						〃
			○八月三日より六日まで山本泰次郎兄と若松、柳津、川上間の傳道旅行をなす。						311.
327.	一九二八年 八月十二日	日曜	執成に就て	畔上先生	西園虎造	三一、	ヘブル七章	柏木聖書講堂	311.
328.	〃	〃	奇跡に就て	西園虎造		二七、		〃	〃
	〃	〃	感謝祈禱會		政池、鈴木、鯵崎、湯澤、鈴木俊郎、玉山、山本、余		八名	預言寺二階	312.
329	八月十九日	〃	ハバクク	畔上先生	西園虎造	四七、		柏木聖書講堂	〃
330	〃	〃	奇跡に就て（續）	西園虎造				〃	〃
			聖書之研究讀者會（北海道）					札幌定山溪	〃
331.	八月廿六日	〃	愛と謙遜	西園虎造	西園虎造	二九、	（コリント十三章）	柏木聖書講堂	313.
332.	〃	〃	信仰の性質	畔上先生				〃	〃

番号	日付	曜日	題目	講師					
333.	一九二八年 九月二日	〃	感想	塚本先生	西岡虎造	五九、三二一、	語五九、	〃	313.
334.	〃	〃	信仰の生涯	野上先生				〃	314.
335	九月九日	〃	所感	西岡虎造	西岡虎造	一三一、		〃	〃
336	〃	〃	造化の完成 ヘブル十三章	野上先生				〃	〃
337	九月十六日	〃	ヨセフの生涯に現われたる神の攝理	西岡虎造	西岡虎造	五、二五五、三六八	詩二七	〃	315.
338	〃	〃	愚かなる金持の譬喩	塚本先生				〃	〃
339	〃	〃 後	所感	野山先生	[illegible]	四五、		〃	316.
340	〃	〃	ヤコブの條件 [illegible]	塚本先生				〃	317.
341	九月十八日	火、	● 札幌土産話	内村先生		午后七時上野驛安着せる			318.
342	九月二十三日	日曜 前	信仰と救いの完成に就て	西岡虎造	西岡虎造	五、一二六、三三二、	賛[illegible]		320.
			・内村聖書研究会一覧表						321.
343	〃	〃	● 休養と労働	内村先生					323.
344	〃	〃 後	不老年の意義	塚本先生	塚本先生	三四、三七、			324.
345	〃	〃	③ 私は今年の夏何を為したか	内村先生					326.
	〃	〃	上落合聖書研究会に對する	[illegible]					327.

346	九月三十日	〃	●黒木耕一兄を紹介す	内村先生	西沢勇志	一七、三三、二〇八、	詩八	柏木聖書講堂	328
347	〃	〃	●聖霊を授かるの途	内村先生				〃	329
			黒木耕一兄受洗					〃	330
348	〃	〃 後	信仰の事實に對する説明	塚本先生	塚本先生	一三五、一三五、一九九、		〃	〃
349	〃	〃	●教理研究の必要	内村先生				〃	331
350	一九二八年 十月七日	〃 前	祈禱に就て	塚本先生	塚本先生	三六、六五、三五七、	詩一六	〃	〃
351	〃	〃	●死に關する聖書の教示	内村先生				〃	332
352	〃	〃	内村先生塚本先生對話					〃	334.
353	〃	〃 後	光の力	塚本先生				〃	335
354	〃	〃	●神のある證據	内村先生					337
355	〃	〃	・雑談	内村先生					〃
356	十月十四日	木	●傳道報告會	内村先生	内村先生	一五六、			338
357	〃	〃	小國傳道報告	政池仁					〃
358	〃	〃	・白河若松附近傳道報告・	山本泰次郎					339.
359	十月廿一日	日曜	●詩篇十七篇 十〜十五 講義	内村先生	石原兵永	四〇・六八・	詩一七.		340.

27.

360	〃	〃	オバデヤ書の紹介	内村先生				340
361	〃	〃 後	真の牧者	塚本先生	塚本先生	四、二八、一四		341
362	〃	〃	神に關する思想	内村先生				342
363	十月二十一日	〃 前	詩篇十八篇講義	内村先生	石原兵永			343
364	〃	〃	オバデヤ書の紹介	内村先生				〃
365	〃	〃 後	自然神教	内村先生				344
	〃	〃	三先生歓談の光景					〃
366	十月廿八日 初	〃 前	教誨としての艱難	内村先生	石原兵永	三、八二、二四二	詩二三	345
/	〃	〃	詩篇二十三篇講義					
367	〃	〃	テマンの智慧負け	内村先生				346
368	〃	〃 後	善き牧者	塚本先生	塚本先生	九、一四		347
369	〃	〃	汎神教	内村先生				348
370	一九二八年 十一月四日	〃 前	明治節と御大典	内村先生	塚本先生	二四		349
371	〃	〃	エドムの罪	内村先生				〃
372	〃	〃 後	イエスの蘇り證明	塚本先生	鈴木俊郎			350

柏木聖書講堂

番號	月日	曜・時	題目	講者		讃美歌	聖書	場所	
	十一月十日	土、午后[illegible]	梅田實、富田花枝結婚披露式	余、媒酌の	祈祷			ステーション ホテル	351.
373	十一月十一日	日曜前	●詩篇第二十篇 講義	内村先生	石原兵永	三、一八四、	詩二〇.		352
374	〃	.	●君臣應答の歌	内村先生					〃
375	〃	後	ラザロの復活 一、	塚本先生	塚本先生				352
376	〃	〃	●米國に於ける羅馬カソリック教の潰敗	内村先生					353
377	十一月十八日	〃前	●詩篇第四十五篇	内村先生	塚本先生	五六、三三二、			354
378	〃	〃	●イスラエルの救と世の終末	内村先生					355.
379	〃	後	ラザロの復活 二、	塚本先生	塚本先生				〃
380	〃	〃	●汎神教 二、	内村先生					356
381	十一月廿五日	〃前	●詩篇二十四篇	内村先生	塚本先生	三、八二	詩二四		354
382	〃	〃	●預言の必要	内村先生					〃
383	〃	後	イエス涙を流し給ふ 約十一、三五.	塚本先生					359
384	〃	〃	●基督教有神論	内村先生					359
	一九二八年十二月二日	〃	井口喜源治研究義塾三十年記念祝賀會		同右	五三、			〃
385.	〃	午后一時	●回顧三十年（四十枚の原稿）	齋藤宗次郎	代讀				〃

29.

番号	月日	曜日	題目	講師	備考				番号
	十二月六日	木、	○北大同盟休校の報新聞公表						361
			○『共産党事件学生被告人学校所属表』						〃
386	十二月九日	日曜 前	●詩篇第二十五篇	内村先生	塚本先生				362
387			●アモス書の研究	内村先生					〃
388	〃	〃 後	一粒の麦	塚本先生					364
389	〃	〃	●宇宙万物	内村先生					〃
390	十二月十六日	〃 前	●詩篇第二十六篇	内村先生	西岡虎造	一七、一八○			365
391	〃	〃	●預言の出所 二	内村先生					366
392	〃	〃 後	イエスの伝道の総決算	塚本先生	山本泰次郎				368
393	〃	〃	●昴宿と参宿	内村先生					369
394	十二月廿二日	土、雨晴	◎余が小山内薫氏に送りし書簡の件につき先生に厳しく叱らる。（表には多く憤慨を隠蔽しつつ）静に余の愚を責む。氏は廿五日永眠 四十八歳						370
395	十二月廿三日	日曜 前	●詩篇第二十七篇	内村先生					370
396	〃	〃	●アモス書の研究 三	内村先生					〃
397	〃	〃 後	天には栄光地には平和	塚本先生					〃
398	〃	〃	●正義に就て	内村先生					〃

一九二六年 十二月廿五日	火	●クリスマスに就て	内村先生		山内事件経過は恩師宅にあり。	370
一九二九年(五) 一月三日		内村先生は静子夫人と共に逗子に御静養中				372
一月四日	金	蒲池君書簡				〃
一月五日	土	藤沢君嶽氏事件に関する	書翰等			〃
一月六日	日	蒲池信之助君の言	野上先生夫妻	慰撫の言		〃
一月七日	月	「嗚呼山内益の死」を綴る、				373
一月十日	木	高山鋤吾兄への好意				〃
一月十三日	日曜日	勝利の訳	塚本虎二	石原兵永		374
〃	〃	●創世記第一章第一節	内村先生			〃
一月十四日	月	藤本武平二兄来訪 [illegible]				375
一月二十日	〃 和	哥林多書の書かれし動機	塚本先生			376
〃	〃	●詩篇第三十篇	内村先生			〃
〃	〃	我等の敵	塚本先生			〃
〃	〃	●創世記第一章の續き	内村先生			〃
一月二十七日	〃 和	哥林多後書の話	塚本先生			〃

31.

番号	月日	曜日	題目	講師				場所	番号
		〃	●詩篇第二十八篇	内村先生				〃	370
399	一月廿八日	月	・藤澤音吉氏、内村先生の言を承り傳ふ。					〃	〃
	一月三十日	水	・内村先生より封書を送らる					〃	〃
400			●（講堂出席許可状）	内村先生					377
401	一九二九年（昭四）二月三日	日曜	哥林多後書一章三節	塚本先生	塚本先生			〃	378
402	〃	〃	●詩篇第三十一篇	内村先生				〃	381
403	二月八日	金	宗教團體法案佛教徒反對演說會					帝大佛教青年會館	383
404	二月十日	日曜前	哥後一章四－七節	塚本先生	塚本先生			柏木聖書講堂	383
405	〃	〃	●詩篇第三十二篇	内村先生				―	384
406	二月十四日	木	宗教團體法案期成全國佛教徒大會					芝、増上寺	385
407	二月十七日	日曜	ヨハネ、マルコ	塚本先生	塚本先生			柏木聖書講堂	386
408	〃	〃	●アダムとエバ 創一－三章	内村先生				〃	387
409	二月廿四日	〃 前	コリント後一章十二－十四節	塚本先生	塚本先生			〃	388
410	〃	〃	●科學と佛教	内村先生				〃	389
411	〃	〃 後	福音の先驅者	塚本先生	塚本先生	二七2		〃	392

412	二月廿四日	〃	●創世記第一、二章	内村先生				柏木聖書講堂	392.
413	一九二九年 昭和四年 三月三日	〃	斉後一章一五—二三節	塚本先生	塚本先生	三八、一三二、		〃	〜
414	〃	〃	●佛教對基督教	内村先生				〃	393
415		〃	●詩篇第三十四篇	内村先生				〃	394
416	三月十日	〃	○山岸壬五兄永眠（五十七、八）を聞く、						395
417	〃	〃	がりらや傳道一、	塚本先生	塚本先生			〃	396
418	〃	〃	●罪と其出所	内村先生				〃	397
419	〃	〃	○塚本先生が田中龍夫博士の事を内村先生に告ぐるを聞く					〃	398
420	三月十七日	〃	がりらや傳道	塚本先生	塚本先生			〃	399
421	〃	〃	●悲觀樂觀	内村先生				〃	400
422	三月二十日	水	○山岸壬五兄葬儀		畔上先生	三五、五九、三四九		〃 宇修名	401
423	〃	〃	●内村先生説教（涙と望）		[illegible]、[illegible]、内海、永井、の弔詞				〜
424	三月廿四日	日曜	二種の信仰	石原兵永	石原兵永	四五、一五、	詩三三	〃	〜
425	〃	〃	●詩篇第三十六篇	内村先生				〃	〜
	〃	〃	○講堂整理事務を山田鐵道兄より受継ぐ					〃	403

No.	日付	曜		題目	講師				No.
426	三月卅一日	日曜		コリント後書二章十二―十七	塚本先生	塚本先生		〃	402
427	〃	〃		●詩篇第三十六篇 七 上	内村先生	〃	三七	〃	403
428	〃	〃	後	●無宗教・無教会	内村先生			〃	405
429	一九二九年 四月七日	〃		コリント後書三章一―三節	塚本先生	塚本先生		〃	406
430	〃	〃		●詩篇第三十七篇 中	内村先生			〃	407
	四月十四日			○内村先生休講					
431	〃	〃	前	コリント後書第三章四―六節	塚本先生	塚本先生		〃	404
432	四月廿一日	〃		道徳と信仰	矢内原忠雄	矢内原先生	三六、二五五、三〇七	〃	412
433	〃	〃		主―霊―自由	塚本先生	塚本先生	四二、一六六	〃	〃
434	〃	〃		●報告と訓諭	内村先生			〃	413
435	四月廿八日	〃	前	罪と死の法	藤本武平二	藤沢武平二	二九、一三六	〃	415
436	〃	〃		死骨の再生	塚本先生			〃	〃
437	〃	〃	后	●私の救われし途	斎藤宗次郎	鈴木俊郎		〃	416
438	〃	〃		ユダヤ人の救と人類の救	塚本先生			〃	422
	一九二九年 五月一日 曜	水		○先生の御病気を見舞う					424

439	五月五日	日曜	傳道者の真使命	塚本先生	西岡虎造	四四、一五、	語八四	柏木聖書講堂	425
440	五月六日	月	一〇「塚本先生書斎に於ける祈祷会		塚本先生	塚本、西岡、鈴木、鈴木俊也、山田、松村、森尾、		田村一世宅、新町	427
一			秘密会	塚本先生					″
／	五月七日	火	○「聖書之研究」発送事務復活						430
／	五月十一日	土	・内村先生が藤本、末永両博士立会にて十字病院五藤博士の診断を受けられしを聞く						431
441	五月十二日	日曜 初	人は何の為に生くるや	大島正健	西岡虎造	三九、一三一、	語九七、	柏木聖書講堂	432
442	″	″	内容と容器	塚本先生				″	一
443	五月十九日	″	佛国カソリック寺院を観ての感想	三谷隆信	齋藤宗次郎	二九、四二、	語一三六、	一	434
444	″	″	我等の誇	塚本先生				″	″
445	″	″	●内村先生の祝祷					″	一
	″	″		塚本先生	鈴木弼美			″	一
446	五月廿六日	″	安田善次郎翁の話	蘆田喜寿	西岡虎造			″	435
447	″	″	外人の懐疑と内人の更新	塚本先生				″	″
448	″	一	●内村先生の祈祷と祝祷					一	″
449	一九二九年 六月二日	″	北澤兄永眠報告と感想	山田鐵道	石原兵永	三五、		″	436

450	〃	〃	永遠の家	塚本先生			〃	436
451	〃	〃	●北澤君の生涯、オルガン修繕祭	内村先生			〃	437
452	六月九日	〃 前	・聖書の分量、排列、順序に就て	斎藤宗次郎	石原兵永		〃	438
453	〃	〃	哥後五章十一―十七節研究	塚本先生			〃	〃
454	〃	〃	●病中所感	内村先生			〃	439
455	六月十六日	〃	信仰に就ての所信	久山宗一郎	塚本先生		〃	〃
456	〃	〃	基督教に於ける報酬観念	塚本先生			〃	〃
457	〃	〃	●主治医の言を守る	内村先生			〃	441
458	六月二十日	木 午后四時	◎山鶯亭晩餐会 経験談	内村先生	計十六名	黛、三谷両兄も語る。	〃	442
459	〃	〃	●同感話会 柏木研究会に就て	内村先生	塚本先生、	黛、山田、久山、大島先生も感話。	〃	〃
460	六月廿二日	土、	○海老名弾正 基督教大講演会	海老名弾正			番町教会	444
461	六月廿三日	日曜	基督教と仏教との根本的差異	植木良佐	植木良佐		柏木聖書講堂	〃
462	〃	〃	●右に対する附言	内村先生			〃	445
463	〃	〃	見るべきキリスト	塚本先生			〃	〃
464	六月三十日	〃	信仰の実験談	吉原利定	塚本先生		〃	〃

465	〃	〃	●中島女史渡米談の紹介	内村先生				〃	445
466	〃	〃	新生の特徴	塚本先生				〃	446
467	一九二九年 昭四 七月七日	〃	悪慾との戦について聖書の教訓	蒲池信	塚本先生			〃	〃
468	〃	〃	●主の畏るべきを常に知れ	内村先生				〃	〃
469	〃	〃	新創造の人生	塚本先生				〃	〃
470	七月十一日	木	●今月の研究誌（米婦人派類）	内村先生	会の発達勢御協力に協まれての言				447
471	七月十四日	日曜	苦難の恩恵について	大木寛吉	鈴木俊郎			〃	〃
472	〃	〃	世界終末の預言（エルサレム第三回）	塚本先生				〃	〃
473	七月廿一日	〃	●余のトマト賞讃る	内村先生					448
474	〃	〃	神の友情	塚本先生	塚本先生			〃	〃
475	〃	〃	●神の友情に就て	内村先生				〃	〃
	七月二十八日	〃	・内村先生廿六日沓掛星野温泉に会わると聞く						449
476	〃	〃	最初の週間	塚本先生	石原兵永			〃	〃
477	一九二九年 昭四 八月四日	〃	「サタンよ退け」	斎藤宗次郎	西園虎造	五六、九〇	六四一・十二	〃	451
478	八月十一日	〃	エホバの名	石原兵永	斎藤宗次郎	六一	四六、七一九	〃	〃

479	八月十五日	木	●内村先生（當掛）より禮状、近況、感想の御手紙を恵まる。					452
480	八月十八日	日曜	神の智慧と人の智慧	松村成信	石原兵永			〃
481	八月廿五日	〃	與ふるは幸なり	山田鐵道	松村成信			453
482	八月卅一日	土	静子夫人より當掛の様子を告げらる。					〃
483	（一九二九年〈昭和四年〉）九月一日	日曜	震災に就ての所感	山田鐵道	山田鐵道	一八、		454
484	〃	〃	復活の信仰	西田俊造				〃
485	九月六日	金	●余、[illegible]八郎君の件を嘱して當掛を訪ふ。	内村先生	歓喜、悦談せる中食を共にし御思遣を受け辭す。			455
486	九月七日	土	●先生の御依頼を受け「田舎美人」を求めて農事試験場に奔走すること、あり。九日富里行す。					〃
487	九月八日	日曜	堅き食物 一	塚本先生	塚本先生	二七三		456
488	〃	〃	●楕圓形の話 上	内村先生	石原氏代讀			458
489	九月十五日	〃	各人各自主義	塚本先生	塚本先生		全集五一を讀む	459
490	〃	〃	固き食物 二	塚本先生				〃
491	〃	〃	●楕圓形の話 二	内村先生	石原氏代讀			460
492	九月廿二日	〃	小國傳道報告	鈴木鄉美 鈴木俊郎	塚本先生	四六、四六二、		〃
493	〃	〃	●社會事業としての聖書研究	内村先生	[redacted]			461

	九月二十二日	日曜日	○山田鐵道氏洗禮の書面を以て私見を内村先生に訴う。					〃	
494	九月二十九日	〃	サアカイの話	塚本先生	石原兵永	四六〇、	哥前十五章	〃	465
495	〃	〃	●右に對する附言	内村先生				〃	466
496	〃	〃	●「社交的動物」ということに就て	内村先生				〃	466
497	〃	〃	○洗足會	九名	[illegible]	二〇四、	詩九二	國立林業試驗所	468
498	一九二九年、昭和四年 十月五日	土、	●柏木聖書研究會の近狀を語る	内村先生				獨言寺	469
	十月七日	月、	○靜子夫人松田邸檢分の序に成宗小宅を訪わる						471
499	十月十二日	土、	●余に講堂の整理事務係を命ぜらる	内村先生				内村先生宅	〃
	十月十三日	日曜	○「塚本虎二基督教講演會」の廣告印刷物を會衆一同に頒つ(畔上賢造之)					大日本私立衛生會	473
500	〃	〃	恵の時	塚本先生	内村先生	二九、	賽三五、	柏木聖書講堂	474
501	〃	〃	●聖書の勝利	内村先生				〃	475
502	十月十四日	月、	●成宗なる余の小宅を訪わる	内村先生					476
503	十月二十日	日曜	神の役者の讃美歌	塚本先生	石原兵永	四四、八八	詩三二、	〃	476
504	〃	〃	●何故に自分はキリストに愛せらるゝ乎	内村先生				〃	477
505	〃	〃	●塚本先生の講演會を紹介さる	内村先生				〃	478

506	〃	〃 後	最後の晩餐と聖餐	塚本先生				〃	478
507	〃	〃	●コンボルシヨンに就て	内村先生				〃	480
508	〃	〃 午七時	塚本第四回基督教講演會	塚本先生	鈴木俊郎	一七九.	三〇名	私立衛生會館	〃
／			（何故に私は基督教を信ずる乎						
509	十月廿一日	月.	●内村先生 同夫人 松田邸に休養	内村先生	四人對話			松田武邸	486
510	十月廿七日	日曜 午	信者と不信者との敵對	塚本先生	石原兵永			柏木聖書講堂	488
511	〃	〃	●人と天然（宇宙と世界、世）	内村先生				〃	489
512	〃	〃 後	ペテロ主を否む	塚本先生	齋藤宗次郎	四〇二.		〃	491
513	〃	〃	●基督教と忠孝	内村先生				〃	492
514	〃	〃	第二回基督教講演會		石原兵永			私立衛生會館	493
／			（基督教の本質	塚本虎二					
515	一九二九年四年 十一月三日	〃	敵と味方	塚本先生	内村先生	三五、六八.		柏木聖書講堂	495
516	〃	〃	●右に對し附言	内村先生				〃	496
517	〃	〃	●創世記第一章 講義	内村先生				〃	〃
518			「第三回基督教講演會		鈴木俊郎	五六、四四.	諸五一.	私立衛生會館	497

			罪とは何ぞや	塚本虎二					497
519	十一月四日	月	◎内村先生散歩の途上成宗の小家に立寄らる。						498
	十一月五日	火	◎共産党員八百餘名の事件発表						〃
520	十一月七日	木	●伝道祈祷会 報告	内村先生	内村先生	祈、霊、余、田村。	感話 浅見鉄		499
521	十一月九日	土	●研究誌発送の会に語る、	内村先生					503
522	十一月十日	日曜	●預言者として談話	内村先生					〃
523	〃	〃	神に従う愛	塚本先生	内村先生	一七、八二、			505
524	〃	〃	●右に對し附言	内村先生					〃
525	〃	〃	●創世記二章の研究	内村先生					507
526	〃	〃	第四回講演会		鈴木俊郎	四三、一九一	誌一六、	私衛生会館	508
—			（罪を脱する途）	塚本虎二					—
527	十一月十四日	木	●祈祷会、神の國の建設		内村先生			柏木聖書講堂	512
528	十一月十六日	土	○佛教講演会	鷲元峰外	四名			東日新聞社	515
529	十一月十七日	日曜	醵金に就て	塚本先生	内村先生			柏木聖書講堂	517
530	〃	〃	●創世記二章に	内村先生				〃	〃

41.

531	〃	〃	第五回講演會		鈴木俊郎		二六〇名	私立衛生會館	518
	〃	〃	十字架の必要	塚本虎二			同書三三－三六		
532	十一月廿一日	木	祈禱會		内村先生	祈、三名	祭壇＝蒲池、寶田.	柏木聖書講堂	519
533	〃	〃	●基督教の特徴	内村先生				〃	
534	〃	〃	●預言の必要	内村先生				〃	520
535	〃	〃	●福音宣傳の希求	内村先生				〃	〃
536	十一月廿四日	日曜	哥林多后書の研究 續	塚本先生	塚本先生			〃	522
537	〃	〃	●創世記第三章	内村先生			内村先生の咽喉潰れたる様子	〃	〃
538	〃	〃	第六回講演會		鈴木俊郎			私立衛生會館	525
	〃	〃	キリストを信ずれば如何故救はるゝ乎	塚本虎二					〃
539	一九二九年 昭和四年 十二月一日	〃	●内村先生との特別會見（吳會前）	内村先生				柏聖書講堂	528
540	〃	〃	哥林多後書十二章の研究	塚本先生	内村先生	一九、五六、四六二.	石原兵永祈	〃	529
541	〃	〃	●カインとアベル（創四章）	内村先生				〃	530
542	〃	〃	●辛い報告（塚本先生の獨立）	内村先生				〃	532
543	〃	〃	塚本先生食卓談中談	塚本先生					533

544	十二月一日	日曜	第七回講演會		鈴木俊郎	九八、三三、二四	申命記六ノ四―一五	私立衛生會館	534
	〃	〃	信仰の絶對性	塚本虎二					
	〃	〃	日曜集會につき我等の去就を決す						538
545	十二月七日	土	●恩師の懇談を承わる	内村先生		八畳間前の椽に冬日を浴びて		柏木恩師邸	538
546	十二月八日	日曜	哥林多後書十二章一―三 研究	塚本先生	内村先生		雷を祈る	柏木聖書講堂	541
547	〃	〃	●創世記第五章	内村先生			余創五をよむ	〃	542
548	〃	〃	●報告、クリスマスの事 小崎牧師祝賀會の事	内村先生				〃	〃
549	〃	〃	塚本先生の食卓談 車中談	塚本先生					544
550	〃	〃	第八回講演會		鈴木俊郎	雷三品、	詩四六	生命保險協會	545
	〃	〃	教會か無教會か	塚本虎二			[illegible]	〃	〃
551	十二月十一日	水	●内村先生夫妻との會談	内村先生				先生宅應接間	547
552	十二月十二日	木	・故青木良太告別式に内村先生の代理として臨席			野上先生説教.		柏木[illegible]	549
553	十二月十三日	金	●余の報告に對する言葉	内村先生				内村先生邸	551
554	〃	〃	●昨日午後二時靈南坂教會に出席の感想	内村先生				〃	〃
	〃	〃	仙台以北に於ける切支丹遺跡をよむ		改造誌上				552

43.

555	十二月十八日	日曜	哥林多後書十二章の研究	塚本先生	内村先生		哥前之創六讀	柏木聖書講堂	553
556	〃	〃	創世記六章の大意	内村先生				〃	554
557	〃	〃	第九回講演會		鈴木俊郎	二四五．一八〇．二七五	太六．一九－三四	生命保険協會	555
			何故私は教會に屬しないか	塚本虎二				〃	
558	十二月十九日	木	内村、塚本両先生に関する談話	高山鉀吾				九段向山堂	557
559	十二月廿一日	土	恩師邸居室に於ける談話	内村先生				内村先生邸	560
560	十二月廿二日	日曜	哥林多後書十二、三章研究	塚本先生	内村先生		石原兄祈禱	柏木聖書講堂	561
561	〃	〃	右に對する賞讚の言	内村先生				〃	562
562	〃	〃	創世記六章	内村先生				〃	〃
563	〃	〃	コンボルシヨンに就て	内村先生		鈴木老秋兄代讀		〃	563
564	〃	〃	日曜學校クリスマス	内村先生宅	鈴木弼美		（生徒四十名 会衆五十名	〃	〃
	〃		私の守つた最初のクリスマス	齋藤宗次郎				〃	〃
565	十二月廿三日	月	柏木聖書研究會クリスマス		石原兵永	祈 藤本	イザヤ、ザカリヤ マタイ、ルカ 全	〃	564
566	〃	〃	今年のクリスマス	内村先生		感想約十名		〃	〃
567	〃	〃	私は叱られし時	内村先生				〃	565

	十二月廿四日	火	松田邸より内村先生の一時使用に供せし机、煙草盆等を自宅に運び、更に柏木聖書講堂に移す						565
	十二月廿六日	木	雨宮に至る 約翰傳(一章―三章)を叔母君講義を求む。					西岡雨宮家	〃
568	〃	午后七時	茶菓を饗せらる。客人(石原、鈴木、谷)に注意の言	内村先生				先生應接間	566
569	十二月廿九日	日曜	病軀を講堂に見え會衆に二三言	内村先生				柏木聖書講堂	〃
570	〃	〃	クリスマス及び歳末所感	石原兵永	石原兵永		三十錢名	〃	567
	十二月三十日	同	雨宮の家に至る 約翰傳十三―十七章を讀む	藤澤音次郎				雨宮喜美江邸	〃
571	一九三〇年(五年) 一月一日	水	先生の御容體を見舞ふ。聖書等に藤澤音吉兄と雜談						508
572	〃	〃 午后	祈禱會 石原、谷、野村、鈴木	客人祈る。	内村先生が[illegible]を除く雜感録			石原兵永宅	〃
	一月四日	土	湯澤健兄、山本泰次郎兄の態度を懐ふ。						〃
573	一月五日	日曜	所感	石原兵永	石原兵永	三五	研一三 如一九 六	柏木聖書講堂	569
574	〃	〃	書斎にて觀劇招待状(有楽座)を讀む	内村先生				先生の書斎	570
575	一月六日	同	先生が木村宣漢醫學の診察を受けられし件を高谷君より聞く(此日)					駒込木村醫院	〃
576	一月九日	木	塚本先生の言行改めぬを慨いて責めらると	内村先生					571
577	一月十二日	日曜	平林廣人氏を紹介せらる	内村先生	石原兵永	三六、二五四	研四六	柏木聖書講堂	〃
578	〃	〃	グルントビーの信仰	平林廣人				〃	572

45.

579	〃	〃	右に對する附言	内村先生				〃	574
580	〃	〃	新年の希望	内村先生	(一月号研究誌)	鈴木代読	先生祈る	〃	〃
581	一月十八日	土	先生の病勢十二日夜より募れる由を告ぐ	蒲池春江		藤本博士、石原道暢、藤本寛太郎 以上[illegible]			575
582	一月十九日	日曜	信仰生活の難易	梅木良佐	石原兵永	夷九、	詩八四	〃	576
583	〃	〃	ノアの洪水 創六、七	内村先生	鈴木代読			〃	〃
584	一月二十日	月	先生の病状を夫人より承はる	内村先生					578
	一月廿二日	水 朝	内村祐之博士札幌より上京						579
585	一月廿三日	木	先生の容體を伺い、祐之博士と面晤						〃
586	一月廿五日	土	先生軽快に向はる						580
587	一月廿六日	日曜	躓きと信仰	石原兵永	石原兵永		詩二三、	柏木聖書講堂	〃
588	〃	〃	再臨再唱の必要(鈴木代読)	内村先生				〃	〃
589	〃	〃	挨拶と先生の御病状報告	内村祐之				〃	580
590	〃	〃	所感	星野鐵男				〃	〃
591	一月廿九日	水	大木室上にて行はる結婚式を司る	齋藤宗次郎				市川、鴨町菅野	581
592	一月三十日	木	先生の御容體を夫人より承はる。	内村静子				柏木内村家	〃

593	二月二日	日曜	基督教と十字架	藤本武平二	石原兵永	三五		柏木聖書講堂	582
594	〃	〃	●弱くして強き基督信者（代讀）	内村先生				〃	〃
595	二月五日	水（三時半）	祈禱會　懇話 蒲池、西岡、南原、柏木、		藤本武平二	新 西岡、田村、高橋、蒲池、	南原、内海	預言寺會	583
596	二月六日	木	内村先生の御容體を伺ふ、					〃	〃
597	二月九日	日曜	エリヤ傳研究	大島正健	石原兵永	三六、	詩ろ	柏木聖書講堂	584
598	〃	〃	●預言の讀方（代讀）	内村先生				〃	〃
599	〃	〃	札幌獨立教會の近況	牧野實枝治				〃	〃
600	〃	〃	丸の内集會		鈴木俊郎	一百、四五、	詩一	生命保險協會	585
	〃	〃	（イエスの兩親	塚本虎二				〃	〃
601	二月十二日	水	北隆館月報部に回答を發す。	齋藤宗次郎					588
602	二月十三日	木	東京朝日夕刊に内村先生の容態を掲						589
	二月十五日	土	堺利彦氏藏品即賣會を觀る。	（[illegible]）				九段の美術倶樂部	〃
603	二月十六日	日曜	ルカ傳研究	石原兵永	石原兵永	二九、		柏木聖書講堂	591
604	〃	〃	エリヤ傳の研究	大島正健				〃	〃
605	〃	〃	内村先生の病氣に就ての觀測と所感	宮部金吾				〃	〃

番号	月日	曜日	題目	講師		備考	場所	
606	〃	〃	内村先生の容體に就ての報告	藤本博士				591
607	〃	〃	先生の誕生祝の計画発案	蒲池信 多屋常治				592
608	〃	〃	依頼の言を会に與へらる	宮部博士				〃
609	二月十九日	月曜 午七時十五分	祈禱會 祈 齋藤、蒲池、田島、藤本、齋藤、石原		齋藤宗次郎	二三日	預言寺	593
610	二月廿三日	日曜	活けるキリスト	植木良佐	石原兵永			〃
611	〃	〃	エリヤ傳の研究	大島正健				〃
612	〃	〃 零時五分	●化合酸素の購求を請わる	内村先生			内村家	594
613	二月廿四日	月 前九時半	●化合酸素第一回使用	内村先生	齋藤宗次郎		二階病室	〃
614	二月廿五日	火	●藤田九一氏吸入談	内村先生			〃	596
615	〃		●内村家執事を仰付けらる	内村先生	齋藤宗次郎		〃	597
616	二月廿六日	水	●病床談 南原君、深瀬湖				〃	598
617	〃	〃 午七時	祈禱會 イエスの變遷に就て	南原繁	南原繁	祈 南原、宮、藤本、藤澤、星	預言寺	599
618	二月廿七日	木	●追懐談	内村先生			二階病室	〃
619	二月廿八日	金	•先生の身體を揉む	内村先生			〃	600
620	三月一日（一九三〇年（五年））	土	田永信子御見舞に見ゆ					602

621	三月一日	土	●病気に就て、深き悩み―塚本君のこと	内村先生			病室	603
／			先生を見舞られた人々		田中先生、三瓶要蔵、柿原文之助			608
622	三月二日	日曜	イエスの出生	石原兵永	藤井武主	百六五人	柏木聖書講堂	609
623	〃	〃	●神本位の基督教（鈴木代講）	内村先生			〃	610
624	三月三日	月	●藤井武氏を訪い父君の死を悼む（代理）	内村先生				611
625	三月四日	火	●小康閑談	内村先生			病室	612
626	〃	〃	静岡市日基牧師柳田秀男氏見ゆ	（繃帯療法）				〃
627	三月五日	水	●室内運動、原稿刷物校正	内村先生			室内	613
628	〃	〃	●謙遜なる言葉	内村先生			病室	614
629	〃	〃	小野塚夫人来訪　黒崎幸吉兄来訪					〃
630	〃	〃	祈祷会　祈、聖書、讃美、西田		西田寛造	聖書知識第三号雑録欄記事に就て独言		615
631	三月六日	木	●北方に向う、医師根性の弊	内村先生		揉み方実行	病室	616
632	三月七日	金	●教訓の数々　ペテロ、福田藤楠氏	内村先生			〃	618
633	〃	〃夜十時	●床上の祈祷、全く祈る	内村先生			〃	619
／	三月八日	土	午前十時一旦帰宅を許さる					620

49.

634	三月九日	日曜	栃木に帰る[illegible]え子今後の御看護を申出づ、女中りえ子						620
635	〃	〃	真の憂	藤本武平二	藤本武平二		一百四十六名	柏木聖書講堂	〃
636	〃	〃	●神の忿怒と贖罪（鈴木代讀）	内村先生				〃	〃
637	〃	〃午後二時半	●階段昇降脈搏試驗	内村先生	夫人と余と	立會ふ		階段	621
638	〃	〃	●癩病の聖旨	内村先生				病室	〃
639	三月十日	月	●病床閑談 種々	内村先生				〃	622
640			内村先生五古稀祝に記念品贈呈の勧誘文	発起人も名					624
641	三月十一日	火	頭部背部灌水實施					病室	625
642	三月十二日	水	●笹倉牧師内村先生を揉む	内村先生				病室	〃
643	〃	〃	祈禱會 所感 西田、南原、齋藤		田村次郎	所感、西田、	齋藤、	預言寺	626
644	三月十三日	木	•醫藥を廢する。田中醫師來診	内村先生				病室	〃
645	三月十四日	金	原崎源作老兄見舞はる	内村先生				應接間	628
646	〃	后八	内村先生の病室（二階八疊）						629
647	〃	后四時	●病室を下の八疊に移さる	内村先生				病室	630
648	三月十五日	土	●横臥左手を余に揉ませて物語らる	内村先生				〃	631

649	三月十六日	日曜	イエスの成長	石原兵永	石原兵永	百九十一名	柏木聖書講堂	635
650	〃	〃	●世に勝つの道（代読）	内村先生			〃	635
651	〃	〃	・自由行動を許さる	内村先生			病室	636
652	三月十七日	月	●天則堂の薬品購求を命ぜる	内村先生			〃	〃
653	三月十八日	火	・山桝書子蛔蟲驅除マクニンをお勧めす	内村先生		夫人と余とは飲用に大反対		637
654	三月十九日	水	・笹倉牧師は「不角豆《ささゲ》」を勧める	内村先生		少数を五分に煎詰めて飲用す		637
655	〃	〃 八時廿分	祈禱會、祈 斎藤、西園、田村、藤本、蒲池、南原		南原繁	余先生の病状を報告す	聴言寺	〃
656	〃	〃	●日々オゾン吸入、明日から太平記を讀んで	内村先生			病室	〃
657	三月二十日	木	・先生の「日々の生活」の浄書を始む（家信）	内村先生				638
658	〃	〃	藤本重太郎氏西洋醫を排す				廊下・聴言寺	〃
659	〃	〃	塚本先生の帰還を望まる	内村先生			病室	〃
660	三月二十一日	金	●朝気分爽快と言わる	内村先生			〃	639
661	〃	〃	竹上正子花鉢を携え見舞わる	内村先生			應接間	〃
662	〃	〃	星野温泉主人見舞わる	内村先生			〃	640
663	三月廿二日	土	●教訓二三	内村先生			病室	〃

51.

664	〃	〃	●二階なる竹籐の寝椅子に憩わる	内村先生		二階六畳室	641
665	〃	〃	●椽より庭前に出で預言寺講堂	内村先生	正門内まで歩行せらる。藤本寛太郎氏附添ひ、余扶け奉る	宅地内	〃
666	〃	〃午前	●藤本氏に対し症状問答	内村先生	家族昂奮 先生慰撫に力む	病室	〃
667	三月廿三日	日曜	●真剣なる言動	内村先生	藤本博士を信用	〃	643
668	〃	〃	発起人会を開き感謝会の日時其他を決す				〃
669	〃	〃	神との交	植木良佐	石原兵永	柏木聖書講堂	644
670	〃	〃	●私の基督教（代読）	内村先生		〃	〃
671	〃	〃	「恩師の病牀に侍して」の原稿を草す	斎藤宗次郎			〃
672	〃	〃	一婦人内村先生に教を乞い来る。	斎藤宗次郎	余代りて質問に答う。	預言寺	〃
673	三月廿四日	月	●謝詞、心境の一端告示	内村先生		病室	645
674	〃	〃	•横浜市田中医院長に謝礼の遣す	内村先生	斎藤宗次郎 [illegible]	横浜―上野	〃
675	〃	〃午前	内村祐之博士一行七名を上野駅に迎う			上野駅	646
676	〃	〃午后五時	•夫人より当分用務軽減の要を申さる	内村夫人	斎藤宗次郎 看護の手揃えなれば…	戸外	〃
677	三月廿五日	火	照井真臣乳より御見舞の短歌一首届く	照井真臣乳			647
678	〃	昨夜	●昨夜半の悲劇	内村先生	藤本寛太郎氏の粗挙、傲語。	病室	〃

679	三月廿五日	〃	前六時―八時安眠 其後重態	内村先生				病室	648
680	〃	〃	后三時 夫人並ニみきさん相手ニ談話	内村先生				〃	〃
681	〃	〃	后五時 祐之博士立会藤本博士診察	内村先生				〃	649
682	〃	〃	重太郎之を断る	内村先生				〃	〃
683	三月廿六日	水	夜半一時の電車にて帰宅を許さる。						650
684	三月廿六日	〃	午前十時三十五分に「戦いだ」と力強く申さる	内村先生	齋藤宗次郎	余に對する意味深き遺言		病室	651
685	〃	前十一時半分	藤本博士来診	内村先生		胸が苦しい	薄荷の湿罨法		651
686	〃	前十一時	祐之博士を通じて所信發表	内村先生		日本国万歳……	……		652
687	〃	后二時	内村先生古稀誕生記念祝賀感謝祈禱會		名古屋富治			柏木聖書講堂	653
688	〃	〃	祝辭	齋藤宗次郎					〃
689	〃	〃	謝辭	内村祐之					〃
690	〃	〃	會員一同に對して與えられし内村恩師の言	内村先生		萬歳感謝……	……		654
691	〃	夜	高吉君其他に對する温言	内村先生	高吉 みき				654
692	三月廿七日	前十時半	病室に於て先生父子懇談ニ遺言	内村先生	内村祐之				656
693	〃	后一時	發作 石原兵永氏急報、	内村先生	石原兵永				657

ふ3.

番号	月日	時刻	事項	話者	出席者	その他	場所	
694	〃	〃后二時五分	●讃美歌！ かみのめぐみ主イエスのあい！！	内村先生			〃	648
695		二時七分	●理想的！	内村先生	美代子夫人	美代子が来て氷を上げて居ります	病室	〃
696		二時六分	●赤飯あるか？！ 美味しいそく	内村先生		日本武士として立派なり	〃	〃
697		二時卅分	●又来るかな（発作） 吞む力は殆どなくなってくる	内村先生	枕辺五名	室外五名	〃	659
698		四時	・睡眠状態	内村先生			〃	〃
699		五時	三医師鳩首相談	内村先生			〃	〃
700		〃五時十五分	●ポンカン二切召上る	内村先生			〃	〃
701		〃七時廿分	祈祷会（青年会員）	内村先生	鈴木弼美、	湯沢健、鈴木虎秋、外一名	預言寺	〃
702		十時ー十一時	・苦痛の容體	内村先生			病室	〃
703	三月二十八日	金曜日	●藤本博士を呼ばる。衷心披瀝	内村先生			〃	660
704		前三時五十分	●苦しい 注射	内村先生			〃	〃
705		〃四時	金吾君代って病室の隣室に侍す				食堂	〃
700		〃四時五十分	注射	内村先生			病室	〃
707		五時十三分	内村藤本両博士相談				〃	662
708		五時十五分	注射	内村先生			〃	〃

709	三月二十八日	午前六時	祐之博士夫妻病室に入り來る	内村先生		病室
710	〃	六時廿分	臨終迫ると告げらる九人病床に集る	内村先生		〃
711	〃	八時	●一大呼吸あり　注射	内村先生		〃
712	〃	八時五分	美代子さん水を脱脂綿にて唇を潤おす	内村先生	美代子夫人	〃
713	〃	八時廿分	藤本博士にて靜子夫人に座を譲る	内村先生	靜子夫人	〃
714	〃	八時卅分	●令息祐之博士厳父の耳に顔を近づけて祈る	内村先生	令息祐之	〃
715	一九三〇年 昭和五年 三月二十八日金	午前八時五十一分	●令息の祈禱終るや天父の召に應じて	内村鑑三先生は輝	きの國に歸らる	病床を圍む者十二名
716	〃	八時五十五分	祈禱	畔上賢造		
717	〃	九時前	令息の指図にて掬水を先生の唇に注ぎ愛敬を表す、	齋藤、石賀、菊江	富吉、みき、暁子、田中龍夫、春江、節 九名	
718	〃	九時廿分	御遺族の外一同退出			
719	〃	十時	祐之博士各人に餞別を指名			
720	〃	十一時	菊江姉より内村先生が余に遺さる、最後の書翰を渡さる。			
721	〃		朝日夕刊に先生永眠の記事掲載			
722	三月廿九日	午后一時四十分	●帝大醫科解剖室にて長與博士執刀解剖			
723	〃	十時半	●納棺			

709	662
710	〃
711	663
712	〃
713	〃
714	〃
715	663
716	664
717	665
718	〃
719	〃
720	〃
721	〃
722	666
723	667

724	〃	后八時頃	祈禱會　會の外數名祈る		藤井武			内村家八畳間	667
725	三月三十日	日前十時	●内村鑑三葬儀		石原兵永			柏木聖書講堂	668
726			内村先生の生涯	畔上賢造					〃
727			先生の臨終に侍して	藤本武平二					〃
728			私の見たる内村先生	藤井武					〃
729			友人を代表して	宮部金吾					〃
730			祝禱	大島正健					〃
731			挨拶　有志告別	内村祐之		后三時まで	一千餘人		〃
732		后三時半	●出棺　高圓寺火葬場に向ふ					内村家ー火葬場	669
733			葬場式		石原兵永	祈 黒崎幸吉		〃	〃
734		一七時廿分	白壺に●納骨　火葬場						
735		八時半		祈禱會	藤本武平二	祈 數名	會衆數十名	内村家八畳間	670

1.

聴講五年

一九二六年（大正十五年）九月十九日（日）午前十時　於柏木聖書講堂

先生六十六歳　余五十歳

理想と現實

（イザヤ二・一―五　十一・一―九　馬太五・三八）

イザヤの言は人生の理想である。然しこれは架空の言ではない信仰の言である。人がすると思えば失望なれど、エホバの熱心これを成し遂げ給はんとあって必ず實現するのである。信者は誰でも此信仰を懐いて居らねばならぬ。

報告　今後入會する人は

第一、「聖書之研究」の讀者なること。

第二、禁酒禁煙の實行者なること。

第三、教會員たらざること（牧師、執事の添書あるものは此限りにあらず）

九月二十三日（木）午前十時預言寺二階書斎前にて先生の談話を謹聴した。

九月二十六日（日）

「團合一致」の幸福

（詩百三十三篇、馬太十八・一九・二〇）

右聖句の精神を説き且つ色々有益なる所感を述べられて單獨の信仰的行為に就ても其幸福を説かれた。

十月三日（日）

開會前に余は山田鐵道兄に向って

私は今日より貴下の下にあって會場の整理の役を勤めることに内村先生から申されました　何も不案内故萬事教導を乞うと語った。山田兄は大いに喜び、それでは助かります。實際私獨では容易でありませんパウロの信仰精神を以て先生が教を説く様に私共も我が思いによらず人の勧めによるにあらず、イエス・キリストと父なる神の命によりて此事に當るのであるから大權を以て整理に當らねばなりませんと氣持好き信仰的行爲の言を述べられた。

知と行

行は確實に知るの途である。單に知つて而して後に行うに非ず、行つて而かして後に知るのである。又行うて神に接して其援助に與かるのであると オイケンの哲學の原理の説明を試みられ、カントやベルグソンのことも話され 又か弱き一婦人が信仰の力にて親類の反對の中にありて 克く基督教の葬式を出し、それが爲め自他共に益を受けし實例を話された。眞理は實行して見て始めて判然するのである。

世界傳道會

一九二六年（大正十五年）十月七日（木）

於 聖書講堂

午后七時十數名集りし頃 先生も現われ暫時講堂内を逍遥された

午后七時十分開會

羅馬書第十章十節より十五節まで朗讀

祈禱、（讃美歌は近所に氣の毒だから略す）

一、支那傳道の事實を嘗て宣教師に告げた所が、一向好意を持たず餘所事の樣な態度を執るのを見て、或は事實我等の事業は向うに於て善き結果を見ず歡迎もされて居らぬではなきか一と先ず中止せんと決し、其旨を通じてやつた所が大いに失望し今迄の功績ある援助が中止となっては今後如何にすべきかという同情すべき有様であったから再び継續することゝなし直ちに送金を實行した。

宣教師に告げたのは、我等の主に於ける公明なる事實を以て我等の心を解せしめんとしたのであったが、之は不明の考で、本來宣教師等になど正解して貰うと勉めるなどは間違って居る、今後は一切斯の様な事をすまい。

甘粛省の蘭州　病院の醫師二人の俸給支辨
山西省の平陽　（目下中止し居るもの）

然し斷ってやった爲めに却って親密を増すことゝなった。

一、今年の夏南洋に傳道しつゝある獨乙人ウルリヒ氏が訪問して來た。氏は自國に居れば、大學教授たり得る人であるが、南洋に於て極めて貧しい生活を送りながら熱心に傳道をして居る。此間も歸る時の買物が何であったかと見たら、バケツとか籠とかいう様な物ばかりで通辯の人が耻かしがったというのであった。底で同情金百圓を呈した。氏は日本人から潔き援助を受けたのは始めてゞあるとて大いに喜んで歸った。

一、一人の朝鮮人なる女學校長來り、宣教師より獨立せんとせば七百圓を要するが、是非之を實行したいから如何にすればよきかを示されたいという。そこで私は百圓を出すからあとは何とか工夫して纒めなさいと言うてやった。所が此間來て四百圓だけ出來たとて大いに喜んで居った。尚運動を續けなさいというてやった。

一、小沼（松本）泰平君はニコライの弟子であつたが今年五十八歳で潮來《いたこ》の人。父は水戸藩の御殿醫であつた。二十餘年前始めて來た時は實に見る影なき青年であつたから乞食青年だという見當であつた。「聖書之研究」を讀みたいとの望みを申出た。そこで説法を始め、此處は雜誌を賣る所で異なる所ではないというや袂から十圓紙幣を出して之は代金ですという始末、私も耻を掻いたのであつた。

其後彼はニコライ師より派遣されて傳道をして居たが、何分舊教は教會も傳道者もしつかりしてないから斷然脱して獨立で傳道を續け、專ら「聖書之研究」其他私の著書によつて信仰を强めて居つた。北海道倶知安に居る時は四年間小豆のみ食うたが身體

は非常に壯健になり年中通して單衣一枚で暮すという風であつた。釧路では今見という殺人の出獄者を引受け、數年間彼を救い上げんと一身を捧げた。遂に神戸の親戚の所に歸らしめた。

氏は何時か德の島の竹村醫師と相識り九州より德の島に渡り專念傳道に從事した。德の島は六里に三里二萬の人口を有する小島、竹村醫師は鹿兒島市にて小憤慨錄を十錢に求め其巻首に掲げたる文學博士井上哲次郎君に呈する公開狀というに感奮し、之を暗んじて何れの集會にても之を述べたという珍談を持てる人である。然し此點から小沼氏は内村先生に關係を結んで親密になつたとのことである。先ず竹村氏を禁酒せしめ、それより漸次全島に傳道の歩を進め數ヶ所に講

義所を設くるまでになつたとのことである。然し先日の暴風で全部倒されたことであろうから我等は之を助けようと思うのである。

祈禱に移るや先ず余は指名せられ、それより三人程祈り、それより献金を集め九時過ぎ散會した。

十月十日(日)

最初に塚本先生の「主の祈の本體 神に關する部の釋明と教訓」次に

内村先生は松本泰平氏の傳道の状を報告せられ同情援助の献金を自由にすることを告げられた。

主題 エルサレム會議(使徒十五章)

パウロの信仰とヤコブの信仰との二つの流れに就て其の異義を説かる 正午過ぎて終る。

十月號 研究誌を昨夜發送の準備をせし殘部を本日靜かに手配せんとする藤澤君と余の居る所に先生は見えられ

一、何んだ日曜日にするのか、イケナイヨ、ヨセ、ヨセ

とて出て行かれた。

十月十七日(日)

題 エルサレム會議の裏面

に就て述べられた。パウロの偉大を思わせられ、我等の今日の信仰と幸福とに關することを暗示せられた。

十月廿四日(日)

福音歐洲に渡る

徒十六章一―十五節 重大な歷史的事實を説かる。

十月三十一日(日)

開會前に余は先生に招かれ講堂整理に就き種々注意を與へられた。

題 ピリピ傳道

につき當時の模様を話され歐洲傳道はパウロの任であったこと、最初の信者は女なる平信者なることを述べられ、其後今日に至るまで眞の信仰は皆静かなる家庭の婦人によつて維持され傳播されたることを説かれた。

祈禱の後國歌を歌い祝禱、默禱を以て散會。

十一月一日(月)

午前十時先生を訪問し、不日御光來下さる日取其他につき打合せをなす。

一、三日(水曜日)の午後五時

一、食事は軟かなる米飯に鰻と芋の子にてよし。

側なる静子夫人は

○先生は何もお嫌いのものはありません

一、態々有りがとう!

と言われて歸り其喜びの日の來るのを家内一同で待った。

十一月七日(日)

題 ピリピ書の一瞥

二章一―三 三章二―十六 四章六、七。

讃美歌 三八五

一、使徒行傳は外面よりの記事

一、書翰は内面よりの記事

一、ピリピ書と腓利門書とは書翰らしき書翰

一、ここには教義あれど教義として教えず

一、使徒に取っては凡て大事件である、人に接するに準備を要す

一、何事をも祈って聖旨を為す様行わねばならぬ、私共自身は何事をも出来ない。

十月十四日(日)

午前の集会にて

テサロニケ傳道

徒十七章を説教せらる。

午後の青年の集会にて

アイの攻略 (約書《ヨシュア》記七、八章大意)

一、罪は其小なるものと雖も 全體の進路を覆すものなるが故に 早く之を自覚さして頂き

全力を注いで之を驅逐せんければならぬ。即ち石を以て打ち木を以て焼くことをせねばならぬと力を込めて述べられ特に青年の人々に警告を発せられた。是れ先生の愛の結果である。

十月二十一日(日)

午前

アテンスに於けるパウロ

講演中突然古我貞周氏の夫人が脳貧血を起して倒れたので余は預言寺に移し看護に當ったのでそのためお話をよく聴くことが出来なかった。

午後三時

塚本先生がヨハネ傳五章十九―二十九節のキリストの訓話につき

○神とキリストとは同一なること

○子を信ずるは生命を得ること

○子は審判の大權を持ち給いて終りまで慈愛の御手を以て萬民に臨み給うこと
○此世に於てイエスを信ずることが出來ない程の人は神樣の前に立っても神樣を神樣として認め得ざるべきこと
○我等は終まで忍んで審判の日を待つべきこと
を述べられた。午後四時から
内村先生の

アフリカ傳道

のお話があった。獨乙ミンヘンに遊學中の祐之さんからの書翰を讀まれし後、アルバート・シュワイツエルが中央アフリカ・ランバルネに傳道せる狀況を報告された。

一、氏は柏木に非常なる同情を持ち居る人
一、大哲學者、大神學者、大音樂家でそして醫學に長せる五十一二歲の全般的天才家（ユニバーサル・ジニアス）であること
一、我等柏木の人々の世界的に重任を負うべきこと、
一、己を忘れて人類の苦める人に同情の實を現わすべきこと
を述べられた。多くの兄弟姉妹達は應分の獻金をして歸った。余は此集會で淺野猶三郎、原瀬與五郎、森本慶三の三兄に面晤せしは嬉しきことであった。

十二月廿八日(日)午前

アテンスに於けるパウロの説教

午后は

士師記大意

十二月五日（日）

題　西洋文明と基督教

基督教と希臘思想とを比較し

一、西洋文明なるものは基督教と反對なものである。其思想を体せるでなければ信仰に立つことは出來ない

一、日本の基督信徒が歐米に入つて堕落し、大學の學生等は多くの西洋知識を抱いて卒業する時には之と兩立し得ざる信仰は根底より抜け去つて仕舞ふのは其實例の一つである。

と論ぜられた。

十二月十二日（日）午前

題　基督教と東洋文明

一、佛教は東洋の宗教、基督教は西洋の宗教というは間違つている。西洋人は男性的に本來哲學的の人種で、東洋人は女性的で靜的な感情的な信仰的な人種である。そして基督教は信仰であり佛教は哲學である。去れば其人種國情に同化せしめん爲め西洋人は基督教の哲學的方面を力めて汲み取り愛の實行を棄て、東洋人はシヤム、ビルマ、日本と傳來する間に本願寺、日蓮の様な本來の釋迦の教とは似もつかぬ形を作つて哲學的深遠の點を棄て、他力宗として信ずるに至つた。東西共其實現を見得ざるは寔に嫁の取り

違いをした爲である
という冒頭を以て始まり新しき啓示を諄々として説かれた。
我等講堂で中食を攝り信仰談をして居る所に先生は瑞典國大學市ウプサラの牧師ドクトル・ヘルマン・ネアンデル氏を案内して講堂に入られ講壇の邊から中央の通を通り暖爐の邊に至りて塚本先生をギリシヤ語の先生として紹介せられ二人にて盛んに與に愉快そうに對話せられながら歩を進められた。遂に余の近くに來り先生は余を「：：：：」として紹介せられた所が氏は愛の手を延べて握手をせられた。
午後は
サムエル前書の大意
一、サムエル、サウル、ダビデ三人の傳記
一、サムエルの母のこと
一、サウルは力の人
一、ダビデは信仰の人

此日先生は天皇陛下の御病氣についてと皇室の爲の所を熱心に捧げられた、余は勿論多くの兄姉等は涙を以て共に祈つた。

十二月十九日(日)午前

題 基督教と日本

連續講演の最後の講演で其原稿を朗讀せられた。
其前に
一、先きの日曜日の午后一時頃スヰーデンのウプサラ大學の牧師ニアンデル氏の訪問を受けた。丈高き立派な紳士で神學博士で且つ佛教學者である。差し當り其時握つて居「た當日の講演、基督教と東洋文明」の原稿を英語で語つて、歐洲を代表する公平な批判をして貰つた。所が一も二もなく同意同意として私の肩を敲いた。此人の賛同を得るということは實に大きいことである。且つ氏は其説を我等の間に來りて説かれよ、私は歸つて同志の間より旅費を募つて之を送らんといふた。

嘗てスヰーデンのグスタフアドルフスは獨乙の信徒がプロテスタントの目的を達せさせる運動の破れんとする時其王を援助したことがあつたから、今や基督教が西洋に於て其基礎を握え得ず浮動して居る時に、日本から行つて之を助けるといふことは決して惡いことではないから之に應じましよう、但し此新教の説を窮極まで進めたら何うなりますか。それは今日の教會は成り立たなくなります。隨つて國教會の牧師たる私は職を失ふことになります、けれども結局犧牲になりましようと最後の決心を語つて去つた。實に好い訪問者であつた。氏は日本の赤十字社の事業五十年記念の爲に招待せられたるに對しス國を代表して來朝したとのことであつた。

一、西洋の基督教は西洋人が之を正しき意味、正しき精神に於て其文明の基調と爲し得ず東洋人は其佛教が彼等の性質、本性、嗜好に適せざる教なるが故に之を本來の精神に於て汲み取ることが出來なかつた。それ故不幸にも東西兩洋とも眞正のものを味い得ないのであつた。隨つて今日の如き病的の狀態に於て存するのである。そこで特別なる形に於て永く守られ來りし日本の神の外何者にも頼らざる我等キリストの弟子等は西洋にもあらず東洋にもあらず此處に新たに起されし信仰の賜物を以て一身を守り一國を築き全世界を導きて等しく神の愛の恩恵に沐せしめ様というのである。之が日本の天職、我等の使命である。

一、私は来年の三月二十四日で満六十六歳になり信仰生活に入って今年は四十九年である、其間何時も深き神の恩恵に参って居るが今年程明かに

イエスキリストの御父なる神は生きておいでになる

という強き實感を持ったことはない。今より三十五年前明治二十四年（一月九日朝）勅語は行うべきものであって拝すべきものでないと信じて居ったから式を行った際に私一人之に拝跪しなかった、所が當時井上博士は政府の雇い學者としての權威と留學より歸朝せる學識とを以て、さらぬだに大分参って居った私をしたゝか苦しめたのであった。何故私は當時米國の恩師や友人の處に逃げなかったかと不思議に思うた。本當に日本國から葬り去られたのであった。私丈は若しもヨシとしても両親及び妻は實に氣の毒であった、私は又日本新聞及び「日本人」に痛く筆誅せられ、何處に行っても頭が揚らなかった。私は勿論只一人であるから此等に抗すべき何物もない。只神によるの信仰あるのみであった。私は其審判を神に捧げて只管其時を待った。

三十五年目の今日私を散々いじめあげた井上博士は同じ問題の下に神武天皇以降未だ曾て見ざる程の國賊者という汚名を七十歳の老博士が蒙ることとなり、然しそれは又

私を苦しめた日本新聞と日本人との合併せる「日本及日本人」によって摘発せられたるは實に不思議といえば不思議な話である。事は博士一人に止らない博士の感化と恩誼とを受け其主義によって教育しつゝある中學校長師範學校長と更に其首腦部たる文部省は等しく其攻擊の衝に當らねばならぬのである。實に日本教育の破滅である。

斯くて私は神様によって長い間の讒誣の事實を明かにせられ私はまだ此世に生存して居る間に之を面の當り見ることが出たのであります。本當に神様が生き居給う證據でなくて何であろう。今年は色々なる尊き經驗を味ったけれども最も私の感謝の心を動かしたものは此一事でありました。

願くは一同來年も何んなことでも皆神様に其儘献げて其御審きを待つ生活を送らねばなりません。

午後

ダビデ對ゴリアテ

一、ダビデ對ゴリアテの一騎打ち

一、東洋對西洋

一、信仰對物質文明

一、全世界對日本

「三千年の似非文明對柏木の使命」

實に驚くべく感謝すべき説教であった。先生も極度に緊張せられ聴衆も血が湧く思いがした。

五時　陛下並に皇室、日本國の為に熱心に祈られた。

（余に取ては此日の二回の講演は感激骨髓に徹するものがあった。心靈的苦難の經驗なき人には判らぬことであろう。　三謙）

一九二〇年十二月七日　冷雨の夕

十二月二十一日（火）

青年會婦人會の感謝祈祷會

柏木講堂に於て午后六時半開會出席五十名

開會の辭　司會者石原兵永　祈祷　鰭崎轍

十餘名の感話

内村先生

一、私は坊主は大嫌いである

一、日本は古から儒者の道とお寺様のお慈けの道とあつた

一、宗教といえば坊主の務めで何でもかでもお慈悲であつた

一、此習慣があつたから基督教が傳つて來ても其愛の何たるを解せず、矢張御慈け教と思い傳道者も亦此態度を執つた

それが爲に主從の道も立たず禮儀は亂れて何等好き實を結ぶことが出來なかつた

一、イエスの教は愛のみではない、義である、此事を克く知らなければならない

一、私は諸君が悪い事をしたら何處までも追窮して歇まない、そして萬一悔い改めた場合には直ちに赦すのである、斯くせざれば眞正の關係が永續しないのである

一、信者の交際はお互が福音を心に宿すにあり、これあれば外形、形式は何うであつても本當の交際となり、これなければ如何なる術を施すも無駄である、蒲池君と此事に就て今日も大分話した。

塚本先生畔上先生の所感もあり、會員一同大感謝大滿足を以て主の御降誕を記念して別る。

聖上崩御　寶算四十八（明治十二年八月三十一日誕生）
一九二六年（昭和）大正十五年十二月廿五日午前一時廿五分

一九二六年（昭和元年）十二月廿六日（日）晴
今年最終の日曜日である（朝の集會のみであった）
午前十時開會
塚本先生司會　祈禱　詩三十篇朗讀
畔上先生　聖書の大精神として生死の問題を擧げ約翰傳十五章五－七節等を引照して眞理永生等を
懇切に説かれた
○信仰によってではない信仰其ものは永生である
○イエスを信ずる者は永生あり其證據はイエスの復活である
○無名のマグダラのマリアは復活せるイエスに始めて會ふの特愛を蒙った
○人類は此處に確實なる永生の發見を得たのである。

内村先生
一、今年の今月の廿五日又は廿六日の朝は全世界の新聞紙上には皆一齊に大文字の見出しで日本皇帝陛下の崩御の記事を揭げて人々の深き注意を牽いて居るに相違ない
一、日本は僅々六七十年間に世界に於て此地位を得たということは誠に著しい事實である
一、日本にも隨分色々の惡い事もあるが、兎に角世界の人々は日本は今後何を爲すかと皆視線を傾けて居るのである、世界に對して何か職分を擔うて居る證據である
一、個人主義の立場より見れば一帝王の死と雖も格別大した事ではないかも知れぬが、然し天職重き此日本の元首の崩御ということは最大の問題である。人民の一家庭に於て其主人の死

せる時の事を考いて見ても分ることであるが其骨肉親近の悲痛に加えて今後の方針やら他との關係やら種々複雑なる問題起りて危機難關を潜らねばならぬものである。皇室の高貴の方に於ても人情としての哀愁は同じことである。我等は長き間勞苦と悲痛とを味われし皇太后陛下に深き御同情を申上げ若き新皇帝と皇后との御爲に祈って慰めと力とを仰ぎ大國に君臨し之を統治するに過なからん様御助力を申上げねばならぬ。謹みて眞實の御同情と敬意とを申上ぐるはクリスチヤンの勤めである。

此時に臨みて大官等の首を鳩めて凝議する實に故由あることである。此の様な大事な時に、一朝過ぐる時には大なる危險が臨んで來るものである。エホバの神の御憐みを願うは極めて大切のことである。

一、日本は最も大事な立場に立って居る、勿論何れの國でも夫れ相應に天職あるのであるが其大小輕重を異にして居る。日本は今や世界三大國の一に算えらるゝに至った。此勢力を持つに至ったのは世界の三分の二の責任を負うという重大なる位置に立ったのである。

一、日本國の行動は少くとも亞細亞人類に係り、其パミール高原以東の休戚を左右することになるのである。國民擧って皆大なる覺悟を以て起たねばならぬ

一、日本の現在に於て大問題が澤山あるが人口問題の如きも其一つである毎年七八十萬の増加を見つゝあるのである。大抵は之を經濟問題とし

て考え理窟から打算して行くから苦しい點にぶつつかり行詰って悲觀するのである。然しながら一個人の生涯に於ても幾度か行詰りの境遇に立ち至っても常に其處に一道の光明が照し不思議にも神様は運命を打開して進み行くべき道を備えて下さるものである様に一國の運命も亦神様に寄り頼む時には適當の時に進運を開き給うものである。恰もイスラエル人を卒えてエジプトを出でしモーセが遂にカナンの地にまで到達し得るに至ると同じ事である。

一、我等は日本の都として東京、横濱、神戸、札幌等を見ることなく沿海州の都府、支那の都府、東洋の都府、亞細亞の都府として其責任の大なるを感じつゝ其所に思を置くべきである。

一、不幸にして外國の誤れる文明を引き入れ　あらゆる方面に之を應用した結果、恐るべき傾向を國民の間に招き、立國の基礎國是までも誤らんとする時代となったのである。然しながら生命の神を信ずる立派なる人があって失望の世に於ても自由と希望を懐き眞理を傳え愛國の赤誠を表わす場合には思わざる時國情を變じ人々も亦此聲に應じて立つの有様となり希望ある國となるのである。

一、私の刎頸の友岩崎行《ゆき》親《ちか》氏は神主の子であるが札幌農學校の同窓同級の友である。今年七十歲、曩に鹿兒島に至り造士館や七高の校長となったが考うる所あって今は同市の片田舎に引籠り私立の中學校長として勤めて居る。今回七十の祝をするというので私にも招待状が來たから是非行かねばならず行きたくあるけれど御承知の通り此集會を持って居り且つ其他の仕事も多く又目下の健康が許さぬから行くことをやめて其代り祝いの席上で讀んで貰う様に演説の原稿を認めて送った。所が幸にも之を代讀する任に當ったのは江田島の兵學校の丹羽大佐であった。岩崎君は勿論一般臨席の人々大いに感じ此の様の神此の様の基督教ならば我等も信ずるということであの鹿兒島人の思想は一變するに至ったということである。この様な有益の論説は廣く知らしむる必要ありとて印刷に附して幾多の人々に頒って居るということである。誠實に眞理を述ぶる時には適當なる氣運に及んで必ず正直な人々に受け入れらることになるものである。

一、茲に又新しき天皇と共に新しき時代が臨んで來た。我等はお互神様に由って一番尊いものを日本國を通して人類に頒けたいという切なる願いである。

一九二六年（大正十五年）十二月五日（日）午后一時より約一時間
預言寺八畳間に於て八名（八木一男、吹田、阪本、山田儀三、とくみ、山下、望月、泉夫）に向って余の宗教教育の実験談を述べた。
右草稿は「田園の教育」むさしの誌上に十五年前までに公表された。朝鮮の或る雑誌にも轉載されたる筈である。

一九二七年(昭和二年)一月二日(日)

先生六十七歳　余五十一歳

余講堂整理の任に就く

午前十時開會

畔上賢造先生司會　詩篇三十三篇朗讀、祈禱

塚本虎二先生　詩篇百三十篇の解釋　今年最初の所感

講堂の中央の通り中程に椅子を運んで其處にて塚本先生の話を聽取せられし

内村鑑三先生は

年頭の所感

を述べられた。壇上には大聖書と水差の外に二個の花瓶と一個の植木鉢とが並べ置かれた。小さき老梅と二三輪の福壽草とは昭和の新春を祝する麗姿を呈して居つた。

一、只今塚本先生から有益なお話を承つた。

一、リヴィングストンが故國出發の前夜、永の別れであるから今夜は語り明かそうと言うたのに母は之を留めて、明朝は早く立つのであるから今夜は早く休めとて床に就かしめた。翌朝嚴かなる送別會はあつた、愈々出帆となつた時船出を見送つた者は彼の父只一人であつた。そして彼の父は今より後斯の如き希望と目的とを以て故國を立つ人又之を見送る人の多からんことを祈つたという實に壯大なる別れであつた。

エホバは我等を常に守り給う

という一事で既に充分である。

一、そこで一八七七年秋私は始めて信仰に入つてより五十年の長い年月を經てあるが、如何にして其信仰を維持したか其事は自分も思い又餘計のことながら他人も之を思うことである。近頃沖野岩三郎氏から其著宿命論者の言葉という本を寄贈されたから其中の私に關する長い記事を讀んで見た。そして其れにも私の信仰を繼續し來つた理由を澤山揭げて一、信仰をあからさまに發表した爲二多くの場合に於ては青年を相手

にして傳道して來た爲 三、天然學の造詣が深い爲という樣に論じて居る。然しそれは一つも當らない。當らぬ筈である、此等は皆外側のことのみであって信仰という深遠なることに對しては殆んど關係が無いといって宜しい。其原因理由というのは全く次の聖言によるのである

「爾曹の心の中に善き工を始めし者これを
主イエス・キリストの日までに全うすべしと
我ふかく信ず（腓立比一章六節）

これ以外のものではない、但し私自身も何故に然るやという説明は出來ないが事實である。他人は關係はない。私と愛の神とのみの關係である。

一、或る人は私は神樣の御守りによって日々此幸福に居るというを聞いて アンナ奴が殊別に神の守りを受くべき理由がないという・勿論私は幾多の缺點弱點を持って居るから こんな者の上にどうして惠みが多く加って居るものかと觀察するのは無理もないことである。然し神の特愛を蒙りしダビデを御覽なさい、彼には澤山の缺點があった、滅多に人々の犯し得ざる大罪も少からずあった。それにも拘らず神樣は我心に適うダビデとて常に愛護を垂れ給うたのであった。

一、我々は何も別段な資格がある譯ではない。我々の決して知らぬ尊い思召を以て我々を擒にして用い給うのである。

一、神樣の創造った世界であって如何樣に取扱うも自由である。其愛の深き御手の中に養われつゝあるというのである。眞に大安心である。

一、私共信者は凡て其思召によって斯くも十字架の恩惠に與かり其御名を稱えて一堂に集って居るのであるから相互に對する時には常に此事を心に留めて徒らなる批評などを試みて離反の基を造ってはならない。神樣が銘々の爲に尊い愛の御心を以て守り給うということを信

じて　お互に敬愛し合わなくてはならない。一寸した噂が起るというのは小事である屢々此不吉のことに見舞われる、然し此皮相の批評は大に慎むべきことである、それが原因となつて忽ち交情が破壊し去ることがある、恐るべきことである。

一、本當の批評をなし他の缺點を數うるも時には必要なことがあるかも知れない、然し其時にも兄弟の背後には神様があつて彼を常に守つて居らるゝということを忘れてはならない。

一、此事を思う時には實は批評という様なことは無くなつて仕舞うものである。

一、此状態は主が為し給うのである、其恩恵は神様が終まで續けて之を全うし給うのである。

一、計画は我に於てあらず神様の御計画のみが成るのである。今年も斯く信に斯く祈つて御心のままに送らねばならぬ。

先生の祈禱・祝禱・閉會

先生は壇を降つて聴衆の中に交られた、余は二三人の兄弟方を玄關に導いた。先生は青木庄藏兄と過般起りし長尾半平兄の酒の問題に就て語られて居つた。余は全部を始末して歸つた。

一月九日(日)

塚本先生司會、前座、(高壇に立つ我等の覺悟)

内村先生

コリント傳道(題名)

使徒十八章一―五

一、パウロアテンスを距つてコリントに往く。これは大なる精神があるのである。學者町から商人町に行つたのである。

一、パウロは自治の道を立つることに心を入れた人である。

一、記事に六日間の活動は隠れて安息日だけの事のみ精しく載せてあることを知らねばならぬ。

午後

サムエル後書の大意

後地方の讀者よりの書簡を朗讀せらる。

一月十一日（火）

研究誌一月號の發送に當つた。先生は時折勞働室を覗かれた。

一時先生と共に雑煮餅の中食を頂く、奥様のお給仕。

一月十二日（水）

新宿中村屋に至り二階の廣き應接間に通され主人相馬愛藏氏と大方卓に相對して閑談、

内村先生の御注意により本郷より新宿に移りし當時の振わぬ時代から苦戰と努力と忍耐と熟慮の經驗談を聽く。

一月十六日（日）

司會畔上先生（失われたる羊の喩）

内村先生

コリント傳道に就て（續き）

多くの尊き教訓を示さる

午後の集會

司會塚本先生（五千人に食を與え給いし奇跡）

内村先生

サムエル後書の大意（續き）

一、ダビデの多妻を實行せし結果と之によつて示さるゝ教訓

一月十八日（二月号先生に呈す）

内村先生の仰せに從え《い》「試練の道」の執筆を始む

先生は之を御覽の上永く鞄に藏し置かれたが後返さる。

一月二十三日(日)
九時石原兄にかわり日曜学校にて今日は「懼るゝな」と題して
語る
午前十時
内村先生
パウロの剃髪
「コリント傳道を了えて感謝を以て小亜細亜
に渡らんとする時誓願の故に剃髪して感
謝の意を神様に表せし珍らしき そして重要
なる事柄
一、私自身の經驗
午後の集會
内村先生
列王紀略上 八章までの大意
一、ソロモンに就て深き真理
一、毎頁に驚くべきは聖書なり

一月三十日(日)
先生病氣のため休講
一月三十一日
先生の御病氣をお見舞す
昨夜末永醫師診察の結果
咽喉に加膿あって其方面は大變おわるいということ
であるが熱は格別高くない
御疲勞の結果らしい充分の御休養を要すと

二月二日(水)
午後七時から柏木講堂に於て
藤井武先生
ヘブルの古代詩に就て
を講ぜらる。塚本先生に紹介されし藤井先生は高壇に立
たれて暫し會衆を眺められ、感慨甚だ深しという様子で
あった。
此處に歸って來て嬉しい 凡てはアーメンである
と冒頭言を發せられて後講演に入られた。
出席者八十名(内女二名)

二月六日(日)
午前集會
司會野上先生(放蕩息子の説喩)
塚本先生.
○昨年柏木よりシワイチェルえのクリスマス贈物
に對する独乙某夫人の禮狀
○エナ新聞紙上オイケンに對する内村先生の
所感に関しての記事
以上を譯讀せられた。
内村先生
一、以上の二事に就て主の恵みによりて此幸
福に與かりし者の任重きを感ず
一、人類の平和一致は主の愛によつて互に同情
し合う時に起る
午後集會
塚本先生は信仰とは只、イエスに寄りすがることである
との講演の後

内村先生は
病氣の所感
一、多くの人々は内村を見るが故に失望して去つ
て仕舞う。我が信仰を見よ我を見る勿れ
我も亦諸君の靈魂のみを見て其缺點の
如きに目を留めない。隨つて女が白粉をつけ
様と美しい衣裳を纏いようとそんな事に
意を留むるものではない。そんな小事はキ
リストを信じて其恵みに與かれば自然派
なる馬鹿氣たこととして廢むるに至るもの
である。互に信仰を見よ靈魂を見よ

二月十三日(日)
午前集會
塚本先生司會(イエスとカナンの女との問答に就て)
内村先生
題、現代思想と基督教(一)
一、歐米に信仰絶えんとす
一、彼等の間に起る問題は我等は尚信者たり得るや
一、五十年前に我等に教えし宣教師の教は、今は彼等は捨て、仕舞つた
一、キリストの再臨を信ぜざるのみか聖書よりも心理學社會學を尊ぶものとなつた
一、人の救われて潔き人たらんことに努力せずして人間の住み易き樂土を造つて始めて人を善くせんとする逆なる考に陥つた
一、進化論に極端に屈伏して仕舞つた
午後の集會
畔上先生司會(哥前十三章十一、十二節)
内村先生
列王紀略上大意(二)
一、ソロモンの堕落せる最後
一、南北の分裂よりイスラエル王アハブ其妻イゼベルと預言者エリヤの大活劇の大要
一、文化全盛期の悲哀を警告
宗教法案の事を話さる
古賀貞周氏は内村塚本両先生の意見を認めて貰つて之を材料とし若き議員を説いて法案の通過を防止せんとする意向を示された。
先生は
一、岡田文部大臣から免許状を貰うなど

は忌やだ

一、だまつてやつて居るか又は全然講演説教を廢止する

一、廣く世界に向つて法案の精神方法の可否を訴えよう

一、神道も宗教ということになれば神社参拜などをせんでもよくなる譯

二月十七日(木)

午后鈴木俊郎兄が預言寺でインテリジエンサーの原稿をタイプライターに打つのを見た。聽て先生もお見えになり原稿を御覧になつて後器械について使用を試みられ

一、これは大いに便利だから暇を見て習おう

と言われた。

二月二十日(日)

午前九時余は日曜學校にて一同を集め「感謝」について話した

午前の集會

余司會(塚本先生に乞われて)

塚本先生は(イエス……神と人とに益々愛せられたり)八、祈、一八五、

内村先生

現代思想と基督教(二)

一、基督教とは何ぞや基督教とはキリスト

一、基督信者は二人なり。二つの生命を有す。見えるものと見えざるものとの二つなり。

一、外なる我は慾を以て立つ。慾は満足せしむれば又一層深き慾に陥るものである。

一、靈魂の生命は其食物を假令微少でも之を與うる時は満足するものである。之に依つて眞偽は判る。

午後の集會
塚本先生（或は生命のパンなり）
内村先生
エリヤ傳 ㈠　列王紀略上十七章
一、エリヤはアハブ王に三年雨露降らざるべしといふて後、神様にケリテ川の邊りで鴉を以て養われしこと
一、シドンのサレパタで婺婦に養われしこと
一、神様が義人を養い給う方法精神は三千年前も二十世紀の今日も異る所はない。自分の實驗でも此事を知る
伊藤一隆老兄の祈

二月二十三日（水）
午后預言寺に入って岐阜縣惠那郡福岡村字田瀬なる丹羽彦兵衛氏（青年）に遇うた。曾て教會にて洗禮を受け八年前より聖書之研究を讀み居る人。
日曜學校問題、社會問題を提げて上京一ヶ月間も聖書其他を研究せんとの考にて來れる由を告げらる。余は之に對し無用の問題の爲に努力し奔走するは宜しからず聖書と鍬を以て靜かに信仰生活を送らんには凡ての問題は解決するに至らんという意味を述べ更に余の各問題に就ての見解と實驗とを語った。
先生も亦
一、歸國して農業に從事することを勧められしとのことであった。聖書學院に行ったら友人及び先生らしき人は頻りに學院に止って深めを受けよ斯くせざるうちは内村先生にも行かぬ方がよいと言うので、それを不當と聞き流して來れる由を語って居った。其所に先生は書齋より下りて來られ

一、二瓶要藏氏が傳道を棄て、農に歸り君は農を棄て、傳道に入らんとするのである。現在に満足出来ないという點は一致して居る、二瓶氏は新約全書に非常に明るい人である惜しいことである。農民は信仰を以て農事を改良して見せなければ誰がするものか、皆各々其立場に立つて潔き生活を送ることは傳道であり社會改良である。

と諭して書齋に入られ余は青年と別れて歸宅した。

二月二十七日(日)

午前の集會

藤本武平二兄司會

塚本先生(雅歌書の研究)

内村先生

現代思想と基督教(三)

默示錄一章九節―二十節朗讀

◎我は生ける者なり前に死しことあり視よ我は世々窮なく生きんアァメン

の精神を明かに説かれ

一、基督信者とは此の生けるイエスを信じ彼に在りて歩むものである、基督教とは其事を教うることである。

一、現代の世界の思想は悉く死にしもの、教訓を學び其感化を蒙るに止れど基督教とは今生きて各自に働き給う神を信ずるのである。

一、殊に今より廿六年前獨立雜誌廢刊に際し其同志七八名反對し、多數の人々の集會の席上に於て其内の主謀者なる某は、公然宣言して内村の發行する聖書之研究と我等の東京評論と何れが長き壽命を持つか其れによって勝敗を決せんと言った。

一、其時私は一言も語らずに默して過した。同は立って評論は十號を以て倒れた。研究誌は一年經っても二年經っても十年經っても倒れず既に廿六年も經って居るけれど未だ倒れそうでない。

一、所で近頃電車の中に偶然にも其宣言者に遭った。其時私は「まだやって居りますか」といった。某は顔色なき様子であった。此實驗は私には非常に面白かった。

一、米國に於て歡迎會席上で澁澤榮一氏は儒教と基督教とは根本に於て同一なりと言うや、ワナメーカーは敢然起って失禮ながら違います〔ココデ内村先生ノ宗教法案ニ對スル意見書ハ今日此時間ニ貴衆兩院議員ノ手ニ渡ル筈デアルノデ、眞理ノタメ日本ノタメ議員ノタメニ聖旨ノ成ランコトヲ祈ラレタ。(二月廿七日午前十時四十五分)〕儒教の孔子は既に死にたる人なれど私共のキリストは今生きて働き給うという雲泥の差があると答えた。

當時通譯の頭本元貞氏が私に告げた。

一、我等信者は此事を明白にして居らねばならぬ。

信仰の自然其儘というキリスト中心の祈は捧げられた。

預言寺の八疊間の方卓を囲み六人にて中食を攝った。

塚本先生は

齋藤さんといえ藤本さんといえ中々司會は立派なものだお蔭で

説教の時勞力は半減された

といわるるのを聞き恐縮した。

午後の集會
畔上先生司會「信仰・望・愛」につき
内村先生
エリヤ傳 (二) 列王紀略十八章
一、カルメル山上の祈
一、多勢力と無勢力
一、偶像と生けるエホバの神
一、迷信と信仰
一、富、位、虚勢に對する正義
一、之を歴史上ルーテルに見其他に見て非常に
興味は多い
一、エリヤが預言者を罵り又彼等を殺した事は
何うしても賛成が出來ないが、只信仰によって神
の義を為した點は昔も今も同じ事で我等の學
ぶべき點である。

一九二七年(昭和二年)三月六日(日)
午前の集會
畔上先生司會、放蕩息子の譬喩の續き
福音とは律法、道理を超越したる恵みの行為である
内村先生
福音エペソに入る(行傳十八章十八・十九節)
一、パウロがコリントからエペソに歸ってから口マに
入るまでの大要
一、エペソの地理的位置の考察と小亞細亞に於
ける使命は軈て全亞細亞に關係し、我等の
信仰的使命にも多大の關係を有す。
一、小亞細亞は全アジアの八十分の一に過ぎざれど
全アジアが高原的地塊にして其周圍に平
原あって其處に幾多の都市の存するが如
く將に其縮圖として見るべき地形と歴史と

意義とを有して居る。

一、エペソとコリントとは一葦對水の近接にあれどアジア(日昇る)のエペソは全然亞細亞的であつて、歐羅巴(日没す)のコリントは全然歐羅巴的である故に、歐羅巴に聲を擧げしルーテル、カルビン、ノックス等の信仰を以て今日に至りし信仰の不足を我等亞細亞人は特有の立脚地に立つてパウロがエペソに説かれし教の奧義を探り、各々の使命を完うして彼等の缺點を補う決心を持たねばならぬ。

一、尚パウロが偶像地なるエペソに傳道せしは恰も淺草に於て傳道せしものと見れば解し易きことと思う。

午後の集會

塚本先生司會　約翰六章四八以下

我肉を食い我血を飲まざれば爾曹は生命なし の精神を説かる。食うは信仰するの言葉では意足らずガヂガヂ咀嚼して食うという文字を用いてある。ヨハネの文字は男性的

内村先生

エリヤ傳(三)　列王紀略十八章

一、エリヤは奇跡を行つて自分の大を示さんとするのではない。今や彼はイスラエル民族のみならず人類の信仰維持の大責任を果す必要上此奇跡を行つたのである。日蓮の雨乞とは其根本精神に於て違う、日蓮は宗教的であるがエリヤは道德的である。

一、英文を書ける人はインテリジエンサーに投書して意見を發表せよ。

三月十三日(日)
九時十分より余は日曜學校上級男女二組を一緒にし
人と其食物(精神的)　幸福なる我等
の題で話をした。
午前の集會
塚本先生(ピリピ書一章二二　挨拶に就て)
内村先生
アポロの出現
午後の集會
畔上先生(コリント前書十四章)
内村先生
エリヤ傳(四)　列王紀略上十九章

先生の代筆を命ぜらる
一、新潟の齋藤徳太郎氏より望遠鏡の問合に對する返信
二、仙臺メリーシュネーダー氏より婦人學校に關する三項の問合に對する返信
右を命ぜられたので直ちにそれを認め先生の机上に置いて歸る。

宗教法案反對基督教大演説會
三月十八日(金)　於青山會館
さんびか　百、　三百七十七、　二百六百
司會者　中田重治
○宗教法案と救世軍　山室軍平
○完全なる自由　内村鑑三
○宗教法案の危険性　宮崎小八郎
○儒仏基の教と頌歌　渡辺暢
○宗教の原理より宗教法案　富永徳磨
○信仰の自由と宗教法案　佐波亘
○この自由　山本秀煌
祈禱　小原
献金　百八十五円三十銭

三月二十日（日）
午前九時十五分から余は日曜學校にて上の二組に
宇宙存在の意義と我等の責任を教えた。
午前十時集會
野上先生司會　放蕩息子の説喩に於ける精神
は主の救いの原理なるを説かれしものなるを述ぶ。
内村先生
エペソ傳道の成功　行傳十九ノ八ー二十節
一、エペソに於けるパウロの傳道は先ずユダヤ
人に説きたれど斥けられたれば所謂異
邦人に説いたのである。
一、テラノスの講堂は醫學校の教室なるべく
教授は午前で大抵切りあげたれば、パウ
ロは天幕勞作を了えたる午後二時頃よ

り此處にて教を説いたものであろう。
一、考古學の研究よりしてテラノスは皇后の
侍醫であったとのことである。
一、曾て私が青年會館を逐われて衛生會館
に四年間傳道したことに類似している。後の人
は十九章の註解として此例を舉ぐであろう。
一、祭司長スケワの七人の子等が迷信に陥って
却って悪鬼に難じられたるは注意すべき事
實である。
一、迷信は學術を以て絶滅することが出來ない。
イエスの十字架のみは克く根本的に迷信
を打破する力を有するのである。
一、現今の日本に於ても卜巫を信じ魔術に便る
人の各階級を通じて甚だ多きには驚くの
外はない。

丹後の震災地に報知新聞社に托し一同よりの同情金
二百圓を贈られし由報告された。

午後の集會

塚本先生司會 ヨハネ傳六章六十節以下に就て、
活かすものは靈なり肉(靈以外のもの)は益なしの眞意、
信じる知るの知るの深き意味を説かる。

内村先生 エリヤ傳を講義するには健康力の乏しきを感
ずる故之を後廻しにする。

宗教法案に就きての所感

一、不信者の怖れ且つ憎むものにして耶蘇信者又は
キリストの如きはない。故に此法案を編むにし
ても名は保護、監督等の美名を附すれども、
實は胸中敵を基督教に置いて作ったに相
違ない。我等は長き歴史の教うる所によって
惡魔が斯く爲すことを知って居る。

一、今より三十五年前教育勅語の下附せられし時
之を認めて奏上せし人々の心には基督教を耶
教として苦にし、之を絶滅したき精神を以て編ん
だものに相違ない。

一、私如き高等學校の雇い一教師が禮をしな
いからとて天下擧つて然も何十年という長い間
攻撃の矢を放つとは單に人事とは思えない、
惡魔が常に背後に立つて居る證據である。

一、それ故に諸君は實社會に出た時に惡魔が
種々のものを利用し使嗾して信仰を奪わん
とすることは必然のこと故、其時に祈を以て之に
當り毅然として生命の道を進めよ。

三月二十七日の日曜日には余は病氣の爲め缺席した。

一九二七年（昭和二年）四月二日（日）

先週の欠席に就き先生は其意を述べた

一大事にしたまえ

の二語は深き愛心を寄せられた。

午前の集會　藤本武平二兄司會

畔上先生　不義なる操會者の比喩

内村先生

トロアスの集會　（使廿章一―十六節）

一、パウロのエペソを去つたのは騒擾の最中ではなく、其始末がついてからのことであつたパウロは決して卑怯な態度を執らなかつた。

一、パウロがエペソを立つて海路マケドニヤに渡り各地を遍歴してギリシヤに至り三ケ月の傳道の後、歸途を海上直行するを中止して再びマケドニヤを廻りトロアスに達して兄弟等の待てるに逢うたという半ケ年も費した長の旅の記事をば　ルカは其日記を僅かに數行を以て書き了えてある。聖書は個人の日記でないから用の無いことは一つも書き込まない。

一、今回のパウロのエルサレム行は重大事件である、福音は異邦人の間にも斯くも廣まつたという恩恵の事實を報告するのであつて今其各地の代表者を伴うのみならず土産物として應分の金錢を募集して持参するという愛深き行為を取つた。

一、ベレア、テサロニケ、デルベ、アジア等の代表者はあつたが肝心なるコリントの代表者は見えなかつた、此處は大都であつたけれど信者達は協力して愛の働きをなすの長所に缺けて居つたから其準備が出來なかつたのであろう。

一、トロアスに於ては日曜日の夜集つたのである。

聖餐式を行ったのではない。假死せし少年を起こしたる後再び三階に上ってパンを食いてあって普通の會食である。此處に主の肉を食うの恩恵に浴したのである。勿論葡萄酒のことなどは少しも書いてない。

一、樓上に多くの燈があったからとて之は禮拜のため又は装飾の爲に用いたのではない。會場は明るかったという迄のことであった。夜半に於ける三階の上の集會であったから殊更明るく見えたであろう。蝋燭などを澤山點して神を拜したなど、見るのはカソリックや聖公會の間違いである。

一、少年は死んだのではない。氣絶瀕死の状に陥ったのである。之に驚いた人々には死んだと見えたであろう。然し精神の落付きたるパウロには其眞相はよく判ったのであろう。之を抱き見たるパウロには呼吸の吹き返る望が見えたから、生命中にありと告げて再び會場に入ったのである。パウロが此處に死者を甦らしたと奇跡的に見るのは間違いである。

午後の集會

塚本先生　ヨハネ傳六章

内村先生

エリアの昇天　列王紀略下二章

一、エリアの人物

一、偉大なる豫言者の臨終

一、自分の死の様を誰人にも見られざらん爲にエリシヤの同行を退けたのであるか又はエリシヤの精神を試したのであろう。

一、火の車火の馬によって天に昇ったのではない。

此點は奇跡的に見ず自然現象として説くことが出来る。車や馬と見たのはエリシヤの誤りであって此等の著しき現象はエリヤとエリシヤとの間を隔てたのである。エリヤはアラビヤの旋風によって高く天に運ばれたのであろう。

一、一体十二も九も奇跡的に解して去らんとするのは宜しくない態度である。自然法によって解し得ることは斯く解するのは本當である。驚異の事實にのみ強く恵みを感ずるというのはパリサイ人の心である。神は日常天然の出来事の間に深き愛の御心を現わし給うのである。之を認め之を感謝するということは最も必要のことである。

一、天然法と見るも奇跡と見るも同じことである。只其大精神を汲み取ることを忘れてはならぬ。モーセの死といいエリヤの死といい之は皆イエスの昇天の豫表なのである。此事は全く奇跡的に行われたのである。之を確かに信ずることは大切である。

此日米国から歸った三谷文子さん出席し先生と握手の後米国のことを色々先生に告げて歸った。

四月十日(日)

午前の集會

畔上先生司會 不義なる操會者の喩話の續き

内村先生

ミレトスに於けるパウロの告別演説

(行傳廿章十七節以下)

一、旅行記を知らしめんとするに非ず、聖靈に導かるゝ福音の精神を知らしめ、途上に起る重要事實の骨子を知らしめん爲の記錄である。

一、演說講演亦同じ事である。十回に爲すべき事を三回に縮め一回に縮めることの出來る力量を持つことが肝要である。

一、監督といい長老といい共に今日見るが如き儀式階級的の嚴格なる制度の産物に非ず、愛の團體に於て取締りの便宜上立てたものであることは明白である。

一、パウロの獨立自活の道は、獨り生活の安定の爲に利なるというに止らず、眞理の爲め福音の爲めに必要であつた。惡魔を防禦する爲の權威となり自由を擁護する爲の力であつた福音の宣傳は羸弱なる人の當り得る仕事ではない。

一、聖書の或る記事を牽き來りて傳道者は有給たるべしと主張するは事實を考えざる勝手の所爲である。

一、パウロはエペソ及び此の附近の信者と別るるに臨み彼等を能ある神及び恩惠の道に委ねたのであつた。私も早晩諸君と別れて此世を去るのである。私も亦同樣に神と惠みの道に委ぬるのである。若し其跡に於て同じ福音が唱えらるるならば何時までも消えぬであろう。

一、パウロの事業はエペソに於て滅びても二十世紀の今日柏木に於て再起するのである、何も心配はないのである。

午後の集會

塚本先生、ユダヤ人の救濟に就てのパウロの考を述べらる。

内村先生
　エステル書研究
一、エステル書の特質
一、ペルシヤ王國の當時の範圍と歴史
一、アハシエロスに就て
精細に説かる。
六時より研究誌發送、七時半先生始め御家族と共に晩餐、余には親子丼。

四月十七日(日)
午前の集會　畔上先生　前回のつゞき。
内村先生
　ミレトスよりエルサレムまで
一、數十日間の長の旅を短かく書いてあるが、之を見ると初代信徒の單純にして温かき愛の交際の樣子を見ることが出來る。
一、日本に於て私共が三四十年前に經驗した交際は實に天眞なものであつたが其後色々惡心を持つものがあつて何時の間にか心を信徒という人に許せぬ樣になつて仕舞つた。
一、それには何か之を濁らした理由があるに相違ない。然し我等は何處までも其弊を矯め最初の愛の交際に於て立たねばならぬ。

∴　∴　∴　∴

一、支那平陽に於ける宣教師の病院を援助せることにつき八月送金に對する院長よりの禮狀が此頃漸く到着した。
一、副院長の立替せる報告や事業の模樣や周圍の迷信狀態を告ぐると共に信仰上の事は

聖霊の御助けがなければ何事も出来ない
との美わしき結文を載せて来てある。私共は此事丈は長
く援助したいから應分の傳道金を捧げられ度と申された。

午後の集會
塚本先生司會
復活につき　ロマ書八章十八節

・復活は別に理由あって信じたのではない其儘信じたので
ある、信じて然して後に理由が判ったのである。
・聖書にあるからである。此真理は未だ誰人も本當に否
定した人はない。
・ペンテコステの時に弟子等此事を明かに信じた、自分も聖
霊の示された時に信ずることを得た。
・自然界を見る時は此事は明白である。一粒の麦が地に
落ちて死にて新たなるものが生えるのは天然の事實である
ならば復活も當然のことである。
・復活は信仰の根本義で絶對的に必要のことであり、イエスの十
字架の贖いの完成である。
・肉体の復活は人類の切實なる要求である。霊肉の離反に
堪えられざることである。霊のみでは淋しい、霊は霊のみで立
つ時は弱い、霊は肉を得て諧調を得て満足を来す。

内村先生
ワシテの没落（エステル書の講演）
一、誇れる婦人の末路
一、男女に就ての東洋道徳
一、臣下の堂々たる判斷
一、國王の專政を制する法律

四月八日内村先生に伴われて午前八時半新大久保驛出發 栃木
（宇都宮、狹間田、烏山）旅行の途に上る、翌日歸る。
青木義雄兄宅に到着
一、今夜の集會は君獨でやってくれい僕は入
浴する
と申された、余は此夜集まれる小學校の先生二人、青木兄と

41.

兄の家族五人に對し
・基督の信仰の絶對價値
・信仰に入るは父なる神の憐憫に依る
・内村先生の天職
・罪の自覺
に就て語った。次に入浴をすゝめられ先生は
一、忍んで此（余の語りし）尊き信仰を終まで保持すべきこと
を述べられた。先生の祈を以て終った。

四月十九日（火）晴　青柳邸を發し午前十時頃鳥山町に達し荒井氏宅に休憩。展望山の眺めをなせし後、突然縣立鳥山中學に黒木耕一氏を訪ねた。校長は不在であったが臨時に授業を休み講堂に職員生徒全部を集めて先生の講演を請うこととなった。先生には取っても突然のことであった。
一、鳥山に來りし譯
一、黒木先生を訪いし譯
一、黒木先生との關係

一、黒木先生が廿五年前は禿げて居ったが今日と雖も昔と變らず、禿げた人は得だ（余の頭と並べ眺めて滿堂の笑いを招いた）
一、鳥山の美しき景
一、天然にも優るは人間の偉大さ
一、二宮尊徳が五年間此地に働きしこと、彼の世界的偉人なりしこと
一、或る有名な英人が五年間日本の農村を研究して日本は軍國に非ず平和の民を以て滿さるゝこと殊に二宮金次郎の如き平和的偉人のありしことなどを大著として世界に紹介せしこと
一、金次郎は只一本の鍬を以て偉大の事業をなせしこと
一、これは誰人にも出來る性質のものなること
一、諸君皆此平和的にして高貴の事を以て勵むべきこと

等を話されし後

一、勉強の仕方として放課後は遊べ、就寝前に明日の事を一と通り目を通せ（判らぬ所があってもよし）朝早く起きて再び復讀せよ、朝の二時間の勉強は大いに必要なること

一、試驗の時の勉強は急激にしては宜しくない一ヶ月前から準備せよ、期日二三日前には中止して遊べよ

一、ストライキなど馬鹿氣たことはやってはいけない

一、早起同盟、勉強同盟、生徒同志禮儀を守る同盟等をするがよし

然らば其結果は實に驚くべく喜ぶべきものがある

など實際的な有益なお話をせられた職員も生徒も大いに喜んだ大拍手の間に先生は壇を降られた。更に黒木先生に話を足しかえて

一、札幌出身のこと

一、其後教鞭を執りしこともあり

一、目下宗教の事業に努力し居ること

等先生自身のことを報せられた。久しく禮を失し居た黒木先生は痛く恐縮せる様であった。先生の今回の訪問は後日黒木先生が懺悔して先生から洗禮を受くるに至った動機となったのである。

歸途先生は余に對し

一、今日の僕の突差の話は何うであった、講演は充分用意を整えることが必要であるが、突然臨時に起った場合に對應することの出來る平素の心構えも大切である

と諭された。二時半頃宇都宮市軍道の櫻を見五時新大久保驛に達した。先生は人力車に乗られ余は其跡を走って十分の後には柏木の平和のホームに迎えられることとなった。真に有益な樂しき櫻の春の二日間に亘る恩師と偕なる然りイエス君と偕なる旅であった。

四月二十四日(日)
午前の集會 大島正健先生司會
畔上先生 ルカ十六章一-十六
・イエス對律法家　パウロ對律法家
内村先生
パウロ對エルサレム會議
一、エルサレムに居るパウロの同志は彼の上京を喜んだ
一、パウロが愛と贈物とを携えてヤコブを始め長老其他の信者に遭いし時、彼等は神に感謝せしもパウロの愛と勞苦に對して謝する所がなかつた
一、それのみならず直ちに律法問題を提げて彼を攻撃し更に難題を以て彼を苦境に立たしめた
一、パウロは極力律法を重んずるの非を知れど愛の故に寛大なる態度を執り其大なる犠牲によつて益する所多からんを豫期した
一、然るに此等の事を完うするや、ユダヤ人は之に同情し感動する所か却つて彼を攻め遂に鎖に繋るるに至つた
一、そして其時に數萬の人々のうち一人も走り來つてパウロを救い出す働きをした者はない
一、律法を重んずる者の爲す所を見よ無責任極つたものである、之は亦昔も今も變りがない、教會(聖公會)が我等を利用して遂には我等をも律法の下に在るもの、如く言いふらし我等には迷惑のかゝるを顧みないという風である

午後の集會 石原兵永司會 四四、一三五
塚本先生(ロマ書九章六-十三節)
・ユダヤ人の救われざるは神様の御心によつてゞある

・ユダヤ人は宗教の真髄を信ずることが出来ないという罪がある
・異邦人にも救いの普及せん為め一時ユダヤ人の耳を塞ぎ給うたのである

内村先生

エステルの榮顯

一、ユダヤ民族の長所は財界、政治、文學、音樂等であるが
一、人の氣付かぬことで一つの勝れた點は婦人である
一、道徳的美人の多いことである
一、サラ、リベカ、ラケル、ミリアム、ユデス、メラ、聖母マリア
一、肉體美は信仰によって真美に進む
一、肉體美は道徳美によって人間美となる
一、消えざる内心美を貯えざる外面美は五分間も見て居ると飽く
一、人種改良などというても生理的にのみ考うるものは無益
一、美は誇ったり羨んだりすべきものではない、美は恩恵である、神の為め人の為めに用うべきものである。音聲も亦同じ

一九二七年（昭和二年）五月一日（日）

・午前の集會　塚本先生司會

畔上先生

律法はヨハネまでといい律法は天地は廢るとも廢らずという矛盾は表面のみ其精神は少しも撞着せず

内村先生

パウロの自己辯護

一、使徒廿二章のパウロの説教を先生は改譯して其當時の騒擾の有様を精しく説明さる

一、此パウロの態度は我等真の信者の態度なり。自分の經驗、米國ビーチャーのリバープールに於ける演説の様子

中食を講堂にて六人にて食す、塚本先生面白き經驗談

藤井武君宅で私と淺野猶三郎と三人で信仰問題を午后二時より八時まで食事もせずに論じた。更に私の宅を訪い来りし淺野兄と二時間も語って遂に其儘物別れとなった、人の義とせらるゝは只信仰に由るといふに對し淺野兄は神に感謝する正しき行も亦益あるといふに至つて反對となつた。

淺野さんは何といつても尊敬すべき傳道者である。

午後の集會

塚本先生司會(ロマ書九章十四―十九の大意)

・決して然らず の大信仰と大勇猛心 蹴飛ばす力 これがなければならぬ

豫定説は深い教理である。ルーテルは此説は十字架の血に洗われた人でなければ判らないといった

内村先生

ハマンの悪計 (エステル書三四章大意)

一、責任感なき者の不幸衰滅

一、現代の青年男女に警告す

五月八日(日)

午前の集會

畔上先生司會 伊藤一隆兄祈禱

ルカ十六章十八節の精神はイエスが離婚に関する律を定めたのではなくて精神を示されて各自の信仰の自由に任せ給うたのである。

内村先生

苦難と傳道 (行傳廿二章四五節大意)

一、行傳は仕舞(廿六章以下)の方に至つて記

事は綿密に記されてある、それ故一句一句を取つて精神を表明することは困難である

一、パウロはエルサレム行に向つた時、友人等は之を諫めた、然しながら思い立つたまゝ進んで行つた、果して苦難の日の連續であつた、然らば此行は無益なりしか決めて然らずである

一、彼は何等の考案をも立てず信仰によつて臨機應變に凡ての場合に處したのであつた

一、安全第一という様な目から見れば無益であり危險なものであつた、人間の目人間の心には斯く無用に見えても主は彼を賞し彼を勵まし彼に前途の光明を示し給うたのである

一、彼はエルサレムに在つてはユダヤ人と異邦の教會との調和成らず説教も出來ず信者も起らず誠に苦難失敗であつた様に見える

一、我等の生涯も亦所謂形の成功の連續でなければいかぬなど思うは間違である、イエスに從つて全生涯を通じて證表するものでなければいかぬ

一、苦み其物は偉大なる事業である(主の御名の爲に)

一、自分の特權を最初に示す者は劣等の人である パウロは最後にロマの市民權あることを表わした

一、ピーチヤーは一回も自分のドクトルを用いなかつた、偉大の人である

聖靈による 先生の熱烈なる祈禱

四七.

午後の集会

塚本先生司会（前座）ロマ書九章十九－三十節

・九・十・十一章はロマ書中にて最も至難の個所である

・之が若しは信仰に咀嚼せらるゝ時は自分の信仰に一のエポックを作りたるものを見ることが出来る。信仰で見て何でもない所であるが、神学的に哲学的に研究する時は非常に面倒で古から有名な宗教学者は幾多の著書を以て之を説き明したれど未だ満足の解釈を見ない

・現代に於て合理的信仰などいうことは偶像である自分の愚かなる考を神とすることである

・神を真に絶対無条件と信ずることによって難解の点は無くなるのである

・嗟人よ爾何人なれば神に言い逆うやとの言は十四節の有ることなしという言と同じ様に強い言葉である

・何だ生意気な!! と是である。凡ての人は神様の前には真に数うるに足らぬ者であるにも拘らず少しばかりの知識を楯にあゝだこうだと生意気なことを言うのである

内村先生

エステルの勇敢　四・五章大意

を述べられた。

五月十一日（水）

柏木聖書講堂で外国伝道研究誌を封じた後篠遠喜人君と祈り且つ語った、其時先生の机の上にあった福音新報昭和二年五月号発行一六五五号で左の文を読んだ。之によって教会は無教会に対する精神態度を窺われる

富士見教会会員の決裂……佐波亘

「前略」ただ茲に明かにして置きたいのは其決裂の動機がたとい已むを得ざるに出たるものであっても恐くは其結果をして所謂無教会主義者等に凱歌を上げしむるような事態に立至らしめないとも限らぬ一事である。先人が修め我等は日夜之が為め努力して「彼の労苦」にあずかりつゝあるのではないか。

（富士見教会は塚本虎二・藤本武平二等の有力なる先生も富士見教会に関係あった所である。ことを念を残すことがある。二郎）

五月十四日(土)
青山會館に於ける學生聯合禮拜(午後七時)にて(第三回)
高倉徳太郎氏の説教の要旨

基督教世界観

現代世界人の懐ける
一、自然主義(科學)
二、唯物主義
三、合理的、文化的世界観
四、佛教の世界観(宿命の鎖)汎神教的
に就き内容と缺陥とを嚴密に批判し給ひ

基督教の世界観(人生観)
一、天地の造主神の實在
二、人間及歴史に於ける靈肉の矛盾
三、歴史中に現はれし贖罪の神イエス・キリスト
を力と熱心と誠實とを以て二時間に亘り講述せらる。

五月十五日(日) 朝柏木に於て先生の挨拶せし折
内村先生
一、此間の雨で被害があったろう
と申さる。

五月十五日(日)
午前の集會
畔上先生司會 「富人とラザロ」の喩で 凡てを己の爲に
用ふるの禍ひを語る

内村先生
パウロを審きし人々 (行傳廿四章)
一、代官ペリクスと其妻デルシラの性格(歴史家ヨセファスの記せる所を以て精しく述べらる)
一、利慾と虚榮の爲に働く人の世に跋扈するは今も昔も異る所はない、
一、然し彼等は遂には審かれ空に歸するに至る

午後の集會
塚本先生司會 ロマ書九章三十節至十章一-三節
の大精神 只信仰即ち基督の十字架の贖を信ずるの
信仰のみによりて救はるゝこと。 躓石といふのを講述さ

内村先生
ハマン對モルデカイ（エステル書七章の大意）
一、全然己れの爲にせし自己本位のハマンと預言者的愛國者たるモルデカイの末路を明かにして神はエステル書に於て此二人の性格を示し私共に大なる教訓を與へ給うたのである。己を捨て、神の御攝理のうちに歩まんことを祈り、決して自分の爲に幸福なる運命を作らんとするが如き罪に陥ってはならぬ。
先生は青年男女の爲に切に祈られた。
此頃塚本先生を師とする柏木講堂に於けるギリシヤ語の研究會は四組に分れ頗る盛んである。女子も少なくない。信仰の爲に善用されんことを祈る。

内村先生の命名されし洗足會は毎月會員の家庭を廻って開かれつゝある。今月は
洗足會（第三木曜五月十九日）
田端六〇一番地青山士兄宅
青山士（長）　窪田一蔵　秋元梅吉　名古屋常治　久山寅一郎　渡邉五六　望月二良吉　齋藤宗次郎　田中龍夫　青木庄蔵　藤本武平二　田村幸太郎　高山鉄
五人の十三名集る
（筍飯、雞肉の茶碗、豚肉鍋　豆腐　胡瓜　紫蘇漬　香の物）

五月二十二日（日）
余は日曜學校に於て乙組男子十數人に對し「惡魔」に就て語った。
午前の集會　三谷隆正兄司會
畔上先生　先週の續き。
内村先生
罪の救いの宗教（馬可二章一―十二　羅六章十二―十七）

一、神様のみ罪の赦しを為し得らるゝのである。
一、罪を無きものとせらるゝのである、之は最大の
奇跡である。
一、大なる信仰を起さしむる助けとして多くの奇
跡を行い給いし事を信ずる。
一、罪を赦されたしと思うのではない
一、罪を赦された證據を示すことは出来る。
1. 自分に罪の責めがなくなる戻罪の苦み
が無くなる
2. 人の罪を赦すことが出来る様になる。
赦された人のみが他人の罪を本當に赦す
ことが出来る
午後の集会
塚本先生司會
パリサイ人と税吏の祈を以て異邦人は一層明かに其意

義を解釈す。
内村先生
ユダヤ人對異邦人（エステル書九・十章）
一、エステルの殺人を見るの態度は宜しからず
一、ユダヤ人は未だ人類を救うの資格はない
一、ユダヤ人を憎みしハマンは何れの世にも絶
えない
一、キシネフ事件（露）ドライフス事件
（佛）など有名
一、日露戦争に於ける日本の勝利にはユダ
ヤ人の應援は深き關係を有す
一、人の罪を赦す事から凡ての善き事が
起る
一、現在一千五百萬人のユダヤ人は第一は

51.

ロシヤ第二はアメリカ
一、酒井勝軍氏は盛んにユダヤ人禍を叫んで居る。
一、敵愾心の存する所に平和は無い
一、戦勝記念日が消える日が来なければ平和は来ない
一、普仏戦争にて(1870)独軍が戦勝記念式を巴里郊外ベルサイユに挙行せんとする時極力反対せしはウヰリアム一世の子フリデリック皇子のみであつた

五月二十九日(日)
午前の集会は大島正健先生司会
畔上先生　ルカ十七章十一の講義　我等は正しき信仰に立ち愛を以て万人に對し躊躇する所なく自然的行為を以て前進すべきである。

内村先生
祈禱の効力　(馬廿一章十八－二十二節)
一、聖書の教ふる所、我自身経験する所
一、自分というもの、交らざる純なる祈は必ず聞かる
一、利害関係ある祈は祈を濁らして仕舞う。他人に祈って貰う必要ある所以
一、一八八六年米国にて一度会いしベル氏が今年八十二歳になるが　それ以来一日として私の為に祈らぬ日がなかつたという有りがたいことを此程に於て知つて謝意を表してやつた

午後の集会
塚本先生司会　神は凡ての人を義とし給わん為に十字架の死に服して律法の終りと成り信ずる者の救

いとなみ給うた。

内村先生

罪の赦しの宗教（福音）

一、基督教の根本精神

一九二七年（昭和二年）六月五日（日）

午前の集會　畔上先生司會

塚本先生　ヨハネ一書三章六－九節

・永遠の生命は既に得た

・神と悪魔と二つの國のうち清き一方に就きし者は罪を犯さぬのである。其の信自覺が大切である。

其實際的には何うであれ原理的實際である深い考である。

内村先生

金の價値

一、財産其物は汚れてはない

一、其用い方が地的であれば賤しく天的であれば其處に友を得 生命あるものである。我が經驗せる所

・・・・

アルベルト・シュワイチェルよりの禮状を讀まる。塚本先生は獨乙語を英語に譯されたを内村先生は又日本語に譯して話された。今年は百ポンド（千圓）を送って相木と名くる病室を一棟建てて貰う様にしたいものだ

傳道獻金は百六十餘圓集った

S.3.

今井樟太郎氏廿一周年記念晩餐會

一九二七年六月六日(月)午后五時半

昨日曜日正午内村先生は余を呼んで

一、「君明日午後五時半今井氏の記念會の晩餐を東京會館で攝る事となって居るが畔上君と一緒にでも行って呉れぬか」と申された。余は私は差支がありませんと答えた、それから畔上先生に打合せをなし四時半に東中野驛で落ち合うことに約して別れた。

此日午后四時十五分東中野驛上り待合所に於て畔上先生の落ち合せるのを待って居った。間もなく思はぬ方の反對の側から姿を現わして余を招き、内村先生が

「一緒に出發するから連れて來る樣にと言われたので走って來たのだ」とのことであった。有りがたいことだと思った。途中畔上先生は余に一つの悲むべき話を聞かして呉れた。

△神戸一谷の隨分古い讀者の一人なる神田《こうだ》榮氏が内村先生に送った手紙が今日届いた。其内容は甚だ道を逸したもので、研究誌上一回一生欄の記事のうち「先生たるは難いかな云々」の字句を捕え、聖書に師は一人即ち神のみなりというなるに信者が人に師たるを認容するは如何、責任ある返信を望むというのであって、如何にも淺薄なる見方をなし、然も之を非禮を以て先生に對するとは不信の處為である。

聞く所によれば近年暇に任せて聖書の研究を始め「ダニエル書の預言」なる書を著す程に「ダニエル書や默示錄の豫言の記事を戯弄的に穿鑿し排列し牽強附會を敢てし世の終は既に近ずけりとて公會を開き飛行機を以て宣傳といろいろ狂的振舞を執ったというから例の末世の福音流の感化を受け之を極端に言行に現わしたものであろう。内村先生は此悲報に接して強く心を痛められ

一、彼にして今更此事あるに至っては最早一人も信用が出來なくなった

その嘆聲を發せられたとのことであった。
氏は木村商で獨立雑誌時代からの讀者で
先生の信仰思想は夙に判って居るべき筈の
人であるとのことである
余は此事實を聞いて悪魔がイカニ執拗に我
等を睨い居るかを思い且つ神田氏の爲に此状
に陥りしを悲んだ。
四時半恩師邸に着いた、先生は我等に對し
一、一寸待ちたまえ
とて書齋に昇られた 畔上先生は椽に倪り余
は軒下に立って時の来るのを待った。暫時にし
て三人小雨の中を出發し 留江坂を下り成子坂
下から乗合自動車に乗って日比谷に至り
濠の端にて下車し左に宮城右に巨屋を眺め
ながら進んだ、
先生は余の日和下駄の音を気にせられてか
余の方を顧られ

一、其音はひどい、こんな時には草履でも
穿くがよい これからは注意しよう
と言われた。五時半東京會館の大玄關を入る
こととなった、此處に立って成る程樫齒の足駄は
不似合だ、先生が注意さるゝは無理がないと
感じた。携帯品を預け今井夫人の出迎いを受
け、一旦待合室に於て休憩した。主客十三名揃った
六時、食堂に導かれて記念會の晩餐に與った
着席順は上圖の通りであった。

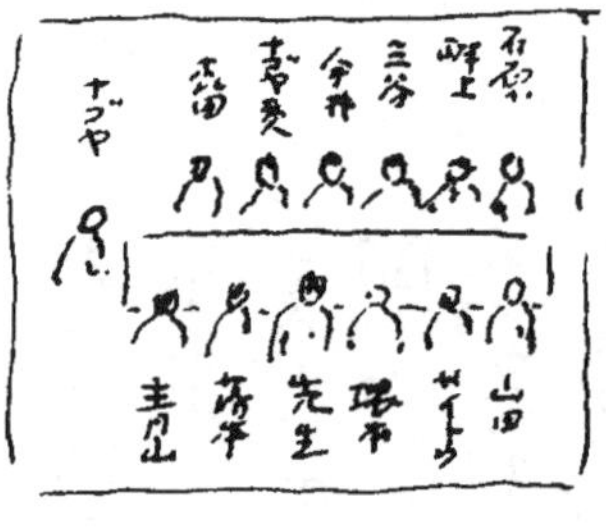

獻立
○食パン二切 ○前菜 筋子 二十日大根
○スープ ○鮎 野菜三種
○牛肉 野菜 ○鳥肉 甘藍
○アイスクリーム ○洋菓子
○果物 ○水 ○コーヒー

我等は隣る幾つもの席に於て幾十人の客は皆食事
を執るという賑わいであった、帝劇の男女優も多く見
えた、世には隨分贅澤な食事をして居る人の多き

5.5.

ことを知った
三十分位で食事は濟んだ。こんな處であるから別に振った話も出なかった。直ちに出で、再び應接間の様な廣い室に憩いを執った

宮城の方の發光の果は美しくあった。三谷民子女史は一番の話手の様に見えた。教會のこと銀行のこと避暑地のことなど話された。上圖の如く圓團となって思い思いに語り合った。

此夏の休議の前に懇親會を開くことを相談した、五團の晩餐會は洗足會で主催し上野の精養軒のこと。二四又は二四五位の方は五周年會の主催となって適當の所に開くこととした。主として名古屋兄は前者に、石留兄は後者に盡力することに決し、大綱は塚本先生之を統ぶることに決した

八時今井未亡人に謝し一同退散した。自動車の準備せられたが辭退して先生は日比谷の夜景を眺められた。我等も同道して一二町先きから電車にて四谷驛に至り、省線に乗り換えて大久保驛に下車した。余と畔上先生とは先生と共に柏木に向った。余は一足先きに走って先生の御歸りを留守宅に報じた。一同玄關に出迎う

「正子は眠ったか!」

とは先生の最初のお言葉であった。畔上先生は研究誌の校正刷を携えて預言寺に入り余は辭して家路に向った。

六月九日(木)

宮崎縣花ヶ島に居って南瓜の栽培指導をして居った川島晟耕氏(妻仁志の父)が縣外輸出販賣の用務を帯んで上京し、神田青果市場にて取引相談を行った。其途上柏木に至り内村先生に御目にかかること、なり預言寺で信仰談一時間十五分に及んだ。先生は氏の言を絶えず笑って聴かれ且つ喜んで話された。二人の聲は甚だ高いので まことに賑かな會見であった。

第一に十字架の御贖いによって救われたという大幸福を据って居るのだから其他の點は感謝を以て凡てに對ちべきである というのは一致せる點であった。

共に快感を以て別れた。
後日先生は余に向って

一、あの川島さんの訪問は面白かった。絶對的信仰の態度は立派なものだ

と申された。

六月十日(金)晴

午後六月号聖書の研究を二千部座右に積んで國内部の發送獨で行って居る所に先生は書齋から下りて來られ、黙々として静かに余の仕事を手傳われた。五時包装を了えるや美代子夫人の好意により茶菓を饗せられた。感謝を胸に満して家路に向わんとするや先生は二階から一聲高く

一、誠に有りがとう!

の言を寄せられた。

六月十二日(日)
午前の集會　塚本先生司會
畔上先生路加十七章三、四節講演
内村先生
パウロ獄中の二年　(使徒廿四章廿七節)
一、此單なる一節は歴史上非常に價値のあることである。
そして事實を擧げて述べられた。之を謹聽せし宮崎の父上は感動の涙を拭うて居った。
午後の集會
塚本先生司會　羅馬書十章十一―十三節　信仰の本質を縷述せらる
内村先生
以士喇書第一章
を講ぜらる。

閉會後先生は九州の父上と色々物語られた。
六月十九日(日)
午前の集會
塚本先生　畔上先生司會
信仰の根本義
内村先生
ペストス　パウロの事をアグリッパ王に說く
午後の集會　鰺崎兄司會
塚本先生　ヨハネ三書九、三・四節　有益の講演
内村先生
エズラ書研究　(一―六章大意)
一、日本現時の狀態を悲しむ
一、如何にすればよきか少しも判らない。去れど神様は最善を爲し給うを信ずる。

三谷隆信先生歸朝講演會

六月二十三日(木)午后七時柏木講堂に於て開かる
山本兄司會祈禱　塚本先生開會の辭
三谷隆信兄は歐洲に七年間外交官として巴里の萬國平和會議及び國際聯盟に出席し自身自ら其職を勉めつゝ目撃せし所感ぜし所を順序を立てゝ語られた。
○世界各國平和を要望して居ること
○日本特有の精神を棄てゝ西洋文明を追求し模倣するは甚だ解し難しと歐洲の有識者が語り居ること
○日本には世界人類に對して一種の聖大なる天職を有して居るに相違なきこと、等。

要點は右の如くであつた。
内村先生
有益なる講演であると喜ばれ
一、數日前白河に旅行して樂翁公の遺せし感化の偉大なるを味ひ、此精神の上にキリストの十字架を貫いたものは新しき生命ある文明であり、これを釀成し
一 現實にするには我が柏木の團體が極めて適當なりと信ず、其任や大なりである
という御意見を發表せられた。
默禱を以て閉會。
更に茶話會を開いて清談に時を送つた。
一、米國人の無禮(謙遜を蹂躙す)
一、三年以上在留の米國人には英語で話さ

ぬこと
一、教會に於けるバイブルクラスの内容外形
一、三谷文子の渡米と在留中の厳格なる態度
一、三谷隆信君は七年も外國に居つても矢張柏木へそして歸り来り、某君は米國に十九年居つて殆んど何處へも行かずに希臘語を専攻して今回柏木の精神信仰を懐いて歸り来りしこと
など先生は語られた。十時過ぎ散會、余は三谷隆信、畔上賢造、石原兵永の三先生と共に歸途についた。

六月二十六日（日）
午前の集會　畔上先生司會　路加十七章十六節
我等の信仰を増し加へ給へにあらずして、與へられたる信仰を感謝し之によつて靈の深き恩恵に與からしめ給ひしを感謝するのである。又信仰を比較するは皮相なる行為を以てしてはいけない。行はそんなに變るものではない。却て失望することがある。

内村先生
パウロ對アグリッパ王（行傳廿六章）
一、パウロのアグリッパ王及ペリクス以下の人々の前に於ける説教は説教に非ずして證明であった。主の恩恵に與りし實驗の告白であった
一、最後の一言、我が如く信仰の人とならんことを願ふ、然し縲絏の苦しみなくして……は

實にパウロの眞情、同情に富める證據である

一、正直なる靈の實驗を有するものは力ある傳道をすることが出來る

一、今日の神學校出の青年の如きは徒らに神學者の說（時代と共に變る）と引き出して理窟的に信仰を迫るが如きは大なる間違である、生命なき能力なき方法である。

一、高壇に立って聖書を講ずるは主の命に服するのである

午後の集會　政池仁司會

塚本先生　羅馬書十章十七節－廿一節

萬民の救われん爲に神は凡ての備えを成し給いたれど、イスラエル人並に我々人間は常に剛愎にして情り順わざるが爲に救いの恩に與ることが出來ない

實に不從順ということは人類の大損失である、現代の人々殊に青年は間違った自由を追求し權力に對する反抗を喜ぶの悪風に陥り居るは痛嘆の至りである。二高の校長排斥同盟の如きは此類

神に從順　是れ私共の最も力を盡すべきことである

内村先生

エズラの使命（ネヘミヤ八章）

一、アブラハムの信仰モーセの律法イエスの贖罪が今日の我々にまで傳わるに於て今より二千三百年前ゼルバベル、エズラ、ネヘミヤの三人が如何なることを爲して其聯絡の務めを果せしか殊にエズラは聖書研究を以て信仰の大精神をイスラエル民族に教えたるは實に此柏木の日曜日に禮拜聖書講義をなすことに大なる關係を有して居る

報告

一、日本青年館に於ける三十日午後五時より柏木青年懇親晩餐会の件

一、淀橋町十二社附近二業指定地廃止同盟大演説会の件

一、柏木聖書研究会は一と先づ本会を以て結了し七月第一日曜日は午前のみ、九月第三日曜日を以て新たに正式の会合を始むること

六月二十八日(火)

青山会館に於て、今回十二社附近が二業指定地となりたのを廃止せんことを陳情し其期成を達せんとする演説会が午后六時から開かれた

開会の辞 栗原彦三郎　座長 三宅驥一博士

弁士 戸倉喜市、吉岡弥生 豊田豊吉 内村鑑三
久布白落実 城民雄 益富政助

賓客 頭山満翁 (陛下萬歳三唱の発聲者)

内村先生

一、題 子の為を思うて

八時五十分頃閉会 青山署長は多数の警官を率いて警戒に当って居った。

六月三十日(木)

柏木青年懇親会

午后六時半過開会(男四十餘 女三十餘)

畔上先生司会　晩餐

欧洲並にパレスチナ旅行談 石河光哉

卓上談話 鈴木俊郎 湯澤健 片山轍

内村先生(女子側代表)

一、路得子を思うこと

一、最近の旅行に於て後藤静香氏と対坐しつゝあるを知らずに 同氏の事を沢山語った、其跡で同氏に名乗られしこと

一、石河君は世界三等旅行で帰って来たら全く
喜びの性格となった
塚本先生は内村先生の偉い事、自分は一時誤解せしことを話し、青年等に對して大いに警戒の言を發せられた
畔上先生は内村先生をルーテルに比較しての話、宗教改革の大使命を帯べること、それと同時に青年等の責任の重大なることを告げらる

七月三日(日)
午前の集會 塚本先生司會
神の眞實 テモテ後二章八―十三
神の眞實は永久に變りないから、我等は如何なる生活如何なる境遇に在るも疑わずして耐え忍んで其恵みに入るべし。

内村先生
塚本先生の述べし右の教を自らの
經驗に照して
説明を附け加えられた。

午後の集會 湯澤健兄司會
塚本先生
○私の三先生 (ヨハネ傳十四章十八節以下)
一、岩元禎先生(一高獨乙語教授)
二、ヒルテー教授(獨乙ケルン大學)
三、内村先生
第一は私に學問の仕方を教えて呉れた、殊に宗教に就てはアーメンアーメンの坊主となってはならぬと嚴しく言い聞かされた、
第二は全く其著書によって教えられた
幸福はゲーテ、シヨーペンハウエル、シルレル等から来らない、キリストの十字架に對するサウンドな信仰より来る

というは大なる力となって私を支えて呉れた。・・・・

第三は内村先生

内村先生を師と仰ぐに至ったのは約二十年前からである。私の過去の生涯に取っては最も大切なる二十年である。十八年前大學の二年の時、先生に親しく面會したいと長く思うて居たのを果さと御伺いした處が御留守であった。アゝよかったと思うた。どんなお顔をして何んと言わるゝかを怖怖は思うて居たからであった(今年は四十五歳)其次に御伺い申したら御在宅中で快く會って下された。取次の人が二階の先生に告げた時に發せられたお聲が甚だ優しいお聲であった。意外の感でアア先ずよしと心に平安を懐いて御待ちして居った。　私は私の考を述べた、今から私の所に來るか來ないかを決せよと強く申された、少し躊躇をしたが參りますと答えて退いた。其後幾年か前田、藤井等と會合を先生の許に繼續して來たが何やら意見が違うと感じた爲に遠退いて三年間先生の所に來ることを廢めた。然るに或る機會があって再び來ることゝなった。然し教會に就ての先生の御考には全然同意という譯には行かなかったが二三年前漸く教會のことも或る程と判り、又先生の存在の理由というものも亦判然して來たので眞福音は此處に在りという信念が定った。されは全く先生と信仰の根源を同うするを得たる結果に外ならない、即ち同じ十字架を同じ樣に仰ぐという根本が全然同一の基礎の上に立って居る證據である。此點は藤井も亦同樣である、そして私と藤井とは一切の點に於て全く反對なれど此信仰のこと丈は微細の相違だに發見することが出來ない、何時間話し合って見ても益々其基調の同一なるを明かにするばかりである。私は可なり多くの本を讀み又之を貯えて居る然し一つも信仰の同志がなく同意を與うるものがない、根本的眞理の何なるかを教ふるものは一つもない、與えて呉れるものは只知識のみである經驗のみである。

私は内村先生に於て純福音を見純信仰を見たると共に内村先生に於て眞のクリスチヤンを發見した、それは先生に幾多の長所幾多の資格があるからではない、只キリストの信仰があるからである

今キリストがロンドンに來給わばと
いう本にキリストが今日の信者及び教會と基督教とを御覧になつて

之が基督教であるならば私はクリスチヤンではない

と仰せらるゝに相違ないと書いてある、若しエス様が今東京にお出でになつて同じものを御覧になつたならば同じ御言葉を發せらるゝであろう

今度は私共は如何にしてエス様を認めることが出來るであろうか、エス様は今度は大工の子として現われ給わないであろう、然し私は内村先生――多くの缺點を有する――の上に純信仰を認め、十字架の弟子たる資格を認める其眼があれば其眼を以てエス様を發見することが出來ると信ずるものである。

何うぞ皆様は此先生の此信仰を見て皮相の弱點に眼を留めない様にせらるゝことを切望するのであります。

内村先生は

休みに就て

一言すると仰せられて左の如く語られた

一、休み――夏期休暇――ということは昔は無かつた。

一、今は西洋人に眞似て誰も彼もする様になつた。

一、米國人は休むことに就ての苦勞に追われて居るといつて居る。

65.

一、之は過激な文化生活の然らしむる所である。

一、休暇は勿論キリストにもパウロにも無かつた。所がパウロはパンフリヤからガラテヤに行つたのは避暑旅行であると曲解する學者がある。

一、如何にせば休めるか

仕事を止めて遊ぶにありと普遍考えて居る、然し決して其うではない、それは植物的生活である。水を呑み日光と風に觸れて居ればそれで立派に休めるといふのは植物界の話である本當の休みは

一、働きを變えること。

山に行き海に行かねばならぬといふものではない。

二、純信仰の生活に入ること。

自らを空にし我靈をキリストの靈に委ねまつりて其靈に生きること

之は最大最善の休養である

別に複式呼吸も靜坐法も要らない

三、一度目を通した本を二度三度ゆつくり著者の精神を吸んで精讀すること。

讀書は旅行の様なものである、一度では到底其重要な部分を見盡すことが出來るものではない。

七月四日（月） 八時半柏木に至りインテリジエンサー七
日號三百冊を包装した、讀み合せから押し込みまで
二時間半を要した、
先生は花江さんを伴つて葉山の新居を検分に
行かれ御不在であつた、日歸りにせらるゝ御豫定で
出られし由
航海中の祐之學士から
○愉快な航路を續けつゝあり御両様の健
康を祈る
といふ無線電信が打つて來たとて御一同の喜びで
あつた、中食を夫人及び美代子さんと三人で頂
いた、二分搗玄米に鰻の御馳走であつた、三人で
半時間物語つた、三好野の餅菓子を饗食せられた。

七月五日（火） 徳富健次郎先生の宿痾が最近輕快に赴いた爲め近
く伊香保温泉に自動車で入湯せらるゝ由
盛岡市願教寺住職島地大等氏五十三歳にて病死、一旦荼
毘に附し遺骨を故郷に送る由

七月六日（水）
午后柏木に至り預言寺に少憩、
内村先生は一昨日葉山を自動車で走り廻られた爲め
八時御歸りの後疲勞せられたとのことであつた、三時頃
お見えになつた時私は
○愈ゝ御歸りの時も近づきました（祐之さん）
と申した御心中嬉しそうな輕き御返事があつた、
別に御用がございませんかと伺えば
一、別に無いから歸つて明日は留守居をして
呉れい
とあつた、私も横濱に御出迎えを致しますと云えば
一、そうか横濱まで行くのか
と言われた。
獨講堂に入つて祈り將に歸らうとする時美代子さん急
ぎ出て來り明日の上陸時間を明かにし私が横濱まで
行つて呉れるのは有りがたいといふことを語られた。

七月七日(木)

内村醫學士の歸朝を迎う

余は此日午前五時五十分獨朝食を濟まし自園の野菜を携えて柏木に至り臺所に進呈した。若夫人は喜んで之を受け納れて呉れた。今日は先生にお伴して祐之兄を出迎うのであるが未だ少し時間があるので預言寺の玄関に腰を掛けて二瓶要藏主幹の「宗教」七月號を讀み、其内容につき藤澤音吉君と話合って居った。時に若夫人は余を認めて「まだお出掛けにならりませんでしたか、お知らせするのを忘れて居りました。父は正子と人力車で停車場に向いました」と言われる。余は若夫人と一緒に色々と物語りつつ新大久保驛に向った。先發の花江さんに追い付き七時十分頃驛に着いた。先生は正子さんを懷き待ち遠かりし御様子にて出札所の前に立って居られた。

櫻木町驛まで二等切符八拾六銭

省線電車に乗って出發し、品川にて乗換え二等室に乗って朝霧深き東京灣岸を走った。鶴見總持寺前の掲示板に日曜學校、何時よりなどいろ掲示を見て片腹痛く思った。川崎では職工の同盟罷工のことや川崎銀行の混亂のことなどを思うた。櫻木町驛に着いたのは八時半頃であった。直ちに自動車を驅って岸壁に至り、コンクリートの建物の二階待合所に立ってサイベリヤ丸の着船を待った。出迎の人々は

坂田祐氏、高山錦五兄、畔上賢造先生、今井信子夫人、久須見母堂、美代子令妹、植木屋君、

武藏屋君其他紳士等二十餘名

であった。船は七時半港内に入り、既に港外にて檢疫や點呼をなし次第に近づいて九時半漸く上陸することとなった。余は外國通いの汽船の到着の光景を始めて見た。此日該船の船客四五百名に對し出迎の人は

千名を越えたであろう。何れも喜びの色を其面上に浮べつゝあるを見た。

我が恩師も亦其愛子を迎えらるゝに於て純然たる人間であった。愛孫正子さんを愛せらるゝ心は祐さんに對すると同じ愛であったであろう。既に柏木の自邸を出發せらるゝ時から彼女を膝にし懐にし腕にして人力車に乗られたのであった。新大久保から櫻木町までの車中も殆んど其手より離されなかった。窓下に立たして室外の景を眺めこめたり、轟々の響きを耳を澄させたりしから色々の事を教えらるゝ様は或る日のイエスを思うを禁じ得なかった。

九時には船はまだ防波堤の彼方にあって僅かに其船影を雲霧の間から眺め得らるゝ位のものであった。上陸準備を了えて船は次第に棧橋近く進んで來た。甲板に立つ船客の姿が微かに認めらるゝ頃から出迎の人々は一齊に動揺め始め、夫々好位置を選みやら双眼鏡を差し向くるやら帽子やハンケチを振るやら各々の胸に踊る心は其動作に現われた。

先き頃少しく人氣の忌わしきに倦みたる爲か泣き出せし正子さんは慈母に伴われて段を降り、之を案じて其姿を逐い行かれし先生、共に暫時にして上って來られた。其頃には船艦は二百間程の近距離まで接近しつゝあったから人影も亦次第に其誰彼を指呼し得る様になった。先生は臺の

上に立って眺められた。我等一同も亦其左右に立って一刻も早く愛兒の姿を認めんとあらん限りの視力を注いだ。
それらしき人があっても別人だ。何の邊に現われ出るのか中々見付からない。どんな帽子、何色の服ということが判って居れば容易だがなど言う人もあった。
斯くして居る間に中甲板から上甲板に上り移った二人の姿に視線を轉じた。肥大の一人は確かに山桝船長なることが判った。兄と並んだ中折の青年は祐之兒なることも判然した。我等は忽ち手を擧げた。帽子を振った。船は益々近づいた。全身に溢る喜びを表わす笑顔は刻一刻愛兒の嚴父、愛人、寵兒の方え近ずくのであった。愈々、十数間の前に現われし時先生は扇子を擧げて

萬歳!

と一聲發せられた。三年の長き間の筆紙や寫眞を以て盡し得ざる愛情の蘊蓄を此一聲に於て噴火爆發の如く吐露せられたのであろう。我等の耳朶に入るに止らず遥に天にまで達したに相違ない。

九時半愈々横濱埠頭の岸壁に固着して臨時の梯子段はしつらわれ一同下船上陸となつた。出迎の人々は先きを急いで望楼より下り通行の出口に於て各々會見の喜びを交換するのであつた。

我が内村祐之兄も山桝儀市兄の案内にて室外に出て出迎の人々を待つて居つた。先生は兄を認め兄は父君の前に進んだ。小雨の中に父子の堅き握手は結ばれた。共に簡單なる挨拶の語を發せられた。美代子夫人は愛娘を懐いて迎え

〇本當にお父さんが來たでしよう

と言つた。正子さんは稍々驚きの眼を以て初對面の父上を凝視した。今井夫人は側にあつて

〇先ず抱いて御覧よ

と勸めた。余も握手を以て余の好意を表した。一と通り會釋が濟んだ、そこで一町の間を徒歩して辻自動車に

先生　祐之さん　美代子さん
正子さん　花江さん　菊江さん

の六人乘つて櫻木町驛に向われた。東京、新宿を經て新大久に下車。樂しき潔き柏木のホームに歸られ待ち焦れ居給える恩師夫人に喜び迎えられて御一家の久しぶりの快談は行われたことであろう。

余は人々と別れ畔上兄と二人櫻木町驛乘車東京驛まで樂しき談話（三瓶氏のこと　坂田兄のこと　田中龍夫兄のこと　淺野兄のこと　柏木講堂のこと、地方同志のこと　畔上先生の集會のこと　島地大等氏のこと　曉烏敏氏のこと　多田鼎氏のこと　花巻の信仰界のこと　道元禪師のこと　元始佛教の煙滅のことなど）をつゞけ途中兄と別れ余は獨祐之さんの三本のバットを提げ大久保驛下車。恩師邸に至つて夫人に認ろな

る祝辭を述べて帰った。

七月十日(日)

集會　畔上先生司會

塚本先生

友よ何とて來る(太廿六の五〇)

と題しユダが恐るべき反逆を接吻といふ心安きかの言を以てイエスに對したる時に發せられたる此言葉の意味を説かれた。接吻は容易に行われないが

一、尊敬の意を表する時

二、長く別れて居た親しき人に遇うた時

三、長き別れをなさんとする時

の接吻の場合より聖書の實例を挙げ　それからユダの時の場合を論じ　此大敵が詐りの態度を執りたるに對し　此温かき御言葉をかけられたることは眞に神の子たるの大愛に出ずるものである。我等主の僕等も亦之に類似した場合に此清き心と態度とを失つてはならない。

内村先生

最後の晩餐に於ける御言葉

(ヨハネ傳十三章三十節以下)

一、イエスがユダが反意を懐いて座に居つた時に悔改の爲に力を用いられたが、彼が十二の間に居る時は御心を打ち明けて高き聖き事を語り給い得なかつたが、彼が終にサタンに捕われて全然反意を明かにし晩餐の席より出て行つた其後は眞に同じ心の一團のみであるから

今人の子榮を受く神亦彼に因りて榮を受くるなり……　云々

という眞に信と愛との滿てる御言葉

を弟子等に賜ったのである。
一、我等も亦この様な時にはイエスの如き態度を以って其ノ天分を守り職責を完うせねばならぬ。

報告
明日の内村祐之氏歡迎會のこと
當日曜日から九月第二日曜日までは午前中丈の集會とすること
○今日は會衆多くして席の餘地もなきため薄縁を敷いて坐らせるという状態であった。

内村祐之氏歡迎會
（柏木會員の親睦を兼ねたる）

一九二七年（昭和二年）七月十一日（月）曇
於丸之内ビルデング九階精養軒

余は此朝責任重き身であることを感じた。祈は第一の準備である。己を十字架のイエスに委ね、凡てを聖靈の御導きに仰がば必ず之を果し得ること、信じて起床。午前六時出發恩師邸に至り直ちに臺所に於て糊を製し七時廿五分から「聖書之研究」七月號の包装を始めた。今回は
内村先生の差し込み作業
を始め多數の手傳を得た爲め十一時までには外國行の分まで濟まし發送の準備は全く出來た。
正午先生から
一、御苦勞であった有りがとう

と温かき御言葉を頂いて畔上睦子夫人と共に帰途についた。

午後三時四十五分阿佐ヶ谷発、東京駅降車直ちに会場たる精養軒に入り主催者の一人として活動を始めた。五時半まで待つ間に幹事としての藤本武平二、名古屋常治、高山鉀吾の諸兄を始め田村次郎鈴木虎秋の二兄は会計受付の任に当る為めに出席、望月二良吉兄も接待役として来り援けられた。

プログラムは藤本兄と余とが主として其成案に当り塚本先生を顧問に名古屋高山両兄を相談役として六時半辛くも其大綱を編んで内村先生の承認を受けた。指名所感を述べて貰う人のうち先ず山桝、青山二兄に依頼し、会場の準備茲に全く成るに及んで余は屋上庭園なる控所に出で、一言高く閉会着席を宣した。数名の世話役たる我等は要所に立って約一百人の会員を食堂に導いた。

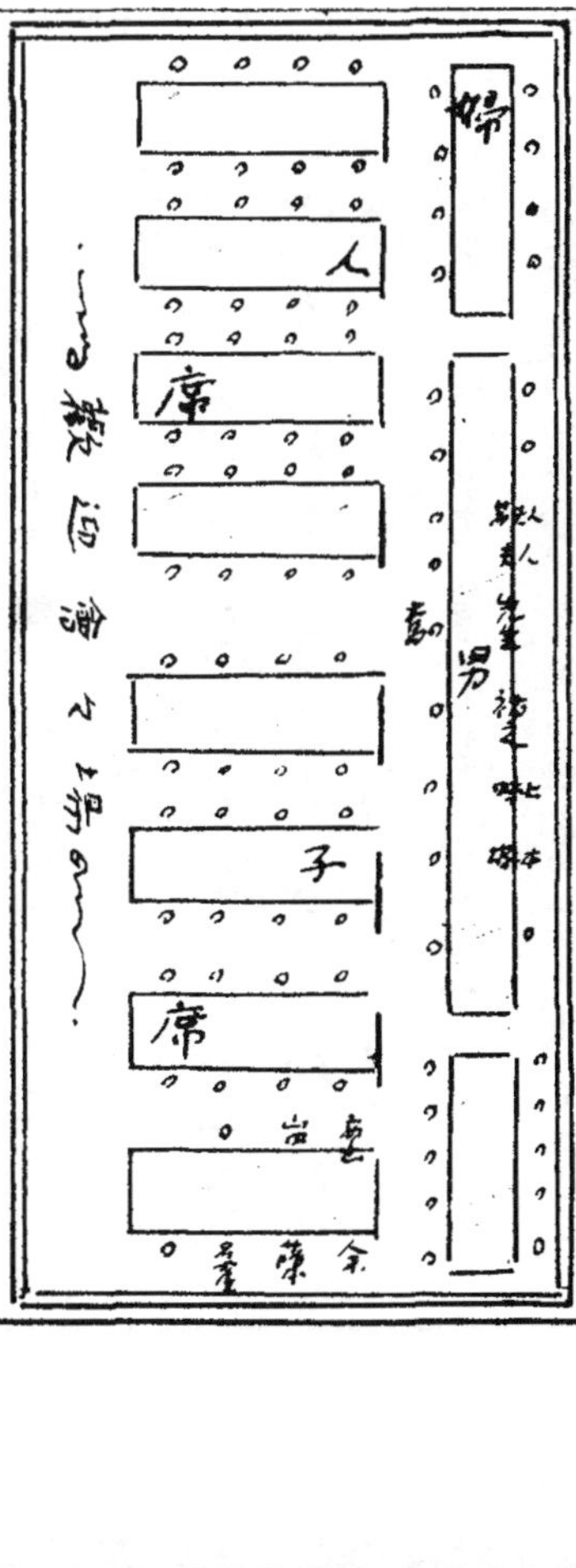

招待員
内村鑑三先生　静子夫人　祐之先生　美代子夫人
畔上賢造先生　塚本虎二先生　内村正子

男子会員
内海直蔵　山桝儀重　時田大一　寶田一蔵
室賀文武　深野喜一郎　森田甫　馬屋原實
柴田豊造　青山士　渡邊新　久山寅一郎
堤　芳雄　北澤政明　寺尾俊平　田村幸太郎
末永敏事　田中龍夫　藤本寛郎　山崎鶴松
鈴木俊郎　濱田成徳　下山忠夫　加藤五一
石原兵永　仁科嘉治男　矢内原忠雄　藤田稹一郎

並木喜三郎	齋藤茂夫	吉原利定	石井富吉
三谷隆信	青木義雄	石河光哉	横田成浩
成田榮信	村山覺彌	三谷隆正	盧石壽
玉川直重	西岡虎造	樋口寛	山田總一郎
大島正健	政池 仁	山本泰次郎	植木良佐
田村次郎	鈴木虎秋	渡邊五六	望月二良吉
中野麻太郎	小池 究	米元信吉	高山鍾五
名古屋常治	藤本武平二	齋藤宗次郎	

女子會員

坂本木枝	今井 信	荒城まつ	横田韶子
三谷民子	岡林柔子	平井貞子	杉田鶴子
青盛常	松本郁子	田中梅子	荒城道子
佐藤とみ	石川しづ子	鈴木せい	加藤つね
伊藤とみ	高橋きゑ	松田敏子	末永靜江
中島とく子	佐田文せ	桝本棋子	桝本たか
興儀たづ	小林てい	植木たか	矢野君子
塚本善子	酒井あい	諸井貞代	長尾那美
植村くに	小野塚孝	松山雪	

七、五九・三五、　計一〇一名

余は藤本兄指揮の下に司會者として發言順次プログラムを進めた

一、食前の感謝ー大島正健先生

内村先生と對坐せる席に立って比較的音聲高らかに壯嚴なる態度で感謝の祈禱を捧げられた。

將に開會せんとする頃は隣室に於て幾組もの客人が食事する物音騒々しき爲め、祈るも音聲の一般に響き渡らざるべきを憂い塚本先生走り來りて默禱を以て始むるの外なきにあらずやと注意せられしも、我等は其不可なるを思い大島先生を指名したのであった。之が爲め主の御許に一團となりて集り全体が引き締って會は刻一刻其目的を完成する域に向ふこと、なった。

二、食事

アイス・ウォーター　パン二個　バタ　落花生　スープ（野菜類）

牛肉芋のフライ、菜豆をバタいためしたもの　海老ー　お飯　鳥肉ー

アスパラガス　アイスクリーム　コーヒー　菓子果物。

食事中は同卓の會員思い思いの談笑をなす

三、晩餐食後の集會を屋上庭園のことは預定せしも雨降り來りし爲め此儘此室を用ゐることに致ます。然し現

狀のまゝでは不適當故此形を變えます 其間隣室に御控え下さることを願います
十分間位を費して會場全く整理す

四、挨拶 一余
開會の理由、精神及び會衆に對する希望を述ぶ

五、歡迎の辭
山桝儀市 青山士 盧高壽 荒城まつ子
藤本武平二 青木義雄 塚本虎二 畔上賢造

六、答辭 内村祐之
不在中一同が内村家を愛し呉れし深甚の厚意を茲に於て謹謝す。終始一ヶ所に留まり同じ先生から學問真理探究の仕方を學び之によつて宗教を始め之を研究する時の態度を知ることが出來た。

鼻界を病んで瑞西のチウリッヒに加療せしことが動機となりシヴァイツェル氏と其友人とに親交を持つに至り之が柏木と關係を持つに至りし攝理を嘆稱し更に到る處人々の好意に接せしは感謝であつた。

七、謝辭

内村先生

一、内村家に一つの特長がある、個性を尊ぶ事、
一、子が一人前になれば敢て干渉しないけれど父子互に其益となる所を爲すに至る
一、一高時代の所謂不敬事件で名を傷けられしを予は野球を以て之を挽回した。
一、父の著書によつて世界に友を作り居りし故、予は留學しても常に大なる便宜を得、殊にシワイツェルとの關係を密にする助けとなりしは世界的大事業である。
一、今回私の同窓同級の人々は年齒長じて母校を退かんとするに當り、予は札幌大學教授となつて父の母校を教えて長く其關係を保つこととなつた。凡て皆神の攝理

である。此等の事柄は柏木の會員一同の上にも夫々存すること故、大小は兎に角柏木には一の大なる使命が降つて居るに相違ない。今回斯くも多数の教友は心から予の歡迎をして呉れたということは實に有りがたいことである。

八、閉會感謝の祈禱ー余

九、左の新歸朝者を御紹介致します

イ、玉川直重兄

ロ、三谷隆信兄

ハ、石河光哉兄

一々立つて一同に挨拶の代りに禮をせらる。

内村先生

一、此等の兄弟は其道に於て何れも偉い人物である。柏木は斯くも多くの人材を有するを喜ぶ

と歸宅の歩を進めつゝ卓前にて語られた。一同の拍手の後婦人側より順次靜肅に席を離れてエレベーターの戸口に向われた。

余は篤信にして親切なる藤本兄塚本先生名古屋兄高山兄の助けにより聖靈の御護りの下に大過なく司會の大任を果したるを衷心より感謝した。

先生は余に向つて

一、今日役の勞を謝す

る旨の言を與へられた。其他多数の兄弟等は等しく謝意を現わされた。余は感淚の外はなかつた。己を棄て聖靈の御導きに順ふ者の幸福を泌々と感じた。

四百五六十圓の會費を以て充分に仕拂をなすことが出來尚幾分の殘金を見るに至りしも感謝であつた。

東京驛よりの電車中にて藤本兄と共に目的を果したるを感謝する旨語り合うた。我等は大綱を記せるプログラムを前にして刻々聖靈の教え給うまゝに順序を進めたのであつた。

七月十四日(木) 午后四時 柏木に至り先生にお目にかゝったら

一、先晩は御苦労

とて改めて謝意を述べられた。．．．何でも御手傳をいたしますと申した所は

一、明日は葉山に行けるだろう、都合によつては留守居を頼まねばなるまい

と答えられた。

七月十七日(日) 晴九十二度

九時柏木に至り講堂を整理した。恩師夫人と花江さん八郎君の三名先發して昨日葉山に向われ明日は美代子夫人母子同行に向い、當夜祐之さんは北海道に出張、十日位にて歸京の預定。恩師は多分此二十日頃葉山に行かるゝ由承った。

集會日 畔上先生司會

路加傳十七章七節以下の精神を説かる。イエスと信者の關係態度を夫婦の關係を以て其意を明かにせられた。

内村先生

昨日來訪の僧侶と二時間に亘って問答した

一、結局佛教は理窟 基督教は力ということが一層判明した

一、私の缺點を言って貰いたいと云うた所が三昧に入らぬは缺點だというた。つまり融通が利かぬということであるらしい

一、そこで私は此邪曲の社會に在って正義の神を信ずる者に取っては此精神を保持して眞直に語り眞直に歩むより外に道がない。我等の見る所によれば佛教の人々は餘りに融通過ぎると思うと語って別れた。

七月二十四日（日）

集會、（傍聴者たる無誇の一青年が山田鐵道氏の手厳しい詰問に遭って驚懼せる事件があった）

畔上先生

「救いに至る讃美」ルカ十七章十一－十九節の講義

醫される・ということと救わる・ということの區別を判明、人は多くの恵みに與かり居りながら之には氣を留めず徒らに要求のみ切なるは過れる態度である。斯くては如何に與えられても生涯満足することが出來ない。我等は第一に恵みを感謝することをせねばならぬ。

醫される・は肉体の病氣のことのみではない精神的のことでも知識のことでも其向上なり解決なり安定なり満足なりがあれば等しく醫されたのである。信者と稱する人でも此種のことで既に堂に入りし樣に自認し遂に尊い救いに入りかねる人は澤山にある樣に見えるとて自分の經驗や所謂背教者のことを挙いて嚴密に其眞意を説明せられ、美わしき例證としてヘケラーゼンの生涯のかの大事業は感謝の一念によることを述べられた

内村先生

畔上先生の講演の有益なる教であったことを喜ばれ次に

一、日蓮上人の死とイエスの死の天地の差なるを論じ

一、日蓮の死は人間的であり、イエスの死は神的である。前者は天變地異の威力を以て自らを守り死を免れたるに對しイエスは神意を爲す爲には全然一切に服して其義務天分を完うせられた。我等も自らの幸不幸、有利不利、愉快不快の打算に行動を執ってはならぬ。正義であり愛であり義務であれば事の難易を問わず結果の如何を考えず斷々乎として猛進邁行すべきである。

七月二十七日茂夫と共に富士登山七合目の石室に一泊して二十八日歸る

七月三十一日(日)

祐之さんは昨日北海道より奥様と花江さんとは葉山より
歸宅。先生は校正の爲め今明日中に歸らるゝとのこと

集會 畔上先生司會

塚本先生「我母、我兄弟は誰ぞ」

奥様祐之さんと暫時物語り十一時四十分歸途につく。

一九二七年(昭和二年)八月七日(日)

集會(先生は葉山 塚本先生は星野温泉)

畔上先生「神の國の所在」ルカ十七章二十、二十一節

パリサイ人の質問の動機、「うち」とは何か

八月十四日(日)

集會 畔上先生司會、「神の國の本質」

(小池先生留守居に當る)

八月二十一日(日)

集會

畔上先生司會 神の國の本質其三、(ルカ十七章廿三、廿四節)

キリストは神の國の顯現を説かる。前に先ず御自身
が十字架に磔けられ給うべきことを述べられた、
十字架と再臨とは密接なる關係を有し、救いの
大精神で再臨は奥義である。
更に自分の經驗として再臨を思う時に悲哀は歡喜
に變ずるとて死に對する比較例證を許さる。

内村先生

一夏の休みを與えられ此二週間を葉山に送った。今から四十七八年前札幌に於て新渡戸、宮部、私の三人で朝早く起きて學校の講堂で英語聖書を三章位ずつ讀んだことがあったが甚だ有益であった。終生忘ることは出來ない。

一、此夏も朝早く起き聖書殊に舊約聖書を讀んだ
一、カント、スピノーザ、ショーペンハウエル等の大哲學を學んだ。
一、そして其結論は
萬物悉く可なり
宇宙萬物は皆善に終る
というのであつた。見る物聞く物一として可ならざるはなし讃美自ら口を衝いて出ずという有様であつた。
一、我が生涯も世界の終も皆善に歸するというのである。聖書の復習は最も有益である。
一、然るに一度柏木に歸つて來て見れば病院に這入つた様な氣がする。誰も彼も病氣の話、それに不幸、不和、家族の争いの話、事業の不振の話など一として歡喜を告ぐるものはない。
一、世は如何に聖書に精通し説教を上手にする人でも若し歡喜感謝内に燃える人でなければ信仰の人に非ずといって間違はない。

讃美(五三)祈禱、祝禱　十一時散會
此日祐之さんから歐洲土産としてフローレンスで求められたキリストと母マリアの繪を惠まれて石原兄と共に歸つた。

八月二十八日（日）

集會　塚本先生

テモテ前書二章十五節（六四）の研究

「…女は子を産むことによりて救いを得べし」

○聖書には何うしても判然と解し得ざる言葉がある。○古来之を註解者の十字架と稱す。

○此十五節は前後に關係なき句であって何かの間違で此處に挿入されたものだという人あれど決して然らずと思う。

○八節から讀んで見ると祈禱に關する教訓で男女各々に對し特別なる注意を與えて居る。其結末に於て此言あるはパウロの將に言いそうなことであるに氣付くのである。

○男に對して怒らず争わず何れの處に於ても祈り得んことを教え、女に對して無用の虚飾を廢め、清き行為を以て静かに祈れと教える。女らしくてある。日本の舊来の女らしくであって今日は大いに其風は變って来て居る。断髪の如きは女も男らしくあらんとするは表心の困を為して居るので、一婦人として其道を缺くのみならず家庭を紊り國家を亂し人類を害する悪魔の奸策である。

○子を産むこと、いうに二説あって一はマリアがキリストを産みしこと、主張し、一は一般の出産で養育すること迄で含んで居ると見做すのである。私は之に賛成する。

○然らば子を産まぬものは救われないかとか何とかいうことは別問題であって之は大体の原理を言うたものである。私は子を生んで始めて信仰のことが判ったという婦人を多く知って居る。

○女が子を産むことは自然的に十字架を負い其法に従うことである。母子の關係は自分を殺す犠牲の行為である。○實に神とキリストとの關係に似たものである。○自分ならざるものを自分の如く愛する。恵みの十字架である。

其實例として大震災の時に起った母の死を我家を始め近隣知人等に於て多く見るのである。

○女は男女同權論などを振り翳して騒ぐことなく静かに家庭を守り子を産み子を育い主に忠なる行為をなし信仰上の善き教訓を学んで美わしき信仰生活を

完うすべきである。
祈禱、讃美、大島正健先生の祝禱 十一時十五分散會
（塚本先生は内村恩師の爲に熱心に祈られたアーメンであった）

一九二七年（昭和二年）九月四日（日）

集會 塚本先生司會

神の孤獨（イザヤ六十三章一—六節）

以賽亞書中の大文字たるに止らず聖書中にても最も有名なる記事である。

神の絶對の正義と愛とにより誰人も之に同意するものなく只獨にて酒槽を踏まれた。其淋しさは到底計り知ることが出來ない。只僅かに我等は罪の重荷に苦しめらる、時に寂莫を感じて少しく神の御心を拜察することが出來る、然し淋しみは淋しみなれど神の孤獨は反對の意味に於てゞある。若し一旦信仰によつて我等すら正義と愛とに立つて歩む時には矢張神樣の孤獨な樣に孤獨を感ずるに至るのである。そして其時には神樣の大なる御慰めと御力とは加わるのである。信仰が進めば進む程人は孤獨を感ずるものに相違ない。アブラハムもモーセも孤獨であつた、ペートーベンもゲーテル孤獨であつた。我等も孤獨を忌わず益々信仰に進んで神樣の御惠みに預るべきである。

内村祐之兄 アルベルドシュワイツェルの話、西洋特に獨逸に美わしきクリスチャンのある話をせらる。

内村先生

外國傳道に就て

支那平陽より五百圓の請取證來り、布哇某氏より五拾圓寄附のあつた話

クリスマスまでに千圓を送りたきとて、それに關して信仰より來る愛の活動の教訓を話さる

（石河光哉氏の聖地其他のスケッチ数十点展示さる）

（九月六日 祐之兄妻子を伴い午前十時札幌に向う）

九月九日（金）

小國傳道報告

政池小池両兄預言寺八畳間にて山形傳道の報告を
先生の前に地圖を以て述べた。
先生は虫眼鏡を以て地圖を點檢しながら興
味深く聞かれた。鈴木虎秋兄と余は側に坐して聞いた

一、成功であった來年も亦行くのだ

と申され費用として百圓を渡さるゝを見た。
慰勞晩餐會を催され其儘方卓を利用
して鰻飯の饗應に與った。

先生は

一、小國傳道をアメリカに居る時から考
いて居た

と言はれた。

一、此事は一切公表すまい、又直ぐに教會
者が入り込んで來る、小國傳道は我が外
國傳道會の一事業としよう

と申された。

九月十一日（日）

集會　畔上先生司會

内村先生

一、二ケ月の夏休み中に受けし恵みの實
驗談をしよう

一、二ケ年間預って置いた孫女の健康を進
めて之を父母に渡さんと努力した。家族
の一人として與えられたことを感謝する。
彼女も亦天の使の如く神様から來り
神様の所屬なれば、私共は我が物とし

て勝手に扱ってはならぬ。

一、自分に何うしてこんなに愛があるかということを思うた、彼女一人の為を思うと暑熱も重荷も不眠も苦にならず、快く忍んで之に當ることが出來る。私共はこの様な愛を深山に神様から賜わって居るから之を惜まず萬人の為に同様なる愛の行為を取らねばならぬ。

一、哲學の本を讀んだ實に面白くあった。然し何やら不足を感じてならなかった。そこで聖書に返ると今度は一つの不足もなく到る所皆玉であり光であり希望であり慰めであり眞理である。幸ユダヤ人の英譯の舊約聖書を送られたから之によって詩篇や預言書を讀んだに實に有益であった。曾て米國のホーソンが今に人類は聖書の外何本をも讀まなくなる時が來る、
というを聞き當時は機嫌取によい知識のことを語ると思うて居たが今となっては其然ることを思うて歇まない

一、十月第一日曜の集會から日本青年館で聞くことを報告せられた。

一、會員を勸誘することの注意をも與えられた。

九月十二日(月)
午前十時ゟ預言寺にて外国行研究誌二百部を包装し居る時それを手傳われし先生は
一、今度は教會は騒ぐだろうな
一、札幌に行って來なければならぬ獨立教會に又も面倒な問題が起った
と話された。

九月十八日(日)
畔上先生司會(行傳十七章三十節)
信じたり
と聖書にあっても それは悉く立派な信者となって天國に行ったとは限らない
信じた人
何時までか信仰を持續した人
終まで信者として信仰を懐きし人
前二者は價値はない、終まで忍耐して信仰を持ち續けなければならぬ。

内村先生
偶像と眞神
と題し以賽亞書四十六章一～四節を講ぜられた。
偶像は人間が擔ぐ者
眞の神は人を擔ぎ給ふ者(胎を出する前より懐き養い給ふ)
一、今や基督信者までが神様に抱かることをせず神様を偶像として擔ぎ何々運動努力を以て自ら働いて神の國を成さんとして居る。自分達が働かなければ教も國も今に滅びて仕舞うという様な態度を取って居る、實に偶像性を帯べるものである。
一、私は今年は六十七歳であるが性來弱き身

で知人友人は私を以て五十歳を越え得るものとは思わなかつた。然し無限大なる神樣の懐に小なる我を投げ入れしことにより必要なる御力を以て支えられつゝ今日に至つたのである。

一、今日の教會信者は神社佛閣の前にては盛んに偶像云々と叫べど自身も亦修養努力、金錢、會堂、運動、事業、大學、又は聯盟、合同等によつて偶像教に陥つて居るではないか。

一、擔ぐか擔がるゝかの問題である之を誤つてはならぬ。

一、私が札幌に行つたのは明治十年九月十七歳の時小樽まで船でそれより駄馬に乘つて札幌まで進んだ、今とは違い空漠たる原野であつたから二三十町も先きから學校の燈火が見えた。近ずいて見ると何か歌の響きがした馬子はあれはヤソの歌ですという、私は之を憤慨し或る日札幌神社の前に跪いて之を憤るの祈りを捧げたものであつた。然るに間もなく私も基督を信ずることゝなり學校では嚴しく監督さるるので二間長屋を借りて同志と集りを開いた、其時は三人四人位の集會であつた、然るに三十年四十年五十年の間に漸次進歩して今日の狀態となつた。神が無いとか基督教は無力だとか有害だとか飛んでもないことを述べる。松村松年氏に此事實を語つたら果して反對の言を發し得るか。

先生は九月二十日に北海道に向われ前後一週間は日子を要せらるゝこと故、次の日曜日には御出席なく、柏木に於ける御講演は今日限りであった。

先生は日本青年館で集会することにつき種々御注意を與えられた。

一、基督教青年会館でも青山会館でもないから間違わぬ様に

一、政府にも教会にも関係がなく全く日本の青年によつて建ちし会館であるから日本の青年に傳道ある上にも非常に都合がよい

一、今井館での講演は五十五歳までとして始めたが更に六十歳まで延ばし又更に六十五歳まで延ばしたが尚老衰せず力の餘るものがあるから今後も續けることとなつたのである、図らずも双肩に事業は益々重く加わり

同胞人類を思うの心切なる時に此廣き会場に導かる、誠に有り難い事である、諸君も夫々責任があること故、求道者を導き、献金を喜び祈を常にすることを助めねばならぬ。

一、今日まで倹約にして来た為め尚四ヶ年間は今の会費のまゝでも継續することが出来る様になつている。

暫時御不在となる先生は会に對し

一、預言者は植木屋さんに頼んだから時折来て見る様に殊に火・金は塚本先生が見え入会者の来る日であるから来て居て貰いたい。泊るにおよければ此上なし

と申渡された。

（徳富蘆花（健次郎）氏伊香保の旅亭にて九月十八日
夜八時半六十歳にて永眠せらる。）

九月二十日（火）
午后一時先生上野発北海道に赴かる

九月二十二日（木）
先生は札幌から左の電報を留守宅に送られた。
「無事着　一同大喜び」

札幌に於ける日程
九月二十三日　会合（歓迎会？）
廿四日　聖書之研究読者会
廿五日　安息日礼拝説教　夜の集会
廿六日
廿七日　東北大学講堂にて講演
廿八日　出発帰京

九月二十三日（金）
余は蘆花夫人に
逝く人には遺る人には神恩豊かなれ
と弔電を呈し、午后二時柏木に至り留守番を
務めた。恩師夫人は札幌の新家庭に送る写真
を包装し宛名を書いて居られた。三時塚本先生
が見えたが今日は入会申込者も少なかったから其
暇に内村先生の師弟間の事件に就て語らるゝのを
傾聴した。

○黒木三次事件（結婚式？）
○柴田信次、中田信蔵事件（強羅に於ける修養会
に渡邊善太氏森戸辰男氏を講師と共にしたる宜
しからずとの忠告をせしに始まる）
○浅野猶三郎事件
○田中龍夫事件（柴田事件の仲裁として軽挙に出でし為）
○右諸件に関して藤井武氏青山士氏黒崎幸吉氏等の
去就の件
○基督教青年館を会場とする当時の状態

○柏木兄弟團の實状
○塚本虎二畔上賢造、藤本武平二諸氏の中立
○宇都宮傳道の歴史
○洗足會の歴史（古株は青山兄蒲池兄）
○現在青年會の役員（石原、山本、政池、鮎崎、
平山、湯澤、鈴木虎秋諸兄）の熱心と信任
○本當の傳道は聖書學者にあらずして平信徒
の中の聖書を日本語で讀める位の信仰の人が
實驗によって福音を説くに對して集って來る様
な有様でなければならぬ
○余に對しては家庭で集りを開いて居るか
○一つやっては何うであるか？
○洗足會で直接ならずとも傳道を助ける働き
をする様な考なきか
○何も働きをせず靜かに一團となって信仰を維持して行
くといふことは困難であるが深き御心であるに相違
あるまいね
余は青年時代の靈肉の体驗を告げた。

九月二十五日（日）
余は九時半柏木に至り講堂に入り何時もの如く光線通
風、花等の一切の仕事をなし出席し來る人を待った。
講演の演題をも書いた。
午前の集會（男九十五　女七十五）
大島正健先生司會
塚本虎二先生
詩篇八十四篇の大意と感想
一、シオンの庭に居る者の幸福
二、シオンに向って順禮の途に在るもの幸福
三、何故幸福なるかの理由
我等無教會信者は神を拜する所は一定の場所であ
るといふことを信じないからシオン詣での實感を懷いた
ことはないけれど　キリストを宮として其所に我等の
凡てを捧ぐるの幸福は直ちに此詩を其儘移して
考へることが出來る
畔上先生　ルカ十七章二〇—三七節
天國の本質の結論

天國の臨むのは多くの人々の豫想する様なものではなく全く突如として來るものである。

此日金澤常雄兄札幌より歸り來り獨立教會のこと曜學校のことなどを物語らる。黑崎幸吉兄も一寸玄關に見えた。

午後の集會

鈴木虎秋兄司會

石原兵永先生

我が信仰

十七年前より今日に至るまでの信仰生活の實驗
（加拉太書二章二十、二十一節）

塚本先生

洗禮者ヨハネ イエスに躓かんとす

先ず石原兄の信仰と其説話を賞讃し、内村先生は聞かしたならば嘸御滿足であったであろう。最早内村先生が死んでも此上塚本が無くなっても柏木の信仰は大丈夫だ、更に今會員のうちには多くの石原さんが居るから百年五百年千年經っても此信仰は消えることはない、皆様心を安んぜよと告げられた。

馬太傳十一章二—六節 路加七章一節

○ヨハネの偉さを知れ 世界の信徒は此人に對して甚だ注意と尊敬とは足りない。

○誰人も知らぬ時にはナザレの木匠たる只の人イエスを指して世の罪を負う神の小羊。彼は聖靈と火とを以てバプテスマを施さんと言い其勇氣と確信と聰明とは眞に偉大なものであった。實に其指は宇宙大であった。

○ヨハネは遂に迷うた無理もないことである。彼も亦イエスの救世を以て地上的偉業と豫想して居ったからである。彼はイエスが爲し給う所の小事を見ゆる業を以て慊らず思うたのである。

彼は死海の彼方なる牢獄生活から二人の弟子を遣わしてイエスに失敬なる不信なる問を發したのである。所がイエスは彼の躓きたるイエス日常の

諸々の業を以てイエスのイエスたることを答え給うたのである。誠に不思議な話である

○信仰は動揺するものである。多年の信仰生活の間には誰でも必ず明暗交々来って歓喜の丘に起つかと思えば忽ち疑惑の谷に彷徨ふのである。然しイエスのみは千古萬古少しの動揺變化も無いのである。

○自分の理想にイエスを引き付けてはならぬ決心を以て右か左かを定め絶對信頼を捧げる所に信仰があるのである。

○ヨハネは我等に代って此躓きをなして呉れたのである。我等は再び其轍を蹸んではならない。

塚本先生の祈禱　讃美歌三三四　黙禱　閉會

大なる希望と慰安と感謝とを以て柏木に於ける聖書の研究會を當分畢えたのである。

（次から日本青年館に於て）

九月三十日（金）

相談會

午後五時半より塚本先生司會の下に開いて大体左の如く決定し、内村先生の裁可を乞うた。

擔當職務決定

一、講演者　内村先生
一、前講者　畔上先生、塚本先生
一、司會者　畔上先生　塚本先生
一、演壇係　齋藤宗次郎
一、會場係
　男子部　持地夫人　山本泰次郎　仁科嘉治男
　女子部　齋藤宗次郎　鰭崎轍　小池兌
一、受付係　岡田八郎　岡田花枝　政池仁
　片山徹　久原壽
一、會計係　田村次郎

一、傍聴者係　鈴木虎秋
一、オルガン係　山田総一郎　補　吉原利郎
一、掲示係　石原兵永　補　齋藤宗次郎
一、圖書係　平山清　湯澤健　藤澤音吉
一、下足係　會館に依頼の事
一、三階係　當分無し

祈禱會　講堂に於て石原兄司會の下に十餘名が守った。今日までの長の間の豊かなる恩恵を感謝すると共に新會場の開會に就て熱心に祈った。

茶話會　祈禱會後八疊の間に一同集った。夫人は苹果と梨とを出され政池兄は會費を以てせる菓子を開いた。番茶を呑みながら内村先生の札幌談をせらるゝを拝聴して猶更感激を懐くと共に神の優渥なる御恩寵を感謝した。九時半散會

新會場日本青年館の下檢分

一九二七年（昭和二年）十月一日（土）

午前九時五十分神宮外苑なる日本青年館に到着、東入口の前に於て先生方を待った。十時塚本先生を迎え、二人にて玄関前に立って居る時に絵畫館の方より畔上先生が帽子を振って進み来らるゝを認め、三人にて大講堂に入って見て居る所に石原先生も見えた。大概注意すべき事項を相談し合って後神田監督に面會を乞い東端の事務所に於て塚本先生發言種々の事を問合した。神田は極めて叮嚀親切に答え出来る限りの便宜を與えんとするの誠意を表明して呉れた。到る處に人間性の働かずして主の御手の既に備えられし所に導き給うを感じた。十一時半謝して該館を出で畔上先生と別れて我等三人は食堂部に中食を攝ることを定め親子丼を喫して此處を去り今度は二先生と別れ余は獨再び柏木に向った。

内村先生夫妻に面晤し、既に畔上先生から日本青年館に於ける準備のことを逐一報告せられたるを聞きて安心し、研究社の椽に腰を掛けて畔上先生と語って居る所に恩師夫人は茶を持ち来られ、恩師も亦見えられたので図らずも此處に四人の會合となる
先生から
一、札幌の事、　會場の事、　會員の事等種々話さるゝを拜聽した

十月二日(日)

内村先生に取っても塚本・畔上両先生に取っても余に取っても柏木の數百名の會員に取っても日本青年館に取っても日本國に取っても東洋に取っても世界人類に取っても多くの日の中最も深き意味を含める記念すべき日である。

五時起床 六時半庭前の残花を集めて漸く一個の花束を作り講壇の飾り花として用意した。

七時半出發八時五分柏木着、恩師宅にて、昨夜石原兄の書いた演題紙、青色の小花瓶、画鋲を携え八時十三分柏木を出て大久保驛乗車、千駄ヶ谷驛降車八時三十五分日本青年館に着いた。山本泰次郎兄は余より半分間早く第一着として入った。早速會場を見舞った、大抵用意が出来てあった。演題と讃美歌の番號を黒板に貼付し高壇には花を飾った頃には數人の役員は見えた。

祈祷會を控室にて余の司會にて開いた。余と山本兄と政池兄と祈って閉會した。祈祷は我等の生命であり、事業である。祈祷を捧げ聖霊の御導きなくしては我等は何

事には着手することは出来ない。

それぞれ各々の役目に就いて力を盡した、持地夫人と小池兄とは余に向つて會場係として立つことになりし故宜しく願いますと告げられた。畔上塚本兩先生が出席して高壇の位置、電燈の光度等につき注意せられた。聽て内村先生も見えられたそして高壇を前方に進められた。

内村聖書研究會新會場第一回集會

畔上先生司會

祈禱の持續　路加十八章一－八節

内村先生

イザヤ書の紹介　一章一－十七節　四十章一－十三節

一、此間九年振りで札幌に至り六日間に六回の講演を爲し　身は綿の如く疲れたれど靈は大なる望を懷いて此安息日を迎えたのである。

一、四十六年前私共の學生であつた頃二軒長屋の一部を借り受け、此處に出席の伊藤一隆君大島正健君等と聖書の研究會を開いたものであつた。多い時は三十人少ない時は五人か十人であつた。之が抑もの發端であつた、兩來角笛、日本基督教青年會館、衞生會、柏木という様に幾變遷を經て此處に日本青年館に開くこととなつた。考えて見れば時勢の變化というか神の御導きと言おうか著しき進歩を見るに至つたのである。事茲に至つては同志一團となつて此處に衷心よりの讚美祈禱を捧げ出來るだけ善用しなければならぬ。若し外國人が來て見たならば日本は非基督教國に非ずして基督の御恵みを充分に受けつゝあることを知るであろう。

畢義輔氏はオルガンの側に控えて居つたが内村先生の紹介によつて高壇に立ち

私の管理して居る此青年館が内村先生に依って日本人中心の聖書研究會に用いらるることに至った事を喜びます。出來る丈注意をして集會の障害を生ぜしめぬ様に致す考であります。一体此會館の創設たるや、天皇陛下が未だ皇太子に在らせらるる時日本全國の青年團の代表者を御招きになり、日本青年の精神的修養に資せん為に中央に其集合所を起されたのであって日本の青年團員二百幾十萬の人々は或は節約の結果或は勞働の結果一圓ずつ醵金して建築するに至ったのであります。幸に會の如き集會に用いらるるという事は設立の本旨に適い今後此精神的感化が全國の青年に及ぶ時は日本國の一大進歩を見るに至るに相違ない。實に幸福な事である云々

と誠に堅實なる考を述べられたのであった。

畔上先生前講　詩八十篇朗讀　祈禱

不義なる裁判人の喩話　路加十八章一－八節

私は廿六年前信者になったが以來二つの祈を捧ぐることを怠らない

一、此世に神の義の行わるるに至らんこと

二、自分に關する祈

祈は持續しなければならぬ。何時かは必ず聞かるるのである。

内村先生

一、以賽亞書は新舊約聖書中最大の書であって其結構其思想甚だ偉大なものである。ダンテでもミルトンでも到底之には及ばない。私は幾度か之を講ぜんと思いしも中々至難であるから適當の時の到來するのを待って居った。此所に廣き靜かなる會場は與えられて數百の兄弟姉妹一堂に集り得る機會が出來、そして私も最早年齢が七十に近いのであるから此所で最後の講演として此書の研究を選んだは當を得

たるものと思うた。私は此書を講じ終らば此高壇にて倒るるも遺憾はない。(勿論倒れはしない尚お長く生き延びるであろうけれど)

一、此書は偶然であるか神意であるか知らざれど兎に角事実として

イザヤ書六十六章は　舊約三十九新約二十七の計数に當る。

内容を兩分せる三十九章までは舊約の書数に當り後の四十章以下の章数は新約の書数に當る。

更に其性質を比較する時は舊約は主として神の義を説きたるに對しイザヤ書も三十九章までは矢張主として神の義を説き、四十章以下は新約全體の精神の如く専ら神の愛を説いたのである。

加之主の引用し給いし聖句は殆んど該書中の言葉である、主は如何にこの書に親しみ給いたるかを想見するものである。

一、二千六百年前に書きたる此書の筆者イザヤの大を思うべきである。

一、人は其友を選ぶに彼の愛讀書を見るかよいと或人が言うたが或時米國人が私を尋ねて　私がカーライルの書を讀んで居ることを知り彼れ大いに喜び足下もカーライルを愛するかそれでは我が友であるとて握手をしたことがある。

一、諸君イザヤ書の如きを特愛して互に美

わしき友情を持つことが出來る。

一、諸君が今日より此書の研究を爲し得るは大なる幸福である、此與えられし特權恩恵を失ってはならぬ。

祈禱（實に嚴肅熱烈なる祈禱であった）

讃美（三五、一三五、二二四ー婦人一三六）

祝禱、報告、閉會

會員は規律よく歸った。跡は綺麗であった、十二時半迄には悉皆片付いた。

歸途柏木に立寄ったら食堂から響き來る恩師並に一同の満足せる談笑が耳に入った余も痛く喜びつゝ歸宅した。

十月九日（日）　快晴

午前七時出發柏木にて準備を整え會場に向った。信濃町驛下車、繪画館の前より眺めたる富士中心の景色は甚だ美しきものであった。

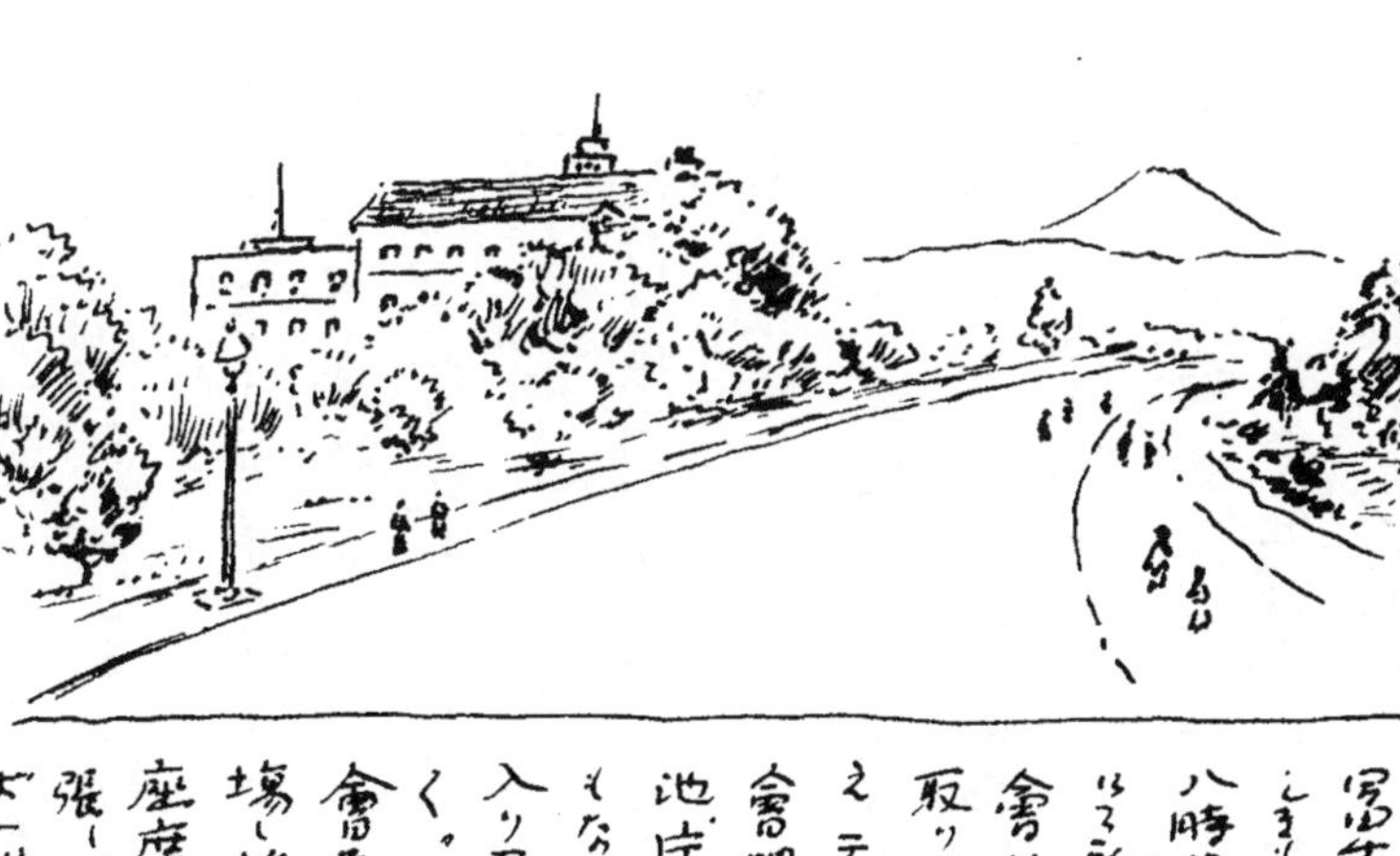

八時廿分到着、獨東の閘にて祈り、それより神田氏に會い預りの荷物を受取り演題を貼り花を供えテープを張るなど專ら會場内に働く。山本、政池、片山、久原の四兄も間もなく見えたれば控室に入り五人にて祈禱會を開く。

會員は一時間前から入場し始む。今日から左右の座席各々二脚づゝを擴張し、之と同時に前列を一列丈空席を加えて三列目より着席のこととなし出來る丈會員の聽講を一層平安ならしむることを計つた、擴張の分は矢張男女青年學生の部に當てた。

禮拜研究會

崋上先生司會

讃美歌（今日はオルガンを廢してピアノとなし一人の婦人會員之を奏す。ピアノの位置奏樂者の諸點に非難あり、先生は失敗と目せらる。）三三、詩篇朗讀、祈禱、讃美一二二、

塚本先生

七千人の遺れる者

ロマ書十一章一－十節

△ロマ書十一章はロマ書の土臺というべきである。内村先生は此章を比較的驅足に通られたのであつた。

△ロマ書八章はロマ書の絶頂なれど實は十一章は其根抵となつて居る。

△ロマ書を兩分すれば一－一一、一二－一六となる。前者のうち一－八まては個人の救いにつき九－一一までは人類全体の救について論じたものである。そして後半即ち十二章以下は基督教の實踐道徳を述べたものである。

△ユダヤ人の救が明かならざれば自己の救は明かにならない。自分の救の實感によれば、自己の救が確立すればある程他人の救のことが問題となつて來るのである。

△自分というものはこんなものである。然るに自分の如きものは救われた。其前提として日本人世界人類は救われねばならぬ。

△遺れる者（レムナント）!! 是は注目すべきものである。神の救いの方法は實に不思議である。神はイエスを遣わし給いしは萬民の爲である。其愛の不偏なることは確實である。我等の撰ぶ所も亦人類全體の救濟である。然るに今日まで神様の取り給いしエコノミは常に「七千人」（一部少數の意）である。

△現代の教會を見るに常に此神様の爲し給う所に反して大學傳道、百萬救靈、國民の覺醒運動で幾年經つても此方法を繰り返して居るのである。

△縦つて我等の傳道を考えれば「七千人」「七千人」である。勿論願う所祈る所は日本人全體の救拯にあれど其與えらるる所の方法は矢張「七千人」である。

△然るに我等の此方法は聖書的である様に思われる。そして教會には此事は解つて居らぬ様に見える。

△或る日ミッションスクールに行つて其外國人なる校長の話す所を聞いた。私の女學校に於ては基督信者は百分の百（100/100）

パーセントであって高等科は九十五パーセント（95/100）であると。私は之を聞いて驚いた。一体信仰とは何であるか彼等は知って居るであろうか。

デンマークのキルケゴールは丁國の國王、牧師、教會、為政者、一般が思うて居る全國民の信仰に就て呆れた結果、左の如き皮肉の言を發して居る

我等の救主、主イエスよ、あなたの聖書の言葉は間違って居ります。命に至る路は窄く其門は小さし（馬太七の一四）とあれども丁國に在っては其反對で生命に入る門は極めて廣くあります。なぜなら國民全体のみならず高等動物までが信者である様に見えます。あなたは我れ世に來らん時信を世に見んやと宣いましたが丁國に於ては殘らず信者ばかりであります。

抑も基督者とは元々ポレクカの名で此世に反抗せる者、群衆の中から選び出された者、少數者の意であって信仰の人はノアの時でもヨナの時でもイザヤの時でもイエスの時でも同様に少數であった。

去らば諸君 少數を嘆ずる勿れ、譬へ少數なるは止むを知我れ一人でも獨りバアルに跪かざる者として堅く信仰に立たねばならぬ。

内村先生
イザヤと其時代

本題に入る前に左の如き事を話された。「近頃無教會に反對する者は言ふには一体日曜日の朝は説教をすべきものなるに研究をするといふは悪いことであると

これは耳新しい説である。聖書研究の精神と我等の集會の何たるかを知らぬ者、又は日曜日の解と禮拜の意義を悟らぬ者の謬説と見るの外はない。

實は聖書の言葉を研究して聖意を辨え神の榮光とキリストの愛とを讃美するは一番善い禮拜である。

説教々々というけれど説教は半分は人間の考を述べることである。それ故大抵は純なる禮拜、信者の信仰を害することが多いのであると私共の方からこそ彼等に向って言いたいのである。

一、以賽亞書六十六章を逐章研究することのイカニ至難の業であるかは過去を眺め自分の經驗に考えて判ることである。

一、私共のイザヤ書研究を聞いて無謀の企てであるというかも知れない。

一、又諸君を神學者、聖書學者にでもする目的でない限りは信者に向って舊約聖書然も其大豫言書たる以賽亞書を研究するは餘り功の無い事だと思う人もあるであろう。

一、學者的に穿鑿研究せずに其要點を摑むならばそれで信仰上有益幸福なることである。

一、十五分間に羅馬書の大意を述べ得ると、いう事は甚だ必要なことである即ち其根本精神を摑んで之を發表するのである。

一、靜かに讀んで見ると誰にも判る。金の線が一章から六十六章まで貫いて居るのである。

一、多分二年の長き年月を要することであろう寂しき山奥に立籠っての研究に非ずして自由に延々と氣持よく其大精神を探らば必ずや喜びと慰めと力とを賜わるであろう。横濱を出帆して神戸、門司、香港、シンガポール、錫蘭、ポートサイド、マルセーユを通過し遂にロンドンに到着する様に途中各地の特色ある風景を娯みつゝ目的地に達するであろう、決して無味なことはないのである。

一、聖書記者に普遍の不思議は常に其書の始めの二三節に全體の精神を含ましむることである。

一、始めの十二章を讀めば全體の縮圖の如く其大意を明かにすることが出來る、更に一章丈でも判る、尚更に一章の内一節から九節までを讀めば同様に略々全體の精神を摑むことが出來るのである。實に偉い書き方なものである。

一、若し世界今日までの歴史上の偉大なる人物十人を擧げんにはユダヤ人から五人を選ばねばならぬ。アブラハム、モーセ、イザヤ、パウロ、ヨハネ??。

一、當時のパレスチナは南北二分となり、エルサレム以南はユダでユダ族ベニヤミン族の居住地であり、他はイスラエル國で十四族から成った國である。然るにユダヤ國に先んずること百五十年前に亡びたのである。イザヤはユダの豫言者であってホセヤはイスラエル國の豫言者であった。

一、イスラエル人は滅亡後何處に散ったものか判然しないが色々研究の結果日本人はそれであるとの説を固持して居る人は少くない。其内の一人は往年京都の町を歩いて居てアル人もイスラエル人アノ人リイスラエル人とて多くの人々を指したという話がある。

一、又或る日本人が世界大戦の時露國でイスラエル人の子孫と見做され入獄せられたがイカニ辯解をしても聞き入れず非常に面倒して漸く放免されたという事實もある。

一、又米國のユダヤ人研究の一婦人が日本人をイスラエルの子孫と信じて居るが爲排日運動の起つた時檄を飛ばして此日本人を苦しむるは必ず天罰を蒙るものであると主張したということである。其書類が日本の外務省に届いた時には役人達は之が處置に苦み其結果私の手に送つて來たのである。お蔭で面白い材料を得たのである。

一、去れば今後大なる研究の結果それと判明することが無いとも限らない。今や明治神宮外苑に於てユダヤの豫言者の研究をするというのも一種の奇跡の樣に思われる。

一、イザヤは都會人で田舎人ではなかつた。多分エルサレムの或る地位ある家柄の人であつたであろう。私の好きなアモスは農民であつて下より上を見、イザヤは上流にあつて一般下方を見ての預言であろう。

一、地位ある人都會人は社會國家を見る時に兎く其全般を眺めて正しき遠大の觀察をすることが出來るが、田舎人が上下一体を批判する時には見損いをすることが多い。

一、年代という事は無味乾燥の樣に思うけれど歴史の兩眼として年代と地理とは甚だ重きを置かるゝ所のものである。

一、彼れイザヤは 700 BC 即ち紀元前七百年の人でソクラテスより早きこと三百年釋迦より五十年孔子より百五十年早いのである。大隊言者の一人なるエレミヤは 600 B.C の人である。

一、古は舊約は舊新約によつて知るの外はなかつたが今は考古學の進歩によつて正確なる事實と對照して之を知るの便宜を得るに至つた。

アッシリヤ王セネケレブが軍をエルサレムに進めて城外に驅逐したといふ出來事は六十年前形象文字によつて明かになつた。

一、イザヤが人類に與へし不朽の言は三十章十五節である。此言は如何なる時に發せしかといふに、元來ユダヤの地たるや舊白エジプトと新アッシリヤとの中間に介在して常に双方の牽制を受くるが爲め何れにか頼らねばならぬ様になつて居るのである。イスラエルはシリヤと聯合軍を為ししたがユダはエジプトより服從を求められし時アハブ王は當時子を伴いて野を散歩せるイザヤに向つて其意見を問うた時にイザヤが王に答えし言である。

汝立ちかへりて静かにせば救を得平穏にして
依頼まば力を得べし

神を信じて獨立してよ人に依頼む勿れと

祈禱、讃美、祝禱、十二時閉會

内村先生は休憩室に憩われ、塚本先生は東の間にて入會者の申込みを受付けて一應取纏べる。

余は諸兄と共に會場の跡始末をなして歸途についた。信濃町驛で殆ど先生及び夫人の歸らるゝに遇い電車に同乘、山本兄より依頼せられし鞄をば大久保驛にて先生に渡し我等は阿佐ヶ谷驛下車成宗の家に向つた。

十月十六日（日）
六時半冷飯の食事、直ちに出發 七時半柏木に至り
必須の用務を辨じた
先生
一、今日は一年一回の休電日で講堂を使えない
から二階に講堂を作った、其心して萬事注
意するがよい
受付は中央の入口を〆切って左右の口よ
りすること、但し散會後は全部を開いて
歸宅に便すべし。
多くの青年が一杯に開いた入口に衝っ立って
居る様は餘り物々しく見えて宜しくない。
夫人、昨夜外出の際、美しい花が見付ったから買って來
て置きました、之を分けますから貴方の花に加えてお立
て下さい。
余は一切を了し講演題と婦人の脱帽に就ての注意書と花
とを携え大久保より信濃町驛に至り六分半を費して

日本青年館に至り食堂を變じて臨時の講堂になせる室
を見て整理に着手した。三十分餘り經過せる時事務員
來り今日の休電は雨天のため午後一時頃よりのこととなり
ました、依って例の大講堂を御使いになっては如何と言う、
それは幸だと直ちに其事に決し何時もの如くに整理に
當った
余は山本、政池、湯澤の三兄と共に控室にて開會準備
の祈禱會を開いた大に惠まれて始終した。
畔上先生は見えられたピアノを講堂に出さしめた。
内村先生見えられ講堂を閲覽せられた。
集會
塚本先生司會
讃美歌四五、詩百四十八篇朗讀、祈禱、讃美歌二二八、
畔上先生講演
パリサイ人と税吏の喩話
碎けたる魂 路加十八章九節以下
△十一節は惡事を爲さざるの消極的善良の態度を誇る。
十二節は積極的に自らの善行を誇る。

△然し斷食は普通年に一回行ふ例なるに一週二回といふ頻繁の遣り方で忠實に仕える様を表わす形式を執り、献物に就ても畑の産のみに行わる、十分の一の例を他の凡ての収益の十分の一を献ずという例外を行って自分の努力忠誠を表さんとす。故に我はユダヤの普通人以上の人物なることを自認し且つ神様の前に表白す。パリサイ人のは祈にあらずして一種の演説である。自分の善行、高慢の發表である。

我等は教會の牧師の集會に於て此種の能辯なる演説的祈禱を聞くことがある。

△十二節は税吏の短き祈である

パリサイ宗も最初は立派なものであったが忽ち堕落してパリサイ主義＝今日の教會主義となり終ったのである。

△間違った人生觀を懐くに至った、何か自分の行を誇る様になった。人一倍の熱心を以て一定の形式を繰り返、せば其處に生命あり救いがあると思うのである。

△バプテスマのヨハネは曰うた、汝等先祖にアブラハムありと思うな、神は此石をもアブラハムの子となし給うべしと

實に税吏、前科者、無學者、病弱者は救いに入るのである。

△イエスは三年の間絶間なく此偽善を攻撃せられたのであった

教會は此生命の流露する信仰によってのみ立つべき筈のものであったが忽ち教會主義が起った。

獨逸のゾームは言うた、教會の發生當時からの敵はパリサイ人のユダヤ教であったと

△パウロも亦彼の信仰主義を破壊せんとする者に對して絶えず戰ったのである。其書翰は彼の決死的戰爭の記念碑である。

聖書は單に神の教を記したものではなくて信仰の大戰鬪の跡を記録したものである。ガラテヤ書は勿論のこと、彼が信仰圓熟の晩年の作たるピリピ書にさえ此事を記されてある

「爾曹犬を慎め悪を行うものを慎め割を行う者を慎めと」（三章二節）

そしてイエスの弟ヤコブはパリサイ主義の大將であった

△誰先生に教を受ける、講堂に集って禮拜を守る之で

大丈夫など思うは悪い、只キリストイエスにのみ從う生ける信仰によって動く様でなければいけない。

△歴史は繰り返すというが其通りである。イエスがパリサイ人の偽善を責め給うたが昇天後パリサイ主義は尚行われ、パウロは善行主義と戦ったが彼の後に教會主義は起った。ルーテルはカトリックの形式を排して改革を断行したが其後教會主義は擡頭した。我等は涙を以て此事實を認めざるを得ない。

△今日は如何、教會主義は全世界に瀰漫せる有様である。

諸君のうち確か半分は教會にて洗禮を受け籍を其處に持って居る人々であろう。然るに自らの教會に於て物足らぬ感を懐き、無教會主義の此集會に来るは必ず理由のあることである。

何々教會で受洗した、何々教會に籍を有する、毎日曜日教會に出席して説教を聞き献金をなす等一定の形式を守るから救われて天國に入ることは決定であると考うるは教會主義で信仰主義の正反對である。

靈魂は生けるものであって此様な死せる形式に満足するものではない。

△税吏に至っては何の取り得もない、其顕著なるは自分を神とするパリサイ主義の正反對に立ちし點であった、然して只有る所のものは「砕けたる魂」のみであった。元来凡ての人は神様の僕たるべきものである、パリサイ人は其態度は傲慢不遜で自ら高ぶりしに對し税吏は克く僕たるの態度を懐いた。

善行位で天國のことは判るものではない。我等人間の常に本當に大事なるは只砕けたる魂である。

諸君でも若し何百人の兄弟と共に集るとか大先生の教を受けたとかいうことを以て救わると思うならば直ちに教會主義である。甚だ注意を要することである。

内村先生

報告

一、會員證を忘れずに示されたきこと。

一、東京市内で之れ程の集會を開いて何處まで清潔と静粛と規律とを保って行くのは容易のことではない。一人でも無禮の者が這入ったら大變である。役員の苦心一と通りではない此點充分に御察しを願う

次に讃美歌のことであるが講堂の構造は會員席に於て歌う様に出來てないから樂器と多人數の聲と合すには頗る面倒である。今度熟練したならば次第によくなるであろう。此事を含まれたし。

二三五番（婦人のみ）

イザヤの名に就いて

一、一章一節を知るは全體を知るの鍵である。否全體であると言い得る。

創世記一章一節、馬太傳一章一節、皆然り、漢文の論語でさえも學而篇第一を知れば全體が判ると私の父は私に言うたのであった。

一、人生の見方、我々の靈魂のこと、社會の救わるること等を明かにせるはイザヤ書である。

一、イザヤの名の中に何が含んで居るか、想像に非ず、作話に非ず事實である。

一、足の下の一個の石を知れば地球のことが判る、蚊一匹のことを知らんとすれば宇宙萬物を知らなければならない。學問はしたいものだ、簡單なるものの中にも眞理は含んで居る。

一、イザヤの名は言語學上信仰上大事な名である。

一、ヘブライ人は人名に色々善き意味を含まして命名してある。ハンナは其子をサムエル（神我に聞き給う）と名けた、女の祈より始って其子が

生れ　そして　サムエルによりて我等までが真理を學ぶ。

一、天の使夢にヨセフに現われて其子をイエスと名くべし其民を罪より救い給うべければなり。

モーセの愛弟子ヨシュアも亦深き意味より成る、救いはエホバに在りである。

イエスス　イエス　エス

一、イザヤはイエスと同じ意味、デリッチ先生は詩篇三篇八節より来るといって居る

一、信仰篤きヘブライ人は自分の子の名に其天職を讀み込んである。

諺に名によって己が運命が定るという。

一、鑑三は日々三度己を鑑るの意にて親は子の天職を認めて名けて呉れた

一、命名は祈って考いて善き名を子に付けてやらねばならぬ、そして其意味を知らしめ又實行せしめる様にある。

一、豫言者イザヤは幾回か父アモツの其心を思うたであろう。

罪の束縛より救い出さるゝの意

人生寶は救出より大なるはなし。

一、幸福は何か新たに外より加えられて始めて成るものと思うは普通の人の考であるが、聖書は人は凡て既に幸福に造られてあって何も新たに與えらるゝ要なくして教えて居る。

或る者は之を束縛して自由を奪って仕舞った。誰か来て之を解いて呉れなければならない。

一、個人も社會も國家も人類も悩悶に籠められた神は之を引き出して幸福にせらると聖書は教う。私は五十九年間人をして此恩恵に預らしめんと働いて来た。

現代は知識を増し境遇を作り進歩改良を計るに腐心すれども之は必ずしも人を幸福にしない、電氣もラジオも禍するのみです、本當の幸福には文明も科學も少しも必要はありません、只罪より救い出さる、時に臨みます、罪の縄目を解かるゝ所に讃美の歌（声）が擧ります。

一、東京に來て學問をして幸福になると思うは間違いです 知識殊に文學の進歩は自殺せしむることが多い。

一、假令裏長屋の貧しき住居でも眞の幸福眞の自由は得られます。

一、文化運動と救いの問題は別問題です、今回の青年館會場を一種の文化運動と見るものがある。

一、尊きはイザヤの預言、イエスの御事業、

一、人口問題（七八十萬増加）の如きも神様は容易に之を解決し給う。

エホバ神である エホバは救い給うである、此事をはっきり強く信ぜねばならぬ。

一、人間ではない内村でも内閣でも政黨でも議員でも議會でもない、之を救うものはエホバ御自身である。

エホバの熱心之を爲し給うである。

眞に大事な教 私は一生を此教の爲に捧げる

人が助けないからとか親が教育して呉れないから不幸に陥って居ると思うは誤りである、エホバによって罪より救い出されよ。

諸君は常に此事を思うべきである。

祈禱　二八〇番　祝禱　閉會　（來會者四百餘名）

十月二十三日(日)晴

午前七時花束を携へて柏木に向つた。一週間目にて恩師邸に伺候した。別に變つたことはなかつたが意外なる一事を聞いた。それは從來の役員中左の十名休職となつたことである

政池仁　伊山徹　冬山壽　鈴木俊郎　鶴崎轍
山本泰次郎　仁科義勇　小池充　平山濤　湯澤健

即ち名譽職全部に止めて貰うこと、なつたのである。今日よりは會場の整理は余と持地夫人、會計は田村兄、受付は鈴木虎秋兄、會員調は花枝さんと八郎さん、本は藤澤音吉兄、玄關は武藏屋君ということになつた。成るべく内の者と研究社の者を以て之に當て、名實共に内村聖書研究會となつた譯である。

斯の様に決せらる、に至つた經緯は某々會員より役員餘り多くして仰々しく見えて面しからずとの忠告に基くようですと藤澤兄は語つて居つた。急激なる變化に意外の感を懐いた。然し全く聖旨なること、信じた。

先生食堂より出で來られて

一、會場變更して三階の中講堂となりしこと
一、高壇を東に設けあるを北に變えること
一、其他男子婦人の席の事や入口の事、黑板の事等

一々指示せられた。余は一々之を了し、聖書と講演題と花束とを携へ先生と別れ先發青年館に向つた

八時廿分着直に會場に入り館員を指揮して共に準備に勉めた。高壇、黑板、椅子、窓の開閉等悉く成つた。田村兄と二人控室に入つて祈禱會を開いた。兄は實に天真なる祈を捧げて居つた。

大集會前の準備の状景としては極めて寂しきものであつた。然し些の障害もなく出來上つた。

聽て内村先生は見えられた。余は會場の成りし模様に就て先生の御觀察御意見を伺つた。先生は

一、宜しい

とのみ申され敢て不備の點を指されなかつた。九時十分頃

から會員は見えた。斯くて今日の集會には五百名近き數を算したであろう。傍聴者は五十二名あったとのことである。

集會　畔上先生司會　讃美百、祈禱、讃美一七四

塚本先生

イスラエル不信の目的（ロマ書十一章十一—十五節）

△イスラエル人の不信は何によるか、神の御心による。預言にも示され、イエスも斯く申され、パウロも明かに述べて居る。

△イスラエル人の不信の結果、福音は異邦人に及んだのである。

△イエスはユダヤ人の為に恵みの教を垂れ給いしも彼等は此選びを排斥した。パウロも各地傳道中ユダヤ人を導かんとせしも之を排斥した。福音は排斥せられて消滅するものではない。福音は何處までも出路を得て流るるものである。

メソポタミヤから　エルサレム—コリント—ローマ—ウイッテンベルヒ—ゼノア—ニューヨーク—柏木—エルサレム

同じ法則は今日も行われて居るのである。

△教會は眞のイエス眞の信仰を排斥する斯くて福音は無教會信者の受け入る所となる。若し私自身が之を排斥すれば又他の人に信仰が移って行くのである。而して最後には如何なる方法かを以て凡ての人々を救い給うであろう。

内村先生

報告

此大講堂は年に三回使用出來ざることがある。何の室も全く使用出來ないことも二回ほどある。其時は再び柏木に歸る。或る人は青年館で聖書研究とは情ないことだという。然し決して情なくない。基督教は萬民の教である。平民の教である。静肅なる殿堂の教ではない。外苑に於て雑音と共に讃美を捧ぐるも神の御心である。日本人の信仰たらんとするに於てパウロも之を賛成するに相違ない。これは決して敗け惜みの言ではない。

パウロがエペソやコリントで傳道した時も必ずや周圍にはオリンピックなどの雑音が響いたことであったろうと思う。

預言と異象

以賽亞書一章一節　默示錄一章

一、イザヤは最大の預言者である、以賽亞書は模範的の預言書である、故に之を知るは全體を知るの近路である。

一、預言の言葉は英語のプロヘツトで讀んで字の如く未發の事を預め語るのである。或は何々の爲に誰々に代つての意あり。沸騰又は噴出の意にも用う。衷に充滿張溢するものを吐き出すのである。熟思默考の結果を組織的に發表するのではない。神の與え給う思想を切れ切れに語る言葉である。エレミヤ二十三章九節を見よ。

一、茲に誤解する人の爲に一言せん
舊約聖書然りイザヤ書の如き尨大なる預言書の講演は我れ聞くを要せず。舊約は律法を以て人の罪を糾彈する書にして我等イエスの恵みに預るものは最早之に聞かんことを好まず。と是れ現代教會の人々の多數の懐く考である。』或る時一人の貴婦人入會を申込んだが私が舊新約書を携帯して來るべきを告げしに、其必要無し且つ重くして帶の間に入るること能わずと誰がかく言いしや牧師なりと云々
斯く言う人は恵みのイエスをも知らず新約聖書をも本當に讀んだことの無い人である。預言は嚴格基督は温言なりと

思うは誤である。舊約にも救いの恵みの言葉あり、イエスの御言葉にも預言者以上の嚴格なる御言葉がある。舊約と新約とは離すべきものでない、同一精神なる神の書である。

一、一章一節の終、異象である、活畫である現象である。教を受けて其思想を傳えるのではない。明瞭に簡潔に見し所の實驗を率直に發表したものは預言者の預言である。

一、英國の某學者はイザヤ書の講義を著わすことを依頼せられしに二三百頁一冊に爲すべき約なるに遂に千頁となり二千頁となつて二冊となり それでも出來ずして三千頁三冊となつたという始末。これは思想である。全部を通讀するには容易のことではない。神様がイザヤに御心を傳えんとし給う時に此の樣な方法を御執りにならない。直ちに異象を以てし給う。是れ基督教の特徴であり此事を知るは聖書を知る上に甚だ必要である。今日の所謂活人畫又は活動寫眞の如きものである。

一、パウロがダマスコ途上に於て受けし恩恵も亦思想にあらずして異象であった。第三の天に擧げられしというも矢張異象であった。ヨハネの尊き經驗も亦殆んど異象であった。故に默示錄にあらずして見象錄である。近代人は何事も理智的組織的に思考し羅列するというが如きではない。我が目之を見、我が手觸れし所を記すというのである。

一、トルストイ又はカーライルの文に直截簡明直ちに人の胸に答うるものあるは、彼等が實驗を其儘に發表したからである。ラスキンの言に最大なるものは已が見たことを簡單に記述したものであると

讃美　祈禱　閉會

斯くて中講堂に於ける集會の大なる感謝のうちに始終することを得たのである。

講壇會場受付一切のこと我等のみにて事足ることを
を明かにした。

入口に立って働いた武藏屋君は随分苦心した様であった。我が會員の外に尺八吹奏會があった為人違に惑うたらしい。今後はこんな事は無いであろう。

此日入會申込者八九名あった様であった。

十二時半田村鈴木兄等と歸途に就いた。

十月三十日(日)曇

午前六時五十分出發途中柏木に立寄り、八時日本青年館に到着。直ちに上衣を脱ぎ會場の整理に取掛った。今日は獨で祈った。九時までには準備は全く出来た。事務員として鈴木田村両兄見えた。婦人の方の整理に畔上夫人と石原夫人と手傳って呉れた。其為余は男子婦人両方に目を配ることが出来た。

集會　畔上先生司會　ピアノ獨奏　詩篇四十二篇

祈禱　讃美一七四

塚本先生

イスラエル不信の目的　其二

ム ユダヤ人の不信は歴史上に於ても聖書の記事を讀んでも神様の法則に見ても明かである。

ム 然し永久に不信を以て終ることなく異邦人の数充てる時は彼等も救いに入るのである。

（次頁を越えて其の下段）

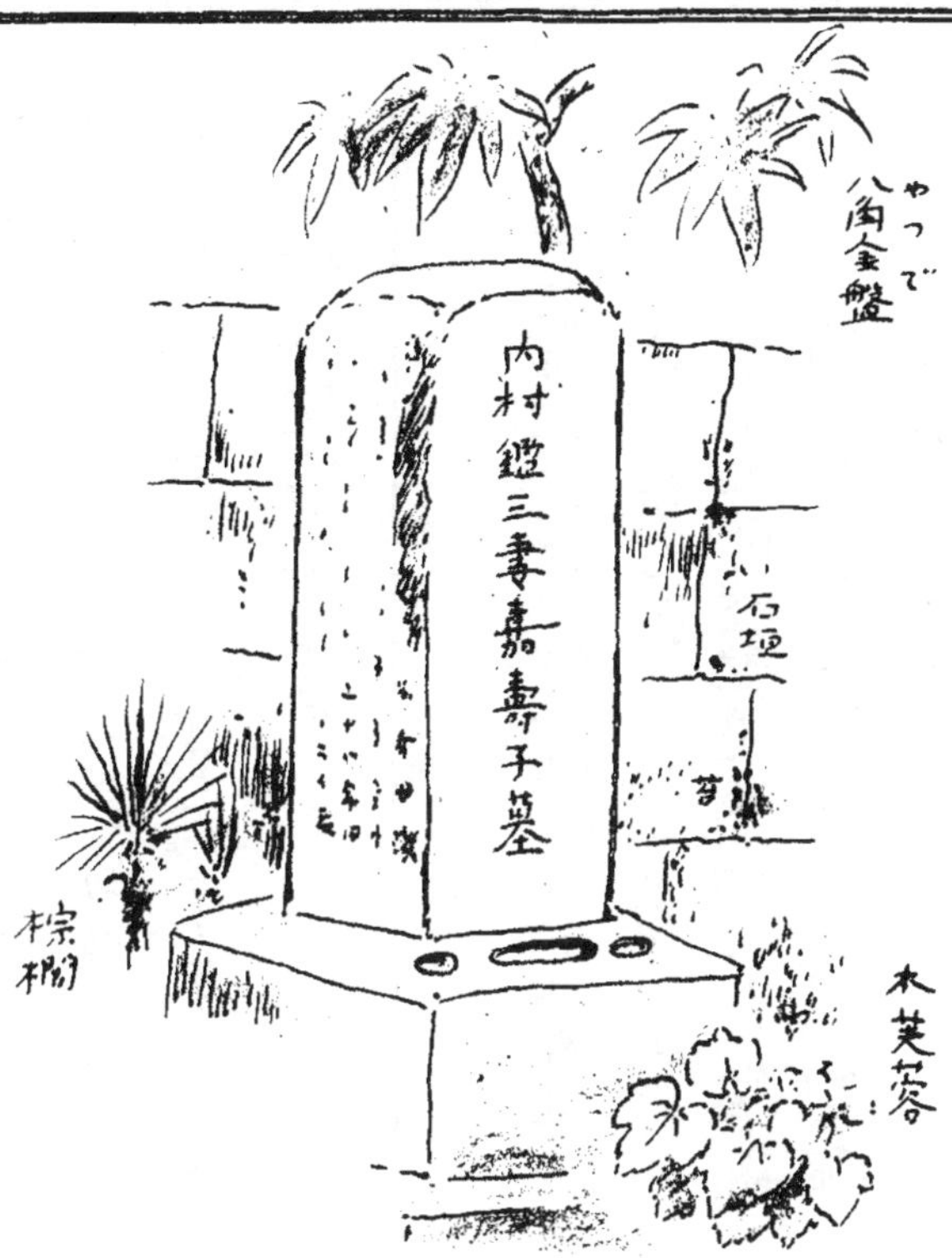

嘉寿子（破損個所）長女母淺
井氏明治二十二年七月三十
一日嫁内村氏同二十四年四
月十九日就眠時齢二十三

◎
余は先生の講演浄書中、偶、曽て先生が先愛
嘉寿子夫人を追想してブライアントの詩
春の日は琥珀の光を放ち
……
はやき頃のその音に
我が眼に注ぐ血の涙
張り裂くばかり我が胸に
花咲く毎に思出づる
彼女は今は墓にあり
彼女の墓の底にあり

と廊下を静かに逍遥されながら小聲に歌われしを思い出して嘉寿子夫人の墓に詣でんことを志した。五月三十日午前十時家門を出で、文京区原町龍雲院境内なる嘉寿子夫人の墓前に至り其墓石に膝を抱

して獨心を天上に向けキリストの御父に在す神に對して祈を捧げて帰った。

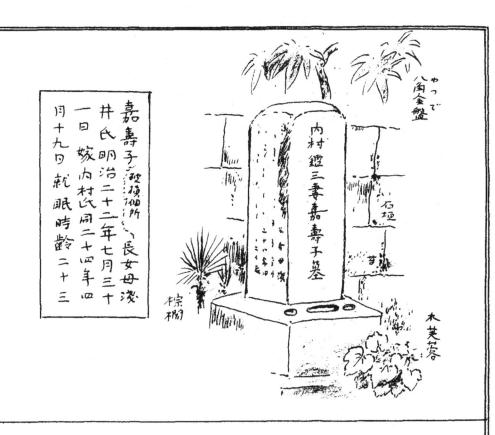

横濱恕配淺井氏墓

内村嘉壽子夫人の墓石の南側に密接して建てる石碑である。其左面に左の文字が刻まれてある。

氏名清生父市川某爲淺井貞順所養
以嫁氏罹病殆七年遂以明治十一年二月
二十日終于本郷眞砂巷家享年廿有九
謚瑞春院梅室智香

△龍雲院は白山神社南崖の下、本郷眞砂町を距る僅かに數町の地點に在り、戰災を蒙りて全部伽藍燒失、門柱に白山道場の掲示あれど再建未だ成らず、今は本堂跡には小屋の假寓を見るのみである。

△一定の國を喪つても民族は益々隆々たる有樣で現存して居る、此事は歷史上のパラドックスである。

△カール・マルクスは二十世紀の王と呼ばる、程に其思想は全世界に擴まつて居る。

△世界大戰によつて十一月二日に英のバルフォーアによつてユダヤ人に一つの權利は與えられた、私は所謂パレスチナはユダヤ人に返されて其所に再びユダヤ人（民族）の國が再建するかどうかは知らない。されど聖書の預言は成りパウロの精神は實現すること、信ずる。

△クリスチヤンとユダヤ人との反感は强く且つ久しいものである、歐米人は傳統的に此反目を繼續して居るが我々日本人に取つては其樣な影響は少しも受け得ない、彼等を眞に愛して此問題を解決するの大任に當る者は日本人ではあるまいか、然し餘りに大なる責任である。

△第二に此樣な例は世の中に甚だ多い、ユダヤ人は信ぜずして異邦人が信じた所で之を嫉妬して彼等も遂に

117.

主の十字架を信ずるに至るということは、骨董品などの例や、日本の有識者が内村先生を知らずに居るか諸外國に知れて居ることが判って急に其著書を購求するという様なことである。又ダンテに就てのフローレンス人の態度でも同じことである。

△ユダヤ人攻撃排斥の運動を獨逸人が起こした時にビスマークが之に賛成したが我等は賛成することが出来ない。

△クリスチャンとユダヤ人との握手は大問題、我等日本人は此任に當るものではあるまいか、實に信仰の試み又愛を試さることである。

内村先生

エホバの大訴訟（其二）

イザヤ書第一章の研究

一、イザヤ書一章を知るは全體を知るの基。

一、一章は最初の預言に非ざるは明か。

一、編者は六章を後にして一章を最初に掲げしは其内容は壮大で歴巻的で模範的代表的序言であるからであろう。

一、神様がイスラエルを相手取っての大訴訟である。

一、裁判長は神様、検事は預言者、陪審官は天と地、被告はユダヤ人即ち我等罪人。

一、天と地とに訴うるは社會に諮るよりも遙かに正當の天地即ち星や山石には神の大道理法が行われて居る。

一、只の叫びではない根本の意味ある大精神である、そして又寂しさが伴う。

一、一節は序言、二節ー九節罪を挙げらる。十節ー十七節はユダヤ人(教會信者)の辯解に對する神の嚴しき御言葉、十八節ー二十節は、されど悔い改めよ其罪を赦さんといい給うのである。

讃美、祈禱、祝禱。

一、次回は柏木に於て午前午後二回に開く。

一、入會申込は本日を以て一應整理の爲締め切とする。

一、十月中の新入會者百二十五名

零時四十分頃先生に從い金子入の手提鞄を携え青年館より千駄ヶ谷驛に向った。此日第四回秋季體育運動會の爲め どの競技場も大賑わいの有様であった。

一、何うだ今日の講演は皆に判ったか、以賽亞書の壯大さが感じられたか。中々六ヶ敷いことだ。

一、あの西洋人は誰か？(本日傍聽の)

一、來週は會場の整理は困難だよ。

千駄ヶ谷驛構内の椅子に倚られながら

一、徳川さんの家も出來たな、すっかり燒失したが遂に徳川だな、二重橋の内に居るつまり人ながらあれ位の家は當り前よね

大久保驛に下車して同道せんとせしに先生は人力車に乘られ余れ合つて

一、柏木まで行くに及ばない、此處から直ぐに乘る様に

と申された。之に從い獨り阿佐ヶ谷に向った。

一九二七年（昭和二年）

十一月六日（日）晴、

午前八時七分家を出で柏木に至る

一ヶ月目にて我等は又柏木に歸つた。小なりと雖も我が物という親しみ懐かしみを持つ。武藏屋君盛んに講堂の内外に働いて居つた。先生來り親しく指揮せられつ

一、私が言わねば何處も彼處も片付かない。衝立は隠かくしに用いられ玄關の隅は物置の様になつて居る。　蜘蛛の網を拂わぬ掃除は駄目だ

講堂は三百人近くを容る、の用意は出來た。

午前の集會

畔上先生司會、前座、　讃美九四、詩八篇

伊藤一隆老兄の祈禱　讃美二三五

人となりしイエス　（ピリピ書二章五節－十一節）

△イエスの神性のみに重きを置くも、イエスを全然人として見るも共に正當の見方に非ず、ヨハネ一書は此誤れる信仰を持つ信者を戒むる爲に書かれしものである。親鸞上人が歎異抄を書きたるは之に類するものである。

△イエスを本當の人間として認めずば基督教は成立しない。

△イエスは我等の如く然り我等以上に多くの誘惑を受け給うた、イエスの御生涯に最も強き誘惑は三回あつたと思う。第一は荒野の試み、次は十六章三十一節、ペテロを戒めて

サタンよ我後ろに退け

と申されし時である。

△十字架の苦痛なしに救いの責任を完うせんとはイエスも一度は強く受けられし試みであつたであろう。幸に之を斥けて父の御心を奉戴して之を微かに弟子等に御發表になりし時に、再び其惡魔の試惑に陥る有利の途を開かんとするペテロの言に對し

斯くも極度に強き叱責の御言葉を發し給うたのは實に當然のことゝ拜察せらる。

△第三はゲツセマネの祈の時である。可十四章三五六

此時を去らしめ給え

此杯を取り給え

是れイエスの人としての自分の聲である、祈りの大部分を此心を以て祈られたかも知れない、然し遂に

一爾が欲う所に任せ給え

との神の御心の勝利を以て此最後の危機を脱し給うたのである。

△イエスの生涯に於ける凡ての人間としての叫びがあるが爲に我等罪人は彼に親み彼に頼り彼を信に彼を救主として神の前に立つことが出来るのである。若し神性のみの發揮者であり給うたならば それは別世界のもので人間とは何等の接觸點もなく人間は終に救わるべき光明に預ることが出来ないのである。

△希伯來書は人間なるイエスを高調す、

諸の事に於て兄弟の如くなるは宜なり（二ノ一七）

我儕の如く誘われたれど罪を犯さざりき（四ノ一五）

我等は臨む最大の試みは種々なる淺薄なる理由の下に

信仰を棄てよう との思

の起ることである。これに敗けた者は澤山あるが、これ程不幸な人はない、斯の様な時には誘われし 神にして人なるイエスを仰ぎ瞻て眞の途に立ち返るのである。

△英の科學者マコーレーの適切なる言を引かれた。

内村先生

信仰の始終 （コリント後書五章一七ー二一）

冬ごもりで植木に歸って陽光に照されつゝ何時もの如くに神を讃美し眞理を研究するは幸のことである。青年館の缺點は日光を利用せざることである。然しこれは音響を考えての構造上のこと故止むを得ない。

信仰は一のデモンストレーションである隠れた所での秘密事でない。國家世界の一大事であるということを公表して各自の信仰を公然と世に示す爲には外苑の青年館は最も好き場所である。音樂を聞いてよき氣持、ゆっくりしてよき氣持という様な低級のことに囚われず如上の大精神を以て集って貰いたい。

一、人基督に在る時は新に造られたる者也。舊は去りて皆新しく作るなり……一切のもの神より出ず　かれ基督により我等をして己と和がしめ……我儕基督に代りて爾曹が神に和がんことを求う。

一、意味甚だ深くして其悉くを言い盡すことが出來ない。

一、其一つ二つを高調して信仰の助けとなさん

一、我れ苦むのも神の爲 汝等の爲。

一、基督者は新たに作られたるもの。

一、一切神より出ず(來る)

一、世界の宗教を大別すれば二つとなる。一は人間より求む。他は神から救わんとて來る。後者は基督教のみであって、其他の凡ての宗教は前者である。うっかりすると我等も第一即ち前者の方の宗教となる。戒律を以て、事業を以て、學識体力を以て、努力奮勵を以て神に至らんとする時は既に前者に墮し去ったのである。

一、我國教會は勿論世界を通じての新しき傾向は教會全體の衰頽せる状態是である。其理として良牧師に乏しきこと、社會事業に盡すの少なきこと、信者の協力、宣傳の足らざる事などを擧げ居れど、私はこんな事は

原因でないと思う。

一、真の原因は神の愛が認められず一切の事神より出ずという信仰の不確實な事だと思う。世界挙って人から神に求める方法に出で 何も彼も喧嘩腰と野心とでやるから永久の榮えは與らず忽ち離れて仕舞うのである。

一、底で今度は私自身のことを考えて見る數十年間に隨分色々の途を辿ったが、哲學も文學もサイエンスも皆飽きて只一つイエスキリストのみは益々慕わしくなり密なる關係に入る所から見れば何時かは知らぬが

神の徴發を受けた時があったに相違ないキリストに代って同胞の為に神に和いで下さいという大使命を不知不識の間に果しつつあるという顯著なる證據が幾つかあるのである。

一、今日までの集會の事を尋ねて見ても十年二十年三十年と變らぬのみか日に月に其盛況を加うるに至るというのは全く神の應援否主自身が常に私に在って此不朽の眞理を攝理によって進め給いつつあるからである。自分の為す所然り、福音も亦其通りである。

一、柏木には美術がある詩がある科學はあるという、然しそれは全く嘘である、それらしきものは一つも無い。

一、長き間の働きも皆信仰の結果であって内村のものは一つも無い、皆神様の賜物であって集まる兄弟姉妹も亦此賜物を受けん為である。

一、米國の教勢の最も高潮に達した時でも全人口の二十六パーセントより上らなかったという。

一、此夏益富君と共に青年館に行って理事と談判する時にも何の恐ることもなくあの大講堂を幾年にも亘って借受けるというのは人間の考慮を以てする時には到底出來ないことである。

一、幾萬の寺院僧侶を有し幾百萬の壇信徒を持つ所の佛教は何故に此講堂を借りて午後の集會を催さぬか、

一、私は後に至って其大膽なるを思うと同時に神の愛と力と其使命の深き力なることを痛感するものである。

一、私は神學校には只三ヶ月間米國で學んだのみである、故の聖書知識とても知れたものである。

一、横井時雄君は余の青年時代の友人であって共に日本國の爲に盡そうと同一歩調を取らんことを語り合うたものであった、然るに或る日ヒョッコリ心に浮んだのは日本國を救うという様な大事業は到底基督教では出來ないという念が浮んで夫れ以來向きを變じて政治界に入り到頭あの様な憐むべき生活を壮年晩年に於て送ったのである。但し其死期に近づきし頃は最初の信仰に立返り信仰によるの外なきことを感じて聖書のみを讀んだということを聞いたから私は大いに喜んだのである。

一、人は彼の説く所は來世的であってよくないという。

一、私は言う宗教は來世的でなければ現在の事も安く潔く送ることは出來ないと

祈禱　讃美二五四　祝禱、

中食、これも亦久しぶりで塚本、畔上、石原、鈴木、田村、

山田、余らの七人にて親子丼を講堂の一階日光暖かなる所にて取った

告別式、結婚式に就ての話。内村先生は謙遜なるなら今だよといわれた話（坂本先生）旧約と新約も永遠の生命も六日部仰制するということ。今度の旧約と新約は夢の見たる教会を嫌う記事のあること。講堂掃除に就ての話などを聞いた。此日去って全一人残った。

山本兄から日曜日の朝私共男人私の宅に集り祈祷会を開きそれから会堂に参りますと告げられ甚だ嬉しく感じた。

午後の集会

塚本先生司会

我等の理想と其實現　ヨハネ傳十四章六節

△信者の理想は神の如くなることである。遠大である。

△舊約は我エホバ潔ければ汝等も潔かるべし。新約は父の完きが如く汝等も完かるべしという。神の義とは其完全をいう。即ち聖なり。信者の理想は確實に實現する故に世の理想とは異る。

此世の理想は絶えざる不満足であるが、信者の理想は常住充足である。

△神は理想であって同時に神に至る途は神御自身なる基督である、故に實現に至るのである。彼に在る其事は神に至ることである。

信仰は其日其日完全なる實現

△絶對の信仰とは何もかも一切を献げるということではない。そんなことは出来るものでない、何も出来ないから憐み給えと砕けたる霊魂其まゝを投げかけるのである。

△理想というものは實現するものでない實現するものは理想でない、然るに信者の理想は無限に遠大なるに拘らず日々實現して感謝で満足して居るのである、是れ此世とは全く異る所以である。

内村先生

信仰と失敗（雅各書一章十二—十八節）

忍びて試誘を受くる者は福なり　蓋は試誘を經て善とせらるゝ時は生命の冕を受くべければ也

一、試誘に勝つもの上には常に生命の冠を與え給うのである。日本の多くの文學者の如きは勝を得るの途を知らない。カント、ヘーゲル、ルーテル、ウェスレーの如き高き燃ゆるが如き熱心は起らない。甚だしきは自殺を以て其生涯の最後とするものさえある。自殺は人生の失敗者であって又大なる罪悪である。

一、然し死んではならないが世の人々は自分の恥を知り汚れを悟り此世の邪を歎じ人生の無常を感じて寧ろ死ぬるは若かずとて自殺せんとする程の良心の鋭敏さを持って貰いたいものだ。

一、誠實に一生を送らんと志す人々は必ず經驗することであるが私も亦二三回其心になったことがある。一度は米國に居った時であった、其時は其心を飜さしたのは父を憶うにあった。子の自殺の報が異郷より父の耳に入ったらどんなに泣き悲むであろうと思うた、それから日本國を思うた、日本國は或る任務を要求して居るのに之を果さずしては死ぬることが出来ないと思うた、次に神様のことキリストの事を思うた。特別の任務を負わせられて日々御守りの中に生存して居ることを自覺せしめられた時に何うしても自殺することが出来なくなった。

一、自分に慾心がある時には自己本位になって色々の罪を犯し遂に死に至ることゝなる。

一、神基督の信仰は人間の最大事である。子孫に何か降らぬでも此恵丈は降って欲しいものである。

祈禱、讃美二二四、祝禱、
三時頃から點燈（先生白羽綱を引かれて）
午前は二百四十三名　午後二百名位であつた。
跡片付を了えて歸ろうとした時恩師夫人から青年館落成
音樂會の入場券を頂いた。

十二月十日（木）快晴

青木家（庄藏）の結婚披露宴會に招かれ三時半出發
其會場なる如水館に至る。三階の控所に入つて此日の司會
者伊藤一隆老兄と話した。來客中に小谷野先生の在
るを發見した。余は十七歳の春盛岡中學の試驗を受けし
際英語の試驗官であつたが不合格の為め師範學校に入
學し卒業後内村先生の教化を蒙ることゝなりし經歷を
告げた。同氏はアマスト大學に入り内村先生と同じくシー
リー先生の教を受け卅四年歸朝盛岡中學に赴任せる
由を聞いて愉快に感じた。
六時食事。新郎新婦紹介に次いで
川井慶大學長　麻生女大學長　小林第三高女校長
留岡幸助氏　長尾半平氏　山室軍平氏
田村俊吉氏（代讀さ）
の祝辭の後に
内村先生は
一、家庭にイエスキリストを迎えよ、禁
酒を斷行せよ
と熱烈に勸めの言を呈せられた。萬歳三唱散會。

十二月十三日（日）晴

七時半出發一旦柏木に立寄り急ぎ立ちて八時半青年館
着直ちに獨にて萬事準備を取纏つた。
集會　塚本先生司會　讃美二三、大島老先生祈禱、一同
畔上先生
幼兒の心（路加十八章十五－十七節）
△幼兒の心は信頼の世界であり大人の心は律法の世界である。
△パウロは信仰擁護の為に戰つた。我等は道德の世界を棄

て、宗教の世界に入らなければならぬ。
△幼心を邪魔するものは浅薄なる批評の精神である。
△「彼はヨセフの子イエスに非ずや彼の兄弟は此處に在り」と斯の如くナザレ人のなしたる皮相の批評を人類は常に繰り返して遂に恩恵に預ることを知らないのである。

内村先生

罪の本源（イザヤ書一章二節―九節）

一、罪を數えて之を責め、罪の自覺を起さしむ斯くて罪の本源を知らしむる、聖書は此點誠に判然として居る。

一、子を育てるの苦心を味えよ、子が親に背くのは最も大なる罪。

一、神様の御苦勞!! 此事を思わねばならぬ。

一、私一人を造る爲に何れ程の御苦勞をせられたか、私共人間が子を育てるに二十年三十年を費すの比ではない。

一、忠孝を思想道徳の基礎として居る今日の日本に如何に不孝者の多いかを知る時に眞に斷腸の思がある。

一、弟子に背かるゝ經驗も亦苦しいものである、一人去る時は全体が去るの思がする、一人の信者が背く時は神様に於ては幾萬倍のつらさを感ぜらるゝに相違ない。

一、父の心を知るということは大切である。

祈禱　讃美四六二、祝禱

皆五百人を算す

益々堅く責任を果して十二時半青年館を退いて感謝して家路を急ぐ。

十一月二十日（日）晴

午前七時十分家を出で何時もの如く恩師邸に立寄りて會場準備の爲め黒板、樂器等に就て承って先發、八時二十分青年館に至り獨り會場にて祈り半時間を費して一切の準備を整えた。其時鈴木兄が見えたので東の間に入り二人にて祈った。次に椿地夫人藤澤田村両兄も見え、先生も早く詰められた。

聖書研究會　畔上先生司會　讃美、祈

塚本先生

パウロの教會觀　（ロマ書十六章十六節）

△ユダヤ人なる善い臺木に異邦人なる悪しき穗を接ぎし譬言。

△ユダヤ人であるから救わるゝというのではない。信仰があるから救われるのだ。此精神は地下水の如くになって舊約聖書を流れヨハネに至りてはっきりし イエスに於て尚明瞭にせられパウロに至りて組織的に宣言せられた。ユダヤ人であっても間違えば免るることは出來ない。

△神樣は慈悲と厳とを以て臨み給う。

△今日のクリスチャン、今日の教會然り我々各自に於て此事を見ることが出來る、信仰がなければ何であっても駄目だ。

信仰のみは死活の問題である。

△神を信じ主を信ずるのみ只それのみにて生きること それが無教會主義である。これは私共の始めたものではない、既にイエスに於てもパウロに於ても斯く説かれたのである、全聖書の教である。

△私は洗禮を受けた。私は内村先生の集會に長く出て居るものである。私は安息日を守って居るなどいうても それは一つも救わるゝ理由にはならない。只單純なる信仰あるもの、み救わるゝ

のである。

△何うぞお互ユダヤ人に陥ることなき様に充分注意せんければならぬ。

内村先生

偽わりの宗教（イザヤ一章十節以下　アモス五章廿一―廿四節）

一、預言者はどんな強い聲を以て此等の預言をしたであろうか、私は今之を讀んでも其幾分を表わすに過ぎない。

一、預言者の大膽、イエスの激烈を思う。

一、ヘブライ語は其意味に於てに止らず咽喉に於ける音即ちガタラルは清き高き強き感情を表わす特長を有て居る。鼻音にかかるは淺薄なる國民である。

ルカ六章六節以下

太九章十三節　十二章七節

エレミヤ七章廿一節

一、預言者の精神に還れよ、預言者の精神はヨハネに至って判然とイエスに於て高潮に達した。

一、改革は祭司の宗教を離れて預言者の宗教に返ることである。

一、道徳は根源ではない、然し道徳は宗教的のものである。

一、現代の教會は甚だしき矛盾を其儘に套襲して恥ずることを知らない、私は幾度か其驚くべき集會に招かれて大なる義憤に燃えし實驗を持って居る、即ち彼等は祈りとする、讃美歌も歌う、聖書の話もする、そして閉會の感謝が濟むや直ちに敵に喰って掛って悪魔的行為を敢てするのであった。

一、これは集會の時には宗教の形式を守って神に忠なりと思い、集會が濟めば思う存分、自我の活動を爲して一向差支ない態度である。

一、諸君と雖も信仰の力によって始終せざる時には一度此室を出て家に歸れば直ちに下女下男等に荒き聲を以て當り、弱き者を苦めて顧みないということになる。

一、常に正義と慈愛とに生きない信仰はパリサイ的祭司式偽善的である最も恐るべく最も憎むべきものである。

祈禱、讃美、祝禱、閉會

壹圓以上の傍聴料を拂う人は會員にあらずとも殆ど永久に傍聴し得る券を渡すという規定を設けましたから心ある人は此方法を利用されないと申された。

控室にての夫人の言

今日は先生は大變怒られた、何かひどく気に障ったらしい、近頃は色々な俗事に煩れたが殊に或る結婚問題には少からず心を痛められたから多分其爲であろうと思います。

先生は奥様と共に迎いの自動車で歸宅せられ余は獨電車にて家に歸った。

十一月二十七日(日)晴

自園に香る殘んの花を揃え七時十五分阿佐谷發、東中野途中下車、柏木なる恩師邸に至り、會場に就ての特別の用務を承わり演題を握って大久保から信濃町まで乘車。外苑の朝の景は清々しいものであった。青年館に入っては暗き室の一隅に獨祈って後、上衣を脱ぎ花を生け演壇の位置を定めオルガンの備付を依頼し演題と脱帽の注意とを掲げ椅子五脚を据え、鉢檀の位置を直し會場の座席の臺を五六寸下し受付て書店の卓を置き、男子婦人席にの掲示をなし更に今回新たに加わる入場者への注意書を貼り出しこれにて一と通りの準備は出来た。感謝の研究會を開かるゝ爲には此等の仕事も決して軽きことでないと思う。

余は一莖の花を立て一脚の椅子を下おにしても エス様の御爲めと信じて誠実に當るのであった。余の勤くは聖靈の御手に依つてであり余の働くはエス様の爲即ち神様の御爲であるから人々には知れずに隠れたことを喜ぶ。

聖書研究會 塚本先生司會 讃美三六、詩三二篇

祈禱、讃美二二三。

畔上先生

生命の所在（路加十八章十八節—廿節）

富める青年なる宰

△善き師よ。 尊敬の言葉ではあれど イエスの神性を認めず、単に地上の善き先生として對したもの、青年の精神、態度は劈頭第一に間違って居る。

△永生を求む。 富も坐し權位を極め律法を行う然しながらされはとて充分に滿足することが出來ず。永生を求むるに至ったのは當然のことながら殊勝といわざるを得ない。

△道徳的より靈的に移らしめんと反省を促す。

所有を悉く售はる は文字通りならずして富に對する青年の執着心を棄てしめんとし給うを見ることも出來る。又文字通りに富なる職業なりを献げるということも出來る。

△青年をパウロに比するに律法の嚴守者なると不滿を懐いて生命を求むるという二點は普通なれど自分は立派な人間であると思う點は異って居る

△今の教會の人々は禮拝を守り献物をなし慈善事業に携わるなど外形は信頼して自分を他と清別して知らず識らず高ぶりの心を持つが如きは大なる不信大なる罪のことであると悟らねばならぬ。

△私の經驗によれば廿八歳の時中學校の英語教師を棄て、傳道の決心をなし、専心傳道に從事した。三十六歳

に至って始めてロマ書によって十字架の福音が解った。底で考うるに私は傳道者にはならなければ救いに預ることが出来なかったのである。此の様な人も有るに相違ない。

ジヨン ウエスレー（一七〇三－一七九一）の如きも米國に傳道せし頃は未だ信仰なく救いには入らざるものであった。三十五歳にして始めて罪の赦しを受けたものであった。この事を思うて悉く所有を棄て、傳道者にはならなければ救われないのは私のみでないということを知るのである。

内村先生

罪の消滅

讃美二一四（女子大学々生十餘名）

イザヤ一章 十八、九節
ロマ書八章 三、四節

一、世に宗教の存するは人が父を求めつつあるという證據。

一、今一度父様に歸りたいという證據。

一、祭司、僧侶、神官の職、迷信とは知りつつ、今日に至って居る。

一、儀式、教義、熱心を以て正義と憐憫の代りをなして居る。

一、人は正義を充分に行い得るか、誰人も至難を感ずるのである。

一、正義は外形の事でない之を行うには正しき心が必要である。其點は法律裁判とは異る。正しき心は罪を赦された者の上に働く聖霊の力によって起る。

一、預言者は罪を責め罪を悟らしめて救いを求めさせる。

一、其手段方法（勧道）は隠れて七百年を過ぎたけれど其精神其目的は神の子の救いに預からしめんとするにあるのである。

一、死刑に處せらるべきものが悉く罪を赦され
更に罪を犯さぬ様にせらるゝというのであ
る。其喜びと感謝とは果して如何。

祈禱、　讃美二八七、

會場の跡始末を了えて十二時半歸途に就くや塚本先生石原鈴木兩兄の一行の横濱に向わるゝに逢い余も亦之に加わることとなり、信濃町より東京品川横濱を經て櫻木町に至り下車、驛内の川村屋にて中食を濟し直ちに辨天橋を渡って女子青年會に至り説教題の立看板を見て講堂に入った。

基督教講演會　於横濱女子青年會

八木一男司會　さんびか　祈禱

塚本虎二先生

無教會主義とは何ぞや　(馬太十六章十三―廿節)

△近頃横濱の教會の人にて　塚本が東京から來りて無教會主義を宣傳し其教勢を張ろうという者のあるを聞いた。私は決して之を所謂宣傳はしない。然し無教會主義は私の信仰である。之を棄ては私の信仰は成立しない。

夫れ程重大な問題であるから一つ此事をゆっくり横濱人に公表したいと考えた。

基督教信仰即ち無教會主義

結論を一言にて申せば

教會無くしてクリスチャンたり得る

教會に屬して居る人と共に救わる。

馬太傳十六章の此句は聖書中難解の個所であって之が爲に幾多の論戰は行われ流血の慘をさえ見たのである。隨って學者の説も亦甚だ多い。

一、基督の言葉か否か

二、假りに主の言なりとして一体何の意味なるか

カソリックは教會はペテロ(岩)の上に立つといい

新教はペテロの信仰告白の上に立つという

三、今日の教會は果して此上に立てるか否か

四、最後に無教會主義の意味を述べましよう。

(一)、主の言にあらず（ハルナック其他）

主は教會などを建つる考はなかった（新しき神學者英のオーマン）

主のユダヤ教に對する態度より見ても長く續く筈なる教會の出現を望まるべき理由なし

教會の文字は聖書に百十四回あれど四福音書中には只二回のみ そして

其二回も馬太傳にあるのみ一回は此點で他は主の言にあらず後の人此處に入れたりと論定せる十八章十七節にあるのである。

主の言ならずという學者は前後の語勢、調子、問答の統一は自然的出て居る

(二)、岩をキリストと見キリストの上にと説く人あり

ペテロ個人を指しているか、ペテロの資格に對しているか、

假りにペテロ個人を指して言うとならば十八章の汝等なる複數の教會を如何に解するか

(三)、今日の新教の教會は果して此信仰の上に礎を据えて居るか之は大問題である、若し立って居なければ大教會を築いて禮拝を行い讃美の聲を擧げ慈善を行っても それは一の組織であり團体であるが主の御精神ではない。

一つの事は確かである即ちイエスキリスト生ける神の子は礎となって居ないと。彼等には禮拝、慈善、傳道、教勢力は問題であって信仰は問題ではない

事實今日の教會の説教を聞けよ、其機關雜誌を繙いて見よ、其大問題とする所は合同問題であり傳道問題であり社會事業であり會堂建築問題である。

信仰上より見れば大問題である所の處女懐胎、主の再臨を否定する人があっても平然として居るではないか我等に取っては死活の問題であり死を賭しても戦わねばならぬ大問題である。

故に今日の教會から基督なる礎を抜き取っても教會は倒れず依然として其形骸を留め得るのである。

我等は最早舊約の神を信ずる必要なしと雜誌に

書いてある。
キリストの神性を認めず十字架の贖血の力を信
ぜずしては此信仰(ペテロ)の上に建って居るのではない
實に悲むべきことである。
△信仰の上に立てなる教會はあらずという理由はロン
ドンの市に四五百の教派がある、之は何を語るのであ
るか、主一つ信仰一つであるならば教派の起るべき理
由はない。何處までも教會は一つであらねばならぬ。
△反對者曰く でも我等は聖書を説いて居るでは
ないか、キリストの御名を崇めて居るではないか、熱
心に祈って居るではないか、聖靈は特別に教會を
守って下さるではないか、善き説教をするではな
いかと それは言語的であり上衣でありデコレー
ションであるかも知れぬが礎ではない。
△此間或る疊屋から 遠方に頼まれて行く時には其
最寄りの疊屋は刺臺を三日間提供する約束
である と聞いたが其様なことは今日の教會で實
行が出來るか恥しい話である。

△教會は元々一つであるべきもの故 新教の分裂は
レギヨンである。
△合同問題は意味を成さない 始めから合同てあ
るべきものである。
△十字架の血に救われたという喜びと感謝とがあ
る者には互に分裂するという様な事は思い
もよらぬことである。内的尊い經驗が無い即ち
信仰がないから愛の結合は出來ない。
△私には最初から合同が出來て居る故に聖公會
なし カソリックなし 浸禮なし メソヂストなし
である。主に罪を赦され一切を献げて絶對信
頼の信仰にある者に取っては教會の要はないの
である 即ち無教會である
△教會に屬するもよし教會が無くもよし只キリス
トを礎とすること丈は必ず無ければならぬ
△斯く語り來れば割り切ったる馬鹿気た簡單な明瞭
なことである。

無教會主義!!

此語は好ましき名ではない。然し敵の心は此言葉の
前には一番よく判る。
（聴講者男女計五六十名）
散て質問もなく閉会と同時に殆んど帰り去った。
余は時田牧師に紹介せられ塚本先生始め十名ばかりと卓を
囲んで茶菓を摂りながら懇談して四時頃独り帰途についた。

一九二七年（昭和二年）十二月四日（日）曇。
恩師御宅を伺いしは八時近き頃であった
先生二階から降りて来られながら
一、サイトウ君　今日は何うだろう　暖房
の必要があるだろう　君行ったら命じ
て呉れ玉え　冷い所に二時間腰掛け
て居るのはたまらぬからね
花は今後も用意して欲しい　代は直ぐに
受取ってくれい
と申された。庭の苺を見たる後演題紙と花々を
携え、お先きいたしますと邸外に出た。
八時半青年館に入り何時もの様に玄関から高壇
に至るまで一切準備に取懸った。九時二十分頃悉
皆済んだ。軈て諸先生見えられたれど、別に注
意せらるることはなかった。勿論此等は皆主を偕
に為したる事である否主御自身の為し給いし事で
あった。

聖書研究会　畔上先生司会　讃美五八
詩篇六十五篇　祈祷・讃美六八
塚本先生
教会の合同　（馬太十六章十三節―十九節）
（先週の横濱講演と略ぼ同じく講演をせられた）

……愛の一致である
内村先生でも私共でも斯く唱ふるには何れの教會をも助くるといふ心の準備が出來て居るのである。

内村先生

一、塚本先生は私の言わんと欲する所を克く述べられた。此事を明白に語らねばならぬことであるが餘り語りたくはなかつた。然るに今日は充分語つて貰つて有り難かつた。

一、英文誌上で之に類する事を述ぶるや大分響いたものと見えて随分種々の人から手紙を送られた。其内で最も強き攻撃は
青山學院のケーリー博士
組合教會のゲームリー夫人
からである。後者の如きは實に猛烈なものであつた。

足下の如きも一のセクトメーカーで大悪である宜しく悔い改めよ
と肉迫し來つてある

一、何れに對しても丁寧に返信を出し斯の如き大問題に對しては宜しくパブリックレーターを以てせられたしと四回も手紙を發せしが失敬にも今度は何等の返答もないのである

一、然し決して此儘にしては置かない主の信仰の爲に何處までも闘わねばならぬ。全世界を相手取つても争わねばならぬ問題である。決して憤慨を以て言ふのではない。基督に在る愛を以てである。

一、諸君も大に愛と勇氣と確信とを以て祈禱又は何等かの手段方法を取り私を助けて貰いたい。

(先生の態度は眞剣其の物であった)
ゲムリー夫人は何うして此住所を知らせなかったか其の友人なるローランド氏を介して漸く
滋賀縣八幡町土田
なることが判明した。
讃美歌二三四番を女子青年會員と第一高女の有志で計二十人許りにて歌った。オルガンは其の内の一人は奏した
先生は大いに喜ばれ我等も深く感じた。
一、次は藝術音樂家なる黒澤嬢に近藤ゆ子さんの伴奏で誰も歌える歌を歌って貰う相談が出て居るから其の日をお待ち下さい。

審判と救い (イザヤ書一章廿七節 廿八節)

一、神は事實を以て審き給う
一、福音を宣傳して教を聲のみでは何でもない。神の事實の裁判が臨んで漸く始めて國民

民は少しく眼を開くに至るのである。大震火災の必要なかりしか經濟界の大恐慌來る必要なかりしか。
一、米國の如き百萬億の富を有するに至ったが之は恵みではなくて刑罰である。審判である。之が禍害を感ずる時に僅かに悟るであろう。
一、然して凡て救いの先驅として審判が臨むのである。墮落せる人類を救うには此外に途が無いのであろう。
一、審判は道程であって救極は目的である。
一、カルバリーの十字架があって罪の赦しがあるのである。
一、早く公平と正義に立ち返る者は恵みに預るのである。

祈禱、さんび、祝禱、閉會、
此日持地夫人の代りに畔上夫人男子の方に働かれ婦人の方には塚本姉(善子)手傳わる、
十二時十五分歸途につく。

∴ ∴ ∴ ∴ ∴

十二月七日
『思想と生活』創刊號を主幹江原萬里兄より贈與せる。
十二月八日(木) 三孫女創能子生る
十二月九日(金) 夕五時柏木に至り雜誌の發行期日につきお伺いした所は先生
一、二種共來着、多分明日正午迄では出來るだろう
と言われ夫人からは我家の出産につき祝意を表せらる
直ちに歸る。

十二月十一日(日) 晴
八時半から例の如く獨で一切の準備を了畢えた。ピアノの鍵が閉會前十分位の時に見付けるという樣な苦心もあった。

集會(聖書研究會)
塚本先生司會 さんびか四五、詩篇四十六篇、
祈禱、 さんびか一八五、
畔上先生
信仰の性質 (路加十八章二四－三○節)
一、人の爲し得ざる所は神の爲し得る所也＝信仰の望と慰藉とは滿つ
神の爲し給う所と聞きて如何なる難關も臨み辛苦に逢うも失望することはない。＝此御言葉は信仰の根本である。
二、一切を捨て、爾に從えり＝一切を捨てたのみでも單に信ずるのみでも全くない。必ず從わなければならぬ。信從は眞にイエスに仕うる途である。

三、神の國の爲に一を捨つ＝我等の日常生活に於ても凡て目標は神の國の爲でなければ無價値無意味である。

四、今世にて幾倍をうけざる＝此世に於ても既に幾倍幾十倍の恩惠に預り得るというのである。信者は此世に在りては死に至るまで苦難の連續であると解する人は未だイエスの此御心を知らず神の恩愛を解せぬ人である。

内村先生

報告ー講堂に就て

一、此會場は多くの特長はあるけれど亦缺點も少くないのである。矢張早晩家に歸る必要あるので此間から増築に着手して居ります。落成の曉には三百人を收容するに足ることと思います。會員七百人の内百人缺席すると見て二回に三百人ずつ集るとすれば容易に實行が出來る譯である。

一、會堂の増築改築といえば普通は先ず寄附金を募るのであるが柏木にては其要なく諸君が毎月出して與へる會費を大切に保存して置く結果、斯の様な時に少しの騒ぎなしに工事が出來る譯である。今回改築することがあっても多分同様に爲す事が出來ると思う。無教會主義とて悪い事ばかりではない。斯の様なこともあるから世の教會では宜しく之に倣うがよい。

一、そこで此會場の集會は次の十八日の安息日で切りあげて再び柏木に歸るのである。そして廿五日、一日、八日の三回は午前だけ一回のみ集ることに致します。來年二月には大久保驛も工事竣工すること故其際は少からず便宜になることと思います。

平和實現の夢（イザヤ書二章二ー四節 ミカ書四章一ー四節）

一、思想と預言の相違、預言は不意に來る。證明は出來ない。

一、見(示)せられたる言葉という實に味うべく考うべき言である。

一、空想ではない美文形容ではないエホバの御言葉である必ず成るのである。見たきは斯の様な夢である。

一、聖書の研究ー研究の語は合わない。科學の研究、哲學、文學、教育の研究とは違う。直觀である。啓示である。

一、外國に宣教師を派遣して盛んに聖書を讀めと勧むる英米國に於て常に其教に反對の心を懐き行為を現わすを見ては實に不思議に堪えない。

一、最近シンガポールに築きつゝある軍港は何ぞや。米國の軍艦建造は如何。之を見るとイザヤに示されたる預言の如きは單に夢たるに過ぎずと思わるれど、それは一時の現象で又平和到來の階梯である。我等は如何なる叛逆を見るも決して失望しない。

さんびか 花びらもめでにー我子らー 特選三四

黒澤てる子獨唱 近藤冲子ピアノ伴奏 讃美歌四六二

祈禱、祝禱、閉會。

先生余を呼んで曰く

一、君が立って指揮すると婦人等は追い立てられる様で困るというから其心して適當にする様にと

余は之を了し今日は敢て指揮することを廢した。斯く感ずる婦人は多分余の苦心を知らぬであろう。限られたる時間内に會場を始末する責任を負うて居るのである。

○午后同會場で直ちに他の異る集会のあること
○前列に經驗乏しき婦人坐し居る時指揮を受けざれば規律ある行動に出で得ざること
○七八一列の内中央より左右に別れ歸るの要あること
○座席の塵を揚げて歸るの要あること
○遺留品のある時に之を處置すること　等を解せん
正午までには滞りなく始末が出來て直ちに歸途についた。

十二月十八日（日）　初雪

七時出發恩師邸に立寄り八時十五分青年館着、獨唱室に入って祈り　それより會場内外一切の準備に當った、オルガンは群馬縣の音樂講習會にて使用し居るが為め、急に使えなくなり　其為めにピアノに變更するなど臨時の出來事に思いを痛めた、當會場に於ける集會は當分今回限りである。

聖書研究會　畔上先生司會　讃美五六、祈禱、七二

塚本先生

全人類の救拯（ロマ書十一章廿五ー三十六節）

△奥義　古隠れてあったが主イエスキリストによって人類全体に明かに示された秘密、即ち神の子の受肉、十字架、異邦人の救等誰人にも判る言葉で此世の人々の言う奥義とは違う。

△イスラエル人の不信は異邦人の救われん為、異邦人の救いに入ることは軈て又イスラエル人の救わる、動機となる。

△末の日至らば凡ての人救われん、末の日とは世界人類は主を迎える準備の成った日、凡てとは一人残らずの意と大体の意とあれど悉くの意ならん　但し其時と方法とは人間の知る所ではない。

△此事は神様の愛と思う時に斯く信ずるの外なきと自らの心の實驗より考へ見て自分如き者が救あるゝなれば凡ての人の救われぬということを思うことは出來ない。

△何れにしろ大問題故凡て與えられたる範圍に於て充分に考い見るべきである。

報告、
　青年館にてクリスマス懇談會を開く故成るべく多數出席を望む。會費は學生二圓。他は二圓五拾錢となす。五時頃から出席して懇談することを望む。　畔上先生起って　二十三日午后六時より

報告、　内村先生
一、再び柏木の講堂に歸ること　其理由は後に語ることあるべし。廿五日は午前と午后。一日、八日は午前のみ。
一、クリスマスの愛の贈物を我等は枉せんとする人は金子を以て今日なり廿五日なりに玄關の籠に入れて置かれよ。但し其費途に就ては全然私共三人（講師一同）に委ねられたし。何を以て誰に贈りたるかは誰人にも知らせぬ故報告せじ
きんせいか二三四。三三。聖英學塾學生十五名　阿部さん伴奏

平和實現の途（イザヤ二章二節－四節　同十一章一節－九節）

一、始は戰爭終熄の夢－消極的
　十一章の方は平和充實の夢－積極的
　共にエッサイの根によりての實現
一、末の日　世界の準備の出來た日。馬太廿四章十四節　意味深遠
一、戰爭は如何にして熄むか。是れ私の實驗によって知ることが出來る。私の心に主イエスの靈が注がれて平和となる時に凡ての戰いはいやになり憎くなる
一、人類に此恩惠の臨む時に世界の平和の來るのは至って易いことである。
一、我一人此靈の平和を得れば一人丈平和實現の日の準備が出來、世界の平和は必ず來

る此世の政治家、軍人、思想家、宗教家に依らず神御自身の働きに依って必ず來る。

祈禱（青年館の爲にし熱心に祈られた）

さんびか一五八、祝禱、閉會。

（五百餘名出席）

十月初より此會場にて集會を開くこと十一回常に恩寵に満されて始終することが出來た、今や御導きによって柏木に歸ることとなったのである。一つの遺憾もない凡てが感謝感謝である。余は館員に謝して後控室に至り先生方に向い

お先き御免を蒙ります

と一言を遺し、山田鐵道兄夫妻と共に細雨の外苑道路を歩み 信濃町から乗車歸途についた。

柏木有志晩餐會

一九二七年（昭和二年）十二月廿三日（金）

於 明治神宮外苑日本青年館三階たから亭食堂

余はクリスマス晩餐會に向う途上先ず柏木恩師邸に立寄った。講堂の改築の状を内外から覗いて見た工事は落成したが整頓と掃除とは未だ出來ず二人の勞働者は雜事に當って居った、偶々預言寺の二階なる先生の書齋の窓から顔を現わした青年があった、飛彈の農民なる丹羽彦兵衛氏であった、莞爾として余を迎え梯子段を下って早春別れて後の消息を語合った。同じく集會に向う石原兄は見えた。先生は出て來られ講堂に入って我等二人に夏以來の工事の苦心に就て語られた。石原兄は心の苦みが大したことであったでしょうと言えば

一、心よりも金の方が苦であった二千圓を要した

と言われ我等も其高額に驚いた

御用が無ければ青年館に參ります

145.

とてお別れした。青年も加わり三人門を出で泥濘の途を大久保に向ひ途上色々と物語りて新宿信濃町等を経て外苑に出で絵画館を眺めて不折先生の日本海々戦の揮毫に関することを告げた。五時十五分青年館着、先着の会員十数名控室にて閑談を試みつゝあった。受付の鈴木虎秋兄に会費を納め三階に入って塚本先生に挨拶し暫時休憩。石原兄は塚本先生の篤信、博識、勤勉に驚き且つ此人を先生として持つに至った幸福を述べ、先生の側に居れば一言一行皆深き真理と知識とを学ぶことが出来る。実に偉大な人物が柏木に来たものであると語るを聞いた
五時三十五分控室に於て藤本兄を始め親愛なる兄弟方と物語った。丹羽氏が教会の牧師より誘惑せらるゝを感じおるといふに対し注意を与えた。
内村先生入来 婦人側の方に席を取って種々語られた
六時少し過ぎて会場たる食堂に導かれた

開会
司会者 鈴木俊郎兄 援助者 塚本虎二先生

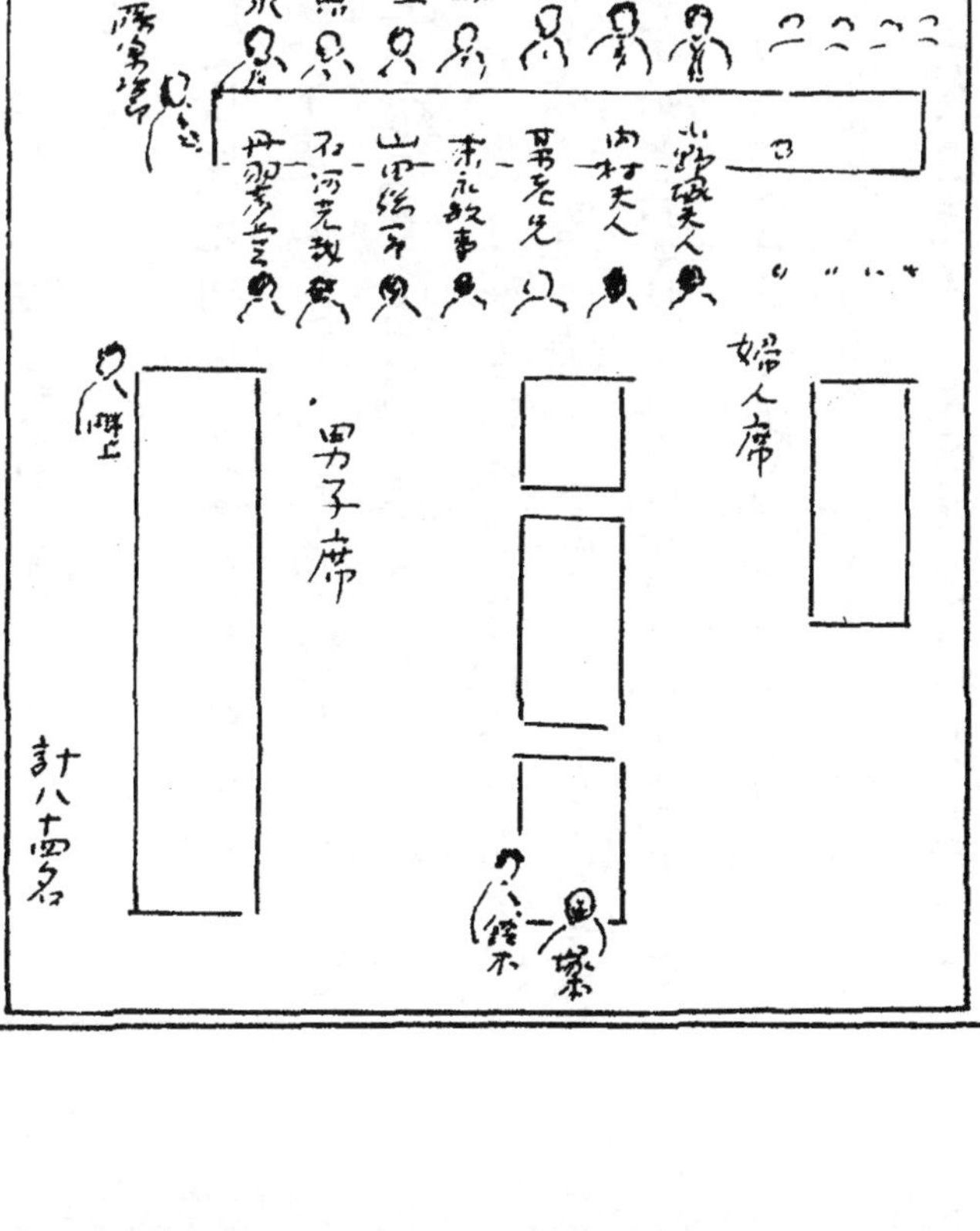

開会の祈祷 伊藤一隆老兄
食事 本皿（魚肉、獣肉、鳥肉、寄せ物、野菜）
別皿（洋菓子二個 果物一小皿（ピーナツ）サイダー

卓上談話

一、山本泰次郎兄　全年讀みし本の内最も深き興味を有ちたるものを紹介せんとて上海同文書院の學生が甘肅省蘭州邊を始め支那内地を旅行せる時の珍奇の事實に滿てる記事の豊なる點を話す、

二、伊藤一隆兄　此老人は今夜の集會には正客として立つに非ず青年諸君の間に割り込んで卓上より落つる屑を拾わん爲に來りたれば何物も與ふべき持ち合せがないから御免を蒙るといふ意を云い振り。

三、塚本先生　蓄音器の様に引き出すさえすれば必ず饒舌るものと思われて居る様だが別段今夜は言うべきこともないからヘブライ語の會員の内イロハ三組の代表として其最も不成績の人を擧げて暗誦をして貰うこととします

イ、久保壽兄　詩百二十篇

ロ、西田虎造兄（年少者）哥後四章末節

ハ、岡田花枝姉　主の祈

四、藤本武平二兄　内村先生は全會員のうち一番若くまた青年にも遠しない、此活動此元氣は何に基因し何を意味するかという様な話（先生は首肯せられた）

五、某大學生　詩六十篇に就て

六、某青年

七、齋藤茂兄　詩百二十五篇ギリシヤ語暗誦

八、湯澤健兄　大學一年の頃始めて大手町にて先生の羅馬書講演を聴いたがさっぱり判らなかった、此事を先生に申したら解らんでもよいから聴いて置け、讀んで置けとて聖書のうち或る個所を示された　然るに今日に至っては幸に之を信ずることが出來て誠に感謝であります、頂いた聖句を先生にプレゼント致します（先生甘受せらる）

九、畔上賢造先生　大阪傳道に就ての所感の一二、或る兄弟は私の講演を内村先生の代理として同等の價値ありといい或る女學生は塚本先生

のお話を聴いて居ると同じだという三人の性格も何も異って居るに拘らず或る點の甚だ似通うて居るというのは内村先生の與うる空氣の中に育った爲であるに相違ない。

次に諸君に強くお勸めすることは内村先生の仕事が一つの教派となり教派運動となり果ることなく永久に生命ある流れとなって人類を潤し終りの日まで益々進んで神の御聖旨の成就するに至らん爲に各自努力せざるべからずと最も適切緊要なる警告を發せられた實に誠に同感の至りであった。

一〇、塚本虎二先生

イ、贈物を受けた時の感じ、一種の悩みを持つ。

善き物（霊的）を與えたのに何やら物質を以て　それを返されて仕舞った樣に思われる、實は與えたものは天國に行く時まで預って置きたいのである。私は何かを他人に與えて其酬いは既に神様から充分に頂いて居るから敢て其人から返されたくないのである

ロ、贈物をした時（内村先生に）

先生から禮狀の中に「細く長く」という文字を書いて送られた。信仰と物質との關係に就ては緻密に考えなくてはならぬ

二十年も忍んで世話をして頂く感謝。

内村先生

一、信仰生活に入ってから五十四回目のクリスマスである。

一、十八歳の時始めて札幌にて守ったクリスマスの狀況を追想して紹介しましょう。

伊藤一隆君は幹事長で我々は狩り集められた者で一々命令に服した者

私は會場係で一々材料を集めることに勉めた。

白達磨と赤達磨とを造って其中に安達と誰かゞ這入った。宴酣なる時二つの達磨は兩手を左右に衝き出して角力を取

るというのであった。そして行司の役に當つたのは私であった。

今や神宮外苑の青年館東京の中央に於て此クリスマスを記念するのである。其間の進歩は著しく假令世評は如何様であっても常に我等は生きたる生命の動いて居るという證據は疑うことは出来ない。

先刻藤本サンが私を一番に若いといったが其通りである。

如何にせば若くなり得るやというに冗談を言うことを學び笑う秘術を知らなければならぬ。私を一番に笑わせる者に褒美をやるという懸賞を出そう。

獨逸ミュンヘンの或る会合の席で有名なベック氏は祐之に向い君のお父サンは家で

毎日何をして居るかの問を發した時祐之は毎日人を笑わせて居ると答えたらソレダクと感嘆したというが面白い話である。
人生實は見様によっては面白いことのみを以て満されて居るのである。
世上の種々なる出来事を見ても神様の預言が成就し神様の審判の行わるゝのを見る時には實に面白いのである。勿論悲嘆の事も多いがそれでも其ユミットサイドの方面を眺めるとたまらず面白い。それ故私が獨書斎に在って二時間でも三時間でも笑うことがある
聖書には明記してないけれどキリストにも必ずヒューモアがあったに相違ない
笑う事の外に今一つは何時でも敵(強い)を持って居るということである。私の生涯に於て

149.

も常に種々なる敵を持って居たが日本という敵も今では降参して仕舞ったのであるから甚だ気抜けがして仕方がない。そこで海の向うの米國を敵に持つことになった時 近江在住の米人バァサンが無禮の手紙を送って善い機會を作ったから旨い工合だと思い クリスマスに喧嘩はいやだから来春は大いに戦おうと準備して居った所え某氏が出てバァサンに向い あの人を怒らしては大變だと諭し過り状を送らせることになった為 折角の事が頓坐することになった

○孫娘来りて よせくるアメリカの
　バァアを拂ふクリスマスかな

○アメリカのバァバーがさせる刺ぬけて
　気抜けしにけるクリスマスかな

の歌を仲裁者に書いて送った

エス様も持って居られた様に神様の與える敵を持っていることは大切である。

　澤山に笑え　常に闘え

これは何時までも若くある秘密である。

さんびか「べつレヘムの星」会衆一同

祈禱　内村先生

閉會　八時半

老人、婦人、青年の順序で夫々帰途についた

　主の尊き御守りを感謝す

余は丹羽氏を伴い信濃町より乗車大久保驛で別れ帰宅した。

十二月二十五日 (日) 晴

創能子(三孫女)入院準備の日であるが何が何でも柏木に行かねばならぬ。八時廿分急ぎ出発途中福長花屋に立寄り大なる好意を以てする主人の手によって

千両三本、紫立藤一本、黄寒菊一束、白菊二本

山千両一本　金盞花三本

を一纏めとして大割引五拾銭とせられ満足して立ち去った。八時四十五分の電車に乗り東中野駅下車、山田鐵道兄に逢い連れる途を踏んで柏木に向った。改築によって盛装せる講堂は見るだに気持よくあった。花を講壇に生けたる後山田兄及び武藏屋君と共に会場内部の整理に当った。恩師来りて

暖爐の焚き方を説明

椅子の配置

を命ぜられた。講演題は講壇の背後に衛立を据いて之に貼った。日曜學校は今日は休み。

日曜集會

畔上先生

基督の降誕と十字架　路加十八章三十一節以下

△基督降誕は十字架と對照せずしては考ふることは出來ない。

△イエスは十字架に磔る爲に生れ給うたのである、生れながらにして此の様な目的を有った人は古今東西一人も無い、イエスの十字架の死はイエス自身の預言であり又多くの預言者の預言である。

△イエスは洗禮を受ける必要は無かった。之は全く全く十字架を引受くる預表であり準備であり反映である。

△十字架の死は路加傳に於て三回表示せられてある。

△主は悲痛と共に春日の如き平和喜樂を持ち給うた。多年湖上生活に慣れ居たる漁夫のペテロ、ヤコブ等さえも我等沈まんとするとの恐怖に陥った時に熟睡に居給うイエスの態度は如何。實に絶對信頼者の

151.

態度を示すものである。

△初代教會の信仰の確立は使徒二章のペテロの説教によってイエスの復活を見たることによってゞあった、然し十字架の救いに其基礎を與え充分なる説明を加えしはパウロであった。

△世界の人々をして福音の真義を知らしむる為にはある學識をある經驗とを有ちたるパウロを選び給ふ必要があつたであらう。

△パウロは結婚せし事は明記されないけれど之を以て結婚の經驗が無いと斷ずることは出來ない、當時結婚期は十八歳であって其後も結婚せざる人は特別の事情のある人に限るのであった。パウロの務めしサンヒドリン議員は妻子あることに限れること、パウロの書翰中結婚に關する記事を讀むに其微細なる點にまで思い及んで居る點から考うれば到底結婚の經驗なき人の言い得しこと、は思われない。

△依って多分一度結婚せしも妻を失って再婚せざる人であったろうとは多くの研究者の一致する所である。

△結婚は人と人との密なる關係で其為に罪人であるということを深く知る機會が多いのである。夫婦の死別の時など殘れる者は死者の生前に自身の為せし精神行為の不足を思うて自分の弱き罪人なることを痛切に感ずるものである。

△誰人にも取り返しのつかぬ罪がある、其為には十字架に縋るの外は無いのである。ステパノの死に就てパウロの關接なりとも責任あるものである。即ち之に依て彼は取返しのつかぬ殺人の罪を感じたであろう。

△パウロは實に十字架の贖いを體驗すれば充分なる準備を持って居った而して之を證明するに確實なる自己の實驗を以てしたのである、贖罪の十字架を思うてイエスの降誕を見る時は真の意味は判り祝すべき精神も湧いて來るのである。

内村先生

報告

一、此講堂の改築は今度は四回目である。

一、十月に青年館に移ることゝなつた時には永く廢物
となることと思うた。
一、青年館の大講堂の設備は立派で多くの特長
はあれど次の一つ最も強く感じた事は
日光を利用せざる點
であつた。私の最も好む所の日光を用うることが出來
ないという事は到底長く耐え得る所ではない。
一、日に二三回も種々の人々が出入してある室を日光
消毒の出來ない設備は不衛生不健康であ
つて完全ということは出來ない。此の様な室に諸
君を長く入れて置くに忍びないのである。
一、次に私が清き集會を開いたならば他の先生達も
基督教なり佛教なり必ず此講堂を用いて精神
的講演をなし共に青年館を善用して行く望
みがあると思うた。然るに遂に其模様なく徒ら
に音樂とか映画とか藝術のみ間斷なく行わるる

こととなつて到つてつまらなきことを感じたのである。
夫れ故にそんな空氣に包まれるは緊張せる集
會を開くことが出來ない。如かず寧ろ斷然古
巣に還らんにはと決したのである。
一、先ず土臺を變えて完全を計り、兩翼を擧げ
新たに窓を作り日光の透入を計り、同時に空氣の
容量を増し廿九個の孔口を作つて換氣を計つた。
其他電燈、事務室、應接間、帽子掛等を増
すなど多少面目を新たにしたのである。若し何
れの日か都合つきて椅子を改め得ば更に幾人か
を収容し得るのである。
一、想うにナザレのイエスの福音を説くには相應しい
講堂であろう。
一、廢棄せんと思えば容易のことである。誠に伸縮自
在という所に力の福音の特徴があるのである。鐵
筋コンクリートに固めては改築も至難事である。

堂は大ならずと雖も人が溢れるというのは理想である、日本中の教会は之に倣いて行かば国民を益することいかに大なることであろうか、世界は消えても我等は此所に消えざる福音を説くのである。

・　さんびか一七四・（婦人のみ）

生けるキリスト　（黙示一章十八節）

一、基督降誕節はイエスの福音の産ではない。寧ろ異教徒的のことである。北欧人が冬至に際して其祭に之を利用したのである。それを南欧人も学び行う様になった。

一、イエスの誕生は日も月も不明である。聖書は之を示してない、其必要のみならず之を明記するはイエス降誕の目的を没却し隠閑し偶像化する患いがあるからである。

一、モーセには墓は無い、モーセの使命天職であって若しモーセ崇拝になる様のことあっては大変である。如何にして死せしかさえ判らない、墓は邪魔であるから墓を造ることが出来ない様にせられた。

一、私は自分の誕生日を忘れて居る。

一、子供等を喜ばすのはよいが命日だ誕生日だとて偶像化するは宜しくない。

一、誕生は不明なれどイエスの復活は明記されている。

一、福音書の記者は復活に異光明を認めたのである。使徒等はイエスの復活を見て振い立ったのである。

一、過去のこと、肉体のことは我等今から知るまいである。歴史的信仰は微弱なものである。イエスの外の凡ての宗教は皆歴史的である。此処は誕生地、此処は悟道地、此処は説教地、此処は法難地、此処は墓地と尋ね廻って居る。生命ではない形骸である。
一、我等は死にて甦り昇天して神の右に坐し今我等と偕に生命を以て教え助け導き働き給う生けるキリストによりて起つ活躍の信仰でなくてはならぬ。
一、他の宗教の様に過去を顧み事跡を探り年代を数うるが如きは贅沢である。我等にはそんな暇がない。
祈祷、えびか五九。　祝祷。

午后同じ説教をせらるゝ為　午前の人は一人も午后は残ることが出来ないということになって全て一と通り会場を検した後帰途についた。
勿論念の為一應先生に伺って見たら
一、君もイーケナイ〳〵
と申された。一時石原、岸、鈴木三先生と共に数寄屋橋にて中食を喫した。明後日の日曜学校クリスマスは装飾余興まで理想通りに行い得るに至るを感謝すると嬉しがって居られた。今年大賛成であった。

一九二八年（昭和三年）

一月一日（日）

午前八時十分柏木に向う。阿佐ケ谷驛プラットホームにて新年の富士を仰いだ。冒すべからざる預言者の容姿は慕わしい。九時五分柏木着。恩師其他に新年の賀詞を述ぶ。先生

一、其花は餘り貧弱だ。こちらを立てるがよい。（先生の居間から持ち来りしカーネーション）。

一、今日は眞中の赤椅子を全部仕舞ってよし。

一、一から十まで規則でやってはいけない。あの人は朝鮮から来て居る人で會員にしてもよい程の人である。（余に對して）

武藏君と二人で一と通り準備を整え開會二十分前頃から會員の着席に注意を拂うた。塚本先生と畔上夫人から温かき新年の挨拶があった。

集會　司會並に前座塚本先生

信仰生活の土臺石

（以弗所一章三節以下十四節まで）

さんびか三五、　詩篇八十四篇、　祈禱（内村先生の爲に強く祈る）　さんびか九八、

△原文で見ると エペソ書一章三節より十四節までは一と息に讀む様一大連鎖をなし、其中に深遠なる精神は綺麗に示されてある。

△日本語は切れ切れになって居るから、語勢時々抜けて何を教えてあるか一寸不明であるけれど克く注意して讀むと其大精神を摑むに難くない。

△之は基督信者の信仰の實際問題の土臺である。

△此書は内村先生も言わるゝ通り、パウロの書簡中思想の發展よりすれば絶頂(クライマックス)に達している。何時か先生から精しくお聞きしたいものだと思う。

△一言にして言えば

「イエスキリストの父は頌むべきかな」

何故か其理由は次に

(一)、神は我等をキリストの十字架の贖いによって罪を救い給うて己が子となし給うた。

それ故に感謝すべきである。此恩恵は至大なもので此れ以上の恵みない。

如何に多くの物を與えられても此恵みを與えられなければ不満足であり、此恵みを與えらるれば其他の何も與えられずとも充分である。次之に止らず

(二)、神の心なる奥義を示し給う(九節)

神の宇宙の經綸を示し給うた。

凡ての物はキリストに在りて一に歸する事を示し給うた。

誠に實に讃美せざるを得ない。

(三)、神の此(一)、(二)、の恩恵は決して偶然又は應變に出来たのではない、世の基を置かざりし先即ち創造前に此事を既に御定めなったのである。

獨裁的に愛を以て為し給うたのである。

高い聖い御方である。然らば何の為め何の目的の為に之を為し給うたのか、人類救濟は目的ではない。若し斯くあらば我等不完全なるものは恐縮に堪えない。

(四)、神御自身の榮を顯さん為である。

深きかな其意思、貴きかな其企劃

此教は真に信者の信仰の土臺である。此目的の為であるが故に我等は只感謝である。然らざれば安心は出来ない、世の人々は何にあっても神は着々として其計画を實行し給うのである。

△一九二七年二月四日　私は内村先生をお訪ねした時に斯く申された。

一、「今年も仕事に熱中しなさいよ、遊び半分に遣ろうよ」

本当に深い御言葉だと思うた、太鼓を敲き喇叭を吹く必要はない、ラジオを以て領する必要もない、私は此言葉を守って焦慮ることなく ゆっくり〳〵歩んで来た、然しながら回顧すれば英文雑誌のこと、諸方面の講演のこと、語学研究会のこと、日本青年館のこと、会員の入会のこと等生涯のうち一番忙はしい年であって量に於ても最も多く働いた様に思う。

此神の大なる経綸に信頼して行くならば少しも急ぐことはない。

△私は今年も此信仰を以て生きたいと思う、新年の始に於て之を諸君にもお勧めするのである。

内村先生

一、塚本先生は今、私が勉強室で言った言葉を諸君の前に晒け出したが滅多なことを言うまいと思うた。然し塚本さんは よく私のユーモアの心を汲んで呉れた。之を教会の人に言おうものなら ひどい目に逢わせらる、のである。

一、私は度々苦言を発して来たが何時も言語の外形のみを捕えて私の精神を解して呉れない、私は何を言うにも悪意を以ては言わない。

一、宣教師を斥け教会を攻撃すれば直ぐ毒舌を吐く様に思うて愛の涙の滴りであることなどは絶対に判らず大抵は反対に取って仕舞う。

筆者曰、余は先生と直接関係を持ちし始めて三十余年間に無数のことがあったが其間に於て一回も誤解を懐いたり不快を感じたり不服に思うたりしたことがない、青年時代は先生を [illegible] い悩んだ余がキリストに生きる様になってから新らしくなる程全く聖書の中に書いてあることを信じ実践を以て先生の言を受けている。

（一九五三年六月七日小塚先生宅で勉強して帰ったその夕）

一、ユーモアを滑稽(冗談)と解して甚だつまらない言葉にして仕舞うけれど之は実に意味の深い言葉で現代の実際的の人になどは判らない。私は之を「歌心」とでも譯したいと思う。此心を持たなければ宇宙人生に溢る、妙趣を味うことは出来ない。

一、ユダヤ人は頑なる心を以て預言者の言に接したから神の諭し給わんとする精神を汲むことが出来なかった。言語は不完全である。真理は言葉で言い現わすには餘りに奥深い。神の真理に達するにはユーモア歌心を持って欲しい。

讃美歌 二五四(婦人のみ)

感謝の心

〔詩篇百三十六篇〕

一、新年であるから詩篇百三十六篇を讀みましょう。

一、詩篇は皆讃美なれど百三十六篇は最大の讃美の歌である。

一、此意味を充分に判るには歌って見なければならぬ。

一、大勢の信者が大なる音楽に合わして男女交々歌うならば其壮大なる中に詩人の歌うた讃美感謝の精神は解ることと思う。

一、然し讀んだ丈でも判らないことはない。

一、幾節にも分れている

一、恵み深き主の主たる神に感謝せよ。

二、天地宇宙萬物を造り給いし創造の神に

感謝せよ。
三、イスラエル人を導き給いし歴史の神に感謝せよ。
四、人類全体を助け憐み給う神に感謝せよ。何もかも一切が感謝である。此讃美を奉る時には神の力に支えられ、恵みは心一杯になって出て行き、次の生活に向い大なる生氣に満されて働くことが出来る。
一、感謝は信仰の主要分子である。
一、如何に理解、熱心、活動があっても感謝が無ければ生涯は空しい。徒らに義務鞭撻に逐われて事を為すが如きは無意義である。
一、不信の人は私程詰らない者はないといい、信者は私程幸福な者はないという。感謝のある時には不平も批評もない。信仰即ち感謝といってもよい。
一、神様御自身。神様が萬物を支配し給う基源、神様の造り給うた宇宙萬物、一として讃美の題目ならざるはなしである。科學者などは之を以て幼稚なりなどというは間違いである。見るべき目を以てすれば此世は既に讃美の星である。
一、此頃夜な夜な現わる、オライオン星座の下の最大なる星 Sirius(大犬座のα星)のことを研究して見たら太陽の幾倍の大さで然もそれはプラチナの玉であると天文學者の一致せる観測である。これを大空に造り給う神を讃美せずに居ることが出来るか。
一、何れの國の歴史を見ても血腥き跡を以て満されて居る。然し深く其裏面に横わる意義を見る時には凡て感謝すべきことのみである。

一、或る學者は數學的に計算してアダムの創造せられしは紀元前四千四年四月九日午前九時であるといい又或る科學者は人類の發生は二十萬年前で斯くなるまでには幾多の生存競爭と寒暑猛獸との戰いを經たものであるとて實に冷たき推測をして居る。此等を超越して見る時に、感謝は充滿して居る。真の人類學者は出て美妙なる神の御心を人類の進化の上に探る事を得ば皆讃美の種となるであろう。

一、日本歴史に於ても源平盛衰記を讀めば戰闘記であるようなれど歴史の進展の階梯にあって今日を來らす道程であることを知る時には非常なる興味を持つことが出來る。何れの歴史の跡も皆其通り有益なものである。

一、自分の事を考えて見ても生涯は凡て恩恵である。信仰の冷却せる時には過去を顧みて、あの時はあゝあって欲しかった、あゝでなければよかったなど拔き差しをして呪いの聲を發するけれど、信仰の有る時考える時には何も彼も善かった善かったで殊に死に瀕する様な病氣の時や猛敵の激しい攻撃に遭うた時などは一番によかったと思う。そして之を綜合して見て生涯は讃美感謝であって、凡て神様の恩恵なるを感じ榮光を神様に歸し奉るのである。之は信仰のアルケミー(秘術)である。此心になつた時に本當の祈禱が出來、其祈禱は祈求祈願よりも感謝を以て始終するのである。

一、神様の方から見ても其様な態度の人には澤山の恵みを與ふることが出來る。故に感謝の心は恩恵を受くるの容器で其大小によつて受くる恵みの厚薄があるのである。

一、聖書に對する時も同樣である。今年は先ず自分が此心に満されて歩みを進めたいと思う。諸君もよく此事を考いて欲しい。

祈禱、さんびか三〇八、祝禱、

一と通り會場を始末し多くの兄弟方に新年の挨拶をなし午后の事は凡て畔上先生に依頼し先生にも別れを告げて一時近き頃歸途についた。

一月八日(日)

八時家を出で、柏木に至り講堂の門を開き戸を開き、椅子を直し、時計を直し、カーテンを引き、花瓶を据え受付臺を整え得た。

先生の言

一、窓の鍵を抜いて置け、〆めたまゝにして置くは不安心、地震の場合に通路を失うことがある。

集會

司會畔上先生

讃美歌二九、詩二十三篇、祈禱、さんびか二三五、

新約

△聖書に新約という言葉は三ヶ所に用いられてあ

るが それは一貫せる生命の部分である。
△第一は路加廿二章廿節
此杯は爾曹の爲に流す我血にして立つる
所の新約。なり
象徴的の言葉であつて血夫れ自身に力ある
にあらず死を表わすもの。
△モーセを以て立て給いし律法を正確に守つて
エホバに仕うるは本當の道なれど其精神
を悉く實行するという事は不可能である。
△パリサイ人は形式的に實行してそれで満足
に神を拜して居るものと考えて居た。
△然し舊約時代の人でも深く神の御精神を考
うる人に取つては疑問とせられてあつた。
△第二 耶利米亞記 三十一章三十一節
我れイスラエルの家とユダの家とに新しき

契約を立る日來らん
此契約は我が彼等の先祖によつてエジプトの
地より之を導き出し日に立し所の如きに非ず
と厳しく言つて居る。
△第三 哥後三章六七節
かれ我儕をして新約の役者となるに足し
む 儀文に事るにあらず靈に事る也 蓋
モーセの律法を以て石に鎸りし儀文の死法といつて
居る。誠に神聖完全とせられてあつたモーセの
律法さえも既に死の法とせられ、茲にキリスト
の十字架の血による新約を以て基源根抵と
せられたのである。
△加拉太書六章十五節 イエス・キリストに於ては
割禮を受くるも受けざるも益なく唯新たに
作られし者のみ益ありであつて實に信仰生

活の經驗としての新しさである（哥后五章十七節）
是故に人キリストに在る時は新たに造られたる者なり舊きは去りて皆新しく作るなりである。
△我等信者は十字架によつて新たに造られたるものである。十字架以前の舊きは悉く去つて仕舞つたのである。只時々見えるのは外から襲うて来るのである。信者にして舊き時代と現在とを比較して見て別に大した別もないなどいふは淺薄なる見方であつて新しく造られし内心の生命の動くものを味うならば全く自身の作りしものにあらで十字架によつて神の造り給ひしことを知るであらう。
△未だ完全には至らないが本當に凡て新しくとは我等の希望である。獨自分のみならず他人も天地萬物も悉くである。

内村先生

聖俗差別の撤廢（セカリヤ書十四章廿、廿一節）

一、凡て預言書は其最後の句に大な切ことを示す。
一、實に意味深き言葉。二千五百年前にこんな美わしきことを發した預言者は偉い。
一、教會は預言者の精神を表わすに大なる間違を爲して居る。聖職と稱するものを作り其他は俗、教會堂は神聖な所で其他は汚れたる所。二十世紀の今日に此考がある。
一、若し平清盛と穢多と同等であるといつた人があるとしたならば何うであらう。（徒十章廿八節）

一、聖を下げて平等とするならば堕落である。俗を引き上げて聖となすのは聖書の教である。

一、エホバは聖とは祭司の冠に鐫りつけるのであるが それを馬の鈴に志るすというのである。鍋は聖壇の前の鉢と等しき價値を認められ。神殿に於て異邦人は選民と同じ資格を得、救いを受くるに至るという。驚くべきことである。

歴代志略下三十五章十三節

出埃及二十八章三十六節

凡てが神の御榮を表わすこととなる。

一、位置が潔められ職業が潔められ何處からも福音の光が揚る様にせらる。ドーセ商買だからなど自ら賤めてはならぬ。

一、四民平等というは貴族を引き下げて平民とするというのではない。平民は皆貴族の高尚な心となって平等になるのである。

一、勿論未だ其日の如きには程遠くあれど或る程度までは漸次進みつゝある。今年も我等各々此理想に向って夫れ相應の歩みを取らねばならぬ。

祈禱、　さんびか　三〇三、

午後の集會

塚本先生　九八、詩百三十篇、祈、一六八、

萬民の救拯に就て

默示録二十一章九―廿七節（二十四、二十六節を眼目として）

△ヨハネは啓示を得て神の國の姿を画いた。素より佛教

の三部經に書いてあるものなどの比較ではない。默示錄特別の壯大と美麗とを表わして居る。其長さは一萬二千町である。

△諸國の民はユダヤ人以外の人たる異邦人即ちゴーイン「ヒーゼン」ル皆である。

△凡ての人は、其人でなければ有って居らぬ所の特有のものを與えられて居る即ち各〻美點、任務を持って居る。

△受造物には同じものは一つもない。何故なるか是れ實には深い意味の存することである。

△二三日前家庭の食卓に於て色々話した後誰でも生存の目的天職というものがある。「オ父ォチヤンの務は」ということになったら七歳の子は「柏木でお話をすること」と語った。私は嬉しさと淋しさとあった。

△本當に其通りである、私は柏木の先生の所に來て仕事をするということは最大の任務である。有りがたいことである。然しそれが爲に母の心内の望も子供等の要求をも振り棄て、柏木に向うことがあるから彼等のことを思うと一種の淋しさを感ずるものである。

△人は多く自分の天分を知らずしてつまらない樣なものであることを感ずるけれど開闢の前から御心を碎いて此世に生存せしめらる、程の深き尊き御心によるのであれば必ずや我等人間の想像だにつかぬ愛と理由とが存して居るに相違ない。萬人が萬人其顔も姿も心も異って造られてあることを思うても其深遠さの一端を伺われるのである。

△全人類の救い!! 眞に大問題である。

△聖書を通讀して後卷を掩うて靜かに考え又は夕陽輝く大空を仰いで神の御顔を拜する時に、何とはなしに何の理窟なしに靈の上に起るは萬

國萬民萬物の救わる、に至るということである。

〃造られし物皆各〻の美點を推えて神の國を飾るであろう。

塚本先生讃美歌を宣して壇を降り、内村先生會員席より起つて講壇に向われし時静かに座を立つて帰途に就いた。正四時であった。

一月九日(日)
午前、不折画伯の「欧行画報」を寫し、中食後西武電車に乗つて柏木に向つた。
一時半より糊を煉り聖書之研究の内國の部七百数十部を封じて後差し込みをなして今夜の仕事は之で先ず畢つた。
余が八疊間にて獨り小暗き電燈の下にて働き居るを先生は露路にてお気付きになつたと見え
一、「立田吉！、八疊の電燈が暗いから電球を取換えよ」
と言われた。夫れ故今度は五十燭位の非常に明るい光力となつた。余は深く其恩に感じた。

六時半余の仕事未だ半ばなる時晩餐のお使いがあった。

方卓を圍んで恩師、藤本重太郎兄、塚本先生、余の四人端坐し恩師の感謝の祈禱の後夫人の給仕にて玄米の雜煮餅を頂いた。先生は二膳(四切)塚本先生藤本兄は三膳(六切)余は二膳半(五切)を攝つた。副食物は数の子に胡麻目(田作り)であつた。正子さんの寫眞は先生に對する北側の壁に二枚貼られてあつた。札幌に行つてから肉付いて壮健になられし由話された。

先生のお話は「恩師言叢二」にあり。

一月十日(火)
柏木に至り八時半から研究誌發送の準備作業に當り正午までに終了した。
何事も主と偕に在りて爲す事は皆感謝なれど特に聖書之研究を取扱うは感謝の至りである。第一に神の御計画であり第二にイエスが聖靈と共に内村先生を用いて爲し給うことであり第三に内村先生、塚本先生、畔上先生の祈禱の結晶であり第四に全世界の人類同胞の靈魂の要求を満すことであるか爲め凡てが生命であり力であるから其中間に介在して配布の勞を執るは何たる光榮の業であろう。眞に聖業に参與するの信仰と喜びとに満さるゝのである。
歸るに臨み先生から
「空の空なるかな」
を五部頂戴した。

一月十五日(日) 雪
八時出發途中花の用意をなし八時半柏木着、武藏屋君と共に準備をなす。
午前の集會 一七、詩十六篇、祈、八九。
司會 塚本先生
哥羅西書の研究 緒言(一章一―二節)
△以弗所、腓立比、哥羅西、腓立門の四書を獄中書翰という。蓋し羅馬の獄中に在りてパウロが晩年に哥羅西教會に送りしもの、彼の信仰圓熟の域に達せる作なることは明白である。
△此書の腓立比書と違うは戰鬪的氣分に満てることである。哥羅西教會の信者等が純信仰を離れて再び律法に戻らんとするを防ぐ爲に書かれしものであるから今日之を研究するといふことは甚だ意味あることゝ思う。

△哥羅西は小アジアの西部に在って以弗所から
東方四五十里の山間にあった。然し道路丈は
立派に通じてあった。
△ラオデキヤ、ヒラポリス、コロサイ等は三角
形の位置に於て在った。羅馬教會と同じ
く保羅自身の造った教會ではなかった。エ
パフラ、テモテ等の造れるもの。
△之を認めしは不明なれど五十八九年というは見
當違いでなかろう。
△發信の動機は必要に應じたものである。當時
エパフラスが羅馬に來て、信者の現状を報告
して律法主義に移らんとする有様をパウロに
訴えたにより彼の憂心默するに忍びず、筆を
執ったのであって論文でも公開文書でもない。
△元、コロサイの人ピレモンの所《ところ》を其奴隷たりしオ

ネシモは逃げ出し羅馬に來てパウロから教
を聞いて信者になった。底で同信の友テキコ
に連れさして主人ピレモンの所に還したので
ある。其時の書翰は腓立門書である。
△此二書を比較して見るに面白い事實の關係
が多い。極めて冷靜なる心を以て獨逸邊の
多くの學者の研究の結果之は二書同時に
認めたものに相違ないという。何やら大盤石の
上に据え付けられた樣な氣がして甚だ力
強く感ずるものである。
△此中に人名は七八人あってそれは兩書に通じ
てある、共にローマに居ったのである。
△注意することは哥の方ではパウロと共に囚われ
て居ったのはアリスタルコであるといい、腓の方で
はエパフラであるという。然し當時の寛大なる
獄中生活に於ては願いによって或時は誰、或時は

誰がパウロと同居し得たことゝ思えば之を以て相違誤謬と見ることは出来ない。
△今一つは哥には ユストと名くるイエスがあれど聯には一寸之は見当らない、然し共語には近くイエスキリストとあるが之は單にキリストであつてイエスは上に付いてユストのことであると見れば之も同じである、即ち多年文字を取扱つて居る間にイエスの文字は他に轉じたことになる。
△此二書が歴史的事實の上に立つことを證明せられた、以上は聖書の全部が消え失せてこれだけ遺つたとしても基督教は立派に成立つといつても宜い。
△以上は本文の研究に入る前の豫備的知識であるが愈々
緒言に這入つて強く感ずることは

書を　キリストに在る
コロサイに居る所の兄弟
ということである
柏木に居るキリストに在る
労働者なるキリストに在る
獄中に在つてキリストに在る
であつてキリストに在るということは基礎であとは種々定められたる位置、職業、境遇に於て神に仕えるのである。
△次に實に立派なる信仰告白の手紙を朗讀せられた。我等一同共誰人の書簡なるかに迷うた、之は果して誰の文と思いますかと再び問われた。驚く勿れ小菅獄中に十三年居つて尚刑期六年を有する所の兄弟のそれであつた。我等はイエスの偉大なる救拯力に感涙なきを得なかつた。

内村先生

或る婦人が其弟の臨終に於ける信仰表白の美わしき言葉を報じ來れる書面を朗讀せられた。死の勝利を聞いて我等の心に感激なきを得なかった。

先生は

傳道の必要

を説かれた。

繁榮と審判　（イザヤ二章六ー十節）

一、以賽亞は人間の考へる様な思想の排列とは違って居るものだから古き記事の書き寄せであって別段順序が無いのであるという人がある。

一、二章は希望を以て始め失望を以て終ってある。今後も幾度か此の様なことがあるが此點は深く學ばねばならぬことがある。

一、之は平凡ではない事實の豫告である。人生は平和と戰爭の反復である。

一、寔に平和と審判とを以て救はるゝのである。審判を以て救はるゝことの大事なことを知る。天候に於ても同じことがある。晨の晴天は夕の暴風雨となって暮るることがある。オルズオスの詩にも其様なことが歌ってある。

一、神に棄てられて國富み兵強くてある。愚かなる民は眼前に神の愛を曉得せざるが故に此時は感謝をして居る。恰も屠らるる前の牛の如きものである。

一、國家も社會も個人も同じ法則の下に神の恵みに預る事故常に堅き信仰の眼を以て日常の事に對せねばならぬ。

祈禱、　一三一、　祝禱、

此日宮部金吾先生集會に見える。余は深き愛敬の心を以て簡單なる挨拶をなす。兩先生二三十年前の壯さを以て互に物語らる。

一月十九日（木）晴

午前八時半柏木に向った。

講堂の門は未だ開かなかった。藤澤兄を呼んで開いて貰い直ちに外套を脱いで下駄箱の前の踏板敷きを手傳え、それより講堂に入って椅子の配置や掃除に當った。

先生入り來り余を呼んで會員着席につきアシアーの心得に關する注意を與えられた。（恩師言第二による）

府立第一高等女學校（校長市川源三氏）四年級五組貳百五十名に對する内村先生の講演

生徒等は各受持教師附添え校長代理引率して柏木聖書講堂に來り、先生の講演を聽くことゝなった。

午前九時半までに靴を脱ぎ帽子を脱ぎ外套を脱いで草履を穿ち、受持先生の指定せる場所に着席した。校長代理は前ストーブの側に生徒に向って坐し一人の女教師はオルガンを奏した。

内村先生開會を宣するや校長代理の號令に一同禮を行った。

讃美歌二三八番　齊唱

校長代理の一場の挨拶につゞきて各組の代表者五名は交々壇上に立って所感を述べた。

一、愚かなる者故聖書を讀んでも判らぬことが多かった事を遺憾とするが只一つの大なる收穫は神様のあることを信ずるに至った事。

二、弱き私共はキリストの

十字架によって立つの外は無い。

三、宗教の伴わぬ教育は不具である。自分の爲の宗教は必

等の宗教である。

四、凡ての課目のうちで愛の科目は第一である。愛の源泉はキリストの十字架に存す。これのみは永久に滅びることは無い。

五、人間の知情意のうち婦人たるものは情のうちの情操を最も重んずべきである。

内村先生立って以上五名の代表者の述べし所を賞められし後

一、私が學校に行くのが本當なれど諸子に來て貰うたのは代價を拂わせるのは各自の益となるものなるを知らせん爲であった。今日は泥道で且つ遠方であるから御氣の毒であったけれど、斯くてこそ假令私の話が不味くとも諸子は善い事を學んで歸り得るに相違ない。貰った本は善く讀まぬ樣に勞せずして聞くことは身にならない。此事に就ても好レッスーンを學んだことゝ思う。之は天然の法則である。

一、今の五人の御話を綜合して見るに、基督教卒業といって宜しい。これ以上のことを語ることはない。然し私は六十八になるから諸子よりも五十年程長い經驗を持って居る。そこで此長い月日を以て確實に得た所の眞理を御話しましょう。

一、市川校長の賢明な方針によって諸子が神道、儒教、佛教を學び今や此一ヶ年を基督教研究に用うることの出來たことは大變の幸福である。諸子は其何れの宗教を信ずるも差支なけれど、私は基督教の教師であるから自然其立場から述ぶるのである。

宗教の根本基礎たる三大要素のことを申しましょう。

第一、神樣の實在を信ずること。宗教の種類によって或は自然の大靈、如來樣など、申すけれど名稱は何でも兎に角絶對者の存在という事は何宗教でも必要な要素である。そして人は何事によらず皆この神様と關係を持たないことはない。人を愛するにしても人間には眞に人を愛するの愛がない。神に愛せられ其下さる愛によって他人を愛することが出來るのである。

第二、人間に靈魂の有るということ

人は衣服でも頭でも手でもない此身体の上なるか中なるか知らぬが靈魂があってそれは眞の人である。人が「死」を恐るゝは靈魂のある證據である。

第三、來世のある事

一、此三つを確實に與うる宗教は善き宗教であるのである。

一、現代の人々は殆んど此三つの大切なる要素を信じないのである。そして教育でも文學でも藝術でも何處でも此事を教えないのである。

一、ダンテでもミルトンでもテニソンでもトルストイでも凡て大という名のつく人のことを判るには來世のことを知らずしては判らない。人はアンソロポスである。上を仰ぐ者である。未來の榮光の國に進み行くべきものである。然るに現代人は皆下のみを見て歩いて居る。死の彼方に希望を認めない證據である。

一、キリストの弟子のパウロは死なんとする時テモテに書き送った有名な言葉がある今之を讀んで見ましょう

我今祭物とならんとす、わが世を去る時近づけり………… テモテ後四章六ー八節

讃美歌二四九（主よ御許に近づかん……）一、二、三、合唱

祈禱。

それより先生は講堂内を巡りながら問わるゝまゝに講堂の壁間に掲げし路得子、今井樟太郎、神殿の基督(祭司、偽の学者、富豪、敬虔なる求道者)、カルビン、ダ・ビンチの最後の晩餐等の写真、絵画について説明及び教訓を与えられた。

休憩の後共ゝ席のおいて中食をしたゝめた。若い娘達可愛いものであった。五名の話の内容も身の態度も気の持ち方も立派なものであった。

午後の参観は東京女子大学と婦人矯風会と希望社とを候補に挙げたが諸種の事情を参酌して希望社に決し零時半先生に一封を呈し(先生は費用に向けましようとて受取られた)先生始め塚本先生、山田光、余は謝意を述べて一同帰途に就いた。新大久保駅前に待合して居る様に命を受けて急いだ。

一同去って後内村先生と塚本先生とピアノの前に立たれて

中々偉いものだ あの位の時から教えたいものだ、或る程度の牧師の説教では満足が出来ない筈だ

と言い合わされた。

我等三人居残った

塚本先生は私共三人に対し三月に「無教会」と題する個人雑誌を発行しますから何卒御後援を願いますと申された。

一月二十二日(日) 晴

午前の集会　三九、詩三十篇、祈祷、一八〇。

塚本先生

哥羅西書 一章三—八節(完)までの研究

△大意、 汝等の為に感謝す は尽く

△三節より八節までは一のセンテンスである。

△パウロは哥羅西の信者を見たことがないのである。然るに此様な祈祷が彼等の為に常に神に捧げられて居るということを聞いたならば何んな感じがしたであろうか。之を聴きうれば或る地方に二三人の人が聖書之研究や内村先生の著書によって信仰を起し

隠れたる田舎に在って潔き集会を持って居るとする。所が此等の人々の為に内村先生が屢々祈祷を以て助け、単純な信仰によって歩める様を感謝して居るということが彼等の耳に達したとするならば如何なる感じがするであろうか、略々察せらるゝのである。

△何故に感謝するか　それは彼等が単純なる信仰と聖霊によって互に相愛する愛を有する為である。

△さて其愛は如何にして生ぜしやというに天に蓄えある福音の真理を望むによってゞある。即ち来世の約束が信者の霊に働くからである。

△信仰のみによって救わるゝということは人間的考察より見れば非常識である。行を以て仕うるということはヨリ深く救わるゝと考えたがるのである。汝等の嘗て聞きし救いの福音は真実であって基督の忠実なる僕エパフラスも我と同じことを教うるのである。

△パウロは自分の信仰が正しいということは骨折ってガラテヤ書に書いてあるが随分困難であったに相違ない。

△信。望。愛。は三徳であって基督教の全部が含んである。此等は皆互に密接なる関係を有するものである。自らを棄て、他の為にするという愛は主より流れて来って天国を望む所の来世に対する信念の上に降って果を結ぶのである。今日愛、愛というけれど天国の望が判然して居らなければ其実を挙ぐることは出来ない。然らざる愛は皆此世的の愛であって消え去るものである。信は凡ての始である。然して愛によらざる信仰は空しい。夫れ故に互に愛するということを聞いたなら其等の信者の信仰も判って大に喜んだに相違ない。

△次に実例として病める―死に垂んとする女大生吉原姉を次席の学生が訪い来りて会見し互に自分が悪かったと告白して握手した時の美わしき光景を話された。

（此所を書いて居る時清瀬に肺を病める妹と全生に癩を患う姉妹を訪いたく思うた）
一九五三年六月九日午後二時

内村先生

注意

一、會場の着席につき 献金の會費につき凡て自治の精神を以てすべき事。

一、市内教會の平均半額に當ること。

一、内外の諸方より寄附を要求し來るに對して常にそれに應じ得る準備を要すること。

一、柏木は安く出席し得るから人數が多いなどの批評は好ましからぬこと。

えび 二三二(婦人)

單獨の勢力　イザヤ六十三章一節 六節

一、エドムはユダの敵 ボズラは其都。

一、事柄としては血腥いことである。故に讀み樣によつては臺灣の生蕃の話でもあるかの樣に野蠻臭く、随つて聖書に相應わしくないという人がある。

一、勿論此記事も二章四節以下の平和の預言を言うた人と同じ人の言うた言葉であつて、一つの大事なことは即ち神は人を救い給うに決して多數の勢力によらない、只獨で爲し給うということを教うるのである。

一、現代は何事も多數 多數で決し、多數の賛成を求める。宣傳というは多數の賛成を喚起せんが爲の方略である、政治界然り宗教界然りである。

一、然るに聖書は多數の勢力を無視して居る。士師記は各時代に於て一のヒーローが起つてイスラエルを救つたのである。

一、佛のベルグソンは多數勢力説を賛し米國はデモクラシーを唱えて多數の勢力を謳歌すれどあれは嘘である。聖書は君主政治も民衆政治も唱えない。神の政治である。イスラエル人が救い出されたのは民族的運動の結果ではない。モーセ一人を以てせられし神の事業であつた。カルデヤのウルのアブラハム一人を以て四千年の歴史は造られた。エリヤ、イザヤ、エレミヤ、エゼキエル、アモスも皆一人で立つた。イスラエルの事蹟は信仰的英雄の傳記である。
一、人類の救拯は十字架のイエス一人で始つた。ステパノは一人で殉教の血を擧げパウロは一人で世界傳道の道に上つた。
一、ダンテ、サボナローラ、ルーテル皆然りである。
一、此處ではコンモンブレッシヨン、集會、集會、教會の掲示を見ても何曜は何會、何會、

然れども集會は何をも造らないのである。各自が神様と共に在る時大なる力が加つて大なる使命が果さるゝのである。
一、世界日曜學校大會何を遺したか又今年三月廿四日より開かる、カンラン山上のエルサレム會議は何を起すか、此演劇的集會は全く神の御心に反して居るのである。
一、聖書は聖く深く解せよ、淺く廣く解する勿れ。
一、我等は銀色の富士を仰ぎ玉川の水を飲み神の聖靈を頂く時には林間に坐するも寝室に在るも世界復興の聖業に預ることが出來る。
一、イエスを知る爲にベツレヘムを訪いガリラヤを巡りカンラン山に登る必要はない、否却つてエルサレムを旅行し來る者は多く信仰を落すということである。

身延山に行って見て日蓮に反感を抱くも同じことである。

一、我等が立つ所の此處は其儘エス様に御目にかかる所である。エス様に在って獨立せよ。

多數を頼む者は馬と車によるものである。

祈禱、　二八七、　閉會

午後の集會

（畔上先生は古賀姉の告別式に臨まれ　塚本先生は横濱の例會に出席の爲め石原先生代って前座に立つ）

石原兵永先生司會

天國の理想と其實現

につき福音を述べらる。内村先生の講演に移るや否や石原先生と共に歸る。

内村先生の題は

鼻より氣息する者　イザヤ二十章二十二節　エレミヤ十七章五—八節

さんびか　一四六

基督教世界大會

エルサレムに於て三月廿四日から十五日間開會

右に對し日本から派遣する代表者左の八名選抜されし由

メソヂスト教會監督　鵜崎庚午郎

明治學院神學部教授　都留仙次

靈南坂教會副牧師　小崎道雄

大阪聖公會長老　柳原貞次郎

矯風會理事　久布白落實

女子大學教授　ライサワー

バプテスト教會宣教師　アキスリング

メソヂスト教會　アルデルハード

大會開催の動機、エルサレムの橄欖山を選びし理由、出席者の精神、派遣各教派の希望、此事を思うて悲しくなって来る。人の心の淺ましさよ。【三冊】

一月二十九日（日）

午前八時出發花を用意して柏木に向った。途中石原兄に遇い樂しく物語りつゝ八時四十分到着。

内村先生の講演は本日曜日より同じ講演を二回せられざることゝなり午前は主として新約につき午后は引續き以賽亞書の講演をせらるゝことゝなった。

講堂に緑色の幕新調。柱を繞として張ることゝなった。日曜學校濟むや否や之を外すことにした。

午前の集會　二、讃美歌六五、祈、九五、

畔上先生

イエス瞽者の眼を開き給う（ルカ十八章三五―四三節）

△路加、馬太、馬可三福音書の記事に相違する點あるが為め多くの學者は何とかして之を一つの纏りたる記事にせんとハーモニーの努力を試みて居る。そしてそれには大体五種の異った見方がある。然し私は其少異の點を少しも苦にしない。否却って之が三人の記者が自分の見た事を簡單に正直に書いたことゝなって福音書の真價が生ずると信ずるのである。

△要は教訓の主眼は何かということである。

△爾の信仰爾を救へり（四二）信仰が有った為に救われた。

△人々はナザレのイエスと言いしに瞽者はダビデの裔イエスと呼んで救主と崇むる信仰を現わした。

△默止を命ぜられしに拘らず反復して叫びしは熱心を現わす。熱心其物は救いの條件ではないが熱心を現わす程の信仰にあらざれば救いを完うし得ざること多し。

△我等も盲人であったこと、靈に屬する者は凡ての事を辨え知る。

一 我等今見る所朧ろなり此パウロの言は矛盾しない。實際信者の眼は開かれた。神を觀、真理を信ずることが出來る。然し信仰があるが凡てに就て其深さの極までは未だ判らない。

内村先生

吉田ひろ子姉（東京女子大學生二十歳）の永眠の報告をせらる。

主ノ御前ニ一同（家族）ヲ呼ビテ今行キマスト別レ醫師看護婦等ニ對シ「サヨナラ」トテ握手シ苦悶ノ間ヨリハレルヤノ聲

の說教を朗讀せられた
ラ發シテ眠リニ就ク

一、信仰の少女よ死ではない旅立である。私も最後の呼吸はハレルヤを以て去りたいと祈って居るが之は努力ではない神の恩恵によるのである、皆様も一同此言葉を以て勝利の生涯を結びましよう。

一、ホイットマンの死の詩は立派であるが此少女の死の方は遥かに立派である。

波上の歩行　（馬太十四章廿二－卅三節）

一、此記事の甚だ生き々々して居る點は事實なるの證據である。

一、之を奇跡として信じ得ると否とは人々の性格により時々の心の狀態による。

一、之を知識の方面學理の上より見ずして先ず人生の經驗より見る時は一々信者の日常生活と當て嵌るか故に容易に斯くあることを信じ斯くあらねばならぬことを思うに至る。凡て奇跡は信仰の實驗によって見て解すべきである。

一、聖書にあっては水又は海は不安不靜を意味して居る。

一、人生は波荒き海の如しペテロがイエスを信じて縋りし時は波上を安全に歩み得し如く我等も永遠不動の主を信じて何者の動搖にも動かさるることなく歩むことが出來る、

一、我等の日本の現狀を見よ、政治、經濟、教育、宗教、柏木集會、自分一として不動なるものは無い。此時に際し、他人は動くから自分も動くという必要は少しもない、我一人

181.

先ず不動の信仰に立つて然る後に家をも
國をも人類をも不動に導き得べし。
祈禱、二一四、
○先生の令弟より和睦の仲裁を依頼せられし令妹
の令息と散會後講堂のストーブの傍にて内村先
生が大なる公憤を以て高聲に語られ其傾の不當
なるを諭して强く斥けらるゝを聞いた。
○暖爐を圍んで五人で中食。余は塚本先生に關する
夢を告げた。「内村先生に乞うて石園の家を買ひ
鍛冶屋を始めんと企てたが未だ始めぬうちに眼
が覺めた」と ― 左樣鍛冶屋中止となりました。
雜誌「無教會」は萬端の準備が成つたが内村先
生の命令で中止することゝなりました。なんぼ何でも
先生に抗することは出來ません。神樣は辛き命を
下して信仰を試み給う、凡ては從順でなくてはならぬ。
内村先生は教會の平和を望んで居らるる。
内村先生は見えられた。

一、午前の集りに前の方に坐つて讃美歌も持た
ず懐手をして居る者があつたが君は知つて居る
か、講壇の側に椅子を置いて向うを見て見る
がよい。
一、開會中は講演者の目障りになることを少しも出
さぬ樣に注意することが大事だ。
一、外套掛を中に置くはよくない、遲れて來た者が
手を擧げて帽子を掛けたりするのが目に入つて
氣が動く。午後は幕を張つて、遲れて來た者
は幕の中に入らないことにしよう。そして事務
室、應接間の幕も引いて置くがよい
とて先生始め總掛りで幕を張つた。
然るに開會前に既に幕の中に溢れた。整理は困
難であつた。
午後の集會　塚本先生　三六、詩八、祈、二九五、
基督の上京　（ヨハネ七章一―十三節）

約翰傳
一－四章　キリストは来るべきメシヤなる告白、信者起る
五－六章　不信仰者起りイエスに對して小衝突をなす
七－十二章　イエスとユダヤ人との大衝突　大爆發
十三－終章　弟子達の友となり十字架に架り　昇天

一、構廬節は逾越節、ペンテコステ（五旬節）と共にユダヤ人の三大祝日である。
一、人との約束の前に超道徳なる神様の命令が降る場合には無論前者を捨てる
一、イエス行かない（今行かないは若しきれの譯語）之は神の御心であるから、間もなく隠かに行く、之は神の命令であるから
一、神の榮譽を求むるか、自分の榮譽を求むるか是れ日々の戰い
一、純神様本位で立たなければ矢張此世の人である。絶えず此事を頭に置けよ。

一、我家に家寶二つあり、一つは内村鑑三先生が二十年も用いられたボロ／＼の聖書、他の一は獨逸のカール ヒルテー先生から（其娘さん）から送られた訓言である。
名譽を求むる勿れ（義務を強要せざる時には）餘りに高價である、親切を求めよ
神の恩寵を求めよ。

將に塚本先生の講演の終らんとする時、内村先生玄關より入り来りて場内一杯の會員を御覧になり、背後に、椅子に倚られ、余を顧みて小聲にて申さるには
一、「氣の毒だ幕を外ずそうかて」
と同情の笑顔を以てせられた。余は直ちに立って山本泰次郎兄の助力を得中央の幕を引き取った。

∴
∴
∴

内村先生

理想と實現　（イザヤ書二章 六章）

一、二章より六章までは連續記事である。

一、預言者は一面エホバ神の代言人であつて他面愛國者である、最高なる愛國者である。

一、希臘、伊太利、日本等の愛國者も尊くはあるが預言者の如き人をも國をも根本的徹底的に救う所の愛國心に比すれば霄壤の差がある。

一、私も預言書を讀まぬうちは本の愛國心というものは判らなかつた。

一、三十年前あれ程熾烈なる愛國心を以て私を亂臣賊子として攻撃した日本人、日清、日露の戰争に愛國心を示した日本人は今は如何なる有様であるか、試みに第一高等學校を調べて見るに、或る人の忠實なる調査によれば只半人あるのみということである。それは某宮内官の息子さんだということである。帝國大學に至つては恐らく眞の愛國者は一人もなく彼等はそんな舊い考は今は通らないとてテンデ相手にしないのである。これは日本の教育は根本的に過つたからである。山縣有朋や伊藤博文や田中光顯などの愛國は愛國心ならばそんな愛國心は嫌だという態度を執るに至つた結果、現在の有様になつたのである。偽愛國の値は滅亡を價するのである。

一、勅語教育を施すに其精神を懐ける教師

（飛）

18.5.

の無きが爲に、生きた精神となつて活用することなく却つて其反對の結果を見るに至つたのである。

一、然るに獨乙は如何、英國は如何、彼國には眞の愛國心は嚴存して居るのである。此剛教會側より提出して貴族院を通過せしも衆議院で大多數を以て否決せられし祈禱文改修案の件の如き全く議員にピユーリタンの精神があつて英國を再び天主教に逆轉せしむるということを知つた爲である。

一、孝心のなきは親に取つて大なる苦痛である。然しされば忍び得るとしても其孝心なき子の墮落は不幸此上なことである。

一、我等はイザヤ、エゼキエル、アモスの精神を世界的に膨脹せしむる前に先ず日本國に於て行わねばならぬ。

一、神に遣はされたる預言者の高き思想を以て平和實現の夢を現實にせねばならぬ、理想と實際との調和は只信仰に於てのみ存す。

祈禱。 三三、

日暮れたり、會員全部歸る、兩先生も歸られたり。恩師夫人と塚本善子姉と殘つて戸締りをなす。鈴木虎秋兄は獨事務室にあつて會計をなす。女子大生の一人拾い物を態々届け來る。之を通知せんとハガキを書き居る所に遺失者來る。これにて事濟む。平安讃美の安息日を送つて我が家に歸つた。

一月三十日(火) 晴

東横線 祐天寺吉原利定氏宅に向ふ

中食後阿佐ヶ谷驛より直行祐天寺驛に至り吉原家を尋ねて午后三時頃という葬式の時間を畑の老人より聞き一と先づ去って附近の名刹

浄土宗明顕山祐天寺

を観た。山門の仁王剥落腐朽見る影なく、巡禮者の貼紙は甚だ汚くあった。阿彌陀堂には蜘蛛の網うるさく懸かり、塵に塗れし佛像の前には黴びたお供餅の何時を經たらん様なるが見えた。陰鬱なる本堂は堅く閉ぢ籠められて覗くに由なく御拝《ごはい》の左方に掲げし一枚の額は迷信と凋落とを物語って住職の説教よりも雄辯なるを覺えた。敷石を踏んで松杉等の庭木を繞らし庫裡の方丈に釜を没み生活の前途に思案をめぐらして日を送る寺僧の惨を思い、鐘楼の大梵鐘を仰いで其存在の目的を疑い更にかさねの碑というを見て堕落の絶頂と断じて寺域を去った。印度に支那に佛教なし、独日本に存るというが、是れ言う者の過りにして、大伽藍あり群像あり尨大の經文あり學苑はあれども佛教は既に生命に有らず十萬の僧侶と空虚に對する守番と改めては如何。

竹林に働く一農民を見た。肥料について、樹齢について間引について問合せた。經驗家に訊ぬるは有益なことである。再び祐天寺驛に戻り

二時過ぎて吉原利郎氏宅に向ふ途中山田悠一郎氏が指導標紙貼付けに奔走しあるに遇ふ。此處で始めて二時半葬式なることを知り足を早めて二時廿分到着吉原の兄に迎へられて入った。御両親は座を進めて挨拶された。男子数名女子十数名先着あって會葬者次第に加った。二時半挙式

吉原ひろ子告別式

讃美歌 二百二十四番　聖書朗読　えぺそ三乃三十八節

祈禱 — 塚本先生

病気の経過朗読 — 親類某

感話 — 西島先生　さんびか五十三番

説教 — 塚本虎二先生

祈禱 — 同上　さんびか四百五十六番

挨拶 — 父吉原利定氏

告別

婚姻的葬式であった。死は異なる嘉悦會衆一同の心に滲み渡って御両親の如きは愉快であると告白した。名古屋兄末永敏事兄と共に歸った。

一九二八年（昭和三年）

二月五日（日）晝

獨用意を整えて出發八時半柏木着

一と通り會場内を整理した。幕は日曜學校が濟んだ時兩袖を外し、前座の講演が了ったら全部引き取ることとした。幕の外に坐した人は十人ばかりあった。

午前の集會

畔上先生司會　一九・詩篇、祈、七九

ザアカイの話　（ルカ十九章）

△熱心其物は救いに關係が無いけれど熱烈なる態度に出ずる程でなければ大抵は消滅又は誘惑の爲に墮落して終りを完うし得ぬ様である。

△ザアカイの熱心、パウロの熱心、　終りまで熱心を保つことは大事である。

△靈は制限を拒絶す（エマーソン）

△或は救われはせぬかとて心に主に縋るようになりました。

三三八（頌八）

内村先生

人生の最大問題　（路加十六章十九－三十一節）

一、四福音書は來世觀を幾回も説いている。

一、五十年の信仰生涯に於て隨分此事を考えた。

一、死後の問題は重大問題で又六ケ敷問題である。

一、キリストが來世の事を説かぬでは大變のことだ。

一、然るに此最大問題を今日の教會に於て聞くことが出來ない。

一、路加十五章の放蕩息子の喩が有名であり之れ丈でも基督教が大丈夫という風に響いて居るが爲に十五章の如く或は其れ以上重要なる十六章には注意を與えない

一、葬式は大事ではない。天使に連れられて行く

ことは大事である。
一、凡ての問題は人生の此世のことで消え去ることである。問題にならない。
一、アマスト大學は三十年前には有名な宗教學校であつて私も其門を出たものであるが今日は何うかといへば其教授の代表なる人の説を見るに最大問題は此世のことで來世の事の如きは問題たることを告白してある。
一、日本今回の議員の候補者の宣言書を讀んだら家庭を幸福にして涙無からしむとある。誰がそんなことが出來るか。
一、今回の教會にて來世のことを説くと人望が無くなる、自然現代思想に投じ去つて仕舞う。
一、英國人は未だ來世觀を重んじて居る、先回の祈禱文の改正案の時の下院のマーデンコンウェー氏（美術評論家、旅行家、學者）がなしたる大反對の演説に多數賛成して案を否決したのを見ても判る。
一、主は天國の状態を悉知して居らる、然し此の世の人間に之を紹介せんとするに當り此世の文字と状態を以て語るにあらずば判らぬから斯く喩えられたのである。去れど決して類似の點なく全然かけ離れたことを申さる、筈がない。夫れ故此喩を以て其通りとも言うこと出來ず又之と全く違つて居るとも斷言することは出來ない。
一、此喩は來世の一面の見方である、更に他の幾つかの光を投げて之を綜合したる所に天國の面影を認めよう。

祈。 一五八。 祝禱。

午後の集會　塚本先生

約翰傳第七章（十一－十三、十四－廿四節）

△イエスに對して人々の見る所は様々であった。善人といい悪人ともいうた。之は人物に對して為す所の常道である。若し賞賛か攻撃かの一方のみであったら其人は何うかして居るに違いはない。

△大工ヨセフの子が聖書を教えたから驚いた。そして大問題としたのである。

△眞理は研究の結果判るものでない。神様から直ちに教えられて判るのである。

△私は神學書、註解書を沢山讀んだけれど其内の一冊からも益を得た覺えはない

△私の説く所に凡ての神學者は反對しても一人の娘子が確かに贊成して解って實行して呉れればそれに充分である。

△無學と思いしイエスの此教に接してユダヤ人は驚きと輕蔑とあったのである。

△教會問題に就て語るは私の最も好まぬ所である。然し神様の御命令である。汝若し語らずば罰するといわる。此事を知らぬ者は徒らに私心に驅られて攻撃非難を敢てするものと思うのである。こんな事には氣兼をして居ることは出來ない。

△イエスは安息日を守らぬとか食するに手を洗わぬとか、斷食せぬとかいうことを以てモーセの律法を破るものとしてユダヤ人は非難したが、イエスは彼等に向って汝等がモーセ律を守るというは全く形式のみである。而して律法の最も禁じて居る殺人を我に對して為さんとするは何事かと

て反對に彼等を責められたのである。今日の教會が吾人に對するも矢張此ユダヤ人の態度精神に外ならぬ。

△世界歴史に於てユーゲノーの戦三十年戦争を讀むものは愛の精神に對して如何に大なる矛盾であるかを知るであろう。今日の教會者の暗闘、排斥、陥穽も亦其口にする所の愛の至大の矛盾である。こんな人々の批評非難などは少しも相手にならない。

内村先生

實際のユダとエルサレム　（イザヤ三章）

一二章を共に讀んで見ましょう。聖書は何遍讀んでも損はない。私の言葉は悉く忘れて志まっても聖書の言葉は何時までも覺えて居て貰いたい。

一、審きとは價値の鮮明になること。世の人も事も物も其價値は轉倒して居るから審判いて頂かねばならぬ。

一、毎日の新聞記事は審き（プロセス）の現われである。長い間には皆審かれるのである。若し此世で審かれずとも主の臺前には残らず審かれるのである。

暴利に築きし鈴木よねは今は巨額の負債を負うて最も憐むべき婦人の一人である。蘇西運河以東の大哲學者大愛國者でも化けの皮を剝がるれば國賊偽善者なる谷底に引き落さるるのである。

一、私が米國在學中或る湖畔にて夫婦連れの紳士に逢うた時、彼は私に向って「青年よ君は日本に歸って何をする積りか、余は少くとも日本を米國より善い國にせんと努力せんのみと、彼は夫人を顧みて卿は此青年の返事を聞いたかとて頗る敬驚きの様子を現わした。凡ての預言者は一面愛國者である。（此理は全く新し）

一、預言者の理想は高かったが實際のユダとエルサレムとは之と反對であった。私も大なる理想を懷いて歸ったが、さて來て見れば賄賂満ち馬満ち戰車満ち軍艦満ち偶像満つという有様であった。

日本の偶像如何に多きことよ。儲かる鐵道は偶像鐵道だという。參宮鐵道高野鐵道、身延鐵道、成田鐵道、私は之を見て失望しない。

一、此儘の日本が世界を統一したら大變の事。

一、日本の現在には凡ゆる悪事が満ちて居る。然し何時までも此状態は續くのではない、大なる審判は次第に降って徒らに高きものは低くせらるるのである、斯くてエホバのみ高く崇めらるる時は來なければならない。

神様は之を實行してある

世界歴史は之を證明して居る

一度我等明治神宮外苑に出ずれば千人でも二千人でも集る形勢が見ゆるというのは

何の為であるか、之は秤と同じく一方が漸次重くなつて行く證據である。我等各々が其人であることを知つて益々深くエホバの神を信じ預言者の理想實現の材料とならねばならぬ。

祈禱、二、祝禱、

今日の集會は満員であつた。之れ以上收容し得べき少しの餘地も無かつた。先生は

「これでは何とかしなければならぬ

と仰しやつた。塚本先生は

「三年制度として卒業證書を渡すか

など語られた。

一人の壮年信者が先生に挨拶をして何事か物語つて居つたが、不圖余を見付けて先生に

あの方サイトウさんですか

と問う。余と握手をして「私は此度サイベリヤ丸で米國から歸つた佐野（喜）雄渡邊です。小諸でお會いしました。渡米の時は貴下は淺野さんのお宅で集會をして居られましたが私は間に合いませんでした。貴下は當地に居られますか。當分私も居りますから折折お目にかかられましょう

と別れた。

跡始末をして獨り感謝に満ちて歸つた。

二月八日午後七時半

九條武子夫人（良致男夫人）敗血症にて逝去

十年餘の孤獨生活、社會事業に活動、齢四十二、千駄ヶ谷磯部病院から即夜築地本願寺別院瑞鳳の間に遺骸を移す、母堂かず子刀自、夫良致男、兄光明氏等通夜、兄光瑞氏は上京、佐々木信綱、與謝野晶子など挽歌を寄す。

皇太后陛下からは百人分の料理見舞わる

告別式は十三日午後二時

聴講五年　中

二月十二日（日）晴
八時出發、今日は花の用意をする必要はなかった。
新しき幕が出来た。今日は幕を張ったまゝで
午前の集會を催した。

午前の集會　塚本先生

哥羅西一章
二ー八節　感謝
九ー十四節　コロサイ教會の爲に祈る

△斷えず。　我々日本人の頭では直ちに其意
が判るが西洋人は此様な言葉でまで色々の説
を立てゝ居る。日本人は詩的で西洋人は散文的
である。（斷間なく即ち時間の連續的の意に非ず）

△靈の予うる智慧と穎悟。　研究の結果は
あらず靈によつてである。聖書には澤山用いら
れてあるが此文字を輕々しく見てはいけない。

△日々主を悦ばす様に歩むこと。
△眞理で自分と一つになる（四二で死んキルケゴール）哲學は眞理を外のものとし研究し
信者は眞理の中に自を投ず。
△神の御心に適いて歩むことは（十一十二節）
一、善き業
二、力強き生活
三、父なる神に感謝すること
△祈禱を一言に約めて其結晶を言い表わせば
神の御心を知らしめ給わんことを
と、焼點は此處に至らなければならぬ。然ら
されば如何に言葉を多くしても幼稚なるを免
れない。即ち
神の國と其義しさを求めることである
信者が神様に對する祈禱の態度は此處に達
すれば他は凡て解釋するに至る。

◦教會の今日の信者は去勢されて居る、野性のあるものたらざるべからず。

◦感謝の基調は　罪を救われて神の國を嗣ぐの資格を與へられたという確信、即ち聖者とせられたる點に於ては　パウロ、ルーテル等と同じである。（誇大の言に似て實は然らず）
感謝と喜びは此處より來る。
自らの弱さを嘆ずる前に救われたるを感謝せよ

◦善（美さ）と力（強さ）とは　此救われたるを感謝する點から出て來る。

◦イザヤ！　力強くクリスチヤンライフを送りましよう。

内村先生

四五.

報告、　傍聽は地方から來る人に限ること。
會員は成る丈出席する樣にすること。

聖書の來世問題　（九月十六日午前）

一、キリストは來世を色々の方面より教へ給ふ。夫故或る一箇所だけを以て斯れなりと斷定することは出來ない。明治の初年西洋の事情を日本人に了解せしむるには隨分困難であつた。何か似寄りの物を示し形を見せて略、推定せしめたのと同じである。

一、ラザロと富者の喩から何を學ぶか

1、彼我の境には淵があつて互の交渉は出來ない。誰でも死ねば運命は決定して仕舞ふ。不安不公平に思ふけれど明白である。

2、救わるべき機會は人生に於て與へら

195

る。死後には絶對に機會は無い。五十年の短き人生は重大なる時である。主の御言葉は信者の實驗が證明する。

3. 罪の重荷の苦みと今一つは今悔改めなければ永久に滅びるという苦みを感ずる。天路歴程は此實驗を書いたものである。今の文士などは判らない。他人に對しても此觀察を懷いて居るから傳道が出來る。

4. イエスの福音には從えと言い給わずしてモーセと預言者に聽けと申されしことは注意すべきである。舊約には來世の事は少しく然し曖昧に暗示されてあるのみである。故に寒き座に於ては

道を守る者に夫れ相應に價値を認められることは判る。

5. 愛は價値以上に愛すること。

一、イエスの此教は一方を見れば狹過ぎ他方を見れば廣過ぎる廣大無邊である。

鈴木虎秋兄と二人にて親子丼の中食、ストーブに相對して旅行談をなす。兄が白馬登山と大島旅行の話を聞いた。

午後の集會に就て開會の時まで整理に當り畔上先生講壇に立たるると共に歸路に上った。

内村先生の題は

エルサレムの婦人よ。

二月十九日（日）晴

先生は壇上の花を御覧になって

一、貧弱だなァ　然し冬だから仕方がない

と語られた。今日は日曜學校は全然講堂を使わなかった。

午前の集會

畔上先生

十个の喩　八九、祈禱、一八五、

（ルカ十九章十二―十九節）

△一个を預くは信仰のこと。

△少額の信仰を與えられて如何に利用するかを試驗せらる。

△人生は惡いけれど信仰の試驗場としては完全である。

△小なる信仰でも我等は大なりと感ずる。況んや後の世に賜わる所の信仰の如きはイカニ大なるものであるか。此事をはっきり信じて居るは必要。

△ルーテルの言に復活後の恩惠の大なるに驚き且つ悔いて地上生活の間に何故モット大なる働きを熱心にしなかったかと思うであろうと。

△或る人は此喩は行いの福音だというけれど信仰を基としたものである。

内村先生

復活と其後の状態

（太二二、二三―三三　可一二、一八―二七　路二〇、二七―三八）

一、問題は六ケしい。死後の生活問題は不要であると人々は言う。

一、今や日本全國議員選擧なる地上の問題で大騷ぎをして居る時に、我等は靜かに此大問題に就て考うるは實に深き恩恵である。

一、現世生活に大關係を有する大問題である。

一、イエスは組織的に宗教を教え給わなかつた。其點はソクラテスや釋迦とは異つて居つた。彼等には長い宗教論はあるけれども イエスは折に觸れ時に應じて天國の眞理を教え給うた。

一、初代佛教には來世觀はなかつた。

一、イエスは普通人間が日常經驗する所を以て證明し得る事を教え給うた。

一、反對人は面白半分にイエスに來つて此問題を説きかけた、然しイエスは何處までも道徳上の立場に於て最も眞面目に敬虔なる態度を以て之に答え給うた。

一、天使は人間と其生活の根本が違う、生殖機能によらず直ちに神の御手の業に成りしもの。

一、植物、動物、人間、天使、霊的關係は天使の關係である。

信仰は信仰の高潮に達した時は夫婦間の關柄でも性を超越して天使の關係に居るものである、此關係なくば何でもない地上五十年の無意味の關係のみ。

一、信仰の賜物として第四の階級に入ることを祈る。

祈禱、 三〇五、 祝禱、

預言者の一室に於て塚本先生、鈴木兄と三人で親子丼を喫した
食後爐邊にて 信仰、結婚、葬式、九條武子夫人の死は夕陽の沈む面影であつた、吉栗ひろ子の死は朝日の希望であつた、九

十九の喜びの外の一の悲は大切である、人間味の尊さは此處に在る。 選擧の時、鳩山一郎氏に勸められし時に、尊き一票を當選せざる候補者、然も有効に用ゐるとて堺利彦に入れたというを聞く。（得票十一であったという）

午後の集會

塚本先生

約翰傳七章（二十五―三十六節）　讃、詩五十篇、祈禱、七一、

一、神が本當に解ればキリストも解る、神とキリストとは同時に判るものである、然しそれは研究により知識によってはならない靈によってである。

一、焦燥っても神とキリストに對する信仰は來らない、ヨシと見給いて天より賜わるまでは祈って待つの外はない。

一、我々信者に神の創造に成る靈の半面があるから不信者には正解せらることが出來ない。

一、榮光の日には我等の靈的半面に判然する。

内村先生

ヱルサレムの婦人（下）（イザヤ三章十二節以下 エゼキエル二十七章）

一、神を離れたるユダヤ人には色々の危難が臨んだ、特に婦人の心の墮落と生活の奢侈として現われた。

一、掠奪と奢侈とは離るべからざる關係を有す、働かぬ者が利得を貪って働きし者には正當の報酬を與えざる時は掠奪となるのである。

一、身分以上の虚飾は奢侈である、罪惡である、一人の婦人が飾る結果として幾人の虐げらる、者あるやを知らず。

二千五百年前の此の婦人の装飾具を見る時は二十世紀は物質文明に於ても大なる進歩をしたと言われない。

祈禱、　さんびか。

午後の集会も亦会場の混雑を見かねて遁んだ。余は独り跡始末をなし鈴木兄は独り会費の計算をなし、日暮れんとする頃帰った。

二月二十六日（日）晴

午前八時出発花屋に立寄って桃色の薔薇一、マガレット三、菊三藤二、金盞花七代五拾銭を仕払って柏木に向った。卅分着花を立て幕を引き窓の鍵を抜いて準備に勉めた。

午前の集会　　四三、箴言七章　一六八

塚本先生

羅馬書一章廿節の研究

基督と萬物　　基督と教会（信者）

初生者　　初生子

自然界第一　　霊界第一

△此一項はパウロとしては行き過ぎだと言い様なればば他人の説を挿入せるものならんなどいう学者あれど、前後の関係より推して見ても矢張パウロの文に相違ない。

△主を見るは神を見るなり

ナザレに育ち普通人に何等異なるなき相手と動作、此人が神の子にして彼を見るは即ち神を見るのであると、驚くべきである。

△『基督が若し今倫敦に来給うとせば』という本があるが、同じ様に今東京の九段に現

はれ給うたてせば我等は如何にして彼の神の子たるを知るか、基督と同じ聖書を學び之を拒みし—ユダヤ人が彼を知らざりしことを思え。

△信者はよく神の子イエスと言えど眞に神の子イエス即ち神なるイエスということを信仰に於て言うのではない、言葉の偶像である、文字ならざる眞の神を思うての神の子が降り給いて之を信ずるというならば、それは大變です、大革命です、根本的の變化です。神の智を以て見、神の心を以て思うに至ります。然り信者は斯くあらねばならぬのです。

△コロサイ人は天使を拜した、パウロは之を悲んだ。

△イエスは神の子であるという、そして其十字架は萬民を救うという。實は説明も出來ず信じ難いことである。然し自分の實驗より鑑みて微かにも之を信ずることが出來る。

△私は二三十年前高等學校時代には神の存在を信ずることが出來なかった。然し信じ得る樣になった次に

神に獨子ありイエスは即ち夫れであるということは何うしても信ずることが出來なかった。然しそれも信じ得る樣になった次に

十字架の血、　復活……

終には何の苦なしに之をも信じ得るに至った。それは讀書、研究の結果でも説教を聴いた爲ではなかった。神の生ける靈が私の上に働いて居ったからである。之を灌がるゝ時には意想外のことは不思議にも頭の中に這入って來るのである。

△パウロは此信仰を持って居った。

△靜かに考いて見なさい。學識あるパウロが己よ

201.

り數歳年長のナザレの一青年に對して、彼は萬物のいや先に生れ萬物は彼によつて造られ、且其造られたるは彼が爲にして又萬物彼によつて存(維持)なるといふたのである。狂人にあらずして何であるか、然り狂人どころか眞摯の絶頂敬虔の極致の態度に於て此言を高唱したのである。彼の獻身、熱血の生涯は誠に此確信の結果である。

ム神の子が只一度私の爲に生れ給うたとしたならば我等如何にすべきか、我等は全幅の思念を此問題に捧げて言行想を決しなければならない。

内村先生

報告

一、入會志望者を紹介するの件。

二、毎週火曜日午後三時より五時まで別館に於て先生及塚本先生が會員と面會して何相談にも與かるといふ件。

永生の基礎

(ルカ二十三章三七—四三節)

一、イエスは教義を述べ給わない、事實を以て教え給う。

一、神を信じた時に永生は始つたのである。

一、インガーソルの娘は大學に靈魂不滅に關する講堂を設けて、政治家、醫師、哲學者、神學者を聘して各所信を發表せしむ。

一、神は有限より無限を造り、今の瞬間から永遠的になること、即ち不死の生命を

なすること　等。

祈禱、一八七、祝禱、

會場八分通りの會員出席であった。

朝山田兄は中央席五人説を先生に話したれど實行せらるゝ様子がないと語った。余は五人説は不賛成である。臨機應變に處せんとは余の考である。恩師夫人も畔上先生夫妻も山田兄説に不同意である。兎に角講壇の三先生の爲と會員の爲を思うての考なれば目的は双方とも同じに相違ない。

午後の集會

畔上先生

哥林多前書

第十五章の研究

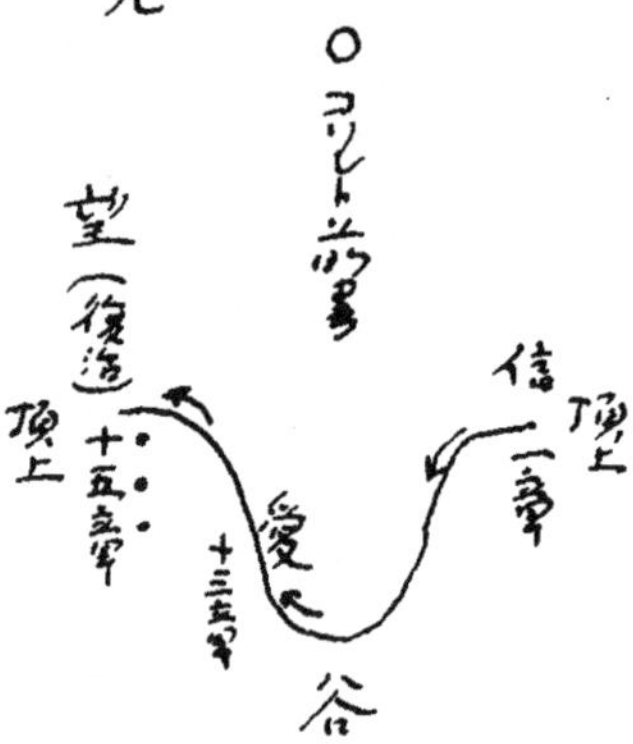

内村先生

潔められしエルサレム　（イザヤ四章）

一、スローガンは大事なこと。

一、穢れる者に此恵なし。

一、聖書の記事は半分は比喩又は示視半分は事實、夫れ故聖書に斯く斯くとあるから其通りと思うと間違。

一、恵まるゝ者は先ず審判かる、審判に耐ゆる人となれ。

一、不信の人は苦の中に恵みの籠って居ることを知らず災難を災難とのみ見るから恩恵に預り得ず、感謝に至らない。

一、和蘭、丁抹、英、獨等皆火を潜った人民

である。英語が讀めてもオルズオス、
ブラウニングは判らない。
祈禱、　三三、　祝禱、
同散會の後も先生は長野縣小諸の佐野壽氏を
相手に色々昔話やアメリカの事や日本の教會の
陋劣な態度に就て話さるゝのを聞いた。
鈴木虎秋兄は會費整理に、余は獨り會場の跡始
末に力を注ぎ五時半歸途についた。

一九二八年（昭和三年）
三月四日（日）
八時に家を出で、柏木に至り零時半一度歸宅した
午前の集會　　三六、詩四篇、一七一、
畔上先生
路加十九章十一節以下の研究
△一厘も利せざる人を怠惰の人と見るは宜しからず。
△主を厳しき人なりと表白する所を見れば比較的
眞面目なる人にて安全第一と考へた結果圖
らずも此不名譽の態度に陥ったのであらう。
パウロ、ルーテルの如きも一時は厳格の神、奴隷の
我の觀察を懷いたことがあった。
△巾手《フクサ》に包みて云ふは信仰を告白せざることにて、銀
行に預くは告白したることである。告白は假令他
人が利するところが無くとも種々の點に於て己れを利

益するものである。
△傳道的に告白ー他人を愛する結果
△他人の前に隠したい時に明白にするー神に忠なるの結果。
△イエスは幾度も表白困難に就て注意をせらる。

内村先生

活動の來世

（馬太十八章六節
路加十九章十一節）

一、佛教回々教等は來世の状態に精細。
一、聖書には來世の存在と之に入るの道は極めて力強く教えらるれど、其状態は其記事至って貧弱。新約に於て句を引用するはき元困難。

一、來世のことなどは不用という人あり。
一、神は生ける者の神なり。
一、主は賢く適當に之を教え給うた。實は此世に於ては天國の有様は言い様がないに相違ない。
一、天國地獄の状態を精細に述ぶるは害多くして益少なし。恐怖を思うて何事も手につかず、樂みに憧憬れて何事も手につかず。勿論現世のみを説くは不具。
一、恵信僧都、往生要集には地獄極樂の記事精細。樂み、喜び、戯れ、總うは主なり。
一、天國は讃美感謝と共に活動の所である。研究もあり勞働もあるであろう。

そして此世の仕事の續きである。短き現世は長き來世の運命の定まる所であるから非常に大切である。信者は此世に重きを置かなければ此世の生活を忽諸にしない。基督教は實に完全な教である。

零時十六分一旦歸宅し簡單に食事を執り一時間餘孫達を世話し二時十五分出發再び柏木に至り十五分間會場整理をなし塚本先生の講演が始まると同時に歸宅した。

三月十一日(日)

講堂の天井に三ケ所雨漏りがあった。北風が雨を吹き付けた爲であろう。

午前の集會

塚本先生　　三五。イザヤ六十五章。祈禱。一六六。

哥羅西一章十八―二十節 研究

神の創造は二つ

一はアダムの創造　二は基督の創造

△天使を崇拜せしコロサイ人に(信者)向って拜むべきは只キリストであると高唱

△パウロの教會觀はエペソ、コロサイに於て絶頂に達す、馬太傳十六章十八節のイエスの言へ給いし教會の意と一致。

△新約に教會の文字は百十何回用いられて居る

一、或る場所の集會

二、家の中の教會、一定の組織なくキリストを仰いでは一人でも二人でも教會

三、世界全体(ユニバーサル)死人も含む、主を信ずる者の全体、教會の一員なる以上は必ず死して甦りたる實驗ある者

エペソ一ノ二三　ロマ六　エペソ五ノ三一

第一はキリストに由り創造せらるゝこと

今の教會は其所にて神を説けども事實人の教會である。

内村先生

イエスの榮光體に就て　（路加四章十六―三十節）

彼等の中を經行きて去りぬ

一、榮光に滿ち給いしイエスは此時身を或る種の光を發し誰人も其威光に懼れて手を出すことが出來なかつたであろう。

祈禱。　三〇二、

塚本先生外五人と講堂にて中食

午後外國行の研究誌百九十四部を包裝し郵送の手配をなす。

午後の集會

畔上先生

哥林多前書十五章（一節ー十一節）

一、傳えし福音

二、受けし福音

三、立ちし福音

△イエスの復活に就ての最初の記事

△復活を信ぜずばパウロの言を信用せず、其人物を疑うこととなり、パウロを大偽欺師とすることとなる。道徳的立場にありて之を信ぜざるを得ない。

内村先生

六八（愛好するえらび）

基督教は何を教うるか　（説教）約翰三章

基督教は何であるか

クリスチヤンとは何であるか

とすれば各教會各宗派皆異り、然して

一、互に他を排斥するのである。
一、何を教ふるかとあれば兎に角一同集って
相議する事が出來る。
一、先ず自明理より出發する必要がある。
罪、　自己の爲を計って罪
善、　他の爲を計って善、德
一、信ずるは頭のみにては駄目、人格全体を以て
しなければならぬ。
一、人生何年生きても此自己を棄てるという
ことが主なる務である。
一、征服は滅亡である、奉仕服從は生命である。
一、其人に何が有っても若し自己を主張し自
利を計る人であるならば我等は彼を信
ずることは出來ない。
祈禱、　二〇三、

今度學校を卒業して歸る會員を饗して先生は
一場の訓話、注意を與えられた。
男一、　女八名

三月廿一日（春季皇靈祭）、阪神地方聖書之研究讀者
會には内村先生が出席せらるゝとのことを承わった、
閉會後　預言者の六疊問題を封裝せし外國行研究誌
の兩端差し込みをなす。

阪神讀者會に講師として赴かるゝ先生
に余が隨行を望むことに對する御意向
を伺う。
先生、　謹みて左の一事をお伺い致します、
今回阪神地方讀者會開催せらるゝに當り
先生も御出席遊ばさるゝとの事なるが私も

其末席に加えられて彼地に賜わる神様の御恵みを味いたいのです如何で御ざいましょうか。
私は今日まで関東、東北、北陸、北海道の読者会には屡々出席して多少其状況を知って居りますけれど、肝心な西日本中央部の会合には遺憾ながら未だ一回も出席したことがありません
夫れ故今回出席して彼地読者が先生並に先生の説かるゝ十字架の福音に対して如何なる精神的態度を取るかを親しく見て置きたいのです。
私は五十を越えた今日、先生の近所に通すがれ見れば自分並に自家に就ては勿論であり、東京、日本、人類に就ても色々の感想を懐かせられます。然し此際私心の伏在する

ことを恐れます。
差当り先生に対して可否をお伺い致します。
若し御許しがあれば早速旅費の準備に着手する考であります、何れ火曜日の午後二時頃参上して御目にかゝります　敬具
三月十二日

家族は敢て不同意の色もなく寧ろ賛成する様子であった。

三月十三日（土）午后一時半過ぎ柏木の先生邸に至り庭前や苗畑を見た後預言者の六畳間に入って時の来るをお待ちした。

一朝鮮人某青年は何処かの学校を卒業して龍川なる故郷に帰らんとするに際し先生から御注意を受けんとて会見があった。
一、キリストの教の如く人の足を洗うという奉仕の生活を始めよ、征服せんとする勿れ
とのお言葉が聞えた。

209

次に余は昨日の御返事として御意見を承わった。
一、能く考えて見たが　行かない方が善い様だ。
一、今回の会合は行く丈の値打ちが無い様に思われる。私も塚本君とコッソリ行って直ぐ帰って来る豫定。
一、それから東京に来ては信者に油断が出来ない、我等の心を見抜いて旨く騙し掛けるから怖い。口と心と表裏を異にするなど何とも思わない。
此時電光一閃忽ち激烈なる雷鳴一落雷があって雨となり雪となり雹となって屋瓦を打ち常緑樹の葉を面に散った。余の次に三人の青年が面会を求めて来た。十五分の後晴れ間を見て帰途についた。
余は先生の御意見を承って感謝である。一聖旨なることを信じた。

三月二十日（日）晴　七時十五分阿佐ヶ谷発の電車で東京駅に向った。コリント前十五・六章を読んだ深き此真理、偉大なるパウロ先生よと称讃せざるを得なかった。二等待合室其他を巡って群衆の行動を見た。興味も多かったが悲しくもあった、イエスは此処に立ち給わば如何にという問も起った。

内村先生と塚本先生とが九時三十分発一二等下関行特急列車で大阪に出発せらるゝを余と藤沢兄とが御見送りした。群衆は誰一人此一行を解する者はないが二先生の肩にかかる使命は実に深遠広大であって独り現代阪神地方の研究誌読者に関するに止らず世界人類の福祉

に關する點に於てルーテル、パウロ、モーセ、アブラハム
の大なるだけ それだけ大なるものあるを信ずる
ものである。

獨銀座、澁谷を廻草花野菜の種子をもとめて
歸つた。

三月廿二日(日) 晴

午前七時十九分出發、一旦柏木に立寄り藤澤
兄と共に東京驛に至り 九時十分着の列車に
内村先生を出迎えた、大滿足の様子にて歸ら
れしを見て感謝であつた。塚本先生は見えな
かつた。圓タクに三人乘つて柏木の派出所前ま
で進み其處に下車した。

一、百人程の讀者會を中の島公會
堂に開いた。よい集合であつた。

一、京都や淡路島からも來た、勞働者の
如きも堂々と所信を述べたのを聞いた、究
に角遣ろうという氣は盛んである。

一、大阪は東京の比にあらず一と活氣あるものだ。

一、君は行かないでよかつた。

一、日本は矢張西方から開ける、東北と關東西
とを比較して見て同じ日本とは思えない
程の違いだ。何百年前に平泉から京都
に行つたら野蠻人が來たと思うたろうな。

恩師は御家内一同に迎えられて平和の御自宅に入ら
れた。

三月十八日（日）晴

午前八時十九分発電車で阿佐ケ谷を出発、逢う人見ゆる人皆愛らしく、見ゆるもの聞ゆるもの皆楽し、主と偕に在りて萬事善からざるはなしである。

恩師御皆お變りなし　武藏屋君と共に講堂の内外整理。

午前の集會

畔上先生　　　　　さんび・詩七十篇・祈禱・さんび

哥林多前書十九章十一節以下の研究

△来るべき再臨の基督を待ち望むと共に今活ける基督を信じ其恵みで力とに頼らねばならぬ。

△基督の御言葉であるならば假令謬であつても信ずる（基督の言は嘘でも人の真の言よりも貴い）というのは信仰の性質である。

内村先生

イエスの榮光体に就て　下（馬加九章二十八節）

一、イエスは行いを以て来世を示し給うた。

一、榮光は半物的半霊的である。

一、天然其物は神の秘密である。

一、ホイットマンの詩に今に鼠一匹に現わる、神の御力に就て世界人を驚倒せしむる時が来るであろうと歌って居る。

一、聖書学者は此山上の變貌の記事を解釈するに苦んだ。

一、光と愛と生命とは同じLを持って居る。
ライト、ラブ、ライフ。

一、芽一つを秋のうちに取って顕微鏡下に見れば葉も花も果も備って居る。

一、人間は母の胎を出でし時に既に復活靈化すべき榮光体を具備して居る、我等は斯く信じて責任感が強く起る。

一、信仰と科學とを全然無關係のものとして考ふる時代は既に去つた。それは聖書を曲解する舊教の時代であつた。

一、科學の研究の資材なる天然物は悉く神の手の業に成れるものである。

一、中江藤樹先生の上にも神が働き給うたのである。

讃美、 祈禱、 祝禱。

青木義礁兄は會葬さる。青山士兄も會葬さる、兄は新潟縣赴任後の様子を語り、白根山、白山などに行くこともあることを語る。宮崎市在住の青年柴田滋行兄を語る。

午後の集會
塚本先生
「余は何故にカソリックに行かざりし乎」
の題の下にカソリックの岩下壯一氏が塚本先生を駁撃せし數頁に亘る文に基きて信仰の性質精神を明かにせられた。

△舊教の説は小さき議論としては通るかも知れぬが、根本的に間違つて居る。

一、△人は自由を與えられて居るのに自由を奪取し去つて顧みない。
架空的權威信條を盲從せしむる點
讀書に制限制裁を置く點

二、△人は基督によつて直ちに神に接し神を拜することを許されたるものなるに、其途を杜絶し中間に法王、監督、親父の類を置く。

人の拜すべきは神のみなるを教えられしにマリヤ様といいペテロ様といいて之に参詣をする。以上聖書全体に反く

キリストの最も強き怒の言を以て叱責せられたるは職業的宗教家に對してであった（太廿三章）

三八
聖書の研究、解釋は客觀的であり信仰の實驗を尊ぶは之は主觀的であって共に空しと岩下氏が言ふか之は全く我意のある所を知らぬものである。我等には以上の外に聖靈の活《はたら》きがある。然り我等の聖書の研究又實驗も共に神の靈に教えられ導かれ力づけられて現われるのである。夫れ故神より來る點よりり見れば客觀であるが我靈魂を透して現わし給う點よりすれば主觀である。故に全然の客觀でも主觀でもない。神御自身の御働きである。

四四六（婦人のみ）

内村先生

塚本先生のカソリックに就ての御話に同意の感を述べらる。

我等は最早カノーサに入らぬである。（ビスマークの言）〔グレゴリー二世が獨帝を呼んで悔改の為三日間雪の中に立たせし地名〕とてカトリックの非基督的なる點を擧げられた。尚我等に警戒を遺された。

イエスは如何なる意味に於て神の子なる乎

一、其誕生、其奇跡、其復活昇天に於てと説くは信者に對しては判るかも知れぬが求道者未信者に向っては冷酷なる答である。

一、神は智慧であり力であるがそれ以上に愛であ

る。其愛を最も多く現わしたるはイエスである。イエスは其意味に於て神の子である。

一、愛なるが故にあの奇跡は自然である。愛なるが故にあの誕生は適應である。愛なるが故に復活と昇天とは其生涯の結果としての自然である。

○

昨日は先生によってバプテスマを受けし兄弟は五人あったとのことである。

今日は高師を卒業して朝鮮平北安州五山高等普通學校に赴任する咸錫憲兄の送別會にギリシヤ語の組の人々によって預言寺の二階に開かれた。余は同兄より内村先生の寫眞を乞われた。余は快諾した。

三月二十五日(日) 晴

磨きたる編揚靴を穿ちて阿佐ヶ谷驛に向った。八時七分の電車に乗った。同胞も多く乗って居った。神を信ずる人の少なかるべきことを思うて悲しくあった。

直ちに講堂に入って何時もの如く整理に力めた。暖爐は一回焚きつけた切りであった。先生は其傍なる椅子に倚られて余に對し此間の葬式(牟田氏の)のこと大久保新驛のことを話された。穿ち居られしズボン下は左右共補綴のあるを見た時には一種嚴粛の感に打たれた。基督の心を讃美するの感であった(ヨハ一三ノ一五)、信による愛によるものであることを感じた。

215.

婦人席の方は石原夫人が主として世話をして呉れた。持地夫人は花瓶が一寸程前に寄って居ると注意して呉れた、恩師夫人の置いて行かれたまゝ、余は目を留めなかったのである。謹んで彼女の言に應じて直した。

午前の集會　二三、申命六章四－十五節、一二五、

塚本先生

レプタ二を献げし寡婦の話　（可十二章四一－四四節）

△神は神であるならば我等の一部分を要求し給わない、全部を要求し給うのである。これは神の性質である。

△我等にても愛して呉れる人ありとせば我が半分を愛して呉れるならば、我は寧ろ彼を敵として立たるゝ方を好む、全部を信頼して愛して貰いたい。

△私は嘗て今の教會には信仰が無いといふた、彼等は讃美を献げ、祈りを献げ、勞働を献げ、財産を献げ、父母妻子兄弟を献げ、職業を献げるかも知れない、然し只一つ献げないものがある。それは自己自身である。第一に献げねばならぬものを献げないのである、故に信仰が無いのである。

△修道院生活を爲すが如きは最も大なる不信である。

△全部を献げるということ程容易なことはない。

△レプタ二つである、之は全財産であった、彼女は其一つを懐にして他の一つを献げることも出來た、一つではない、二つ持って居たのである、然るに二つを其儘献げたのである、此點に大なる眞理、教訓、價値があるのである。

△我等は一度しっかり破産せんければならぬ。

（我レ深ク前半生ノ経験ヲ反省シ神ノ爲ニ総テ所ノ感謝ス　二到）

三一一（婦人）

内村先生

平安獲得の途

（馬太十一章二十八－三十）

一、現代人は悉く疲れて居る。

一、何が為に疲るゝか。肉体に迫る物質文明の強き刺激（音響、光、色彩等）[illegible]には響く思想經濟等の不安動揺、次に世界の誰人もが執る所の自己主張。此中に生活するを以て自然疲労するのである。

一、主は何事をも反發し抗抵し給わない、愛を以て受け入れ給う。而して我に来れ我に学べ仰せらるゝ之は平安獲得の途である。

一、無抵抗を消極的と見るものがある。生命が降るが故積極的である。主に在りては消極にも積極にも偏し給わない。

三〇〇、 祈禱、

中食を六人にて摂る。此日ロシヤから来て傍聴せし婦人があった。余は外出せず講堂内の居留て居った。主と偕に在る時は何處にあっても平安満足である。

午後の集會 八一、祈、四四、

畔上先生

哥林多前書十五章一－二節

△イエスの人格、ペテロ、ヨハネ、パウロ等の人格を尊重して其言を信ぜざるを得ない。初代に於ける權威者である。

△レッシングはルーテルの缺點を發見して長所を喜ぶ様に喜んだという。

△假令間違があっても信ずるという態度を執るは信仰の性質として必要のことである。

八二、

内村先生

聖書の中心　（ロマ書三章廿節以下）

一、先週は多用の日多く大分疲れて居るから今日は説教をやめて大阪の集會の様子を語ることゝする。

一、一生に一度でも内村先生のお話を聴きたいと望んで居った人が漸く本望を果したという人が少くなかった。

一、研究誌初號からの讀者（獨立より）も三人あった。

一、研究誌新號到着の日は一日を献げて全部を通讀し重なる所は二回三回四回五回六回と讀んで大に靈の糧として居るという人もあった。

一、内村崇拝は二人あったが少し諭したら直ぐに判って喜んで歸った。

一、一労働者は姉の夫が六人の子を残して死んだので此際之を助けてやるが本當に日に一圓六拾錢の日給を取って主に仕えて居るというもあった。

一、世界の大事業は其の根源は見えざる基督の愛によるのであるから、此様に隠れた所に愛を實行する人が多くなれば日本も善い國になる。

一、四十五歳位の人は起って、先生の筆が何時研究誌から斷たるゝかと思うて心配して居ったが今日お目にかゝって先ず大丈夫と安心しました、私は職業柄よく生命の鑑定が當ります、先生はまだまだ生きられますと言った。

一、「新しき宗派が來れば先ず大阪神戸に於て宣傳は試みられる、そして新しく未信の人を導くのではなく、或る宗派の信者を引張り取るのである。それ故動揺常にならずである。

一、宗派の起るは聖書の中心の見方を誤るからである、或る者は舊約のモーセの十誡第四條に持ち行き或る者はテモテ前 章に持ち行き或る者は馬太傳十六章十六節に持ち行き或は再臨に或はバプテスマに置くが故である。

一、そこでセンターは大事である、それが信仰の中心となれば別れる恐れはない、動揺が起る患いはない。

二八二

散會後内村先生と畔上先生と二人にて結婚式、告別式のいやなことを話された。

不信者は我等を牧師だと思うて居る、それ故坊主扱いをなし講堂を寺院の樣に考えて居る、火葬場に於ける讃美歌はやめた歌の一つでも歌えば功徳でもあるかの樣に思うて居る。

跡始末の後別れ歸った。

一九二八年（昭和三年）
四月一日（日）曇
服装を整えて七時半柏木に向う。途中幾百人の同胞國民を見る。霊的生活の基礎なきを悲む。如何にして我等の喜びと平和とを分たんか。聖霊此等の人々にも六千萬の同胞にも十六億萬の人類にも豊かに降らんことを祈る。
柏木八八八番の火事とは此處か、大昌工業株式會社は火元であろう、念を入れて新築せし大澤氏宅も類焼、近所五六戸皆火を蒙った様は實に同情であった。恩師邸とは僅かに三町の隔りである。當夜の騒がしさを思うて振り返り見つ焼跡前を過ぎた。厄難不意に來る、終りの日の來るも斯くやあらん、我も人も心せよ。

三十分を要して一と通り講堂の整理は済んだ。曇に近火の御見舞なけ申して御健康を伺わぬことは氣がかりであったが不圖恩師が希望輝く御顔を講堂に示されたのを見て安心し感謝した。
メソヂスト教會關係の大學生が傍聴に來て始めてゞあろう、他の集會に臨んだならば一層注意を拂って　よく命に從うべき筈なのにアレアーの指圖にも應ぜず雨足を穿き出して四邊を見廻し傲然たる態度は甚だ目障りがした。一二度注意を與えたが無効であった。信ありというとも愛なくば實を結ばぬではないか、よく學びたまえ。

午前の集會　　　曇、詩百八篇、祈禱・一六六、
畔上先生
イエスの立場より　（ルカ十九章廿八節以下）
○平和の君たるを現わし給う。
○所謂功を誇る堂々たる將軍の態度にあらず

して此世的には見る影なき不成功者の
態度なること、

△イエスは何時までも蹲《うずくまり》をつゞけらるゝのか然《しか》らず何時か必ず榮光と大權とを以て來り給ふのである。

△イエスの信者も此世に於ては堂々たる生涯を送り得るものではない。然し彼の日には大なる榮光を賜わるのである。

内村先生

イエス・キリストの教會（ヨハネ一書四章七－十二節）

一、基督教會という言葉は聖書の何處にも無い。

一、キリストの教會は使徒時代に於て既に其本質を失った。

一、基督教の二大勢力はカソリック（天主教）とギリシヤ教（正教）であるが其分裂の源は聖靈は父と子より來ると主張するに對し、ギリシヤ教は單に父より來るという差に存する。そして何れも其主張の爲に一致することは出來ない。

一、六百もある宗派は各々自分のみ正統なりと信じて少しも讓らない。

一、基督信者は假令完全に行かずとも馬太傳五章より七章に至るまでの所謂山上の垂訓を實行するものでなくてはならぬ。

一、基督信者とはイエスの愛によって立ち、キリストの教會とは兄弟互に愛する者の集りの謂であって愛の行われざる所には主の生命はない。
一、我等は主の如くに愛し合い、互に足を洗う人となろう。六百人心を合せて立つ時に六百倍の力を感ずる。我等此集りを以て他の集りの足を洗い彼等に仕えよう。而して此謙遜なる愛の心を以て人類に臨みよう。
一、ロンドンの老牧師悟りし此點であった。其書は青年に歓迎された、職は奪われた、然し今まで無き形式の教會でなくてはならぬとの確信を固守して動かない。斯くて世界が目醒めるなら幸福である。柏木は其爲に幾分でも功獻し得ば幸福である。

一三一、　祈禱、

暖爐の周りに於ける中飯は賑かであった。

塚本、畔上、黒崎の三先生、石原、鈴木虎、鈴木鄕美、山田鐵道、の四兄、黒磯より來れる婦人、余の九名であった。鍋焼うどん二つずつ、色々なる話を聞いた。

午後の集會

塚本先生　　三五、イザヤ六章、祈、一〇九、

一、約翰傳七章五十三節より
同　八章十一節まで

△ヨハネ傳本来のものには無い記事、或る古聖書には路加傳中に挿入しあり、
學者とパリサイ人が奸淫の女を訴え來りてイエスを試みし記事
△イエスの身を屈め指にて地に書き給う態度の壯嚴さ、深遠さ、
△己の罪を棚に上げて他の憐むべき罪人を責め立て又義しき人を試み苦めんとせし學者と

パリサイ人の態度は總て我等自身ではなからうか。

△一面より見れば我等罪人は此婦人と同じ立場にあり。イエスによりて罪を赦さる途に出でよ。

内村先生

イザヤの聖召（二）　第六章

（今日其一節二節を講せらる）

一、ユダヤ中興の王ウジヤは紀元前七百四十年頃である。

一、隆々たる國勢を示したるユダのウジヤ王の死したる年にヱホバはイザヤに幻象にて現われ給うた。明治天皇崩御に比すべきことである。國が外面に發展する時には宗教は顧みられない。

一、二十二三歳の青年イザヤは預言者として召されたのである。

一、彼はヱホバに對して其衣裾だけを拜したのである。此謙遜の態度は肝心である。見神の實驗の如きは怪しきものである。傲慢なものである。

一、セラピムでさえ六の翼のうち二を以て面を覆い二を以て足を蔽い二を以て飛翔ったとある。ヱホバの榮光の前に於ける禮儀ある態度である。

一、我等も常に禮儀は大切である。

祈禱。　二五一。

五時半までには講堂の跡締りを為し直ちに歸途についた。

四月八日（日）晴

七時出發、福永の長男君から白百合、カーネーション、水仙、マーガレット、石竹取交え一圓代を求めて柏木に向った。柏木の講壇には櫻の大瓶は棕櫚に代って飾られ白百合の小花瓶までが据えられてあった。余の携えたものも飾らざるを得ない。其處に武藏屋君は更に百合（白色）の鉢植を持參、斯くて講壇は四つの花瓶を以て飾られた。近來稀なる現象である。

午前の集會

塚本先生　三五、詩十六篇、祈禱、

哥羅西一章　九ー二十三節　の研究

△神のプレロマ＝充ち足れる＝飽滿せる德を主は持ち給う。

△神とキリストは同じ、復活の原因は是である。

△キリストは神の全部であり給うが故に、我等は全き信仰を奉り得る。

△コロサイの教會はキリストが全部ではなくなって他に哲學とか天使禮拜とかいうものを加うる樣になった。

△此信仰に基を定めて立たば　ということは非常に大事なことである。然らば神キリストの肉の身体を以て其死より爾曹をして己を和がせ、潔く玷なく咎なくして己の前に立たしむるというのである。

内村先生

報告　故横井時雄追悼演説會の事

（十四日午後二時青山會館に於て）

八八、

路加廿四章廿九ー三十五節

一、「アリマタヤのヨセフの墓は空虚にならなかったならば基督教は起らなかったに相違ない。

一、復活によってナザレのイエスは世界の主宰者となり給い、永久の現代人となり給うた。

一、一人の信者、殊に舊家に一人の娘か誰かが信仰を起したとする。迫害は忽ち四面より起る。其時如何にして其弱き一人は之を切り抜けるかと危ぶまれる。然るに信仰があれば遂に其苦難を潜ぎ通して勝利者となる。仕舞には其家又は其一族又は其郷里に於ける重要なる一人となりうるものである。斯の様な實例は澤山に知つて居る。之は復活せるキリストの現存し給うて其信者を守り導き給うからである。

八九、　祈禱。

午餐は七人であつた。塚本、畔上両先生は内村先生に就て多くを語るを聞いた。又互に所感を表白するを聞いた。木村徳藏氏其他の葬式のことを聞いた。興味多きものがあつた。一時半散会。余は獨り一時間程柏木、大久保邊を散歩して多くの人々と多くの植物とを觀て歸つた。

午後の集會　五六、祈禱、八九、

畔上先生

哥前十五章十二ー廿節　復活の記事。

△神もキリストの十字架も、其復活も悉く否定して見よ、其處に何等の希望が發るか。

内村先生

イザヤの聖召(三)　一七六、

六章

一、聖なるかな三唱の意味は三位の神を頌え正義と恵みと力とを稱す。

此一語に千萬無量完全の意味が包含して居る。

225.

一、萬軍のヱホバ　新羅萬象の神。
一、榮光全地に滿つ、二億の星、一杯の池水に生棲する微生物にもヱホバの榮光滿ち溢る。
一、學問の目的は宇宙の眞理を知らんが爲である。
一、天使等の讃美の聲の壯大、ヘンデルもヴェートーベンも其一端を探るに過ぎない。
一、大美術大音樂大文學大哲學大政治凡ての偉大な事は皆ヱホバ神より來る。

二八〇、祈禱。


三十分間に始末を了えて未だ日の没せざる間に歸宅す。

我が靈も肉も感謝に溢る。

四月十日（火）雨
午前九時十九分の電車で阿佐ヶ谷を發し柏木に向った。今日研究誌を發送する日である。

糊を煉った。丹羽彦兵衛君が余を訪問して喜んで歸ったということを聞いた。

祐之先生が札幌に歸らるゝのでお別れの禮を交した。先生と藤澤君とが上野まで見送らるゝので余は留守居を命ぜられた。

ゆきちゃんは明後日限り内村家を辭して内に歸るとて「長々お世話になりました」と更めて申して居った。余も同様に語って『ココデペンシ擱イテ　原田老姉ノ揉ミ療治ヲ受ケニ上荻ニ向ウタ多祈子ノ靈ト肉ノ健康ノタメニ祈ッタノ祈ラセラレタ。アアメン』好意を謝した。ゆきちゃんは十五の時來て四年間奉公したそうである。退くのは惜いであろう。代りの手傳は能登の穴水生れだそうである。

四時研究誌到着。恩師夫人以下の手傳を得て九時に全部濟んだ。細雨の中を靜かに歸宅した。

四月十二日（木）晴
此日千歳村に金澤常雄君を訪い更に蘆花夫人を見舞って歸った。

四月十五日（日）晴

午前の集會　四、詩七三、二四五。

塚本先生

苦難の精神（コロサイ一章二四節）

畔上先生

使徒行傳廿八章三〇節

紀元六十年二月より六十二年三月まで二年間

内村先生

感想

一、今年葬式に數回臨んだ

一、死ぬる時には財産も學識も名譽も事業も何の助けにも慰めにもならぬということを目撃した。悲惨極まる話だ。一同が死の準備に就て一段の注意を拂わねばならぬ。

一六八、祈禱。

午後の集會　司會　石原先生　三〇四、祈。二三六。

畔上先生

哥林多前書の補い

△パウロの生涯の戰は

一、希臘主義（現世）の感化

二、人間中心主義

三、ヘブル主義の墮落せるもの

之は歐米に入って彼等を害し、今は日本に傳って教會と全國とが其影響を受けつゝあり。

塚本先生　三四二

「イエスの大宣言」（ヨハネ八章十二節）

△度量衡の原基を證明することが出來ない樣に神とキリストとを證明することは出來ない。原基其物は凡てのものを證明するのである。

内村先生

感話

一、近代人の輕視するものにて宗教の如きはない。信者まで俗事の爲に直ちに信仰を犠牲にする。少し加減が悪い時には學校には行くが集會には欠席する。花見に行くから集會は休むという様なことが平氣でやって居る。之は全く反對で大なる間違である。

一、之は從順の生活ではない。

讃美、祈祷。

平安と希望とに満されて家路に急ぐ。

△佛教聖歌募集　（東京日日新聞紙上）四月十八日

歌詞四題

花祭の歌、三歸依の歌、朝の歌、夕の歌。

選者

渡邊海旭、小林一郎、下村壽一（文部省宗教局長）、

幸田露伴（文博）、高楠順次郎（文博）、

高野辰之（文博）、野口雨情、薄田泣菫。

此企ては喜び かつ稱讃で ほめたいと願ふ人。

入選者には五十円乃至三百円の賞金

（成功の望みなきを殘念である）

二荊生

△日本宗教大會（御大典記念）

六月五日から四日間　日本青年館に於て

（出席者　約一千名の豫定）

目的

神佛基の三宗派が互に連絡を取り宗教を通じて政治に、教育に社會問題に昭和新時代の精神的基礎を築くにあり。

「神佛は兎に角、基督教の信徒が彼等と宗教的に肩を並べて立つは神を瀆すものなることを知らぬであろうか。驚き呆れた話である。之に就て多くを語るを好まない。」

二荊生

四月二十二日（日）　冷雨

東京は冷雨、仁州信而北海道等は降雪とかいふ日であつた。講堂に居つても一日寒さを感じた。ジヤバから来た一姉妹の如きは見るも氣の毒な程冷氣を感じた様子であつた。

午前の集會　六、使徒二十章、祈、一七四、

塚本先生

哥羅西書一章廿五節の研究

△一章九節よりの祈禱の續き　そして此祈は二章の始までつゞく。

△パウロは論文を書かない。却つて支離滅裂ともいふべき然し脱線を屢々繰り返す所の文章を認むるけれど其所に大思想大眞理を書き現わして居るのである。

△今までの所を眺めて見ても

一、基督は萬物の救主

二、基督は教會の首

三、基督はプレロマ（父の德を以て滿ち足れる者）

四、信者の苦難は教會の建設を助ける（見えざる全世界に達る基督の教會）

基督なる神の此義を人類に知らしめん爲の傳道

「奥義」

なる語は聖書中廿八回用いられてある。舊約廿一新約に於ては七、其内四回は默示録。

奥義は普通秘密の意味で奥義書なぞいふ宗教は印度のウパニシャッドより來り或る修養ある資格ある特別の人（僧侶居士の類）にのみ判ることとなつて居る。然るに基督教に於ては凡ての人に判る奥義といふので一種の矛盾である。其内容性質から言へば確かに奥義であるけれど聖靈に因つて誰人にも判らせらるゝ點よりすれば秘密特別のことではない。

△其奥義は基督である基督は全部である之を聞かば普通の人々は特に知識階級の人と稱する者は淺薄なりとて一笑に附するのみならず新教の信者までが之を以て滿足感謝せず、何か物足らなく思い祭壇とか儀式とか階級とか制度とか信條とかいふものを數

え用い拜したくなる、是之に陥ったものは舊教である。

△此特別の人にのみ判る教という様な考を以て瀰漫せる現代に在っては我々も大いに警戒せんければならぬ。

△若し此教が特別の人に依って保たるゝものならば既に滅亡して仕舞ったのである。然し聖霊によって平凡人に賜わるものであるから基督教は生きて居るのである。

内村先生

何西阿書の研究(一) ホゼアの紹介

(二章十六七 六章六)

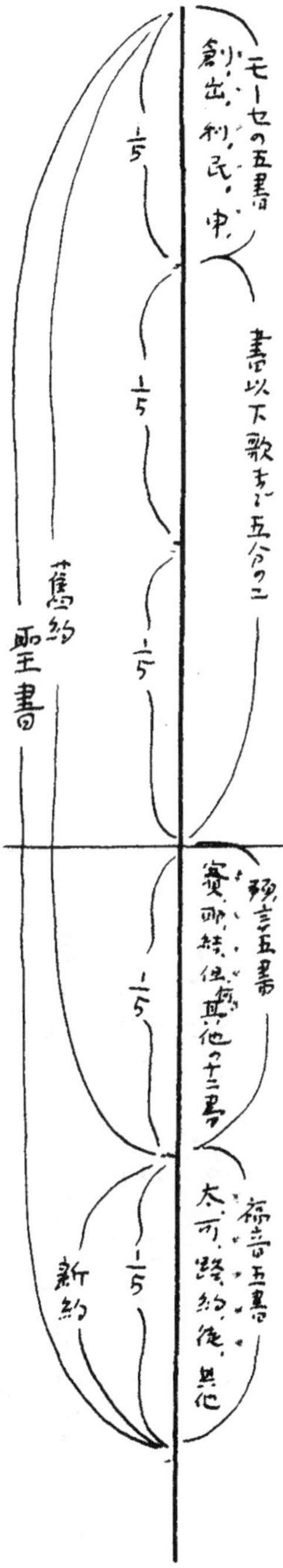

一、信者の滅多に讀まぬ此何西阿書を三回も四回も繰り返して讀んで欲しい。其中に幾つかの金の塊を拾うことが出来るに相違ない。

一、此書に示さる眞理を學ぶ時には、基督は此所から出て給うたではなかろうかと思わる、程尊い教が含蓄せられてある。

一、聖書を左の通り五分し更に其始と終と終りの前の豫言書を五分することが出来る。

一、豫言者に大小を附するは意味を為さない。

イザヤ、エレミヤ、エゼキエル、ダニエルの四人を大預言者といい、ホセア、ヨエル、アモス、オバデヤ、ヨナ、ミカ、ナホム、ハバクク、ゼパニヤ、ハガイ、ゼカリヤ、マラキの十二人を小預言者と呼びしは誰によって始ったか知らぬが、全く其預言書の分量を以て名づけたものであるらが其性質より見れば決して大小なぞと云うべきではない。現にホセア書の如きはイザヤ書の四分の一にも満たざるものなれど其内容に於てはイザヤの言わざる他の重要の真理を語って居るのである。

一、預言書は文書ではなくて預言集である。譬えばイザヤ書はイザヤ系統の多数の人々の言でイザヤは其主なる者であって預言集である。

一、歴史的に言えばホセヤはアモスより後なれど其分量が何かの加減で十二預言集の第一位に置かれたのである。

一、ホセアはイエスと同じく救いの意である。そしてイエスと共に北方ユダヤの産であって南ユダヤの沙漠系の人とは違い優しく静かである。

一、苦難に当る道に三つあり
一、敗北
二、諦むること
三、利用

一八一　祈祷。

中食はストーブの傍にて三人で摂った。野上先生は鍋焼うどん、鈴木兄と余とは親子丼であった。

午後の集會

畔上先生　五六、祈禱。

基督の復活

△基督の復活を否定する者は自分の復活をも否定するのである。實に一大事である。

内村先生

イザヤの聖召　二〇二、（四）　六章五ー八

一、神様と親しく問答した人は多くあれど直接に見た人は聖書に一人もない。イザヤも單に其衣裾を見たるのみであつた。見る必要はない。見てはならない。

一、見る必要のある時にはイエスとなつて人間の姿を以て見せられたのである。

一、本當の宗教は神様を見んとしない。

一、聲の教である。良心の聲に道理の聲を以て補う。

一、弱い時には聲にて滿足せずして形に行く。

一、眞の見神には罪の自覺が伴う。大膽に他の罪を數えーイザヤも一度神様の衣裾を見るや己が罪人なるを自覺して我れ死なんといつた。其時神様は火を以て彼を潔め新人となし給うた。其時新しき信念を以て

「我れ此處に在り我を遣わし給え」

と大任に當るの勇氣を表白した。

一、就職難はあれど當任難は常に無し。只之に當る人なきのみ。

二七五、　祈禱、
ギリシヤ語研究の新申込者に對して石原先生から報告があつて後一同散じ、余は何時もの如く講堂内を始末し鈴木兄は會費の方を計算し、六時近き頃雨を冒して歸途についた。

四月二十九日（日）晴
八時半柏木着、肋膜炎にて臥床せる新女中君を縁側から見舞つた。
講壇の花は久山兄の結婚式の時用いた白百合と薔薇の大花籠を其儘据えた。

午前の集會
畔上先生
保羅の晩年　の下
△斷定に非ざれど學者の研究の結果を紹介せん
△ローマの二年の入獄生活の後更に幾年か傳道したということは
一、ルカが使徒行傳を書く時に、前の書云々とて路加傳のことを引き來りたる點より更に第三の書を書く考であつたのが果さなかつたらしい。
二、ピリピ書二章四節によりてローマを去つて又行考
三、ピレモレ書にも參考すべき點あり。
四、イスパニヤに行かんとの言あり。
△此等を以て推測が成立する。
△牧會書翰（テモテ前後テトス）は晩年の傳道生活の模樣を記したもの。
△再びローマに入つたが　ネロの迫害後であるから尊ばれず信者にも棄てられ孤獨の中に最後を遂げた。此事は實に我々信者の考うべきことである。

内村先生
報告
一、淺草の日基の牧師の新たに譯せし契約聖書に

私が序文を書いたが其理由は、全く日本人の手で二十年も費して成ったもの、之は私が嘗て爲さんと思いて止め、集會と雜誌發行の方に其力を用うることになったが氏が此尊い業に從事して呉れた。未だ完全とは行かぬから主として一般に用いらるゝには至らぬであろうが大に參考になる。即ち聖書の註解を助くるのである。震災の時二十三の姪が自分の物は一つも持ち出さず叔父の此原稿と參考書類とを荷車に積み二人にて上野の山に避難し辛うじて助ったというが如きは珍らしい話の一つである。私は滿腔の同情を持つ、無教會の私は第一に之を助け氏も亦私達にたよって居るのである。諸君も亦及ぶならば一本を購うて援助を表わして頂きたい。

二四二、

イエスとホセア（ホセア二章 馬太六章）

一、ホセアとイエスを知るは基督教の性質を知るのである。深き意味がある。

祈禱、 四五四

散會後三先生相對して腰を掛け、說教講演の準備に就ての御考と實驗とを話さる。柏木の收入に就て世間の批評のありし話などせらる。

午後の集會

三九、祈禱、四五、

塚本先生

約翰傳八章 二一－三十節

。生命によらなければ聖書は判らない。

。「我れ行く」何という意味強く且つ深き御言葉なるよ、我れ行くは我れ死ぬなり、殺さるゝに非ず棄つるなり。

△神に屬する者と惡魔に屬するものと二様あるのみ。

△此世に於て最も清く厚きものは父の子に對する愛である。然るにこれさえ嚴密に攻査すれば決して高尚なものではない。矢張人間性に過ぎない即ち地のものである。

△神の子なることを證明された、然し二千年後の今日でも未だ信ぜざる人は澤山にある。

△けれども判然する日が來る、其時には最早遅くである。

一九一一(婦人)

内村先生

イザヤの聖召 (六章十九節)

一、預言を命ぜられた時苦んだ。

一、高崎に居る十三歳位の時、父親から老母に向って鑑三の申込なきことを眞摯に語るを聞いて不快であった憤慨であった、それから釣魚を斷然やめて眞剣に勉強に取懸った。棄てることは必要である。

一、今は全世界を通じて父なり君なり主人なり教師なり牧師なりが餘りに軟弱である淚脆くある感情的である。

一、眞理其儘を傳えよ。

一、絶對的服從があったから あの事業が出來たのであります。

一、蘇格蘭はジョンノックスの嚴格なる純福音によって今日まで國が治って居る。カーライルの英雄崇拜論に怖い人で佛國から來た女王に向い汝はイザベルだと言うた。

一、『神は愛なり』これは大眞理である。

二七二、祈禱。

235.

一九二八年（昭和三年）

五月六日（日）晴

七時三十分阿佐ヶ谷驛出發直ちに松本に向う。

恩師の眼病。　數日前朝起きられし時右眼の血管破れて朦れ居たれば脳溢血の前兆ではないかと末永博士を呼んで血壓を計って見るなど一同御心配であったとのことを聞き大いに驚き且つ深く御推察御同情申上げた。

今日は平常に近く御恢復遊ばされ忠を午前の御講演を非常の力と熱心とを以て無事に濟まされた。

先生講壇の前にて余を呼ばれ

一、サイトウ君　此棕櫚の鉢を横に卸し此所に何か花を生けよ

と言われ武藏屋君の手傳を得て、楓、木蓮、山吹、躑躅の枝を折り来り　恐る〳〵生けて立てた。御夫人は苧環を小さき花瓶に生けられた。閉會前先生見えられて

一、宜しい自然の葉というものはよいものだ

と云われた。余は大いに安心した。

午前の集會（三百五十人）　二七、詩篇二七、四七、

塚本先生

基督教の全宇宙的意義（コロサイ二ノ八）

（プレロマの問題）

△基督教は他の宗教と同様に政治、經濟、哲學、文學、道徳、藝術など肩を並べべきものであるか、將又之を包含せるものであるかは大問題である。

一、宗教、ユダヤ教も基督教によりて完成。

佛教も窮極の點に至りて惑ふ。基督教に進む準備たるに過ぎぬ（此間大藏經によき一頁を發見したとて朗讀せらる）

二、道徳、法律、自分と他人との關係に於て他人を自分の子の如く愛し得るに至って目的を達し得、

十字架のイエスによるの外なし

人は如何に努力、奮發、修養しても愛は出來ない。

人に生存慾ある以上は他愛は實現し得ない

イエスに依って死ぬること、此世に死んで永遠の生命に生きる時は生存慾を殺し得、要はキリストに生くることである。

此尊い實驗ある者には取っては道徳、法律、經濟の必要なし。此の様の人が一人でも二人でも五人、十人、百人千人でも出て來れば、それ丈國に世界もよくなるのである。私共は閑暇しい様なことなれば此事の為に傳道をして居るのである。

三、哲学、　ソクラテス、プラトーを研究して居るが、どうしイエスの先驅者として現われたるは過ぎない。十字架は凡ての智慧の土臺である。

四、藝術　　藝術は藝術の為の藝術であるとて音樂なり美術なり中々宗教に頭を下げない、然し藝術の歴史を見るに常に宗教にくっついて來て居る。良き宗教の盛んな時は進んだ藝術は起って居る。そして最高の藝術は美術に於ても音樂に於ても神を讃美するという點に最高調を据えて居る。
バッハは説教と音樂とを一緒にしたものだと考えた。
人間は最大の美、幼児の寝顔の美、神を讃美する人間、ヨブの像、嚴格なるイエス・キリストの十字架、眞善美は之に盡く。
其他凡ては基督教に包含せらる。我田引水の評を下すかも知れぬが之は眞理である。萬事の絶頂はイエス・キリスト。

二一二（婦人）

内村先生

家庭の不幸　　（ホセア一章）

一、耳新しき字句にて妙に感心ずる、然し其意味は尊い
汝行きて淫行の婦人を娶れよと強いらる。

生れし子には無慈悲な名を命ぜらる、殊に始めて讀む人には聖書的ならずとて驚くであろう。

一、其大意は預言者、信者には必ず聖召がある、そして其方法は人によつて異る。人は神の事業を為し得ず、聖靈によつて生れ變らねばならぬ。モーセ、イザヤ、エレミヤ、パウロ何れも其聖召は著しき事實として現われて居る。

一、ホセアにもそれがあった、奇体な形に於てあつた。バートソン・スミスは之は決して比喩ではない事實の成行を記したものであると論じた。

一、ヤリソコナイと思うた場合である、アッタ事は皆神の御心であるというはユダヤ人の思想であった。

一、結婚の遣り損いは家庭の不幸のみならず生涯の失敗である。

一、妻は悪き淫婦であった、然し神はホセアと偕に在し給うた。

一、此不幸の境遇を持たんでは我（神）に來らないという場合には忍んで之を與え給う、聖靈によつて此不幸患難の意味が判れば社會道徳の紊亂の一兆候として自分の身の上の有様を感じ何とかして此不幸を除いてやりたいという他愛の心を起す。

故に不幸は彼を愛國者とした。

一、妻が夫に反く心は軈て民の神に反く心である。神と民との關係は即ち夫婦の關係である、親子は地の關係、血の關係切り離すことが出來ないが、夫婦は愛の關係故愛が消えれば關係は絶える。

一、背教は奸淫である、最大の奸淫である。

一、ホセアの不幸の境遇は神の豫め定め置き給いしことである。

〔余は此等の記事を浄書するに當り内村恩師の五十年時代の家庭事情を嘆ぜられし聲を思い出し、又余が親しく嘗めたる悲惨なる家庭の境遇を思い浮べてアブラハムの神ホセアの神然りイエス・キリストの御父なる神の愛が奇しき事實となって現われ余を十字架に導きて天國に達する爲の攝理の公道であったことを知って感謝感激無量である。後の日に誰か此文をよむ人あらば再び深く此事を考えて自らを益し榮光を神に歸するであろう。一九五三年六月十九日午后三時半初夏の緑葉の蔭にてフロックスやダリヤの美しき花を眺めつゝ記す　一荊路人〕

一、サボナローラの社會改革の發心は失戀に始まる。

一、ジョン・ブライトが若き女に死なれて悲嘆の涙に暮れ居る時、友人來り慰むるに、友よ嘆きが治った時、今や英國には何萬人という饑餓に瀕して居る同胞のあることを思い給えと言わるるや自らの小さき事柄の事をば忘れて同胞を救わんとする決心を懐き防穀令の爲に心身を砕きし大政治家となった。

二三三、祈禱。

中食は六人であった、塚本、畔上兩先生の話さるゝを余は石原、鈴木、田村の諸兄と共に興深く聞き入った。

△サイトウサン一つ中央に出て獅子吼しませんかと塚本先生言わる。

△下手な人の眞面目に話すのは却てよいものだと畔上先生言う。

△金澤君の「信望愛」が出た、江原君のと同じ様なものだ、

△サイトウサン先生（内村）の五十年記念會を（祝賀會）ギリシヤ語會と洗足會とで開きませんか、同時に講演會も開きたいものだ一つ講演をしませんか、先は兩先生のお許しを

得なければならぬから伺って見ましょう。
先生は随分気のきかぬ奴等だと思って居らせらるゝだろうな。六月の始めはよかろう。

午後の集会　石原先生司会　三四、祈祷、
塚本先生
眞理と自由　（ヨハネ八章三十二節以下）

△一種異彩ある驚くべき場面である。
△イエスは彼を信ずるユダヤ人に向って
汝等は奴隷だ
汝等はアブラハムの裔でもない
神の子ではない
悪魔の子だ
と言われたのである。
如何にかして躓かせんとし給うイエスの此言葉
愛なる神の此態度實に深遠にして測り難きものがある。
△眞理は汝等に自由を得さすべし

眞理とは何か　自由とは何か
衣食住、言論の自由は社会上の自由、之は大したものではない。此種の自由を與えても人は満足するものでない。更に自由を慾求して歇まぬものである。即ち罪を犯さないという精神上道徳上の自由を望むのである。
△「眞理は自由にする」とは一寸ぼんやりした様であるが實に簡單明瞭である。パウロ、ヨハネ等の味いし眞理である。
△福音は眞理でありキリストは眞理である。説明がつかないが我等は各々實驗によって之を知るのである。
七五、

畔上先生
死を滅すまで　（哥前十五章）
△ベーコンは征服を唱えて人類は一切を征服するを理想とするというたが死を征服することは出来ない。今や人類は細菌に苦しめられつゝある。只一つの活路は復

活せるキリストを信ずるにあるのみ。

△然るに今や我等が柏木の一團は淺薄皮相なる新教教會と形骸儀式に墮したカソリックとの中間に在って何の方面からも容れられない誠に窮屈を通りつつあるのである。けれども之はイエスの教え給いし教、パウロの歩んだ道である。此眞理此恩恵にあって飽くまで戰いつつ前進を續けなければならぬ。

祈禱、八九、默禱。

散會となってから先生は靜かに顔を出され（先生眼病）

一、首尾克く濟んだネ

と申された。

草苺の今後の手入について御奥様に注意を申して居った所が、先生は庭先にて余を顧み

一、時々來て始末して呉れ、もと時間を割いて呉れよ

と申された。

【今は今此の事業を思いめぐらし不思議の感を難きの事】

五月十日（木）曇

○信仰！人類世界に於てこんな大きいものはない。無が無限の有に到りて不朽の力を現出するではないか。輕卒に用うべき言葉ではない。

○信仰に居る時は人物、事業、天然の大と思いしものが皆低くなって只神の子イエスの十字架上の死と其復活のみ高く峯るに至る。

○今日は研究誌の發刊する日、責任の重さを感じて朝來幾度も祈って七時半家を出た。西陣の襯衣、飛白の袷にネルの羽織、繻子の足袋、駒下駄の出立であった。電車内にてコリント前後の冒頭言を比較して讀んだ。

○靜寂なる恩師邸の門を入り女中さんに向って御一家のお變りなきかを訊ねた。先生の御眼も益々平癒に向わせらるると聞いて安心し感謝した。研究誌未着、預言寺の臺所で糊を煉り六疊間にて振替用紙を折る。

九時思い立って牛込加賀町なる本多英含氏に向う電車

241.

中にて森林多後書一章以下を謹讀。親切なる女事務員に根本氏を工場内に探して貰い面會した。向後製本の日時を豫報して貰う方法を相談して別れた。雜誌は既に運搬の途にあるを聞き急ぎて歸り柏木の女數寄多にて二椀の蕎麥を食し十一時近き頃研究社に歸った

畔上先生は和服姿にて門前より遙かに余の姿を認めて後東縁に腰を掛けて休んで居られた。余が研究誌の到着時に就て語るや、中食を濟ませて妻を遣さんとて歸宅せられた。

特筆すべき此日

午前九時内村先生は使を遣わして畔上先生を招かれ

一、「今後は柏木の講壇を休んで宜しい」

と申された由(睦子夫人より告げらる)

(註)△昨年來畔上先生は集會を與えられた。獨立して自由に活動し得る立場に置かるゝは急務の時期。

△柏木の講演は三人にては多過ぎる時間を制限せらるゝは宜しからず。

△四回の講演では多過ぎる會員は講演中毒の患あり。餘り講演を聴く時は絶對の中心眞理をレベルを引き下げて考うるに至るは恐るべきことである。

△先生永眠後二先生(塚本、畔上)を對立のまゝに置くは惡魔の狙い的となり不本意なる醜体を演出する禍根を根絶し置くは先生の責任であり愛の所爲英斷である。

△中年の塚本先生をして獨立の地歩を熟らしめ思う存分傳道に盡瘁せしむる必要あり。

△午前も午後も主なる講演を一人でなし講演者をして充分力を注がしめ會員をして時間短縮の爲め種々の點に益を與うるは可なること

以上は余眼中の見る所であるが參考までに記し置く。

此際思い出すことは
恩師は突然余を母屋に呼ばれ食堂と
台所の間の廊下に立って
一、君研究誌を読んで畔上君の文に変
った所のあるに気が付かぬか、今度のも
余程直したが まだ本当でない。何う
も違って居る
と申されたことである。これは決して小事ではない。
十一時四十分余が八畳間にて研究誌に振替用紙を
挿入しつゝある時内村先生椽側の硝子障子を開い
て申さるゝには
一、今度の日曜日の午前の講演の時には畔上先
生の讃美歌聖書朗読の次に祈祷をな
し更にジャバよりの石河光哉君の手紙を
読んで呉れ。何か感想をと思うたけれど
石河君の手紙であるから十五分位を費
して之を読んで貰う方がよいと思うか
ら斯の様に決めた。
余は斯く変更されしを喜んだ。
午後五時頃畔上夫人睦子姉が内村先生に呼ばれ
て畔上先生に言われし事柄に附帯して何事
か申された由にて涙を流して帰り来り、労働場
にて待ち居りし山桝夫人と余に語られた。
「斯くなるものとは昨年頃から豫感があったが
突然かく申され見れば遺憾な様な淋しい感
じがします、此感には暫時にして晴れましょう。之
れ御旨と信じます先生が畔上を案じて此の様に
取計らって下さったことでしょう」
それから山桝夫人と小声にて色々話合って居った。
余は六時先生から石河光の手紙を渡され椽側に
坐して読んで見た誠に有益な手紙であった。
直ちに晩餐の席につき先生の感謝にて箸を執った。

（お話は恩師言第二にあり）

五月十三日（日）晴

七時四十五分阿佐ヶ谷發、電車中にて目を閉じて祈り且つ考へつゝ十分間を送った八時着、

先生には講堂内にて三百二十人を容るゝに足るの準備の有様を檢して居られた。そして着席に就ての注意と講壇上の花に就て申された。

午前の集會　三五、詩八十四篇、一一五、祈（余）

齋藤二荊　書簡朗讀（ジャバ島スラバヤより石河光哉兄が内村先生に送り來りし）

（畔上先生司會）

審判と救拯　（ホセア書一章七節 十一章 十四章 十三章）

内村先生

一、ホセヤ書の初の三章は十四章全体の縮圖、而して三章の内一章は縮圖、聖書を學ぶ時は、其大精神を早く握らなくてはならぬ。研究研究とて書齋に閉じ籠って字句の穿鑿をして居っては遂に迷路に陷って救うべからざるに至る恐れがある。

一、聖書は萬民の為に造られし本であるから我等平信徒なるものは肝心なる眞理を摑んで之を信じ之を守り行うべきである。

一、預言には三綱領あり

一、審判、

二、悔改、

三、救拯、

山上の垂訓の如きも此数を要點として居る。

一、ホセアは審判より直ちに救拯を説いてある。

されは彼の性質の然らしむる所である。

一、生れし三人の子の名は審判である。然るに二章に行って名けし所は全く反對である。

一、病氣も衛生上より考ふれども更に御旨を探れば信仰上の益を得るに至るのである。病氣の苦痛を受けし後には必ず喜びが來る。故に最大最後の苦痛たる死の後には必ず最大の恩恵が臨むに相違がない。

一、罪を犯したる時には必ず罰せらる、實に有りがたいことである。

一、人生は平凡なるが故に深遠なる意味を有るものである。

一七四。 祈禱、先生の祈は涙を以てせられた。「晩年となった、どうぞ餘生をキリストの爲に忠實に盡して終らしめ給え」というのであった。我等も泣かんばかりであった。

十一時半閉會

中食は塚本野上石原鈴木會員五人であった。兩先生が盛んに内村先生を論評するを側にて聞いた。皮相的の觀察も交って居る樣に余は思われた。

午後の集會　八五、祈、二四五、

塚本先生

眞の自由

（ヨハネ傳八章三十一節研究　コロサイ書二章）

△自由は眞理によりて、基督の言葉に居るものは自由。

△基督なる葡萄の樹に完全に枝として連ること。

△自由は罪を犯さないこと（全く罪を犯さないというではない）

△斯くて得る自由は何か、罪の奴隷たることを脱することが出來るか。

△羅馬六章十五節以下．授けられし所の教の範に
心から従う。
肢體をささげ義の僕となること
聖潔に至る基督の奴隷となること
△罪の束縛．羈絆を脱す。罪を敵とする．罪を憎
む．　コロサイ二章十四・十五
△道徳無用論である（危険思想である）
△キリストは道徳完成である。此瀬戸を越えなければ本当の信仰は来らない。
△直接に神に至るは恐れ多いことである．法王．親父．監督を通して神に悔改め神を拝すというが如き偽謙遜は何事ぞ．
△至聖所より幕はキリストによって裂けたのである。我等キリストを信ずる者は大膽に神の聖聖所に入ることが出来る。自由を與えられたものである。

三・四（婦人）

内村先生

ノーア・ウエブストル百年記念（辭書出版の）

一、初版二千部．三十五歳にて出版を思い立ち七十歳にて初版を發行す．

三大理由の下に出す．序文は振って居る

一、性来の道徳家であったが五十歳の時悔改めて真の信仰に入る。

一、青年男女諸君よ．基督の恩恵に感激して偉大なる事業に身を献げよ．

一、多くの聖書知識を與えられ密かに信仰を懐いて獨自ら満足するが如き有様では信仰も疑わしいことである。斯の如くんば私の心血を絞るの仕事も空しきことである廢するに如かずである。

祈禱、　二五一、　四時五十分閉會

塚本先生と共に會場の始末をなし六時歸宅。

五月十七日（木）曇

午後六時半柏木に着いて見れば男女二三人ありて出席して居った。女子學院の高橋鶴江先生と共に苺畑の側に立って苺の話と女子學院の庭の花のことを語った。

傳道研究會

內村先生塚本先生並に會員七十餘名出席

午後七時十分開會　二五一、「一日一生」本日欄朗讀

內村先生の祈禱。

內村先生

一、信者は凡て傳道の責任と特權とを有す。

一、傳道せずには居られない筈である。

一、傳道なきは信仰なき證據である。

一、諸君は大体に於て傳道して居ることを知って居る。

一、私は研究に說敎に演說に雜誌に手紙に可なり大なるものを日本に遺した。

一、然しお互まだまだ不足である。私は第一番に奮わねばならぬ。

一、宣敎師は私に向って雜誌や本は書くが傳道しないとて責める。誠に違った觀察をして居る。

一、世界傳道協贊會としては支那とアフリカのミツシヨン（昨年五百圓送金）の二個所と、外に時々各地を助くる位のもので數うるに足る程のことではない。要求して

居る區域は甚だ廣い。
一、差當り考へられたきことは。聖書研究として青年の集って居ることの多きは此處は一番だと思ふ。然し其活動は一向擧らない。若し諸君が熱心を以て立たば大なる仕事をすることは出來る。
一、主の爲に決心して立つ者あらば費用の如きは必ず出す人があるのである。
一、世の中の必要から言へば今日ほど要求の切なることはない。實に五十年前とは大差がある。其當時秋田とか甲州とか所を探して不便の地に傳道したことを思わざるを得ない。
一、要求と共に之に應ずる途がある、君等が私の生存して居る今の機會に働かないならば、後日後悔する時が來るであらう。
○宇都宮は過去八年間畔上君が傳道した所なれど昨年の今頃から中止してある。棄てることは惜い。二三人組んで此畑に働くことは必要である。
○桐生にも同志は居る。
○北海道は遠過ぎた言分かも知れぬが私の領分といっても宜しい。函館より根室北見の端に至るまで大抵の所に二三の同志の居らぬ所はない。學生の彼地に留って夏期の傳道を試みらるゝも妙である。傳道地としては日本に於ては無類の地であると思ふ。
○九州では日向、大分、長崎等もある。
一、六月二日は私の信仰生活の五十年に相當する、私は勿論奮つて第一に立たねばならぬが此處に一つ諸君と共に組織立つたる傳道を始めることにある。

一、世界傳道協賛會の外に内地傳道を開始するに當り

傳道部長として　藤本武平二博士

會計主任として　久山寅一郎君

調査係　内村静子

書記として　石原兵永君　鈴木俊郎君　齋藤宗次郎君

正

それから會は只の所感に移り

藤本武平二君、望月二良君、久山寅一郎、齋藤（傳道の實驗と各々十分を限つて演説とする

次に覺悟の必要）

數名の祈禱を以て祝福され會今は畢り讃美歌で

先生の感謝の祈禱を以て閉會、

傳道獻金六拾五円〇七錢也

會場を始末して歸らんとするに臨み、邸内を逍遙して居らるゝ先生に草莓の害蟲として蟻の生活状態に就き語つた所が大なる興味を以て聽取せられた。

一、プロテスタントの精神を忘れず、葬式でも結婚でもお互平信徒の手を以てすることが必要。

一、教會を傳道して彼等を助けること。

一、傳道に技術を要すること、即ち萬人萬様の靈肉の状態に對して其方法を過らぬ様にすること、譬へば重病者に向つての握手又は祈の効果多きが如し。

五月二十日（日）晴

八時柏木に到着。祈禱後直ちに上衣を脱ぎ會場の整理に勉め、庭木を集めて大小二個の花瓶を造つて講壇を飾つた。

午前の集會

内村先生着席。

一、今夏の午前は私は主任、午后は塚本先生主任、夏期二ヶ月半は畔上先生に當つて貰ふこと、決定。

畔上先生司會　一七、詩百三篇朗讀

伊藤一隆老兄　感話。

最近六十六歳にて八ヶ年間病床にあり永眠せし令弟中村某氏の一死の狀態で氏の信仰生活を述べられた。祈禱。

内村先生

一、神の御心を探るは自分の實驗を以てするは有益のことである。凡ての實驗は神様を知る爲に與へらる。聖靈の御助けにより日日の實驗より聖旨を探るは我等の必要なることである。

内村先生

人の愛と神の愛　（ホセア二三章 同十一章十七—十九節）

一、ホセアは自分の家庭に於ける辛き經驗によつて悟りし所の眞理を預言としてユダヤ國民に警告を發したのである。

一、此章には戀愛文學の粋とも稱すべき記事を掲げてあるが是れ實に神と人との關係を知らしむるものである。

一、神は人間より大、愛は大なるもの「私」を以て神を見てはならぬ。人は自分の見解を以て神の性質を限定し去るのである。

一、人間の心人間の目を以てしては到底愛することの出来ない人でも若し神様から愛を頂く時には凡て此等の人々を愛することが出来るのである。

祈禱、五五。　献金二五、五五

中食は塚本先生、石原兄兄弟、余の四人であった。但しここで塚本先生の談話は深きれの穿てるれの病状なるものであった。小池兄に就ての同情は我等に於て一致せるものであった。一時半塚本先生は預言者に石原兄は帰宅、鈴木兄は会場の一隅に於てギリシヤ語の研究、余は応接間の椅子に身を横えて休憩した。

二時半目覚むれば会員は数名着席して居った。

午後の集会

塚本先生

アブラハムの子 上　(ヨハネ伝八章三四ー四三節)

一六六、祈禱、二五八、

△此数句は面倒な所。

△一見何でもない所の様なれど実は大切な所である。

△アブラハムは神の友と呼ばる、所の信仰の人。

△世には克く先生先生といえど実は弟子たるの資格を有せざるが故に先生と呼ぶことが出来ない者が多い。

△イスラエル人はアブラハムの裔なれど子ではない彼等はアブラハムの為さざる所のことをなす。

△我等の生涯に就て考へて見る其預言の真味を解することが出来る。

△カソリックを攻撃せんでもよいではないかという人あれど、生命の教、天の命、新生の実験を受けたる者は、

彼等の醜き多年の歴史を見て黙することが出来ない。

△基督が地上に建てんとし給いし眞の教會をペテロを以て直傳しロマ法王代々之を繼承して今日に至ったと言えどあの血腥き汚濁の歴史を遺せしは何であるか、一五七二年七月廿四日巴里に於けるセントバーソロミュー祭夜の虐殺は何事ぞ、シャール九世なる若き狂王とカルリン大后とが如何に政治的人力争の結果であるとはいえ十萬の信徒を殺したる罪は何を以ても償うことが出来ない。適が英のエリサベツ女王は佛國の使節を迎ふるに喪服を纏うて其非道の反省を促したが羅馬の法王廳に於ては大に喜んで金品を與え神の祝福あらんと嘆美し其夜提灯行列を行ったというに至っては益し神に對する反逆の意を明かにするものである。世界歴史の中に於て最大の醜悪事たるを免れ得ない。

チンデルの焼殺されしは聖書を翻譯して彼の鍬を手にする農民に法王にも優る聖書の知識を與えんと言いしに依る。

△ルーテルは人の救わるゝは只信仰に由るものであって、神と信者との間には何人も立ってはならぬという聖書の教を信じて改革事業に當ったのであるが(カルビンも然り)其プロテスタントの信者と稱する人々は果して信仰にのみよって立って居るか。

荒木様宅(六番町)先生の説話に耳を傾けて謹聴す。

△柏木の信者も亦同様に反省を要す。二十年も膝下に教を聽いても必ずしも判ったとは言われない。内村先生と一緒に食事をしたとか旅行をしたとかいって肉的に重きを置くことは不可である。聖靈によって先生と同

に信仰を與えらる、人のみは眞の柏木の信者である。
アブラ公の子、ペテロの子、ルーテル、カルビンの子内村鑑三の子即ち主によつて神を直接に絶對に信ずるものでなくてはならぬ。
△神は公平に仕し給う、信仰は肉の關係ではない、夫れ故内村先生の事業の眞精神を解し之を傳え之を現わす者は必ず柏木の兄弟であると思うたら違う。或る偏陬の地に在つて先生に僅か一回逢うたのみとか著書雜誌のみにて學んだという無名の兄弟が此任に當るかも知れない。
△内村先生に來た信仰は何處から來たか判らない、實に不思議である遺傳でも學修でも教育（クラーク、シーリー）でもない。
キリストの自由と愛とは全く彼の特別の賜物である。

三四二（婦人のみ）
内村先生、四時に見えられて講壇に立たれた。
報告
一、バプテスマの件　六月二日
二、加藤つね子のフランス刺繍の件
三、午前は内村午後は塚本が主として受持ち、昨年は夏期中の事
四、ドクトルこつイツエルに昨日五十ポンド（五百二十三円）送金せしこと。
五、外國傳道、内地傳道の爲に喜んで獻金すべき事。

内村先生 信仰の歴史

私の手に渡りし最初の聖書

一、若し私が青年時代にバイブルを持たなかつたならば如何。
ライフの中の一番善い物を貰ふことが出來ず、隨つて天國の事も知らず傳道もせず、著書もなし、雜誌もなし、柏木の集會もなし晩年に於ける此滿腔の喜びも無いのである。

長い間役人生活を送つて今頃は既に月に一回日本銀行にでも行つて恩給を受取つて來るのが唯一の仕事で、僅かに淋しい餘生を送つて居るに相違ない想像するだに苦しいことである。
一、田中首相に永生の事を水野文相に天國の事を講演せしめたら何を語るであらう。（會衆哄笑）
一、私と彼等と何れが幸福であるかを世界歴史上の十大偉人ミルトン、コロムウエル、ワシントン、ダンテ等をして判斷せしめば軍配は私の方に擧るに相違ない。
一、此書が無かつたならば歴史は判らず凡ての知識、自然科學さへも眞の興味を以て學ぶことが出來ず、誠に生きても生き甲斐のない生涯である。
一、此一冊の書を私が受けたが爲に色々の事信仰、思想、人物が起つた、本當に日本國に取つても大事件であつた。
一、五十二年前維新の當時日本の開展は教育にありとの先見を懷きたる北海道開拓使長官黒田清隆は、彼の救助せる榎本武陽より此考を得たのであろう。芝山内の教育も失敗、札幌も失敗、これは教師の不足ではなく學問の不足でなく全く道徳堅固の教師なきに基因するを悟り、米國在住の大使に良教師を頼んでやった所がウヰリアム・エス・クラーク氏（マサチューセット學校長）に決した。氏は明治九年二人の青年を伴い二十三日を要して太平洋を渡り来朝した。（軍人で教育家で鑛物學者で植物學者であった）横濱に上陸否や米國聖書會社に至り社員の冷笑を仰け英語聖書（當時和譯未完成）五十部を求め直ちに荷造し間もなく品川沖より七百噸の玄武丸にて黒田長官と共に札幌なる任地に赴く時携帯した。（二人の問答は畧す）（函館にては學生の遊興を氣遣い一人に巡査二人ずつを附添わしめた）開校の前夜漸く長官は折れて小聲に「バイブルは内證にて教える様に」と答えたとのことであった。

△開校式當時のクラーク校長の祝辭は實に熱烈燃える様なものであったと、いえど惜いかな其原稿は今に傳わらない。

△バイブルは直ちに二十餘人の一期生の學生に渡され直ちに教授せられ私は翌十年同級生と共にバイブルを與えられた。

一冊の聖書を手にするまでには此戦いがあつた。
△、私は之をアメリカに忘れて来た。今も二三冊遺つてあるが一冊は札幌の圖書館に納めてある。
△、私共が一冊の聖書を與うる時には此苦戦は伴うであろう。
△、クラーク氏が死ぬる時、臨終に於て、我を慰むるものは戦争でも土木でも學校でもない。日本に於ける青年に對しての八ヶ月間の聖書教育であると語つたと枕邊を訪いし牧師デッキンソンが私に告げて呉れた。其頃には日本人は私一人であつた。私は之を日本に持ち歸つて報告することが出来た。

一、事實の福音である。此講壇から説く教の聖書の由来である。
祈禱、一四四、
會衆一同歸つて後先生は大満足の面持にて
一、斯の様な話も有益である
と塚本先生と話し合はるゝを聞いた。
五時半歸途につく。

洗足會例會（参考までに記す）
（大正十二年十二月初め神學協議會本所院に開く）
五月廿四日（木）九段富士見町高山師宅にて午后六時半開會、出席者十三名、晩餐は支那料理
1. 高山師（司会者）二八七、イザヤ三十章
絶對信頼に就て
2. 望月諒吉、生けるキリスト、教會に生命なし。
3. 名古屋書店大多の針宮之訪問つこと、多くの事を經驗
昆蟲と信仰、天然界の現象より學ぶ所多し。

4. 果、聖霊の大洪水の観ありき(傳道会)
全く信じない。
5. 久山寅一郎、傳道会の時より、洗足会働
6. 青木庄藏、大正五年を以て商売を中止、傳道半分、禁酒運動半分という活動をやって来たが今や禁酒のことは他人に委ねて専ら傳道に当りたい。
7. 寶田一藏、洗足会のグループ責任多し、祈る。
8. 秋元梅吉、彼にあらず生命。
9. 蒲池信、主が使徒等を傳道に遣わし給いし御精神。
10. 伊藤祐七、祈禱
11. 齋藤宗次郎、余の手に入りし最初の聖書(仙台病院にて)に就ての神の攝理 感謝。
12. 藤本武平二、傳道の準備、福音のみを持ち祈りて時を待ち遠近を問わず向うべし。
13. 渡邊五六、今月の研究誌に先生が日本は五十年後には経済的に亡びると申されたが意味深し。

平信徒の傳道 打算的にあらず十字架により生命による。
○閉会感謝の祈禱。了。(司会者の指名による)　一八一頁
内村先生傳道五十年祝賀会の会場、会費の件相談。高山兄に一任。十時散会
(会の模様を内村先生に報告する事を忘れた)

五月二十七日(日)
美わしき朝であった。朝露の中で苺を採り草花を折り之を揃えて柏木に向った。八時大花瓶を作り講堂を整理した。
午前の集会　二一、詩百十五篇、祈禱、八二、
塚本先生。
或る若き婦人より送られし手紙を朗読せられた。カソリックに向ったが安きを得ず、遂に研究誌

を讀み．殊に五月號教權か聖書かを讀んで非常なる力と慰めとを得た實驗を記しなる書簡であつた．

讀み了えて後所感を述べられた。

△マルチノに就て面白い話（言葉）がある

パウロを解した者は只一人ある然も其マルチノはパウロを誤解した

と。眞に大眞理を懷く偉大の人物を知るは至難のことである．

△初代教會必ずしも潔からず福音はイエスの手を離るゝと同時に墮落した。

内村先生起つて塚本先生の所感に附言せられた．

一．三十年前にはプロテスタント信者が天主教に行くなどは思いも寄らぬことであつたが、今は時代は違い何の苦もなく其隔てる廣き境を越えて平然としてカソリックの門に走拜することとなつた。

一、米國に二十萬の教會があるが、昨年中に一人の新信者も起らなかつた教會は六萬あつたということだ。

一、米國の今日の狀態は二つの傾向のみである。一は現代主義で一はカソリック教である．

一、日本に於ても教會の有樣は、墮落する者と、其處に滿足せずして去る者との二つである。

一、我等は傳來の佛教を棄て、祖先教を棄て、父母と闘い、兄弟と闘い、親戚友人と闘い、國民と戰つてまでも之を維持し來つたということは實に容易のことではない。それを棄ててカソリックに行くとは何事であるか、此事は重大事であるに拘らず日本の新教の教師にして眞に之を憂い之を憤慨するものゝなきは呆れたことである。

「只一人私に同意を表して來たのは赤司先生のみであった。

一、私の教を聞くと嚴父に接する様であり、本願寺の阿彌陀教を聞くと慈母の親しみがあるとて佛教に満足して居る人があるというは本當に私の福音を解しないからである。

二ソ二、

内村先生

『神に倣うべし』 (ホセア三章 エペソ五章一二節)

一、愛を以て神に至れば幾倍の新たなる愛を懷いて歸る之はホセアの實驗であった。

一、預言者は悉く神の預言の文を語るのではない。預言者自身の言葉も交って居るのである。

一、背ける人を愛するという神様の愛を思えば希望は起る。

一、人は人を標準とせずして神を標準として神に效うべきである。

一、キリストに顯われたる神の愛に效うこと。

一、愛するから愛するのである。

一、神の懲制は愛する爲のことである。

祈禱。 二八一、

報告 畔上先生

○六月二日は内村先生受洗の五十年記念日

○六月五日(火)午后六時

上野精養軒に於て内村先生傳道五十年祝賀會

會費八金五円 老幼男女の別なく

申込は本日又は通信、又は次の日曜日。

午後の集會

畔上先生（塚本先生横濱の集會に向はれし爲代講）

哥林多前書十五章二十七、二十八節．

パウロの萬物復興の歌である．

壯大深遠なる眞理である．

○本當に救いの恩恵に浴したる者は永遠を思ふ

○進化論に動かさる、様な事では基礎なき證據．

・ホイットマンの「誕生」の詩 星の世界の詩を誦せる。

内村先生

『五十年前に於けるニューイングランドのピューリタン主義』

一、我々に教を傳えて呉れし人はニューイングランドの出より来た．勿論ピューリタン主義の感化を受けし人々であった。

一、ピューリタンによって世界は一變したのである．瑞西、和蘭、スコットランドに就いてアメリカに渡った．自由と立憲政治とは此賜物である。

一、明治の初年に日本に渡ったがアチラコチラに種は播かれ札幌なる青年の上にも其力を持つこととなった。

一、一方より見れば餘りに嚴格であるが決して嚴格一天張ではない

一、我等は受洗と共に決心した

(一)芝居に行かぬこと

今までに二回観た．米國にて聖公會の某ドクトルと行ってツンボ棧敷の一隅に二十五分居って見た。三十歳位の女は出た．馬車が出た．女は泣くという所を記憶して居る．

東京で一回．少年時代には好きであったが第二の天性となって之を見るに忍びない．霊を殺す遊びである。

・(二)禁酒禁煙

理論としては立たねど、我等は之を罪悪と見たのである。

一、信仰的五十年間には随分色々の戦があった。習慣と戦い上役人と戦い父と戦い親戚と戦った。

一、農商務省水産課奉職月俸三拾圓。禁酒に就てはキングであった。課長は物の判った人で内村君には酒の代りにブランデーという滑稽旨、煙管、酒器皆を禁つ、西洋で通した。

(四)安息日を守ること

一、二十四時間祈禱、聖書、讃美の外は何本も読まない。月曜日から六ヶ敷試験があっても日曜日には三回程集って信仰のことだけであったから段々耐えられない連中が出来て来て二十人のうち色々のことの為に半分は減って仕舞った。日曜日に勉強が出来ないということとは学生に取っては苦戦苦闘であった。大いに思い遣るべしである。

一、土曜日は十時以後は頭を毛布に入れてランプで勉強し、月曜日には二時が鳴れば直ぐ勉強を始めるという調子であった。私は試験前一週間に於て準備を済したので。

一、大賀一郎博士之を七回聞いたといって居った。

一、試験前の安息日には集会に学生の出席が減るということは意気地の無い話である。

一、信者になった者は七人であった。そうして在学中八度の大試験の後愈々卒業の時には其成績は

一、二、三、四、五、六、七番まで安息日を守った者。

八番以下は守らぬ者。五人は落第であった。
それ故優良美はピユリタン主義者の勝利であった
買物の絶對的に出来ないのは甚だ苦しい。其
事をハリスに話したら萬止むを得ざることは對
することは賛成して呉れた。
何れにしろ日曜日は全く別な日であった。
子供（諸之）に日曜日には野球をやらぬことにして
許した。然し一高の高瀬は其頃であった
安息日にゲームをやるといふは悪い、米國から
仕合いに来た時はマネージャーに手紙を遣って
警告を與えたが一本も返事が来たことはない。
一、此事は厳格一方の様に思ふが他の方面を見
ると實に美わしい懐かしい所がある。
一、ピユーリタンの精神は日本の武士道に似た點が
ある。乃木、東郷諸将は此精神を懐いた人
である。諸君も此武士道の態度にピユーリタ
ンの精神を注いで軟弱無節操現代に毅
然として立たんことを切望する。

祈禱。二八七。

内村先生夫妻の成宗訪問（第三回目）

五月三十一日（木）晴

内村恩師には静子夫人と共に豫定時間より早
く人力車で見えられ、我等の知らぬ間に門を
開いて芝生を進んで来られた。御来訪を喜ぶ
と同時に其不意なる爲の不準備に稍々狼
狽の體であった。勿論草苺畑を御覧になる
のが目的であったから、今は圃上を縫うて古株、整
頓畑、種類、肥料試験など一々指摘して説明
を申上げ且つ御試食を乞うた。ダンプスと白苺と
は賞賛せられた。斯くして居る間に室内の掃除

を急ぎ お茶を上げる用意を整えた。
玄関から応接間にお通しして老若六人で懇接歓待申上げたのであつた。

お土産として人形、台所道具、造庭農具の三種の玩具の外にカステーラ、西洋菓子を頂いた。最初にお茶をあげてから苺

苺を三皿に種類分けに盛つて差上げた。

先生は畑のこと、希望社の静坐法のこと、子供のことなど色々と話され甚だ寛がれし態度を以て十一時まで約一時間談笑せられた。そして再び人力車に乗つて帰途につかれた。

我等は門前まで出で、車影の消えるまで目送した。先生には毎年此季節に我家を訪ねる、御予定を漏された。

現下の感想

神武の一族 風に身を親潮に委ねて日東の孤島に上陸し、其処に活動の精氣を據えてから二千餘年、百花絢爛の日あり、凄惨亂麻の夕あり、億兆の人各々或る時代を領して經を馳り緯を弄しぬ。道を布き武を建て文を奠らし 穀を積むと雖も未だ以て靈魂の満足と平安とを齎らすことなく、自由は絶えて彼等の胸宇を飾る何物もあるなし努力奮闘悉く空に歸して光明も恩寵も凡て夢幻と觀ぜられたり。只残るものは望洋の嘆と衰滅の悲みとあるのみ。
ア、長き攝理の準備、ア、深き神の忍耐、地軸幾回轉、十九世紀の歴史將に帷幄の落に鎖されんとする時、世界人類の無言の哀泣を除るに排して イエス・キリストの使徒、神の預言者は起てり、十字架の福音を説くこと半百年、イエスの如く愛し、イエスの如くに憎まれたり、荊冠は常に其頭上に在り、祈りの人、正義の戰士、弱者の涙を拭いし人、隣人の足を洗いし人、彼に高齢は加へられ多年の勞苦の収穫は之を将来に遺して彼自らは益々純信仰の輝きに燃ゆ、人々よ夫れ此人を知るか、其宣ぶる所の真理を聴かぬか？一千九百二十八年五月三十日彼は午前の少閑を夫人と倶に東都の西郊成宗の一角に過されぬ、芝生に包まれ小径の門を入って一反の黒土を老青年の導くままに一歩一歩を静かに運ばれたり、斯くて身を軽く洋杖に支え暫し歩みを停めて翠緑の流れに紅果の波を漂わす草苺の画面を凝視せらるる相貌は恰も深山の幽谷に臨む巨巌を圍む鬱蒼たる

針葉樹林を仰ぐ壮観の奥に歓喜溢り讃歌迸る平和の美に満さるるものなりき。初夏の薫風は廣き水田を渡り来りて背後に聳ゆる老杉の森に消え行けど此異彩ある光景はイエス・キリストの福音の感謝に伴ひて永く人々の心壁に印存するところなるを信ず、願くば現わるべき大詩人は其真相を歌い、大画工は之を中心安置し描くべきなり。

二荊野人

一九二八年（昭和三年）

六月三日（日）晴

午前の集会　畔上先生司会

四六、ペテロ前書一之十八、一二五、

内村先生

一、五十年前二十八歳なる宣教師ハリス氏より同時に受洗せしは七人であったが、今は新渡戸稲造、廣井勇両君と三人東京に居る、恰度記念日なる雨の昨日三人の外に先輩伊藤一隆君大島正健君の五人青山のハリス氏の墓前に至り、感謝、祈祷会を行った。私は英語聖書で詩篇九十、九十一篇を朗読し伊藤君賡れ熱烈なる祈祷を捧げ花輪を墓上に飾った。雨の中で垣根に隠れて居った寫真師は我等を寫した。之で五十年記念は濟んで五十一年となった。古い事は顧みない。只前を望んで喜び勇んで進むのみである。

一、私が過去を顧るのは全く神の愛を感謝せん爲である。自分なるもの、過去には一つの慰めも無い只罪のみである。こんな者を愛し給う神様の眞理を思うて感謝である。神様は如何なる手段を以て私を危き所から引出し給いしか、よき友人、よき本、病、失敗等を以て右にも左にも落ちることの無き様に守って下さった。特に聖書に親んだという御恵みがなければ何時落ちたか知れないのである。

一、僅かに信仰を維持して居るも、之を他に宣べ傳うるということがなかつたに相違ない。聖書を友として來たということは信仰維持の第一の原因である。

一、ワシントンに行つた時ウヰリアムホーソンは今に人間は他の本の興味は悉く去つて只聖書一冊を愛讀する時が來るというたが其時は極端の言と思うたが、今になつて見ると其通りだと思う。

二三四、

曠野の囁き　（何西阿二章十四—十七節）

一、八行の詩と見て讀むべし

一、神とイスラエルとの關係を戀愛の言葉を以て表わしたのである。花嫁花婿の喩雅歌も其密なる關係を説いたものである。戀愛の神聖は聖書に於て始めて明かにせられたのである。

一、イスラエル人は神に叛いた、それだから視よ（勿驚）神は彼等を愛し恵みを與え給う。そして先ず曠野に引出して細き聲を以て囁き慰め愛し給うというのである。信者は顧みて此實驗を味うべきである。

午後の集會

塚本先生

『神の子と惡魔の子』 （ヨハネ八章四十－四七 仝十章十八參照） 三九、祈、二三五、

△古來多くの神學者、註解者は此記事を以て餘りに過激の言なれば、イエスの言葉でないといふけれど決して然らず、全くイエスのお言葉であるに相違ない。人々は斯く言ふけれど此精神は聖書全体に漲って居るを如何せんである。

△此點が判らなければ基督の精神は判らず、隨って基督教は判らないのである、之は實に根本の基礎問題である。

（哥后五、二一 ペテロ前二、二二 ヘブル四、一五）

△基督に反對反抗する時には其人は惡魔が乗り移ったのである。基督を攻撃する精神は惡魔の精神である。

△信者は此樣な過激の言葉が發せらるゝ樣な時代を通らなければならない。

△神と惡魔、光《右か》と暗《左か》、愛《生命か》と憎み《死か》此二元論的精神は約翰傳を一貫して居る。

△審判の日には左か右かの兩斷である、程度ではない。是れ亦聖書の全体に亘って居る。

△信仰の試驗は容易である、世から受け入れられたら不信、世から反對されたら信仰、之はバロメーター、黄金律。

△日本の初代信徒といふ人々を原胤昭氏から聞いた言葉に

氏が洗禮を受くる時に

ヘボン師曰く　ヘボンお醫者樣　今檀那樣に洗禮を授ける、日本政府反對よいか。

宜しうございます

バーデル師曰く

信者になる首切られるよいか　宜しうございます

△私の今日の研究誌に書いた文は隨分嚴しい愛の故に默することが出來ない。

内村先生

一、五十年前札幌南一條東一丁目創成橋を渡った所の教師館で七人で受洗した。私は十七、宮部は十八、新渡戸は十六

此時の一生懸命というたら大したものであった。

一、昨日は五人ハリス墓前に集って感謝祈禱會を開いたが札幌では宮部博士は創成橋の上に立って祈ったという電報が来た。

一、最う五十年は之で済んだ今後は大事である。又面白い。

一、諸君に呉々も頼んで置くが、私の死後断じて内村教會を建て、呉れるな、塚本畔上石原と本山争いなどをしてはならない。そんな事を始めたら私は何んな方法かを以て必ず之を破って仕舞う。

一、堅く單純なる信仰を維持して相互に睦しくなさい。尊敬する事は大切である。敵は特に愛してやりなさい。教會を攻撃してはなりません。

一、生涯の内一番善き時である。今まで學んだ科學、哲學、歷史、聖書の調和を計って居るが略ぼ出来て居る。

一、晩年だからとて謡曲に興を注ぎ植木いじりに時を過す様なことはしない。

内村先生

私は如何にして聖書を研究せしか

一、始めの間は慰めになる所を拾い読みをし

て居った。然しそれでは物足らぬから
有志決心して夏期休業中にバイブル
を通読することとした。宮部、新渡戸、
私の三人であった。

一、朝五時から講堂の二階でGenesisの一
章から英語聖書を順番に讀み
始め（一人二三章ずつ）Exodus. Levi-
ticus. Numbersと讀んでI Chroni-
clesの一章となった苦しい所であった。
然し一字一句も漏らしてはならぬと此所
をも讀んで全体の三分の一（に達）して一
と先ず休んだ。（三四年間讀む気がなかった）

一、此事は後に至って非常に益となった
のであった。それから米國に行き豫言
書を讀んだ。其熱心にはアマスト大
學の校長も生徒も呆れる程であった。

一、今でも朝起きて第一に讀むのは聖書で
あって若し何かの都合で他のものを讀んだ
時には迷信かも知らぬが其日は一日よく
ない。

一、註解書は農學校の圖書館に米國
公使たる吉田氏の殘して行ったアルバーに
バーンスのコンメンタリー（一八三二年から五八年）
であった。新約全部とイザヤ書とヨブ記
であった。

一、青年時代に金を欲しい目的は
チェンバー氏エンサイクロペヂアや
バーンス氏コンメンタリー（カルビン主義）（ピューリタン主義）
であった。後者は間もなく求め前者は此頃
漸く取揃えたという有様である。

一、青年時代に讀んだものは悉く頭に殘るから本は大いに選擇せんではならぬ。小説の如きは一頁も讀む氣になれない。「今日の老政治家達」は青年時代に聖書を選ばずしてフランスの無神論者の政治論經世論を讀んだから嘘を言つたりずるい事をしたりして恥とも思わぬのである。ルッソーの民約論などの感化を受けた西園寺公望公と私とを比較したら私の方は餘程幸福である。否比較が出來ないのである。伊藤公などは墓の下に腐って仕舞い、何々大會婦人會に出席するなど皆跡方なく消えて仕舞うけれど、聖書を以て靈魂に基礎づけて置けば生涯の終に近ずいても迷うことなく自分が生命に支えられて勇ましく世を送り得るのみならず義と愛とを以て國の將來をも生かすこととなるのである。

二三三、

石原兄と共に歸途について、同兄は希望社の幹事の乞いにより同社に行て聖書を説くことを承諾したと聞いて嘉んだ。宇都宮の方は餘程面倒である。

内村先生信仰五十年祝賀會

一九二八年（昭和三年）六月五日（火）晴。上野精養軒に於て

午後四時出發 途上森岡甫兄、野依氏に遇ひ共に會場たる上野精養軒に入る。

既に十餘名の先着者を見た。塚本畔上両先生の協議の側に立つて其計画を見、自分の受持仕事の大体を了し、食堂に入つて祈りし後座席に就て検分した。

開會 午后六時半

余控室の中央に立つて開會を宣し更に食堂に於て着席につき注意を述べた。

内村先生御夫妻以下十餘名だけ座席を指定し其他は任意着席のこととした。計百四十二名

畔上賢造先生司會

伊藤一隆老兄開會の祈禱。

食事

パン二個、ヒトヒレ、スープ、鮎、蟹、牛肉、菓子、

果物、コーヒー。

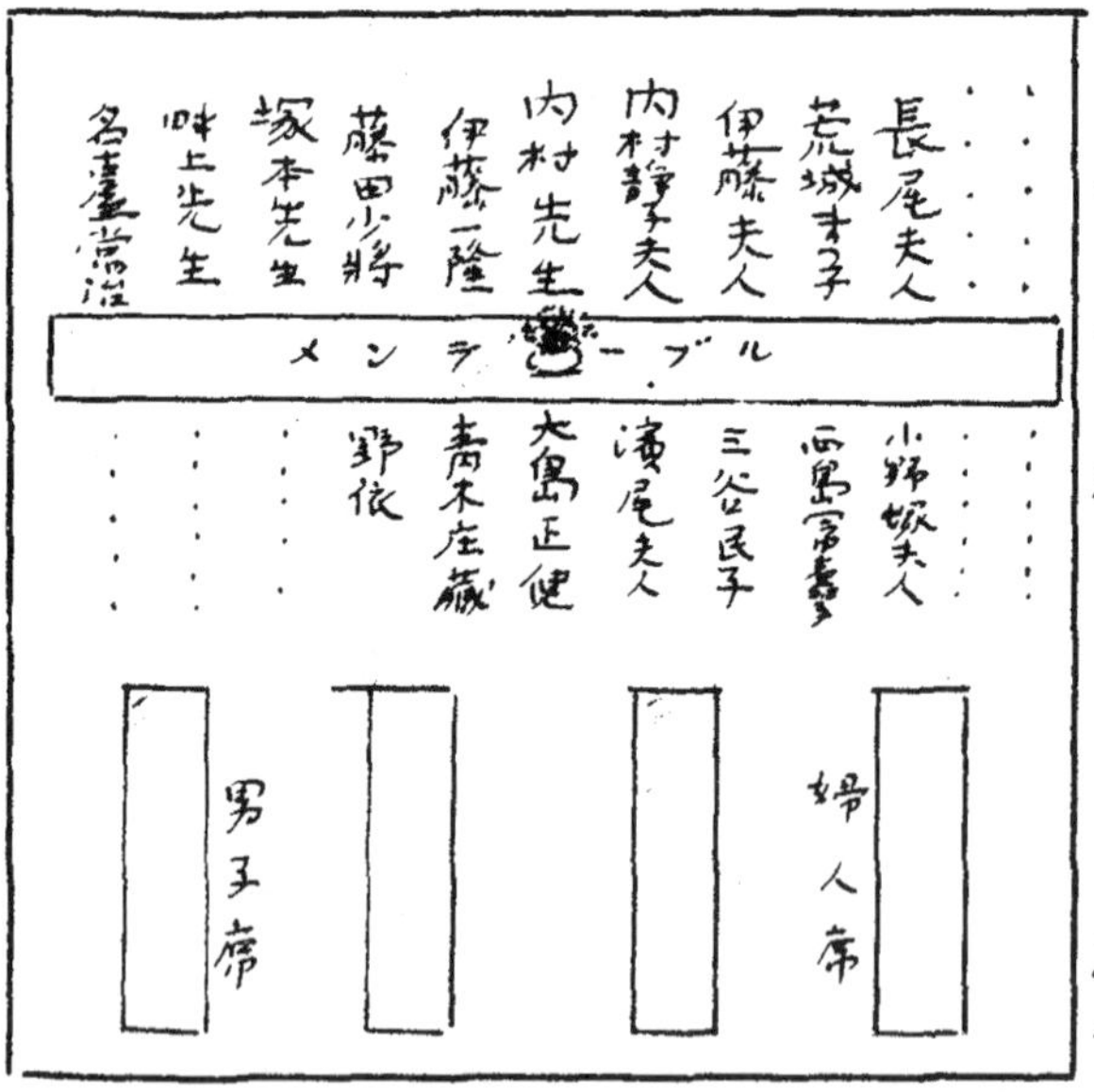

一、畔上先生 發起人として

内村先生の五十年を追想し見れば内容と方法との二方面に於て異彩ある使命を果されたを見る。

人間の少しも加工せざるイエスの純福音を聖書に因つて説かれしこと、宣教師の羈絆たる固定的教會の基督教を排して霊的獨立的立場に立つて教を説かれしこと、さては十七歳の受洗當時より懐きし考を遂行し来りたる獨創的方法である。

次に弟子としての所感

先生の他と違つて居る點を自分と比較すれば

身長　私　五尺三寸三分
先生五尺七寸五分
（塚本先生五尺三寸四分）
体量　私　十七貫八百匁
先生十八貫
見かけの差は大なれども之を按分比例とすれば100/100
91.13/100にて其差極めて少、然し其差、八七という所に神様から授けられたる偉大の點が存するのであると思う。

二、藤本武平二博士
視力の比較　　靈眼の透視力の絶大
基督教を人意に深すぎる聖書に選びし着眼の非凡、思想界信仰界に於ける日本の將來・
我等も其力を幾分でも與えられ、現在を相手とせず目標とせず眞理に立つて前進するを得し幸福と感謝。

三、南原帝大教授
内村先生は多くの同窓の方々の間に於て福音を選ばれ物質文明の時代に超然として精神的活動を取られし點を稱す。客観的に日本國の為に盡されしことを感ずると共に主観的には我れ自身も亦長い間に幾度か動搖期遭遇したれども其都度迷いより救つて頂いたことを感謝す。

四、藤田少將
(一) 先生と弟子との間の態度、和氣藹々、心と心との交換、病氣休講の發表を見て痛心、（國家、人類の為の盡瘁は既に頌德表を献ぐ）
(二) 純なる簡單なる（明瞭なる）十字架の福音を説かる我等は之を知識・學問としてのみ仕舞い置くは甚だ済まぬこと。
在英三年歸り來りて感ずることに「彼等英國人救われざるべからず」ということであった。

我等死を賭して隣人同胞の為に此福音を傳えねばならぬ一死に行く先生を慰むるは之に過ぎたることはない。

五、三谷隆正先生
高等學校の三年の時に聖書を始めて讀

んでから滿九年、世相の變遷、物騷なる時代に門出として聖書を持ち三四十人と共に柏木に集って親しく教えらる不思議のことであった。それ丈感謝であった。然し其人々は漸次減じて今は少數となった。先生には之を見て悲まるゝであろう。去れど何時かは又主の御顔を仰ぐ時が來ることゝ信ずる、其時は悲みは喜びに變ずるであろう。

六、青木庄藏兄

教會にて受洗してより卌四年、そして先生には二十二年間教の御馳走に預った。顧みれば報ずる所少きを恥ず、然れども次第に靈的に活動えて身を移さるゝに至るを感謝す。

七、益富政助兄

會衆一同とは常に顔を合すること少きものなれど獨立雜誌時代より先生の感化を受け既に久しい間經過、研究誌の一號は長崎に於て宣傳した。明治三十四年の角筈夏期講談會には長崎からやって來た。

信仰の動搖期に在ってもイエスの十字架にのみ依り縋る信仰を與えられたるを感謝す。

私の擇身の仕事に就ては一つも賞めて貰われず却って反對し曰つ

君そんな事は海濱に積む砂山の遊びの樣なものだ一波來れば跡形なくなるではないか

と申さる、私は之を承知であるけれど他人を喜ばす仕事なる點に於ては先生のと近いて感じて居るものである。一切を忘れてイエスの直接の使者となる時の到來を待つ。私は日基の者なれど諸方に友人を持つ。嘗て一友人と共に獨逸に佐りてルーテルの遺蹟を歩き廻ったことがある。彼曰く日本人は見張偉いということを此處に來て感ずる、内村先生の名は此地では日本よりも聞える。

八、塚本虎二先生

感慨無量、信仰二十二年、以前喜ぶが反對の

事を言う
フランククラオレは少シ研究家であるが
彼の詩の終りに
彼は醜い事を許すには餘りに嚴格であった
彼は弱者を默視するには彼の愛は餘
りに濃厚であった
彼は漂流者の如く生涯を縫うた
愛されて憎まれて
去れど少數の者には彼は天國えの道を教
いた
内村先生の五十年を追想して此詩を思い出さざ
るを得ない。

九、大島正健先生

内村君は武士の子、始めは基督教に反對、我
國は神國なりと高唱して基督教の絶滅を叫んだ。
私は新渡戸廣井君等と常にうるさく附き纏
うて彼を悔改せしめんとした、八ケ月の後、ソれは
ソウロ刺ある鞭を蹴るは難しの一句に感じて
遂に折れた、神は此者を選んだ、其信仰生活の
苦難は並大抵のものではなかった。生活難、家庭
の不幸、教會よりの攻撃、國家的に排斥、萬朝
社退社、彼は學者であり、詩人であり、預言者
である。色々の元素より成る者である。

十、伊藤一隆老兄

受洗當時の有様
クラーク先生は十字架の血我等を罪より救う
という簡單なる信仰を以て我等を教えた。(云
ンゼリカル)
好き聲を以て讃美歌を教えて呉れた
北の極なる氷の山　二八三、汝の門に異邦人あり
一期生は斯の如くにして養成せられてあった、所え第
二期生二十餘名這入って來た。其内に一人異なる容
貌を携って居る者があった。彼は其顔、眉、眉と
目の接近、頭の還、胸、身長、等識に天皇陛下に
似て居るといった。全生の注意は彼に集った、彼は

我國は神國なりとて中々應じになかつた、四方から壓迫を加えた、森の中に入つて彼を悔改せしめべく祈つた。大島君の如きは隨分執拗にやつた、廣井君の如き◆会心の時は鐵砲でズドンとやるとまで言つた。

遂に信仰に入つた。今度は我等は教えられ導かれる立場に變じた。私共はエピスコパル教會で受洗し、彼等はメソヂストで受洗した、然るに宣教師等はコッチだコッチだとて互に引張るのであつた。会に在つては同じ赤毛布の上で一團となつて祈つたり聖書を讀んだり讃美歌を歌つたりして同じ心になつて居るのに、そんな筈が無いというので内村君は率先して獨立教會を始めた。

四十圓で准判任官御用係となつた。水産課に務める身となつた。

或る村に行つた時などは村長に命じて村民を集めしめ、そして基督教を説くという始末であつた。

鮑の生殖狀態を發明して申告した、一百ドルの為替は來た。水産博覧會出張を命ぜられた、二人遂に一等切符で船室に乗り美以の借金を返した。

それから色々の方向に向つたが神様が内村を捕え外道に行くことを引き留めて遂に福音の使者とせられた。

今や五十年、これからは本當の取て置きの御恵みを彼に授け給うことであるから、實に大切な時である。何とか一日でも長く生きさしてやりたいのだ。其為に一同祈りましよう。

内村先生

一　リヴィングストンがアフリカから歸英せんとする時、英國人は非常なる歡迎の準備をして居つた。其時彼の父は「お前が本國に歸つて来た時頭が轉倒する様なことはないか」と手紙をやつた。彼は神様の御恵みで用意

275

して居りますから大丈夫です」と答えたという話がある。

一、私は今度の様な企てをそっと遁れようと思うたが遂に此處に招かることになり多くの賛辭を寄せられた。然しこれは悉く消え流して仕舞って最初の五十年前に立歸ってイエスと日本二つのJの爲に新たなる歩みを取ろうと思う。

一、諸君との關係に就て一言したい。同じ福音の下に興味と喜びて滿足とを持つものであって日曜日の講演には諸君は一生懸命である。隨って私も全部を投げ出して諸君に與える氣になる。

一、日曜日には非常に疲れるが何の爲か判らなかった。注意して聽ると諸君に自分が持って行かれる爲であることが判った。私が話をしても無關心で聞いて居る人に對しては少しも疲れない。故に其關係は親が子に生命を分つ様なものだ。

血の血　骨の骨

一、私を信仰に導いて呉れた人の内伊藤君は脇に大島君が前に坐して確實なる證明をなしつ。此歡迎をして呉れると云うは一人にて受くるには餘りに大きい讚美である。

一、餘生をベストを盡して冷き頭を以て仕事に當りたい。

一、我れと妻とに與えられし大なる喜びは終生忘れることは出來ません。

先生の祈禱（天皇陛下並に皇室全体の爲に祝福を祈る）

（午上演説の終えと写眞を撮る）

大なる感謝の裡に閉会、應接間に移り暫時閑談、先生並に夫人の前に進んで更めて祝意を表した人は少くなかった。會計を感謝して歸る。

六月七日
宗教大會が加藤玄智氏の「今日の宗教家は皆資本家の走狗なり」の言と「神社仏閣から戦利品を撤去する件」にて大混乱を生ぜし由新聞の記事。

六月九日(土)
中食後草鞋を穿きて柏木に至り三時着到着せしという所某之研究を四時頃から読み始め七時柴田畳造兄の釣りし鮎(三尾也)の調理にて晩餐を頂く、先生から
一、「カントの哲学の偉大さについて」
を承わり再び発送の手を走せた。九時半内国の郵件を済して帰宅、

六月十日(日)晴
數十本のスヰートピースを携えて柏木に至る、庭前に於て
一、「今朝君は開會の祈禱をする様に」
先生から命ぜられた。ジャバの加藤夫人は明日の船で帰らるる由故別れの言葉を呈した。我等は數ヶ月間彼女を講堂に迎えた。
午前の集會 畔上先生司會 エペソ(以弗)から三章
余の祈禱。

内村先生
民と其祭司 (ホセア書四章)
一、中心的真理は三章までに記さる。
一、國家の運命は其民の神に對する考によって定まるとヘーゲルは言った。
一、プラトーは神を知るは第一なりと言った。
一、神を知らざる結果は衰滅である。
一、スピッツベルゲンに鯨の絶滅したのは北欧の人々神を忘れて慾によって生活した結果である。
一、信仰なき物質文明が此國を栄えしむるならば歴史は之を裏切る。
祈禱。二二七。
六人にて蕎麦の中食

午後の集會
塚本先生
神の子か　狂人か　　九八、祈禱、二九七、
　　（ヨハネ八章四八－五九）
△神の榮光を現わす爲というのは根本の精神である。
△無責任者の態度を以て語る樣にならなければならぬ。
△外科醫の病患に對する如くライオンの心臟の眼を以て立たねばならぬ。
△カソリック攻擊に就て隨分嚴しい言を發して居るが　それでも私には二つの言い譯がある。
一、カソリックの人々に對して柏木の人々を愛する樣に愛して居ること。
二、自分の榮光を求めない神の榮光を望んで此言を發すること。

二五〇、

内村先生
今日は一つ大事なことを話しましょう。
如何にして我が天職を知らんか
（職業を選ばんか）
（有功有意義に生涯を終るを得るか）
一、それには私が私の天職を如何にして見付けたかを以て答えよう。
一、私は現在の職業を如何なる職業にも交換することを好まない。
一、私の十五六歳の時には進む道としては文か武かであった。
（一）私は幼少の折には如何なる遊びを好んだか、夫は祭禮の遊びであった、餓鬼大將となり高崎藩

士の子等を集めて年中此遊びをして餘念なき様であつた。

一、私の前の餓鬼大将の時には劣等な、又野蠻な遊びであつたが私が其權を握つてからは大いに改良して稻荷、金毘羅、八幡など、祭り遊びをなし甚だ一心なるのであつた。

一、親が若し深き眼を以て此事から私の傾向を悟つたならば私は幾多の迂曲をなすこともなく、もつと手近かに天職に就き神主か本願寺の僧侶となつて居つたかも知れない。

(二)

神様は此世に用なき者を一人も造り給わないということを信ずることである。暗黒に入つた時、獨り寂しく考うる時に此事に思い及ぶ時には大いに慰めと力とを得るものである。

一、私は米國に於て白痴院長ドクトル・ケルルリン氏の白痴に對する考と其利用方法とを見て大いに感心した。

(三)、向きを發見するも之を規則としてはいけない。好き必ずしも天職ではない。

一、ハーバード大學の說教師なるフィリップ・ブルックス教師には到底なれないと言われ、非常な努力の結果有名な說教師となつた。氣分で決してはならぬ。

一、氣分教育はアメリカの發見ながよくない。

一、私は文學、新渡戸は數學は大嫌いで卒業と共に本を焼いて仕舞つた。氣分の下に意志があつてこそ勝つのである。

(四)、自分丈で決してはならぬ。自分は他の何の關係もなく孤立無關係なものではない。此時世に奉仕する爲に生れて來てある。

一、本を讀んで直ちにナポレオン、ナイチンゲールになろうなど、眞似をするは大なる過である。

一、昭和の時代に生存して居る、日本國に生れて居る。今の場所と時とを考えねばならぬ。

祈禱、一七〇、

六月十一日(日)晴、

朝研究社にて外國行の研究誌を二百部ほど封じて發送の手配をなし十時より藤澤兄と花枝さんに祝賀會の模様を話した十二時歸らんとする時先生が見えられたから お暇を告げたら

一、雜誌(研究誌)を用うるなら三冊でも四冊でも 幾らでも持って行きなさい、餘分に刷ってあるから

と大なる好意と便宜とを與えられた。今日は非常に嬉しく思い且つ感謝に堪えなかった。

内村先生信仰五十年記念祝賀會

一九二八年(昭和三年)六月十三日(水)雨
神宮外苑日本青年館に於て
百十五名(内約半数は婦人)

午後六時半開會
畔上先生感謝の祈禱を以て食事を攝る
七時四十分より控室にて感話
司會 塚本先生 左の人々を指名
一、石原兵永 二、小林 三、劉錫昶 四、小池
五、鈴木俊郎 六、齋藤茂夫 七、塚本司會者
吉原利郎 バッハの曲をヴァイオリンにて奏す(田中
吉備彦伴奏) 女子大學生八名にて讃美歌
(わがよろこび)合唱 八、畔上賢造 九、大島正健

内村先生
一、善き本を澤山に讀んだ
一、獨逸から來た五百マークを萬朝社をやめた時受取ったが之を携えて正金銀行に行ったら疑って何うしても渡して呉れなかった。今回行ったら受付に信者が居って早速手數して呉れた。
一、神に仕え福音に仕える時には何も怖いものが無い。
一、困った時山上で祈ったが二三日祈った時一封の爲替が届いた。新潟の某(木村孝三郎)氏から千圓送られたのであった。
一、信仰の爲め善き本、輕き病氣、友人を與えて長く道を傳うることを得せしめらる。
一、二つのJの爲に盡さん 次の五十年の記念の日には皆様は幾倍の收穫の間に日本國を神様に献げたるを感謝するであろう。
一、五十年前に札幌の雪の中で祈った祈の實を今後諸君に與える。諸君は私の爲に

相應の御用を勤めて呉れる様に、草取でも薪割でも、野の草花の一莖でも、婦人の方は讃美歌を歌って呉れる様に。(何をして居っても之を聴かん)

一、最後の息を引き取るまで最も美しい形に於て福音を諸君に傳えたい。

一、本日五冊の本(記念講演集)を贈られた。畔上、三谷、金澤、黒崎、矢内原、藤井、塚本の七名が六ヶしい研究の結果を發表したものである。五十年記念の祝としてこんな本を贈られた人は日本あって以來一人もあるまい甚だ名譽の次第である。

一、生涯の始めは至難な様に其終も亦至難であるから立派に果し得る様に祈と信仰とを以て命じられた事に當りたい。

一、何うぞ私が死んだ時には一人も悲しいかなを言わぬ様に、皆讃美と感謝とを以て送られたし。

先生の燃えるような祈禱。

九時三十七分閉會

一同聖靈の恩恵に滿されて各々の家路に向った。

石原先生と茂夫と三人で車中樂しく話して歸宅。

六月十七日(日)

講壇を飾るべき美しき花束を携えて七時十五分出發柏木に向った

御夫人の御病氣と聞いて驚いた。數日前風邪に襲われ臥床せしも今日は起きることが出來たそうであった。

一、外國人が見えるからカバーを用意する様にと先生が命ぜられた。

九時五十分アールバッハ博士来訪、先生に呈すべき名刺を渡する、先生和服にて出で迎えられ昔に談笑の間に握手せられた。

瑞西普通福音教会牧師アールバッハ博士
内村先生と対話

帽子と外套とを余に托し、講堂に入って講壇、花、扁額、事務室、玄関等一々興味ありげに観察して何をか手帖に留むるを見た。余に対し今井樟太郎氏及び路得子嬢の写真の誰なるかを問われた。

午前の集会
畔上先生司会　奨、詩篇二十篇、祈祷、一六六、

内村先生立って　瑞西より来り日本の基督教を視察せん為め七週間に全国を巡遊し将に去らんとするに臨み、長く慕い望み居ったる此柏木講堂に見えられしアールバッハ博士を紹介せられた。

アールバッハ博士　独逸語を以て詩篇百二十一篇を暗誦しアーメンと唱えて後一場の講演をせられた。（約三十分の後）其音声、熱心、態度毎に稀に見る所のものであった。

塚本先生之を通訳した。

。此歌はガリラヤ人がヱルサレムに上京詣の時歌える歌である。

。私は瑞西普通福音教会に働いて居るものであるが、瑞西並に南ドイツに世界の教勢を報告する責任を持って居るのである。

。日本及び支那を見たしとは多年の望みであ

つた。今や二ケ月に亘る日本の旅を了え將に歸國の途につかんとする時此内村先生の集會に臨むやユダヤ人の如く私は此歌を歌い

我が助は天地を造り給えるエホバから來るの感を表わすものである。

○私は身延山より歸る時車中から雪の富士山が夕日に輝くを見、北海道に於ては登別、カタラレ、タルマイ噴火山を見た時瑞西國民が湖國を遶る秀峰の白雪に夕陽の映ずる時帽子を脱して自由の民よ祈れとこの讃美歌を唱うるを思い出して甚だ懐かしくあつた。

友よキリストの父なる神を拜せねばならぬ。

○主は好んで山に入り給うた、人類に與えられし長き垂訓も山上に於てせられた。此島居を潜って遂にカルバリー山上の十字架に達せられた。人は何と言うともパウロと共に凡ての事益をなして働くである。

○今諸君と同じ救いの恩恵に預り同じ信仰と愛と希望とを懐いて東西力を協せ凡てを主に献ぐるは感謝の至りである。

若き婦人達の熱心を見る時は聽て日本も基督の國となることを信ぜざるを得ないのである。

○二百五十米のゲンミ峠の南崖を馬車で通りし人の娘が過って墜落して死んだ時其同行の父は其所の岩に十字架を彫りつけて天國に對する希望と慰めの言葉を書いた。東西信仰は同じ、願くは相共に神の國の建設に用いられんアァメン

内村先生此講演に就て感謝と喜びとを述べられた。(三)

内村先生

淺き悔改　（ホセア、六章）

一、五章の大意は神を知らざる者の禍を蒙れること、

一、悔改に二種あり淺と深とである。淺き悔は救いに至らぬのである。即ち罪の結果の苦痛を悔いるのみである。眞の悔改は罪其物を悔改め、神に對する反逆を悔改めて神に歸順するのである。

一、二瓶要藏氏は天主教堂に多數の人々の集りて意味を解し得ざる祈禱文を二時間も聞いて居る樣を記してある。悩みを醫されんと望むのである。一面に於て現代人がいかに悩みつゝあるかを知ることが出來る。

一、六章一節より三節までは眞に美しき悔改であるけれど矢張淺いのである。自分では悔改めることさえ出來ないのであることを自覺して一切を投げ掛ける時に悔改の心を賜わるのである。

祈禱。　二、七、

報告

一、此間の祝賀会に好意と時間と金子とを出されしを謝す。

一番善き賜物は七人編著の論文集でありました。之は日本は愚か世界に出しても恥しくない論文と思います。更に五集でも六集でも出來る力を持って居るは確かであれば柏木の勢力は侮るべからざるものである。

一、好意に報ゆる爲め之を求めた人には希望により署名してあげる。

藤本武平二兄　此木曜日は第二回の傳道會を開く、午后七時會を開く多數參集を望む。

昼食の際　塚本先生は

先日の祝賀會で述べし御息子さん（虎二）の所感は立派なものであった、私（塚本）は拍手して賛成した、此れ丈先生は此前はよき事を述べたと告げられた、父の教養回しを得たる一死して思いあるものであると　今日碎かく開いて居った。

午後の集會　二六、祈禱、二五八、

塚本先生

ダビデ舞踊る　（サムエル後書六章）

△ダビデ、神の匱其城邑に入りし時歓呼に力を極め王服エポデに着更えて舞躍った、エホバの神に一切を忘れたる姿である、榮光を神に歸し奉る時の樣である。

△ミカルはダビデの此尊重すべき信仰的感謝の行爲を冷評して懌ばなかった、理論の上よりはミカルの言に價値あれど信仰的には卑むべきである。

△之は信仰上の大問題である。信者は榮光を神に歸し奉ると言いつゝ實は全部又は半分又は一部分を自分に歸せしめて平然たるものである、信者は神に對する熱心を以て如何なる樣をも恥とすることなく舞踊の行爲に出づる程でなければならぬ。容貌、服裝、体裁等に顧慮する間は矢張自分の榮光を望んで居る證據である。　三〇一、

内村先生

自分の天職を知る事　續き

一、實例として、　多年大凡時を決めて云

關に來る高等乞食がある。彼は米國の大學に學で哲學博士の資格を有して居る者だが、米國流の考を其儘應用せんとし、歸り來って代議士たらんとする運動せしも失敗、次に著述業失敗、飜譯失敗、看板書き思う様に行かず、遂に名士の間を巡って辛うじて生活するを天職ヿとして居るのである、是れ全く其學問が日本國と其時代とに合わぬ爲であった。

一、現代日本の最も要求するものは何であるか

福音である

之を廻り遠く、本當の宗教が必要だというて居る、本當の宗教は何か

一、此間眞言宗の僧侶が來たから問うて見た。曰

本國を救う決心なきか、私共は駄目です駄目ですの答であった。

一、日本青年館から我々が退いたならば、他の宗教家が之を利用して人を益し國を益すべき筈なるに誰一人其處を借受けて道を說く者の無きを見れば日本に宗教無しという様である。

一、此時に於て神は誰人に此重任を要求し給うか。

一、諸君は此際眞に日本國と神とに忠ならんとせば何を選びて奉仕せんとするか。

一、何時までも我は駄目なりとて隣人を押さんとするか、去らば遂には誰人もないではないか。私は既に高齢に達して最早十年を留めない。我去らんとするも諸君起たずんば滅

亡を定められ居る日本國と諸君の子
孫を如何にするか
國民同胞に本當のリレジヨンを與えよ
福音の證明者なる傳道者となれよ
五十年前私と共に二十人の信者が悉く
傳道師となりたりとも今日に於て多過
ぎたりと思わざると同じく諸君皆立つ
も後世の歴史家が昭和三年に起ちし
傳道者の數餘り多過ぎたりきと言わ
ざるべし。
青年よ男も女も與えられし福音の恵
みを奮つて隣人同胞に頒てよ
祈禱。　二〇五、
自ら顧みて肺結核患者、癩病患者を訪ねて親しく十字
架の福音による慰安と希望と歓喜と満足とを與え、難

誌を以て十年間同胞に純福音を傳えしめられたる主の恩
寵と憐憫を感謝すると共に現在、石原兵永、鈴木俊郎
山本泰次郎、政池仁、牧野虎枝治の諸兄全生涯を
福音の為に献げ居るの實情を見て先生の此精神
此愛心此努力を思い合せ言い盡されぬ歓喜と感
謝とを懐くものである。是れ皆活けるキリストの為し給
う所一千九百五十三年の日本と全世界の一切の事が消え果
つることがあつても如上の事實は永久に失せ行くことなく
大なる祝福の下に神の榮光を顯わされることを確信
せしめらるるものである。
一九五三年六月廿三日午后二時「聴講五年」を市寓の緑
葉の蔭に於て浄書せし節、湧き来る小感を記す。
救われ赦されたる罪人　齋藤二荊

先生は高壇に於て「内村先生信仰五十年祝賀記念論文集」の署
名に應ぜられ、志望者十數名
に對して御寫眞の下に漢字羅
馬字兩様の署名をせられた。
最後に今一人殘れる時
一、常に講堂に働く君に
も一部進呈せんと思う

が受くるか
と問わる。恐縮ながら頂戴しますと答えた。直ちに署名して與えられた。其時
一、今の話によって百数十名のうち只一人でも傳道者になる者があったら幸だね
と申された。
余は我を用い給え主よ！という心に満されて與えられし研究誌七冊を聖書讃美歌、論文集と共に携えて獨静かに成宗の家に向った。

傳道祈禱感話會

一九二八年（昭和三年）六月廿一日（木）曇
午後六時半内村先生邸に至り宮崎の父（冢耕）よりの苞苴として日向産の南瓜三個を呈し講堂に入って集會の準備の様子を見た。
午後七時開會

内村先生司會　讃美、祈禱、
一、傳道に先んじて各々過去の生涯の間に蒙りし恩恵を回顧することは必要である。
一、先週の木曜日に益富政助氏の世話にて新宿驛に關係ある從業員三十名程に講話をなし、又桑原源次郎氏の一驛夫としての偉大なる傳道的活動の實歴を紹介して大に感動を與うることゝなった。
次に誰にても自由に實驗談を話す様に告げらる。
○西岡虎造、○蘆田壽、○北澤、○塚本先生、
○望月良吉、○鈴木俊郎、○藤本武平二、○小林
○信州出の一青年（昨年受洗せし）（以上九名の感話あり）
一、只今の感話、實驗談を聞いて我等の間に傳道が行われつゝあることが判った。
一、此夏の計畫は無きか（藤本君、別にありませんと答う）

一、今年は山形縣の小國え政池君と今入行くことにしよう。少なくとも三週間留るがよい。（鈴木弼美兄 私は參ることになって居ります。政池さんは二週間といって居ります）

一、白河から會津に通ずる荏白會津街道地方にも試みたいと思う。誰も手を付けぬ所を選んで成るだけ教會と接觸しない様にすることは大切だ。

一、方法も大事である。出て行けという様な私の態度を眞似てはならぬ。此所ではアトラックチーブにしない譯がある。忍耐は必要。之あれば成功である。

一、同志社が幾つも候補地があったのに御所と相國寺の間の地域を占領して建て、近江の八幡のヴォーリス氏が町と寺院町とを全く隔て、仕舞う様に建築したのは共にアメリカ流であって、あんなことをして快哉を思うというは實によくない事である。當然信仰で戰わねばならぬ様な時とは違い平常は尊敬し愛し睦むことをしなければならぬ。

一、明治の初年に宣教師は傳道の時には半分以上佛教攻擊をやって徒らに反感を懐かしめたのである。あの様な間違った傳道を改めねばならぬ。既成宗教をぶっこわす位悪いことはない。

一、私が津山の圖書館開館式の時法然研究の權威所なるを望むといって來會の人々を敬驚かしたのは何も佛教に阿諛したのではない。尊敬すべき事に對して公平の見解を述べたのである。

一、ジョンスの著クライスト イン インデヤンローズはつまり異教攻撃をやめること、洗禮を施して教會に入れんとする考を棄てることの必要を論じたものである。英國ヨークの一牧師が私のインテリジェンサーの廢刊を惜むと此本を贈って呉れたが、私は之は既に發刊と共に讀んだ、且つ此精神主義は五十年前から私の實行して居る所であると返信してやった。

九時散會。　自由獻金二十五円五十錢

婦人十二、男子三十三、清感に満ち全員は中々帰らなかった。

六月二十四日（日）　小雨

自園の花を摘んで松木に向った。

何時もの如く獨會場の整理に當った。座席光線、空氣、花等大抵呑み込んであるから、先生に面倒をかけることがなくなった。此の様な事で先生の心を勞せしむるは甚だ宜しくないことであるから充分に注意しなければならぬ。

午前の集會

司會　塚本先生　四八、詩九十七篇。祈禱。一〇〇。

内村先生

イスラエルの罪。　ホセア十一章

一、イスラエル人は神の愛に反逆す。

一、姦淫とは愛を蹂躙すること、故に男女間の關係にあらず

一、君臣、父子兄弟友人の間に於ても此罪

は行わる。
一、七節、八節、十節、十一節は不可解の句なれど之を除いて讀んでも幸なことには福音の大意は判る。

祈禱、　二六五、

散会の後論文集の巻頭の先生の御寫眞の下に御署名をせられた。今日も十餘名あった。

中食は鈴木田村両兄と高橋の父上と余の四人であった。父上は三時まで窓際に於て聖書之研究を讀まれた。

午後の集会　五六、　詩篇二篇、　祈禱、　八四、

畔上先生（塚本先生横濱に）

詩篇四十二篇

△異郷に在って親しくエルサレムの神殿に禮拝を守り得る時の到来を待ち望んで歌った詩。

△現在の美以教は甚だしく福音的ならざるに至った。

△ウエスレーの傳を見るに三十六歳で始めて福音の眞髄たる十字架の愛を信ずるに至った。幾年間待望の生活を送った所に偉い所がある。早く信仰に入らぬからとて攻撃することは出來ない。塚本先生は青年の疑惑弁難に就て非難し少女の信仰告白を之と比較して賞めてあるが然し一概に斯くは評することは出來ないと思う。私は今男子青年の為に辯ぜんとするものである。

△男子と女子とは其性格に於て自ら大差あるが故に福音に對して其理解と態度とも自然異るものがある。

自分の經驗上からしても此事がはっきり判る。

内村先生

七月第一日曜日　午前　午后

同　第二日曜日　午前　午后

第三日曜日より九月第二日曜日まで午前のみ

九月第三日曜日より朝夕二回となる

野上先生主任となりて講演あるけれど私共の居る時は矢張手傳ふ.

聖書の講演は時々變化の方法を執らざれば単調に流るゝ恐がある. 単調になると私の講演を聞いて居りながら自己の考を聞いて居るから全く別の事を知って居つて、先生の教だと誤認して居る. 時々こんな間違に驚かさるゝことがある.

何うしたら幸福は得らるるか

△文明は幸福増進の道。

△人生の目的は幸福にあり。

△ミルは最大多数の最大幸福ということをいう。

△今日の場合を以てすれば幸福なるは松平節子姫だという。

一、其幸福は果して幸福なるか。

一、幸福は求めて得らるるものに非ず。

一、幸福は幸福に非ず。

一、幸福を目的とするは獣類に堕ちたるもの.

一、人類は皆悪魔に騙されて居る、幸福と思うは皆別のもの。

一、結婚式に指輪を填められた時幸福の生活に入つたというが、實は多くの不幸束縛は其時から始まるのである。

一、人間は幸福を目的とするならば豚の如く道理を與えられずして本能を與えられた方がよいのである。

一、卒業の時皆幸福を追求して出た。眞の幸福の何であるかを知つた偉い先生は惜いかな一人も無かつた。今の大學教授にも女子大學の先生にも一人もあるまい。

◎幸福は幸福を棄つるにある。

一、カントやカーライルは憐れな生涯を送つた人と人々は言う、然し二人共幸福を感じた偉人であつた。

一、エス様は己れを棄てゝ生涯を送られたけれど、常に満足と幸福を感受せられたのである。

一、ゲーテは信仰を離れた文學藝術の人であつたが、生涯のうち幸福な日は只の二週間より持たなかつたと告白してある。

祈禱、　二一四、

午后も矢張署名せらるゝ為に忙わしくあつた。文々園扇を以て扇いであげた。

一、扇ぎ様によつて其性格が判ると言われた。

會衆皆散じて父上（川島累耕）獨殘れる時、先生親しく近ずいて父上と對話せられた。細雨の中を父上と共に歸途につき阿佐ヶ谷で蒸菓子とバナヽを澤山に買つて歸つた。

暁烏敏氏の事（岩手毎日新聞一　六[illegible]）
暁烏敏氏は盛岡に行き佛教会館で
印度のガンヂーの話を為し、釈迦よりも偉い人物と説き出し
トルストイを慕い、キリストの山上の垂訓の無抵抗に感心し
て帰国し、愛を以ての革命を為えと努力しつゝある。
我々凡人は迚も及ばない、偉いと見る丈でも幸福だ、益々
精進せねばならぬ　と結んだ。

○

六月二十八日、　正岡子規の小傳を読んだ。俳友なる寒川鼠骨
氏の筆に成ったもの。明治三十五年夏余が角筈の講談
会に臨み数日の後喀血した時には子規居士は臨終に近き
頃であった。　余は内村先生から大型の旧新約全書
を頂いて急遽故園に帰り、秋風の中にて之を精読し
始めた時だ。氏は日本文学に少からざる貢献を遺して永
逝したのであった。自然と人生に對し其儘を写生写実
するの道を知り、點に於て氏は余の青年時代の恩人
たるを失わない。

一九二八年（昭和三年）

七月一日（日）曇
顔を洗って直ちに戸外に出で、小なる庭園を巡って十数種の
草花を折り色の配合に氣を配りつゝ集めて一つの花束
を作った。軈て二時間の後には純福音を説く柏木の講
壇の上に飾られて人々の心を嬉ましむるのである。
武蔵屋君と共に講堂の整理中二尺の膠着せる硝子障
子を開かんとて硝子を破り左の食指に少しの負傷を見た。
出血は自分で止めたが消毒の必要ありというので看護婦
なる女中みきさんに繃帯して貰った。少しの痛みもなくなった。

午前の集会　二六、日米傳道、祈祷、九九、
畔上先生
護の天使　　希伯来書一章
△イエスは天使よりも偉い。
△新約は舊約より尊い。
△天の使はモーセの律法を授けた。我等を護る。

△天使の天使なるイエスは最も忠實に我等を愛護し給う。

内村先生

アムンゼン　（世界の二大問題の一）

一、現在世界問題として人々の心配の焼點となり居る事の一つは北極探検家アムンゼンの事である。

一、世界の文明國は皆無私の心を以て同様に此事に同情し救濟せんとして居る。國境とか民族とかいうことには更に頓着する所なく、同一なる清き心を起すというのは基督教の愛の精神と希臘の哲學の思想とが続いて此所に至ったものである。

一、世界は腐敗したといっても未だ此高潔なる精神が残って居って、何等か世界共通の大問題が起ると、それが現われるのである。人類の上に未だ希望は絶えないのである。

一、然し此南北極探検という様な事は日本人支那人などには了解は出來難いのである。何といっても欧米人は人道的には優秀な點があるのである。日支などはこれが爲に巨額の金を費やすは無駄のことだとのみ考えるのである。

一、アムンゼンは十五歳の時北極探検を思い立ったのである。彼は末子であるが、彼を醫師にせんと望み居る亡母人なる彼女の心を痛めんことを恐れ、其企劃を絶對に秘して居って一方には頻りに準備の爲に身體を鍛錬すると共に一方には母の望みを尊んで好まぬ醫

學を學ばん爲め四年間大學に在って遂に
首尾克く卒業した。
一、寒中諾威の寒風に室内を吹き晒しにして見たり、北方の高原地方に氷雪を踏んで旅して見たり所有《あらゆ》る方法を盡して兵隊檢査の時には係官を驚かす程の頑健強壯なる身體を造りあげた。
一、二十二歳の頃母は世を去った。悲みに堪えなかったが彼が將來の志望に就て母の心を痛ましめず其後は思う存分之を果す道を進め得るに至ったことを快心に思うたのである。
一、彼の目的精神は人類に與えられた此世界の中に少しでも人の知らぬ所の残って居るということは人間として濟まない事である。私は之を探って人間の知識として やろうとする 單純高潔の心であった。

二八〇、祈禱（アムンゼンの爲に深く祈られた）

中食は塚本、畔上先生、石原、田村、黒崎、鈴木、余の七人であった。畔先生と石原先生とは七月號研究誌の校正をせられたので色々の事を話された。

午後の集會

塚本先生

微温的信仰　（默示録三章十四節以下）

△七つの教會に對し勸告と約束の手紙。

△主の贈り給いし此七つの手紙のうちラオデキヤえのものは一番嚴しくあった。前六つは幾分かの美點を擧げられた。ラオデキヤ丈は一つの美點特徴をも數えられず直ちに其大缺點なる微温的信仰を警められた。之は無信仰、攻撃的態度の者よりも劣って居るとのことである。

△眞理は兩極の中點に在りと稱し、中庸道を唱うるものあれどエス様は斯く言い給わない。常に光か暗か、生命か死か、善か惡かにあって審判の日に於ても永生か滅亡かの二つの道あるのみである。

△古から偉い人は皆極端の人熱き人であった。アブラ公を見よ。カルデヤの地を出て行けと申さるれば直ちに誰と相談するでもなく熟慮の猶豫を乞うでもなく何等の目當もなく出發し。イサクを献げよとあれば又直ちに之に應じ、其結果如何も人道は如何も期日の延期も何もあったものではない、速かに隨順應答したのである。彼の美點此處に存し、信仰の祖としての資格は此處にあるのである。ダビデ、イザヤ、エレミヤ、ルーテル、殊にエス様は最も極端の方であった。我れ父の命じ給う事にあらざれば語らず行う能わずという態度は極端に非ずして何であるか、中庸道は所詮惡魔の築きし廣き大道である。灰色は何處までも排斥すべきである、微温は神様の口より吐き出さるるというのである。洞ヶ峠(山城和泉の境)の筒井順慶は何時になっても人の範たることは出來ない。

△生存に生命ある以上は眞理(正義)に忠ならんとせば右か左かの一を選ぶの外はない。

△火曜の面會日に訪問者に接する時でも教會に行ったことが無いと聞けばホットする。其方此方漁り歩く人には話し甲斐がない。教會に行って教を説くは無駄であり不快である。

△アーメンなる者(誠に然り、其通り、ハッキリしたる)忠信なる二心のなき者たるはイエスの特性である。信仰生活は常にアーメンでなければならぬ。

△私は早く人生の左右を決したことを有難く思う。其歩みの様は何うでもあれ眞の幸福は此事であった。

△今(人生五十)は曖昧に日を送ってもよいかも知れぬが最後の日には何うする。信仰あり救いは確かだと自任自稱して居る微温的信者の言い聞くべき道は少しも

ないのである其時に及んで彼是言うとも最早詮方ないのである。

△今日のクリスチヤンを見るに灰色なる影しい。青年よ今此事を決せよ。生活は樂になり、不明のことも判然する樣になるのである。

△微温につき考うるに、物質的滿足の爲靈的に貧し、貧は好き友、此世の財寶を貯えて自分では滿足して居るが實は其人は裸體同然なのである。自分の信仰は是にて充分滿足であるという態度は微温的である、禮洗を受けて日曜日毎に禮拜をまもって獻金して居るから救は確かだ。柏木の先生方から常に純信仰を教えられて居る、聖書の眞理は判ったと見るのは微温である。神樣の御目より見る時には此れ程困った者は無いのである。

△聖書の知識を與えるのではない信仰を與えん爲である。信者には福音は說かない惡音を說く、共うすると喧嘩をして東西に分れて仕舞う。彼等は只參考として聞くのみで信仰を受け入れようとしない。

△私は近頃考う、福音を說くと平安はない、靈魂は活動するものである、信仰は生命であり力であるから我等日夕肉體の健康に就て心配して居る樣に靈魂の爲に日夜心配して其健全を計るは當然のことである。靈魂は牧師に委ね救いの事は彼に保證して貰い肉體に就てのみ我は心を勞せんというは最大の間違である。靈魂の問題は常に心配し獨自ら戰って熱心に神に從うべきである。熱くあるべきは信仰の必然性である。

二四九、

内村先生

米國大統領選擧 （其二）

一、之はアムンゼン救助と共に世界の二大問題の一、

一、眞理よりも眞理を探る心を頂きたいと
言ふたレッシングはプロテスタントの心で
ある。
一、獨立で眞理を探らんとする精神は柏木
で教へらる所の主義である。
一、實益漲げる現代社會に化せらるることな
く眞理に忠實にして お互生涯の意義
ある終りを告げねばならぬ。

一七九、 祈禱。

今日も戰々兢々ながら主の御助けによつて感謝の一日
を講堂内に送り。眞理と力と望に滿されて家路に急ぐ
ことが出來た。

佐野壽男送別會

七月二日（日）
午后三時柏木に行って佐野兄歸米の送別會の準備を
なす。講堂の豫定を先生の御命令により隣之寺の八疊
間に變更し、其處四個の卓を並べ板を敷き白布を蔽
うて十六人の座席を造つた。
控室を講堂と定め佐野兄夫妻、坂田、藤本、山田、坂本
の數名集つて加州其他の話をなし六時半
送別會場なる晩餐の席に對坐し内村先生の感謝の
祈禱を以て食事に就いた。鰻飯であつた（會費三円）。北談
盡くる所なしといふ有樣であつた。傳道の事、結婚の事等
主なる話題であつた。九時閉會。九時半歸途につく。
一、「西川光二郎氏に禮を述べて來て貰ひたい
と先生より依賴せらる。

七月五日（水）
午前十時半頃阿佐ヶ谷に西川光二郎氏を訪い文子夫人に迎へ
られ應接間に通されて主人と初對面、直ちに内村先生の
好意を傳えた。喜び受けられ、一見舊の如き親みを以て
獨立雜誌時代からの種々の事を語合つて別れた。

七月八日（日）曇

七時五十五分阿佐ヶ谷發 柏木に向った、
内村先生に向って
西川光二郎氏に面会せし時の様子を話し
先生に好意を謝すとその氏の言傳を申上げた
先生は喜んで余の報告を聞かれた
東京獨立雑誌發刊當時の反逆者の一人に對する先生の愛の行爲である。余は今親しく其調和の事實を携わりしを感謝するものである。

午前の集會
畔上先生
人たるイエス　（ヘブライ二章九―十八）
△イエス様は模範的の平信徒
△職も富も位も識も一切を棄て、神様の為めに立つ
信者、平信徒
△根本的真理一切が判って始めて信ずるのではない。

内村先生
世界大戦の結果、欧洲の基督教は疑われ多くの会員は教會を脱退した。此時に際して信者は如何にして信仰を維持するかに就きシュワイツァーは倫敦に於て一回の講演を試みた。それは非常に偉大深遠なる講演であった之を三回復讀して漸く其要點が判った。
これによって私は私の新たなる考を懐いたとて
天地の道と神の道
と題して話された
天地の道―天然の法則―（生物進化の理をも含む）と
神の道―愛と義によるイエスの十字架の道
とは反對である。

其調和は如何にするか、其事は考へない
それは神様が適當な時は適當の
方法を以て處理し給うと信ずる。

祈禱、　一六六、

論文集に署名を乞う人は七名ほどあった
一、高山君に損をかけるのは氣の毒だ
と申された。

中食は六名、それは山田鐵道兄八木一男兄も居
残って食事せられ、政池、鈴木両兄は
山形傳道の打ち合せを先生と共にし
て又食事を共にせられた。近頃珍らしく賑か
な中餐であった。

午後の集會
塚本先生
ソクラテスとイエス（馬太十一章八節十一節）

△ソクラテスは人類の出したる最大の偉
人十人の中の一人、五人の中の一人、三人の中
の一人である。
△二十餘年前私は九州の極の片田舎の中
學校に學んで居った時木村鷹太郎氏
のプラトン全集を行燈の蔭で耽讀し
たことを記憶して居る。
今はへポリックまで私の心を引き付けて居
る。ギリシャ語を少しくやった爲にポツリ
ポツリソクラテスのことを書いた本
を讀んで居る、實に面白い。
△ソクラテスを紹介するにイエスを紹介す
る様にはっきりは出來ない。
イエスは我が友であるが蘇氏は高山の如く
で只憧れて遠くから仰ぎ眺むるのみであ

る。つまり大体の輪廓を伺ふに過ぎない。
△一人物の眞價を知らんとせば他の小人物と比較して見るが宜しい
底でイエスを知るにもソクラテスを比較して來ると面白い。
△イエスは宗教家ではなかつたが一の宗教を始められた。
ソ氏は哲學者ではなかつたが哲學を持ち出した。若し人間にシンキング(考へること)があるならばソ氏の哲學は其所に働きそれを助けるであらう。
△一は靈魂の問題であり他は頭の働きである。
△共に一冊の著書も無い。
△容貌も亦共に揚らない人であつたらしい。
△一は宗教一は哲學であるが其基礎を道德に置きたる點は同じである。
△キリストは宗教の専門家でなかつた様に蘇氏も哲學の教師ではなかつた
平信徒 凡人であつた自分を引き下げて衆人と共に送つた。
△形式張つた人は訓れ人を集つた時にも自分は一番無智の者として靈智の命によつて語つた。イエスは父の命の外には何も言行することが出來ないという態度を取られた。
△教の内容は似て居る即ち神の國と人の道、罪人であることを主は教えソ氏は智賢いと思う人は無智であるといふた。
彼に神託があつた時彼は一番智い人なるせられ甚だ不思議と思い アテンスの賢人を研究して見た所が智慧ある人と思われて居つた人は無智の人であつたことが判つた。
△其生涯は愛の故に十字架にかかれ ユダヤ人に嫌けら

れ給い、蘇氏はアテンス人の為に殺された。

△其差異ある點を擧ぐれば

イエスは信仰の人として始終し、蘇氏は意志の修養の人として生涯を送った。

イエスは衷に働く力によって立ち、蘇氏は正義善を研究して行った。

△二人の研究を進むれば進むる程大差を生じて来る。

ソ氏（七十の老人）は裁判官の前に長々と無罪を辯明した。

イエス（三十余歳）は只黙し給い 汝はユダヤ人の王なるかの問にのみ然りと答えられた

祭典の為め所刑一ヶ月延期 其時弟子等来り脱獄を勧めた。ソ氏は之を研究して然る後不可なりといった。

△死に方は一はゴルゴタ 一は獄中

二人の時の堂々たる言行は似ず 愈々十字架に近づかれ 從って此杯を離されんことを願い、我神

何ぞ我を棄てて給うやという様な女々しい態度を現わされた。これが死に至るまでの人間であった

真に我友であった。弱き我であった。それでこそ救主であり給う。これ以上の死を遂げ給うたならば人類はソクラテス以上の偉大な人物を得たであろうけれども救主を與えられなかったことになるのである。

ソクラテスの死は何處までも立派であった。人間の為し得る修養善徳の最高にまで達したのである。

△偉人傳の悲哀 私は迚も其高さに攀じ登れない只仰ぐのみの悲みがあれど イエス傳に至りては歡喜と希望と慰藉とを以て 力、我が友 我が救主よと縋ることが出來る。

私は誰をも信じない それは人間である そして私は私自身を餘りに善く知って居るからである。然し只一人 然り只一人 エス様のみは信ずることが出來、絶對に依り頼むことが出來る。

△イエスとソクラテスとは如何に大なる違いなるよ。

一同、内村先生の祈祷、

夏期休業中の注意

一、よく休め即ち怠るな違つた事を為し變つた事を學べ。

署名をいした人十名許りあつた大抵女學生であつた。

午前午後二回の集會は本日限りにて九月第一日曜日迄では午前一回となる。日曜學校は其間休むこととなつた。

西岡虎造氏は内村先生に面會し夏期の集會に於て何かの勤めを為したいと思いますが御許し下さいますかと問いしに先生は大に喜んで御承諾せられた。

五時半歸宅。

七月十四日 曇

「聖書之研究」の發行日である。早朝豫言寺に行て見た。未着であつたから先ず糊を煉つて發送の準備をして置いた。余が畑に居る所に先生見えられ

一、サイトウ君、君には苺畑が有る限りは私の處には用が無い。君の様に美味に行かぬからそれは取つて仕舞つて其跡に花を植えて呉れ給えと申された。余は委細先生の意を了し、先ず小さな除草器で苺株を一方より順次に取り去つて遂に全部を抜き庭の階段の穴に棄て今度はシヤベルを以て掘り返し土塊を砕いて置いた。

午后三時より雜誌封入をする。恩師夫人蒲池春惠姉などの手傳を受く。塚本先生も少しく手傳われた。

七月十日 静かに内村先生の生存の意義、内村先生と塚本先生の特別の関係につき考う。

七月十五日（日）晴

朝露を踏んで花を折り美しき花束を作つて柏木に持參した。柏木にては數日前植付たコスモスもトマトもよく根付いた様に見えて嬉しくあつた。堂に溢れた人は豫言寺で聴くこととした二三十人をそちらに廻した。花巻の中村豊吉兄も出席した。

日曜集會　四七、讃美朗讀　祈禱、挨拶、

西岡虎造兄司會

畔上先生

信仰の維持　（ヘブライ三、四章の研究）

△救の眞意は救の完全の時という。

△信仰の進歩ということなく、進歩あっても當人には自覺なし。基督教本來の性質として謙遜の心は常に彼に働くが故である。

△基督教に奥義秘密ということなし。若しありとせば基督は奥義である。　使徒とは遣わされたる者の意。

△信仰維持に於て多くの妨害あれど其最も強きものは自分に失望することである。二十年三十年と信仰生活を送っても格別信仰の進んだ風もなく其行に於ても境遇に於ても大した變化なき所を見れば基督教は餘りに弱きものでないかという疑が起って來る。此時に教に遠かって失望の人となって仕舞うという例は澤山にある。

△かゝる危機に際してヘブル三章一節天の召を蒙りし者という考を思い出す時に大なる力大なる慰大なる望となるのである。

△自分が自分を見れば實に詰らない他人が見ても同様である。然し神様から見れば詰らなくない。自分の判らない自分の價値がある。我等一人の完成の為に神様は全宇宙の物質界を造るに優る苦心をせらる。加之我一人の為に如何に多くの人の愛と祈りが集って居るかを考うべきである。之が基礎となって居ることを思うと大なる犠牲の結果なることを知るのである。

内村先生

實利主義の基督教

一、我等の今日まで宣教師より教えられし基督教は實利主義の教であって一身一家一國の健康、平和、成功は其信仰の結果として生ずるというのであった。然し事實は之に反する。又聖書の何所にもそんな事を教えてない。否却って此世に於ては攻撃、迫害、損失であると教えられてある。

一、去らば之を棄てんか、教の價値ある證據は何處に在るか。

聖靈自ら我等の靈魂に證《あか》すであって相互の胸中にて判るのである。

一、信仰の結果を此所に見よ彼所に見よ文明に見よ歐米に見よ此堂塔に見よ此大衆に見よというが如き淺薄なものではない。

之に就ては今一回講演を續けるかも知れない。

祈禱。　二七七、

今日出席者名を記しては三人

西岡兄司會に開し先生より注意を與えられたり。

山田鐵道兄は山に常次郎巡査の遺物に就て注意を與えられ、古物保存に誤れる考を懐いてはならぬ。我等信者は常に新しきものを望み日毎に賜わる恩惠により永生を望んで前進するのみにて足れる由語られたるが如し。

七月十八日　水

山田鐵道兄の京都より持ち歸れる故山に常次郎氏の遺物に一と通り眼を通した。新聞雜誌よりの拔萃は僅かに二點丈參考として寫し置く價値あるので内村先生よりの御手紙も別段注目すべき内容のものはない様に思うた。一九一二年岡田邸に於ける聖書之研究讀者會の會員の寄せ書きは一寸面白くあった。

七月二十二日　(日)　小雨　曇

庭前を巡り數種の花を折って美しき一束となし新しき鞄に入れたる聖書と讃美歌とを携へ帶して柏木に向った。過日來恩師夫人に御嘱した札幌行の列車の寢臺車切符は既に求められて居たのであった。余は人に勝って三等切符にて函館まで行くとての聖旨なるを知った。

午前の集會　靈南阪会堂　黒、詩九二、祈禱、一六一、

畔上先生

イエスの叫びと涙　ヘブライ五章

△イエスの十字架に懸り給ひしは自己犠牲に非ずして神の命令であつた。

△如何にして人類を救ふべきか其方法を誤れば救ひは成立しない。

△神命と自己の考との調和あるまでには時日を要したのである。

△十字架上の死を第一回に豫言せられし時は未だ充分に考が定つて居らぬからペテロの忠告に對し サタンよ退け！と強く申されたのである。

△此杯を去らせ給へと祈られし時は神は憂の故に之を許さずして十字架につけ給うた。聞かれずして聞かれたる祈である。

△何れ彼も祈る通り聞かるゝ様にと祈るは偶像教である。信者にも亦此種の誤れる考を祈について持つて居る者がある。

△金森通倫氏の「信仰のすゝめ」を讀んだことがある。平易に眞理を説いてよく一般の人に判る様に書いてある點は甚だ感服であるが巻末に至りて何うしても賛成の出来ないことは二つあつた

一、信者は傳道に不熱心なるは宜しくない、一人の信者は一年に一人ずつ導けば廿五年後には世界は皆信者になる。

二、祈れば必ず聞かれる。祈て聞かれぬのは熱心の足らぬのである。五円の金を要するならばそれを一心に祈れ必ず與えらる、

之は確かに異教的である。

△祈が聞かるれば信ずる然らずは信じられないというは本當の信仰でない人の求めざる苦難は彼を従順にする働きをなす。

△神様の聖旨如何が解らぬ時でもエス様の御心は判る。安心に有がたいことである。

△信者の鍛錬は神とキリストに從順なることである。
二五四（婦人）

内村先生

罪と完全

一、此間教會の信者が尋ねて來て色々の質問を發した、然し例によって頓珍漢な問で答え様がないから、貴下は罪の自覺がありますかと聞いて見た。「人は弱くあります、私は人間です、夫れ故罪を犯します」といふて犯罪は止むを得ない、これは當然のことだといふような態度を取って居る。隨分此考は多くの人の持つ考である。

人間は完全なるべきものである、完全になる爲に凡て必要なるものは神様は備えて下されて居る。それにも拘らず私は罪を犯した、それだから罪の責任は一切之を負います

といふのが本當の人間の取るべき態度である。

一、學問とか修養とかで完全になるのではない、愛があれば完全になることが出來る。

一、神と我との關係、今日の倫理は研究する様になった、協同生活は責任を他に轉嫁して自分の罪を免れようとして來た、

一、審判の日には遺傳、教育、境遇の不完全を述べた所で神様は決して聞き入れ給わないのである。

一、完全になろうと努力する其努力は神様の賞讃に預るであろう、今より完全なる男

女にならう。

一、色々の不平不完全や人の攻撃批評は悉く柏木から取って仕舞いよう。

祈祷、　さんび、

福島縣下白河以北の傳道旅行の同行青年會會して打ち合せ致したいのですがと恩師に對し講壇の前で伺ったら

一、山本泰次郎君が居らぬか呼んで呉れ

そのお詫であった。余は急いで玄關から山本兄の歸否を一同に伺って聞うて見た。同兄は幸、門前に立って誰人かの出て來るのを待合中であった。山本兄は西口から入って恩師の前に立った

一、山本君に、白河若松間の傳道は齋藤君と一緒に行くことにする。旅費は百圓とするから節約して有功に用ゐる様に望む。凡ては齋藤君と相談して遣って呉れたまえ

先生は大變御満足の様であったが我等も亦甚だ感謝であった。我等には何も無い、有るものは基督を信ずるの信仰のみである。之を以て恐るゝ所なく旅途に上らんとするのである、

二千年間の傳道者の心は一々は知るに由なしであるが我れ今此重任を負うに當り我が心に閃くは只神の御命令のみである。我主イエスキリストに在りて起つが故自主自由である。旅の用意とて何も要らない、即ち思いを勞するは及ばない。其時々に必要なるものは主備え給うと信ずる。目指す所は教友等の尊き靈に働く信仰と猪苗湖畔に續く板橋峠以南の村民の愛すべく又憐むべき靈魂である。我等二人は恩師の言を聞て了し其前を去って幕の前なる椅子に倚って此事につき話し合せ兄は角本日午后三時半余の宅にて懇談すべきを約して別れた。

廿九日、五日の二回の日曜日の講堂整理は武藏屋君に

依頼した。我等の此旅行に對して石原、山田、井蒲池、藤澤の諸兄は皆喜んで呉れた。歸宅して此事を告げたら家人も喜んで居た。

午后三時半山本兄來訪、地圖を開いて三日郡山驛にて一緒になること、書籍は研究社から借受けて山本兄が携えることにした。何れ郡山以後行く先々に於て示さるゝまゝ導かるゝまゝ教えらるゝまゝに歩みを進むることにした。

七月二十三日(月)

柏木に至り先生からパナマ帽子を恵まれ、カリホルニヤから送ってきたというメロンを三人で味って歸った。天沼三ノ八一九山本泰次郎兄を訪い、旅費を渡すから今夜か明夜來る樣にとの先生の言を傳えた。直ちに歸宅し旅行に就て考えた。

一九八二年
(昭和三年)夏期傳道旅行(十三日間)

七月廿五日(水)午後一時内村鑑三先生靜子夫人女中みきさんと共に青森行急行列車にて上野驛を出發

同 廿六日 未明尻内にて下車先生と別る。獨、濱、八戸、福岡にて教友を訪い一戸に入り廣全寺(住職佐藤大麟夫人およね子)に泊る。

同 廿七日 盛岡に至り讀者數人を訪い午后水澤に至り池田屋に泊る。

同 廿八日 花巻に至り照井兄阿部飛氏に迎えられ折居小枝子方に泊る。

同 廿九日 岡山寅元氏宅に泊る。

同 三十日 飯豊を經て笹間村東光寺に至り一泊。

同 三十一日 黒澤尻乗車(一關に途中下車し午后仙台大塚兄宅に泊る。(耕吉)

八月一日 風雨の日であった黒野兄宅に集會を開き此

夜は大塚兄方に泊る。
八月二日津久井鏡子を訪い十一時仙台を立ち午后郡山着く
此夜山本泰次郎兄と共に若松市橋本宅に泊る。
同 三日福良若狭屋に泊る。
同 四日長沼町松川屋に泊る。
同 五日白河市白陽館に泊る。
同 六日棚倉川上を訪いて後帰途に就き夜十二時帰宅
（精細の記録は当時の日記にあり）

内村先生は第六回札幌伝道に赴かる。
七月廿八日宮部金吾博士宅に於ける協議会を
始めとし九月十六日商業会議所講演会に
至るまで大活動をせらる。

八月十二日（日）晴
久しぶりに講壇の花を用意し七時五十分柏木に向う。
講堂は綺麗に整正理されてあった。蒲池兄の為す所
であろう。余は花を立て玄関前の数枝の配置
だけやった。

集会 西岡兄司会 三一、（ヘブル七章 二二七、 祈祷。
奇跡に就ての所感を述ぶ。

畔上先生
執成に就て　（ヘブル七章十八節）

△キリストに二つの務めあり、
一、十字架の救　二、執成
△信仰は自覚で居れば之は人間の霊魂の自然の
要求である。
△第二の事はヘブル書はヨハネ福音書に説かる。
△キリストは神の如く又人の如くあり給うて聖人の風はなかった。
祈祷。 二二五。

感謝祈禱會

此日豫言書二階に於て傳道に就ての感謝祈禱會を開いた、

△政池仁、鈴木弼美、°鰭崎轍、湯澤健、鈴木俊郎、・中山清、△山本泰次郎、△会の八人であつた。△の四人祈つた。

八月十九日（日）雨

八時五分の電車で柏木に向つた今日は花を携えず、蒲池高橋等の諸兄姉を喜ばす菓子を提げた、

集會　西澤勇志智　四十七、詩五十一篇、祈禱、

奇跡に就て（前回の續き）

畔上先生

ハパックス（ヘブル九章大意）

△ハパックスなる「一度」の意味に二義ある　一は二三四度を豫想する一度で　他は只一度の一度である。イエスの十字架の死は之であつて舊約時代の大祭司が年に一度至聖所に入つて民の罪の爲の祭を爲すは前者である

△土曜日安息日論を主張するが如きは舊約と新約とを混同せる結果である、

・傳道者の苦心談をもせられた。

内村先生から茅江さんに御通知があつて此日曜日は息抜きに定山渓に祐之學士と共に向い讀者會を開く由とのことである。

八月廿六日（日）晴

雨宮の母堂（露美惠）に貸與する事大聖書を携帯して柏木に向つた、

内村先生に於ても健康を信徒の爲に道を說

かれ今孫正子さんと遊んで居らるゝとの御報知
が昨日屆いたとのことであつた。
星野喬澄兄今朝上京直ちに來訪講堂にて
互に語り合ふ。

集會　西宮兄司會　二三九、(ヨハネ十二章)　祈禱、
　愛と謙遜
　畔上先生
　　信仰の性質　(ヨハネ十一章大意)
　祈禱、　二三三、

(石原兵永兄八月七日出發北海道まで約二週間
の旅行中、歸途花巻温泉に立寄り其所に
旧求康堂や城内の求康園の跡を見來りたり
ことを聞き、力ある者の小さき跡を　よくも親切に
訪ねて呉れたもんだと思つた。
青山なる西宮家に居る井口の老母に信仰を語り大
聖書を世界に渡して世界を救ふ様頼んで歸る。

一九二八年(昭和三年)
九月二日(日)　晴、雷、
集會　西宮兄司會　五九、詩五十九篇　祈禱、二六一、
塚本先生
　感想
眞のエクレシヤを失つた悲しみ。
一牧師の觀察　―信仰を個人的として見る人多しと
いうこと。
△個人的ということに二種あるが、我等所謂無教會
信者をも「獨ぼつち」の孤獨信者の類と誤認して
居るではないかと思わるゝ點がある。
△それは全然反對である。我等は勿論只信仰により
十字架の御功績を以て神に義とせられたものであ
つて他の何ものにもよらない。然しながら我等は
キリストの御救いを獨占せんとはしない。人類全体
と共に其恩恵に預らんことを祈り、既に信者とな

りし兄弟を愛し又未信の人々をも救いに導かんと力むる者である。我等の無教會は是である。

△然し同時に柏木の信者も亦大に考えねばならぬ。此所は色々の煩いはなくて便利である。日曜日毎に講演を聞いて居れば それで宜しい。獨靜かに信仰に居るの樂しさ氣樂さという様な孤獨信者以上の不信罪惡に居りはせぬかと克く考えねばならぬ。

二三八、

畔上先生

信仰の生涯　（ヘブル書十二章）

△多くの證人は見つゝあること。

只イエスを仰ぐにあること。

△法然上人の説話のうちに 獵人に圍まれたる鹿の逸走することがある。向った方面に向て真直に走ること。

祈禱。　二六一、

塚本先生は津久井鏡子父子の健康状態 及び 朴澤巡査のことを報せしに非常に喜ばれた。

山形から歸られ鈴木弼美兄に會った。

九月九日（日）晴

北海道では先生を始め御一同お變りなき事を聞いて感謝。

集會　西園兄司會　一〇一、

祈願　見ゆる所のものは見えざるものに由りて造らる。

畔上先生

造化の完成　（ヘブル書十一章）

（報告。・九月第日曜日より全く獨立して集會を開くとのこと。

私の要求、先生も其必要を感じて居らるゝ場合であって平安に解決。若干の疑念を挟む者があったら それは誣いるものである。

悪魔の聲である。豫備軍の様な資格となる研究誌は今迄通り。）

九月十二日（水）

札幌なる内村恩師に書面を認め、柏木の近状を報じ研究誌の無事發送を感謝した。

九月十五日

名古屋、大阪、岡山、北海道、長野等の共産黨事件の豫審有罪決定が發表になつた。二十歳から三十歳までの青年達である。十七八歳と三十歳以上も各三、四名見えた。

九月十六日（日）晴

集會　西岡兄司會　三五、詩廿七篇、祈禱、二四五、

ヨセフの生涯に現われたる神の攝理

△我等も各々攝理を信じ其恵みの御手を尊び潔く歩み神の榮光を現わすべし。

塚本先生

（此先生の獨立に就て經告及び聽い――

精神的援助）

愚かなる金持の譬喩

△譬喩は其話の前にある話即ち如何なる時に誰に話されたか其場面を見ること、諸後の說を明しを知るに注意せよ。

△此御言葉を發せられたを有りがたく思う。

△我等は神様の所有故御自身で御心配下さるのである。人の生活の九分九厘までは自らの肉の心配である。之は要らないことである。

靈魂の心配はせねばならぬ。

如何にして生活を樂しくせんか

如何にして長生するを得んか

之は現代人の状態である。

△私は九年間官途に立つて究に向一心にやつて居つたが遂仕事と信仰と合致せぬ時が來た。

今迄眞録にやつて來た事は凡て何うでもよくなつて來た。少しも問題とならなくなつて來た。

△「今宵汝の靈魂取らるゝことあるべし」眞に然り然るに世の人は百年も千年も生きるものの如く晏如平然として肉の事のみを思うて日を送つて居る。

△逼迫した緊急の大問題は何であるか。彼等は先ずパンを與へよという。今召さるゝも可なる準備こそ大事である。

△然し中々考へ通り行かぬで此金持の様なことを思ふ。

△其爲め信者は何時まで經《た》つても出來ませんで通して行く。信者ほど引込み思案の者はない。私も先生に遁れと言われてから長い間辭して居つた。所が死ぬということを考へるや私から進んでやらして下さいと願ふ様になつた。

二八八、

塚本先生外六名の教友と蕎麦の中食を攝つた。「其隣を愛す」の堺利彦の文を讀んだが種々なる人物の名が出て來る。内村先生も隨分危い關を通り拔けて來られたものだ。私が兵役納税を拒絶するが正しいと考えたのは社會主義の思想の感化があつたであるまいかと言えば、塚本先生は多分そうでしよう。私なども若し信者にならなかつたら社會主義者になつたであろうと申された。

一同散じ西田先生と余とが居殘つて互に物語つた。

午後の集會 石原兵司會 聖、祈禱。

畔上先生

所感

△夏の休みに法然上人全集を讀み感じた點を拔萃し來たので之を紹介せんとて信仰上の有益なる文章を朗讀説明された。

△此等信仰の勇士を祖先に有する我等は世界的に信仰上の使命の存することを確信せざるを得ない。

△最後に上落合聖書研究会設立につき話された。

塚本先生

ヤコブの條件　（第四章十三－十六節）

（最初に畔上先生の独立について所感を述べられた）

神若し許し給わば（主の御意ならば）

三四二（婦人の子）

（西洋には何々日、日、ということがあるか）

△一々此言葉を口にし又は書する意味ではない。

△富貴してはいけないということでもない。

△計画を立ててやってはいけないという意味でもない。

今日の苦労は今日にて足れりの御言葉を引いて来る人があるけれども　それは間違って居る。

計画は善い事である。神様は秩序の神様に在し給う。

△我等の凡ての事に日、日をくっつけよというのである。高慢であってはいけない。自分でやろうとしてはいけない。

△かくては消極的になり勝ちだと思うのは間違いである。却って善と思う事は大膽に自由に為し得るに至るのである。悪ければ神様はやめさして下さる。其時は直ちに休めるのである。

△百萬救靈とか今年中に彼を信者にして見せるとかいうのは罪である。

△日本人殊に青年男女はもっと凡ての事を為すには積極的であって欲しい。

祈禱。　二七三、　黙禱。

五時帰宅。

九月十七日（月）　午二時柏木兄の護言寺に入って蒲池夫人より苦業の總会に参加する　折しも花枝さんが来り黒崎よりの危篤の電信を示された

一、明朝八時上野着く

というのであつた。余は仙台なる大塚耕吉兄に打電し、歸つて藤澤兄蒲池夫人の三人玄關口にて感謝の祈禱を捧げ四時歸途についた。

若山牧水氏今朝七時五十八分沼津の自邸で四十四歳で病死。

九月十八日（火）雨

朝六時七分阿佐ケ谷發の電車に乘り馬太傳を讀みつゝ進み、神田驛にて蒲池兄と邂逅、六時五十五分上野驛着、續いて來りし藤澤兄八郎様畔上先生高橋茅江姉と六人にて七時五分着の急行列車にて内村先生並に靜子夫人を迎えた。共に御健全にて歸京せられしを見て感謝に堪えなかつた。各荷物一個ずつを携えて先生に從い山手線電車に乘つた。蒲池兄高橋姉は此處から別れて務め先に向つた。余は畔上先生の側に坐して先生の土産話に耳を傾けた。

一、札幌獨立教會の混亂。

一、金澤常雄君は福音一點張で會員を訓練することに力を用いなかつた爲に少しも統一が付かなくなつて居つた。

一、然し會員は金澤さんに苦しめられて却つてよかつたという居る様になつた。

一、牧野實枝治君を適任者と認め篤と祈りと相談の結果牧師に決定し、私は教務主任となつたから、今後は會員で勝手に牧師を罷免せしむることが出來なくなつた。

一、札幌獨立教會は名は教會なれど本質は別個のものであるから會員に克く其事を知らしめ他教會とは違つたものとして立派に成立して行かねばならぬ。

一、有力な會員十五名加つた。

一、日基の牧師の時にはよかつた[illegible]が組合の牧師の時にはすつかり悪くして仕舞われた。今回もスンデノコト浸禮教會に横領される所であつた。油斷がならない。

一、北海道帝大の教授中基督信者のみ集會を開いたら三十六名あつた、内日基の十三名は多い方であつた。

一、北海道は今年は四十六年目の大旱魃でエルムの樹は枯れ草原は枯死して黄色となり畑作は實に慘めな様である。市内は黄塵と暑熱で随分つらくあつた。

一、今月の雑誌には無教會主義の記事が二つもあつたものだから大變讀者の目についた。柏木一派などの言があつたが あれでは純然たる一派である。餘り自説を主張すると自分がカソリツクになつて仕舞う、大いに注意せんければならぬ。何分塚本君が官界に在る時から思ふ存分やつて來たのだから止むを得ない。其内に盡きるだろうから力一杯やらして見るより外に仕方が無い。然し折あらば君（畔上）から それとはなしに注意を與えて呉れ給え。

一、畔上先生の集會の様子を聽かれて大いに満足せられしと見受けた。

一、神戸の連中は例の男と絶斷したと聞かれて是亦喜ばれた。

一、今度は諸君がよく留守居をして呉れた為に少しの心配もなく夏を過して來たのである。好意を謝する。

一、サイトウ君、札幌のトマトは美味しかったよ
子供等は大道をお八つに食べながら歩
いて居る。
一、蘆花さんの記念會（講演）が朝日講堂に
あって私にも來て話して呉れとあるけれど疲れ
て居るから行く譯に行かない。君若し行く
なら名刺を持って私の代りに行って呉れぬか
（宜しうございます）とて先生の名刺に左の文を認
めて渡された。
今朝北海道より歸りました。旅の疲れにて
今日の記念會に參上致しかねます　甚
だ殘念です。齋藤君に代っていたゞき
ます。
私は故蘆花君の如き本當の文學者を
日本に賜ひしことを神に感謝します
九月廿四日朝　内村鑑三

（豫定雜誌
加賀川豐彦、木下尚江、石川三四郎、芦田、久布白落實）
（人生の浪費の草稿は右の日記の方）
帝大佛教青年會では思想善導の爲上杉、木村（泰賢）
常盤（大定）等の執筆に成れる百頁位のパンフレットを廿三校
の學生全部に配布する計畫中なる事.

九月二十三日（日）晴
先生に呈すべき七個の蕃茄と高壇の花
を携へて出發。七時五十五分の電車に乘
った。今日は花は多くあった。即ち人家の庭の
物と某未亡人の贈物と花屋の一圓物と
沿掛の高價な草花の四つであった。珍らしいこと
である。
午前の集會　三五、伊賀豐彦　祈禱・一六六
高田氏司會

柏木聖書研究會一覽表

年齢	組(十組)	會員總數	「聖書之研究」讀者	不明	非讀者	入會年別 A.	B.	C.	D.	E.	F.	G.
46以上	ヨハネ	59	56	2	1	33	8	5	6	4	1	2
36–45	マタイ	53	49	4	2	22	4	3	8	9	6	1
30–35	パウロ	46	38	1	7	11	8	14	3	4	3	3
26–29	ルカ	74	63	6	5	16	14	9	8	10	10	7
21–25	トマス	63	55	5	3	1	1	8	7	23	19	4
20マデ	ペテロ	26	17	5	3	1	0	2	1	10	5	6
	計	320	276	23	21	84	35	41	33	60	44	23
41以上	マルタ	50	37	5	8	15	9	5	6	8	4	3
30–40	ナオミ	50	44	2	4	17	5	4	8	10	3	3
21–29	ルツ	98	85	5	8	14	6	5	12	31	22	8
21–29(學生)	マリヤ	50	41	0	9	1	0	3	5	21	4	16
20マデ	ハンナ	42	24	2	16	0	0	0	1	16	16	9
	計	290	231	14	45	47	20	17	32	86	49	39
	總計	610	507	37	66	131	55	58	65	146	93	62

A. 大正十年九月(會員組織に改む)
B. 大正十年十月—十一年十二月
C. 大正十二年一月—十三年十二月
D. 大正十四年一月—十四年十二月
E. 大正十五年一月—昭和二年八月
F. 昭和二年九月十二月(日本青年館)
G. 昭和三年一月—

昭和三年七月調

（空白）

信仰で救いの完成に就て
有益な感話であった。　三三二

内村先生
休養と労働　（太十一章二十八節以下　[illegible]章二十八節以下）

一、欧米人の考と格言と習慣とに反し聖書の教うる所、キリストの身を以て示されし所を説かれ、恵みて力に支えらるゝキリスト信者は休養とて無為の状態又は遊びに身心を委ぬる必要なく労働は即ち休養である。

講堂の一隅に於て塚本先生[illegible]余の六名にて[illegible]の中飯を摂った。

△高倉徳太郎牧師が札幌日基信者に歓迎せられし席上に於て有力者佐々氏が令息を内村先生の所へ遣って置くと聞いて、手を挙げて其不穏当なるを詰るや佐々氏憤り内村先生が死んだなら神様が適当にして下さると言い放ちて即時に座を去った。然し講演が始まるや佐々氏講壇に近き第一席に着いて聴いた。所が講演終って後高倉氏壇を降って、佐佐氏に先刻の無礼を詫びたということである。狭量ていおうか偏執といおうか浅ましき宗派根性は何処で発揮しても醜いものである。

△教会は挙って内心、柏木の衰滅と混乱に陥らんことを欲して居る様に陰密の間に彼等の言行によって知らる。

△私は教会の攻撃をするのは私の気性又は佐

劣なる目的に出ずるものゝ如く誣うるものがあるが決してそんなことではない。人の救わるゝは只信仰―イエスキリストの十字架にある信仰によるものなることを信ずる故に對し彼等は然らずというのが私には耐らない。神に對する大なる冒瀆と思うのであるから私は唯一の生命を捧げる、こゝにたる、到底黙することは出来ない。恐らくは教會の存する限り私の攻撃は馳まぬであろう。

△江原萬里氏の雑誌は（思想と生活）自分で筆を執らぬ様になってから一向に増加しなくなったと、病牀にあって感想でも澤山書くがよい。それが出来なければ断然中止する法は得策と思う。

お話があって斯くて物語の間に二時間は過ぎた。

午後の集會　三田、祈禱、二八七。

塚本先生

不幸の意義（約翰傳九章一―七節）

△約翰傳は六ケしい書であるというけれど實は一番判り易い書である。

△大真理であればあるだけ入り易くして其堂に達し難きものである。約翰傳は信仰はよく判るが其深遠なる妙味は中々判らない。

△生命の特長として其本質は變らねど、人々の其れに對する其時々の氣持態度で色々の姿に現われる。短調に似て短調でない。恰も赤ん坊の動作の如く海波の様に似て居る。何時まで見て居っても決して倦むことを知らない。

△約翰傳の記事は歴史的時日は極めて不明である。

△九、十、十一の三章は此書の中心であろう。九章は光を示し十一章は生命を現わして居る。

△病氣は凡て罪の結果であるという考を當時の一般の人は信じて居った。

△親の罪を負うという事は愛の關係上感謝すべきことである。

△互に重い罪の十字架を負うという事は必要である。

△「なぜ」と疑い乱すは宜しくない、何の為に此事あるやと御心を探るべきである。

△我等一人々々はイエスの權を持つて居る、其自覺責任を持つて居る。

△信仰は極めて簡單である、時の到來を待つとか、充分に準備に努力して後になどいうべきものでない。

△人は常に夜が来るということを考えて居らねばならぬ、然し駈足するはよくない、ゆっくりゆっくり歩くべきである。

△神様と自分との關係は其時々には何時でも「オールライト」でなければならぬ。

△私は自分の無學ということを痛切に感ずる、何もかも不足だらけと思うて焦る。そうすると腰が抜けて一週間ぼんやりして仕舞う。不圖悟りがつくと、それはいけない矢張人は百年も千年も生きる積りでポツ〳〵やるべきだと思うて其態度に出ると始めて心に平安が臨む。

△唾にて土を和きは之は病者の弱き信仰を助ける為であろう。主は凡ての人の心を知り給うから醫癒の方法も亦必ず其人の靈魂の状態と深き關係あるに相違ない。

△シロアムの池は都の東南にある小池、前七百年ヒゼキヤの時處女の泉との間に水道千七百呎の長さを通ずる旨く双方から掘り當てたとのことである。一八八〇年此水に這入つて見た人は岩壁に文字（記録）のあるを發見した、之によつて當時のヘブライ文字の字形は今日のものと違つて居つたことを知つた。

△私程幸福な者はないと思う人でも一度觀察の方面を變えると十も九も不幸と見ゆる樣になる。

△然し三節の主の御言葉「彼に由って神の作爲の顯れん爲也」という之に信仰を向けて皆神の榮光の爲ということが判れば積極的に希望満々として起るのである。我等は皆斯くあらねばならぬ。

内村先生

私は今年の夏何を爲したか

一、柏木の集會は其信仰、其動作の訓練。一般の規律に於て獨得のもの、ある事を知れ。

一、凡て物は自體を知ると共に他との關係を知るの必要あり、北海道は露國沿海州の開發に向って將來多大の關係を有す。

一、神は私共をして明治十三年に一の事業を始められた。獨立の傳道之である。札幌獨立教會は教會の名稱はあれど其獨立の精神によって建ったものである。「聖書之研究」も柏木の「研究會」もそれから起って居る。彼は非常に大切である。勿論今は彼が存在を失ふ如き差支なきだけに準備方法が出來出來て居るけれど、兎に角一同祈と同情を以てあの教會を盛り立て、行かねばならぬ。私は此夏彼處に全力を以て働いて來た。

祈禱。　二八二、

今日は獨で講堂内を始末し、鈴木虎秋君も亦獨で會費の方を計算した。

先生も奧様も庭前に出て居られた。先生は余に庭の隅の梅の樹を指され

一、此の木　遂に助った。大正十二年か移植して後二年

間芽が出なかつたから枯れたものと思うだ所が三年目に發芽して今年は結實を見ることになつた。植物というものは中々強いものだ

と申された。實様は余に對し之はトマトの御禮として二十世紀梨五個、之は札幌の御土産として小豆焼という菓子一函を恵まれた。恭く頂戴して鈴木兄と門前より東西に分れ余は獨感謝に溢れて靜かに家路に向つた。

「佛教聖歌」というものを文部省宗教局内佛教音樂協會が東日社の後援で募集してあつたが其結果の當選したものを今日の新聞紙上で發表した。「花祭の歌」と「朝の歌」の二つであるが「三歸依」と「夕の歌」は佳作が無い為再募集という状態である。

政府の發起、新聞社の後援、それに募集という方法、斯くて此の通り。佛教の前途憐むべきものあるのみ。

案

拜啓時下秋冷の候 主にありて御清康の御事と存じます。

偖て既に聖書之研究誌上にて御承知の如く、畔上賢造先生には内村聖書研究會講師として過去八年間我等の為めに御働き下さいましたが、此度別に上落合聖書研究會を起し、その方に專念さることに成りました。

就ては私共一同感恩の徴表を表するため、且つは先生の新計劃に何等かの寄與をいたすの名譽と喜悦とに與からんが為め、大様左記の方法を以て應分の醵金を致し度いと思います。何卒御賛成下さる様願上ます。

一、會員を充分に收容するに足る會場を新築(或は都合により増築)して贈呈すること。

一、御醵金は一圓以上とし、最高百圓迄とすること。

一、御醵金は在京會員の方は封入の封筒に收め、空欄に夫れぞれ御記入の上日曜日集會の際所定の籠に御投入下され度きこと

一、締切は十月三十一日。

昭和三年九月二十日

九月三十日（日）雨

八時七分の電車にてトマトと花束を携え柏木に向った。

先生、

一、今後講壇の花は君のみにて受持つ様に

黒木耕一兄、　豫言寺の椽に立ちしは正しく黒木兄あり之にて三回目の會見である。最初は二十五六年前第三回角筈夏期講談會に於て、次は昨年春恩師と共に栃木県烏山中學校に兄を訪問せし時であつたが、今回圖らずも百年の友情を以て相見相語ることを得た。然し今日は朝の集會に於て君の告白に涙を絞り午後二時恩師よりバプテスマを授かる際十數名の立會者の一人として出席するの榮譽を得たのである大島正健老先生は余に對し黒木君を知つて居るのは齋藤さんと私だけですねと言われた。兄の今日の感謝すべき事實を見て恩師の心如何に樂しくあるかを思い、キリストに於ても將に斯の如くあらんと拜察することが出來、更に當時の出席者にして信仰を離れ居る人々のことを思い同情禁じ得ざるものがあった。

午前の集會　靈兄司會　一七、詩八篇、五三、

内村先生立つて黒木耕一兄を紹介せらる。

黒木兄現れて涙ながらに廿七八年前廿五歳にて先生の許に働きしは不信にして虚偽の生活であり其後無情不信を續けたが昨春先生の愛に感激して神に歸るの幸福を與えられ茲に古き生涯の葬式を行い斷然新しき信仰の生涯に入らんとするとの告白をせられた。

内村先生

一、一人歸つて來た。私の處に歸つたのではない、神なる父の許に歸つたのである。如何ばかりの喜びであろうか。クロコダイルの涙にあらず、眞の人間の涙を以て神の前に立つに至つたのは大なる幸福である。未だ歸らぬ多くの人々が存するが彼等も軈て

一、帰るであろう。
一、福音は説くべし、同情を以て祈るべし
如何なる様にあるも愛すべし
斯くて時の到来を待つのみ。
二〇二（婦人）

聖霊を授かるの途（路加十一章一—十三節）
知識的方面
實行的方法
靈的方法
一、聖書を解する力。
一、聖旨を實行する力。
一、神を愛し人を愛する力。
一、希望、忍耐、勇氣。

一、希伯来十一章三十三節以下の力。
一、信仰によりて聖靈を受けて之を行う。
一、信仰は力に非ず力を呼び起す謙遜の態度である。
一、聖靈はクリスチヤンの凡てである。
一、身は罪によつて汚るるも良心のみは潔しというは相違。
一、聖霊によつて根抵から改造せらるる必要がある。
一、北海道でデンマールの農民四戸を移住して貰つて其勞働生活振を以て悉く感服
然し日本の農民には到底出來ない。霊が違うからである。
一、如何にして聖霊を授からんか、祈祷は第一

である。祈禱の目標は聖靈を受くることにあらねばならぬ。

一、次は善行である。善行も亦祈禱の一種である。

一、働く事は禮拜なり。

一、信者の生涯の全部は禮拜であり祈禱である。

一、最大最善のものを他人に與えよ、神は汝に聖靈を授け給わん。

一、言葉のみにあらず行を以て祈れよ。

一、汝の心と行とを悪に向けなば聖靈を撤回せらるるであろう、是れ最も怖るべく悲むべきことである。

一、善行は報酬の達せざる所に爲すは可なり、天に於て又天よりの酬いあらん。アフリカの土人は又西部支那の地に同情金を送るもこれが爲めなり。

祈禱。 二〇八、

夕食は十名程であった。

講堂の一隅に於て六七名の洗足會員は塚本先生を中心として畔上先生に對する謝恩の方法に就て相談決議せるを見た

内村先生三四回廻り來って

一、バプテスマを施すから静粛にと申された。

午後の集會 一三五 祈禱。 一三五、

塚本先生

信仰の事實に對する説明 （羅馬九章）

△シロアム（遣わされた者－イエス・キリスト）に行く、此簡單明瞭の態度は必要。

△信仰の事實は説明することは出來ない、研究の結果信にいたるなど、いうては何時までたっても信仰に入ることが出來ない。

内村先生
教理研究の必要
一、聖書研究、哲學研究、學問研究の必
要を述べられた。
祈禱　一七九.

黒木兄は受洗に就て先生に何か謝禮すべきかと余に
問われた、余は塚本先生に質して見た、一定の例
は無い、本人の自由に任すも可ならんと答えらる、
余は之を黒木兄に告げた。

一九二八年（昭和三年）
十月七日（日）雨
雨の中で十種もの草花を採集めて美しき花束を作った
雨の中を走て内村先生に呈すべく番茄を摘果した。
雨に濡れて阿佐ヶ谷驛に急ぎ、東中野から雨を冒
して柏木に向ふ。
婦人の會員出席半減、降雨の為に左右せらるゝ信徒
の心は愛らしくない情ないものである。

午前の集會
塚本先生司會　　讃美、祈禱、詩五六篇、一八五.
祈禱に就て　（太七章七節以下
　　　　　　可十一章廿四節以下）
△祈れよ　何でも聞いてやる　その言葉に驚くべき
ものである。
△神様は神様であるならば愛ある者の祈は何でも
聴いてやると仰せらるゝは左もあるべきこと、思ふ。
△過去の祈を數えて見るに聞かれたと思はるゝも聞か

れない祈の方は多いと思うであろう。

△聞かれざる祈禱に就ての説明を沢山挙げて居る。

1.信仰薄き為め、

2.慾の為に祈るから、

3.神の御心に適わざる祈をするから等々

△然し別の方面から之を見ろ。

1.祈る時に信じて居るかを考えよ。

2.本当に信頼し切って祈る時には既に聞かれている。

3.信仰的秘密である。

4.熱心や努力や態度を基にして祈って聞かれんとするは商買人の取引である。

5.祈る者は真剣味がない、大抵は祈り離(放)してある。昨日何を祈ったかも忘れて居る。神様は何時も真剣である。祈を悉く知り給うのである。

6.祈を皆数えて見ろ、聞かれざるは一つもない。總て我が生涯に善からざるは一つも無かりきである。

7.信仰関係は熱心、努力の代償を払うのではない、既に得たりと信ずる程に信仰は祈が聞かるゝのである。

一八、一一(婦人会)

内村先生

十月十日(日)午后七時より傳道会第四回、定期傳道の報告を主とする三回報告せらる。

死に関する聖書の教示 (創三章 詩十六篇)

一、友人廣井勇君の死の報知に接し、其遺言により葬式を営んだ。

一、死を知るは健康時の正しき生活に必要。

一、平清盛は死に臨んで生者必死ありというて凡ての人の到着点は是丸だという様に言うて死んだが、之は果して死に就ての本当の解釈であるか。古来多くの人は斯く思うて居った、然るに今や基督信者までが此の様な浅薄な考に陥り それにて平然満足の様子をして居る者が多い。
一、傳道書にも之に類した文字があるがあれは記者の信仰の冷却した時の言であつて後に至つて其非なることが述べてある。
一、死に關する問題は近世科學、醫學、恐く誤つて居る。
一、死は生と同様普通當然のことであるならば何故人の死の報を得て今更の如く驚くや、 人の死に關する觀念程矛盾のものはない。其矛盾に深き理由が存して居るので筈。
一、詩人テニソンは詩に因つて言う
我は知る。我は死ぬる爲に造られざるを
と又創世記五章廿四節
エノク神と偕に歩みしが神彼を取り給いければ居らずなりき と

一、死は罪の結果である。アダム若し罪を犯さざりしならば、エノクの如くエリヤの如く死の苦痛なくして新生に移つたであろう。
一、何故に死に苦痛が伴うや、それは死ぬべからざる者が死ぬからである。青年壮者の死は實に苦痛である。
一、然らば罪は何か死は何か是れ大問題である之を最も分明に教うるものは聖書である。
一、罪の人間は如何にして死なきを得るか
提摩太後書一章十節
キリスト死を廢《ほろ》ぼし福音を以て生命と壊ざる事とを明著にせり
祈禱、 三五六、
中食、六人（塚本、石原、鈴木錫三、中村、鈴木虎秋、余）
親子丼、番茶、

○十月號聖書之研究記事　内村先生塚本先生より話
合されし事項、
一、中川牧師・福音新報にて無教会主義を攻撃せし話、
一、無教会主義研究会が湘南地方にて開かれし話、
一、畔上先生の論文に對する教会派の攻撃、
一、カソリツクは根本に於て教に反し其儀式形式等を
殊更非難するのではない、
一、土井晩翠氏が「一粒の麥」を讀んで吉原ひろ子に
就て感じたる詩を示さる、
一、土井氏は過激思想が學生間に益々瀰漫する状を
嘆ける手紙朗讀、
一、日本に於ける無政府主義　共産主義の侮るべから
ざる勢力、
一、政府為政者の頭の中には忠君愛国の観念などは
毛頭無きこと、
一、一検事の告白によれば現日本の共産主義勢力は
到底法律的制裁や思想善導如きで撲滅し得
ざること、
一、政治家の罪悪、
一、兜町取引所の凄惨なる状況、
一、鎮壓策はクロムウエル流の断あるのみ、
一、我等若し信者たらずんば矢張社会主義者
たらんのみ、
一、音楽禮拝の罪、
一、慈善何々会の偽善と其發記者運動者の
誤れる心事、
一、牧師が信者の機嫌を取る様では駄目、
一、女子大で一年振りで快き食事の饗應に預つた、
一、渡邊善太氏は柏木集会の盛んなる理由は純福
音のみを説くからだと話せし由、氏は女子大に於て毎日
曜日の集会に於て純福音のみを説かると語りし由、
一、此集会を老年青年で區別せずして出席年数の

長短に依って決せんかと考えて居る。
一、高倉牧師のやって行けるのは信者を一盤する態度を執って居るからだ。
という様な色々の話を聞かされた。

午後の集會　鈴木錫美兄司會　五六、祈、一八九、
塚本先生
光の力　（ヨハネ九章三十五節以下）

△約翰傳は其基調を、基督は生命であり、光であるというに置く。そーて其絶頂は九、十、十一章である。

△凡ての信者の根據は、我は[illegible]なりしが今は基督によって光に[illegible]ら生ける事實の把持に存す。

△神學書を讀むは容易の事に非ず、學問は最後までエスともノーとも決し得ない。

△一冊の本を讀めば必ず自分はゆすぶられる、本に讀まれざる為にはしっかりしたものを持って居ることを要す。

△無數會反對の理窟は立つ。然り然りである。然し自分の實驗の事實は頑として其光を放ち微動だもしないのである。

△アウガスチンは神學者ではない。神學は信仰を生まない。神學は信仰の事實から出來るものである。

△一体何うすればよいんですか？屁理窟は言うことは出來るが本當の答は誰も沈默の外はない。只獨り我等信者は大膽に明白に答えることが出來る。

△信仰さえあれば聖書の何處を取っても同じ様に實驗を述べることが出來る。

△光、イエスキリスト是なり。
△話を進めて光の力を述べよう、實に不思議なる一つの力がある。
△キリストの來れるは世を審かん爲という記事は
約三章十九節　五章廿四節
にあるが反對に審かん爲に非ずという記事は
三章十七節　八章十五節　十二章四十七節
にある、
一見して反對である矛盾である、然しされは単に矛盾と見ゆる矛盾である、此矛盾は面白いのである、聖書には此外の事でも澤山に矛盾が書かれてある、讀者は之に躓いて輕視し棄て去ってはならない、
△聖書は舊約の始より新約の終迄一の聖靈によって書かれしものなることを信ぜよ。

△内村先生と塚本の間に矛盾がある、先の日曜日にも私は救わるゝはシロアムの池に行って即ちイエスに對する信仰の外はないと主張したが其跡で先生が立って教理研究の必要を題とし人は理性を充分働かして教理を知るは信仰上肝腎のことであると述べられたが一寸矛盾の様に考えられるけれど其根本に於ては一致して居るのである。
△審きの爲ならざれど基督が生れ給いしが故に人々が自然に審かれて悲みに入りしものは益々信仰に進み、之を容れず反對の態度に出でし者は益々心を頑固にし暗黑に向って走ったのである、之は全く光の力によるのである。
△今日と雖も同じ事がある、虚心謙遜なる無學なる弱く小さき者は信仰に入って悲みを受くれども サムスイレグを持って基督教に對する

人は何時まで經っても判らず益々心を頑にする
のみである。
△學者が信仰に這入ったからとて基督教に
何等のオーソリテイを加えない。
四四五（婦人）

内村先生
神のある證據
一、二つの考がある
1、自分では神を知ることは出來ない、天より
啓示されて始めて知る。
2、自分の衷に神を知るの要素を與えら
れてある、之を適當に用うれば神を知
るの大なる助けとなる。
一、根本義は矢張直ちに彼を知るといふ
ことである。
祈、一八一

今日も新なる眞理の光を擁うて喜び勇んで雨の中
を歸った。讃美歌は自ずと我唇を襲うて湧くのであ
った。

十月十日（水）晴
十一時柏木に至り蒲池夫人から雜誌の發行は遅れて本日
は出來ないと聞き、牧師夫人からも同様に頼まれた。

内村先生曰く
一、私を嘗て青年會館から逐い出した軍人
千足信亮氏は昨日電車の中で私の手を
握り、日本基督教會内部の混亂極
に達す、何卒婿養子になって貰いたいと
語って居った。
一、明日の傳道會では山本君は語らう。君は洗
足會で語るがよかろう。明日は主として傳道
の必要を述ぶるがよい。今度の洗足會は
私も出席する。

明日発送する旨を述べ労働服を隱宮亭に托して辞し去った。途上中食を摂り日本橋三越にて

徳富蘆花氏の遺品

六十点を二室に陳列しあるを感慨深く観た。

十月十一日（木）晴

早朝畑を耕し九時頃柏木に行って見たが雑誌未着夕五時過ぎ漸く届いた。恰度伝道会場の高壇の花を生けて居ったので早速之を造り上げて壇上に置いた。本年は白い薔薇は輝いて居った。「聖書之研究」第三百三十九號を前に置き感謝の祈禱を捧げて後包装の手配に取懸った。納本、前金切の部、市内、府下の順序に進みて一旦中止し花枝さん獨で之を續けることゝなし、余と藤澤兄とは五十名の出席会員と共々講堂に入った

傳道報告会

内村先生司会　一五六、祈禱

一、アフリカ人の同情金をマルチンの手を經て送ったが其時レツイツエルはバツハの曲を奏して居った、之を聴くよりも金を届けた喜びの方は大であったとの返信が達した。

支那の平陽の方では國内混亂の為め今年は望みが無いと思い大に窮して居った所に届いたものだから非常に有難かったとの禮狀が院長から來た。今年も此一事を果したことを感謝するものである。

一、夏期傳道として小國地方と若松白河間の二方面の報告をこれからすることにする。

政池仁兄

大正十三年第一回の傳道を試みてから今年は五回目に相當す。小國本村、南小國、北小國、津川の四村十里に十里の一區域を総稱して小國地方と名く、北日本の方より進み關、沼、畑鉄山を經て小國に入り小國を中心として八月十五日から二十八日まで前後二週間傳道した。何と言っても便宜であるから何處でも大抵小學校を借りて

話をした。反響の見るべきものがある。

先生

一、よき結果を聞いて嬉ばしい。私が居らなくなつても此事をば長く續け欲しい。此事はアマスト時代から思い且つ願つたことである。

山本泰次郎兄

政池兄と同じ様に地圖を揭げて若松より余と共に

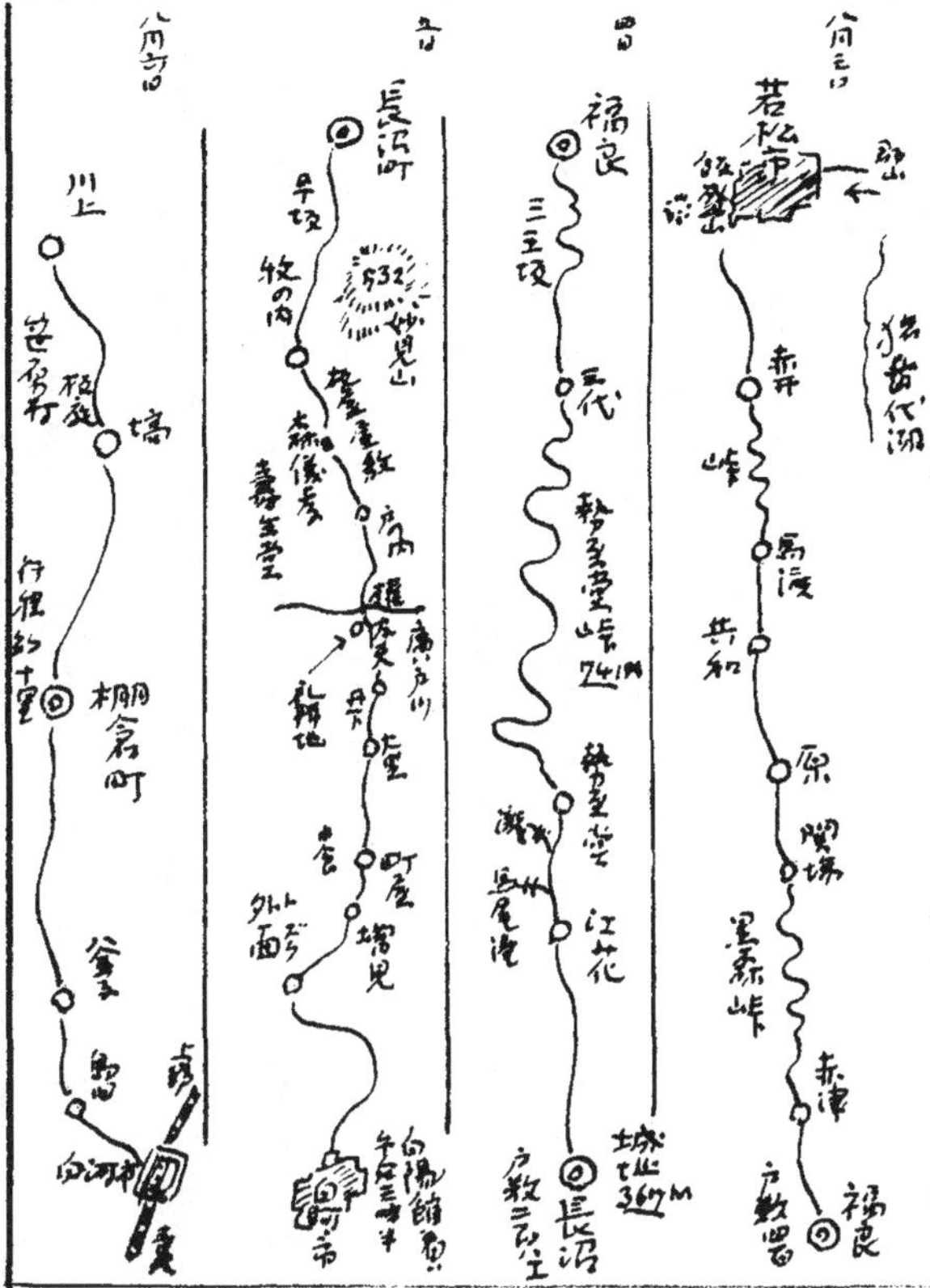

白河に至り、更に川上まで傳道旅行をせしことを逐一報告した。

先生

一、私共の信仰は直接にはクラークの教に依れど、他に一つの大なる力となつたのは薩摩の吉田という學生が寄附したという四五十冊の本であつた。其中にはバーンスのコンメンタリーもあつた。其當時本の少い時であつたから非常に珍重して此宗教の洋書を讀んだものである。夫故諸君も適當の本を學校なり圖書館なりに寄附するということは大切である。

余

旅行の結果として見るべきものとて伴、小川、近藤の三人から來た手紙を紹介し、更に旅行中にあつた二三の出來事を紹介した。壽生堂森氏宅に於ける一夕の問答は内村先生並に塚本先生を驚嘆せしめ益〻旅行中の留守などを申され會衆にも喜ばれた、神恩を感謝した。

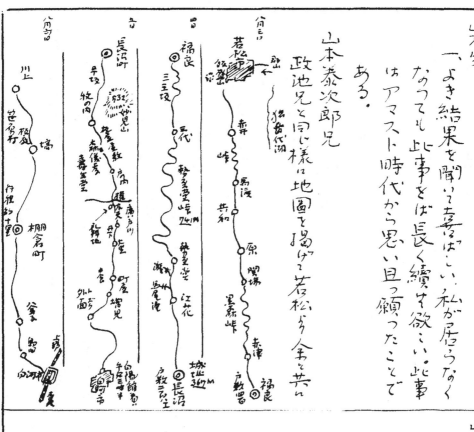

先生の祈禱。　献金。　八時四十五分閉會。

余は豫言亭に歸り花枝さんと共に十時十五分まで研究誌の包装に働いた。藤澤兄、みきさんも夫々の仕事を受持って手傳って呉れた。　十一時歸家。

此日晩餐は六時に先生の食堂にて頂戴した。食後洋梨の最大なるものを先生から切って頂いた。先生は

一、我々の食うべきものではない一個何十銭という品である

と言われ、更に

一、最早何も欲しくはない。將に人生の終りの近づいた證據である

と告げらる。獨此言を聽いて一種言い難き感に打たれた。

十月十二日（金）　恩師夫人花枝さん八郎さんが墓参の為岡崎に向われ先生留守となられる時　三時のおやつに先生自ら紅茶を作られて供せられた。其時の清談も後に恩師言録第二に収む。

十月十四日（日）晴。

朝餐後花束を携えて柏木に向った。

先生から

一、花がもったら無くなったら花屋から買うがよい。

一、幕を別の張金に移さぬと大分に廣くなる、帽子や外套が目について宜しくない

と言わる。御奥様から、米國加州バークレーの佐野壽氏差出しの書状を渡された。信州上田の敎友である。二十餘年前から余の事を知って居るということであったが過日歸米の際豫言亭で送別會を開きし時の好意を謝すという禮状であった。

午前の集會　石原兄司會　咒、祈、詩十七篇、六八。

内村先生

詩篇第十七篇十四十五兩節の講義をせられ後

オバデヤ書の紹介

一、新約にてはピレモン書、ユダ書、ヨハネ第二書第三書、は一書にて一章書中の書

舊約ではオバデヤ書あるのみ。
一、右何れも尊い書である。ピレモン書の如きは奴隷廢止の第一聲である。
一、巻の長短は書の價値に何の關係もない。
一、聖書は眞理を其儘に説かない、歴史上の事實を主とするものである。
一、エドムに行って見ると其豫言の通りであるという。
一、オバデヤはイザヤより百年前に活動せし人。

祈禱。　二二三、

藤本武平二兄立って畔上先生に對する謝恩の件に就き報告をなす。

中食は例の如く講堂の一隅に於て六人位で喫した。食後塚本先生は講壇に立たれ經驗と心得とを話された。若き女の信者を苦むる牧師の事其他種々の事を話さる。

二時より男子信館から山田兩兄と共に東中野柏木辺を散歩す。

午後の集會　四三、祈禱。　二五八、
塚本先生
眞の牧者　（約十章一節以下）
一、門より入る者。
二、羊かれの聲を識って從う。
三、善き牧者は羊の爲に命を捐つ。

△聖書の章節を切ったのは六七世紀の頃パリーリオが旅行中馬の上でやったのだという。
△必ずしも其境は章と章との切れ目ではない、故に章節に捕われるな。
△ヨハネ傳は祭を中心にして書かれている。
△キリストの暴言(?)暴行(?)の方面のあることを忘れてはならぬ。眞の怒は愛の證據である。
△キリストは正門より入り給わない、塀を越えて入った様に見える。
キリストの言て行とは矛盾して居る様に見える。
△キリストの教旨として左の如く擧げた人がある。

1. ホーム（良父母）2. 簡易生活 3. 自然観察
4. 世間的の知識を学ぶ外、宗教的伝統教育を学ぶ。
6. ユダヤ人なる同宗の運動に加わる

△正門では準備をして正式の宗教々育を受け按手禮を受けて教職に就くの故ではない。

△神の霊を注がれた時正門より入りたるもの、如く立つて居る。イエスも、モーセも、ルーテルも、内村先生も其他の預言者も皆そうであつた。

同じ原則は今も同様に働いて、私の様な者も此所に立つて居るのである。深き慰めの比喩である。

内村先生

神に関する思想

一、無神論 Atheism 不可思議論 Agnosticism
二、自然神教 Deism
三、汎神教 Pantheism
四、有神論

一、中江兆民、幸徳秋水 明白に之を唱ふ フランス学派
一年有半が出版になつた當時 博文館が七萬冊賣つた。今や之を求めんとするも容易に其姿を発見することが出来ない。

トマスペーン、チャールスブラッドロー 英國の教会派から無神論者と称せらる。私ならば英國に生れたならば同様に呼ばるゝであろう。

米國のロバート インガーソル。

露國共産党の人等は宗教は阿片の一種なりなど、云えど二三十年待つて見なさい、必ず熱心なる宗教心を顕わすに相違ない。到底無宗教で居らるゝ國民ではない。

二、不可思議論者なるハックスレーの墓碑文は其夫人の記した有名のものである。

"Be not afraid, ye waiting hearts that weep; [illegible] For

Stile He giveth sleep;
Beloved And I an endless
Sleep He wills, so best.」

一、神戸クロニクルのロバートヤング氏は東洋第一の新聞記者であつたが無神論者であつた。不可思議に私が懇意であつた。或る時市中を散歩して居る時私は言うた。若し私が英國に生れたならば無神論者と言われ、貴君が日本に生れたならば基督信者になつたであろうと。氏は家に歸りて彼の夫人に此言を傳えて共に意外の言を聞いたと言うたとのことである。

祈禱。　一三四。

講堂を始まる後庭前の棕櫚数個を貰い之を衣嚢に納めて歸途に就いた。

十月二十一日（日）雨。

途中で三越の菊花一把を買うて柏木に至り室内の整頓に骨を折つた。地圖を掲げ、花器を後方に移した。

長野男東穂高より出で来つて同校三十年記念會に先生の御来臨を請わんとす。井口喜源治氏を迎え色々と語り合つた。此夜先生の御好意より豫言者に泊られた。

午前の集會　石原兵永司會

内村先生

詩篇第十八篇

オバデヤ書の研究其二

エサウとエドム

一、前者に就ては其三十五節後半汝の謙卑我を大ならしめ給へりの意義を説かれ

一、後者に就ては人名と地名とより歴史と地

理を學び、之より更に眞理を學ぶことを
得ると述べられた。
一、ペンシルバニヤ瘋癲病院長（ケルリレ氏）の寫
眞の説明をせられた。

中食は六名であつた。例の如く塚本先生の色々の話を聞いた
講演中大脱線せられ、閉會中私語せる女學生を怒り
飛ばす話もあつた。

午後の集會
塚本先生
牧者の聲　（約十章一節以下）
内村先生
自然宗[神]教
であつた。有益なるお話であつた。
近江のヴォーリス氏来り臨んだ。先生の御講演を乞
わん爲であつたらしい。
畔上先生への謝恩金は午前に四百餘円午后に百二十餘円集つた。

十月二十三日（水）曇。十一時阿佐ヶ谷發柏木に至る。藤澤君を
訪うて西川寅平氏に送る返信
を讀んで聞いて貰つた。
隣室には塚本畔上両先生は
机に向つて專心研究誌の原稿を
檢べて居られた。其處に内村先
生は原稿を握つて見えられ、
何か嬉しげに話して居られた。
塚本先生は立つて今月の巻頭文
を勧められた。余は此光景に接
して壮嚴の気分に迫らるゝを感じた

人知れず此小暗き一室より人間の靈魂の更生の道は編
まれ世界靈的革命の端緒が開かるゝとは何人も気付
かぬことであろう。正午近くなつて上根岸なる中村不折
画伯邸に向つた。（揮毫中なる日本海々戦図の説明を聴く）

十月二十八日（日）曇
七時五十五分阿佐ヶ谷發八時十分柏木着。
先生見えられ

一、菊の花を買って置いたよく申された。夫人は縁側に余を通かれた。それは白と赤と懸崖二鉢であった。余が持参せーしのは定めの場所に置き、菊は配合上白の方を用い椽欄の側に据えることにした。此の午前ハ午后も集會は満員であった。

午前の集會　石原兄司会　三、詩三五篇、祈、八二、

内村先生

教誨としての艱難　　詩篇第二十三篇

○汝の笞汝の杖われを慰む。（四節）

○神は艱難者《なやめるもの》を艱難によりて救ひ、之が耳を虐遇《しえたげ》によりて開き給う。（ヨブ三十六ノ十五節）

一、神様は事實を以て人を誨え給う。悲しいことには人は羊や牛と同じく笞で杖によらなければ正しき道に進み行かない。

一、艱難は救いともなり審判ともなる。

一、艱難は決して歡迎すべきものではない。斷崖の突端に立つことである。一歩過る時は審判かれて滅亡に陥るのである。

一、艱難の聖旨を解すれば救いの恩恵に預るけれど、艱難は頑の強き反逆の人に對して止むなく降し給ふ變則の方法故艱難汝を玉にすなどいって之を讃美してはならない

一、艱難の來ない様に用心せよ。

一、此事は個人でも家庭でも國家でも同じ事である。

祈禱。　二四二、

一、畔上先生に對して感恩の意を表わすは金額の多いということよりも、一人でも多くの人が之にかゝわるという事は大切である

と注意せられた。

内村先生

テマンの智慧負け　　オバデヤ書八、九節

一、聖書は其内の如何に小なる部分の寸斷せるものでも之よりイエス・キリストの精神を説教することが出來る。信者は此事を知らねばならぬ。

一、阿巴底亞書はオバデヤを以てするエドム(エサウ)滅亡の神の豫言である。其八節九節を以て此事を研究せん。

一、エドムは古代に於て地の利と人の智慧とを專有せるものといつても宜しい。

一、交通運輸の要路に當るを以て富は自然に蓄積せらるゝに至つた。

一、アテンス、テサロニカに學問の起る一千年も昔に於てエドムは既に諸の學術は研究せられ幾多の學者が續出せる有様であつた。加之軍事上に於ては東西に山、其外廓に沙漠を控え、通路として其南方の口が甚だ狹隘僅かに二馬を並べるに足る程天然防備の成れる地勢であつたが爲め敵の侵入を防ぐに有利であつた。之をヤコブの子孫たるユダヤの山地に比較する時には誰人も其前者の勝れるを思うたであろう、エドムの滅亡の如きは永久に臨まぬものと考えたであろう。

一、去れど事實は全く之と反對にてユダの子孫は益々榮える世界的膨脹を見るに反しエドムは既に滅び去つて今は荒莎の中に廢墟を殘すの悲運を呈するのみである。之をテマンの智慧負けというべきである。富と智とは國を榮えしむるに力なく只信仰のみ永遠の價値あるものなることを證明するものではないか。

夕食は塚本先生、石原、鈴木（弼美）、鈴木（虎秋）、山田、田村、余の七人であった。持ばいうどんの掛け二杯ずつであった。

〇内村先生の意見命令は其時々で變って居る、先きの發表を忘れられたのかと思うことがある。それかというて之を輕視してはならない。絶對服從で誠實は當りねばならぬ、之を先生の缺点として數えることは出來ない。高い所に於てバランスが取れて居るのである。人々の先生に躓くのは此點にあること、思われる。

〇語學は人を若くす。

〇人を教えるには情實を以て臨んではならぬ、叱ることは大切である、夫れ故己と戰わねばならぬ。

〇司會という事は困難な役目である、先生でさえ之を好み給わない。

など有益の話を聞いた。

一時半頃徳之島の小沼太平氏は見えた。午前は畔上先生の集會に出席したとのことであった。北海道生活のことや大島の現状に就て色々經驗やら感想やらを話さるゝのを聞いた。元氣あふるゝ老信徒であった。

中村不折画伯帝展出品の『偎竿不答宣使』の寫眞が廿日の朝日に出て居ると聞き直ちに日本倶樂部の碁部屋に行きそれを親切なおかみさんから讓って貰う様に云った、彼女は喜んで二階から持って來て呉れた。以前堺枯川氏の「其頃を語る」の記事掲載新聞を讓られたのも此家であった。

午後の集會　九八、祈禱、一九〇。

塚本先生

美き牧者　（ヨハネ十章七節 廿一節）

△約翰傳中でも最も深遠の個所である。

△我等は何を爲すよりも其精神ばかりではない其

態度までが信仰的でなくてはならぬ。

△或る學生來り教を學ぶに多くの先生に就くと一人の先生に就くと何れが可なるかの問を發したから、うんと答ってやった。

△眞理は基督である、基督は愛である。故に其精神を傳うるにも眞理の方法に非ずして愛の方法でなくてはならぬ。

△羅馬天主教は眞理に忠ならんとして敵を殺したではないか之は間違いである。然るに今猶學者等が此事を決し得ざるは愚かなことである。

△眞理と愛。眞理か愛か、人生に於て幾度か此經驗に遭遇して苦しむのである。

△自らの眞理の信念を基督の愛の爲に捨てねばならぬことがある。

△國家を愛するが爲に高給の招聘を斷然拒絶せねばならぬことがある。

然るに今日の官吏又は教師なる者が何れも地位の高き俸給の多き口に向って轉輾[illegible]取られ行くを耻辱とし罪悪とも思わぬのみか却って榮譽として誇って居る状態ではないか憐むべく恐るべく憎むべきことである。

△人生の岐路に立って正しきか否かに決せずして何れが愛なるか否かによって決すべきである。ヒルティーは彼の著書に於て此事を言うて居る。

基督は眞の牧者である而して又善き牧者である ◎

四四。

内村先生

凡神教

一、汎神教に三種ある。佛教は靈に歸し、西洋は物に歸した　ユダヤ人なる葡國生れ和蘭生活のスピノーザは靈物一致説を述べた。

氏の略傳を力強く語られた。

祈禱。

四二。

田村次郎兄と共に暗き夜路を歸途についた。

一九二八年（昭和三年）

十月四日（日）晴

八時廿分の電車で柏木に向った。御奥様と花枝さんから先日の御祝品に對する御禮のお言葉があった。

今日は赤菊の懸崖と五色の作り菊とが備えられてあった。余の持参せるものと對照して美しくあった。

午前の集會　塚本先生司會　二回　列上一章三二—四四節、

内村先生

明治節と御大典

一、日本の國體の他國と異る根本精神を明かにせられ、皇室と國民の親密なる關係に説き及ぼし國民の懐くべき心を示された。

エドムの罪　オバデヤ十一—十四節

一、エドムは此世の最善のものを持った。然しそれが人の心情を冷却せしめ傲慢と無禮と暴逆にし、自ら滅亡を招くに至った加之エドムは隣邦ユダのエルサレムが他の奪掠に逢いし時共に暴虐の手を下したれば其刑罰に觸れて痕跡だになく滅びたのである。個人も家庭も富を誇り強を頼む時は同じ運命に陥るを免る、ことが出來ない。

一、エドムは事實を以て富の危險を人類に教えたのである。

報告として伊藤氏の死、濱尾夫人の怪我のことを述べられた。

出席は七人であったが塚本先生は花枝子の送別會に招かれて豫言寺の八畳にて十數人の姉妹等と共に食事を執られた。我等は松茸飯を喫した後、横濱の下山先生が塚本先生に呈せし大柿を味った。

雜談中恩師夫人はバナナ、梨、苹果、柿を御持参の上「此留えて殺し上れ」と申された。

午後の集會

玄関番は宮師夫人並に八郎氏立たれた、そして花枝さんは友人と共に講堂に出席。多分今一回位で当分此処に此尊き講演を聴くことが無いと思ったら感慨迫るものがあるであろう。

鈴木俊郎兄司会

塚本先生

イエスの業の證明（約十章二二―廿九 及十章三一―三二節）

ム修殿節　アンテバスヒルゲナスに汚されたる神殿をマガビオユダは潔め之を記念して毎年十二月十五日にユダヤ人之を守る。

ム二七―三〇節は我等人間（信者）の最後の安心である、實に強い尊い御言葉である。

ム神は最も忠實なる神の子イエスは神を褻瀆せりとして訴えらる　此事は大に注意あるべきことである。

△イエスは我は神の子なりとはっきり言いしは只二回、そして最後には審判の座に於て、汝は神の子なりやと問いし時は然りと申されたイエスは此一言の爲に十字架上に死罪に定められたのである。

内村先生

日本國存在の理由

の題を揚げられし御大典と我國體に就て述べられた、實に言々句々敬神愛國の信念の迸りであった

一、御大典の底に横わって居る意義を知らなければ名と利の伴う表面の儀式を見て全体の大精神を忘るるに至るのである。

一、西洋人などは到底此意を解することが出来ない。單にインテレステングのことだと思うであろう。

一、日本は決して專政政治ではない。天皇陛下は家長にましまして人民は其家族である。制度に律せられ權利に弄せらるるのではな

く愛によって結ばれて居るのである。

一、或る餘計な事をするを好む人があって日本で

一百人以上の日曜日の集会を持つ教会を

勘定したら

一、柏木講堂　二、高知の日基教会（三百人）

三、神戸の組合　四、東京英教会

一、制度を善くしても國は善くなるものでない、制度を立派にしても立派な國は歴史上に澤山ある

悪人＋×＝悪い國

×＝神の救

一、米國大統領選擧の状態を見よ

祈禱（敬虔、同情、熱烈の祈禱であった、主として皇室の為に祈られた）

三七三（國歌）

十一月十日（土）

天皇陛下御即位の御大禮を京都に於て行わるゝ日、

◎梅田薫、岡田花枝子結婚披露式

東京ステーションホテル　梅の間に於て午后四時半開會

開會の祈禱　斎藤宗次郎

開會の辭　司會者　塚本虎二

祝詞、所感　山本泰次郎、平山清、石河光哉、牧野龍楳、湯澤健、塚本虎二、石原兵永、矢内原忠雄

謝辭　梅田薫

サンドイッチ　コーヒー　果物　菓子

出席者　五十六名

歸途柏木に立寄り十日号研究誌包装　名簿を作り九時帰る

此日内村先生は獨り留守居に當られ午后三時 [illegible] 祷を奏

なる　端坐して三度萬歳を唱えられた。

十一月十一日（日）曇

何時もの様に講堂の整理に半時間を費した。

午前の集會　石原兄司會　三一、詩二篇、祈、一〇四、

内村先生

詩第二十篇

君臣應答の歌

ヱホバの日　オバデヤ十五－十六節

一、大震災の時之は天罰であるといったのは山本權兵衛、澁澤榮一、私の三人であった

一、復興の状如何。只外表のみ、市會議員の惡事は何事ぞ、心に悔改がなければ眞の復興は出來ない

一、審判は刑罰と共に行賞行わる。

一、十一月六日米國大統領選擧の結果。フーバー當選　スミスの落選によってカソリック潰敗。

祈禱、二三八、

午後の集會

塚本先生

ラザロの復活（其二）　（ヨハネ十一章）

△バプテスマのヨハネは奇跡は行わなかったが彼の言葉は眞實である（十章末節）今の人の批評は反對である。

△死ぬる病に非ず。は諸説あり。

△主はラザロ、マリア、マルタを愛し給う。之は主は彼女を好きであったからであって人類凡てを愛するという公愛とは違う。

機械的クリスチヤンとなつてはならない人としてのクリスチヤンでなければならない。

△二回留れり。　強き信頼に立つて居らるゝからである。

イエスの絶對信頼は凡ての場合其奥底にあるを認めら。

△神のみを信ずるは新教の根抵。

△神を信じてやるなら非常識でもよいではないか。

内村先生

米國に於ける羅馬カソリック教の潰敗

一、瑞典の王グスタバス・アドルフス（新教）とワレンシユタイン（舊教の將軍）とサキソニーのルッチエン村にて戰爭。

一、百三五年後の今日今日米國に於て二十紀式に戰爭行われ新教のフーバーは四百四十四、舊教のスミスは八十七で大敗。

一、米國をカソリック化して世界を我物にせんとの意見は一八七一年の機關雜誌にて發表して居る。

一、カソリックを以て政治を行うは常習犯である。

米國に於て一九二三年にカソリックは千八百萬人　メソヂストは八百萬人。

一、十一月八日勝利を聞いて非常に嬉しかつた。手に汗を握つて其報を待つて居つたのであつて全世界人類の大問題であるから喜びは無上であつた。

一、カソリックは新教の敵であり反對である。

聖書の反對である。

彼れ勝てば世界は四百年跡戻り、新教勝つた爲に百年は安心出來る。

一、斷じてカソリックに行かぬと契う人は擧手せよ。
祈禱、さんび、
會場の始末を八郎さんに頼み、余は中野六星堂に於ける藤澤恵二石川春江の結婚式に向った。
六時半開會 余は式辭を朗讀した。

十一月十二日（日）半晴
東京驛に至る途上柏木に立寄り午后六時講堂の側に立て内村先生と共に木星を仰ぎ、先生が在米の三人の文子さんに送る三首の歌を朗吟さるゝを謹聴し然かも打たれ、それから独目的地に向った。

午后九時廿五分發列車に朝鮮行の梅田薫之花枝さんを恩師夫人等と共に見送った。

今後研究誌發送の勞働場に彼女の姿は見えぬこととなった、余の仕事は一層重きを感ずるものである。

十一時歸宅。

十一月十八日（日）曇、雨
自園の殘んの花を携えて柏木に行く、
内村邸は實に閑寂なものであった、それは其筈である、花枝さんが居らぬのに夫人は疲勞の爲か病状を呈して休んで居らるゝのである。
八郎君は學校、所詮先生御一人という様な静かさである。
今日からストーブを置いて朝に少しく火を入れて見た、之は北海道物で先生の御注文に依るものであるとの事。
午前の集會 塚本先生司會 奏、詩篇、祈、二一三。
内村先生
詩篇第四十五篇
一、結婚の歌である。
一、東洋風の精神である。

イスラエルの救と世の終末（三）

（オバデヤ十九―二十一節）

一、預言者を厳格一方と見るは間違い

彼等にも大に優しき所がある。

エス様こそ厳格である。

一、最後には國はエホバに歸するというのである、大なる慰みである。

一、プラトー、カントの哲學も窮極は善の一事に在り美わしいことである。

斯て同書を始めより通讀せられた。

祈禱。

●藤本武平二博士の母堂一昨夜永眠せられし由同夫人より知らせがある。

○畔上賢造先生に呈すべき謝禮の金子は二千四百五十円位ありたれば山田鐵道、田村次郎両兄同道之を畔上先生に呈上せらる

醵金者の姓名丈判って金額は表示せぬ由。

午後の集會

・塚本先生

ラザロの復活（三）（約十一章十七―三十三節）

△十一章廿四、廿五、廿六の三節はヨハネ傳の絶頂である。

△我は復生なり、我は生命なり I am である深遠の意味を味うべきである。キリストを信ずるという事は大した事である。

△イエスを信ずる者は其内より生命は流れ出ずるのである。

△彼の約束を信じ、苦しけれど當分我慢して行くというが如きは信仰ではない。

△審判は未來のことのみではない常に行わるゝものである。

△永生は死後のことのみではない、キリストを信ずると同時に之を賜り與えらるゝのである。

△今信仰が無くとも神在し給うから必ず與え給うて

信ずる者には其瞬間に於て恵みを與えらるゝ
のである。如何なるものも動かすことの出来ない
生命である。

内村先生

凡神教（三）

一、物質的に一切を説明解決せんとするも凡神教。
又一切を霊的にのみ説明解決せんとするも
凡神教である。

一、悟って見れば善もなし悪もなしという様な
漠然なる佛教教義の毒素が我々日本人
全体に受けて居るのである。

一、彌陀如来の慈悲の救いの教の感化は日本。
人及んで正義の観念薄く懺悔の苦杯。
の涙がない。

さんび。祈祷。

十一月二十一日（水）晴

恩師夫人の御病気を見舞わんため柏木に伺った。
今日は少し快い方で今藤本さんに揉んで貰って
居られます、一寸奥様に申しますとて格子の外から
余の来意をみきさんは告げて呉れた。先生も枕元
に居られてうんうんと返事せらるゝ高聲が聞え
た。今先生が出て来られますというので勝手口に
歩を移した。軈て先生は廊下を出て来られ余
の御見舞に對して好意を表せられ、足駄を穿き
て戸外に立たれ、

奥様の御病気と、先生の齒につて
それから種々憤慨を申さるゝ様

一、井口君には呆れた、長年の同志とあるものが餘
りにも酷いことを言うて来た。十二月二日の朝六時半
に往いて八時から説教午後一時半から四時半まで
講演但し其間に讃美歌を一つ入れても差支ない。
六時から晩餐懇親會というのである。

一、六十八歳の老年に對して此様な時間攻めの案を作

つて通知して来る心が判らない。

一、私が日曜日を一つ割いて行くといふのだからそれ丈でもよいではないか、だから私が朗讀演説一時間か一時半あれば充分だといつて訂正せよ少し厳しく言つてやつたが返事が来ない。

余は此御話を承て信仰と愛とを志る遠い行為に偶然なるものがあつた、そして深き兄弟の心に疑議なきを得なかつた。

研成義塾三十年記念といふは意味深きものではない、柏木の集会の重大なるを知らば其休講は容易のことに非ず、又世界的に大任を帯んで居らるゝことを知らば高齢の先生に對して休養の時間を備へ且つ働かるゝ時間をも出来るだけ短縮すること、萬障を御差繰りになり臼井に先に對する義と愛の爲に御出席あらるゝのであるから、プログラムは一切先生の思召に從ふを禮儀となす。

余は深き御同情を恩師に呈して辭し去つた

十月二十五日（日）晴

白露を踏んで庭の花を漁り漸く十数本を得之を携へて講堂に向つた。夫人の快癒を聞いて感謝した。

先生見え居た

一、高壇の花は佛様に立てる様ではよくない。先日などは講師の方には全く尻を向けてあつた、気持がよくない。此所に立てる花は一般に見せる為ではない。講師の慰めとする為のものであるから、あつさりした上品の花を後ろを主にして生けるべきである

と申され、余は成る程と感じた。そこで既に造りなせる花瓶の仕組を新たにし殆んど全部を無くして了ひ紅白の山茶花に赤薔薇と白コスモスの二三輪と霞草一本を添へて立てた

之にて可なりであつた。

午前の集會 塚本先生司會 三、讃美歌、祈、八二。

内村先生

詩篇第二十四篇の大意

一、鎮座の歌、エホバの入城式、應答合歌、壯大、

預言の必要 （アモス書の研究一）

一、アモス書は實に解し易き書

一、預言者の言が直ちに聞かれたことは一回も無い。それが事實となつて現われた時に始めて信ずるという始末。

一、預言は聞かれる聞かれないの問題ではない。眞理によつて是非言わねばならぬのである。

一、預言の無き所には艱難は不平、刑罰としてのみ解せらる、

一、困難の原因を造りし方の間違いに歸して仕舞う。

一、志士は國の爲を思うて自らのことを顧みない。

(不)信者は自己の爲のみを強く思うて國を忘る。カーライルはメソヂストは自分の靈魂のみ[illegible]見詰めて居るとて排斥した、

一、お互公的にあらねばならぬ、世界と運命を共にするに非ざれば恩惠に與かることは出來ない。

祈禱。 さんび。

中食は五人、塚本先生が毎朝全身と共に冷水を浴び朝食は裸体のまゝで濟ます習慣を執つて居るとのお話を聞いた。何うぞ健康で内村先生と共に基督教の御父なる神の眞理を宣べ傳えて頂きたい。

食事中内村先生室の外を歩かる。間もなく八郎君生蕃を持參、余と石原兵永君二個ずつ優遇さる。

357.

午後の集会

塚本先生司会

イエス涙を流し給う　ヨハネ十一章三十五節以下

内村先生

基督教有神論

共に非常に有りがたき有益なる講演であった。会衆皆斯く感じた様であった。

濱尾四郎氏より母堂の病気全快を報じ全会の同情に対し謝意を表して来た。全快を感謝し親切に感じた。

研成義塾三十年記念祝賀会

(1) 井口喜源治宛(東穂高)

一、風引ニテ行ケヌ原稿持参サイトウ君ニ代理頼ンダ　内村

(2) 久保田力蔵宛(上穂高町)

一、風引ニテ穂高行ヤメル　樋口通知頼ム　内村

一九二八年(昭和三年)

十二月一日午前四時二十分自宅出発、阿佐ヶ谷乗車、国分寺六時着乗替え信州に向う、午后三時松本着、鈴木、芳賀両家を訪い亡母の墓参後自動車で浅間温泉坂本旅館に投宿

十二月二日

午前九時穂高駅着、井口先生宅に至る。

穂高小学校雨天体操場に於て挙行(午后一時)

一、讃美歌五三、祈祷(横内)　開会の辞(白居)

会計報告(平林)　祝辞(松岡校長、斎藤)

祝電二十八通　讃美歌二三四、

内村鑑三先生演説

「回顧三十年」四十一枚原稿

代理として斎藤宗次郎朗読、

謝辞及祈祷(井口喜源治塾長)

讃美歌二八〇　祝詞(丸山文一郎)　閉会の辞

四時半散会

聖書之研究読者及登記人茶話会、八十名

長谷川司会、さんび二三二、祈祷

講演、余「内村鑑三先生」「聖書之研究」に就て、謝辞(井口)

十二月三日（日）

朝食後穂高行の經過を内村先生に報告せんと西武電車にて柏木に向った、豫言者で働いて居った蒲池夫人は事務の手を止めて迎えて呉れた。先生は書斎に勞働中であった。余の身が未だ階段に在る時既に歡迎のお聲を發せられた、如何に深く此事をお案じになって居られたことであろう、余は亦一刻も早く御心を安めんとしたのである。

　歸って参りました

とて静かに禮を問いた、先生は喜色満面両手を卓上に置き反り身になって

一、有りがとう御苦勞！

を繰り返され

一、何うであったか？

と模様を問われた、余は先ず御恵みから凡て感謝であったと冒頭し置き一日出發以後の元氣さから車中の有様松本着後淺間温泉に至り静かなる一泊をなして二日朝穂高に達し、それから記念祝賀會、撮影、研究讀者茶話會の實状、井口兄の事業、信望、歸途の状況まで逐一報じて先生の意外の満足を得られし様子を見た、殊に講演中の會衆の謹聽と其反響に就ては一方ならず喜ばれたのであった。

一、私が行った所で其れ以上の事は無い

など申されし時には實に恐入って應答の言に窮した。宿屋になど泊って旅費を澤山に使いましたとてお預りの三拾圓の内十八圓三拾八錢を差引きたる殘金をお渡しせんとするや先生は直ちに

一、それは少額なれど孫さんにはお土産を買うのそして受取るように

と篤き謝意を表せられた。余は過分どころか頂戴すべき譯が無いと思うたが満腔の好意を辭するは禮を失するものと考え深く謝してそれを頂いた

將に歸らんとする時お奥様も段を上って見えられ

御苦労を謝する旨申さること共に下室に於て茶お菓を勧められた。先生は自ら井口兄らの落雁を切りお奥様は茶を煎られ円卓を囲んで再び旅行談をすることゝなった。先生御夫妻の御満足の状を見て始めて代理の重任を果したことを感じ衷心よりの喜びに入った。井口兄らは果して如何なる報告が呈せらるゝであろうか。栄光主なる神にあれ。
正午近く先生の許を辞し去った。

十二月六日(木)
北大同盟休校の報新聞に見ゆ。

十二月七日(金)
正午柏木に至り内村先生の「四顧三十年」の原稿を夫人にお渡しす。先生食堂から高聲に
一、有りがとう
と申され、夫人は風邪でもお引きなさいませんでしたかとて信州行後の様子をお尋ねになられた。

▲共産党事件学生被告人学校所属表 一九二八年 昭和三年十一月三日

	校名	卒業	在学	中退	計
1	東大	一八	八	七	三三
2	京大	五	一二	二	一九
3	九大			四	四
4	東北大			一	一
5	北大		一	一	二
6	帝大	一		一	二
7	岡山醫大	一			一
8	早大	四	一	五	一〇
9	慶大	一		一	二
10	明大	三		二	五
11	日大	四		四	八
12	同志社大			四	四
13	中央大	一		三	四
14	法政大		一		一
15	東洋大			二	二
16	立命館大	一			一
17	五高			六	六
18	六高		七	一	八
19	七高			一	一
20	福岡高校			二	二
21	佐賀高校			一	一
22	弘前高校			一	一
23	桐生高工	一			一
24	外語	一		一	二
25	大阪外語			三	三
26	早稲田高校			二	二
27	明治学院高等部			二	二
28	大阪歯科医専	一			一
29	九州歯科医専			一	一
30	陸軍士官学校	一			一
31	東京女大	四		二	六
32	東京女高師	一			一
32校		四八	三〇	六九	一四七

十二月九日(日) 内村先生で大島先生とがストーブの側にて北大の騒擾に就て悲み憤られし様であった。大島先生は今の北大は大に堕落して居る私なら全部退学を命じて仕舞うと申し居られた。蓋し学生にも教授にも不満足を感じて居るのであろう。 早朝お奥様も知って 先生は北大事件を大変に心配して居らるゝ旨申された。

十二月九日（日）曇
午前の集會　司會　塚本先生
内村先生
詩篇第二十五篇
一、原文詩はＡＢＣの順に構成したもので廿一節より成り七節ずつ三つと最後の一節を加えて成る。
一、自然のまゝとは違い技巧を用いて成った丈に單刀直入的の生氣が缺けて居る點は百十九篇と同じく免れないのである。
一、俟望むという精神は此詩の基調となって居る。
一、困難に際し神の助けを仰ぐ祈である。

一、信者が苦しみに遭う時には第一に罪の意識に入る。
一、信者は病氣の時には病の外に第一に罪を感じ其赦免を乞う。
一、詩人（眞の）は只、恩恵を乞わない、罪を赦して下さいと祈る。
一、罪と悩みとを別にして考うるは此世の人。
一、俗人は病を他人に歸し又は自分の知識、力、方法の足らざるを數う。
一、大敵に勝つ前に先ず己れに勝たねばならぬ。

アモス書の研究　（アモス書一章一節七章十節迄）
一、アブラハム、モーセ、サムエル等皆預言者であつた。サムエルは預言者養成所、今の神學校を設けたが(前十九章二十節)遂に偽りの預言者が出た。

一、神學校の最初の精神は職業的の人物を出す爲ではなかつた。レベレンドに非ず、職業化せぬ様にせよである。少し油斷して居ると直ちに教會化となる。無教會なる旗印を立てんとするは既に教會である。

一、アモスは最初の預言者であるがエルサレムより二十里程死海の方に隔れるテコアの牧者又果樹栽培者である。

一、カーライル、トルストイは神學者ではなかつた。自由の人であつた。

一、預言は一つの信仰であり宗教である運動である。キリストの福音は預言運動の絶頂に達したものである。

一、世に執拗こいもの死なゝいものとて靈的運動の如きはない。日本の警視総監は知らないから有りがたい。アモスに始つた預言はイザヤ、エレミヤ、ダニエル、マラキ等を經てキリストに至りパウロ、オーガスチン、ルーテルと傳つて柏木にまで達した。釋迦孔子、神武天皇以前なる二千五六百年も前に始つたのが今日に至り又幾年と續くのである。

一、信仰は幾度も教會の手に渡つたけれど又アモスに歸つて來るのである。

一、此間七十八歳で永眠した北海道空知郡北村(岩見澤より六里)の長谷川松七は實に小アモスである。何時か夫婦で私の所に訪ね来たことがあるが、時々送て来た手紙は見物であった。明治三十五年十二月三十一日夜淺見仙作氏が教を聞くや直ちに之を信じ佛壇位牌神棚、酒器、煙管等を行李に詰め石狩川に流したといふのである。現代人は信者でも之を評して極端無謀といふであろうが此決心此熱心があったから今日まで戦い畢えたのである。多くの北大の先生達の説が皆消え去った頃此人のことは眞理として光として現わるゝであろう。

報告　クリスマス祝賀会に就て塚本先生から報告がある

中食は七八であった。鋤焼饂飩二個ずつ

一、余が徳富に就て當時見聞せし所を述ぶ

二、塚本先生は牧師（少数の例外を除く）の生い立ちに就き其異相を精細に語られ教会存在の現状及理由を話された。

三、大典中出火の失態を現出せし同志社の教授学生等建礼門前に土下座して謝罪を表せし話

午後の集会

、塚本先生

一粒の麦（約十二章二十一三十三節）

△ギリシヤ人が主に面会を請ひし時にピリポ、アンデレの二人取次の仕方は當りしなど平常とは違い、物々しき様子なること。

△主は之に對し直接の御答はなかったが一粒の麦の譬言を以て御自分の死に就て明言せらるゝに至た。

△死して始めて実を結ぶ。

内村先生

宇宙萬物

一、多くの人は宇宙萬物と言えば高遠空漠の問題の様に考うるけれど決して然らず、高い問題ではあるが実際問題と離れない。

一、宇宙萬物は物である。其大を研究すれば無限である。其小を研究しても無限である。之を創造し主宰し給ふは神である。

一、人は霊妙なものである、己を見れば神も物も判る。

一、神、物、我　此三つを究め其關係を知るは大切である。

祈禱、　讃美、

十二月十四日（日）淺野猶三郎先生来り自著「山上垂訓の解説」を恵まる。

十二月十五日（月）午后三時より研究誌発送に當る。

五時先生に呼び出されて講堂に入る

地図掛の臺を新調せん為め大工を招き、余と共に相談せらる、為であった。十二月廿二日までには出来るとの約束。

ライスカレーの夕食を頂いて後、外国の部を包装。八時夫人の持参せられ山形県出の先生の果物を賞味仰ぎて蒲池夫人と共に帰る。

十二月十三日、先生の御依頼を受けし蘆花未亡人、沖鐵次郎氏御見舞の件を報告せん為め中食後柏木に参る。先生が庭前を逍遥せられつつある所に會い、松澤及蘆村行の様子をお告げした。先生は非常に喜ばれ

一、お蔭であった

と謝意を表せられた

一、二氏は丸で天主教だ我等の方近い

と信仰のことを申された。数分にて辭し去った。

十二月十六日（日）半晴

午前の集会　西田氏司会　一七、詩廿六篇、祈、一八〇。

内村先生

詩篇第二十六篇

一、類例の少き歌である。自分の潔白を表明する歌なれども勿論自らを義とするのではない。

一、人は神に對しては懺悔の外なし。去れど罪の

此世界に對しては聖徒である。斯くあるは當然であって信者は斯くなければならぬのである。

一、此世の暗黒が充分に判れば此詩の意味は判る樣になる。

一、信者は此世の人と敵て別ったことがないという樣な風ではいけない。信者と不信者と何の關係あらんやである。

一、信者は神樣の前に懺悔の態度を執るということなけれでも非常な違いである。然し事々に主の御道すきに從うのである。假令其外形は世人と大差なしと雖も其性質に於ては全く明暗の差である。

預言の出所　（アモス書一章二節　三章四─八節）

一、一章一節は誰が何時の時代に何處で預言せしかを示し

一、二節は預言全体の縮圖ともいうべきである。莊嚴なるかな此一言。

一、三章の四─八節までは之を延長したものと見ることが出來る。

一、記者の氣分、著者の思想を知ることは其内容を知るに最も必要である。

一、アモスは自由の人なれど教權の所在を認めて居る故にエホバはシオンより咆哮えエルサレムより聲を給うというのである。教權の所在を否定するは赤化である。

一、神の御心は必ず成るからエホバの言葉は總て成就の事實とは一致し同一である。夫れ故にエホバ呼號り給えば牧者の牧場は哀きカルメルの嶺は枯るのである。

一、偉い人は進歩的であって又保守的である。

一、教権はエルサレムに在りということを亂用してローマにあり、カンタベリーにあり、何々教會にありといふてはならない、只聖書にある。精しく言えば靈の宿る信徒にあるのである。主イエス・キリストのみが権を握り給うのである。

一、クリスチヤンは自分を語るものではない、皆キリストより来る。

一、カルメルはキシヨンの流に近き千二百呎の山脈で其巓は青緑滴るを以て有名である。

一、歌心の無い人には預言書は解らない。アメリカ人程歌人的の人はない。私は嘗て手紙に詩を引いて書いた所はひどく怒られたことがある。

一首の歌よく千言萬語を表わし盡すことがある。

一、アモスは牧者であって預言者であって詩人(詩を弄する詩人に非ず)であった實に平民詩人の開祖といって宜しい。

祈禱、　讃美、

報告、石原先生、クリスマス晩餐會年長組と幼年組に就ていあった。

甲、廿六日(水)午后六時　麹町平川町鍾馬亭
　會費五円　申込は齋藤に

乙、廿四日(日)午后六時半　今井館講堂
　會費一円

先生よりの報告。

一、講演は十二月二十三日を以て終りとなし、最後の日曜日なる三十日と最初の日曜日なる一月六日とは休講。
(多分八月一杯も休講)

一、此時を利用して教會に出席する便あり。

一、集會なしの斷食も必要。
一、我々も二三回休みて熱心を増す。
一、夫々適當に善く日曜を守るに注意せよ。
一、クリスマス献金を我等に託するも可。日曜學校に用ふ。支那、アフリカの傳道費に用ふ。

中食は五人であった。御夫人から美味なるカステーラを頂いた。

金八家子獨唱會の會券(一円)を二枚求めた。御夫人は同情を以て世話をして居られた。

先生は鈴木弼美兄にプライヤデスとオライオンの星座を圖にすることを命ぜられた。

午後の集會　山本泰次郎兄司會
塚本先生
イエスの傳道の總決算　(約十二章三十六—四十三)
ム、イエスは既に人々の前に多くの奇跡、多くの教訓を公然と簡單に大聲で示された。世人は之を見聞せずといふ譯にゆかない。神御自身が此言行を現わされた以上は誰人も直ちに信ぜざるべからざる筈である。然るに
一、イエスの傳道は大体に於て失敗であった。勿論民衆の誰彼は信じた。有司の或る者も信じたが、神よりも人の榮を喜ぶ爲に公言することをしなかった。つまり煎じ詰むれば此種の人間も亦信じなかったということになる。
一、所謂此不成功には多くの尊い意味が存する。傳道者に取っても個人々々に取っても非常なる慰めとなるのである。神の教其物が其様な性質のものである。
一、多くの政治家、政黨屋、商人などが續々として信じて居るものなら有りがたくない。本來少數であるべきである。
一、以て同志の少數を嘆かず、自らの働きの見え

ざるを悲ます、そして自分自身は其少数者のうちの一人であるということを思うならば自ら自重あることになるのである。

一、主は父の告げ給うままを言われたのである。（三十節）其儘ということは最も大切であるが最も至難の事である。然し其儘でなければならない。香水に一匹の小さき虫が入れば全体腐って仕舞う様に、神の言葉に人心が少しでも交ったら其力が消えて仕舞うのである。

一、ルーテルが聖書を譯す時に人は信仰によって救わるということを人は信仰のみによって救わると譯して聖書の真意をはっきりして呉れた。カソリック教は之を以て誤譯と罵るけれど決して其うではない。其儘を表わして真理に忠なる仕方である。

〃 〃 〃 〃

内村先生

昴宿と参宿の話　（ヨブ三十八章三十一節）

一、昴宿即ちPleiadesは七人の姉妹の意で昔希臘に於て判然七個を認めたから此名があったのであろう。今は六つより見えない（十三個を見得る人もある。望遠鏡にては三百も見え寫真鏡にては四千も寫るという）

一、数十年前に星座に番號を附して其光度の順を示したものが今は其光度の順が變って番號と符合しないものが出て來た。

一、之によって天界（廣い）にも變化のあることが判り凡ての物は變る。只變らぬは神様のみである。

一、我等は此變らぬ神様に依り頼んで居る

れのである。何と安全なれのではないか
ということを感ずる。
祈禱、　讃美、
五時半分散会を了えて帰途についた。二孫女急ぎ出
で、余を迎えた。

十二月十九日(水)　内村先生より
一、少しく用事あり一寸直ぐ来る様に
との御手紙、御ハガキを受取ったので夕方参上して
クリスマス贈物として金一封を賜ぎ二百人信仰会員に三十
円の包み物を届ける様依頼されて帰った。
此日正午認めた小山内薫氏えの余の手紙は大問
題を起すことゝなり二十二日午后四時先生に呼び出
されてひどく余の不信不徳行為、精神を怒られ
諭された。十字架の下にて信仰に目醒むる機会を与えられ
て祝福を蒙ったのである。余の生涯に於ける大事件
であった。(精細の実情は当時の日記にあり)
○二十三日午后四時半中山内氏より懇篤なる手紙の返事来る
▲二十五日(火曜)小山内薫氏心臓麻痺にて急死。四十八歳

十二月二十日(木)　午后預言者に於て勤務中の蒲池春恵夫
人と高橋つきみのことを話す。玄関にて内村先生に面
会し本日秋元梅吉兄に包物を渡せし報告をなす。
先生は一々喜んで之を許せられた。

十二月二十三日(日)
朝の集会
内村先生
詩篇第二十七篇
アモス書　研究(一)
午後の集会
塚本先生
天には栄光 地には平和
愛を正義に就て
内村先生
クリスマスに就て
余讃美歌不参、会場整理に山田光
照井鐘二郎氏出席傍聴

講堂にて塚本先生と石原兄等食事し居る所に
先生見えられ
　一、困ったことだ
　に簡単に済まされし也。
余講堂の戸により鈴木兄、秋光を呼んで当分
お別れの挨拶をする中石原兄も出て挨拶する。
塚本先生は四〜らと傳言を乞ふて歸途につかれ
塚本先生は突然講堂より上草履のまゝ去り
出で玄關前に居る鈴木兄に對して無情淡々として默
[illegible]法寡言の言を與へられた。(日記を見よ)
石原、山本両兄と共に乗車歸宅した。

△本年三月十五日朝一斉に共産思想の學生其他を検挙した
後、當局は學校の左傾思想に注意を怠らず、潜行的宣傳
を探知して官憲は其證左を突き止め此程の事再び其種の
學生を検挙すること八百十三名に及びしこと新聞に公表する。
官學の高等師範廿四人、基督教主義の両女子大學廿五人
上智大學四十名を意外とする所である

十二月三十日(日)晴
○家庭禮拜
平和感謝の朝餐を了えて後周邊を潔めて一同(宗次
郎仁志、茂夫、多祈、黎子、頌子、創能子七人)應接間に集
り、三位一體の神を禮拜す、神を拜する事に優る大事はない。
讃美歌 一回
詩篇六十篇第一節ー四節朗讀 多祈子
祈禱 ー 茂夫
讃美歌 一回
感話 終まで忍ぶこと、生涯の間に平安を望みは信仰
　者の道に非ず　馬太傳廿四章十三節ー宗次郎
感謝の祈禱ー仁志

一九二九年（昭和四年）

一月三日（木）晴

目下内村先生御夫妻は逗子に御静養中。

正午山田鐵道兄来訪、左の一事を告げて帰る。

内村先生が十二月二十六日夜鐵道亭に催されし年長組のクリスマス祝賀晩餐会席上に於て其最後に余が小山内薫氏に親展書を送ったことにつき事実を公表せらる。

一月四日（金）晴

謹慎中の身なれど社用があって聖書研究社を訪問し用を弁じて後蒲池夫人から蒲池兄の言

クリスマスの夜内村先生には誤解してはならぬからとて何も彼もざっくばらんにお話なされた

といふを聞き尚彼女は

小山内さんがあんな事になって仕舞ったから問題は解決したではありませんでしょうか

先生も何やら　わるかったという様な御様子が見えます。

といって居った。神の御憐憫を祈るのみ。

一月五日（土）快晴

藤澤吞嶽兄より書信

前略、小山内氏の件に付ては先生も貴下の手紙お取戻しになりし事其他当時の状を語りし大満足の様子にて殊に同氏の逝去に付き感慨無量底であり、クリスマス祝会（日曜）帰られて夜帰宅後第一番に「吉吉大変の事はあったぞ お前如何に想うぞ」と小山内氏対交渉に付て尋問され且つ其後度々「最早貴下を責むるに及ばず最早彼の事件は自然消滅だ」と語られました　云々

一月六日（日）晴

午後四時蒲池信兄、散歩の途上なりとて立寄られた。応接間に導き主婦も出て来て三人で種々の事を談笑した。兄は今回の余の事件に就て同情を懐き、決して禍を以て畢らないに相違ないとて

余を励まし且つ先生がクリスマスの夜事實をはっきりと申されたのは甚だよかったと思うと述べられた。

畔上賢造先生夫妻來訪

余の体につき内村先生の正義觀念、先生に仕うる途、余に對する慰めなど多く語って歸られた。

一月七日（月）晴

噫 小山内薫の死を綴る.

一月十日（木）晴

高山鉀五郎兄（宮山堂主）零時半獨來訪、兄は藤澤君と會談の結果頻りに余を思って親切に見舞われたのであることが判った。門外より二階の鎧戸の閉してあるを見て心痛んだが玄關に迎えし余の笑顔を一見して安心したと告白して居った。兄の談話の要點を次に記し置く

○此間は頗な事によって閉門を食って何んな様子で居らるゝかと心配して居ましたが親しく相見て安心致しました。

○大先生との間の問題の事故随分苦しかったでしょう御同情致します。

○實は廿六日夕クリスマス晩餐會の節、其朝刊で知った小山内薫氏の死に就て感想を述べたので、したが、間もなく先生が立って貴下の手紙の件の實状を語られ、此執った方法は大なる過れる精神信仰から涌き出たところである故我等の福音に取って大事件である。其の様な不心得の者が集會の中に働いて居っては堪らぬから當分閉門を命じたという御話を聞き、小山内氏の死去以上の驚きを感じた。

○私の所感を述べたのは二三日前であったならば貴下と同様の取扱いを受けて矢張閉門位に遭わねばならなかったと思いました。

○翌日先生が藤澤君を呼んで今田廣藤君が

小山内氏に手紙を送ったという事は善いと思ふか悪いと思ふか腹蔵なく言って見よと言われた時には遺憾なことには善かったと思いますと正直に答え得なかったと言います、私なら腹蔵なく語るのでした。

○今回のことによって益を得るものは第一に先生だと思います。

○私共なども開店当時から今日に至るまで色々の事色々の場合に叱られて苦んだものです。然し何時までも含んで居らるゝ様のことがないから何時でも服従して居ります。大人物であって小さい事には随分矛盾がありますが。或る時は腹の立つ時があって、或る程此の様な場合には多くの弟子等が強き態度を執って所謂指教者になって仕舞ったのであるなという感じを味いました。

○先生は最早あの事件が落着した様に思って居らるゝ様であるけれど あんなに怒られ一般に公表までせられたのであるから體面上甚う易くは出て來えとも言い若いことゝ思うから我々が其の中に立って融和策を執るは友人として当然為すべきことではないかと考いますが如何でしょう。

（今度先生から言って来るまで我から謹慎の態度をするら答えた）

○承知致しました、時に其手紙の拝見が出来ますか（一読）

○或る程甚點を讀んだなら涙に咽んだでしょうね。

○塚本先生も随分辛い経験を嘗められて居る様子です然し塚本先生は終りまで内村先生を尊敬して立派な晩年を過させようと苦心して居らるゝ様です。

○此間藤井武氏が先生を訪ねて塚本君はよく先生のことを知り且つ一心に努めて居るのだから彼の自由に任せ居らるゝことが必要と思いますと忠言を呈して来たということであります。

○此間の伊藤一隆氏の青山会館に於ける葬式は全然柏木式であって塚本先生司会、畔上先生聖書朗読、内村先生弔辞、新渡戸先生の友人総代の感想、中田羽後氏の独唱であったが内村先生のお話は非常によかったのです、但し帰途駅に着かれた時は顔面が大變悪く、直ちに逗子に向われたとのことであります。

會葬者は七百人位と思いました。

祈りました!!

そして高山兄祈り、つゞいて会葬者祈る、共に聖霊の恵みに心を和げられ感謝と喜びに満されて別るゝことが出来た。神様から与えられた友人の尊さを痛感した。

一月十一日（金）

恩師御夫妻の御健康は如何であろう、研究誌は出来たであろうか、日曜日を迎うる為に逗子から御帰宅になったであろうか、行って伺う事なく、聞を知らせ呉れる人もない只祈るのみである。

一月十二日（土）

「聖書之研究」一月號落掌、先ず感謝して筆者と讀者との為に祈る、順次讀み來って「日々の生涯」欄十二月三十日十二月三十日三十一日の文を讀んで先生の心の那邊に存するかを知ることが出来た。

一月十三日（日）晴

午前の集会（不明）

午後の集会　茂夫、高橋と伴い出席

石原先生司会、四五、祈、二三七、

塚本先生

勝利の秘訣（ペテロ前五ノ六―十一節）

内村先生

創世記第一章第一節

會場整理は山田鐵道兄、

一月十四日（月）

藤本武平二兄訪ね來り事件に就て物語り穩健な考を述べて帰る

一月十五日

茂夫關東學院からの帰途新町に塚本先生を訪い余の今回の事件に関して御意見を伺い帰る、（日記精神記入しある）

一月二十日（日）塚本先生禮状を呈す、

一月二十日（日）
午前の集会
塚本先生
哥林多書の書かれし動機
内村先生
詩篇第三十篇
午後の集会
塚本先生
我等の敵
（馬太十章）
内村先生
創世記（三章の續き）

一月二十七日（日）曇
午前の集会
塚本先生
哥林多後書の諸
内村先生
詩篇第二十八篇

一月二十八日（月）雪
藤澤音吉兄が夕方雪路を冒して訪ね呉れた。
昨夜先生はサイトウさんをお訪ね致したいと思いますが如何でしょうと伺って見られた。私が今勤
一、宜しい
お御許しを得度い
一、サイトウ君は会うたならば「日曜の集
会に出る事は差支はない、会って善く
話したいことがある
と告げよとこれ丈申されましたから御含みを願います。
次に氏一個の考を色々の方面から述べて帰られた。
余は只、神の恩恵の深きを感謝する。

内村恩師より御手紙
一月三十日附淀橋局六時―十時消印の封
書は配達になった。

377.

拝啓、陳は来る日曜日より講演會の御出席は差支ありません、但し仕事御手傳いの儀は當分御遠慮下さい。委細の理由は御面會の上申上げます、匆々

昭和四年一月三十日

内村鑑三

齋藤宗二郎君

神の森厳なる義と其蔚敦たる愛に基き地球面上の一地點に血と涙とを以て編み出されし問題は之を以て大部分解決と見るに至ったのである。洵に神の為し給いし事と信ずる。真に感謝の外は無い。問題を惹起せし根本の動機は、世界大戦の夫の如く不純のものではなかった。こは人々の良心の等しく認むる所である。人と人との關係の上に信仰の深慮を缺きたる欠陥の露呈と見做すべきであろう。勿論義の觀念に淡く愛の精神の乏しかった為にかの軽挙を敢てしたものと叱らるゝは當然のことである。然しそれは信仰の質と量に應じて現われたのであるから如何とも致し方がない。老恩師の大業に對し突然危機を醸さんとし一大苦痛を與えたのは誠に寔に相濟まぬことであるが、小山内氏の死によって煩累を微塵だく遺す患いなきに至り随って恩師の擔う大使命に向っても故障を来すことなきを得たのは本當に神の憐憫に出ずるものと信ぜざるを得ない。此際我に取りては悔と反省と警戒と将来を慎むことによって信仰の精進するのみである。

尚忘るべからざることは此問題の起ると共に多くの教友が之を中心として熱心に祈りしことである。想うに問題は斯くも速かに解決するに至りたれど之を善用し給う神の愛の結果は廣く長く信仰と光明と恩寵とを現わし給うに相違ないが其事に關しては今より之を一々明かにすることは出來ない。益々遜って聖意の成らんことを祈らんのみ。

一九二九年（昭和四年）

二月四日（土）晴

徳富蘇峰先生懇親會に出席した。青山會館に於て開催さる
坪内善四郎（承武）綾瀬礼一郎（記者）鈴木富三郎（議員）深井英五（日銀）峰間信吉（帝大教授）、堀切善之（新日本）岩田徳三郎（国士館長）多田宗太郎（新聞記者）石川千代松（帝大教授）上田萬年博士など十八人の雄弁の劇烈の後蘇峰翁の挨拶があり最後頭山満の発声にて萬歳は唱和された。不偉大道の所謂の逍遙懇親の体裁を整へられたの

二月三日（日）晴

午前九時十分出發、阿佐ヶ谷驛ガードの上より西方を望めば銀冠白衣の富嶽高く聳えて宗教的の人心の為に一段強く光を放つ如く思われた。今更ら意義深き柏木行の門出に際して此の純白な姿相貌を心鏡に浮べて爾かた上に緊張を持ち得るを感謝するものである。

講堂の門前に於て塚本先生に遇うた。日ア珍らしくもの言に先生の溢れる愛を感じた。武藏屋居は今日の會費を差出したるを見て無言ニコニコ。田村治郎兄も事務室に立って笑顔を以て挨拶。

集會（研究）
塚本先生
哥林多後書四（一章、三節）（三一七番讃美）

△大切なる所、三節を一氣に讀んで別段の感じも持たぬが　それは馴っこになった為で非常に惡いことである。

△初代教會の信者達は今日の如く各人が聖書を手にするの便もなく主の祈信を僅かに貝殻

か紙片に書いて持って居る位で一冊の寫本を廻覧する様な不便であったから其頃は一字一句深き印象を感じを懐いたであろう。有名なベーコンは言葉の偶像に捕わるといふたが本當に其通りで文字に因る利便も亦大なる危險の伴うことを知らねばならぬ。

△神、キリストの簡單なる一語の中に宇宙大の意味があるから一々其深い意味を探る必要があるのである。

△パウロの書簡には何時も其最初の挨拶の言葉について感謝の言葉があるが哥林多後書とガラテヤ書のみはそれが無い。ガラテヤの方は怒って書いたものだから其時感謝の持合せがなかったに相違ないと見る人がある。三―十一節は他と異って居る。

△普通の感謝は教會が受けし種々の恵みを感謝するというのであるが、パウロ自身の喜びを感謝して居る。自分の受けし恵みを餘りに強く感じたので他の事は黙したる姿である。

△普通感謝すとあるを後書は頌むべきかなと讃美の言葉を以ってして居る。エペソ書とペテロ前書にも讃美を書いて居る。

△感謝は個人又は團體の受けし御禮で讃美は客観的に神を頌め稱えるのである。自ら恵みを受けなくとも出来る。

△讃美は始めであって感謝は次になすべきことであるけれど、我等は中々讃美しない。人は感謝よりも讃美をしなければならぬ。今日の教會は讃歌歌い樂は奏するけれど眞の讃美はしない。（百十四一六十一参照）

△人は人を崇めても神をば頌めない。神を頌めよ。詩篇の詩人の如く、神をあらゆる方法を以て

心から頌めよ。ハレルヤの原語は頌めるである、讃美である。

我等の之が出来ないのは我々に肝要のことで欠けて居る點がある結果である。

△神様はイエスキリストの父なる神というは歴史上最大の出来事、宇宙創造上のこと、全智全能と申してもそれは抽象的の言葉なるを免れない。此地上に生存せしキリストの父であるという

此世界は嘗てソクラテスという偉大なる人が歩んだ所だというは驚くべきことである。然るに神の子たるキリストが立ったということは更に驚くべき事件である。陛下の御野立所又は陛下の御泊りになった室と言えば一種の感に打たれる。此キリストの父様であると示されたるは最大事であって神様と我等とコンクリート具體的になった（言葉は悪けれど）本質を同じくする神と子である。

キリストを見る人は神を見る人、我等の神は見ることの出来る神様。

△我等の血ということには古来幾多の血が流れて居ることを記憶せよ。我等の天皇陛下と云うが如く強くある。

△法皇と其子を主と言わしめたポリカルトが二世紀の頃の人だがシーザーを主と言わぬが為に八十六歳で焼き殺された。東方の光という本の中に此為に殺された人の名は澤山に載せてある。

主の言葉の力は實に凄い。

△（エペ書四四節）唯一の主の言葉の指圖書に此等の信仰の先輩の尊き血の歴史を有することを知らねばならぬ。

△神は慈悲深いではない。慈悲の源なる

又慈悲其物なる神である。智の神力の
神に在し給えど又愛の神様である。イエ
スキリストの父なる神なるが故に慈悲の
神となった。
△今一つ我等の主イエス・キリストの父にして
神。一寸頭に直ちに這入らないが新しき
多くの學者は斯く言う。
△二節の我等の父なる神と比較して見る
イエス・キリストと神　我等と神〃
同じ關係である。(ヨハ伝二〇、一七)
△キリストの父なる神と我等の父なる神、とは
別の意味がある。
斯く父なる神と呼ぶ權を與えられて居るが
然し實際我等は子なるに相應はしく
ない。
内容實質が其唱呼と共にキリストの如く

我等の父なる神といい得る成り得る時が來る。
それは最後の日である。それは正に大きい
ことである。此れ以上の名は持ち得ない
此自信自覺誇がなければ、何時までも
小事に齷齪して見すぼらしき生活を送
るのである
我等は神様の子である。

内村先生

詩篇三十一篇

一、長い詩であるが大意はむずかしくない。
一、判る爲に五分ける
一―四、詩人(ダビデ)はヨブの如く神様に祈
を以て迫る。
五―八、詩人は祈りつゝある間、過去の恩惠の

事實を考えた。
九ー十三、苦痛の現状を述べる。
十四ー十八、祈禱のつゞき。
十九ー二十四、 祈禱は何時か讃美となる。
一、此詩を單に公表の祈として讀んでは判らない。
十節十一節の如きは誤解し偽りとも思はる。
これは神と我(自己)との對話で、神聖なる密
室の睦言として見なければならぬ。
一、信仰は人の靈魂と神との交際である。他人之
を知ることが出來ないが、それにも拘らず人
の前には悉く公言せんとする癖がある。
一、我れ怒る時に一番祈り得るとルーテルの言
いしをカソリックなどは非難して居る。
一、書いた場合の記者の心になって見れば解る。
一、冒頭の言 愧を負わしめ給う勿れとは何の

意味か、愧曝しの外に 神顧み給わず
神に信仰を裏切らるゝこと 友人に信頼を
裏切らるゝこと
聖言を解する爲に色々の經驗を受けさせら
れたのである。(ヨブ六ノ十八)
一、神と密接の關係あるにあらざれば發し得ざ
る祈
一、五節はイエス最後の言(引用せられた)
一、世に堪え難き苦痛とは永久の別離の如きは
ない。
われ靈魂をなんぢの手にゆだぬ
死を慰むる唯一の言葉である。
一、廿二節 眞情有のまゝで尊い。
一、ヤレ原語、ヤレ註釋書と言わずに信仰の實
驗で讀め、詩篇は四福音書に並ぶの書で

あると言うが實に尊い書である。

二月九日（金）晴　午後二時半より本郷三丁目帝大佛教青年會館に開かれ宗教團體法案佛教徒反對協議會に出席、酒井忠雄、伊達光美、近角常観、小野清一郎の諸士四名、警官二三十名、臨席監視、拍手乱發、演壇の周囲緊張、時々野次、喫煙を憚らずの状態。近角氏曰く昨年五月以来寝食を廢し血の涙を流して苦心努力せりと。空しからざれかしと祈りて歸る。

二月十一日（日）半晴
仁志と共に柏木に向った。

午前の集會
塚本先生
哥林多後書一章四ー七節

△慰めの語　三ー八まで　に十四回　患難の語　六回

△あるに注意せよ。

△慰めは凡て神様より來ること。慰とは何であるか其意味を知らなければならぬ。

△神に於ては慰め得られぬことは一つも無い事。

△パウロの考では我等の慰めらるゝは他人を慰めんが為と。

△これは尊い考である、他を慰め得る様になりしことを感謝する。

△普通行わる、忘れさせ様とするは胡麻化しの慰めである。

△痛みに打ち勝つ力を與えることは真の慰めである。患難を回避又は謝惑する力である。

△苦みの經驗を受けないだけでは何もならない同時に其上に慰められた經驗を味わなければ價値はない。

△ゲーテのファーストを讀んで見たが、彼は苦んだ其告白によれば一生のうち指を折るだけしか

平和の日がなかったとのことである。努力で勝とうとする人生観であって神様に慰められたことはない。

△一、苦みの何であるかを知ること・二、慰められし經驗とを要す。

△苦難と慰とはクリスチャンの付き物、キリスト抜きに艱難に入ることは出来ない。榮光を受くる神様は保證し給う。（テモテ後二ー十二、哥林多後四ー十）

△キリストの苦みと我等の苦みとは同質である、此苦みに遭うは恵みであり特権である。内に起る問題でも外より起る苦みの問題でも此はキリストの為であり、キリストの受け給いし苦みと同じである。此事を悟って如何なる苦難にも喜んで榮誉として之に当らねばならぬ。

△教会の人々は私を偏してコイノニヤと言い、相本の欠點はコイノニヤが無い、愛が不足などと言うが反對かも知れぬ。

△ソウロソウロ何故汝は我を責むるやと主は言い給うた。ソーロはキリストを苦めない、信者を苦めたのである。然るに主は我をと言い給うたのである。真のクリスチャンは主と偕なりである。然り主の一部分其物である。

△クリスチャンは一つになる共同責任がある　これはクリスチャンのゴールデン　プールである　外からの一致も共同は無益有害である。

内村先生

詩篇三十二篇

一、ダビデは殺人姦淫等の人としての最大の罪を犯して居る。若し彼が赦さるるならば、

ばせに赦されざる人とては一人もないということ。(詩五十一篇、サムエル后廿二章)

主たるダビデともあるものが、あの人間の為し得る最極の罪を犯したりとは實に不思議なことである。

一、衍心と罪と不義と言い分けたるは罪悪の各方面を指し、之が赦さるる語も亦三種の語を用う。完全の赦を表わすものであろう。

一、懺悔せざる時の心身苦悶の状態。

一、恩恵によりて悔ゆる心を起さんとする時しもあれ神は之に先んじてダビデの罪を赦し給う。

一、「馬の如く具を用いて引かざれば來らぬ様ではいけない。

一、一般我を苦むる者は我れ自身である。

一、神は義の為に赦し給う。

一、謝罪し来る時は之を赦す義務がある。

(恵みとしては勿論のこと)

祈禱。　三百一。

久しぶりで濱尾作子未亡人の出席を見て其健康恢復せるを喜んだ。今日も塚本先生の温かき同情の一言を寄せられ胸中の擴大するを覚えた。

二月十四日(木)晴　芝・増上寺本堂に於て開かれし

宗教團體法案賛成全国佛教徒大会

に出席した。二千餘名の緊張裡の警戒に行はれたのであった。

賛成者は署名すること(余は署名せず)

午后一時十五分閉会

司会者は瀧沢道遍、二階堂佐吾の二名、登壇者は祥雲晩成以下十一名其中の署名一氏の長演舌、権尾辯匡の動議もあった、反對者二名警官に引き出され騒ぎもあった。

近角一派の反對者を攻撃する言は拙劣に聞えた。

二月十七日（日）晴
午後柏木に行った
午後の集會
塚本先生

ヨハネ、マルコ（馬可十四章五十一、五十二）

△新約全書研究上一同の了解に便せんため馬可傳を第一番に研究することとする。之は科學的のやり方である。馬可傳は馬太、路加兩傳を産むだ種本であるからである。若し信仰を養ふ上よりすれば勿論馬太傳を第一に始めるが順序である。或る學者の言ふ「馬太傳は世を益した本である」と。

△純粹の形を成す、最初に書かれた爲着色少し。馬太には馬可に無い所の教會的氣分が多分に這入って居る。ペテロよ此岩の上にわが　罪を犯したる場合には二三の所に連れ行きまでなど著しい例である。之は教會なる形が出來て後に著されたものであるから其影響を受け色彩がくっついて居るのである。

△一番記事が短かい僅かに十六章である。そして書方も簡單明瞭である。

其輪廓と著者

△（一章一節より十三節まで（基督の傳道の前史）
一章十四節より十六章終迄（基督の傳道）
1. 一章十四節より九章まではガリラヤ傳道
2. 十章は異邦（ペリヤ）傳道（1.2を通じて三年間）
3. 十一章より十六章まではエルサレムに於ける主の傳道（言行）一週間

十六章は八節を以て終となす
此點に就て三説あり　一、八節で終って居るというもの
二、九節より二十節までなる他人の筆の成るものを加えたるもの
三、近頃發見された數節の語が加えらるべきものだという説、

特長
一、自分で目撃したことを書いたもの又は目撃者より聞いたことを忠實に書いたもの　夫れ故記事は皆生き生きとして居る。

一例は直ちにの言は五六十回も書き入れてある事
二、異邦人（多分ロマ人）相手に書いた様に思わる、
ユダヤの律法は書いてない、又預言の引用はない
アラム語ヘブル語は譯してある。ラテン語多し。
誰が書いたかは今以て不明。六十年代の著
△二世紀ユウセビースの教會歴史にパピアス先生ヨ
ハネ長老に就く、マルコはペテロの通譯、順序
を付けて書いたのではないという記事がある。
使徒行傳を見るとアチラコチラにマルコの名が出
て居る。パウロは一時彼を斥けたが後に彼を同勞
者と言い我子マルコと言い、點よりすれば中直
り出來て共に傳道したものと見える。
△最後の晩餐を擧げた家は彼の家であり、ゲス
セマネに祈られしことをも密かに知って居り、主が十字
架に掛けられ給いし時捕えられて裸にて逃げしも
彼であり、使徒等が訪ね行きて密かに祈りたるも
彼の家らしい。
△大學の三年の時に幸德秋水の基督抹殺論を讀
んだが二ヶ月餘頭腦が妙であった。一時信仰を混濁
された。後京都の波多野氏の著を讀み福音
書の背後に人物が無くては出來ないことである
という事を感じた。漸く心は直った。
△高等批評も亦益を為すのである。高等批評
位で崩れて仕舞うものなら根抵の無いものに
決って居る。

内村先生

アダムとエバ　（創一、二章）

一、人間は最後に造られしこと。
一、神に象りて造られしこと。
一、萬物を支配する權能を與えられしこと。
一、夫婦の關係に就て明瞭にせられしこと。
一、人は古く人類の創造は七千年前にありという
は嘘だ二十萬年も百萬年も以前の人間

の骨が出て來るではないかとかアダムの肋骨を取ってエバを造ったとは何事だとか蛇は禁果を食わしめたなどは可笑作り話だなどと言うけれど如上（四項）の大事なる記事、教訓、精神をば考えて見ないから創世記の此始の記事の意味は少しも判らない。然し此重大なるその神意が判れば其他のことは問題にならないのである。

祈禱。　さんび。

二月二十四日　日　晴

午前の集會

塚本先生

コリント後書一章十二―十四節

△パウロの書翰は三部より成り、冒頭は緒に譬ふれば頭、次に本文は胴體であって最後の挨拶は尾の様なものである。そして胴は又三部に分れて居る。

一、一章一節―十一節　讃頌、患難、慰めの實驗、

二、イ、一章十二節―七章　個人辯明、

ロ、八章九章　エルサレム教會の救濟。

ハ、十章一―十三章十節　攻撃に對する辯駁。

三、十三章十一節終まで　挨拶。

△パウロの手紙は旨い。疑心を以て見れば政治的の文の様にも讀まれる。

△誇という字は澤山にあるが威張る意ではない。良心に疚しいことはなく神の清潔と眞實を以て爲せしこと。

△他人を證人とすることは不要である。自分の良心の方は正しくある。

△パウロは大なる心よりの考を書く。我等小なる者は此大を知ること至難。

△人は言葉の上の掛引は容易に出來ない。然し

手紙には掛引は書ける、裏に裏をつけることが出来る。パウロの手紙にも亦裏があると謂ゆるものがあった、底で十三節に汝らの讀む所知る所に外ならずといふて居る。

△私は結婚の周旋方を依頼して来た信者があった、之は大問題である軽卒に當ることは出来ない。私は二三日祈った結果端書にて左の如く認めて送った、これが判る様ならば本當の結婚が出来る、若し判らぬ為失望するか私を攻撃するならば假令私が手を取って世話をしても駄目である。

目下休業　高砂社

△今は互に一部分の心を知るのみなれどイエスの日日は互の清き關係が明かになりて師弟、父子、夫婦、兄弟、友人互互を喜びそし誇として感謝するに至らんことを望む。

△コリントの信者等に掛引ありしと思われし時のパウロの心に深き同情なき能わず。

△金の事も亦同じ經驗を有す、即ち純信仰を有の儘に述べると教會者は我等の心に割増又は割引あるものとなし純信仰もあれ程の強さで語れば都合がよいに相違ないなど冷評するのである。

△私が若し私の日常生活と議論と説く所と雑誌に發表する所と一致して居らぬならば私は傳道と何れかも止める。

△クリスチヤン・ライフも傳道も神の清潔と真実を以て有りのまゝに表わさねならぬ、それは虚偽であり失敗である。

三三八(婦人のみ)

内村先生

科學と佛教(科學と基督教 佛教と基督教)

(ヘブル十一ノ三、ヨハネ壹ノ九、コロサイ一ノ十五―十七。)

一、田中龍夫君と私との分離なる面白からざる理由によって此演題を掲ぐ。信仰の根本相違の為であって自分辯護でも田中君攻撃でもない。此好機を利用して眞理を明白にするのである。

一、説の異る必ずしも悪いことではない、昔反對異説が起らなかったならば多分聖書は出來なかったであろう。ガラテヤ書でもコロサイ書でも異端の為に書かれし書簡である。コロサイ書の如きは基督教對宇宙の幽遠なる眞理を教えて呉れるのである。

一、物の區別は判然とすることは必要である、私共は紳士的に愛を以て別れたのである。

一、田中君は天然を探れば神様が判る。私は天より直に示されなければ神様は判らない。根本相違は之である、到底此兩説の融和し得る途は無いのである。宇宙天然は物體であって物體は測定し得るもの、神様は意志であって測ることの出來ないものである。

一、哲學はパンを燒く能わず然れども神と自由と永生とを知るとは有名な言葉である。

一、今や佛教の研究は世界文明國の流行である、工大教授山崎君がシカゴ大學を訪問した時八十四歳の某總長は仝氏に向って日本に佛教なる優秀の宗教があるのに何故祖先の宗教を棄てゝ基督教を信じたかとの驚くべき問を發したということであった。山崎君屈せず云らば先生は貴國にピューリタンの善美なる生ける宗教あるのに何故佛教を信ずるのであるかと反問して閉口さしたということである。」

一、エール大學のラッド博士といえば千數百頁の大著聖書の解説を書いた程の學者であり、伊藤侯に招かれて朝鮮に來たことのある人であるが彼が米國に歸りて一死するや骨を日本の總持寺に埋るべきことを遺言したとて未亡人は之を携えて來り當寺の鐘樓の側に葬り多くの學者等集りて碑文を建てたのである。當時新聞にて知って其眞偽を疑わる、位不思議な事であったから態々行って見た所が果せるかな新聞の報道に偽はなく其通りであったが碑文の何處を見ても基督教に關係せる一字も讀み得なかつたのである。文明人と誇る彼等が此生物と死物という程の大差ある基督教と佛教に於て生を以て滿足出來ず死物に走るは何の爲であるか次回に於て之を明かにしようと思う。

一、曾て大手町時代に米國のギリーキさんが來たから突然二時間を費し親しく總持寺にラッド博士の墓を示したに一向不思議の樣子をしなかった。彼等は如何に明暗の差別を判然とせぬかを知るに足るのである。

一、此間も獨逸の或る學者に手紙を送って一体諸君は何をして居るのかプロテスタントの發祥地に居って何時まで机上の學究を續ける積りであるか世界の現狀を如何に見るかと質問した。

一、ゾルフ大使なども來かけには我等に同情を持って居たが歸る頃になったら最早稍かの望みも掛けられなかった。

今や英米獨の有名なる大學一つも吾人の希

望を喜ばすものがない。

祈祷、　二七五。

高山先生は洗足会の謝礼を述べた、濱尾さら子老姉から謝意を受けた。

塚本先生 余の前に立たれ余の左肩を軽く敲いて曰く
何うです 閑散においでしょう 一つお飯を一緒に食べませんかって。例によって深き同情の御言葉であった。

先生には御国にかかる折なく、お実様に挨拶を交した。

武蔵屋君からカードと濱題紙とを貰った。

昨年ハリス氏の墓前にて撮影せし先生方の写真三枚一組を一円にて求めて帰った。

午後の集会　（茂夫も出席）
塚本先生
福音の先駆者　マルコ伝一章十三節まで
ム道徳家曰ハネ
ムイエスは律法を成就せん為に来る（信仰）

内村先生
創世記　第一、二章
一、自然生活者としての人類　二十万年乃至百万年前
二、歴史的生活者としての人類　六七千年前
夜一同炬燵に集り茂夫より此話を聞いた、全く今日の福音を紹介した、感謝であった。

一九二九年（昭和四年）
三月三日（日）晴
九時柏木に向った。妻は豫後の警戒のため出席を控えた。
午前の集会　三八、詩三〇篇、祈祷、一六一。
塚本先生
哥林多後書一章一五―二二節

△辯明先とする時、説明に先んじて原理を説く
汝等は我を識れども誠実の神を信じアーメンたるキリスト（アーメンはヘブライ語の誠の意味）を信ずる我は虚偽を言うべき譯は無いではないか。

△他人の言うことを割引し割増しせずに其儘に信ずるということは至難のことである。然し我等少くとも信者間に於ては其儘に信ずる様にせなければならぬ

私は二十年前内村先生に師事せんとて来た時には多くの先輩友人は内村先生の言葉は其儘に取つては危険であるといふた。
私は其注意を聞き驚き且つ憤慨した、そして私自身は何とあつても先生の言葉其儘を信じて今日に至つたのである。若し間違つた事があつたにしても それは私は知らない神様のみ知り給うことである。

内村先生講壇に立たれ　今の塚本先生のお話は大変なことである。
言葉を其儘に信ずる人程御し難い者はない、正面から取らず又割引いて取る様な人間は何の様にも処分が出来る。今塚本先生の精神態度を聞いて一つの偽も言われぬという責任を感ずるのである。

二六五（婦人のみ）

内村先生

佛教対基督教

一、我々日本人は誰人も佛教の深き感化を受けて居ること。

一、原始佛教の有神は汎神的なること。

一、青年時代に津田仙氏の勧めにより鳥尾得庵氏を説得せんとして却つて現基督教なる冷評的文字を與えられ何の効果もなかつた経験。

一、今や佛教の研究は全世界の流行である。

一、政治家慈善家等民衆濟度を目的とする人々は佛耶兩教の融合を計画するのであるこれに勝る愚策はない。

一、佛基兩教の根本相違は愛の觀念に於て存す。佛は慈悲の為の慈悲即ちおなさけであるに對し基は義に基く愛である。
(羅三の二五、六)

一、佛教によって蘇格蘭、デンマークの如き義に立つ國家の起った例は無い。勇健を佛教に望むことは出來ない。

一、幸に武士道は佛教の缺乏を補ったけれども到底完全なることは出來ない。

一、現代日本の各方面の不足は凡て義の缺乏に基因す。

一、田中博士は多分に佛教思想を取り入れて己が信仰として居るから益々我々と隔りを廣くするまでゝある。信仰上の關係を斷絶するは當然のことである。

∴　∴　∴

詩篇三十四篇　前半の大意

一、信者の歌としては平凡の歌である。即ち信者の日常生活を歌った歌なれど不信者の歌としては非凡の歌である。

一、信者の謙遜と不信者の謙遜とは全く違う。

一、(二節)神に就て誇らん己に就ては謙らんのみ。

一、(六節)此苦しき者て己を指して言う所の人は誰ぞユダヤ王國の王聰明なるダビデである。世界何れの所に斯くも謙遜なる國王ありや。而して王は其患難より救い出されたる實驗を述べたのである。

一、我れ孤獨なるに似たれども決して然らず天の使者は營を連ねて我を圍み護り助くというのである、眼を閉いて見れば我等も同様の状態に於てあるのである（列王下六ノ十五）。

祈禱、一〇〇、祝禱。

報告

一、此間塚本君は文部省宗教局長を訪ねて今回提案貴族院特別委員會にて審議中の宗教團體法案が若し通過して法律となつた暁には私の集會の如きものは何うなるものかを糺して見た所が、早速大に諒解あるもの、如き態度にて

君達の集會は宗團の意志なきものと認めて居るから法案には關係は無い。夫れ故届出る必要は無い。若し届出ることがあつても却下するまでゝある

との答であつたから、これでこそ無教會主義の精神が通つたと深く喜んで居る次第である

諸君に於ても此點御安心下さる様にとの御話であつて一同感謝の意を抱いて笑つた。

此日先生も御夫人も大變な元氣で且つ始終ニコニコして居られた。

蒲池兄と共に歸途についた。

三月十日（日）半晴

茂夫夫妻不快、仁志を柏木の集會に向わしめ、余は三児を守りて半日を送つた。

午後の集會に出席のため柏木に至り先づ勝手口に居られた恩師夫人に遭いて安否を伺いたる後、山岸壬五兄の永逝を惜んだ。

・一高事件（不敬）の時は十七歳位にて共に居る。

・五十七八歳位と思う。

・山岸は私より先きに死ぬとは……とて先生はひどくがつかりして居らる。

・秋元さん直ちに訪問、昨年まで山岸の妹さんが秋元さんの所で働いて居つた。

・両親共に無し 本来丈夫の方ではなかつた。

・研究誌と関係深し。
・講堂で本葬あることこそ、謝意同情を表する途として。

・午後の集會
塚本先生
ガリラヤ傳道(一)
馬可傳一章十四節以下

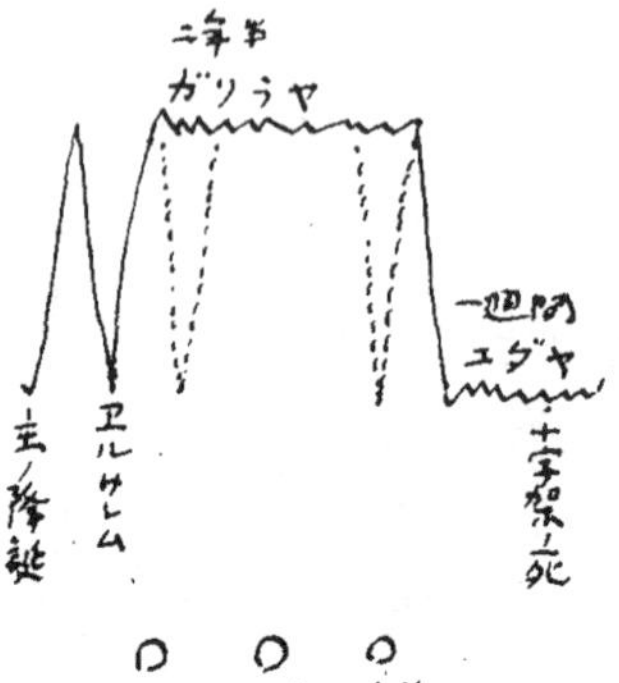

○ガリラヤ ……九章
○ピリヤ ……一章 二年半
○ユダヤ一週間 ……六章

△主の傳道の準備(十三節まで)試を受けられし時に傳道の方針定る
○パンにあらず ○社會改良にあらず ○教會を建てない ○此世の力を借りない ○不思議な力によらない ◎神の教と力によって靜かにする
(馬太十二章十八ー三五)

△今日の世界の人々の傳道とは反對である。
△傳道とは教會を建設すること、多くの信者を造る事が真の目的であるならば、我等は今日の教會の人々のすることを非難することは出來ない。
△一章の十四節以下四十五節までの記事はガリラヤ傳道の縮図である。
一章より九章までの傳道の遣り方が悉く這入って居る。
△共観福音書は中心はガリラヤ ヨネ傳はユダヤを主とす。
△彼の傳道は死ぬること、十字架に極まることである。
○福音は悔改めて福音を信ぜよ(十五節)之は教の基調である。之れは盡きて居る。
△主の為し給いし事は
一、教　二、病める者を醫す
○到る處ユダヤ人の會堂で教え給うた、舊約はキリストの預言である。

イカニ深く舊約を學ばれ其成就に心し給いしかを知る。當時会堂を巡って教ふることは普通の状態であった。

△凡ての宗教改革は内よりである。教を忠實に守る人より起るのである。

△病気は其根本には罪があり、悪魔が居る。故に悪鬼を逐い出し給うた。

△キリストは第一に先生であった。第二に醫者であった。即ち心に光を與え給うた。病を醫して救え給うた。

△光として立ち生命として働き給うた此二つの外になし
そして之を與え得るはキリストの外に誰も無し。

内村先生

罪と其出所

一、神に關し宇宙に關し人に關しての觀念を

聖書は如何に見るか。

一、罪を離しては人の事は判らず。

一、罪のこと程不思議なるはなし。説明せよといって見ても出来ない。
只聖書のみ明白に教えて居る。

一、罪の意識より救いに入るは正道である。

一、罪に就て言う所は色々である。釋迦の教は人々は過って居る故本當の智識を與うればよくなるという。高僧智識になれという。

一、教養の缺乏としては成り立たず。
やりそこないだから良習慣を作れと教うるものもある。

一、ルソーの様に人は生れながら善である故に根本に歸れと説く。

一、然るに罪を犯した時に責任を感ずる、

濟まないと思う、自ら責めらるゝ所を見ると以上の説の如く淺薄なものではない、甚だ深いものである。

一、解釋は完全に出來ないかも知れぬ然し處分は完全に出來る、實際の解決である。ーキリストの救い。

一、山岸兄の永眠と葬儀に就ての報告をせらる。

一、山岸君のことに就き用があるから一寸殘って……

と先生は申された。

講堂の一隅に於て先生から御話があった。

一、山岸君の葬儀を營むに就て葬儀委員になって貰いたい、外に二三の人を選んで置く。新潟に行って今朝歸って來た秋元君が明日來て精しく報告する筈故君と明日午後四時迄に來て呉れ、日取や其他は其時に決する。

塚本先生が内村先生に次の事を話さるゝを聞いた。

○私の近所に居る一人の牧師が私に語るに此頃本間俊平氏と共に山陰道を歩いて居る田中龍夫博士は妙ですね随分妙です。人間は栗の如きもので外面は醜くそれを剝ぎ取れば内面より善なるものが出て來るという話です と最早あの人は私共の同志ではありませんと答えたら それはよかったと言いました。先生は之をお聞きになって それは基督教の反對だと申されたあの本間ともあろう人が田中君と共同動作を執るとは奇態な話だと附言された。

山田鐵道兄と共に歸途に上った。 此間淺野先生に逢うた所が サイ亭君の小山内事件に對する内村先生の態度はひどいと申しましたから先生は先生で考があり、サイトウ君にも亦自ら思ふ所があつて各々神様に繋つて居ることを故他から批評の出来ない問題であると語りし由余は先生と異れた。余は淺野兄の観察は先生の深き所に達して居らぬと思ふた。

三月十一日　先生から山岸兄の葬儀につき承わる。

三月十三日(水)晴
先生から徳富蘇峰氏の没落と小山内氏の生活状態を告げられた。(恩師言第三にあり)
恩師夫人の言なりといふを藤澤音吉君が傳へてくれた。
の今度の事件で大抵の人なれば あれ限り關係が切れるのであつたが 逆がサイトウさんは偉い 先生の心が判つて 静かなる態度を取り遂に早く仲直りの出来たのは幸なことである と
余は之を承つて涙を催す程有がたく思ふた。ア、数十年純情を注がれ 静子夫人よ。

三月十七日(日)晴
余と妻と柏木の集会に臨んだ。途上永井久録兄の病状を見舞ふた。未だ臥床中であつた。御無理をせぬ様にといつて別れた。

午前の集会
塚本先生
ガリラヤ傳道(三)　マコ二ノ十三―十七　七ノ一―二

△パリサイ人は六千人位(宗教的團体)
△サドカイ人は政治的團体、禁慾派
△アムハーレスはパリサイ人が律法を守らぬ人々を呼びし名にて交際をしなかつた。
△道徳を律法として行ふ時には全く反對の心になつて仕舞ふ。
△モーセの律法五百餘
△イエス出現當時の背景を見るに大切のことである。

内村先生

悲観　楽観

一、宗教哲學者なるライブニッツは楽観主義の人であつて此世界は人間の考へ得る最善の世界であるといふ。

一、之に對して嘲笑文學者ボルテーヤは例の口調を以て大反對を唱へ、時恰もリスボンの大地震あるや此を引いて盛んに攻撃した。サムエルジヨンソンの如きは我慢をして居つた。

一、日本に於ける嘲笑文學者ともいふべき人は齋藤緑雨であらう。

一、素々悲観は楽観に對照して起つたのである。哲學以上の理由がある。

一、ショペンハウエルは悲観哲學者で萬物にはウヰルがある慾がある故に排他があり競爭がある。藝術を以て之を救ふ佛教に行けと言うた。

一、ハートマンは同じ悲観であるが文明の力によつて救ふといふたが一九〇六年六十二で死んだ。何とか一九一四年の大戰が之を裏切るのを見せたかつた。

一、ニイチエも亦悲観説の一人なるを免れない。

一、佛教全体の赴く所を見るに人生の虚悲を認めて悲観説である。

一、一休和尚の如きも眞の楽観者ではなく、ペルシヤの詩人オーマルカイアムの如きは悲観詩人である。源平盛衰記の如きも事實を佛教的に美観化したものである。

一、淺く世相を視れば其通りである。我等クリスチヤンは彼等に勝る程其事を知つて

居る故に矢張一種悲観論者であるが
實は最大の樂観主義者である。

三月二十日(水)晴
九時家を出で、柏木に向つた。
葬儀場たる會場、花、受付其他に就て心身を用ゐ、
弔辭の草稿を先生に示して欠點に對する注意を
受け漸く許可を得た。

● 山岸壬五兄葬儀　午后二時講堂に於て
畔上賢造先生司會
一、讃美歌三五(黒の光)　二、聖書(テモテ後書一章四章)
朗讀　三、祈禱　四、讃美歌九九(聖日の朝)
五、内村先生説教(涙を以て)　六、略歴(畔上賢造)、弔辭齋藤宗
次郎(日記による)、内海直藏、永井久録、七、讃美歌二四九、
(主よ御許に)　八、祝禱　四時四分終了　六十餘人出席。
式後留守婦人で約二十名茶菓接待
事務を了えて帰途につく。

△徳富蘇峰氏四月三日より東京日日新聞社の社賓として執筆することとなる。

三月二十四日(日)晴
九時出發東中野にて小坂、山田兄等に遇い共に柏木に至る。
午前の集會　黙、詩三六、一〇五。
石原先生
二種の信仰　(馬太六章朗讀)
○神中心の信仰　人を相手の信仰
内村先生
詩篇三十六篇
一、一節、二節は峻酷で譯し難い。意味判然せず。
一、惡人の心には惡(地獄より)の靈示(インスピレーション)ありて其目の前に神を恐るるの恐れあることなし。

一、本當の偽は直ぐ判る様な偽ではない。其他各自色々の善い感じを受けるであろう。行って見るも宜しかろうと思う。

山田鐵道兄より直接に正式に會場整理の引受けを乞われた。私には考はありません、先生から御書面で

當方より言うまで御遠慮下さい

と申されて居る故、先生より呼ばるるまでは私からは何とも申しません。先生を通して神の御心が下れば何時でも感謝を以て服從致しますと答えた。

三月二十五日（木）曇 午前十時

青山學院高等女學部卒業證書授與式に池田松枝の保證人の故に出席し来賓席の最前部に案内され

誠意、愛情、活氣の缺乏を感じて歸った。

○三月末に 黎子に小椅子を新製して與えた。彼女は喜悦満足であった

三月二十一日（日）雲 復活祭

九時田端停留所乗車 西武電車で成子坂下より下車

開會二十分前に柏木に着き省電より来った仁志と門前で一緒になった。會の開會は武藏君であった。

午前の集會

塚本先生

コリント後書二章 十二－十七節

△パウロの手紙を見ると變な所で切れて居って前後の關係が全くなくなって居る所が多い。思い浮んで来る事を直ちに書きつけるであろう。一寸讀み苦く解し苦いが然し深き意味が有るであろう。

パウロの心理的の動き方であろう。

△事實を擧げて具体的に如何に汝等を愛するかを示す。

△コリントの傳道をどんなに氣にして居ったかを想像せられる。

463

△十四、五、六節は美わしき讃美歌である。

△我等信者は皆キリストに於て審判を待つのである。

△神は人を見ずしてキリストを見給う、其故は我等はキリストに在って神に認められるのである。

△自ら傳道しようなど思う人は餘程偉い(?)私などは何とかして傳道を止めないと思うて居るのである。真の傳道と其結果のことを（真相と）思えば到底傳道の重任は自ら進んで當るなどは出来ないことである。「此任は堪えんや」である。

△生活の為に傳道するというは罪悪である。我等は心底から純真でありたい。

△自分を見れば絶望であるが主を仰げば希望は盡きない。

内村先生

詩篇三十七篇

一、本篇は三十四篇と等しくアルファベット順に成って居る。此種の詩篇は特長がある。日本譯には印が附けてない。三十四篇は恰度二十二節から成って居るが本篇は四十節より成り一句が一節以上になって居る。

一、四段に區分す

一、正しき者の繁栄　一—九

二、悪人の覆滅　一〇—二二

三、正しき者に關する詩人の觀察　二三—二九

四、悪人に關する詩人の觀察　三〇—四〇

一、詩篇は百五十篇より成れど其内容は單に善人悪人の區別、狀態、結果を歌ったものである。復活も審判も永生も皆其結果である。

一、悪しき者にも色々の別名があり、善者にも亦同様である。

一、悪者も時には栄えを以て終り、善者の多くは悲運を見るという観察は全く皮相であって善者も悪者も克く見る時には此世的には十中の八、九までは其性質の如く報いらるるのである。忍耐をして居れば時間は之を審くのである。

一、戊申の役の時の会津の松平城主、小栗上野之介の如きは甚だしき誤認で憐むべき（冷遇）を受けたけれど時が来れば其内心が明かにせられ善き報を得るに至るのである。

一、「国に留まり」という言葉（三節）があるが自分の周囲自分の社会、自分の国は悪くなりとして之を去ることあるは宜しくない。移住もそうである。他の目的ならば差支は無いが不義を恐れ、悲しみ、憤って去るは宜しくない。言い傳えであるか ローエルの詩に クロムウエルが新英州なる米国に移住せんとし将に出発せんとする時従弟のハンプデンが之を引き止め彼等（既にありし）は行ってもよいが君と僕とは此国に留って正義を固守せんければならぬといったが為クロムウエルが之に應じて思い止ってあの事業を為したのである。

一、（五節）セルフヘルプ（自助）は尊いが神に委ぬるは更に尊いことである。仰いで其成り行きを待ち望むのである。

一、薩長人の悪事悪思想はどんなに明治大正の日本の思想を悪化したか知れない。

一、義憤は良心の鋭敏を示すけれど憤りは罪に陥るの恐れがある。審判は悉く主に待つべし、我等は忍んで静かに時の到來を待つべきである。

祈禱。　三三、祝禱。

○内村先生は御元氣に見付けたが御夫人は昨夜風邪に冒され臥床中の由であった藤本重太郎老兄は治療に當った様である。

○塚本先生には關西より御歸京後始めてお會いした。御無事御歸りでありますかとお伺いした。

○黒木耕一兄出席、十年前の恩恵を先生に謝するを見た余も兄と相見て其後のことを語った。

○高山鉀吾兄に手首の負傷を見舞って後御手數を煩わせ聖書を受取ったと通知に接した旨を告げ更に林文左衛門氏の現在の狀態を語った。

○淺見耕一兄農大を卒業し一旦北海道に歸りて家人に面しそれから横濱出帆北米に學ぶ豫定であるが今日を以て當分のお別れかも知れません御家族方によろしくといわれた。

○持地ゑいる子姉は玄關前にて余を呼び　お久しぶり御機嫌克うと言われた。

○昨夜突然石原兵永兄來訪　曰く

藤本武平二兄に招かれ夜十一時まで

義と愛との關係

教會問題

先生死後の事

など色々語り合い多少意見の相違を見しこともあったが結局喜んで別れた、何分同兄は頭が働くから何でも緻密に考えるが僕なんぞは單純なものだ

午後の集會には

内村先生

無宗教　無教會

の有益なる御話があり塚本先生の教も有益であったと

茂夫は報じて居った。

一九二九年（昭和四年）
四月七日（日）雨
九時五十分細雨の中を柏木に向った。
午前の集會
塚本先生
哥林多後書三章 一節－三節
△一寸前後に關係なき様な文である。多分パウロは手紙を書いて居る間に、コリントの信者達が、パウロは又も自家禮讃を始めたなと思ふだろうと想像を起して此言を書きかへたものと見るが至當であろう。
△パウロと内村先生とを比較（形式的の資格なきこと）
△敢て推薦状を排斥したのではない。パウロは自身も用いたことはある。ピレモン書は其著しい例である。
△使徒たるの資格につき度々言って居るが大いに同情すべきである。若し信者等が、パウロを正式の資格がないからとて忌う様な態度を執るものなら傳道上大問題である。故に飽まで戰って資格あることを言って居るのである。
△當時パウロ派とエルサレム派とあったのである。
△下村（文部省宗教局）氏は私の精神及び立場を知って居った。其精神から見る時は團體にあらず。
△若し資格を要するとならば大學卒業ということはあるかといって私が言うたが氏も賛成して居った。但し斯くあるも議會を通過しない。
△キリスト御自身も無免許であった。尚溯って見ると預言者もそうであった。

407.

内村先生

詩篇第三十七篇（中）

一、詩人の強く注意を牽く言葉は有力なり、多くの人々の思想に影響し支配するものである。

一、基督教の尊い一つの譯は、一言一語句の為に大問題を惹起せしむるに在り、眞理を良心の前に提出せしむる時は默過することが出来ない。

一、東洋歴史の價値は善惡の思想精神に根ざすにあり、其主張其結果の上に著しく注目するにあり。
西洋に於ては力に重きを置きて善惡の觀念に缺くる點多し、明治中年に於て加藤弘之博士が皇室と人民との關係を述ぶるに神武天皇が威力を以て日本を平定し不動の基礎を樹てたるが故に忠皇統連綿の光輝を保つと言いしは忠義の言い分の如くに見えて實は其思想は西洋の感化を蒙れるものにして當時余非常に之を憤慨し今猶其非を感ずるものである。

一、東洋道徳は言う、積善の家には餘慶ありと、是は善を為す者恩恵に与かるを示すもので力に權利の基礎を認めるのとは大差あり。
故にイスラエルの詩人の心でも聖書全體の精神でも西洋人よりも東洋人の心を以てするとよく判るのである。

一、勿論ダビデの此實驗の語と雖も正確に之を斷定することは出來ない。之を保證することは至難である。イエスは十字架の上にてエリエリラマサバクタニと叫ばれ、ルーテルの妻は彼の死後糧乞い歩きたりと言われて居るから之は全般的眞理と見なければならぬ。

一、義者は恵まる。神の御約束により恩恵によって恵まる。

義其物の當然の結果であるとか、斯くあるべき法則によるとかいう理窟で言うべきことではない。

信仰の實驗として尊いのである。

一、嘗て三井家の歷史を見せられたことがあるが實に感心すべき善良なる事實に始って居ることを知った。

一、大天才の憐むべき晩年を示し其子孫の窮状を見ることもあれど百五十年のヨナサン エドワードに就て永井潜氏の書いた所を見ると其子孫にして現在米國著名の位置にある人八百人ありとのことである。(氏は煙なき神學者といわる)

一、此世に極限あることを好まない天國を擴張すべきである。

然し此世に於ても全般的恩恵として表明せらる。

一、私が傳道者として立つ時に、幾多の人々から一死と貧とを覺悟せよと威嚇されたものであった。

聖靈は全ての靈魂に降り一同感謝に滿されて居るを敬お、輕く見安く見るは宜しからず。

午後は多祈子は二時よりの今村邸の集会に出席して今村力三郎氏の松島事件の真相、畔上先生のプランニング研究の講演を聴き、茂夫は柏木に向い塚本先生の
奇跡に就て
内村先生の
無宗教無教会
の講演を聴いて帰る。三孫児(和泰子、綾子、創能子)は我等老夫婦にて守る。

四月十三日(土)
夜七時半頃柏木に至り先生の御容態を伺いし時の様子を談話は恩師言葉第三にあり。
半時間の後
御祈的お夢
あり遊ばす
様にと御同
情を述べて
お別れした。
六畳間に居られ奥様を

おといして先生の御病気につき、お話を申した。祐之が来た序でに診て貰ってよかったと語られた。間もなく辞して帰途につき東中野なる神田上水の板橋に至るや祈禱の念禁じ難く其処に停立して独祈禱を捧げた。

四月十四日(日)晴
九時半柏木に着き、花の苗床を見て廻ったら浴室洗面所の入口に恩師の姿はチラと見えたので安心した。

先生休講

の掲示を貼り出した。

午前の集会
塚本先生
哥林多後書三章 一節ー六節
ロパウロの信仰の結晶である。
ロパウロの書簡は生気溌剌何処の一端を切って見て

も血が逆るのであるから一小部分を取って精
こく研究するのも甚だ有益.
△パウロの書簡を讀んで時々大なる矛盾を認
めるのである是は矛盾の如くに見えて實は矛
盾して居らぬのである。
△キリストに由り神に對してというはパウロの信仰で
ある、言行想り相手は常に神であった。
△大抵の人は人相手である八九分通りは人に氣兼
をして居る.
△「キリストに由り神に對して」は基督教の全体が
這入って居るのである.五節は四節の繰り返し
の様なものである。
△自分としては絶對の無慾、有力の確信無力の確
信、パウロの此兩様の確信は我々も同じでなけ
ればならぬ、一方に偏する時は駄目である.
我としては無力、神に在りては有力。
△神を離れては大小何事も爲すことは出來な
いというはキリストの態度であり又パウロの態
度であった。然るに我々は神を離れても多くの
事が出來る。此出來る所はキリストやパウ
ロより弱い所である。
神によらでは一歩も歩むことが出來ない様に
ならねばならぬ。
△儀文か靈か、律法か福音か之は根本問題で
ある。
△儀文—文字—舊約聖書—律法。
△律法は其一つを犯しても死.然るに悉く行い
得ない.悉く實行せざれば義とせられない。
△新約も舊約も文字の差異は無い.
律法は道德として臨んで來る.靈は恩惠とし
て臨んで來る。
△山上の垂訓でも一例を擧ぐれば右の頰を打つ云々の
ことも判らない.
△完全に行わんとすればする程キリストが山上の垂

訓に與えた精神に反し益々遠かって來る。
△パリサイ人の安息日問題も複雑極ったものである、全く外形に捕われたのである。
△靈によって讀み靈によって行う。言語にては説明は出來ない。
△借金の譬言、千圓を借りて請求されても拂い得ず、友人無條件に全部之を拂って呉れた。此借財人と友人との關係は我々とキリストの關係である。義務ではない。
△山上の垂訓を行い得る様になったとか他人よりは少しはよくなったと思うはパリサイ人となったのである。
△これが判らなければ信仰は何時まで經っても道徳として殘るのみ。
△トマス・ア・ケンピスの著書御足の跡は辛き十字架の實驗を書きたる尊い書である。然しあの特徴を悉く集めてもキリストにはならない。之を完全に實行しても聖者生活に憧憬して居る中古的修道院的の變り者となるのみ。
△キリストを去勢したるもの人間の都合のよい所のみ御足の跡というは宜しからず。座右銘とでも為したらよかろう。
△本當にキリストの愛に動く時には打った者を打ち返すもよい。
△聖靈に導かれよ。舊約の道徳に動かされるな。

祈禱、讚美。

報告　内村先生御病氣につき二三回休講せらるるであろう。

蒲池兄と共に歸る。何處を見ても櫻花爛熳。

四月二十一日（日）　烈風（三十米）
時迫つて柏木に向ふ、阿佐ケ谷より山本兄と同
道であつた。
午前の集會　三六、詩九十三篇、二三五。
矢内原忠雄先生
道徳（律法）と信仰（聖靈）
△イエスは律法又預言を破つて却つて之を
成就し給うた。
△我自ら何事をも成し得ずといふて悉く父
にお任せして歩まれしイエスは極めて自
然で自由であられた。時に應じ處に應
じて執り給いし態度言行は少しも律法に
捕られし點を見ない。
△聖靈の自由に在る者は道徳を守らなく
とも守られて居るのである。

△ルーテルが法王の使者たるエツクに神學論
を以て說き伏せられし時には負けて實は負
けなかつた。
△心を神に置くということは唯一の大事なる點
である。
三〇四（婦人）
塚本先生
主ー聖靈ー自由
△本日言わんとせしことは殆んど矢内原先生を
以て盡きたり。
△我々の努力によつて成つたことは極めて小、
靈の感化によるもののみ大
△神の榮光キリストの靈を我靈に移す
こと。
△我等は決して道徳を卑めない。否却つて

世人よりも高き道徳を揚げ、敢て之を實現せんと苦心することなくして聖靈の恩惠により自由に之を成し遂ぐるのである。

内村先生
報告及び訓諭

一、自分の講演を止めて聴手の位置に立つとたまらぬ感じがする。

一、曾てシーリー先生が健康診斷を受けし結果高壇に立つことを禁止せられし時程異様の顔を持ったことはないと之を目撃せし一人の學生は言うた。

一、福音を説く者に取つては是れ程面白いことはない。何時までも繼續せんことを望むのである。

一、然し誰でも此宣言を受けることになるのである。

一、今回私の健康に就ては醫師の間に持考に二様あつて、一は絶對に講壇に立つてはならぬというのと一は未だ幾分の餘地が見えるというのとであるが、何れにしろ遠からず之を守らねばならぬことになるであろう。

一、過般倅上京。今までは何時も父に上段に出られて居つたもの故今度は何かの弱點を見てやろうと思うたのであろう。

一、彼の父を見る所と他の人よりの注意により正式に健康診斷を行いて自他の安心を定むることの必要あれば是非私の願いを聞いて貰いたいといつて出たのには私も相當の理由を認め且つ子の心を尊重して早速之に應ずることとした。

一、一時間を要して精しく診察した結果、醫師と伜との間に獨逸語交りの話が交換され更にX光線にて心臓を見ることに決し寫眞まで撮ることゝなつた。私には見せないけれど大分重きものと見做し講壇に立つことの不可なるを宣告された。

一、嚴守の要を擧ぐる爲め證文を書けと言われたが、それには應じなかつた。若し證文を書いたら最早最後である。

一、之が一つの原因は昨年の夏、札幌に休養の爲に行つて瀕死の狀にある獨立教會の爲に平常に倍した働きを爲し且つ當時夏熱と黄塵とに不快の日を續けたのは影響した様に思われる。

一、斯く嚴しく宣告されても又全く癒ゆる道がないといふでもないから兎に角五六回休講して其様子を見ることに致しましよう。子の心をも重んじてやるのは親の義務である。

一、容態の樂な日があつたならば此處に出て諸君と一緒に讃美歌を歌い又祝禱位は出來ることゝ思ふ。

一、私は若し長く高壇を去る様になつても多年私が筆を以て舌を以て説いた所の真理を玩味し益々信仰に進む様に翼う次第である。

一、幸、柏木に於ては塚本先生始め五人乃至十人も二十人もの人物があるから相共に福音の深き真理を探ることが出来る。

一、どうぞ私が高壇を去つたということの為に信仰を落す様のことなく互に相愛して少しの動揺をも来さぬ様にせんければならぬ。

祈禱、　一六六、　祝禱。

先生が二十分余も高壇から語さるゝを聴き得るは全く意外であつた。会衆一同強き感に打たれし様であつた。
帰途は隆 塚本先生より自著「主の祈の研究」を頂いた。
午後二時頃 武蔵境の自宅にて昏睡状態にある浅野猶三郎氏夫人を見舞つた。（四月二十五日午后九時永眠）
廿七日（土）午前内村先生の御容態を伺い安心して帰る。

四月二十八日（日）　晴。

午前の集会　三九、詩一〇三、祈、一三六。

藤本武平二博士
罪と死の法（ロマ書八章一―二節）

塚本先生
枯骨の再生（エゼキエル三七章一―一四節）

△内村先生から何を話す様にと命ぜられたことはない自由である。

△此間賞められた、君の話し聞く価値があると。

△自分の型に依られ様としない。

△イザヤは堂々、エレミヤは熱情、エゼキエルは極彩色的に書いてある、其裏は峻刻の所がある、坊さんの子なれども坊主臭い所はない。

△霊については三説あり、霊的、異象、風の如く。

△エゼキエルはバビロンに囚われの身となつてユダヤの惨状を

聞き目前に同囚の苦める様を見る。此中にあって希望再生を願って居る。

△神様が爲し給うならば死骨も復活するというは彼の信仰のいかに強きかを表わすもの。

△現代の役人の心中には誠意はない 宗教の必要を認めて来て居るけれど之を利用せんとするのであって實際宗教家を尊敬するを知らない。

△十五年も段梯子を昇降して居る つまらないというて居る役人があるが（實は役人全部然り）無益と知りつゝ其所を去り得ざるは憐むべきことである。

午后一旦去って新宿三好野にて中食し、驛の一二番線プラットホームのベンチにて約二時間を送って後講堂に帰る。

午後の集会　鈴木俊郎兄司会。

麻田藤宗次郎

私の救われし途

讃美歌半ばに司会者と入替って講壇に立ち左の實驗談を朗讀した。

両先生の命に應じ甚だ許しを得て私の救われし途を簡單に告白致します。

此貴重なる恵まれたる講壇の來歴を溯れば明治の初年札幌の地に於てキリストの特別なる選召を蒙りし数名の青年の上に賦與せられし使命恩寵に始まり、爾来種々なる形式を執り千辛万苦の間に其精神外形両つながらを護られ救われ主として内村先生の活動を以て今日に至ったものと信じます。

無学なる一小農夫に過ぎざる私は此處に立って何を述べましょうか。

福音の真髄真理の闡明は既に多年内村先生並に諸先生に因って説かれ又現在説かれつゝある所であれば私如き者の當て得る事ではありません。

然しながら幸い私にも同じ生命の泉に汲む皆様と共に味うべき聖霊の賜物を少からず抱いて居

るのであります。即ち律法の煙に眩惑して死の臭いに溺るゝを意とせざりし憐むべき一青年が聖霊の強き御手の御導きを被りて懊悩苦悶七転八倒遂に主の十字架の御許に釈放の自由、永生の光明を受くるに至るまでの顕著なる事実経験であります。而して此一切の事柄は三十年前此講壇が角笛の丘上に在りし時大膽に異端として宣べ傳へられし真理に直接間接の関係を有するを以て微弱ながら今日の私は此講壇より零れたる種によりて知らず識らずの間に育て成されし産物の一つなるを信ずるのであります。今此處に立て恩恵の数々を算ふるに當り懐かしき母の懐に懐かるゝの感を禁じ得ません。

私は明治の十年クラーク氏が学生に頒つべき聖書を携えて札幌に入りし頃、岩手縣の中央なる或る山寺に生れ十五歳近親某の養子として花巻町に移り、基督教とは全然関係なき一家其反対なる遺伝を受け、環境社会の感化を蒙り家庭及び学校の教育を施されて青年期に達し洋々たる希望抱負を抱いて小学校教員の職に就いたのであります。

人の生涯は其志望、感化、教育によって定るものであるならば私は永久にキリストに向ふ道を得べきものではありませんでした。然るに不思議にも奇しき途は誰人の目にも映せず誰人の心にも感ぜぬ間に備えられて、私の手には國賊なりと教えられて極度に嫌悪せし内村先生の著書の数冊が納められ續いて一巻の聖書は与へられました。

一巻の聖書、若し之が霊によりて我物とせられ、凡ての場合に善用せらるゝことが可能《でき》るならば生命は力となり愛となりて遂に内心の革命は最早遂げられ人生の勝利は既に定ったのであります。

私は生来道徳を守る點に於てはパリサイ人の如く極めて熱心でありましたが身は蒲柳の質で心は甚だ臆病でありました。二十二歳軍隊にて病を得て歩行に困難を覺え、翌年教壇の上に突如大略血を見てより出血數年に亙り全く病弱の身となりました。斯くても猶全生涯を擧げて教育に盡さんと燥焦り一方日夜に學ぶ神の御言葉は諸刃の劔の如くに私の靈魂を差し貫いて罪の呵責と生命の憂慮とは膽を碎き胸を裂くという慘たる姿を呈するに踰つて私を圍む家庭なり居住地なり岩手縣内なりを見る時は未だ文化の程度爲に幼稚にして曚昧なる種々の舊習套を脱し得ざるに加えて、知名の士所謂不敬事件を提げて國粹主義・反基督教思想を鼓吹し民心を蠱惑せし影響を被り居る時代でありましたから二三の知友の外には一人として同情を寄せ賛意を表する者がないという有様でありました。望まざるに此難題に迫られ、期せずして此苦境に臨み捕囚の身となりて獨涙に咽び私は如何にして光を仰ぐことが出來たのでありましょうか。

それは勿論イエス・キリストでありました。此等の事實たるや私をして叛逆の大罪を自覺せしめん爲、自我の存立を根本より覆さんが爲、人と物とに手頼《たよ》るの愚にして罪なるを悟らしめん爲、然り絶對の信頼を神にのみ献げしめ、キリストの十字架の贖いの血に頼るの外に何物も無きを信ぜしめん爲に降し給い起し給いし主御自身の御計畫であつたのであります。人の思いは實に空しき哉知られます。此處まで引き摺られ來りし私は終に人類の前に高く揭げられし主の十字架の赦免の大恩に預りました。辿りし跡を追想し見て夢と言わんか不可思議と言わんか徐ろに自覺めて只神の榮光を讚美するのみでありました。眞理は其れ自身活力であり生命は斷時の停滞もありません。新しき世界に生れ出でし私は新しき歩みを取るに至りしは當然のことであります。

私は日常生活に於て敢て攻撃争破壊の行為に出でず、反抗革命の態度を執ることなく不完全ながらもイエスに在りて其自然の歩みを進めたのであります。然しながら世は決して之を看過することなく、見る影なき一青年に對し火を擲つ者とし戦いを挑む者とし國を賊する者として怒の眥を向け夫々排斥の陣営を張って彼を屈服せしむる為に努力したのであります。事茲に至っては道理も常識も人々の亂脈なる行動を律することは出來ません。

以下當時前後して起りし事實の大要を列擧致します。其奥に潜む意味をば充分に御推知あらんことを願います。

悍ましきかな最初の反對はいと近き所に起りました。壮年の義父は深夜利劔を提げて私を威嚇しました。火鉢を取って私の腰間に擲ちました。吹雪の夜二里の雪路を宗教論を戦わす為に

山寺に赴かしめました。親戚町長立會の下に私は勘當を着せました。ヤソ教を棄てよとの試惑でありましょう。慈悲深き七十餘歳の實父と宿痾に悩める實兄より厳しき破門状を渡されました。此事を敢てする父兄の心情は思い遣られます。校長と學務員とは懇ろに改宗を促しました。各宗の僧侶等は彌次馬を使嗾して説教を妨害し無實の罪を擧げて郡衙に訴えました。義父の子分は拳骨を揮って私の頭を敲きました。某樓主は私の顔面に唾を吐きました。或る教師或る官吏は演説會を妨害しました。消防夫等は私の家を襲撃して書齋を攪亂しました。町の助役は萬朝報並に地方新聞紙上に於て讒誣誹謗の筆を弄しました。路行く私を目掛けて誰人かが投げ付けし石は幾度か當りました。警察に近き私の家の四枚の硝子障子を暴漢は敲き壊わし

寝室に小石をばら撒いて去りました。生活の窮迫に陥るや田畑山林宅地家屋と共に愛蔵の書籍其他を次々と殆ど売却しました、残れる二三の宅地と其建家とは離籍を強要せる養母の名義を利用して其背後の人物は巧みに横領して去りました。郡視學は脅迫の言を以て精神的教育の改變を逼りました。當局は遂に法令を以て休職ついで退職を命じました。無名の手紙は幾通も舞い込みました。商家の店員等は私の路頭の姿に雪玉を投げました。小學校の児童は私の背後より喧しく群をなして俚謡を唄いながら冷罵しました。ア丶斯く他人の行動を数え来るのが甚だ心苦しくあります。

彼等のうち一人だに心より私を憎んだ者はないでありましょう、一面より見れば十字架の福音の突如たる出現に驚愕せし悪魔が此等の人々の慾心弱點を利用して私の存在を呪い神の國の發展膨脹を阻止せんと企てたる奸策であり又他の一面から見れば私をして此等の容易に得難き實驗を以て聖書の眞意を味わしめ祈禱の座に向わしめ信仰の確立向上を計り給う神の恩恵であり更に其眞義を探れば此等大小一々の場合に克く其十字架を負うて随順し服従し沈默し信頼して屈辱の勝利を以て神の榮光を證し給わんとする聖圖に出でしものに相違ありません。

此等の戰鬪的信仰の旅路に於て最も私の心を痛めし事は、私が信仰を賜わりし年に生れて私の懐に其背に在りて日夕父の涙の祈を聴き、ヤソの子、磔の子などの嘲弄輕侮の聲を浴びて九年の歳月を送って天國を望みつ丶讃美の歌の中より召されし長女の死と、十二年の間信仰を共にして寄せ来る苦難の一半を分ち長き病床に疲勞と枯骨を抱きながら「神様今私の霊を御手に受け給えとの祈を最後の呼吸を收めて暫時の別れを告げし妻の死とてありました。私は感謝して彼女等を神様の愛のみ懐に捧げました。此世の勤労をすえて御許に帰りし彼女等の幸福、妻子を御手に委ねて自らは天国の望みを明かにし信仰に幾倍の力を加えられ私の幸福、神の爲し給う所は凡て讃美であります。

私は多年に亘る信仰上の經驗を精しく申すことは出來ませんが最後に此様と共に注目したき一事があります。それは私と私の為に終始篤き同情の祈と慰藉奨励の言を惜まれざりし内村先生との關係を斷絶せしめんとする誘惑であります。

獨立って酒槽を踏み神を我等の父と仰ぎキリストを我等の救主と信ずる基督信徒に取つては何人何物との関係の斷絶も決して意とする所ではありませんが、此危期を利用して一番大切なる信仰までも失墜せしめんとある悪計に陥るるは真に恐怖すべきことであります。現に私共は幾多の実例を目撃したではありませんか。私は未だ内心内の苦闘に悶えつゝある時既に宣教師を以て誘惑し、それより友人を以て教會信者を以て、社会主義者を以て文士筆に成れる誣告の著書又は新聞雑誌を以て其他種々なる機會に於て執拗に試みを下し以て最近に至るまで継續して居つたのであります。人間の考を立て美名を施し是れ信仰なり神に忠実なりとの容易に真偽を判別し難き巧妙なる此種の誘惑は多分最後の日まで盡きぬことでありましょう。寔に偏に終まで忍ぶ者は救わるべしであります。

以上申述べましたが実は自己紹介は最も至難であり苦痛であります。然し自身のことを割合に多く又精しく知つて居るものは自分のみであります。過去五十餘年の徑路を回顧して心を躍らすものは、何等の功績なき者を義とし給う神の絶大の恩恵でありまして只主の恩恵であります。勿論自分の為せし事は罪の外に何一つもありませんが如上の試練に直面する際に聖霊自ら僕に代って神のみ心を給《なら》いしを思う時に其処にカナンに導かれしイスラエル人の四十年の歴史を指摘し、使徒行傳に聖霊の働き給う様を偲ぶことが出来、尚更に聖書通し給うイエスの御精神の幾分を解する恩恵を感ずるが故に私の信仰生涯に於ては前なる約束を望んで静かに前進すると同時に後ろを顧みてユダヤの詩人の如く詩篇百三十六篇の感謝の歌を献げることも亦必要であります。

想うに一青年の救われし途は軈て萬民の救わる、途に相違ありません。假令其形式は異っても其性質精神に於ては必ず同じことであれば神様が其愛する者をして絶對信頼に出でしめんが為に人々に應じて起こし給い導き給う境遇經驗に就て眼を開き靈の示し給う所に從って蛇の如く智く鴿の如く馴良き生活を營み神の子たるの資格を充分に表わすに至らんことを冀うものであります。

三時廿分より四十五分まで二十五分間を要した。與えられし時間よりも約十分間早く済んだ譯である。

塚本先生

ユダヤ人の救と全人類の救

馬可七章二四—三十節
馬太十五章二一節—

△イエスは其時其事一杯に働かるので後の事を思うて加減するとか用心するとかいうことはない。

△神の心を祈によって動かすことは出来る。祈禱の根據は此邊に存す。

△ユダヤには神話はない。凡て事實として必要なることは悉く備わりあるを以て其必要は無い。（世界何れの國に於ても夫々神話を持たない國はない。然し之をユダヤの歴史に比ぶるに比較ではない）

△イエスの傳道は一網打盡的ではなかった、一人に熱中し給うた

使徒の教育には非常に力を注がれた、今のサイトウさんのことを聞いても其事が判る。

△現代教會の傳道の仕方は政治的である。

△イエスに深く根抵を据えて何んでもござれという態度は必要である。

○

塚本先生が私の話に就て會衆に告ぐる所は左の諸點であった。

△何が幸なるか判らぬものである。今回内村先生のお病みになつらるゝという事は甚だ心苦しきことであるが、然し其為にサイトウさんの今の様なお話を聞くことが出來る

△血の出る様な信仰の實驗談であった。

△サイトウさんは如何にしてあの戦に勝ったか、それは失禮ながらサイトウさんは偉い為ではなくサイトウさんの為に戦い給いしイエスは強いのである。

△神様が宇宙を救い給うには先ず一人の靈を捕え給うて之に大なる恵みを施し給うのである。

○余の語る所を聞きて感涙を催せし婦人を少からず認めた。

○集會終って後塚本先生は余に對して謝意を表せられた。

○茂夫は余の話を聞いてポリープの何時の間にか全治せしを思うた。音聲は青年より元氣であつたというて居った。

家人も余の本日の任務に就て心配して居ったものゝ如く、余が歸宅するや如何でしたかと問うて居った。余は先日内村先

生から御注意を受けた為に自分の缺點を悟り事實其儘を述べることの必要なるを知り 努めて形容詞を避けて文を綴った。それでも話しは異り文となれば堅苦しい語が交って来るを免れない。余は今後一層此事に深い注意を払うであろう。

四月三十日（火）

内村先生の御病気！ 此事は毎日々々氣掛りのことである。祈の外には余の盡すべき道は無い。一九二九年四月は先生御發病の月である。何年何月は御全快の月であるか。全世界の兄弟努力を協せてイエス・キリストに依りて祈るべきである。

一九二九年（昭和四年）

五月一日 水（晴）

内村先生を見舞う 十一時西武電車にて成子坂下に至り正午先生の正門を入り勝手口より恩師夫人に會うて容態を伺った。

昨日診察して呉れた藤本武平二氏の言う所によれば

前回より全体に於て悪い様に見受ける。何うも心嚢症で心臓を包んで居る膜の下に水が溜って右の乳の下まで擴大して居る様に思わる、藥用必要あり兎に角五藤醫師に面會して聞いたり語ったりして相談して見た結果或は今一度レントゲンに照して見る考です

とのことであります。藥は廢して居ります一日に菜食二回ということにして居ります。左近さんなどは頻りに食餌療法を主張し藥用を非難するものですから諸説を聞いて迷うという有様です。

何處から聞えたものか思わぬ人が見舞に来て呉れます此間は山室軍平氏自動車にて来り、大切な御身故折角御大事に願います私は洋行する時は海上でも何處でも忘れたことはありません といって歸りました。藤井武さんが来て呉れましたが私が應接しました。私も一通りではありません。

久しぶりで畔上先生に會うた 預言書で校正をして居られた。

聴講五年　下

五月五日（日）晴強風

午前の集會　讃美歌　四四、詩篇、祈禱、一三一、

塚本先生

傳道者の眞使命

（哥林多後書四章一〜六節）

△該書簡は六ヶ數あるが當時の事情不明のため容易に解し難き事がある。

△書簡に二種あつて一は私信であつて宛名の人だけに見せるものであるが他は一般に公開して廣き範圍に又は後世までにも讀ましむる爲に書く所のものである。此等は執筆の時の心は違うて居るのである。私信は飾りなくして最も筆者の心を有りのまゝに寫して居る。

△此書簡は單にコリントの信者達に見せるためのものであつて後世の人が讀むであろうとか人々によつて穿鑿せられ研究さることゝいう様なことは毛頭考えに這入つて居らないのである。それを思い違つて我々を教える爲に書いたものであるなどゝ思うと大切な精神が判らなくなつて來る。

△二節の言葉は何故用いたか、それはパウロに對する非難を辯明せるものか又は彼等の缺點を皮肉的に言うたものであろう。其何れかであるとして讀めば大分生々して來る。

此事を知るは單に傳道者に必要であるばかりではない一般クリスチャンに大切なことである。我等は如何に歩むべきかを知り得るのである。

△傳道者の誰人もが經驗する所の我が説く所は間違ではないかという惱みを感ずる時に唯一の慰めは憐憫を蒙りて此職を受けたればという信仰である。

△二節を見るにパウロは毎にも公明正大正々堂

堂と述べて居る

△我等の福音という、此我等というは他の人の説く所と異って居ることを明かにする爲に我が福音というのである。

△亡ぶる者というは敵なるユダヤ人である、

△神の存在は悪魔も否認しないがキリストの面に神の榮光の輝きのあることは飽くまで掩蔽せんとするのである。

△神信者に止ってはならない、神を信ずることとは佛教でも神道でも言う所である、只キリストが神の榮光を以て臨む時に問題が起って來るのである。

△二節の後半は焦點である

眞理を顯そ、神の前に、己を、凡ての人の良心に、

何れも意味深きことである。傳道者は人を救わん爲ではない・眞理を證明せん爲である。神の前に於てである。單に聖書をではない、自分の心身生活一切を投げ出しているのである、そして信者不信者萬人の良心に薦むるのである。

今日の教會の爲す所は全く之に反して居る。

△傳道の爲に信仰(强き)も聖書(精しき)も語學も能辯も要らない、普通の日本語を解する者は與えられた所の信仰と實驗との有のままを提げる丈でそれで充分である。

△良心―道徳的判斷

利益とか 神々しさとか 音樂とか 音聲とか感情とか 學問とか 名譽とかに訴えてはならぬ、良心の深き所に訴えよ。聞き苦しくとも判らぬとも何れの日にか役立つのである。

△主は眞理を明かにすることは生涯の事業であった、若し信者を造るのが目的であるならば失敗と言わざるを得ない。

二八一、祈禱、

報告。内村先生の御容態は稍々好し
各自に對する信仰警告しあった。
石原兄に一寸残る様にと言われ　退散後兄に言はれた
今や重大な時であるから　祈禱の為役員丈でも
集りたい、明晩夕食を御馳走するから六時半までに來
られたし　都合如何というのであった。余は謹みて之に
應じた。

五月六日（日）晴
午後日比谷公園にて櫻草
及びチューリップの陳列會
を見た。
澁谷から玉川電車にて新
町に至り櫻並木道を南進
し楢林を發見したので珍
らしく林中の逍遥を試み、
其南端の木の根に腰を掛
けて淡き夕日を浴びつゝ獨
静かに祈った。それからコリント

後書五章を讀んだ。
塚本先生の書齋に於ける祈禱會
午后六時半開會
塚本虎二　石原兵永　山田鐵道　松村成佑
田村次郎　鈴木虎秋　鈴木俊郎　齋藤宗次郎
塚本先生司會。　聖書朗讀　祈禱
次に余、石原、山田の三人祈り最後に指名に
より松村感謝の祈を捧げて閉會
食堂に移って晩餐會。塚本先生感謝の祈、
鰻飯、筍の味噌汁、野菜の盛物、漬物
菓子（羊羹、塩煎餅、粔籹《おこし》）
果物（バナナ、苹果、ネーブル）
秘密會　塚本先生から當分の此室限りの
話として大要左の如き事實を私共の心に告げ
られた。
○今回の内村先生の病氣の診斷經過及び先
生の態度。
○令息の言を容れ壇上に立たれ面會を

し避け食事にし注意し気の毒な位大人《おと》大人《ない》い。

○聖書研究會の事は絶對的に私に一任され一つの干渉もせられない。

○一体生涯に於て何を爲したか判らない。然し之を畏く大きな御手の加ってあつたことは深く思われる、と先生は私に申された。

○私が死んだら聖書之研究は廢刊、聖書研究會は解散と決定。

○三年前から研究會に就て非常に苦心して居られた。三分説（先生、塚本、畔上）二分説（今前は先生、今は塚本、畔上）等の經緯。

○畔上先生獨立するまでの熟議、交渉。

○畔上先生獨立する場合には何れだけの金を與へるかとの強請的問合せをなせし會員のあつた話。

○講堂新築説のあつた時其設計に就て椅子天井、講壇、窓硝子のはてまで注意し其處に納まると神々しさを感ずる程度にという様な全くカリりクリ的考を發露せし會員のあつた話。

○塚本先生は毛頭集會を持つ考も望みも無きこと。

○先生の御病氣は寧ろ御氣の毒であるが決して無意義に非ざること。

畔上先生が未だ獨立せざる時であつたならば新たなる問題の爲に御心配の多かるべきこと。心臓病の如き比較的心身の自由を束縛せざる病氣にはあらずして中風症の如きものであつたならば非常に困る事のあるべきこと。

○會員の動揺なきこと、會員の交互に講壇に立つ機會を得たること。所謂無教會精神の實力を試驗せられ、先生死後の狀態を豫想し得たること。

○此際先生の爲に祈るべきこと。惡魔の狙いに對

429.

して各自用心をすべきこと。

○何分内村先生の今日までの遣り方は實に健全であつたから憂うべきことは一つもなく主旨の成ることは何となく感ぜらるること。

○先生の死後成るべく雑誌も會も其儘に大事に盛り立て、行くという遣り方は教會的であつて我等の平素説く所に反するが故に一旦廢刊し解散し一切の形式を剝ぎ取つて實力の活動に任せ見るが最良の法なること。

○何しろ純福音的其他の良特質を具備する點に於て、柏木は世界随一なること、今や世界の教會に於て使徒信經は問題となつて來た、あれをあの儘に信じ得る人は益々減じて教會を忌うて教會に出席せざる不純の人々は無教會主義者であつて我等無教會信者とは反對の人々を言うのである。

○此際私共の責任の甚だ重きを感ずる次第である。役員相集りて祈り且つ思う所を語り合う必要を思うて皆様をお招きした譯であります。

○サイトウさん何うぞ洗足會の方何分にも宜しく願います。

○横濱の集會を司る様になつたのも不思議。

○女子英學塾の集會の中々動かぬも不思議。

○ギリシヤ語の會合のあるのも力強きことの一つ。

○壇上に立つ前に雑話をするのは宜しくない。青草の上を散歩して來て其儘講壇に立つのは理想的である。

○講演後赤ん坊を抱くと元氣が回復する。

○宇都宮の傳道は失敗であった。聖書を述べて来たきりでは駄目である。各〻に責任を持たせ能動的態度に出でしめねば駄目だ。

○地方の信者には無教會と教會との根本的區別を判然として居らぬ人は澤山にある。高知縣の香美郡に中澤寅吉という人があって「光の友」という雑誌を出して本間俊平、佐藤定吉氏などの文を掲げてそれと並べて私の文を轉載したいと云うて来るという工合である。返信に困った先生とも相談したが結局許可しない。

○午前と午后と講演する時には先ず午后の分を準備し、次に午前の分に及び最後に司會の準備をせぬと午后のので頭が一杯になって司會が満足に出来ないのである。

九時半を以て此恵まれたる會合を了て先ず閉に深き感謝を懐いて静かなる塚本先生邸を出で先生に見送られ櫻並木の大道を物語りつつ、新町停留所に向った。行く行く年齢を問われたり、何時か朝の話をやって下さいませんかと言われ、無教會主義の前途の希望の輝きを語り合ったりして何時の間にか「新町」に達し先生と別れて六名の同志滋谷に進んだ。十時四十分帰宅。

五月七日（火）

「釋宗演全集」という新聞に見えた。笑いながら修養の出来る大衆の愛読する好著というに驚く。人生を馬鹿にして居る。

五月九日（木）曇

午后二時過ぎ柏木に向った。門を入って進めば恰度内村先生が庭の飛石を踏んで預言者の方に歩まれて居る所に遭うて禮を述べた。先生には よく来て呉れたと言わんばかりに

手傳って貰え 手傳って貰え

と労働中の夫人に申された。更に余に對して
一、サトウ君　雜誌を封じて呉れたまえ。又
元に還って、、、、、、
それより先きに一つ君に賴む事がある
とて東椽に導かれ、鉢植を指して
一、君これは何だか知って居るか、何だと思う。
〔シャボテンの一種と思います〕そうだ……カクタス
(月下美人)といって臺灣からかメキシコかブ
ラジル産のものであろう。到って手數を要せぬものら
しい日光の直射を忌み、水は多く與えることはな
いそうだ。
一、君之を預ってくれぬか。
暫時考えし後、先に御承諾して恩師の爲に之を勞
って見ようと思うた。
記憶せよ五月九日!! 余が事件を起してから百四十日
目にて全然解決し回復することゝなったのである。感
謝する事件の爲に恩師と永久の別れを持つことなく

常に祈り常に同情して今日に至りしは眞に感謝
すべきことである。
去って豫言寺の玄關より入り上衣を脱ぎ雜誌の包
裝の任に當った。五ヶ月目にて漸く此事に當るを得
て感慨無量である。恩師夫人並に畔上夫人、藤
澤兄も大いに喜ばれた。六時全く濟し、鉢を携えて
歸った。

五月十一日(土)　曇、雨。
十一時半柏木に至る
内村先生は今藤本末永兩醫師の立會にて赤十
字病院の五藤博士の診
察を御受けになる爲に自
動車で赴かるゝ所であると
聞き預言寺の玄關にて藤沢
兄と共に祈った。松屋にて中
食を濟ませ青山會館に行って
土佐勤王志士遺墨展覽會を觀た。

五月十二日（日）半晴
九時半柏木に到着。其途上故内藤桃太郎氏邸
の後庭の楓葉の朝日に輝く美観を柵外より賞
した。溜れたる池の跡には雑草生え繁りて庭師の
手も入らず行き巡る人もなく宛然自然林の観があった。
玄関に於て恩師夫人より昨日先生が再度五藤博
士の診察を受けられた結果を伺った。
講壇に立たず菜食を攝取して居らるゝ為
少しく快方に向いつゝあり、全快する見込み丈
立ち居る
という情なき様な結論であったと言わる。藤本博
士は心臓を包む膜の間に水の溜ったものと診断した様
である。薬餌の要ありと言えど先生は食餌を
注意し薬品を用いないという態度を執って居
らるゝ由。
午前の集會　霊氏司會　三九、詩九十七篇、新・一六一
大島正健先生

人は何の為に生くるや
一、修養し努力し善行を励んで人格を完成す
るにあり。
二、此世は不完全である、我れ自身は無力であ
る。故に救われて信仰を以て戦い來世に入
るにあり。
二九三（婦人のみ）
（余は青年時代種々の患難に遭いし時此さんびかを歌うて
非常に慰めを得たことを追想して感涙を催した）
塚本先生
内容と容器（コリント后四章七ー十五節）
○四章十九節ー九節は哥后書中の大文字である。
パウロの書簡中に於て大なる思想偉大なる文章
である。
○此前に於ては頻りに使徒の職の大任なるを述べて居
ったが俄然此所より方面を轉じて自己の無能と

神の恩恵の大なるを語って居る。
△内容の大と容器の小との矛盾の為にパウロは幾度か泣いたであろう。パウロに限らず眞面目なる信者は誰でも此涙の經驗を有するのである。
△内容と容器とを混同してはならない。之を明かにするは大切のことである。
△教會の或る雜誌に柏木は人格を以て人を集め我等教會は福音を以て人を集むと書いてあるのを讀んで先生と共に腹を抱いて笑った。卓子はグルリと一と廻りして居る。我等は一回も人格の必要などを説いたことはないのに其樣なことを言って居る。
△私は多年先生の許に居るが今日まで幾らの人が先生を誤解し「先生ともある者が」とて踵を廻らして去って行ったのを見て實に悲しく思うた。
△私は今や準備が出來ました、いざこれより傳道しますといった人は一人もない。若しあったとしたならば其人は偽善者である。人は大なれば大なるほど自らの無能薄信を感ずるものである。
△事の性質として斯く矛盾するものである。
△アウガスチンは自分の樣なものがとて懺悔録を書いた。其經驗は尊い。然るに後に至りてカソリックがセントなどをつけて彼を偉いものとして仕舞った。
△偉い者は神樣のみである。人間は神樣の榮譽を横取して居る。
△カソリックは二重道德である。普通の律法を守る者は普通の善人で更に禁慾生活を送る者は聖者として大なる善人として居る。

○モーセ、イザヤ、パウロ何れも普通人である。
彼等を偉いとしたのは後の人の話である。
○我等は人格などいうことを言うことだにせず
何處までも人を見ずして神様の偉大を見上
ぐべきである。

三ノ八、 祈禱、

五月十九日(日) 小雨、曇、夜晴。
九時二十分柏木着、恩師夫人に對して安否を伺い、
先生が少しずつ快方に向わる、由を承りて感謝す。

午前の集會 余司會 二九、詩百三十六篇、祈禱、四三。
三谷隆信氏
佛國ルードに於けるカソリック寺院を觀ての感想。
塚本先生
我等の誇 (コリント前一章二六―三十一節)
祈禱、 三〇一。

内村先生の祝禱
先生は珍しく優しき御顔にて講壇に立たれ感激に滿
ちた言葉を以て祝禱を捧げらる。余は感涙に堪
えなかった。余と同感の人も少くなかった様である。
散會後塚本先生は三谷氏に對し好適の話をせられし
を喜ばれ 余等に一言の謝辭を與えられた。

午後の集會 司會鈴木弼美兄
塚本先生の聖書講義、
世界の基督信者は中產者 中流知識人を主とし無產
者には極めて少なく そして所謂智識階級の人も多かりし現
代教會に於て此種の人は漸次減少し行くを悲んで居ると
いうに反し此柏木に在りては大部分の智識階級の人々である。
其善惡は別として兎に角歷史的世界的に異數の事實
である とは塚本先生の言。

五月二十六日(日) 晴
午前の集會 石原先生司會

盧一白壽兄
安田善次郎翁の話
塚本先生
外人の壞滅と内人の更新
（哥後四章十六節の研究）

△生れながらの人間は其儘罪の醜状を繼續して死に至れども キリストによりて救われ、更新せし新人は日々に新たなる天地を継ぎ行くのである。即ち人間は二重生活（信者）を營むものである。
我儕の苦しみは永遠の生命を受くる保證である苦痛なしには決して榮光は臨まない。
（ロマ八章十七節參照）

△無教會主義者を以て個人主義と見做すは反對の觀察である、自分と問題の爲にせんとする彼等こそ個人主義である。何が何でも我等は自分の爲 自分の同志の爲にのみ益せんとする様な言行は出來ない。

△絶對個人關係を神と我との間に持つことは基調である。
△自分の中に外人と内人とのあることを熟知することは甚だ必要である。
我等信者を見る時にも之を混同する時には大なる誤を來すことがあるのである。
△誰人が信者であるかはキリストの外は判らぬ。
△タカが知れたものだ 吾人でのたれ死にする位は關の山である。
△一体我々は何を見て居るのか。餘りに見ゆる所のもの、みを多く見て居るではないか。
△眼に見えざることを見る眼が缺けて居る。これでは基督教は何處にあるのであるか。
△社會運動などに注目する人は味を失いたる鹽同然である。
内村先生正裝して壇上に立たれ祈禱と祝禱を

捧げらる。

一九二九年（昭和四年）

六月二日（日）晴

朝ニ黄白餘の草苺を取り恩師呈上の分と洗足會用とに當てた。

九時草苺を携えて柏木に向った。

午前の集會（石原先生司會　三五、詩篇、祈、えび。

山田鐵道兄

故北澤政尚兄永眠に就ての報告并に感想。

塚本先生

永遠の家　（哥后五章一－五節）

△人生に苦惱多きは永遠の家を持って居るという證據。

△前章までの點より見ればパウロは嘆くべき譯はない、何故五章に入って斯く嘆くか。

△若しパウロに嘆き無くば信じられない、彼は神學者ではない人間である。

新衣を着たいという望み、欲求あれば必ず滿される時が來るという證據。

△ユダヤ人は裸体を恥とし、ギリシヤ人は裸体を愛したのであった。

△全世界の風潮として婦人は一体に恥を感ぜざる心鈍くなりしを免れない、伊太利の如きも婦人の服装につきムッソリニ首相が法令を以て禁止するという始末である。

△此點中々六ケしい、註釋者の十字架と稱して居る、パウロの言行に大矛盾あるが爲に容易に其眞意を解し得ないのである。

△神學者に考えれば至難であるが、然し平信徒は平氣に讀んで居れば何の矛盾もなしに直に

頭にピンと來るのである。

祈禱

内村先生には朝來洋服を召され開會前より講堂に在って讃美を共にし山田兄の報告をも聴取して居られた。氣温高き日であったから途中一寸退出なされたも再び歸り來られ塚本先生の講話畢るや講壇に立って大要左の如く述べられた。

内村先生

一、山田君の報告を聞いて北澤君の生涯の恵まれしものであったことをよく知った。新潟縣村上より北海道に移住して札幌郵便局に務めて居たが、柏木の講演を聴かんことを熱望し凛然上京(老祖母を始め一同)四ヶ月間就職を探し遂に淀橋局に奉職することゝなり、信仰と誠實とを以て事務に當り、認められて物品購買の任に當らせられ今日に至ったものであった。遺族を慰めん為に有志の醵金を望む。

一、六月二日は私の五十一年前受洗せし記念日である。昨年は五人(大島、内村、伊藤、新渡戸、廣井)で青山のハリス監督の墓前にて祈ったが其後二人死んで三人残った。今度は病氣になった時は順番は巡って來たと思うたが然しまだ残命が有ると見えて健康は恢復に向った。今日を以て病人の名は棄てゝ仕舞ったから見舞されて欲しくない。

一、此のオルガンは故障が出て仕方がないから賣ろうと思うたが買手が無い、山田(總理)君は暫時待たれよとて共益商社の技師に見て貰うたら、こんな好いオルガンは日本は一台よりない。しっかり修繕すれば上等になるというから依頼した。昨日二百圓で出来上って来て今日は私の記念日に始めて奏樂することが出来て誠に嬉しい。

此日午后一時より洗足會を我家に開き、中食に手製のサンドイッチと草苺とを饗す。一時間近郊散歩、蒲池、久山、望月、田村、高山、渡邊、名古屋、余の八名

四時半散會。　草苺畑を見て帰る。

六月九日（日）晴

草苺を揃えて柏木に向った

病状を脱せられし内村先生と後庭に於て相見えた、侍參の草苺を呈せし後先生から左の如く申された、

一、君に頼むことがある。絲瓜を植えて見て呉れんか　陰八月十五日夜其茎から取った水は大變心臓に効があるそのことだから一つ用いて見ようかと思う。

余は直ちに快諾し、且つ既に自宅に數本植えて置きましたから其時になったら取って見ましょうと答えた。

午前の集會　石原兄司會

余、

聖書の分量、排列、順序に就て

草稿を聲高く朗讀講演した大凡二十五分を要した、午前の集會に於て講壇に立ちしは始ていである。余の如き者が會衆の前に語るというは甚だ無謀である。然し命令があった、余は之を主の命じ給う所と信じた、一切主の賜う所を述べんことを祈った、夫れ故少しも苦痛でなかった、寧ろ感謝満足であった、

塚本先生

哥林多後書五章六－十節の研究

△パウロは屢々常にという言葉を用うるが之には非常に深き力と意義の籠れること故等閑に附し去ってはならぬ。

内村先生
病中所感
一、死の問題
祈禱、さんび、祝禱。
大任を果して心の裡大満足大感謝であった。

六月十一日(火)晴
午后二時柏木着。糊を作って雑誌の到着を待つ。
四時感謝し研究誌六月號を封かん。恩師夫人、畔上夫人、蒲池姉、石家兄と五人にて働いた。武藏屋君も手傳って七時半までには悉皆済んだ。お鮨の晩餐を頂き八時帰途につく。

六月十六日(日)
八時半頃聖書、讃美歌、苺を携えて柏木に向った。
一年目近くを梅田登兄夫妻の姿を見る。
午前の集會 塚本先生司會 三一、詩十六、祈禱、一六六、

久山寅一郎兄
信仰に就ての所信
○一兵卒が将軍の前に戦況を報ずるの心を以て壇上に立つ。
○信仰は其人其時に於て充分に與えらるゝもの。
○これは信仰の進歩向上に矛盾せず。
○信仰の進歩は人生の苦き經驗と闘ふによって来る。
司會者附言、久山君は丸の内の混沌たる俗界に在りてよく單純なる信仰を正直に表白して戦いつゝ勝ちつゝあるは力強きことである。

塚本先生
基督教に於ける報酬觀念
(馬太二十章一―十六節
路加十七章七―十節)
△報酬の精神は舊約聖書全体の基調、モーセの律法は報酬的考より出發して居る。
△次に歴史的記事に入っても善を為す者を恵み悪

を為す者を罰すという精神である。

△更に預言者に進んでも徹頭徹尾不義を滅ぼすというのである。

△キリストの言葉の中には二つの異って見える考は現われて居る。

1.舊約の様に報酬的に言わるされは比較的多く記されてある。山上の垂訓の如き全くそれである。

2.正反對に報酬の觀念を度外視して汝等斯く為すは正當の事である。それ故これ丈の善行を積んだからこれ丈の報酬を下さい。私には其資格があるという様なパリサイ的態度はキリストの最も憎まれしことであった。葡萄園の喩を見るに全く報酬觀念を破壊せられてある。

△パウロははっきりと、人間の救わるゝは善行でも努力でもない、恩恵みによると言うて居るにも拘らず、カトリックは千五百年の間此根本精神に反對なる教を續け来った。彼等は二重生活(道徳)をなす者を聖者と稱して居る。

△ルーテルは之を默視するに忍ばなかった。カルビンも同様であった。塵に等しきものを以て天國を買わんとする商賣根性を非常に憎んだ。

△獨逸に於ける自立主義即ち其れ自身の目的の為に行うべきものであるという説が主張せられた。カントの哲學(道徳)も此思想であった。

△一つ困った事にはキリストの教の中に報酬を約束せられしことである。註釋者は色々辯解するけれども矢張約束は明かである。

△馬太傳二十五章の譬喩を以て舊約の考を破壊したと或る神學者は言うて居る。

△主の賜うものは餘りに大、我等の推乃らるものは餘りに小、然も我等の善行は神様のものを用いてのことである。それは比較することは出來ない。

△働いた、働かない、何れにしても五十歩百歩、

價値ある様に見ゆれど天國の大に比する時には報酬觀念は破れて仕舞う。

△人間のする事は高が知れたものである。

△イエスはカントの如く簡單に冷淡に自主主義を言わぬ。

△報酬の約束を以てせらるゝ所に親の愛の證據を發見する。

△此點よりすれば神とキリストとは報酬を約束せらるゝは眞に愛の父らしくある。

△パリサイ人は天國に帳面ありと考え律法を守る毎にそれに記入され最後には總勘定をして冷たい理窟の關係から權利を主張して報酬を受けんとするのである。イエスは强く之を怒り給うた。

△モーセの律法も決してパリサイ人の考うる様な嚴格一方のものではない。

神が律法を下し給う前に、我は汝等をエヂプトより導き出せし神なりとの愛の言葉を發し給うたのである。故にモーセの律法は此世の法律とは違う。

△金ずくでは天國は買えない。善を為したから報酬を下さいというは冷たい理である。聞かるべき筈はない。

△故にイエスの此二様の教訓は決して矛盾しない補う、兩方面を説く。

△實際神を信ずる者には取っては、そんな倫理、哲學の冷たいことは出來ない。

△獨逸流の頭丈で考える哲學に動かされてはならない。

内村先生

一、主治醫は私に何をやってもいけないというた時に、側に居った大學の教授が此言は内村先生（君）であるから守られる修養が積んである若し私ならば發狂して仕舞うと言うた。

一、修養は無いが神の賜う信仰によって守ることが出来る。ミルトンは待つ時も神えの奉仕であるというた。

一、信頼して居れば大なる奉仕となる。

一、私居らぬ間の講壇の維持の心配も悉く裏切らる、聖霊は幾倍兄弟等の上に働き給うて立派に維持することが出來た。

一、祈って拜見して待って居れば足れりである。

二三六、　祝禱。

六月二十日（木）晴

愈々二十日となった、一旬前より待ちに待ちし日である、老先生の病痊えて食卓に就かるゝ喜びを見つゝ其側にあって十数名の教友先輩と共に会食し又主に在る談笑を持ち得るは何という感謝歓喜の日であろう。朝来此事を思いつゞけて臺所に働き農園に働いた。

午後四時四十分心身を清めて家門を出ず、阿佐ヶ谷より四谷に至り新築成れる驛に下車して別世界の觀があった。外濠に架かる橋上に立って高臺なる森の都の美觀を眺めた。

> 前同志社総長 海老名弾正
> 基督教大講演會　中央會堂 番町教會
> 六月二十三日、午后七時より

の立看板が僅々三十間の所に相對して揭げてあるに目がついた。老牧師が基督教を如何に説くか聞いて見たいとも思うた。

五時半寶亭に入って二階なる會場に案内され獨禱が祈りの時を守った。（麹町五丁目）

寶亭晩餐會

左の順を以て六時半迄には全部出席した。

余、鈴木俊郎、盧百壽、西園虎造、下山忠夫、松井成信、山田鐵道、石黒兵永、塚本虎二、山本泰次郎、久山寅一郎、矢内原忠雄、藤本武平二、鈴木弼美、大島正健、内村先生、同夫人、三谷隆信。（十八名）

食事は勿論西洋料理であつたが菜食に傾きたる
品を選んだのは多分内村先生の食品を標準とし
て注意を促された結果であろうと思うた。食事中
先生は
一、札幌に於て十九歳から講壇に立つたこと
一、役場の御用提灯を以て村民を駆り集め基
督教の説教をなせし話
一、二十五年間に日本人を悉く信者にする考を
懐きたりし話
一、メスと顕微鏡とによる西洋医術の間違いの話
などをせられた。
二百年前に明朝滅亡と共に日本に亡命したる者の
子孫なりという
盧百壽兄
は現社会諸方面の無責状を語り
三谷隆信兄
は全世界の種々なる事情を語つた。食事は八時頃濟んだ。

感話会を別室に於て開いた。
一、君開会の辭を述べたまえ
と二見先生から慫慂せられし
塚本先生は
「胃先生が御病氣になつると同時に、私に全責
任を與えられたれば私は誰人を相談せず獨断で
会合を進めて來た。私の比較的知つて居る人に比較的
長く居る人に責任の一部を負うて貰うたに、よく
應じて呉れて感謝であつた。慰労といつては可笑
しいが一夕集つて思う存分語り合つて見たいと思い
まして今夜此處にお招きした次第である。交々話し
て貰つて色々よき感じを持つた。次に
内村先生　立つて
一、最初心配したが　塚本君が責任を負うて
よくやつて呉れて凡ては裏切られて感謝であり
安心であつた。諸君も壇上に立つことによつて自ら
益せしことが多いに相違ない。只、今少し固くな

らずに有のまゝを話す様に注意するがよい。
一集会を持って行くことの如何に困難なるかは
実際少しでも其責任を持ってやって見なけれ
ば判らない。
大いに喜ばれた御話があった。それから、盧、山田、
久山、大島という様に順次感想を述べ、八時半頃
恩師夫妻は帰られ其あとで更に塚本先生が
近頃の種々の事実を有のまゝ話された。余も亦
一、最初、内村先生死んだらどうなるかと心配
二、研究誌記念号感想に「先生の遺鉢を継ぐ
人ある要なし、其説かるゝ真理が神の助け[illegible]
って各の霊魂の上に実を結ぶ」との所感を懐
いて居った。
三、今回図らずも先生休講せられて死後の状態の象
象を見ることが出来、余の感ずる所の事実と
なって現わるゝを感謝す
是れ偉人、傑士人間の教にあらずして生命と共に主の
啓示給いし真精神なることを明かにされるのである。

と述べた。
塚本先生再び立って内村先生との関係の自由なる
こと、柏木の会に対する精神、今回臨時に諸君に
講演を依頼せし精神等を語られた。
大島正健先生を始め一同思い思いの歓談をなし九
時四十分散会。直ちに独帰宅。

六月二十二日(土)
午後七時半中六番町番町教会にて
海老名弾正氏の講演
を聴いた。ヨハネ伝一章一節一大節までのイエスの神格、人格並びに
三位一體を説き 更に道徳倫理はやはり魂を受くることによって
自然に実行せらるゝこと、霊を説いた。余は老牧師の話を始めて聞
いた。

六月二十三日(日) 曇。
午前の集会
植木良佐氏
基督教と佛教との根本的差異
塚本先生の附言があった。

内村先生　植木氏の講演に對し
二大いに満足感謝である
その所感を述べられた。
塚本先生
畏るべきキリスト（コリント后五章十一二節）
藤本武平二兄と共に物語りつゝ歸途についた。阿佐ヶ谷で別れ仁
志と共に歸宅した。
久しき以前から九州の林文左エ門氏の北海道行男問に對し其都度
書面を以て福音を説いて居る。
六月三十日（日）晴
午前八時半出發柏木に向う。久しぶりで電車に乗り多
くの乗客を見る興味深し。大久保下車 名を知らぬ数
友と同道。畑の話などをして九時半着。
恩師夫人に面會先ず先生の日増恢復に向わるゝ由を
聞いて感謝した。　虞美人草は澤山に咲いて綺麗であったその
夫人の喜びは我が胸も躍る。講堂の東側から廻って裏庭の
花畑を見る。然る程虞美人は色々の色を以て咲き亂れて
あった。コスモス、矢車もそれに交って妍を競うという美
觀であった。
午前の集會　塚本先生司會
吉原利定氏
信仰の實驗談
内村先生
一、中島女史渡米醫學研究中、アマスト大學
に至り四十年前先生の學ばれし室などを見て感を
深くし　クラーク氏の令孫が若き教授として居るが
内村先生の話が出、五十年前の古い信仰を勧めら
るゝとも應ずることは出來ない。我等は今は現代流
の科學の上に立てる信仰でなければ信じ得ない。
祖父の信仰の如き其儘に信ずるは到底為し得ざ
る所。
内村先生の所に多くの大學生などの集るというは甚
だ不思議である。頭の善い日本人（青年）が其處に
集るは人格を慕うてのことであろう、と女史から報

告して来た。これは面白いことであるが全く観測が違って居る。今や此風は米國に止らず獨、英皆然り。吳々も言うことであるが柏木では飽くまで聖書の古き單純なる信仰の上に立って居る。勿論、新しき學問は世界誰れにも避けれぬ様に努めては居るが之は却って單純なる信仰の眞理なるを證明することになるのである。

塚本先生

新生の特徴　（コリント后五章十三ー十五節）

△キリストに全く死にて新生こなる者にあらざれば本當の道德も何も行われない。凡てをキリストに献げキリストによって生きることが信仰の基調である。

さんび、

祈禱、

一九二九年（昭和四年）

七月七日（日）曇

八時四十分出發主婦と共に父上（川島農耕）を案内し大久保を經て柏木に至る。途中塚本先生に邂逅、宮崎なる高農教授橋本氏のことを話し合った。

午前の集會　塚本先生司會

蒲池信兄

惡魔との戰に於て　我等の執るべき戰術として聖書の教訓を語った。

内村先生立って

一、主の畏るべきを常に知るべきこと

を勧められ。

塚本先生

新創造の人生　（コリント后五章十六・七節）

有り難き福音を澤山に頂き感謝して父上と共に東中野無事歸宅した。

七月十三日（木）曇、
歸郷の途に上られし九州の父上を萬世橋まで見送り
向山堂に立寄りて直ちに柏木に向った。
正午近く獨坐して七月號聖書之研究を包裝
し始めた。間もなく美樹さん蒲池夫人手傳って
呉れ、二時頃畔上先生も見えて大いに働かれた。
三時先生に招かれて メロンの御食に與かり再び雜
誌に取懸り五時半頃までかかつて外國行まで全
部發送して了った其間に
内村先生は三回程來て勞働を御覽になった
一、「今月は米國の婦人を惡く言ったから米
國では問題にするかも知れない。訴えるか
も知れない。差押えるかも知れない。
女はより善き半身なりとは何ということだ。
と申された。

七月十四日（金）晴
午前の集會には仁志のみ出席
内村先生が八月休暇中の柏木の集會の豫定を
報告せられし由
午後の集會　鈴木俊郎司會
大木重吉兄
苦難の恩惠につき所信、實驗を述ぶ。
塚本先生
エルサレム第三日（下）
（世界終末の豫言）
（可十三章、太廿四章、路二十一章）
△紀元七十年の九月九日の都城滅亡と世界終末
の滅亡とを豫定せるは至難の所である。
△神はエルサレムを愛するが故愛の拳骨を加え
給うたのである。

○二百萬人も殺された凄惨の極であった、ヨセファスの筆に成れるものである。

○墓の様なクリスチヤンにならぬ様に願います。

塚本先生は私を呼んで 八月中の集會を司る人名を決定して發表しました。午前中はお見えなかったが事後承諾のことは致しました宜しく願いますと申された。

八月四日 齋藤宗次郎　仝十一日 石原兵永

同十八日 松村成信　仝廿五日 山田鐡道

九月一日 西田虎造

此日内村先生に自作のトマト一個を呈上す。

七月二十一日 日 晴

九時半柏木着。藤澤先生に會ふて恩師邸の御様子を伺ふ。夫人は昨日水晶掛に向われし由であった。先生の御出發は、北海道から正子さんが母上と共に來るか何うかの返事が一兩日中に届くのを待って其期日が定るとのことであった。

勝手口に先生を見留め携帶のトマト五個を進呈した先生には大いに喜ばれ

一、君のトマトは確かに美味しい、外のとは違って居る。

一、何をやっても君は成功する。

その過賞の言を發せられし後余の問いに應じ

一、体の加減は段々宜しい。

と申されたれば余は深く感謝して去った。先生はトマトを冷藏庫に入れて居られた。

午前の集會

塚本先生(司會)

神の友情　詩八十九篇

内村先生

神の友情に就て

色々尊き實驗談をせられた。

塚本先生が、今日打ち合せをしようと思ったが横濱に行くので多忙故次の日曜日のことに致します。御出席出来ますかと問われ出席致しますと答えた。
此日茂夫多祈子も出席、主婦は二人の孫を守って留守居であった。

七月二十八日（日）晴
多祈子留守居、我等三人柏木に出席。
内村先生は一昨日沓掛に向われ、向うにて健康を進められてありとのこと。

集會日（当分午前のみ）一宮兄弟會（約一・二章）
塚本先生
最初の週間
△約翰傳は歴史的ならざるに、不思議にも明白《あきらか》に〔か〕三日目とかいう記事があって時間の正確を示して居る。
△最後の一週間に於てキリストの言行が精記せられ居る様に傳道の初の一週間の出來事も亦明記されて居ると認められて居る。
一日、バプテスマのヨハネ、パリサイ人に主を證明。
二日（二九—三四）ヨハネ主を指して之はキリストなりと紹介。
三日（三五—三九）二人のヨハネの弟子主の所に泊り其弟子となる。
（三九と四〇の間は一日あると主張する人あり）
四日（四〇—四二）二人午後四時頃アンデレ、シモンペテロを紹介。
五日（四三—五一）友人ナタナエル主に會う。
六日、ユダヤよりガリラヤへの旅行。
七日、カナの婚筵。
△洗禮のヨハネあってキリストを紹介せられ己れ信仰に導かれて之を家族に及ぼし、更に友人を導きて集會成る、其順序は教會の成立の様である。
△水が酒になるのは不信が信仰に入り聖靈となる。
個人然り國家然り。
△洗禮のヨハネの働きをするものは必ずある、日本には日本固有のものがあって信仰に導く、武士道も儒

教も佛教も其任に當るかも知れず。
支那にあつては孔子、印度にては釋迦、アラビヤではマホメツト、ギリシヤではソクラテス。
△日本自身のものでなければならぬ。
△此事は現代は受入れない。
△キリストは破壊にあらず建設であつた。
△聖書を日本人の眼を以て讀め。
　えび、祈禱、報告、
來週よりの順序方法を打ち合せして別る　塚本先生にトマトを呈す。

一九二九年（昭和四年）

八月四日（日）　晴
責任重き身を褥より起して祈の心を以て萬事に當つた。右胸が少しく痛み、齒痛も加つて肉体は患の中に在る。然し信仰によつて我靈は平和と満足と希望とで満されて居る。主の賜ひし信仰を五枚の半紙に綴り込み之を聖書と共に携えて神の建て給ふ柏木の聖書研究會に向つた。常ならぬ歩みを感じた。内村、塚本兩先生は其祝福を祈つて居らる。数百の兄弟等も祈ることを忘れぬであらう。
　八月四日　齋藤宗次郎君
と内村先生は指定報告せられ、塚本先生は「何分宜しく」の一言に測り難き意味を含めて我等に遺し去られた。
余は今日其高壇を受持つのである。電車に乗つては眼を閉じて大久保まで走つた。大久保驛の歩廊にて富嶽に對し清風に浴して二十分間を送つた。
九時柏木に至れば武藏屋君は誰も見えぬので待つて居ましたとて余の入るを待つて食事の爲に家に歸つた。蒲池兄は今年も留守居の任を盡しつゝある。兄に就て輕井澤局沓掛星野温泉十三號室なる恩師の近状を承りて感謝し、演題を揭げ西岡先生と打ち合せをなし余は次の如き所信を発表した。

集会（夏期第一回）　西岡虎造兄司会

五六、馬太伝第一一十、同十六章十三－二十五、祈祷、九〇。

斎藤宗次郎

○サタンよ退け

二七五、　祈祷（余）　十一時閉会

出席　男二六　女二四

一同静粛に帰った。余は石原兄と次回の順序を大体相談し、蒲池兄の好意になる西瓜の馳走に預り、重荷を下した感にと主の恩恵を感謝する心とを懐いて独り帰途に就いた。

八月六日

俵孫一氏は明治三十六年頃一高に在学中にて内村鑑三先生が御真影に敬礼をしないでは不都合だとて談判に押し寄せた学生の一人であったという記事は東日の同窓の人々欄（浜口首相の）に見えた。

八月十日（土）

午后三時から聖書之研究八月号の発送の手配に全力を注いだ。蒲池夫人と美樹さんと封じ方を手伝って呉れ、蒲池兄の三人の令嬢は差込みの仕事に当ってくれた。内外共全く工程を了えたのは正七時であった。割合に早く済んだのを喜んだ。蒲参の夕食を供せられ感謝して帰った。

八月十一日（日）晴

朝来祈を以て準備をなし八時半出発柏木に向った。途上西岡兄と一緒になって講堂の門を入った。

集会　余司会

えび　詩二十三篇、祈祷、えびか、

石原兵永兄

アホバの名

出埃及　三章十三－十五節

（黙示録　一章八節

希伯来　十三章八節

○信仰は神と我との現在に於ける絶対関係であるが、思いを過る時には二大危険に陥るを免れない。

一、アブラ公、モーセ、ダビデ、イザヤ等の時代は現代よりも神に近く歩んだと思うて、

二、パウロ、ルーテル、カルビン、クロムウエル、ミルトン等は偉い。彼等の信仰には及び難しと思ふこと、何れも病的考であって否定する現代の方はイエス・キリストを通してヨリ近く歩むことが出来、ヨリ強き信仰の勇者たることが出来る。此考はエホバ神の名を正解せざるもの甚全同す。

六一、祈禱。

男十八・女十九 出席

山田鐵道兄は塚本先生よりの御葉書を讀んで小諸在に於ける近状を明かにされた。内村先生に對する今日の信友会の模様の報告は今井より發する事を相談して十一時半帰途に就いた。今日は今井多祈子と出席。

八月十三日 火

大塚久雄兄より葉書届く。北海道に旅して札幌に於ける淺見仙作兄の活動を見て少からず勇気付けられたとあった。感謝すべきことである。

八月十五日 木

沓掛星のなる内村恩師より御手紙を頂いた。禮状と近状と御感想御好意の披瀝とを一葉の紙に認められ中に淺間高原植物千本鎗の葉を挿入されてあった。何という美しき御心であろう。

八月十八日（日）晴

集会 石原兄司会

松村成信氏

神の智慧と人の智慧

コリント前 三章十八－二十節

仝 一章 十三－十六節

石原先生と、内村先生を御見舞するか否かについて話合った。未決として置いた。

八月二十五日（日）曇

九時五十分柏木着。内村先生の御容態を藤澤兄と山田兄と持地姉とから聞いた。階段の上り下りは幾分身に答えるので居室を下部に移さる御豫定の由。輕井澤

4543.

に於ける数時間は御歸宅後感ぜられし由を承った。
萬事善きに適せさせ給わんことを祈る。
集會　松村兄司會　(使二三章十七―二十五節)
山田鐵道兄
與うるは幸なり
右の言葉の精神を感動ある如く述べられた。

八月三十日(金)晴
葛巻行孝兄始め來泊内村先生を中心とする物語をなす
長女長男の縁談のことである。

八月三十一日(土)晴
葛巻兄の歸宅を大久保驛まで見送り別れて余は
柏木の恩師邸を訪うた。
靜子夫人と應接間にて一時間ほど物語った。
○恩師の容體は大体に於て好き方なること。
○讀書も出來、原稿も多く書けること。
○俗事を持ち込むことをやめて私に靜かな場所
と時間とを與えるならば專心執筆するとの
ことと仰せられしこと。
○小野塚帝大総長夫妻は屢々來遊せるが一日頻りに輕井澤の自邸に御出で下さる様にとの電話(行きたいけれども行かれないから來て頂きたい)があった爲輕井澤行は絶對に爲すまじと決せしことを翻し、自動車で行った所が、圖書館に在る間に外國人に見付かり多勢の外人に包圍せられ甚だしきに於ては、始めて見た外人までが聲を掛けるという様な始末、講演を依頼するもの、自分の仕事を告げんとする者などあって殆んど閉口、小野塚にて中食を喫して歸ったが此事が響いたらしく翌日に至っては浮腫みを來し心臓肝臓共症状を起こし不快となった、恰度竹内女醫が持地夫人と共に來て診察して呉れ、彼女の藥を飲んだら浮腫が去って再び順調に歸したこと。
○塚本先生は一回尋ねて來て呉れたこと。
○食用品には何の不足もなきこと。
○沓掛は三千五百尺の標高故別段に活動せずとも心臓肺臓に多少の壓迫を感ずること等のお話を承わって十時歸途に就いた。
夕方茂夫梨子神戸より無事歸る。

一九二九年(昭和四年)

九月一日(日) 晴

集會
山田鐵道兄司會 一九、約二十章十九―二十九節
内村先生の近状報告。
震災に就ての所感。 祈禱。 五三、

西岡虎造兄
復活の信仰
熱心に四十分間所感を述べらる、 十二時半閉會

本日を以て内村塚本兩先生御不在中の集會を五回程首尾克く守り得たのである。我等責任者五名は敢て淺からぬ感慨を持つ次第である。閉會後講堂の一隅に集り互に感謝の意を表わした。山田兄の如きは司會の方が六ケしい汗ビッショリとなったと言って居った。何といっても石原兄は熟練上達したものである。
關東地方の大震火災の六週年紀念日たる本日午前十一時五十八分より警鐘を講堂に於て聞いた。
藤澤兄が星野温泉にて一日に七回入浴して先生に驚かれた話。鈴木兄が中禅寺湖畔に此夏を過したる話などを聞いた。

九月五日(木)
茂夫教授會の爲に學院に往い、午后歸り來って岡田八郎氏英文科入學の件に就き笹尾教授に伺いし樣子を齎した。

歸途内村先生宅に立寄りしに夫人は昨日沓掛に歸られし由にて要件を語るに詮なく止むを得ず手紙を以てするか又は直接沓掛に至って之を報ずるか二つの方法の一を選ぶこと、なった。勿論母親語り居りしこととて直ちに余が親しく先生の避暑地を訪うことに決し係るに出發準備に取蒐った。

九月六日（金）晴

前五時半出發七時十五分新潟行の列車二等室に乗り（第六十二號）沓掛に向った

（此記事は恩師言第三に明記しあり）

九月七日（土）

昨日沓掛にて内村先生より御依頼を受けし「月下美人」を東京府の農事試驗場に寄贈するの大切なる一事を手配せん為九時半出發立川に向った。十時半同所に至り佐藤場長不在のため淺井氏に面會して其旨を申出でしに温室係の小田島技師を呼んで紹介された、委細の事情を述べしに責任を持つことになれば困難なれど左なくばお預りしようというので早速温室を案内された。

此地を試驗場に選定せし動機理由として、中野、金町の二箇所に分離して居るの不便、地代の高き爲の不利、周圍に人家の増加する爲の不都合、土質は高所は火山灰にて下部は泥質壞土という工合、當地は北多摩郡に於ける土壤の二種を適當に配置し試驗上至便なること、地形のよきこと、水害の患いなきこと、旱魃の厄難を受けぬこと等により郡の中心を離るゝ嫌いあれど此所に決定せしことなど説明せられし後、温室に入り草木の差し木の部よりメロン栽培室、熱帯植物培養室、花卉養育室に至るまで逐一廻って説明を加えられた。

次に堆肥の製造と施用法、黄金蟲の被害に對する注意を話され、葡萄、柿等の間作をせるストロベリー、終りに近ずきしトマトなどを指され、市川に於ける苺の品種はドクトルモーレル、ヴィクトリヤ、大島の三種なれど何れも良好のものに非ず、大島の如きも別段良種の交配に成れるものに非ずして在來種の偶然の新種産出によるものにて賞するに足らず。先ずゼ、サレ、ゼネラルサンジーの如きは種々の特長を有するを以て栽培すべきも是亦福羽種と共に温室（床）仕立にして有利なることを述べられた。此日も又大いに有益なる經驗を収めて好意を深謝し正午近き頃事務所の前にて別れた。直ちに立川町に入って蕎麦の中食を攝り荻窪下車過燐酸石灰一俵を注文し徒歩二時近く家に歸った。

九月八日(日)雨

泥濘を踏んで柏木に至る。茂夫、仁志同道。久しぶりにて相見し兄弟は多くあった。洗足會員も數名見えた。田村兄から六月の會合に一同散歩せし時の寫眞を恵まれた。八郎さんの顔色に歓喜の湧出るのあるを認めて嬉しかった。塚本先生は豫言寺の椽に立って温情溢るゝ挨拶をせられた。

集會

塚本先生

(先生と相談の結果讃美歌を廢します。此會にあっては出來る丈教會の爲す所をせざる様に注意する必要ある)

堅き食物 (ヘブライ五章十一－十四節)

△聖書の教に預って以來多年なるに未だ堅き食物を攝り得ず乳のみを用ゐ居るかと言わる。時に實に恥かしい。

△クロムウエルの手帳に「日善からんとせざるものは善からんとせざるもの也」というがある。進歩せざるものは退歩にきまって居る。

△斯く言われて見れば實に大問題である。然らば堅き食物とは何か？

△六章一、二節の教は我等の毎日説いて居る所であるが教のイロハであり乳であるというべきである。全きものは何か。それはメルキゼデクの位に等しき大祭司でイエスはなり給うたということである。(七節)

△以來希伯來書は平信徒には判らない書とせられて居ったが、實は平易なのである。

×希伯來書

○一章一－二節 今までは預言者によって色々の教を語られたが今はキリストを以てせらる。

○二章、三章一 キリストは神に在し給えど人間となつて色々の苦難を嘗め給うた。
○四章十四節－ 大祭司のこと。
○六章十三節－十章十八節－キリストは所謂大祭司とは異る。己と民の罪の為に年に一回至聖所に至るにあらずキリストを以て直接に神に至るの道を開き給うた。
○十一、十二章－信仰の勧め。
△希伯来書は新約聖書中最も旧約聖書的で坊主臭いのである。其十分の一以上旧約の引照である。
△出埃及、利未記によつて大祭司の職掌が判ればキリストの職掌の重大神聖が判る。
△九、十章 ヘブル人になつて見ると判る。
△至聖所には十誡の板とマナを入れし壺と芽を吹いた杖とを備えてある。
△贖罪の方法のことはユダヤ人には大問題である。実にキリストの贖罪は革命的である。単に基督教に止らず宗教界全体の革命的事実である。神殿の幕破れて神との直接の関係に入るということは他の宗教には見ざる所のものである。皆中間に僧職なるものが存するのである。
△大祭司の必要がない。之を単純に取るならばカソリックは将に其正反対である。大祭司の廃止、僧侶階級の廃止。
△或る人はそれは容易のことであるという。然し決して其うではない。
神と我、万事の解決である。今日此会が破れても聖書一冊で独立することが出来るという様でなければならぬ。
○京都の或る神学生は私を訪ねて来て聖書之研究の読者であるが何うも信仰が判らない、底で内村先生に面会を請うて一ケ月間も先生の門番にでもなつて親しく先生の言行を見て信仰の助けとしたいというから、其れはいけない、私などは二十年も側に居つてさえ判らないのに僅一ケ月先生を見たとて判るものか其れは間違つて居るといったら是非御目にかかりたいと言ふ人を避けて病を養って居らるゝ先生を訪ふといふことは人間の道でないと厳しく語った。

此青年學生は神學を學んでも聖靈によってキリストの生命に觸らないから迷って居るのである。地方に行くと何十年間信仰生活をして居るといふに拘らず大切なるイエス・キリストは判らぬ為何時までも乳を呑んで満足し平然として居る所謂基督者を見ることがある。實に憐むべきことである。

二七三、

内村先生 ― 石原兄代讀

橢圓形の話（上）

一、眞理は橢圓形の如く二つの中心を有す。地球の軌道も亦橢圓形である。アインスタインは宇宙も亦橢圓形であるといふた。

一、カソリックは新教が矛盾して居るといふ。自由思想と聖靈と兩立すべきではないといふ。彼等はデカルトを以て始まりカントを經て今日に至れる我れ思ふが故に我れ有りといふ哲學思想とルーテルの義人は信仰にのみよって生くとの此二つを手厳しく呪いつゝあるのである。

一、天然が橢圓なると共に眞理は橢圓である。神に就て言えば神は義とであり又愛である。義のみでも愛のみでもない。

之に對し塚本先生は眞に然りの附言をせられた。

祈禱、　演奏者の讃美、

余が一昨日當掛なる内村先生をお訪い申すにはお元氣で居られし事を、塚本先生は一言御報告せられた。會員の心を安んぜん為である。

九月九日（月）雨

内村先生が農事試験場に寄贈せらるゝ「同じ美人」を余の

應接間より出し玄關にて荷造をなし、之を提げ雨を冒して阿佐ヶ谷に至り電車にて立川に向い、再び雨の中を農事試験場まで運び内村先生の名刺を添えて小山田技師に渡した。中村氏とも面會した。又一つの塵芥を卸して十一時半辭し去った。

九月十四日（土）晴

山本泰次郎兄を訪うて昨年の旅行の懐想を物語り数頭して興ず。夜東京天文台を訪い八インチ望遠鏡にて土星を観て歸る。

九月十五日（日）晴

茂夫は日曜學校の山岸先生の組を教えることに決定。多祈子は本月より會員なることを塚本先生に願って許可を得た。眞に特別の扱いである。最早情實を排して全然入會を許さぬことに定めたと申された。

余は開會五分前塚本先生から聖書朗讀を依頼せられた。

集會

余詩篇五十篇朗讀　塚本先生祈禱。

塚本先生

各人祭司主義　（希十三章一〇—一五節）

固き食物

第一、キリストは大祭司なること。

第二、我々信者各自が祭司なること。

△自分を献げるとは信仰を献げること（清き心）

△言葉の上では神學者でも牧師でも誰でも立派な正しいことを言う、然しそれは理想であって實行が出來ぬという。

△禮拝に就ての意見などはライトフートは矛盾をいって居る。

△惡魔は常に「然しながら」の言を以て純粹を濁して仕舞う。

△直接神様の前に出たくないという心が凡ての教會に流れて居る、必ず坊主を中間に置いて間接に對するのである。即ちこれは「人間は生れ

なからにしてカトリック」というのである。
△禮拜は靈的、道德的存在である。
△日々の生涯を以て清く神に仕う、これは眞の禮拜。
さんびか
内村先生 ― 石原兄朗讀
楕圓形の話（上）
一、義と愛なる十字架の眞意を明かにせられた。
祈禱。　さんびか。
此日滿員であった。
石原兄立ってギリシャ語研究に就き報告をなす。

九月十九日（木）曇
午后絲瓜水二升を柏木に持参して先生に呈した。先生は齒醫者に行かれて御不在であったが夫人出でゝ之を受け大いに喜ばれた。此日トマト三顆も呈した。

木村德藏氏の夫人の母が心臓がわるいが絲瓜水を其儘飲むと心臓の苦しい時痛む時直ちに治るとのことで二合瓶を今までに三回貰って先生が召し上られたとのことである。

九月二十二日（日）雨
柏木に行くのは所謂京詣ではない。教會の禮拜ではない。神の在し給う所は何處も京である。信仰を以て生活する所は何處でも京詣である、キリストを主と仰ぐ所は何處でも教會である。靈魂を其儘に献げて生活することは常に禮拜である。我等は聖書を研究して基督を知り、基督を信ずる爲に柏木の研究會に出席するのである。禮拜ともなることは勿論である。
茂夫は今日から日曜學校の生徒を教うる爲に早く出掛け主婦と余とは九時過ぎ出發した。

集會　塚本先生司會　四六〇、詩四六篇、祈禱。
鈴木弼美兄、鈴木俊郎兄
小國傳道報告
○九月七日出發新潟縣方面より入る。

○畑、玉川、小國本村、舟渡、叶水の間を都合一週間傳道をなす。

○政池君を以て大正十三年に始め今年は六回目の由で知友も出来、曽て教えし讃美歌を記憶し居るなど甚だ愉快であった。

○舟渡の校長は二十年も勤續して居る良教師にて最も優遇して呉れしこと（帰りの時は全校生徒列を作って見送って呉れしこと）

○叶水は昨年は宗教上の話をなすことを許さなかったが校長變った為今年はエス様の話をなすことが出来た。

内村先生は此事實を喜ばれ村内に鐵道が通ずるまでには基礎を固めたいのである。誰か立って此村に永住して傳道する人はなきか と申された。

内村先生
社會事業としての聖書研究

一、一般に聖書研究は社會事業などには關係が無いと思うて居るが大なる間違である。

一、田中正造翁の如きは之を以て一の閑事業又は道楽の様に見做し、幾度も強き言葉を以て私に當り、甚だしきに至りては冷かし半分に君は温かな室で古い聖書を研究して楽んで居るが、今や渡良瀬河畔幾千の民は饑餓に瀕して居るではないかという手紙を送って来た。私は大に憤慨し絶交の手紙を送って交際を絶って仕舞った。

然るに時を經て正造翁は世に忘れられた頃クリスマスの贈物を數臺の荷車に積み佐野驛に下車し翁の止宿して居る寺に行つて名刺を出し其由を語った所が大に驚き土下坐して深き我等の好意を謝したことがあった。

一、欧米文化の根源は聖書に在ることを知ったのはベンジヤミン・キツドの著書（二種）によつてであつた。

例へばスコツトランド、ニユーイングランドなどが高潔の精神を以て満されて居るといふのは全く聖書の力によるものであつて北欧スカンデナビヤ半島が隣邦ロシアの感化を蒙らないのは矢張聖書のお蔭である。

一、英首相バルフォーアが聖書會社百年記念會に於て英國の今日あるを得るは聖書の力に因ると言うた。

一、日本政府はマルクスの思想に當るに儒教や佛教の思想を以てせんとするは愚の至りである。思想を壓迫するに思想を以てするも効果あるものではない。信仰の力を以てするの外はないのである。

マルクスの思想は彼等の考うるが如きものではない。ヘーゲルの哲學の上に立つた中々深き思想であつて それは第一に無神論を以て人心を陶冶し其上に築くのであるから之に反對の信仰の力を以てせなければならない。今の日本にマルクス思想に當る丈の思想を何處にも發見することは出來ない。

一、社會改善、幸福増進の目的は駄目である。

一、勿論社會事業を目的として聖書を研究するのではないが、事實社會改善の上に於ても聖書研究は必要であり有功のことである。

一、私は世に認めらるゝと否とは關する所ではないが、賞められた所で有り難いとも思わぬが、然し百年なり二百年なりの後必ず我等の此聖書研究の事業の眞價を認めて勳六等藍綬章位を贈ることになるかも知れない（大笑）

一、一體基督教道徳と儒教道徳の相違を考

え知って居る者があるであろうか、一方の積極的なるに對して一方は消極的である。隠退である。何々の事を爲さないということは我々には當り前のことである。我々は更に何々とする。というのである。此消極道徳によって國興つた例は何處に有るか。

一、北米合衆國は聖書を以て立って隆々と進んで來たが南米諸國はこれ無きが爲に動搖につゝあるのである。

一、現在のカナダの如きも其首相の公言する通り聖書によって保たれつゝあるのである。

祈禱。 四六二。 祝禱。

報告

一、今や最後の活動であるから何れの方面からも無駄の無い遣り方をするということは必要である。

一、私に取ては過分の力を要せざる樣に働く事、會員の方は誠實の人々の集としたい。

一、今の所では一回に縮めることが出來ないから、責めて午前と午後とを正確に區別する必要を實現したい。

午後の組は年少、女二組半に男二組を以てし殘りを午前の組とする。但し午前午後二回出席することは絶對にせざること、そして新たに入會を見合せ傍聽も出來ないことに決し、會員證の貸與も許さぬことに極めて行ったならば自然淘汰で一年の後には餘程整理が附くことと思う。

但し當て會員であったが止むなき事情の爲一時退會して居る者で、四年以上研究誌を購讀して居る人の傍聽丈は許すこととする。

午前十一時四十五分主婦と共に歸宅した、三人の孫達は大に喜んだ。

此日恩師夫人から茂夫・比八郎さんのことにつき、主婦は絲瓜水のことにつき謝詞を述べられたそうである。忝ないことである。

九月二十四日（火）

雨宮母堂を田端松林中に訪うた。日本間の應接間に控えた。方に宇は對坐して信仰のこと、家庭のこと、書畫のこと、さんびかのことを語り、伝志ん來会せ慇懃に中食の饗應に與って四時頃歸った。

九月二十六日（木）雨

内村先生から頂いた書翰の内明治四十年から四十一年十一月までの分三十餘通を寫し取った。其等の内容は隨分廣範に亘って居った。眞理の證明、單純なる無教會信仰、義と愛との論述であった。夫れ故一葉の端書と雖も非常に尊いのである。余は鄭重に保存し置かねばならぬ。之を後讀する必要があるのである。年代順に之を寫し取るは讀み易からん爲である。

九月二十九日（日）雨

主婦と同道大久保を經て柏木に向った。御奥様に會うてトマトを呈し絲瓜水・桑茶を呈し上げて居らるゝかどうかを伺った。前者は時々後者は廢めて居らるゝ旨を承った。

今日の會場　何やら異様の感を懷いた。それは其筈、會場整理の山田鐵道兄は特筆すべき理由の下に會を退き、同じ務めに仕った松村成信兄は會場に立ち働くことを控えて會員席に就き、鈴木虎秋兄專ら整理の任に當って居るという有様であったからである。

(○)

傳え聞く所によれば山田鐵道兄は書面を内村先生に寄せて九月二十二日の日曜日の集會に於て、山形傳道の報告を一時間もさせ爲に塚本先生の講演を聞くことがなかった。私は同先生のお話を聞くのは主なる目的である、このブログラムは内村先生の獨斷であつて宜しくない　自分出席を控えます　その意見處訳を訴えた為先生は怒られ缺席ではない直ちに退會すべしとて會員證を取消されたといふことである。

但し翌日同兄は先生を訪ねて謝意を表せし為謹愼に止まることゝなつたて蒲池兄は言つて居つた。

此事實は余の全く知らぬ所であつたが藤本武平二兄は昨日自由學院に於て淺野猶三郎氏から此件を問われしも是亦一向知らぬ為却つて淺野氏から概略を聞いたが眞相は判らぬといふに對し蒲池兄は委細を知つて居るとて語られたのであつた。

朝の集會　石原兵司會　黙示、哥前十五章、祈禱

塚本先生

ザアカイの話　（ルカ十九章一－十節）

△此記事は一度聞けば誰でも忘れない、之にはルカ特有の氣分が織り込まれてあつて一種の魅力を有する為であろう。

△此記事は所謂特種であつて路加傳にのみ載せてあるのである、ルカは此場面に立ち此事實に非常なる興味を牽きしも他の弟子等の氣付かぬことであつたことかも知れぬ。

△エリコはエルサレムの東北十哩の地點にあつてエジプトに至る要路にあり、古は人にも多く繁華の地であつたに相違ない、ヨセフスの記録を見ても此所は種々なる植物のある所として果物なども他に輸出せし由を明かにしてある。

△イエスは計画的に其行程を定められたこともあるが此回のザアカイ家えの宿泊は全く偶然であつて事變が起したる臨時のことで行き當りバツタリのことである。

△ローマでも此地に軍営を置きた屋物が多いため収税のことも多事で此処には税務の監督を置いたのである。ザアカイは此職を去つて地方人より悪まれ居たる富める人であつた。

△改心の證として直ちに所有の半ばを施し不當に得たものあらば四倍にして返すとまでイエスに申出た。

△ザアカイはイエスを知らなかつた噂丈を聞いて居つたが物好きにて之を見んとて樹に上つたのであつた。然し一旦イエスの面影を見るや其神々しさは彼の靈を打つた、信仰心は既に起つたのである。それに簡單なるイエスの一言を受けて茲で救に入つたのである、夫れ故別に信仰の形跡が見えないにも拘らず此家は今日救わるゝを得たといい此人はアブラ公の良因なりて言われたのである。

△要はイエス對ザアカイの深い關係は極めて簡單に成立したのであつた、傳道は斯くあるべきものであろう。

△イエスは弱い人には弱いなりの簡單なる方法を以て救いに導き給うのである。六ヶしい神學説も何も要らないのである。

△精一杯出せばエス樣の方から御聲をかけて下さる。

内村先生附言

一、今のお話は最後は最も大切である、聞き漏してはなりつぬ。簡單、エス樣を見た丈で力が出る。

二四五

内村先生

「社交的動物」ということに就て

一、此語は悪い意味で用いたのではない。人類は一體である、各〻責任を負うべきものであるという意思から言うのである。四海兄弟というは暗示でも比喩でもない、事實である。神は人類を一體として見給う、人は互に守り手である。

一、贖罪の眞理は此言にあり、教義としては説明し難し。

一、傳道は慈善に非ずして義務である、未だ救われない人は不憫であるとて彼等に對するは無禮である、そんな態度では傳道は出來ない。

一、我れ一人救われべき筈はない人類と共に救わるべきである。

一、傳道はしてもせんでもよいではない、為さなければならぬことである。若しなさなければ自分も棄てらる、のである。傳道して見て恵みを受くることを直感するのである。

一、何事にても自分の為にして意義なし他人の為國民の為人類の為にするのである。

一、謙遜なるべき理由も之に因るのである。

三、　祈禱。

報告

一、午前一回のみの集會とせんことを希圖す、去れど座席乏しく、依て年長の人、長く教を聞いた人は此際出席を遠慮して貰いたい、若い人に成る丈多く語りたい、私の餘命も知れて居るのである。

余は此報告を聞いて先ず所決せざるべからざることを感じた。

洗足會員、互に門前に待ち合せ、最後に藤本武平二兄の出で来るに及んで小雨の中を共に大久保驛に進み、此所より目黒を經て不動前に至りて下車数町を歩して本日の會場たる

國立林業試験所

に入り陳列室に並べる建物の廣い間に作れる會場の座席に就いた

○柏木の集會に出席を控える為め缺席屆を連名にて差出す件を蒲池兄と共に諮る。

○二時中食 栗飯の辨當、余、食前の祈禱。

○主催者たる名古屋常治兄の案内にて場内を巡り温室、植林地、苗圃、陳列室を二時間を以て参観し四時半より

洗足會例會を開く

名古屋兄司會 二四、詩九十六篇

渡邊、蒲池、藤本、齋藤、田村、望月、伊藤、實田の順に所感を述べ藤本兄の感謝の祈を以て閉會

六時近き迄雑談を切りあげて小暗き間を歸路につく、

我等柏木に行かぬ者は日曜日を如何に過すべきかに就き語り合った。

九月三十日(月) 曇 井

引續き内村先生の書簡の寫取りを行った(明治四十三年度分)

仁志が此間雨宮家を訪問せし際母堂から新約聖書の講義を聞きたいと言われ由話して居たから早速之に應ずることとなり午后三時雨宮家を訪い直ちに母堂並に江口の老母に對して、聖書の成立、内容、分量等を述べ新約全書、馬太傳福音書の名稱の意味より進んで第一章の系圖につき其精神教訓を説いた。

祈禱に就ての問に答え四時半歸途につく。

一九二九年(昭和四年)

十月三日(木) 曇 雨

内村先生が二三日中に松田家の別邸に二三ヶ月御静養のことに決定したとて松田敏子姉は門外に立って大いに喜びつゝ余に告げて呉れた。之は一大吉報であると胸を打ち、先生が近所に住まるゝに至りしを喜び走り歸って家人に報じた、四時一同八疊間に集って祈禱を捧げた。

十月五日(土) 快晴

一時半柏木に向った、明日は余は缺席することを志出て置

いたから今日恩師を見舞ったのである。途中武藏屋君に遭うて少しく物語った、山田兄の此頃の事件の内容はよく知って居なかった。

研究會の門を入って講堂を覗いて見ると植木屋兼さん如来て掃除に當り、ペンキ屋は諸方を塗って居った。預言寺には鈴木虎秋兄は研究誌の讀者名を帯紙に認むるに餘念なく、菊池春江夫人は研究社の事務に當って居った。

講堂の西口から椅子の配列を變えて座席を多くせしこと。今度新調すべき椅子の見本を見て意見を語った。先生は尚一寸高めるというは余は反對であった。

兩人の側に坐して藤井武氏の舊約と新約十月號にを讀んだ、エクレシヤ研究號であった。

美樹さんに恩師夫人を呼んで貰い、勝手口で、近々杉並なる松田氏別邸に内村先生が住居せらるゝということにつき、お話を承った。余も亦知れる丈を語った。先生は其うち御見えになって色々話された。

一、柏木の研究會の不仕陀羅といったら無い。昨夜調べて見たら七十幾人の内届出て行った者は只の九名であった。殘りの多数は無斷で何處にか行って仕舞ったのである。

一、日本一の集會だなどいうけれど何處にそんな會がある。此處でなければ眞福音が無いなどゝいうは恥かしい話である。

一、山田さんの説によれば此の様では柏木が滅亡だという。が山田さんの説を待たずとも滅亡である。

一、會員の精神が判るにはバプテスマを施すとやって見たら何うかと思う。救わるゝ爲のバプテスマでない。キリストに從う信仰を世に明かにする爲である。爾うしたら半分以上逃げて仕舞うであろう。

一、入會の時は頻りに切ないことを述べ立てゝ居ながら出て行きたくなるとこっそり行って仕舞う。何うだ其不仕陀羅。

一、私が居らぬ間にすっかり遊び氣分になって仕舞った、仕様が無いものである。

一、松田さんの所から君の所まで何れ程あるか、サイトウさんに見てやって貰いよう。

一、會員の移動の様子は明日すっかり報告してやろう。

斯くて先生は内にお這入りになり、余は尚恩師夫人と共に話して三時頃辭し去った、三度び預言寺に入って鈴木兄から山田兄の事件を聞く、

私は眞相は判然しませんが、前々の日曜日塚本先生のお話が無く報告があったのは氣に食わないで先生に手紙を上げたのは事實な様です讃美歌を歌わないからとて無教會であるまいとか私と同じ考を懐いて居る者は他にもあるんとか書いてあったようです。會員證を返送して來てあるから全く退會となった譯です、餘り短氣な遣り方の様に思います。と

此夜蒲池信兄が訪ねて呉れた、日曜の集會に缺席することに就き一應此屆書を示した所がまだ外に有るならば聞いて見て連署するがよいという御話であったから、貴下に其事を告げ且つ我等は別に日曜日の同じ時刻に假令ば貴家にでも集っては如何ということを申さん爲に參ったというのであった。永井久録さん内海直藏さんの話が出て、永井さんには明朝私が伺って見ましょうということに決した。九時半頃歸宅せらるゝに際し二町許り見送った。

十月六日(日)晴

茂夫は八時に柏木に向い主婦は九時に出發した、余と多祈子とは子供等を相手に家に居った、余は路加傳十九章十一節以下に就て學んだ。

朝永井久録兄を訪ねて集會缺席の件を語り、署名して貰うた。出席を差控える兄弟達が若し私の家にても宜しければ何時でもお用い下さいという好意を表された、余は深く謝して歸った。

早朝松田氏別邸を検分した静かで清浄ではあるが、家の向きや眺望やに缺點がある様に見受けた。然しこれは急に何とかすることが出来ないから兎に角住んで見て試さるゝであろう。

一月七日(月)晴

午后三時頃恩師夫人お見えになった。西武電車にて成宗までお乗りになった由にて大分お歩きになった様子であった。岡田八郎さんの事につき御禮としてお出でになったのであって毎度に恭ないことである。それは三圓もする程の赤坂虎屋の菓子をお恵みに預ったのである。ベランダにて一時間以上もゆっくりお話なされた。お帰りの途中松田別邸にお立寄りになり先ず園囲を一と廻りして好感を懐き次に家に入って各室より臺所湯殿まで一々目を配って頗る注意せる建築構造なることを感心された。二三日中にお移りになることを松田氏夫人に語り帰途に就かれた。余は阿佐ケ谷停留場までお見送りした。

十月十一日(金)

柏木から電報で聖書之研究が明朝早く出来ると知らせて来た。

十月十二日(土) 小雨

午前七時半出發柏木に向った、雑誌を發送するためである。八時半頃までに準備は全く成った。八時四十分秀英舎から自動車で到着した。(三千九百四十五部)直ちに感謝の祈禱を以て仕事に取掛った。手傳を得て零時半迄に内外共封じ了えた。

一、仕事が済んだならば一寸來え

との先生からの御言傳があった。来訪中の黒崎幸吉兄が帰るや先生は余を講堂に呼んで

一、講堂の整理に君を使うが應ずるか。

一、以前の様にお手傳なら頼まない。

一、報酬として壹圓ずつ遣るから責任を負うてやって呉れるか。

一、先週の日曜日には工合がよくなかった。癖のある様な目立つ人は成る丈窓際に坐らせよ。君の言う通り太った人を二人掛とし、そして長椅子を五人掛けとする。

一、先頃山田君は何を思い違ったか飛んでもない手紙を送って來た。中々罪は君の時より重いよ、何らか正しい考を持って欲しいものだ。

此等の御話をせられた。是れ神の御命令なりと信じて共信仰を以て簡單に之を拝受したのである。

講堂整理の大任　余は之を以て敢て大任なりと言ざる。随て余に取っては分に過ぎたる責任なるを感ずる。夫故に一切主に委ねまつらねばならぬことを痛感する。

イエス・キリストの新たなる無教會的純福音を晩年の内村先生が説かる、講堂の秩序を保持するの務めなるが故に大任と信ずるのである。

余は獨祈る。余は畑上に獨働く本來獨なるを好む。去れば衆人の前に立つことを好まぬのである。然し神様は余の好まぬ事を命じ給うて神様の力を現わし給うのであれば余は輕卒に辭することをせず祈って聖旨の成らんことを決心したのである。

畔上睦子夫人は雑誌發送の労働の間に色々の事を話さる。左のことは余の耳に留った。

○淺野猶三郎さんが開いてある市内の或る集會に於て是非齋藤君の實驗談をして貰いたいと宮兄が申して居った。

○先日塚本先生が訪ねて來て、畔上に色々内證話をするのを山田鐵道さんが傍でジッとして聞いて居ったが其時の話を誤解して取ってそれがもとになってあの手紙を内村先生にあげることになったのではあるまいかと考えます。

先生は

講堂で蓄音器に讃美歌を二三おかけになって
一、何うだ一つ向うの端に行って聞えるか聞いて
見よ
と言われた。
二時雑誌郵送の手配を了えたる喜びと講堂整理の任を命ぜられし感謝とを胸に懐いて帰途についた。

十月十三日（日）曇
新しき責任を果すの喜びを懐きと希望を以て起床した。
七時半柏木に向った。先ずお花を生けて居る所に武藏屋君が来た。二人で色々物語りながら講堂の内部を整理した。
先生がお見えになって
一、何れかし自分一人でやってはならんよ。
一、自分一人で悉くやるという様な態度を
見せてはならんよ。
と注意せられ余は気持よく其意を享けた。

高山鉀吾兄は左記の如き印刷物を玄関前に立って一同に頒った

基督教講演会
大日本私立衛生会（麹町区大手町内務省正門前）に於て
十月二十日（第三日曜日）より
毎日曜日午後七時開会
塚本虎二氏の
何故私は基督教を信ずる乎
基督教の本質
聖書の読み方
神を信ずる理由
基督が神の子たる理由
信仰とは何ぞや
罪及び罪の赦し
カトリック教とプロテスタント教との差別
神の愛と人の愛
教会か無教会か

等の基督教の根本義に關する聖書研究會を開く。眞面目に基督教を信ぜんとする者、健全なる聖書知識を欲する人々の來聽を歡迎す

舊約新約聖書讃美歌携帯の事

聽講料 二十錢

東京聖書知識普及會

余は先ず塚本先生に對して本日より再び講堂整理を爲すべく内村先生に雇われましたと告ぐるや先生は喜んで何分宜しく願いますと答えられた。次に石原田村鈴木の三兄にも更めて其旨を語った何れも皆安心だと言われた。

本日は長椅子五人掛けのことを實行して見た。男八十餘女七十餘計一百五十餘名であったから後の方は大分に空いて居った。

午前の集會

内村先生司會　二九、イザヤ三十五章朗讀

一、信者は先ず誰でも此章を讀まなくてはならぬ

塚本先生、

恵の時　（哥后六章一－二節）

△神と和睦の出來たという事は最大事。

△信者は此世の人とは凡て異れる尺度を用いねばならぬ。

△新たにならなければ教を徒らに受けし證據。

△豫言者の言葉に未來の預言の事を過去の言葉とすることがある。必ず成る事故少しも差支はない。

△恵の時は何時までも續くものではない。

△再臨は時を定めて無いから、今明日にも來るものとして信じて準備することが本當。故にパウロや初代信者の遠からず主再來すると信じたのも決して間違ではない。

内村先生
立って塚本先生の今度の講演會に就て御報告
があった。
一、塚本先生漸くにして立つこととなった。
一、友人は應援すべきである。
一、經驗によれば小娘一人でも出て呉れたのを
有りがたく思うことがあった。
一、然るに此時に際して怪しからぬことには内村
先生と塚本先生と分離するのであるな
どという者がある。
一、或る青年の如きは眼を丸くして之を難じ
たので呆れ返って物が言えなかった。仕
方がないから、福音の爲なら分離して
も喧嘩をしてもよいではないかと答え
てやった。

内村先生
聖善の勝利
イエス對宗教家
（ヨハネ八章一二節）
一、イエスの言行を見よ。

座席に關しての報告
中食を預言者の六疊間にて頂戴す。塚本先生
の外に石原、田村・鈴木 計五名であった
塚本先生はサイトウさんと久しぶりで食事を共に
すると言われた。先生は今回の講演會の過去現
在未來に就て語られた。
内村先生
一、サイトウ君午後は居殘らんで歸って
宜しい
の御言葉があった。
一、講堂の椅子の位置配列を變えよ

と命ぜられ、諸兄の手導を得て之を為し畢りたる後、一時頃獨感謝して歸宅した。
雨宮の叔母君突然来訪、これは聖書講義の續きを聴かん爲であつた、余は甚だ嬉しくあつた、即ち應接間に於て馬太傳第二章を講義した。

十月十四日(月) 快晴
午後一時過ぎに
内村先生が夫人と松田先生を伴いて突然我が家を訪問された。
一、サーとうさん働きですか
一、今日は松田さんの家を見る爲に来たが、近日移つて来ます、掃除の手傳其他を依頼する
一、今村氏に特に敎ゆることをせぬこと、餘分の椅子卓子とあらば今年中貸して欲しい

余は二階に御案内してお見せしたら
一、これにて上等これで先ず助つた
と言われ主婦に對しては同病相憐むとの御同情を寄せられ
一、時間が無いからゆつくりして居られぬ
とて直ちに歸られた、時に四時半であつた。

十月二十日(日) 雨
七時半講壇の花を植えて柏木に至る
一、蓄音機を講壇の上に置くことを命ぜらる、生花はオルガンの側に置いた。
午前の集會 讃美歌四六〇、詩三五篇、祈、八八、
塚本先生
神の役者の讃美歌 (哥林前書三—十節)
コ五章二十節に於てパウロは召されて基督の役者となつたと宣言した。

△そして今日まで如何なることを為したか
を追懐して一気呵成に書き出した。
△三節—十節は実に一大讃美歌である。
種々なる事項の羅列の中に歌を見る。
△前置詞に注意して見るに
に於て　四下半—六上半迄　消極的
に由り　六下半—八迄　積極的
如し　九—十　反對の事項七
△最後に至るに従って調子が高くなって来てキ
リストを信ずるの故に萬物を所有すといっ
て居る。
△悪評、非難、攻撃を受けし時にも常に神
の栄を顕わした。
△パウロの実験であったが我等の主イエス・キ
リストは第一に爾うであった我等クリスチ
ヤンも亦斯くあるべきである。

△ヨセフスの歴史中にもキリストの名が出て
ない。幸徳秋水は此事を以てキリストを抹
殺する因となして居る。
△基督者には必ず令聞と悪名との二つある
べきである。

蓄音機　歌

内村先生

何故に自分はキリストに愛せらるゝ乎
（加拉太二章二十節参照）
第一、人なるが故に神は萬物を愛する以上に
人を愛し給う。
第二、長所美點の故に愛し給う、微少のも
のではあれど之を認め之を擴大して光
明を施し給う。
第三、基督に憧憬する私の信仰の故に愛

し給う。
決して智的の理解によるのではない、心の態度である、二千年の傳統を維持つ基督教會を離してキリストを見よ。

大要右の如くであった。
さんび、 祈禱、 祝禱。

内村先生報告
パテマ衛生會館に開かるべき塚本先生の講演會につき、諸さん曰つ
一、會員にして未だ充分に聖書の事を判らぬ人は當分會員證を預り置くにより、專ら此會には出席して教の大意を知って適當の時に歸り來るが宜しい。
一、十月よりは午後の集會を廢し、午前、午後を一つに纏めることにある。

此日黒岡出兄に遇うた、キリストの愛を満面に浮べたる彼の精神は十年二十年一日の如くであった。公開を叫んで昨日上京の由であった。散會後彼は内村先生に挨拶し心中の喜を述べて去った。

食事は例の如く預言寺の六疊間に於て五人にて攝った。談は矢張今夕の集會に就てであった。教會の人は物に囚われがあると考え、何か計畫を樹てゝやる仕事に相違ないと餘計の推量を逞らすであろうということをも話された。

内村先生が見えられて conversion に就ての題を二個先生に示して去られた。

一同立って石河西作の泰西宗教名画を點見し、ジョットやダ・ビンチ等の画風長所を講評した。
塚本先生は一時間程休憩あるにより寝過ぎたらば起して欲しいと言って二階に上られた。

午後の集會
塚本先生
最後の晩餐と聖餐　（可西章十六節）
ナルドの香油の事件の後に準備を整えて愈々晩餐の席に着かれた金曜日の出來事である。
（出埃及二十四章八節参照）。

△キリストは最後までユダの改心を促した、然し効が無かつた。

△ユダは既に主を三十金に売つて金を受取つて居ながら平氣で晩餐の席に列して居つた。如何なる人も此大罪を辯解することは出來ない。

△聖餐は教會に於ては大問題として居る。

○普通の晩餐であつたか逾越節の例會であつたか。

○單に普通の食事をせられたのか又は聖晩餐の式を造つたのか。

○一度限り行つたのか幾度もせられたのか、

○此重大事が約翰傳に無いのは何の爲か。

△此記事は共觀福音書とコリント前十一章にある。此四つを並べて見ると、馬太・馬可は大体同じであるが路加とコリントの方は別の言葉が加えられてある。

△其順序を見ると始めに出來た福音書には簡單に記してあるに拘らず次第に儀式的になつた傾向がある。

△主は儀式的儀式といふものを一つも教えず一つも遺さなかつた點より見て、これ丈を儀式として遺す譯はない。只一つ主の祈を教えたまで、あつて決して教會がやる様に形式を重んずべきものではない。

△此事が長き教會史の上に又世界歴史の上にどんなに大なる悪事を爲したかと思うと實に苦々しいことである。

○斯く悪事を産み出せし根本原因は
教會精神、パリサイ主義、專門宗教家、
職業的宗教家
等が勝手に解釋せしによる

△其學説は甚だ多し
化体説とて全くキリストの肉であり血であるとあるもの、

共存説　ルーテル、ウィクリッフ、

中間説　カルビン、

△ルーテルの如きすら反對者を味噌糞に悪口にして居る。

△彼等カソリックの説の如きは到底常識に訴えて見ても信じ得られ様筈はない。

内村先生

コンボルシヨンに就て

（四七章十五節以下）

一、十字架の前に罪の告白、而して人生の歩みを轉換する實驗。

一、外界よりの信仰の刺戟では駄目。

一、聖書研究の目的は聖霊の御見舞を受くることである。

報告は　午前の集會後にせられたて同じく報告をせられた。

會員證を先生にお預けせし人は只一人みであった。

鈴木虎秋兄の手傳を得て講堂を始末し、五時出で、新宿に至り三好野にて簡單なる晩餐を済し、東京驛に至りて共れより大手町まで數町徒歩　私立衛生會館に向かる。

塚本虎二氏第一回基督教講演會

に出席した。

鈴木俊郎兄司會　さんび　祈禱、さんび、

何故に私は基督教を信ずる乎　塚本虎二

祈禱　藤井武先生

さんび。

會衆二百三十四名

塚本虎二先生

何故に私は基督教を信ずる乎

恥かしいけれども自分の生涯を御紹介せねばならぬ。

△今より四十五年前九州の片田舎に庄屋の子として生れ中學時代まで此處に居った。

△祖父母は佛教信者であって、私は幼少の頃より神佛に對する諸種の儀式を命せられた。
△風儀の惡い地である。
△小學校卒業後福岡の中學に入學した。
△組合教會の牧師に英語を學んだ。
△メソヂスト（今は青山學院に在り）の先生にも行った二三度通った所が洗禮を受けよという。まだ判らないから受けないと答へたら、受ければ判るから受けよと勸められた。私は勿論受けなかった。
△A.B.バッキンソン（聖公會）氏から聖書の眞理を聽いた。
△當時中江兆民や井上哲次郎先生の著書を耽讀し小なる無神論者として明治三十九年二月十日二十二歳の時始めて上京して一高に這入った。
△富士見町の友人に導かれて基督教を聞いた。

△佛教青年會より基督教青年會に關係した。
△友人に引かれたけれど未だ何れも發心しなかった。
△或る日石川格次郎氏のこの放蕩息子の話を讀んで涙を流した。
△神様の事は朧ろながら判ったが基督は依然として不明であった。
△始めて内村先生の基督教問答を讀んで「今の奴等は何も判らぬ癖に基督教を迷信呼わりするのが片腹痛い」という警句に接して深く感動した。
△偶々學校の池の端の岩の上に坐して聖書を讀んで居ったが何時の間にか眠って仕舞って果は夢を見た
神様と基督と私と一直線の光に貫かれてあることであった
私は自ら水を掬て洗禮を受けた。
舍に歸って聖書を讀んだ。全く別箇の感じに迫られた。

此心を以て本郷通を歩いて居ると往返の人に抱き付きたい様に思う程堪らぬ感に満されてあった。
△直ちに母に所信を綴って送った。
△大學二年の時内村先生の門に入った。斯くて二十一年間色々の径路を経た。教会にも行った。洗禮を受け様か如何に仕ようかと近年までも思うた。
△明治四十四年大學を卒業して農商務省に入り前後九年間勤務した。
△内村先生に學んだ。自ら學んだ。然し酒も煙草も飲んで居った。
△大正八年三十八歳の時農商務省を廃めた、此所に於ける仕事は人々の生活の安定が目的であって到底興味を牽かなくなった。少しも霊魂に触れて居らぬのが堪らない。一つ專心聖書を研究することを事業とせんと考えた。
△但し傳道のことだけは假令首を切られても為ない高壇には立たないと決心した。
△其後二年間鎌倉に引籠って聖書を學んだ。
△大正十二年九月一日大震災を以て鞭が臨んだ。始めて十八年目に神とキリストとが判った。
△材木座に坐して愛人を失い四畳を包む惨たる光景を見た其時私の霊魂の上に起った信念は

神は愛なり

ということであった。これは全く私の生涯を二つに分ける境界点となり其後私は別の人となった。
神は愛なり　神は愛なり　キリストは神なり
始めて面と面と合わして神に話しかけることが出来た。
△今まで沢山の註釈書を読んでも判らなかったことが自明となって来た。
△グヅグヅして居られない。

△神とキリストに逢うて見て黙し得ず内村先生に出て傳道することを乞うた。

△始めて神様の事が判った時に聖書の見方が變って來た、今迄とは異って來た。

△千九百餘年間教會の説き來った事は反對に見えて來た。

△長い間内村先生を尊敬しながらも教會に對する態度等に反對であったが其以後は漸く判って悉く賛成であった。

△斯くてあんな事ではいけない一九〇〇年の流に向って「止れ!」を命じなければならなくなった。神様は之を命じ給うた。

△之を明かにすると同時に諸方より反對の聲が臨んで來たが仕方がない。神は喜ばる。道を行くより外に道は無い、パウロの示す所を真直に信ずるのみだ。

△私はルビコン河を渡って仕舞った。假令内村先生と別れねばならぬことはあっても只獨でも此道を前進せねばならぬ。

△鎌倉材木座に於て癒しの御手を下されたキリストは我友である。

△大言壮語は氣持よくないが誤れる傳統に對して「止れ!」を命せざるを得ない。

△百萬救靈宜しい、何々運動宜しい、私は其等に向って少しも非難しない。

△私は神のプロセスによって今日に至った此道を歩んで歓喜に満ちた生活に入った。其れを賜いし神とキリストとを説かざるべからざるのである。

△今日まで神學書に眼を曝すこと幾許なるを知らない、然しながらアーメンと叫ぶ註解書に一冊も當ったことはない。

△神の輝きの御顔を拜して始めて神が判つた、神に服するのみである。

○信ずる理由
約翰傳十四章二十一節　十五章十四節
以弗所三章十四—十九節（人間の祈り得る最大の祈—）

△ナゼ佛教に行かず回教に行かずマルクスズムに行かず哲學に行かずして基督教に行くか。信仰には「ナゼ」は無い、如何に信じたかがあるのみである。

△突然神が二回私に現はれて問題は解決した。ペテン的である。理由なく現われ、求めざるに眞理を示し給ふた。信じて見て始めて其理由は判つた。基督教にあらざれば到底判らない事は山程出て來た。

△佛教基督教兩教を比較して優れて居る方を信ずるといふは信仰ではない。

△神様は意氣《いき》成り《なり》現われて信ぜさせる。信じて見て後に判る。

△去らば如何なる理由はあるか私は基督教即ちキリストの十字架の中に凡てのものが這入つて居るからである。力、富、智慧凡ての求むるもの、千萬倍し然り神様までが這入つて居る。
佛教も何もかも這入つて居る。

未信者の人からは馬鹿氣まて見えるであろう。此尊き眞理を教ふるは哥羅西書、以弗所書である。

△隨つて佛教可なり回教可なり金光教可なりであつて排斥しない、太陽が出れば提灯は無用、キリストを持つ時は生命は要らなくなる、眞に可笑しい。不思議である、然し事實である。

△一人の娘子なる信仰者は笑つて十字架に就く、これは凡てを持つよりも十字架を持つ方が大であるか

4.85.

らである。

第二の理由

此大なる恵、大なる寶、之を持つに自分の何等の力を要しない、財物も、力量も、労力も、修養も何も要らない、私は自分の無力を知つて居る。それだから十字架を信ずる。

△私は何も無いからキリストを下さいと祈る。

△私は私以上の罪人を見たことはない、これは決して謙遜の言ではない、私は全く破産して居る。死刑を宣告されて居る。神様こんな者でもよければ私は其十字架を下さい。

△ポケットの中に一厘でもあれば佛教に行つて極楽に行く又カトリックに行く決して掛引ではありませんよ、行き所はない、親鸞の言はドーセ地獄に行く身、諭されても信ずるのである。

△少くも私には基督教ならざる教は駄目だ、教會の基督教はいけない、信仰だけでよい、それだから、ローマンカトリックでは駄目だ。

△信仰と行とを要することは聖書の教であるならば只今廢めて別の道を行く。

以上の二つの理由によつて信ずるのである。

△序に今一つ言ひたいことはある外國には無いが日本人は

何もそんなに向きになつて言ふ必要はないではないか

『分け登る麓の道は多けれど
同じ高嶺の月を見るかな』

何教何教……でもよいではないか悪いといふ譯はない。と

然し考へて見る、道は多いけれど其登山者は悉く月を見るか何うか判らない。登山する者は道を選ぶ、麓にのみ道の形を成して居つても藪の中で消えるあり、斷崖の一端で絶ゆるあり、押し出しの岩大にして攀じ得ざるあり、其等よりする者は皆横

死あるのみである。

△ソクラテス、カント、釋迦、プラトー皆道である。然し彼等よりして人も登つた者があるか、登つたと思ふ者があるかも知れない。物好きはやつて見よ。

△踏み均された道、大道、危険なき道、近き道、一九〇〇年間踏み馴れた、多数の人は見事に登つた。カントから登つた人は腹の中に生ける水が流れ平和と歓喜と感謝と満足とがあるか？

△足と心臓とに相談あるし、人生短し、何時までもグズグズして居ることは出来ない。有難いことには今茲にキリスト十字架の救いの信仰を頂くことが出来る。

次には基督教の本質なるヨハネ傳三章十六節を説かれ。

突如として此會を始む、何が何やら判らないが神様は継続して頂くらしい。あゝ、教會的ではやらない。

藤井武先生の熱烈なる祈禱があつて會衆多くは感動した。余も亦感涙を絞つた者の一人であつた。

最後に塚本先生は藤井氏の祈に感じて藤井氏の信一の友であることを述べた。

一七九。

〇國民は吾人類同胞は此夜の卷に於ける十字架の眞理の味を思い返して尊く讃美の歌を父なる神に献げる時があるであろう。

二品生附言

十月二十日（月）晴

朝食後松田氏邸に至り家の内外の掃除に當つた。十時半漸く済んで床の間に掛けべき風獣道人の幅を持参するや

内村先生は靜子夫人と共に自動車にて着かれたばかりの所であつた。余が主と偕に清めたる静かなる奥の間にテーブルを据えられ

一、これで宜しい

とて御満足の面貌であつた。余は夫人と共に庖厨に立つて火を起し湯を沸して家庭らしき風情を作

つた。十一時半主婦も來り、八疊間の中央に卓を置き四人對坐して閑談を試みた。

一、御近所に御親類があるから大丈夫

などゝ申された。正午近き頃、我等は去つた。先生は御携帯の辨當を開かるゝ様子であつた。

一、君！ 近所に田舎饅頭を賣つて居ないか？

と申されから、味は兎に角有りましようとて中食後虎屋より古代饅頭と田舎饅頭とを三拾錢代買うて之を差上げた

一、サア一つ一緒に喰べよう

と言われたが孫等が待つて居ますからとて別に頂戴した一包みを持つて直ちに歸つた。

余は苺苗の定植に着手した。

三時半頃先生御夫妻が散歩せらるゝ爲め我が家の門前を通られた。主婦はそれを發見し創能子を伴いて同道した。間もなく天王橋に向う途上多祈子は上の二兒を連れて後ろから追うて來た。此日天氣快晴無風状態で散歩日和として申分なきものであつた。第一に空氣の清淨なことは先生に有益であつたであろう。高臺の邊から歸途に就かれ家人の乞うがまゝ門を入つて芝生に暫時休憩せられ主婦の運び來る茶菓を喫せられた。

四時五十分走り行きて柏木に歸らるゝのを阿佐ヶ谷までお見送りせんとしたが途中から歸る様勸められて之に應じ、去られし跡の別邸に入つて跡始末をして歸つた。

十月二十二日（火）

主婦の診斷を井出病院竹内繁代女醫に乞わんとする時内村先生から同女史に贈る紹介状の御名刺を頂いた。

十月二十三日 木

茂夫の引率せる明治學院高等學部高林の青年會學生十四名と共に午前十時十五分上野發米原行列車に乘って妙義山登山の旅に出發した。翌午后六時無事歸宅。

十月二十五日 金

帝國美術院展覧會にて不折畫伯の「靈生の夢」を觀賞した。

十月二十七日(日)晴

庭の花を折って八時柏木に向った。

(午前午後二回の集會は今日を以て最終とするのである。何時もの如く武藏屋君と共に會場の整理に當った。

鈴木直子姉、夫妻が嬰兒朝生君を抱いて見えた。恩師夫人と物語って去った。靜岡なる西川勇平氏が見えた非常なる喜びと満足とを見えた。午前午后二回共出席して謹聴し、今後再び斯くも尊き經驗を得ることはないであろうなと、云って五時上落合なる畔上先生の集會に向った。

午前の集會 石原先生司會

塚本先生

信者と不信者との敵對

(哥後六章十一―七章一節)

△信者と不信者、普通の交際、協同事業等一切關係してならぬという様なことではない。

△結婚の如き小なる問題のことをいうのではない。

△生活の原理を異にして居るというのである。

△利未記に馬と牛とを交うべからず、申命記に麻と毛と一緒に織るべからずというは此物質上のことも遂に靈的のことにまで及ぶ恐れあるによって禁ぜられたのである。

△此等の事の歸結はイスラエル民族をして只エホバの神にのみ仕えしめんとする規定なのである。

△信者はキリストより出で不信者はサタンより出ず。

△世路を辿って色々の經驗を嘗めて見れば次第に其事が判って來る。

△我等は不信者の中に生存して居る。それ故凡てのことに於て戰わねばならぬ。今日の教會は餘りに戰闘氣分に缺けて居る。これは不信者と妥協し去勢し去った結果に外ならない。

△神様(信者)は凡て神様の全權大使であることを忘れてはならぬ。

三三八、

内村先生

人と天然(宇宙、世界、世)=

(物質實在物の全體)

一、昔アブラハムの子孫は空の星の如くと約束せられたが肉眼で見える星の數は約六千であった。然るに今日では望遠鏡で二億三億という星を數うるに至った。

一、遠くは星雲より人間の喜怒哀樂の感情、意識まで悉く天然である。

一、只我のみ人である。

一、人間は天然に對して和戰の權能を保有す。

一、人は此大天然と戰って勝たん爲に存在せしめらる。

一、戰場は遠き廣き所にあるに非ず、此五尺の身の内にあるのである。

我等は肉と情とを此處で征服せねばならぬ。

二八七、　祈禱。

報告

一、來週より午前一回のみの集會とする事。

一、一家より二人以上は當分控えて貰いたい。

一、塚本先生の集會を應援する事。

一、次から日曜日毎、順を逐うて創世記を講ずることゝ。

先生は大変な元気で話された。

中餐、預言者の六畳間にて親子丼、定に五人にて行い聖餐であった。例の如く塚本、石原、鈴木、田村、余の五人。

「カトリック講演集」が塚本先生に送って来てあった。黒崎兄其他のカトリックに関ある無教会者の言論を駁せし文の散在を見た。彼等は我等の精神、我等の意見、我等の思想、我等の信仰を誤解しての言い振りであるから何共言い様は無い、降参したというてやろうかなど、塚本先生は語って居られた。其処へ

内村先生も見えられ

一、又来たのか

と笑って居られた。

先生は常に塚本先生に対して今回の独立の集会を深く賛せられ、喜ばれ、励まされて居るのを見て非常に嬉しく感謝であった。

余が独立問題に立って居る時塚本先生預言者ら来られ、サイトウさん！本当に奇跡的ですね。先生がアア言って同情して呉れるのは偉さ

れた。余も感動して居る時であったから塚本先生の此の一言は非常に強く霊に響いた。且つ固く萬事御世話を願います と余は亦此言に接して忝なく思い衷心感謝に堪えなかった。

視よ、我等は内村先生といい塚本先生といい一同皆甚だ弱き者、愚かなる者、怒り易き者、誘われ易き者である。斯の如き者を呼び起し給うて神の真理の器、十字架の福音の證明者たらしめ給うのである。実に驚くべく感謝すべきことである。我等は祈る。弱き我等の人間の思で行くは一つも遺らずして神の子の十字架の真精神のみ益々輝きて世界人類の霊を生き還らしむるに

至らんことを。
塚本先生は休憩、石賀兄は帰り、鈴木田村二兄は戸山二名は散歩、余は獨講堂に止って静かに三時の来るを待った。

午後の集会　余司会　四三、祈祷、さんび、

塚本先生

ペテロ主を否む　（馬可十四章六六—七二節）

△此事はペテロの生涯に於ける一大失策である。其罪ユダに匹敵すべき或はそれ以上であるかも知れない。
△実は精神的大罪である。
△此罪は獨ペテロに限らず他の弟子等も同様である。
△ペテロは熱情家で心の純な人、我等と同じ弱き人であった。
△イエスは彼れシモンを岩なるペテロと名付けて其弱點を矯めらる、程動搖し易き人であった。

△第一の失策はサタンよ退けと申されし時の彼の言行。
△第二はヘルモン山の變貌の時三つの庵を造らせ給えとて此世の心を現した時、
△第三は主を三度までも否んだ時である。
△ヨナの子シモン爾は我を愛するか、三度尋ねられしことは第三の事実に関係して興味多き主の御言葉である。
△斯くも弱きペテロが強くなりし理由は、十字架の上より主は身を回して御目を注がれしこと、（路二二、六二）イエスの復活を見たること（約二一）とである。
△弱きペテロの上に教会を此上に建つべしと申されて遂に逆磔刑にかかって殺されし程の強さを現わすに至ったのは全く神の力と恵みとを現わし給わん為である。我等弱き者も主によって築かる、時には何でも栄光の為に為し得るという

慰めと望みとを懐くのである。我等はカトリックと反對の意味に於てペテロを擁するのである。

△聖ペテロは、聖ヨハネなどセントを附するは人間の思である 英雄崇拝的の古きキリスト教を棄てよ。

内村先生

基督教と忠孝

一、基督教は儒教の様に多くの言辭を連ねて忠孝を教えてはないが矢張之を教えて居る。只福音であって道徳でないから到る處に高調するということはない。

一、之を教うる言葉の少いことは事實である。然しよく讀んで見ると舊約にも新約にも之を説いて居るのである。

一、第一イエス自身は大の孝行實行家であつた、それにて充分である。

一、歐米人は父母よりも妻を尊敬するのは東洋とは異って居る。我等は何處までも忠孝を大切にして行かねばならぬ。

一、孝子の門に忠臣が生れるというが孝子の門に信仰の人が生れるのも事實である。

一、ドクトル・ケルリンの兄弟、弟子たる四十年間の友人が生涯獨身たりし理由は、彼自身は一言も言わなかったが彼の老母を敬愛する結果でありしことが察知せられた。

一、多くの外國宣教師が此東洋民族の特性、特に日本人の性質を知らぬ爲に忠孝の精神を輕視した結果幾人の善き求道者を失望せしめたか判らない。

一三、祈祷、

午後の集会は之を以て最終となる。記念あつき十月二十七日である。

此日会員総を先生に援けし青年は七八名見えた。

午前午後を通計して出席会員二百七十一名。

恩師夫人並に八郎兄の手傳を得て戸締り其他の整理を了え、五時十分去って松屋に蕎麦二膳を食し独大手町に向った。

塚本虎二氏第二回基督教講演会

開会の七時までに満員であった、会は塚本先生鈴木俊郎兄の依頼により集会の順序を書いて講壇の指後の黒板に貼った。三つの花瓶は若き婦人達によって飾られた。受付は高山鍾吾兄、会場整理は松村鈴木両兄であった。

石原兵永兄司会　讃美　聖書・祈・讃美

塚本先生

基督教の本質

1. 約 三章十六節
2. 路 十五章 放蕩息子の譬喩
3. 羅 三章廿一ー廿六節

△ 2は神の愛は現れてあれどキリストの十字架は見え難い、3は語句は六ヶ敷くて一般的ではない、誰にでも何時でも判るのは1である。

△ ルーテル特愛の聖句である。一語に基督教の凡てが包含せられてある。

△ 突如として接すれば到底信じられぬ言である。

△ 然し千九百年間滅せずして幾多の各階級の人々は信じて今日に至ったのである。

△ 之を信ぜし人は直ちに生命に入って非常なる慰安感謝希望を懐き一生を力強く送った。

△ 私自身も同じ実験を賜って居る。

△ 是れ以上でも是れ以外でもない、全く之である。私の今度幾回か継続する講演も之を説くまで

である。若し基督教は之れ以外に何かがあるというならば其人は私と異る基督教を持つものである、同じ道を歩むことは出来ない。

祈祷、　さんび、

今夜は二百五十人位あつたであろう第一四回は二百三十四人であつたという。今夜も柏木の人は三分の二を占めたであろう。九時頃東京駅乗車、石原夫人と語りながら帰つた。

十月三十日（水）

余に取りては無意識であつたが、三十年前始めて聖書を読みし時から、何やら基督教は勿論のこと一聖公会も新諸教会も其説く所、教ふる所のことは聖書と違つて居る様に感じて彼等の語る所には少しも耳を傾けなかつた、豈教師や牧師の説教に真の霊感を受けしことはなく、何時でも独静かに聖書を拝読せし時にのみ聖霊の恩恵に預つたのであつた、一切の教会を塵程も関係なく十年间の如くに内村先生に傾聴し又塚本先生の教を学ぶに至りしは何という幸な摂理であることよ！

一九二九年（昭和四年）

◆十一月二日　労農党結党式挙行、建国会の某青年之反対して昨日天皇陛下は赤坂御門附近で直訴を企て、捕縛された。

十一月三日（日）快晴

初霜の朝で昨夜来綺麗に晴れた空であつた、道路を潔め国旗を掲げ、後庭の花を折り集めた、そして朝食後柏木に向つた。電車に乗つて多くの同胞を見、同胞に接するのは楽しいことである、彼等は殆んどキリストの恩恵に浴しつつあるべきのである、但し之を悟りて感謝することの出来ないのは漢かわしいことである。

八時到着正門より入つて先ず持参の花を花瓶に生けて講堂に運ぶ、今日の先生のお顔は非常に晴れやかであつた。

先生

一、講堂に這入つて見なさい　モー凡ての消極的のことを廃して仕舞つた、新調の椅子は此の通り若し満員の状を示さば、演壇の左右の椅子に掛けしめ尚足らずば真中に補助椅子を置いて三百名迄を入らしむるの準備である。」
一、君の字で宜しいからマリア組とハンナ組は左側に（三人づつ）、ペテロ組とトマス組は右側に書いて柱に貼り付けよ。
一、講壇の花は大きいのはよくない、人の顔が見えないのはよくない。
一、今から講壇の背後に揭げるのは單に「創世記何章」を此丈で宜しい。今日は私は書いてやろう。（預言者にて書かせと余は貼った）
一、何うだ私の字の出來は、下手でも人物を現わすというから大事である
曾て美代子の婚姻の時祝納に私の姓名のみを書いたのを書道に心得ある久須見老人が見て歎賞したということを聞いた。文学というものは不思議なものである。私の字は獨特の字だな。不折さんの字とも違って居るな。これから毎日曜私は書いてやる。創世記五十章まで、其次は出埃及記四十章まで其次と……。

聖書研究會　十時開會
内村先生司會　三五、祈禱、六八、
塚本先生
敵と味方
△此事に關しイエスの教え給う所二樣反對せり、然し反對共儘にて眞理である。
△神の國には左右二黨あって第三黨なし、右か左かであって中間はない、中間は反對するものである。
△平和の時と戰闘の時とによって違う、必ずしも之を矛盾せぬ樣に說明する必要は無い。
△敵は誰か、容易に判らない、無敎會主義の人にも却て反對の人あり、
△カトリックなるとて敵にあらず、プロテスタントにも敵がある。故に形と信仰箇條で判別してはいけない。

○我等は如何にするか、原理は明かなれど實際問題となると困難。

○馬可九章四十節

○黨派心宗派心を以て判別してはならぬ。

○キリストの名を以て立つ人を尊敬せよ。

内村先生附言

一、至難の問題に遭遇ある時は先ず静かに祈れよ、人を憎む心あらば先ず祈れよ愛する心を與えられん爲に祈れよ。　敵を寛し得る様に祈れよ、然らば二時間苦んだことが三分五分間に氷解するであろう。

蓄音機、ハイドンの天地創造

内村先生

創世記第一章　講義

一、今度は全部を講じたい、其信仰と忍耐とを賜わらんこと、又諸君にも其忍耐を與えられんことを祈る。

一、今日の所などは學問科學の興味を持つ人でなければ判らないけれど三十章以後は誰にも判る。

一、二、三章は六ヶ敷い所である。

一、如何に讀むかということは大切である。昔は日本に太平記讀というがあって一つの職業であった。村の人が集って之を上手に讀むのを聴いた。西洋にも聖書讀というがあった。

一、講釋は人間の言葉が多くなって神様の言葉が少いという恐れがある。

一、註釋書を用いずに私の感じたまゝを其儘に述べるようにしたい。

一、一章一節實に驚くべき言葉である。

一、黒暗なる水の面をも神様の霊が覆うて居るとのことである。眞に大希望である。腐敗せる現代世界でも神の霊が覆うて居るのである。世の終りも亦恩寵の希望である。

一、造化は六期に分かる。前三日は外形にて後三日は其充實である。無形から有形えである。

一、混合状態は判別状態に進む。之は凡ての事を行う道である。分類という事は大事である。

一、西洋の神學者はヘブライ人の創造説は参考にはなるが事實としては信じられないという。

一、ヘブライ人の天地創造説なるが故に大切である。彼等の目の達せざる奥義がある。何處の國の神話にこんな大希望大恩恵の説が有るか。先ず發端の言葉を見よ。天地に始がある。決して自然成長に非ずして神が成し給うたのである。

祈禱、さんび、閉會。

正午までに跡始末をなし松屋にて中食、直ちに有樂町に向い一時十分頃丸の内なる生命保険協會なる塚本先生の講演會に臨んだ。蓋し先登という工合であった。軽く庶務を手傳った。會の順序を書いたが下手な字であった。

第三回基督教講演會

鈴木俊郎兄司會　五六、詩五十一篇、祈禱、一四四。

塚本先生

罪とは何ぞや

（創三章、路十五章十一節以下）

△先ず罪とは法律上でいうが如き行為にあらずして心の傾向を言う。

○一人一人は皆最悪の罪を犯せり。（罪のカタ
・ログ全部を犯す）
△神様より見れば花の如き少女と雖も将又嬰
児のはてまで罪人。
ロマ書一ノ二九、ヤコブ書二ノ十。
△罪の大小も亦世人の言ふ所と異る。
△ダンテの数えし罪の順序。
一、傲慢　二、嫉妬　三、憤怒　四、怠惰　五、貪婪
六、肉慾　七、姦淫
傲慢は罪の基
神様を神様として拝まないこと。
△世界の何れの国の神話にも、人間は何故に罪を
犯すに至つたかという事は無い。
△神に叛くことは罪　ルカ十五章十節。
△罪とはこれこれの行為ということではない、心の傾向
というのである。
神様を在るべき位置に置かないことである。

二一五、祈祷。　三時廿五分開会　会衆二百四十名
控室に於て高山、松村、望月、鈴木、余、感謝の祈祷
を捧げて散ず、此日仁志も出席。
此夜塚本先生は内村先生に本会の状態を報告せら
れ了承ある。

十一月四日（月）晴
午前十時半頃実枝
先生が散歩の途上我が家に立寄られし時の記事並に
夫人の御話は恩師言第三に明記しあり。
集会に関する事柄は重要である。

十一月五日（火）
共産党員八百余名の国体変更の大陰謀事件発表。
検挙は三百数十名、其他九州から北海道に亘つて居る。三年
三・一五　四年四・一六の二回の検挙によるものである。此思想の
根絶は至難であろう。

十月六日（水）

今村力三郎氏夫人正子姉が見えて内村先生の來訪を尋ねられた。決定的に移轉さるゝがよい。日當りが悪ければ雨宮の新室が善い。此間横田秀雄、花井卓蔵等の古株連が集ったが あんな時 内村先生が見え、中心となって思想問題でも研究されたら有益であろうなど色々語って歸られた。

十月七日（木）雨

午後四時出發 柏木に向った。世界傳道祈禱會である。預言寺に行って見れば、畫の間に既に會場は整理せられてあった。

傳道祈禱會（第一回）

内村先生司會。　午后七時十五分開會 男三十 女三。

さんび。　腓立比四章四―七節　祈禱。

舊會員井上次郎氏が名古屋の郷里で十月末永眠せし時の信仰的に勇敢なる態度と立派なるを會員某なる友人が先生に報じ來りし手紙を朗讀せらる。

一死に際して友人と共に サア還ろう 神様萬歳、エス様萬歳 有りがとう有りがとう と言ひたる素樸有りのまゝの信仰を愛すと 附言せられた。

先生

一、支那山西省平陽の病院リウ氏に宛て三百圓を贈呈したが上海から厚い禮狀を送って來た。窮迫せる現狀を報じてあった。尚二百圓をクリスマスプレゼントとして送りたいと思う。

一、アフリカのシュワイツェル氏えは十磅送ったが届いた事と思う。歐洲諸國は不景氣の有様にて費用に思ふ様に出ず困て居るであろう此際少しでも援助し得ることは喜ばしきことである。

一、山形縣小國傳道は過日報告した通りであるがあの時我等は善き事であったと思うに拘らず そんな事を聞きに集ったのではない勝手なこことをあるとて酷い手紙を呉れた者があって不快であったが然し他の半面に於ては一婦人が二人の子供を日曜學校に出席さして置く、が將來其様な地方に傳道する人になる様に祈り且つ教えて居るということを報に來り。又今一人の婦人は小國傳道の為に應分の働きをせんとの決心を懐いたと言って來てあって實に嬉しい結果を見たのである。

一、此會員が祈禱の精神の足らぬこと、祈る機會の少いことは大缺點である。去れば各て祈り得る人となることを祈らねばならぬ。先生の講演を聞くことには力を注いでも直接神様に接する祈禱會には喜んで出席しないというは大なる間違であって甚だ悲むべく憂うべきことである。

祈禱、西岡虎造、齋藤宗次郎、田村次郎。

感話、　湯澤健、九州の友人の傳道の實驗、

西岡虎造、沼津にて傳道せし實驗談、

九州の青年に對して

一、聞手が只一人でも残り居る間は繼續せよ

神の御召がないという證據はないと傳えよ

と先生は申された。

鈴木俊郎、

昨日開教七十年記念大會に出席したが會衆は二千人もあったであろう。五十年以上教職に在った人に褒賞を呈したるを見た。決議の

第一は平信徒の活動

第二は祈禱を以て準備すること

第三は現在二十五萬の信者が各自一人ずつ人を導いて一千九百三十二年までには全國の信者を一百萬に増加し凡て信者の輿論を以て日本國の一切の事に當る様にする計画

第四、之は實行委員（運動の指導者）

を要す。賀川豊彦氏を以て其任に當らしむる事

という事を聞きまして其精神は決して悪いことはないけれども我等は此方法に倣うことなく飽まで平素先生方より教えらるゝ通り聖旨を示さる、獨立の信仰を以て神と人とに仕えたいとの感を持ちました。

先生

一百萬救靈ということは既に明治十六年に津田仙君が十年計画で立てた所の方法である。其後十年は愚か二十年三十年を經ても二十五萬である。然も其筆法よりすれば五百萬にもならねばならぬに僅かに二十五萬という。其二十五萬さえ怪しいものである。此間或る婦人（西島）が來て横濱の二人の舊友人を尋ねて、神を信ずれば足るキリストを信ずる要は無いというを聞いて驚いた話をして呉れたが何とか先ず此二十五萬人を志っかりして貰いたい。

柏木と雖も同樣である。四百人殘らず祈禱會に出て祈って悔改めて信仰の樹て直しをする必要があると思う。それには先ず今夜の此少數の者が基本となって毎木曜日の夜祈禱會を守り聖靈の降臨を仰ぐことが第一肝要の問題である。此事に賛成の人は擧手せられたし（全員擧手）、それでは次の木曜より又引續いて此會を開き若しも火の燃え來るまで中止せざることとしよう。木曜日の此時間は取って置きの時間とし萬障繰り合せて準備するの覺悟がなければならぬ。

私は日曜日は一回丈となりたれば力の餘るを覺

ゆるから此祈禱會に於て差當り以賽亞書五十三章を一節位ずつ講ずることとせる。
尚私は近頃になつて諸君に話したい事は澤山に有ることを感ずる。
一、太平洋會議が開かれてあるが其裏に横わる考を聞いて見ると驚くべきことがある。
一、今回の共産黨事件の勃發によつて日本の智識ある男女が日本を過らんとせる恐るべき思想に陷つて居ることが明瞭になつた。共禍根は何に基因せるか。
一、歐洲と雖も決して平和状態に於てあるのではない。我等日本人と同じく火山の上に坐して居るのであつて世界大戰以上の惨禍が突發すべき可能性を醸生しつゝあるとのことである。

一、紐育の株式の暴落によつて一日に一銀行が何百萬弗という損失を見るというが如きは近き將來の混亂期を豫生せるものである。
一、此等を綜合し來れば主の再臨の近ずきつゝあるのではないかと思われるのである。
一、何れにしろ我等銘々が皆聖靈によつて生命を覆き獨立の信仰に於て立ち且つ活動せねばならぬ。
一、此等の諸種の問題に就ては今後此會合、此時間を利用して諸君と共に靜かに語り合つて見たいと思う。
祈禱、湯澤健、石原兵永、
先生の祝禱、　八時半閉會
跡始末を藤澤君に依頼し今日は梅地姉と共に柏木會の大缺點は祈禱會の無きことであつた。木曜に祈禱會の設けらるゝに至つたのは實に大なる喜びであると互に物語り東中野驛にて別れ帰つた。

503.

十一月九日（土） 半晴

預言寺にて一時間近く待ち午後四時二十分研究誌が到着すると共に祈を以て直ちに包装に着手した。

先生 仕事場に臨まれ

「齋藤君来て居るのか

とて安心の色を示された。其一冊を取って

「今月號は到ってつまらないよ

と申されし後

「然し つまらないと思ふ時に却って好き結果を見る事があるから奇態なものだ

と附言せられた。

恩師夫人蒲池夫人畔上夫人美樹さんの手傳あり遂に武藏星君の援助もあって八時半頃には内外共全く手配し了った。其間六時頃 鍋焼うどん二つの饗應に預った。發送は明日午后と決定せられ通勤の四名は同じ方面に歸途を取り適々別れて余は九時半頃家門に達した。

十一月十日（日） 終日雨

雨の中に花を折りて七時四十分出發 八時柏木着 花を生けて後講堂に入って整理に勉む。

先生來り

「今日は蓄音機を下して窓下の隅に置くこと

其跡には蘭の鉢でも据えよ。

「今から成る丈花壇の花を廢して野生の花を主して華奢の風を去って野性味を加へよう。

一塚本君は野人ではなくて貴族的の風丰があり其交際も其社會に多いが其感化は知らぬ間に此集會にも現われて来て居る。

一女學生共の殖えて来るのを見て それは困ったと思うた。女性の増加する時に教會は常に腐敗墮落を来すのは歴史の明白に示す所である。此處丈は漸くさうして其難を免れたが塚本君は今後大に警戒しなくてはならない。

一、矢張男子の方は堅實だ、畔上君の集りに大分しっかりした青年が行った。然しこっちには研究誌の讀者というものがあるから大丈夫だ。

一、此處は何處までも平民的で野生的だ。東京獨立雜誌はそれだ。

預言寺の六疊間に於て

『創世記二章』

と筆太く書かれ後

一、段々多くなる

『創世記□章』の文字を木版に刷って置こうか。

五十章の終まで續くか何うか？

一、物語になると只讀んだだけで宜しい只其讀方が大事だ。何時か來て讀方を習おうではないか。

一、今度明治學院と植村さんの神學社と合併するということだ、（一方は川添氏一方は高倉氏）それにも反對者があって其不平黨の青年が二人來て柏木に加えて貰いたいというのであった。そんな不平家が來たら こっちでも不平を起こして集會を亂そであろう怖いことである。

恩師夫人は健氣に立ち働かれ、如何にも忠實に主に仕うる信仰の歩みの様が見えて感謝であった。塚本先生は一昨日頃より坐骨神經痛にて腰が痛み起臥に不自由を感ぜらる・由で御同情の至りであった。善子令妹は大の兄思いで、懷爐などを當てゝあげる様子であった。私も長い間此病氣の經驗があるから同情しますと言うて居られた。
石原先生は「創世記二章」の題字を見て、先生であるか今から先生は御自分で書くのであるかと言って居った。

聖書研究會（禮拜）　午前十時開會

内村先生司會　七、詩篇、塚本先生祈禱、八二、

塚本先生

神に從う憂

哥後七章十節　二―十六節の研究其大意

八、二―四　五、五―七　三、八―十三　六、四―十六

△パウロは小なる事にも大なる感動を受く、テトスの報告によって非常に慰め且つ喜悦んでいたるは其實例である。

△パウロの偉大性を其表面に見て彼の靈魂が微細の事に働く所の眞の偉大性を認め得ざるは顯覺の引っ倒しというものである。

△苦みに二種ある、肉による苦みは此世の人の苦みであって之に逢う毎に益々悪くなる、一は神に從う苦憂である、謙遜に入り悔改めに至り信仰に達するのであって之に逢う毎に靈的成長を遂げるのである、此二者は正反對である。

△事件事實の原因を逐い之を攻むる様のことをせず、自ら顧みて其缺點を發表して懺悔するのである。

内村先生の附言

一、今日も多くの有益なることを教えられた

一、信者の偉大性は此の世の人々の伺い得るものではない。

一、田中前總理大臣が國家の難局に處しつゝ常に笑って通したというは俗人の偉大性であ

る、若しクロムウエルがあの位置に立ったとしたならば確かに日夜憂苦に心を痛めたであろう。

一、私は外國に行って日本と偉大性の異って居るのに驚いた。アマスト大學総長シーリー先生といえば維新の當時日本が如何にすれば立派な國となるかという問に對し、イエス・キリストの福音を布くにありと只一人明白に此事を語った程の偉い人である。然るに此先生が東洋の一青年に向い屡々、黄昏時など私を呼んで今日は君が私を助けて呉れるのだといって一緒に祈られたのである。或る時私が井戸で水を呑んで居った所が背後に大きな人が立って居った。見ればシーリー先生であった。内村君今日は私を助けるのだといって木蔭に導いて行って共に祈ったのであった。

一、私は総長の大なる恩恵を蒙ったが御禮をする氣になれなかった。なぜなれば私の様な者が呈すべき言葉も物も餘りに小にして此大先生に向っては無價値であると思うたからであった。然し最後に思い切って私が日本から持って行った一朱金の貨幣を呈した。所が先生の喜びと満足とは大したものであった。

一、イエスを始めパウロ、クロムウエル、ミルトン、カント、グラットストン、トルストイ等の偉大性は共通のものが有る。真の偉大性の如何なるものなるかを克く知って居る必要があるのである。

二〇二（婦人のみ）

内村先生

創世記二章の研究

一、第一章を二章の四節までとするが本當である。

一、章節は後世誰かが便宜上作ったので有るが之によって我等は益を得ることも多いが時には邪魔になることもある。

一、一章はエロヒム系の創造説、二章はエホバ系の創造説で其性質を異にして居る、其為め古来多くの學者等は之を以て一章と二章とは著者を異にして居るものと主張し之を継ぎ合せたものと見做す人がある。

一、何分三千年も前に當時文化智識の程度に於て解し得る様に書いたもので今日其文字や文體に拘泥し心を奪われてはならぬ、元々文學を遺そうでも歴史を傳えるでもなく神の眞理を傳えん為に書いたもので其為に何の遠慮もなく率直に書いたものである。

一、若し継ぎ合せたものとしても決して目的なしにしたものでないから私は其形式は其儘に置いて少しも頓着しない、私は神の深き眞理を汲めば其れで足りるのである。

一、一章の方は人間を生物の一に見做すに對し二章は人間を創造の目的物として第一位に置いてある。

一、斯くも人間を重く見給う以上は之に大なる教訓、注意、警戒を與うるは相應しきことである。園の中央に生命の樹即ち信仰の樹と善悪を知るの樹即ち智識の樹を生ぜしめて信仰は神に近づき智識は神に遠かることを教えられたということは實に有りがたいことである。

一、生命の樹の果を食うた結果は如何なるものであるかは歴史に於て知ることが出来、知識の樹の果を食いし結果は今日の科學文明となつて人の靈を賊しつゝあるのである。今回起りし日本共産黨大陰謀の如きは明白なる例證であつて智識を亂用して神の道を亂るのである。

一、源をエデンに發する四つの流は萬國を潤おす思想制度等を意味するものである。信仰の發達した文明を起すことは神の御心である。

一、エバの創造られし事は又無量に面白い、其事は此次にする。

祈禱、四六二、報告。

今日は空席は無かつた。

閉會後先生は大島先生と講演の事は話し藤本武平二兄と健康のことを話された。竹内女醫は應接間に待つて居つて先生の容體を診察した樣である。

預言寺の八疊間では日曜學校の教師六名クリスマスの相談があつた。

余は講堂の一隅にて携帶の小兒飯二個を食したる後塚本善子姉政池兄と塚本先生と四人で大久保より品川廻り山手線にて丸の内の會場に向つた。大凡五十分を要した。

塚本先生第四回講演會

(丸の内生命保険協會會館集會室)

司會者 鈴木俊郎兄

四三、讃十六節、祈禱、一九一。

罪を脱する途 (路加十五章十一—二十節)

△前回述べた所の其罪を如何にすれば脱し得る

5-09.

るや、考へべきは過去の罪を何うすれば消し得るか、是は根本問題である。

(一)現在及び将来に於て若し大努力により一つの罪を犯さないにした所が、過去の罪の記憶が一つでも残つてあれば彼は天国に入ることは出来ない。

(二)如何にすれば罪を犯さぬ様になるか。

(三)今より後絶対に罪を犯すことはありませんという保證 過去、現在、未来に亘つての根本解決を與えねばならぬ。

△罪を忘れること、罪を胡麻化すこと、然しこれは駄目だ、一時之を行い得るも何時か又現れて来る。

罪の否定を唱うるものがある、然し此世の中でリーヤなものが二つあつて一は神様であり一は罪である、事実は極めて頑固なるもので此二つは到底否むことは出来ない。

次に罪滅しとて罪の埋め合せに善事に努力するものもあるが之も不可能のことである。

△罪を行わぬ様にすることは今日まで聖人君子のやつた事であるが良心を鋭敏にすれば今まで罪と思わないことが明白に罪となつて自覚せらるゝ様になる 考が高まるにつれて罪は段々と多くなつて来るには手の付けようはない。

人真面目に立つ時には到底道徳を守り切れないということを感ずる、其時誰でもパウロと共に ア、我れ悩める人なるかなとの嘆聲を發するに至るのである。本来神を離るゝことは罪であるから斯くあるは當然のことである。

△過去の罪の始末、現在に於て罪を犯さぬ

身となること、未來に於て絶對に罪を
犯さぬという保證、想像假定にあらば
組織的に考えて此三つを綺麗に取去る
ものは何處にあるか誰かあるか。
一、路加十五章十一節以下のイエスの比喩を
見るに
十一－十三、　十四－十六、　十七－二十四
の三段に分たる。
ダンテによれば人間を三種類に區分す
1、普通人で罪の惱みなく罪に無頓着
2、道德で惑され神の怒を感じ善行
に努力して居る人
3、自分の罪の始終を知り其結果の死滅
なるを感じ然し絶望に陥らずして
イエスを信じ生命に救わる人
一、私は路加傳の比喩を説かれた時に其簡單

なる福音に涙を流した。
先ず神を離れて勝手に振舞い次に絶望
のドン底に陥して之が動機となって悔改め
神の許に歸る。
之は比喩であるこれ丈ではいけない今一つ
を要する。
神は愛のみならばこれであろう然しそれ
では阿彌陀佛と變らない
我等の神は愛にして又義に在し給う。罪
の處分が出來なければ之を抱くことは出
來ない。此方法を以てせざる時には又再
び罪を犯すに極って居る。汚れのままでは
父の懐に入ることは出來ない。そんな甘い
婆さんのする様なことではいけない。
神は義である神なるの面目を持ち給
う殘酷といえば殘酷共所は本當の私共の

5-11.

神様たる所以、其所が他に比類なききキリスト教の特長
堂々たる会堂を造って其内に宮を建て、拝んで居るという様な善悪併せ行って平然たるが如きはキリスト教では出来ない。（私の近所にあります）
ム其所でキリスト教一流の途が開かれる即ちイエス・キリストを信ずることで是である
神に帰る途はたゞ此丈である、矛盾に途に橋を架けるのである。始めて神の面目が立ち又人の面目が立つのである。羅馬書は三章第二十一節以下二十八節までを熟讀して下さい。
次回に於ては此事を精しく説きます。
祈禱、　二〇二、
報告、　會場が此處に決したことは只事でない様に信ずる。私に縁故深き生命保険協会にて永遠の生命を保険する福音を説くことを長く續けたいと思う。但し決して勢力を張らん為でも團體を作る為でもない。イエス・キリストにのみ從いてイエス・キリストの十字架の福音を説くに止る。其以外ではない。何うぞ此處に在る一時間丈は教會も何も忘れ、イエスを中心として互に相愛し單純なる信仰を以て神の御聲に聞き從って貰いたい。これは眞の教會である。此様な教會は私の望む所である。
（會衆約二百三四十人）
（私は直ちに中央線で歸宅した。雨は降らなかった。）

十一月十四日（木）曇
夕五時五十分出發、柏木に向った。六時半着、講堂に入り着席して祈った。
先生は早くも祈禱會に臨まれた。最初に見えしは東韓木という九州久留米附近の農家の娘さんで渡邊女學校生活の人であった。彼女は先生の問いに應じ信

仰の來歴を語って居った。興味深く聞いた。其次に見
えしは鳩の臺高女の教師であって何時も其所から
通うというのであった。今夜は四十餘名の集會であった。

祈禱會

内村先生司會　一三二、祈禱、

神の國（天國）の建設

一、天國というも神の國というも同じこと、
馬太三ノ二　天國は近けり
同四ノ二三　天國の福音を宣べ傳え、
同五ノ三　天國は其人のものなればなり。
可一ノ一四　神の國の福音を傳え

一、聖書を讀むに人々は自分の考で讀み込んで仕舞うから、其眞意を解せずに自分の考を自分で讀み込むのである。

一、人は私を評するに自分の考を以てするから誤解を免れない。
イエスの事も亦然りである。

一、人々が解らないというのは自分の考と聖句の意と合わない時にいうのである。

一、路加はギリシヤ思想に富める醫師であるが奇跡の事を澤山に書いてあるのは何の爲であるか、私は某外國の婦人より教えられし待望の考を以て讀めば其事は亮く判る。

一、神の國の建設という事も同じである。聖書の教うる所は如何。
聖書には一回も此言葉は書いて無い。類語さえ無いのである。

一、神の國は神の建設し給うもので、人が造って之を献げるものではない。

神は御國の建設を誰人にも委ね給わない。

一、類語としては只一回ルカ傳廿二章二十九節、「我も爾曹に國を任ず」というがあれども勿論神の國の建設ということではない。

一、日本語では御國の意味に讀んで讀めないことはないが英語で見て建設を委ねるということではない。御國を讓り受くることを指定し給えりというのである。慰めたのである。

一、西洋の本を讀んで見るに人間を道具に用いて神の國を建設するという様に書いて居るのは澤山にある。

神の國は神の御心の行わる、所である。然るに其様な處は何處に有るか、今夜此處に集った兄弟姉妹が同じ信仰と努力を以てしても天國を造って見ようとした所で

到底出來ない。數人を以てする信者の家庭と雖も出來るものではない、若し出來ると思う人はあらば造って見るがよい。

斯くて此世は此儘では如何にしても神の國たることは出來ない。

キリストが再臨して新天新地を天より降し給う時に始めて成るのである。

一、我々は其性質から肉から道徳から天然から教會からすっかり直らんでは出來ない。我一人でさえ天國が出來ず。今其模様にあるものであるに三年に百萬の信者を造り遂に六千萬人の人を以て神の國を造り得べしなどの考はバベルの塔と同じで不可能のことである。

其點からして見れば聖書は待望を教うる所の書である。

天より下るを見ならといふは正しく其方法であつて決して人類進化の結果下より現わるるこいふものではない。人類は進化はしない、アブラハムの時も同じである、或は今の方は劣つて居るかも知れない。

一、去らば我等の信仰は神の國の到來に寄與する所は少しもないかといふに決して無くはない、福音の宣傳を以て準備することである。人を教化し信者にすることではない。人は人を救うことは出來ない。只宣べ傳うるまでである。

一、私は私の無力を知つて居る、何一つ人を改良する力は無い、言わばアナウンサーであつて教誨師ではない。

一、神の國を待望するの生涯である、山上の垂訓を行つてキリストが大奇蹟を以て此世に臨み給ふ日を待つのである。

一、此間ブース夫人の話を聞いたが、あれはあれとしてよいが其事業によつて神の國が臨んだのでも臨むのでもない。西洋に於て其缺陷が明かになつて居る、弊害の多いことをも認めざるを得ない。故にブース夫人の語は好意は表するが其儘に受け入れることは出來ない。

一、我等は待ち望むといふ態度で、一切イエスの御心を奉じて安心して送るべきである。此心を以て讀めば聖書はよくわかる。

一、彼はイエスなり、イエスはキリストなり、之は信仰の奥義である、萬物は斯くて聖書にある通りイエスによつて成るのである。

一、信者々々といふが其信仰は一体何であるか、實に色々の事を言うけれど基督教獨特

の信仰は即ち
イエスはキリストなりということである。
此信仰があればこんな今迄の様な不徹底な生活を送ることはない様になる。

一、私如き者を手頼って何らか無事に公同て貰って天國に行こうなどいう考で集って来ては途方もないことで却って何時までも乳を呑むに甘んじて居るものである。
何うか何時でもイエスに在って大丈夫です解散するならして下さい　獨勇ましく待望の生涯をイエスと共に送りますという様でなければいけない。

祈禱。　三三、

次回は預言のことを語ります。

それより十人ばかりの祈禱があって祝禱を以て閉會。
聖靈に満されたる集りであった。

十一月十五日（金）
三時過ぎ雨宮の叔母君は母堂并に花婦と共に来訪、馬太傳三五章を読まれ、大層感謝なさった。日暮れて帰る。
翌十六日は全部それぞれ馬太傳四章を講ず。

十一月十六日（土）　曇

佛教講演會　九州東日新聞社に於て午后三時開會
（九州佛教修養會主催　東日社後援）

一、開會の挨拶　司会者

○腦の鍛練法　医学博士　諸岡存氏
進化論より説き起し　三毒として徽（梅）毒、鉛毒、酒毒、を挙げ盛んに酒毒に就て論じ　佛典より飲酒の三五失というを揭示して論じた。最後に茶の十德（明恵上人）を数えて頭腦を明かにして悪事に遠かるを説き、腦の鍛練として手指の練習を勧めた。

○謝辭　駒澤大學　学監　光山石川氏

○趣味の三昧境　東日社會部長　小野賢一郎氏
陶器、石像に就て愛好の理由、動機を語った。一寸の天地より無限の天地を窺く、莊厳淨土。

○報國正信　駒澤大學々長　忽滑谷快天氏

天然も人生も悉く人に益あり、大宇宙は矛盾の調和。

○菩提心　曹洞宗管長　北野元峰氏（八十八歳）

舊譯では道　新譯では悟

△無常を達觀するは菩提心

△あらゆる善の心は菩提心

△慈悲の願を以て具足するものは菩提心

自他に對する圓滿、第一に天皇陛下を思い第二に親を思う。四十二歳の時大病の母の枕元に至り大股叩に「只今参りました」と告げし時に眼を開き凝視したる後「一日も忘れぬぞ」といった是は菩提心

日本人みな菩提心を持って欲しい。

明治維新の時法律で國が治まるとの方針を取ったのは政治の大間違、宗教を排斥した結果、今日の泥棒國となった。禁酒を斷行せよ、嫁と姑と仲善くせよ、四十年前に禁酒の善を唱破して居る。

四時五十分閉會

余は此會に對して何等の期待をも持たなかった。然しながら眞面目の會に相違ないと最初から思ったから敬意と禮儀とを盡して其一席を與えられたのであった。五百の會衆の心情態度に就ては何も言わないが婦人の少ないこと、老人の少ないこと、は意外に思われた。數名の講師の講演は夫々何かし有益であった。諸國氏小野氏は殆んど佛教に關する所なく忽滑谷氏北野老師のは佛心を說けども其深泉に溯り得ざるは遺憾の至りであった。去れどこれは止むを得ぬことにて死せる宗教であるから如何に言を巧みにするも生命の出所が無いので彼等禪宗の說く所は皆一種の修養に外ならない。余は素より此事を知るが故に決して大なる希望を佛教に置かなかったのである。斯の如き空虛の宗教は時と共に衰微しあるは當然のことにて佛教徒の多數が　佛教徒は世界にて一番多く、勿論日本には何千萬を以て數うべしといふに拘らず日本國は今や泥棒國であると咆哮して居る所を見れば國家擁護又は佛教の無力否大害を表書しつつあるものと言わざるを得ない。究は題名稱は佛教大講演會なれど其實其内容其意今共に甚だ稀薄にして殆ど感ぜぬ程度のものであったから佛教修養會、宣傳、募集としても効果少かったことと思う。禁酒の必要だけは強く聴衆の耳に響いたことは疑いない。然しされとて彼等は到底内心より大なる勸善を以て實行し得ざることは勿論である。去れば元峰老師が如何に激しく百千を敲いても一時の音響を及ぼすに止まることであろう。所詮活ける神を信ぜざる人の言行は終に空に歸するのみである。

517.

十月十七日（日）晴

柏木の日曜學校は今は殆んど完備の状態である、勿論物質的には未だ不足の點あるを免れないが、教師の揃ふことは最大の要件であるから　これさえあれば良果を結ぶは當然のことである。

名譽校長　藤本政醫學博士　顧問　石原教諭

主任　鈴木（弼美）理學士（[illegible]）　教師　齋藤宗學士（第三）

教師　高橋女教諭（女子學院）（三部）

音樂　田中法學士　補助（女子學院女教員）

生徒数は三十餘名である。

集會　内村先生司會し　鶴田雅二氏祈禱

塚本先生

醵金に就て　哥后八、九章

△此事は神の恩恵によるものである。

△キリストと同じ心にて行ふべし。

△此精神此原理を信仰生活の全部に應用すべし。

△此大金をエルサレム教會に持ち行くにテトス一人を以てせず他の兄弟を附添えたるはパウロの常識に依るものにて此世に生活する我等の亦學ぶべきことである。（八、二〇、二一）

△八章九節の凡ては大いに注意すべきことである　である、生涯の全部である。

△醵金即ち施與は神に感謝する爲又神の榮光を現さん爲に行ふことである、決して所謂慈善ではない。

△假令全部を施すも神は亦之に倍して之を増し給ふのである。

内村先生

創世記二章（第五回）

（二章十八節以下アダム、エバの結婚）

一、エバはアダムの助者として造らる。

一、アダムの睡熟中に造らる即ち秘密である。

一、助骨の一を以て造らる即ち体の一部である。

二、一人の女は一人の男を、一人の男は一人の女を世界中に求むる所謂戀愛は、本体と取り去られし一部の体とが 元に歸りて一体たらんとする自然の要求ではないか、其奥義は極めて深くある。

一、女が男に服從すべく造られ教えらるゝは聖書全体の精神であつて動かすことは出來ない。

報告　祈禱會の事

此日滿員

講堂は暫時明け放ちて内部を清めたる後に閉ず。

小食は六疊にて塚本先生及び鈴木雲之と四人にて喫す。

塚本先生と共に丸の内の會場に向う。

行く行く物語る、先生は途中にて菓子「きゃらめる」を求めらる。

△内村先生から何か最近お話がありませんでしたか

△私は多分本年限り柏木と關係を絶ちて全然獨立することになりました（余は大に賛意を表す。内村先生も重荷が下りることゝなります）一人前になつたというのでしよう。

△今度雜誌を出します、名は先生から貰つた通り「聖書知識」と題します。

新宿で乘替えんとて一旦下車したが山手線のが中々來ないので再び東京行に乘り一時五分會場に達した。

淺野猶三郎兄も出席した。

基督教講演會（第五回）

司會者　鈴木俊郎兄（余は會場整理を手傳う）

塚本先生

十字架の必要　ロマ書三章廿一－廿六節

△神は義のみの神ならば一擧にして人類を滅ぼすべきのみ。

△神は愛のみの神ならば己が面目を潰して無條件に人類を赦さんのみ。

519.

△去れど神は義と愛との神に在し給ふが故に板挾みになり給うた譯である。所謂窮餘の一策として出でしものは獨子イエスの十字架である。

祈禱、　さんび

會衆二百六十餘名、柏木以外の人多く見ゆ、冷評的の人も二三名見えたとのことである、婦人は男子より少しく少し。

茂夫多祈子と一緒に歸途に就いた、鵜鳥兄兄に新宿まで同道、黄昏時家に歸れば三人の子等歡聲をあげて喜び迎る。

十一月十八日（日）

來訪の西宮救世君は馬太傳五章を讀み體驗による教がひしひしと心に感に入るといつて居つた、翌日は六章であつた、廿一日は七章、

十一月二十一日（水）曇

祈禱會　午后七時開會　四十八名（男女相半ばす）

内村先生講演

一、神、靈魂、來世の存在を信ずるのみが信仰であるならば回教佛教等と異る所が無い、基督教を此見地より見て比較宗教の研究というがあるけれど勿論不完全極まるものである到底其眞義に觸れることが出來ない。

一、彼等は基督教を以て他の宗教より發達したものであるとして居る。

一、基督教には一種特別の信仰がある
イエスはキリストなり
是である世界的意味を有するのである
此眞理此信仰を應用して人生、然天、來世を見る時には悉く又希望である感

謝である。

一、古から西洋の信者の間には信仰上の相言葉がある

エクサスの語である、之は魚という名である、ギリシャ語である

ιχθ(US)

IESOU CHRISTOS THEOU

ULOS SOTERIA

イエス・キリスト神の子

後世之が迷信を生じて魚を大事にすることが行われた。ユウフラテ河の辺の或る教會には庭に池を掘って澤山の魚を大切に飼ってある。

此語は一番大切なる信仰を言い現わして居る、實に尊い遺物である迫害時代に於ける信者は之を以て互に信仰を言い現わしたものである。

預言の必要

一、信仰とは全く自己の内心即ち霊魂のみのことであると思うが然し同時に他の人生天然に於ける諸現象にも存することは聖書の教うる所である。(太廿四章廿四節 テサ後二章参照)

一、神は澤山の事を以て私共を内より外より助けて下さるのである。

預言は時と共に着々と成就して行くことを見るの信仰を養わなくてはならぬ。

之は大なる助である。

一、多くの預言者の預言が成就した。それだからイエスの預言も必ず成就するのである

目前の社會及び世界の現状が何うであっても、それを憂い、それを憤らぬのみか、終

5.21.

の日榮光の日新生の天地の近ずくことを知って事々に大に喜び深く感謝すべきである。

一、米國の或る信者はトルコの或る士官の前で預言者の言葉を以て未見のバビロン(バグダット)及びニネベの現狀を其儘に當てたという話がある。彼はサイラス・ハムリンという人であるが私は親しく其人から聞いたのである。

一、今は救いの中道に於てあるのである。日一日と其完成に向って進んでいるのである。

一、昨今の新聞を見るに實に急激に世の惡化せるを示して居る。如何程多くの各種の人々が普通事の如くに惡事を行うということは五十年前の日本に於ては考えられないことであった。夜の明ける前には暗黒が臨む様に光の日の到來の準備と見る時には何等の怖れ悲しみも無い。イエスの預言の成就を讃美すべきである。是れ實に大なる慰めである。

蒲池信兄、寶田一藏兄所感を述ぶ。

先生

一、未來を洞視する眼の一番鋭い人は現在に於ては佛の前首相クレマンソーであろう。此人は當分平和の望は無い世界は依然として戰爭を準備して居る。次の戰爭は世界大戰以上悲慘なる大戰爭であると、

一、私の健康は三年を保證されて居る。七十歲位の老年者に對しては大抵は當るのであるから死は眼前に迫って居る。然し私は死になく

ない。もって多く神様の眞理を知りたい。もって多く十字架の御恵みを語りたい。聴て獨暗い墓に行く然し神様の約束を信じて喜んで感謝して死の彼方に行くのである。

三人祈る。

一。火・金の夜は誰でも訪問せらるゝことを喜ぶ

恩師夫人は今村夫人より寫眞を呈し、内村先生の御寫眞を頂きたいと申して寄越されたと言傳をした。

菊池永井両兄と共に歸る。

十一月二十四日（日）晴

八時半柏木に至りて講堂の整理に當る。武蔵屋君と一緒であった。三指鐵の花を求めて講壇の上に立てた。白菊、千両、猩々木、アスパラガスであった。

集會

寶田の祈禱

塚本先生

哥林多後書の研究（續き）

△一章より七章まではパウロとコリントの信者との和睦。

△八章九章は醵金に就て

△十章より十三章まではパウロは眞正なる使徒の權威を賜わりて艱難の間に福音を宣べ傳え又主より特別なる默示を蒙りたる事實を勇敢に辯明し記述す。

△パウロの書翰特にコリント後書に於て誇りの文字の多きに注意せよ。

△肉に在りて生活すれば肉に循いては生活せず。

きんぴか、　（二面四十七頁）

内村先生

創世記三章

一。之を文字通りに説明する時は疑問百出

未だ明解は無い。

一、此話の蔭に潜む精神を發揮せしむる時は、多くの尊い眞理を學ぶことが出きる。

一、此話を我等日常の人生の活事實に照らして見る時は實に深き符合を見一點の疑をも容るゝ餘地が無いのである。

一、人間族に女の蛇を嫌うは何故か其形態のためというも成り立たない。

一、蛇は蛇という外類似の名稱は無い、聖書の此原語は光という意味であって蛇を凝視するゝ實に美麗である。硝子張の屋根の上を匍う蛇を下から覗くと非常に美しいということである。

一、眉目秀麗体格堂々音聲朗々たる男には婦人は惑わされ易い。

一、善惡を判別することは善い事の様であるが、善を知ること一で惡を知ること九ということになり、遂には全部惡となって仕舞うのである。

一、芝居は勸善懲惡というけれど決して文字通りは行かない必ず惡に興味を持つという結果になって仕舞う。

一、小説も其通りである、社會の惡の方面をも描いて其非を悟らしめんとするとも其結果は矢張勸惡ということになって仕舞う。

一、人は善惡を判別するの智識を持つことによって善くはならない。

一、生命の樹の果を食うことによってのみ善事は知られ善事は愛され善事は行われることになる。

一、これ程道徳を獎勵し善を研究するに拘わらず一向其向上を見ることが出来ず善の何たるかさえ未決定なるは洵に奇態なことである。

一、自分で造った木の葉の衣では恥を蔽うことは出来ない、必ず神様の與え給う毛衣でなければ恥なきものとせらるることが出来ない。

此預言の發達したものはキリストの救である。

一、女の裔より生る、所の者は悪魔の頭を砕き、悪魔は其踵を銜くというは悪魔はイエスを十字架に磔けて掌に釘し胸に鋒するという事の預言で、イエスは萬民の罪を贖う預言。

一、女は子を生むことによって救いを得べしということは此精神に関聯して居ることを知るがよい。

祈禱、讃美、祝禱 十一時半閉会

恩師、今日は咽喉渇れなる様子であった。
今週の祈禱會は休むことに報告せられた。

預言寺に於て五人一緒に会食事、親子丼であった。
塚本先生の卓上談話は面白くあった。即ち
二十餘年間に於ける内村先生の弟子の行動變化である、柴田信次の時は一番激烈であった。中田重治を柳木にて詰させるか否かで藤井武、柴田信次、石川鐵雄等盛んに論議せるものであった。内村先生も手の付け様なく暫時預りとして居られたが其うちに中田重治が妻を失って一ヶ月位の時後妻を迎えたという意外の事實に呆れて否決のこと、なった。
隨分多くの青年が問題を起こしたが然し一人も策士が無かった。誠實なる精神動機で動いたことは明

5.25.

かである。所詮最初から悪人は先生の許に近づき得なかったのである。

私は先生に嫌われ者の一人であった。私も亦先生を好まなかった。私の友人の一人が内村先生に注意して塚本という男は中々食えない男だから正面から当られませんといったのが効いて今まで先生は常に私に向っては遠廻しに物を言われたという風である。

先生に可愛がられた者は皆退けらるること、なった誰でも愛せらる、時は気を付けねばならぬ。

先生（君）は一面確かに戦いの人である。

零時四十分頃塚本先生は丸の内に向われた、余は先生の鞄を携えて同行した。交番の向いでミルクキヤラメルをお買いになった。共にリバイバル集会後のホーリネス教会の拍手の下に於ける騒々しさを異様の光景と見聞して通うた。大久保駅で先生からキヤラメル一函頂いた。

畔上先生が雑誌を出さる、ことにつき互に語り合うた。

塚本先生の立場‖内村先生に対し、畔上先生の雑誌に対し、｜集会の信者に対し｜諸教会に対し‖の他人が見るが如く単純なものでなく、昼夜心を痛めて居らるることを察知した。

東京駅乗換え一時半会場に達した。

丸の内 基督教講演会 第六回

鈴木俊郎兄司会　さんび 詩三十二篇、さんび。

塚本先生

キリストを信ずれば何故救はる、乎

△神の存在、キリストの十字架の贖等を信ずることが信仰ではない。

△使徒信経を其儘に残らず信じたとの信仰ではない。

△此等は餘りに明白なる事実であって信仰すべきことではない。

△見ずして信ずることが信仰である。故に信仰は第一に冒険である。

研究して知った後に信ずるというは信仰ではない。そんな冷かな心と態度とを神様は賞し給わない。

△次に信仰は単一、絶対でなければならぬ。信仰のみによって義とせらるるのである。行や其他何物を以ても仕えてはならぬ。之に類することは貞操である。一人の女が一人の男に一切を投げ掛けて信頼し愛することである。

△此点に於て基督教は一千九百年の間偽を傳えて居った実に堪え難きことである。

二百八十餘名の会衆であった。

莞爾として控室に入り来られし先生の温き一言の挨拶に接して孝夫と共に帰途についた。

会場の前に立って出て来る会衆を見れば何れの此世の集会にても見得ざる静粛、謙遜、質素さが著しく目につく、向いの国民新聞社の窓からも幾人かの顔が硝子窓の影から此光景を眺め居るのが気付いた。

山田鉄道兄を見舞う。

九月下旬禮を失したる書面を内村先生に呈し、其非を明かにし其後、謹慎中である山田兄を見舞う心を起した。内村先生も塚本先生も兄の消息に就き心配して居らるることを知って居るから目下如何なる境地に居るかを見、併せて信仰生涯の前進の為に共に祈らんことを望んだのである。十時半出発、途中中村家に立寄って同君と共に正午武蔵境駅下車、初冬の斜陽を喜びつつ、南に進んだ。杉林、残んの紅葉等は興味を持たせる。零時十五分畑中に孤立せる山田兄邸に着いた。夫人は玄関先に破れ瓦を敷いて雨霜を防ぐ作業に余念なき所であった。余の姿を見るや走って屋外に労働中の山田兄に報ずれば同兄は久しぶりの面会なりとて喜び迎えられた。先ず前庭を徘徊して上等の苺、葡萄、柿、栗、梨、無花果、チョロギ等を見せられ之に対して余も肥料や剪定やに就て愚を述べ、其事応接間に導かれ南縁の暖き所に腰を掛け卓を囲んで余の祈祷の後三人にて甘藷、落花生、蕪の簡素なる中食を感謝し満足して頂いた。

527.

余は中央に於ける信徒会の其他佛教演説会に臨んだ感想などを語った、樂しき清き会合をつゞくること一時間半、二時厚く謝して歸途についた。
日没頃電子叔母君に對し馬太傳九章を講ず。

十一月二十八日(木)

愛媛縣では法令を發して基督教の傳道に制限を決定したので海老原兄、中田重治の二氏早速内務當局に向い糾し反對の態度を現わしたと東日紙に見えた。

一九二九年(昭和四年)

十二月一日(日) 晴

七時半洋服に着更えて柏木に向った、半田を其處に送るべきは神の御心である。
講堂の整理を難なく了った、但し二拾錢の花屋から求め來って壇上に立てたる花は
一、白のみで葬式の様である佛様の花瓶のようである
とて先生から立て直しを命ぜられた。小形の花瓶を得んと臺所に行けば先生も共に行かれ
一、好きな花瓶が無いから一つ新調したら
と申され
一、今回は間に合せに
とて  されを美樹ちゃんに出さして余に渡された、余は之を受取り
一、先週用いし物も惜いから別に生けてオルガンの側に立てよ
との善き御注意をも承わり、早速井戸端に行って二箇の花瓶を造り講壇の上に据えた、花の爲に会員の顔の見えぬは先生の好まぬ所であるから今後は此點に充分の注意を拂わねばならぬ。
一、講堂の仕事が濟んだら一寸此方に來る様に

その命令は先生が六疊間にて「創世記略解」なる演題を揮毫せられし後余に下った。

内村先生に改めて會見

午前九時十分先生は八疊間の白熊の毛皮の一端に坐して先生自ら述べられたる座布團に坐し椽側にて拝聴の姿勢を執りし余に左の如く語られた。

一、塚本君は今年限り此處と關係を斷ちて獨立することゝなつた。多分此事は君達も既に薄々氣が付いて居つたことゝ思う。

一、私と塚本君とは全然信仰が同一であるという譯には行かない。これは止むを得ぬことである。人間である以上)

一、それで差當り必要な事は會員の去就を明白にすることである。二股掛けるは相互の爲に決して善くないことである。

一、そこで先ず第一に範を示すのは君だ。君は古い關係であるから無論此處に止つて貰わねばならぬ。

一、今迄も塚本君の集を助けて上げたのだから愛の務めは盡した譯だから其點心苦しいことはない筈だ。

一、人間の事だから判然すべき所は何處までも判然として置く必要がある。然らざれば何時か忌な問題が起って來るに相違はない。それは恐いことである。

一、但し君は會員等に對して此處に留まるようにと勧める態度を執ってはならない。寧ろ向うにお出でなさいという方が宜しい。

一、當方は募集すれば殖すことは容易である。向うは始めたばかりであるから、そう自由には行かぬ。(自分は殖すことは嫌なけれど)

一、君の家族にはそういう譯には行くまいな（和夫との關係の密かなるを言わる）
余は一寸甘受、畏って引き下った。
此事件は實に美しい事柄であると思ふ。福音の進み行くに於て極めて有用なる神の為し給ふ事實に相違ない。余も會員一同も聖に之に適う道を執らなければならぬ。

集會
内村先生司會　九、一四、保先祈禱、七六、
塚本先生
哥林多後書十一章の研究
△十一章は全篇中最も難解の箇所である。
△パウロの立場に立って見なければ判らない。然しパウロの様な立場を經驗することは至難である。
△此の様な文章が聖書の中にあるということは不思議である。
△之が判る為に次の様な氣持を要する
パウロはコリント教會を花嫁としてキリストに捧げんとした。所が花嫁なる彼の信徒等は之を好まず却って反逆の態度に出でた。キリストの側に在るパウロの心果して奈何。又許嫁の女の心は他の男に向って居った場合に之が媒灼人なる人の心果して奈何。實に危機一髪である。此立場にある氣持を考えて見ると幾分判るのである。
△何しろパウロの言は全くしどろもどろである。性格も缺點も顧るに暇なく思い浮ぶまま書き擲ったことであろう。
△大使徒というは超使徒の意であって善き名ではない。
△十三節から十五節までは最大の悪罵であってクリスチャンらしい所はない。パウロを如何に尊敬

して此點丈は辯護することは出來ない。

一、哥林多前書十三章の愛の讃美を述べたパウロは何うしてこんな反對な亂暴な文を發したのであろうか。

一、これはパウロの性格の缺點の表現であるが之は却って福音を傳うる上に必要でなかったろうかと思う。大傳道を為しキリストの使命を果す上に必要として神の許し給いしことであるまいか。此方面に思を向けて研究する時には決して偶然でないことが判る。

一、山崎闇齋の人物と態度とを讀んだが實に面白い。其嚴格さは遂に弟子達を震撼せしめたる概がある。儒者の道はこれでなければならなかったであろう。（今内村先生のことを思い合せ微笑した）

一、別のアングルから見ねばならぬ。

一、區々なる事に眼を留めず其大使命に目を付けて見れば判る。左すれば敢て辯護するの要はなくなるのである。

△即ち選びの器である。

一、今日はキリストの贖いの預言を語るのであるから百八十五番の讃美歌を歌おう。

内村先生

カインとアベルの話

（創世記四章大意）

一、聖書の此大記事を一々細かに解る樣研究して行けば只の研究になって仕舞って折角の眞意を逸する恐がある。其處で記事の中に潜んである精神を探ることを勉むるが大事である。此方針で今後も研究を進めて行く考です。

一、先ず問題を出す必要がある。

S31.

カインもアベルも同じに地の産を献げた。其間に敢て善悪の差別が無いのに何故神はアベルの物を受けてカインの物を斥け給うたか？

一、聖書の言葉は大体に於て甚だ簡潔である。省略の節あるを察せらる。

一、カイン及びアベルが最初職を選びし時の動機目的如何。又此物を献げる時の両人の心の態度如何。此事は明記して無い。

一、人は形骸を以て見れどもエホバは常に内を観給うのである。

一、耕作は天然の方法の一たるに相違なけれども多分に人工は加って居り牧畜は天然産其物である。

一、明白なる事実はアベルの献げし初生の羊で其他の物の嘉納せられたことである。

一、作物は単なる供物であるが羊は血の通って居る物であって犠牲の意を含み贖罪の意味を蔵する預言である。

アベルは此義を朧気ながらに感じたかも知れぬ。

斯く見る時に一方の斥けられたる理由は判るのである。

一、カインには此心は無く単に納むれば義務は果したのだと思うた。

律法的で権利義務の関係を以てする冷き行為である。顧らるべき譯なし。

一、今日の語を以てすれば一方の福音的なるに対し他は儀禮的理智的である。

一、行の子は退けて信仰の子を愛し給う。

一、洵に人類の歴史はアダム、エバの堕落、カイン、アベルの殺人（骨肉）に始って居る。攻撃する昔の標的となれど事實其通りである。

一、犠牲の精神は獨創世記に止らず出埃及でも利未記でも乃至は聖書全體を貫いている。

一、人工の木皮ではいけない、神の手に成る獸皮でなければいけない。人工の耕作物ではいけない、天然産にして血の通う事でなければいけない、之れ聖書全體に通じて居る精神で深遠なることである。

一、悪意で殺したのではない、殺すが神に仕う道だと思ってやったのである、キリストの十字架も同じである。

一、福音の敵は律法である、人は生れながらのカトリックであって此對立戰爭は永久に歇まぬことであろう。

一、カインの行があってもアベルの心があれば救われる。

一、カインとアベルとは信仰の二つの潮流となったエサウとヤコブの話も同じである。

一、我々柏木云々又は他の教會は一つの善きものも無いなどいうは矢張教會的である。

祈禱。　四六二

大事の報告は一つらい報告

一、塚本先生の市内集會は思いがけなき結果を見るに至った。此處を離れられることは私の立場としては非常な損失である。然し畔上塚本兩君の如きを助手として使うということは神樣にも當人等にも濟まないことである。

一、只キリストの爲を思うて去就を決する様に

5.33.

一、善い子を持つと老い易い、今度は獨になると若返つて働くから有益である。

一、今回五人の青年が畔上君の方に行つたが彼等の態度の如きは實に立派であつた、會費を綺麗に仕拂つた外に貧しい懐から二十圓を献金し愛と涙を以て互に別れを告げた。

一、今後は石原君を第一に引き出し、それから植木君や其他を漸次引き出すから其準備をして欲しい。

∴ ∴ ∴ ∴

藤本武平二兄からクリスマスを如何にするかの問はあつたが内村先生の御考を明かにして後決することとした。

石原兵永兄から　今回の内村先生の言は霹靂一聲、寝耳に水で甚だ突然のことであつた。

北日曜學校のクリスマスには何か話をして貰いたいという請があつた。余は漸々承諾して置いた。

中食は矢張塚本先生、石原鈴木君の三兄と余の五人であつた。塚本先生と中食を共にすることは今後少いことであろう。塚本先生から新刊雑誌の事に就き其内容やら體裁やら色々のことについて聞いた。勇氣に満ち希望歡喜に満ていら様子を見て甚だ嬉しくあつた。

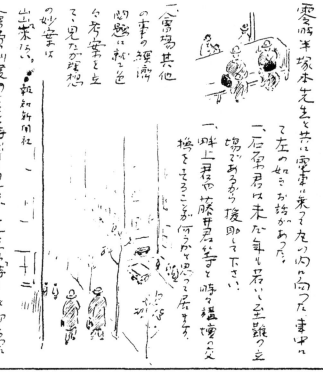

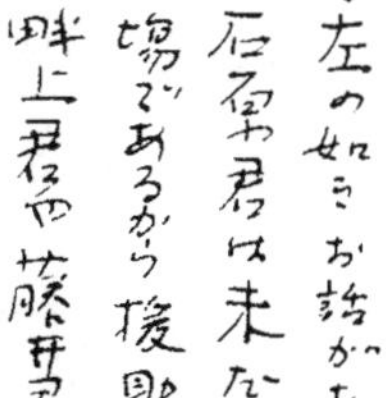

零時半塚本先生と共に電車に乗つて丸の内に向つた。車中にて左の如きお話があつた。

一、石原君は未だ年も若いし至難の立場であるから援助して下さい。

一、畔上君や藤井君等と時々懇談の交換をすることが何うかと思つて居ります。

一、會場其他の事の經濟問題に就て色々考案を立て、見たが理想の妙案は出来ない。

會費制度のことを持出して見たが先生は「待て」と仰しやつた。何うにか成ると信じて今迄通り二十錢にして自由に聴ける様に

として置きましょう。

○東京驛構内のベンチに掛けて私も例の事件があってから一周年にならんとして居ますと云うに對し左様でありね種々事件が起るもんでありね。只福音には縋って居ることのみ動きません これは一番大切です と申された。

○有楽町驛を出て右図の如く報知社の側なる並木道を會場に向って進んだ。

下の會場では琵琶か何かの音樂會があって美衣を纏うた婦人や乙女等が盛んに詰めかけるのを見た。階段を登って我等の會場まで昇って来る若き数名の女達は基督教の集會と聞いて驚いて走り下ったということであった。

高壇を二階近く前方に進めた。會場に締りが付いて講演者も聴衆も少からず都合がよくなった。今日は暖房があり シャンデリヤも煌々と輝いた二百五六十人の會衆であった。

基督教講演會(四七)(午后二時)

讃九八、中命記六章四－十五節
祈禱、 讃二三二(婦人)
信仰の絶對性 (羅三章二十八節)
祈禱、 讃二一四

塚本虎二先生

△前回に於て信仰は神を愛する愛であり信頼である其結果

一、冒険 二、絶對的

であるといふた。今日は其

△信仰の排他性即ち絶對性に就て語ります。

△信者は長い間信仰生活を送って居るといって、も何時までも煮え切らぬというは排他性を欠く為である。

○第一に考うべきは神は獨である、信仰は其只獨に

献ぐるものであることである。これは當然の
様なれど中々解らない。
△舊約聖書は全体に於てヱホバにのみ全愛を
献げべきを教えてある。
モーセ十誡の第一、我の外何物をも神とすべからず。
申命記四ノ十以下に於て最も明かにしてある。
神は嫉妬の神なることは聖書を一貫している。
△「神以外に神なし」と普通の事の様に思うが然
し果して我等は全愛全力を注ぎ盡して居る
か？　實は他の色々の神に心を向けて居る。
ヱホバの神は之を姦淫をして居ると言って居る。
△以賽亞書四四章九－十七を見よ。今日の信者は
果して不信不義を行って居らぬか。或は哲學の
林に入り或は文學、音樂、繪画の園に遊び科學
の丘に立ちマルクスの流れに掉して自分の思う存
分を盡したる後最後に神様がこれかと僅か

の餘力を傾ける位ではないか。或は又人類の創造
は虚譚であるとか　イエスの處女懐胎は信じ難い
とか。凡ての奇跡は作り事であるとか。肝心なる真
理又は事實を悉く信じ得ずとして排斥したる
後漸く僅かに山上の垂訓の一部とか何とかいう點を
信じてそれで満足して居るというが如きは全く此
世と姦淫したるものというべきである。
是れ「神は只獨り在し給う」と信ずる者の爲し得
べき態度ではない。これは全く神様を引き出し
て人間の側から審判して餘りものを拜して我を救い
給えという有様である。
△人は平常自分の造った神に仕えて満足して居る
けれど、死ぬるか生くるかという境涯に立った時
には少しも役に立つものではない。
△信仰は愛であり信頼であるならばこんな
ことではいけない。極端であって狭くなければ

いけない。

一、次に必要であって又面倒な事がある、献げる當然の結果として

羅馬書一章十六十八節　三章二十八

ルーテルは信仰のみによると譯した、そこで問題が起った。

人の救わるゝは信仰でよいでは足りない立派な道徳善行を要する　とロマ教は言う。

パウロは新舊両約を通じての最も大切なことである。

弟子來りてロマ教徒の詰問を傳えた時に

ルーテルは

ドクトル・マルチンルーテルは斯く譯したと

言え

と答えた、これを以て誤譯なりと言うか汝等も亦汝等の自説を保持せんとて勝手に誤譯をして居るではないか、ラゲサンの譯にマリヤの神聖を維持せんとてイエスに兄弟無き様に書いて居るではないか。

神は今誰にでも救わるべき信仰の道を與え給うた、善行を要するとならば幾多の不遇の人、死に垂んとする人は如何にするか。

△基督教には聖は無い、宗教を以て特権階級めものと見る時に聖が出て來るのである、信者即ちキリストに在りて聖霊の恵みに歩む者は皆聖である。

△全愛が無いから（全愛を献げる心が無いから）善行を要とするのである、見ゆる所を以て満足するのである。

△人は善行に努力して少しでも善くなったという時に神様に信頼する心も同様に増して居

るかというに其實は反對である。
△傳道の危險は成功の時に存す、衆人の首なりと自覺し萬人の下にある時に信頼が起るのである。
△悪魔が私を神様から離さす時は如何なる方法を取るか不良少年が良家の娘を誘惑する時と同じである。
君は神様丈を信頼して居るのは危ない
貴女は何時まで両親の言うことのみを信じて居るか少しは云々
信仰のみというには手の付けようはない、道徳に心を向わしむれば墮落せしむることが出來る、
△仕事などは何でもない、苦心しました、努力しました、忍耐しました、戦いました、あれ丈の事をしました、そんなことは何でもない神様の御目には留らない。

△ハートを全部神様丈に献げることを望む然らざれば救わるゝことは出來ない。
△信仰のみにて歩み來りし人は墮落せるか、信仰半分行爲半分の人は眞に美わしき生涯を送りたるか。
信仰のみによる人は神の子である、神の恵みの中に歩む人である。神の聖靈に導かれて行く人である、神の賜う力が溢れて不斷の善行となるのである、而して彼自身は善行とも何とも思わないのである、只、悔いて信じて謙って感謝して平和のうちに行く人である。
△哲學を言わず道徳科學を言わずして凡て此等に違し此等を現す所の別世界がある、信者は此世界に住む所の人である。
△汝等の頭に汝等の口に何が偉い誰が偉いな

という偶像があってはならない。そんなものがある様では信仰に生きて居らぬ證據である。

。。。。

此日出席した多祈子と共に夕日を眺めて帰った。富士の雄姿の夕陽を受けて輝くを見た。

晩餐後本日の雨宮先生の報告につき我等の去就につき話し合った　矢張全部柏木に留るは当然のことであろうか

十二月三日（水）晴

午后三時柏木講堂を訪うて研究誌代金及び本代を仕払い内村先生の御容体を伺い漸次快方に向かうというを聞きて安心感謝し　途中武蔵屋君の店で駄菓子を求めて帰った。

十二月七日（土）晴

内村先生を訪う

余は洗足会の指名に應じ今年のクリスマスの件につき先生の御意見を伺う為に十時頃お尋ねした。余は杉の木の下に立って兼さんが庭木の手入をするのを見て居る姿を先生は勝手口の方からお認めになって

一、サイトウ君！　お早う

一、庭の方に廻りなさい。

一、こっちの方え掛けなさい（六畳の部より八畳の室）

一、寒いから這入りなさい……（縁側に腰掛けて居ったがお言葉により勝手口より這入って日當り好き縁の座布團に坐した）

△クリスマスに就き先生の御意見を伺った。

一、昨日モアブ婦人会のクリスマスが芝口の松本屋に開かれた。主人は元柏木の会員でボーイは米国で習って来て居るから中々やる。坂本君の夫人の送別会の為に日を繰り上げて早くやった、中々よかった。

様子を見て色々考えて聞いて見たが二圓（一圓五拾銭でも）でやるといって居ったが室は狭いから

向うでは出来ない。こっちまで運ぶといって居った果物だけは当方で買うことにしようといった。

一、十二月二十三日の午後にやりたいと思う。夜は跡がゴタゴタするから宜しくない。

廿三日で塚本さんとは関係が無くなる訳だ。早くやるのも何だか變だから始末のついた跡である方がよかろう。

一、君と石原君と鈴木君と田村君の役員が世話して呉れたら出来ると思う。私は関係して居る訳には行かない。

一、高山（鉀吾）君が向うに行く様になったがまだ私には確答が無い。

一体高山君は美以の信者でこっちに来るべき人ではない。信仰が違って居るから此処を去るのは本当だ。塚本さんを助けるのはよいことだ。

一、これで最後の始末が付いた。清潔法が出来た最早一人でも心残る所はない。誠に宜しい。

一、塚本君に向って集る若き婦人（ルツ組マリア組）の心理状態は信仰的でない。危険千萬なものだ。あれに禍いされては耐ったものでない。之を避くるには塚本君に出て貰うの外はない。幾度か注意したけれど駄目であった。塚本君は之を自覚したならば自分で辞するが本当だ。言わば今回の様子は柏木の女共産黨事件といった様なものだ。（後日此記録を読む者這般の記述を読み誤る勿れ）（内村先生の福音の為の深遠にして透徹せる精神を知らぬ者は正解することを至難である）

一、柏会の途中で此問題（婦人関係）で私を憾まぬ者は一人もなかった。

一、「今回の問題で非常に苦んだ。表面に現わしては他の非難攻撃誤解の因となり、又此儘秘して置いたら栂木の腐敗を招くこととなる如何にすべきか寧ろ苦心であった。

一、「時に君は大丈夫か？（大丈夫を意味するの微笑を漏し然して何か根が付いて居るのがあると答え先生を共に面白い笑った）

一、「モアブ婦人会で」「先生に叱られた時」と題して叱られた時、叱られたと真に受ける者はそれで「左様ナラ」となり関係は断えて仕舞う。然し叱るのは憎い為でも怒った結果でもない。矯正する為である。叱らるゝ者は先ず其事を知らねばならぬ。其例として

1、山桝君の妻君（フミ子）が久山君の結婚を周旋して居たながら結婚式に出て来なかったので強く叱った。所が早速やって来て譯を述べて謝した。

2、サイトウ君も或る事の為に昨年今頃痛く叱ったが黙って叱られて服従し三ヶ月も謹慎して謝意を表して来た。斯くて和解した。

同時に親密が先に勝るものがある。

叱ったり叱られたりする所で師弟の好き関係が結ばれるのである。叱らぬ親、叱らぬ師を持つことは不幸である。

と語られた。正午帰る。

十二月八日（日）晴

洋服を纏い靴の埃を掃って七時五十分家門を出発した。大久保降車。途中花を求めて八時二十分頃栂木なる目的地に達した。恩師微恙講演には差支なきも夫人は未だ臥床の身と承わり心を痛めた。薔薇一、カーネーション一、スヰートピー一、アスパラガス二を以て成れる綺麗なる花を高壇に活けた。今日は無難に通った。

541.

爐邊の教訓
先づクリスマスの件に就て考慮を遶らされた
廿三日の夜、場所は講堂、會費二圓とし
會食とか廢しよう此位で大体要綱は決した。
されたのを本日報告し置かんというのであった。
一、次に本日余が講壇にて創世記を朗讀すべき
準備として
第一に其意味を呑み込むは必要なり
として其五章の精神を話された
エノクは預言者として立ち、ノアは救主
の豫表として現われた
ことを精しく述べられた。今日は亦
聖書の讀み方を教えるから來え
と申された。

集會
内村先生司會 さんび 靈祈禱 さんび
塚本先生
哥林多後書十一章廿一-三十二節 研究
△廿三節以下は一種の詩である。
△三十九鞭なる、申廿五ノ三に四十を越えてはならぬと
いう律法がある。
世の法律は命令と秩序の為の法律であるが
ユダヤの律法は神の愛が漲って居る。
△三十二節以下は全く關係の無い別の記事である。
之を以て見れば書簡が雑った手紙であって著
述でなかったという證據である。それ丈溌剌
たる生氣を帯んで居るのである。(宮の書写に依り)
手紙は信頼ちることの出來るもの。
△今日の事は六ヶ敷いことはない、只我等に其

実験が無いまでのことだ。
一、一個の観察
パウロが此艱難に当り之を忍び之に勝った
ということは実に偉いこれでこそ基督教
の基礎を据え得たというものである。
他の観察
我等はナポレオンなりソクラテスなりの偉
人傳を讀んで偉い到底及ばないという淋しさ
を感じ、我等とは関係なき人物であるという
様な態度をパウロに向っても取るということ
は間違いである。パウロになる人間のみを見て
彼の奥殿に惹れて居るキリストを見失う
てはならぬ。我誇は弱きことのみという信仰、パ
ウロを見る時は偉大なるパウロも我に関係
深き友人となるのである。我等も亦キリスト
に在りて何ごとも為し得るという希望確信が

生れるのである。
一、我等の過去の大小の経験に於ても神は斯く助
け給うたということを誇るべきである。
一、私は内村先生に師事して来た長き年月の間に
随分色々忘ることの出来ない事実があ
るが其内の一つは、或る日鎌倉の松林を散策
中私に言わるるには、
私も過去を顧るに種々なる事をした、然し
それによっては救われないには、信仰のみだ
一、此内容を有する哥林多後書を書いたパウロは
あの内容を有する羅馬書を書いたことを
忘れてはならぬ。
さんび　（窓を閉ぢ）
創世記五章朗読　余
内村先生講演

一、疑問は、人は三百年以上生きることが出来
るか
メトセラは九百六十九歳　第一の長命者
之に對し有り得ないと誰か言い得るか？
一、私の記憶であるが、曾て永代橋の渡り初めの
時に渡った三夫婦があった。其祖父は徳川
十代將軍の時の大阪落城を目撃したという
二百幾歳
父母は百八十何歳
子夫婦は百五十何歳
というのであった。
假令墮落したとはいえ神様の御手によって
造られたばかりの彼等アダム以下の人達のこ
とである。幾年後の右老夫婦の三四倍の年
齢を信じ得られない筈はない。

一、そこでこんな事はないと始から断言しない
で時の来るのを待つべきである。
近世に於て考古學が參考となったのは大
したものである。今後生物學が聖書の證
明に貢献すること多き時代が来るかも知れぬ。
自分の懐いて居る思想に一致せしめる様な
解釋を施してはならぬ。
一、三百六十五歳のエノクは短命であったが信
仰では最も恵まれた人である。
ユダ書十四節を見るに、彼は預言して居っ
た。それより三代を經てノアは救手として
現われた。エノクは預言者であってノア
はキリストの贖罪の象表である。
一、以上の二人を除いては他の人の記録は生れ
た、子を生んだ、何歳で死んだということその

みである、然しエノク、ノアを結ぶ所の大切な
る鎖となって居るのである、其事夫れ自身
は無意味ではない。
一、人類皆有意味
一、創世記は何処を見ても預言である、事實
を以て示したる預言である、世界歴史の成
り行を示されたのである。
二十代一千年間の二大事件
七代のエノク　預言、短命
二十代ノア　大洪水、罪を滅して新しき天
地生る
祈禱、讃美
報告
一、クリスマスの事
二、小崎弘道氏の霊南坂教會五十年祝賀會
無教會の張本人は教會の創設五十年祝會
に祝辭を述べるといふのである、當人が来ての依
頼であった、承諾してやった、行ける人は行くが
よい。
中餐。
例の如く預言寺の六疊にて例の五人で親
子丼を攝った、我等は多くの興味を以て塚本先生
の語らるゝ所を聞いた。
聖書知識の目次の原稿を讀んで知らせられた。
徹頭徹尾信仰を以てせらるゝ個人雑誌の様で
ある。聖書之研究誌上で数年間先生の文を
讀んで其教に服した人は是非該誌を購讀せんこと
を望むであらう。畔上先生は安心に執筆に妙を得
るといふことを聞いた、誠に氣持よき愉快なる談笑
をつゞくること半時間の後
塚本先生は司會して左の問を會場に問うた。
一、大久保驛に於て一体貴下はおいくつになられますか
左様ですか　八つの兄さんですね
一、五十の感は如何なものですか?(職業、境遇と信仰と
信仰と四十代と變へることで起したものがありますか)

5.4.5.

△子よりも孫が可愛いと言いますが本当ですか、
子供ってそんなに可愛いものでありませんね。孫は
責任が無いから単に可愛し得られる為でしよう
ね、子供でなかると色々の事がありますからね。
△茂夫さんは何歳であるか若く見えますね 昨年貴
下の問題の時 私心を尋ねて色々の話がありました
親の事という事を離れて抽象的に真理を考えて
見れば真相が判ります。具体的になると判断はつき
ませんと申しました。
△ギリシヤ語會の新級は面白い。豊田という数学
博士も居ります 斯ういう人方が皆子供になって学
ぶのですから実に面白いですよ。子供に帰らな
くてはなりません。特殊學校という塩梅です。
△講演會の方は今迄通り會費（聴講料）組織
にして行くことに決しました 教會とは反對に。斯う
して自由にして置いた方は善かろうと思います。

聖書講演會（四八） 生命保険協會
鈴木俊郎兄司會 讃美、詩篇、祈祷、三島（婦人）

塚本先生
教會か無教會か
△教會は同じく「信仰で」という、然しながら果し
て然るか？
△私は教會問題を論議するのではない、矢張
信仰問題である。我々に取っては信仰問題は
生命の問題である。
△今日の基督教は教會専有である。
1、教會以外に救いなし、教會に屬するか否か
かは救いと同じ價値を有す。之は天主教である。
2、教會不要 救いの必要條件には教會を
要しない。之は私の信仰。
3、救わる、為には教會は必要ではない然しながら

キリストは教會を造って多くの善き事をやって來た、弊害もあるが弱き我等には實際上必要である、之は普通一般のプロテスタント教の信仰である。

△エキスカテドラ（教會外）の權は法王にありとなす。

△馬太傳十六章の言はイエスの言葉でないという說、及び天主教の解する岩とペテロとあるは誤譯でペテラであって彼の表白した信仰をいうのであるとの說あり、而してイエスの言ほは馬太十八章と只二回丈用いられてあるのみ。

△イエスは一つの制度をも造り給わなかった、そして主の福音は全体から見て教會制度丈を造られそうはない。

△馬太傳には坊主臭い所がある。

△人なる法王に神權を認めて真の自由が行わるるか、學術研究の範圍も彼によって制限せらるるではないか、之を是認するならば今日の文化は今日限り暗黒である。

天主教を保持して居る國に何處に進展自由の國があるか 伊太利？西班牙？

△然らば此不法なる天主教は何故千九百年間續いて居るか 然も益々隆々の樣を呈して居るのか

それは人は生れながらにしてカトリックであるからである。

實際人間は神樣と直接會いたくない、神の子たる責任を持ちたくない、人とか力とか建物とかにたよって無責任の位置にあって安心したい、靈魂をば坊主なり祭司なり、教會なりに預けて自分は何時までも午睡を續けたいという性質が生れながらこびり付いて居るからである、夫れ故天主教は終りまで滅びずに續くであろう。

△人は善い意味でやつて居てもパチルスの策略にかゝると利用されるものである。

△次回は第るのことを述べよう。

祈祷。　讃美七、　　　會衆二百五六十人

十二月十日（水）晴

内村先生會談

栃木縣氏家在青木家行に就て最後の命と注意とを受けん爲め午後二時半先生の應接間に於て會見した。折好く廊下に於て病後の夫人に遭うたので先ず御全快を祝し、それより昨夜朝鮮より贈り來れる珍果大梨の贈與を謝した。夫人は今年の栃木行に就き又々御迷惑のことを御願いして濟みませんと申された。

一、同情の意を表する此一封は名刺を添えて差出されたし。

一、教友としての代表的同情は必要である。

一、服裝は羽織袴にて宜しいだろう。

一、代理の任というものは實に至難なものである。特に目上の人の代理は面倒である。

一、木村長門守が二十歳の青年にて秀頼の代理を務めた時の態度精神は今日まで模範とせられてある。謙遜にして然も長者の面目を持するという所に六ケしさがあるのである。

一、畔上君と一緒で宜しい。青木君は同情して呉れ。

一、旅費として拾圓を上げるから此内で行つて來て呉れ給え。聊かも自腹を切る必要はない。辨當でも何でも要するものはこれを使う樣に

一、長い時間を費やさして濟まないがそれでは……

余がキリストの御心を體して出で去らんとする時先生には玄関まで御見送りせられた。

菊池夫人が研究誌の巻末の文に、先生が書かれし塚本先生の獨立に関する事實を極めて簡單に二三行を以てせられ、然も我等を離れての文字は確かに塚本先生自身から云つた様に解せられるので酷い書き振りである。塚本先生に同情すると藤澤武吉兄に語つて居るのを耳にして其正鵠を得ざる意思を悲しく思うた。蓋し此種の観察を與ふる人は少くないことであろう。何分大預言者を中心とする深遠の事實の發展路であつたから衆群の之を正解し得ざるは無理もないことである。それにしても長年恩師の許に出入し親しく其教訓に預つて居る者が斯く淺薄に解するは誠に情ないことである。今まで此種の群の中に陥るなからんことを祈るものである。

畔上夫人と話す。柏木より下駄掛けにて近道を上落合迄り四時頃應接間に於て夫人より明朝畔上先生が出發する時間の打ち合せをなし、それより雜誌のこと、塚本先生の分離に関し内村先生の執られし態度のこと、塚本先生の精神、山田鐵道氏夫妻の考と態度等について色々と話し合うた。何分人間の為す表面のことを人間の考を以てする時には皮相の観測を免れないのであつたから充分注意して神意の深遠奥妙なる點に我等の信仰の眼を向け、凡て軽忽なる言行を慎まねばならぬから意見を發表し同意を得た。老母堂とも道男君の健康恢復について話して四時頃荻窪に向つた。

藤本博士と會談

日暮れて石原兄を訪問し、夫人に對してクリスマスのことに就き内村先生の意見を告げ、歸宅と同時に此事を報じて藤本兄に語られんことを乞い、折しも病院より歸宅せる藤本兄を訪い應接間に於て第一に此件を述べて賛意を得、それより塚本先生の獨立問題に關して色々と語り合った。何處までも信仰の一致せるは嬉しきことであった。愛兄の祈禱の後感謝して六時同邸を去った。

十二月十二日 木 曇、

今日の大任を果す爲に朝來多忙であった家族は皆弱いから出來る丈雜務を減してから出發したいと思うのである。準備とて別段のことを要しない先生よりの一封と余が呈すべき花料との外には聖書讃美歌、旅費、時計等があれば充分である

七時半出發

栃木縣鹽田郡狹間田青木義雄兄宅に行くのである。阿佐ヶ谷にて二圓七錢に切符を求めて先ず上野に下車し三十分餘待ちたる後仙臺行九時八分發の列車三等室に乘って出發、赤羽にて乘車せられし畔上先生を間もなく前部の隣室に發見し余は席を轉じて先生と向い合いに坐し、初冬の靜かなる關東平野を走りながら内村先生のこと塚本先生のこと、柏木の集會のこと、今回の分離のこと、新刊の日本聖書雜誌のこと、山田鐵道氏のこと、令息の病氣のこと、初冬の景のこと色々と話し合った。

宇都宮からは吉野兄乘車、葬式の準備の模様に就き話して呉れた。十二時廿五分氏家着、數分休憩の後自動車にて出發、十分位にて青木邸に入る。令息を急に失いし青木老兄に面したる時は實に言い難き同情の感

に打たれた。畔上先生の臨席は豫期してあったことなれど、余が内村先生を代理して出席せるは全く意外とする所であって非常に喜び満足して謝意を述べて居った。一時簡単なる食膳は供えられた。

青木兄は我等に向って良太氏が一ヶ月前現職を去って農業に従事するに決せし時から骨肉友人知己の間を廻って報告せしこと及び其間に友人に送りし辞世の意味ある和歌を見て青木兄が今息の自殺を杞憂して一ヶ月も殆ど眠られぬ苦しさ、此七日發病してから病勢の重る經過、前夜十一時信仰を明かにしたる後愛誦の聖句馬太傳五章七節及び腓立比書を父に讀んで貰い、父の祈禱了るや家人各々に對する遺言をなし、翌二十日午前七時永眠に至るまでのことを精しく話された。自他共に其人事ならざる事實に感歎した。一時半から葬式が執行された。

故青木良太告別式執行順序

司會者 宇都宮美以牧師 飯田喜三氏

一、讃美三〇九、 一、聖書朗讀 詩九〇篇 齋藤宗次郎
コリント前書十五章 四十以下 吉野（作造令弟）氏

一、祈禱 司會者 一、讃美三三二 一、履歴朗讀 友人某

一、説教 畔上賢造氏 一、祈禱 同上 一、讃美四〇九 故人愛誦

一、弔辭七名 弔電 内村先生外數名 一、讃歌四六二

一、祝禱 一、告別

三時十分終了 會葬者二百 始終靜粛。

直ちに出棺、附近の林中にある墓地にて埋葬式（[illegible]）

埋葬 退散 時に三時五十分

一旦青木家に歸り團欒を囲んで二十分雜話の後返禮の贈物を携え自動車に乗って氏家驛に至り四時五十八分の列車にて歸宅した。

十二月十三日 金曜

九時半出發 柏木に至り直ちに恩師邸の應接間に導かれ、恩師夫妻に向って青木家告別式の實状を報告した。先生は大に喜び且つ滿足され 余の勞を謝された。

一、青木君が子供に農學を學ばせながら北海道の製氷會社から引っ張って來て自動車の賣子にしたというが聊か間違である

○附言せられた。

○あの子が中學の頃家の子の様に世話をして通學させたんです善い子でした

○奧様が語られた、それから

先生は

一、昨日午後二時靈南坂教會に開かれし五十年祝賀會の様子は全くお祭騒ぎであった。綱島、海老名、徳富の諸氏 打ち揃って吾人を笑ある砕け切ったる話ばかりで少しもキリストは崇められず小崎弘道氏夫妻のみが賞讃されたという始末 宴に呆れ返った様であった。若し憤れば途中で退坐するまでのことであったが、此際少しでも真理を語ろうと思うて私は最後に祝賀ではない感謝であると冒頭しそれから一場の朗讀講演を為して始めて嚴肅なる會合に變じ之を以て結了ということになったのは幸であったと思うた。

一、クリスマスには内村家を全部開放する事、

一、話をする人を數名決し置くこと

一、塚本畔上の兩先生に招待状を發する事。

一、各室に花を飾る事

を語り且つ命ぜられた。

余は青木家よりの贈物と旅費の精算を呈して去った、恩師には奧様と共に篤き謝意を表された。余は

恐縮に感じた。
一回預言寺に戻るや再び呼び出されて應接間に
行つて見た所が
一、これは十一、十二月分の報酬とクリスマスの祝
いである 少しなれど
とて一封を渡された。余は深く謝して頂戴して歸つた。
ものであつた。過分なるに忝なく思つた。
預言寺の爐邊にて藤澤兄ら晩餐の様子を聞
いて居つた所が、異様が見えて
○青木良太君のことを精しく承りたい
と申されたゆえ、余は最後に先生に申上たことを繰返して御
知らせした。異様は感涙を拭つて お聴きになつたの。

仙臺以北に於ける切支丹遺跡
を昭和三年十月號の改造誌上にて讀む。
仙臺藩磐井郡の大籠なる桃源郷に吉備の國より
移住せし二人の銅工は熱心に布教せし結果
三萬の信者起つたが後幕府の禁令によつて
火刑又は斬殺せられ終に絶滅したから。
色々の感を懐いた
一、單純なる教を説いたであろうということ
一、神社佛閣を激しく排斥せし形跡ある
一、甘んじて刑に服せし態度に感服。
一、中で改心の風を装いし者のありしこと。
一、文録寛永の頃の切支丹の隆盛が其儘に
流布するに至らば今頃は日本は純粹のカソ
リック教國なるべきこと。

十二月十五日（日）曇。
七時半出發途中菊花を求めて柏木に向つた。
獨講堂に働いた。先生お見えになる
一、花は貧弱且つ下等だ
とて立て直しを命ぜられた。美樹されと言うて赤の
カーネーション二本を買い庭の山茶花二枝を

5.5.3.

折って速急に花瓶を作った。
預言者の前に出花の側で藤本兄石原兄余の三人先生に呼ばれクリスマスの相談をかけらる。
久しぶりで古賀貞周氏見ゆ、満員であった。
先生は「創世記六章」と講演の題名を揮毫せられた、日曜学校の生徒等は周りに於て之を見て居った。先生は
「今日はいけない、此年になっておんなに
　下手では困るな
など、子供等に申された。
聖書を朗読することを命ぜられたけれど余の仕事の他にあるを考慮せられ西岡さんに托しようかと問われた。余は大に賛成し直ちに其のことをなした。

集会
内村先生司会　石原兄祈禱
塚本先生

哥林多後書十二章の研究
○一つの与えられし刺は、パウロに極めて必要なるものであったこと
○パウロはキリストの為に懦弱と凌辱と窮乏と迫害と患難に遇うを喜び楽みとしたということの意味。
○パウロは第三の天に挙げらるるという若き宗教的経験を味ったが、それだから偉い教師の及ばざる所なりと思うは宜しからない、之は或る人には必要、或る人には不必要の事故この様のことの有無を以て信者の価値、信仰の厚薄を評価してはならない。
以上を中心教訓として話された。
えい。
聖書朗読　一、創世記六章　西岡虎造兄

内村先生

創世記六章の大意

一、ノアの洪水は其当時の世界即ちチグラト、ユウフラテス二流域及びアルメニヤ地方に起りし事実であつて所謂地球全面に起つたことでないと見て差支はない。

一、カルデヤのウル地方を発掘して地層を調査した結果によれば現代文明と太古文明との中間に於て八尺若くは六、七尺の沖積層があつて遺物を全く含まない地層があるのを見れば大洪水の跡なるを認むることが出来るのである。

一、船中に助けられし動物も其地方に於ける幾種かのものであつて決してアフリカの象、毒蛇、カンガルーから北極の白熊、マンモス等までを狭き船中に収めたとは信ぜられない。

一、信仰の人は救われた事、我等も各々救わるる為には信仰を持続し居るべきこと。

一、悪の世を滅すのは それは最終のことではなくて新天新地の出現の為に行い給うこと。

讃歌、　祈祷。

報告　クリスマスの事

墨蹟（記念論文集）に署名ある事

クリスマス出席の申込を受けた結果九十五名を見る。会費七十三円位かかる。余は臨時会計に当る。

中食中塚本先生はお先御免として他の内会場に向われた。十分の後余も猶同所に向い同時に会場に達した

ム忘れてしたなら　お待ちすればよかつた

と申された。

5.5.5.

△「聖書知識」と來年の計画に關する廣告を各人に配布する爲に多忙であつた。今日も二百五十人位

その内集會（九回）

鈴木俊郎兄司會

二四五、 馬太六章十九—三四、 祈禱、 一人の婦人

塚本先生

何故私は教會に屬しないか

△こんな野暮な問題を掲げ東京の眞中で話をあるといふは我れながら感服の至り。

△こんな事を問題にしなければならぬ程現教會が違つて居るから此野暮な問題を提出する譯である。

△理由は簡單明瞭 即ち人は救はるゝ爲に教會に屬する必要なしといふのである。（カトリツク派は教會の外に救なしといふ標語あり）

△新教の言ふ所によれば敢て教會に屬すると否とは問題にならぬ様に思へるが決して然らず。

△時代の常識なる獨逸の百科全書を見た所が舊教新教所詮其根柢は同じだと書いてあつた。

△私の考では現代プロテスタント教會は矢張カトリツクである。

△試みに調べて見よ、教を聞かんとて教會に通つて居る人に、誰か洗禮を勸められない人は一人でも居るか。

△信者なるには教會に屬することを必要として居るカトリツクと同じく教會本位である。口では内でも外でも信仰を得られるといつても其の事實は然らずである。

△又試みに私が若し處女懷胎を信ぜずといつたら

十字架上のイエスの死は単なる死であるといふこと、復活及び再臨は信ぜられないといふもそれは新説ならずして敢て怪むに及ばぬが然し教會の必要無しと言ふや異赤になりて怒るではないか、それは何の為であるか？

△私は決して教會の缺點を言ふのではない、缺點をいふならば我等の間にも亦同じ様に存するのである。

△彼は熱心に傳道する、彼は忠實に献金する、彼の祈禱は長い彼は屢々斷食をもする故に立派な信者だと言ふ、そんな事で信仰は判るものではない、悪魔でもそれは出來るのである。

△信仰的でない人間的である實例として著しいことは米國の或る所で教會堂を建築せんとし醵金をあるに當り ハレキンがソレヤルさ

實行せんとし警察の禁止に遭ふたといふことである 想像でも出來ないことではないか。

（金額を定めて同齢の男女抱擁）

△私は自分の事を赤裸々に表白する
講演會開會の經過、雜誌刊行の件、
ギリシヤ語會の事、
一々皆信仰的である、家庭に於ける私的生活も同様である。

△キリストの言葉を其儘に實行すべし、常識の水を少しも割らずに。

△キリストを信じ服從してそれを生命とする者、キリストの心を心とする者は信者である。

△教會を持たぬ塚本が死んなら其時信者は何うするという問を發する者がある、それは神様の居ることを忘れて居るもの、愚問である。

ム凡ての支え棒を去れよ而してキリストを通し
て神にのみ頼り縋れよ。

さんび二七五.　祈祷.

余が塚本先生の集會に出席するのは多分、當今今日を以て最終とするであらう。余は内村先生の使命の何であるかを少しく知ると共に塚本先生の使命の幾分をも知り得る様な気がする.
勿論之は人間の眼での出来る觀察ではない。余は今日迄には塚本先生の講演を傾聴したのは一百回を越えるであらう.
そして或る時は喫煙を闔み 或る時は會食卓に相對し或る時は街頭を歩みながら或る時は電車の窓に倚り掛りながら又或る時は構内のベンチにもたれながら色々の話を承つて其腹蔵なき表白を通して純なる信仰の湖面を覗ふことが出来た.
即ち余は此世に於て最も透明な異なるキリストの僕を塚本先生に於て見たのである。余は内村先生に於て神の義と愛とが如何に調和して働くかキリストの生命が其生活に流れ出ずるかを見て恩を受けたるに次いで此幸福を持つたことを感謝するものである.
余は来年一月より研究を始めらる、塚本先生獨得のキリスト傳を聴き得ざるを小からず遺憾とするものなれど余の使命の立場から考へて止むを得ぬこと、思ふ。余は當分其受付に立つことは出来ない。今後より整理を助くることはない。然れども一層切なる祈を以て塚本先生に對するであらう。主は必ず此事を為すべく給うことを信ずる。
斯くて入口の立看板を眺めたる後各々歸途に就く兄弟姉妹の寒さ中かし顔と容姿とを視、独り徒歩日比谷公園に入り　明治會館なる
　田中智學氏　教化総動員全國大宣傳終結講演會
と名乗る勝綱的會場と一瞥し市電に乗つて帰宅した。

十二月十一日 〃　雪子叔母君に對する研究 馬太傳十九章まで進んだ。

十二月十九日　木.

向山堂に高山鉢吉兄を訪う.
葛巻行孝兄より依頼せられし「初代信徒父子」の出版に關しての用件を帶んで中食後向山堂に向つた.
兄夫妻に迎えられ四畳半の室にて對坐た.
昨日内村先生に呼ばれて
一、塚本君の為には應分の援助を與えたのであるから、今の関係を断つて當方に来れ.

一、然らざれば君は向山堂との書籍雑誌の関係を断たねばならぬ。

△それは酷いですね一体今回の事は最初先生の許可否命令によって市内伝道を始めたのであり且つ我々を以て見れば両先生の説く所大差あるを認めず。去れば先生の今のお話は餘り厳しい様に思います。

一、教会に就ての考へ大分に異って居るから若し塚本君の意向を持つ様なれば僕の方の雑誌書籍の取引を中止せねばならぬ。君の為に實に気の毒であるが止むを得ない、の余儀ない正義の然らしむる所無益に美わしき此厳粛の所為と思う。高山君は先生の真意を洞察するを急務とす。

高山兄は途方に暮れ即時に諾答あることが出来ず、種々のことを互に物語りて辞し途中飯田橋の土手の上で獨祈ったことである。

兄は公表を恐る、事柄を全部を信じて話して呉れた。之を書けず遅れることは心苦しけれど此等の事が神の御許しの下に起ったからには必ず深い意味が在って神の御計画を成し遂げらるゝ為に必要な事に相違ないから前の儘に記載して置く。但し後日之を読む人は誤解や速断をなし私見を以て妄評に出ずることは充分に注意せねばならぬ。

△柳木の会員に皆川(とし子)という市川源三氏校長の府立第一高女出、英学塾出身の丈似さ廿五歳の婦人がある。何時の頃(今春頃か)か知らぬが、塚本先生の所へ行って私は一生獨身で暮しますが、先生の所で二人のお子様をお世話させて頂きたいと申出た。

△勿論先生に取っては意想外のことであるから拒絶した。然し彼女は中々執拗な態度をつづけるのであった。遂に愛し合う仲となったので矢張結婚するの得策なるを感じてか、其気になって先ず友人藤井

5.5.9.

武氏と古屋利貞氏に告げたが賛成であった。然し
愈々内村先生に諮ったが大不賛成をせられた。
此時塚本先生には内村先生に邪魔せられたと
感じられたらしい。

然し此事によって二人の関係は冷却するし離反す
るもなお依然として相愛の関係を持続し殊に
婦人の執拗なる行動は心あるものゝ目に餘る様
であった。横濱えでも私の家えでも何處までも
附いて歩くという風であった。

妹の善子さんは随分心配して居る様です。兄い
さん今晩帰りますかと問うて 否帰らぬよなど
答えるを聞いたこともあった。

私は近頃先生に遭うた時失敬と思うたけれど
塚本さん ひどいではありませんか 白髪頭の男
が其や そこらの乙女子でもありますまい。
思うてもないですよ
といって醜態の世に知れるまでには至らぬ様苦言
を呈しました。

二人は敢て恥しいことが無いと思うて居るらしい、何
といっても位置、使命、関係、影響を無視した
無思慮な所為といわざるを得ない。困ったこと
が出来たものです。

人であるから止むを得ぬことであるが然し福音を傳
うる身分としては慎んで貰わねばならぬ。何しろ
集會には紳士淑女も来て居るのだから若し之
が知れ渡ったら外聞な話である。

内村先生に呼ばれた時、藤井君の賛成を得たと
いったと言って居りますかと申したら、そんな事は無
い。一つ證據を見せてやろうと云って書翰にて同氏
より先生に送り来れる返信を讀ませられた。所
が夫れは塚本さんの話とは全く違って根本的に
不正であるとの意見を綴ってあった。此點を
見ると塚本さんが私に嘘を言ったか、藤井さんが内
村先生に心ならぬ言を呈したのであるか其の二つである。

今度は一つ古屋さんに會って訊いて見ようと思って

居ます、果して大賛成を表したかどうかを

◦嘗て大手町の講壇に立って働いて居た黒崎君が女中を過った事もあったが公にならずに済んだ、今度間違って妊娠でもするとか密会でもと見付けらるることになったら全く以て困ったものである。若し結婚をするとしても一年なり二年なり延ばして何処か遠方に行って居て貰いたいものだ。

◦尚非常なことを聞いて居る、塚本先生が私に向って内村先生が私の結婚を邪魔したから若し何時までも其態度を改めぬならば今度は私も独立して自由の立場となり雑誌という発表機関も持つことになるから筆を以て先生の悪事を素破抜いてやるという実に言語道断の事を言われて極度に呆れて居る次第であ

サイトウさんどうです。

◦斯うなっては我等の執るべき方針態度に就ては読んで考え様はない祈るの外はありませんとて二人涙を揮って祈ったのである。

二時辞し去った、神田の精華堂に入って店頭の若き婦人と中村不折画伯について自分の主義及理想のことなどを話し別れて仙臺坂に向った。

十二月二十一日 土 晴

内村先生の御不快なる由を聞きや一刻も早くお伺いせんと思い午后二時半急ぎ準備して柏木に向った。暫時預言寺で藤沢君及び蒲池夫人と話した、親しく御容體をお伺いせんとして二三歩踏み出した所え石黒君が同じく先生を訪わんとて来合せたれば共に入って応接間に導かるまでは園亭の側に坐した、先生は理髪師を呼んで調髪せられてあった、其間奥様が我等に応接せられた、三時過ぎであったであろう先生が八畳の居間に我等を招かれ

一、明後日のクリスマスの準備に就て重要なる二三の質問に注意とを與えられた、夫人は茶菓等を以て我等を遇せられ

た、
一、畔上先生に對し正式に招待の手續をなし
おくさ
を命ぜられ辭して上落合に向わんとする時石原
先生再同行すると言われた。道々柏木の集會
を中心として三先生の事や各自の責任の大な
ることを語り合い黄昏時畔上先生邸に達した。
求安録を叙して夫人と暫時物語りました。

十一月二十二日　日　晴

集會
内村先生司會に　石原先生祈禱。
塚本先生
哥林多後書十二、三章研究
△パウロは十二章より十三章十節まで火花の散る
様に激しき筆鋒を揮ったが其後の穏和なる
口調は恰も木枯の後の小春日和の感がある。
△眞理に逆いて能なく眞理に順いて能あると
高調せられた。
△若し何があっても愛と平安の神が偕に在し
給わずば空しいことである。
△最後の祝禱にイエスを第一に置きたる
は信仰上非常に深き意味の存することであ
る。此十四節を精しく説くならば多くの時を
要することである。
△本當は大略であって遺憾であるが究に固
コリント後書を認めたるパウロの精神を明
かにしたと思いますが、其精しいことは後で内
村先生なり石原先生なりから話されること
と思います。

562.

△本講演を以て此講壇を去ることとなりますが、然し呼び出さるれば一時間は参られる、譯で全然関係が切れるのでないから別段告別の辭を申上げません、十字節の祝禱を以て皆様にお別れいたします。

内村先生曰

一、コリント後書を斯くも簡單明瞭に取扱い得る人は世界にも多く無いと思う、私達は此難解の書の大精神を教えられた事は誠に幸福である。私は何時かは之を講義しようと思うて居るが、然し顧れば今は創世記が始まったばかりで其後には出埃及、利未記が控えて居り、且つ生存中必ず試みたいと願って居る默示録があることで故多分此書には手を付け得ずにお暇となるであろう熟ら考えて見て今回の塚本先生の講演は一同に取って實に有り難い事であった。

内村先生

創世記六章

一、舊世界の滅ぼされんとする頃の人心と見よ、神の子即ちアダムの子孫等は人の子即ち他民族の美麗なる女子を取りて妻とするという亂倫に陥って居った。

一、變亂を來らすの原動力は主として美人にあり。

一、現代日本の如きも亦之に類せりである。數多き雑誌を見よ、其表紙に繪に若き女の像を掲ぐることは何の徴で何を意味するか、展覧會を見ても美人画の多きは注目すべきこことである。老若男女が人々の注目の的となる時には多くの罪悪が行わるゝ時である。

内村先生ー鈴木虎秋兄代讀

「シンボリズム」に就て

一、適當の譯語は無い。

一、悔改めというも不充分、心的歩みの回轉である。佛教の發心というは稍と近い

一、此實驗を持たぬ者は本當の信仰ではない。

報告　クリスマスの件

閉會後藤本一は富永先生と共に明日のクリスマスの事について相談した。零時半分散。歸宅して家族を擧げて出發一時半から柏木ル館日曜學校のクリスマスに臨んだ。

日曜學校クリスマス

司會者　鈴木彌美先生

生徒約四十名　ほか來客約三十名

さんびか、

祈禱、

私の守った最初のクリスマス　齋藤宗次郎

一九〇〇年（明治三十三年）二十四歳の時、其一月から十二月までに起った重なる出來事の上にキリストの御恵みを教え苦難にも喜びにも凡て神の愛のあることを述べ、常に感謝してエス様に從うべきことを以て話を結んだ。

それから生徒の

暗誦、歌踊、感話、昔話

など多く行われた。其間に牧野先生、石原先生のお話があった。

内村先生は奥様と共に會場の一隅に暫時出席して喜びを偕にせられた。

サンドウィッチ、菓子、果物の贈配から生徒達は多くのプレゼントを與えられ大喜びで五時頃散じた。

十二月二十三日 月 晴

今日は我等のクリスマスである。然も余は幹事の一人である、一切の責任を負って此事に当らんと決し、祈を以て主の御助けの下に活動を始めた。

○百八十名を適当に坐せしむる様会場を整理することこれは容易の事でなかったが、先生も二三回見えて注意せられ、二人の労働者は克く余の言に従って働いて呉れたから正午までには大体食卓及び椅子の配列の考案が成ったので中食を済し それより続いて此作業に当り、二時には旨い塩梅に出来上った。先生も満足の意を表せられた。

○花の用意は寄贈を待つので中々沢山なかったが一瓶丈は花屋から求め其後は一切鶴田夫人に委ねることが出来て大に手が省けた。

○食品は麓屋から一圓の折、菊水から二拾銭の菓子、高野屋から二個五銭の蜜柑が五時半までには届いて準備は成った。

○プログラムは石原藤本両兄に一任した。

柏木聖書研究会クリスマス

今日は師弟上下の区別なく一視同仁というので内村先生も来賓たる畔上塚本の両先生も一般会衆と一緒に坐ることゝした。

石原先生司会

さんびか　聖書(イザヤ、ザカリヤ、マタイ、ルカ)朗読　余

祈祷　藤本　さんびか

今年のクリスマス　内村先生

クリスマス感想は各方面から代表的人物を選定し、先ず盧石壽兄から始め六七名に及び それから指名を待たずして語り出した人三四名あって畔上塚本両先生の所感を乞い 其間に

5.6.5.

山田姉の独唱、田中兄等の四部合唱があつて食事は感想前に済した。感想は盧氏藤本重太郎氏荒城松子姉大島先生等痛快なるは多かつた。最後に内村先生は

一、松に叱られし時

と題して面白く且つ有益なお話があり閉会の祈祷があつて大感謝大讃のうちにイエス・キリストを中心とせる一九二九年のクリスマスは結了した。
内村先生始め我等責任を果せし数名の幹事も言い尽されぬ感謝と喜びと満足であつた。是れ皆主の御憐みによるものである。

十二月二十四日　火　晴

寒気も漸く募り来り我家の畑は霜柱に蔽われた。
朝横田好学氏宅に至り内村先生よりの贈物を呈し
松田邸に入つて奥の間の押入から先生の寝具を持ち出し一時御用に供したる余の机と腰掛とは玄関に移し寝具を自宅に運び洋服に着更えて九時頃柏木に至り之を納めた。奥様出て迎えられ且つ謝意を述べられた。松田邸へは来春までは行かぬことに決したと申された。
浅草観音を見て根岸に中村不折先生を訪い種々珍らしきものを見せられて後画帖を拝借して帰つた。

十二月二十五日　水　晴

午后三時西宮に至り馬太傳廿八章までの講義を了えて帰る
余の不在中石原兵永兄来り
内村先生から

一、明夕七時茶菓を饗食したいから社員（男）一同見える様に

との言傳とせられたとのことであつた。

十二月二十六日　木　晴

午后三時西宮に至り約翰傳一章―三章を講ず。
午後六時柏木に至り七時より

内村先生の應接間
にて一同、鈴木、田村の三兄と共に
西洋菓子、紅茶、シヤボン
の饗食に預った。
先生は御安心なされし結果か疲労が出て御
顔が浮腫みお元気ではあったが注意を要する
御容體であった。
一、何か不平を持出す者があったら先ず先
生の福音の何處が悪いかと其方面から
考を聞いて見るがよい。うっかり先生だ
って人だ缺點を免れないなど、緩いこ
とを語って取り合ってやると圖に乗って飛んで
でもない結果を見るから お互此事を實
行せよ
と注意せられ後寝室に入って休眠せられた。我
等は奥様と共に九時まで物語って感謝して歸
った。

十二月二十九日 日 曇
案じられるのは恩師の容體、今日は正式の集
會でないから少し遅れて八時半出發柏木に向った。
花は古きもの以て間に合せた。八郎君は二個のスト
ーブに火を點けた。
内村先生講堂に入って暖爐に依らる。
余は恩師のお顔を一見して涙を催した。強き浮腫
みの為め眼の邊り腫れたれば尋常ならぬ様子
を感じた。浮腫みの為にお痛みはありませんで
しょうかと伺って見たら
一、痛くはない
と申され更に
一、老人の病でな スツ煖爐に引込んで居
よう
とて講堂を出て行かれた。底淋しき感に堪えなかった。
一、幕を張るがよかろう。
一、宜しく頼みます。

の御言葉を今日の先生の講演として余の心に刻んだ。

日曜禮拝

石原兵永先生司會

さんび、詩一三六篇、祈禱、さんび、

クリスマス及び歳末所感

と題し、キリストの生と死の意味を詳述し、人間の矛盾性を語り且、主に信頼するの外なきを述べられた。

二時閉會　　會衆三十餘名

塚本先生は本日の集會を十二月の利定氏宅に開き、服從　と題し、希伯來書の精神を述べられたということである。婦人等は强く感じた由である。

十二月三十一日

午后三時西宮家にて約翰傳十三章一―十七節を輪讀。

一九三〇年（昭和五年）

内村先生七十歳　（余五十四歳）

一月一日（水）快晴
約翰傳三章十六節以下朗読、讃美歌合唱、黎子と祖父
祈禱、雑煮餅を頂く。
内村先生の病状を伺わん為午後三時出発大久
保を経て柏木に向った。
　漸次快方に向わるゝ由
を聞き御面会をば遠慮し預言寺にて藤澤兄
と炬燵にて物語った。主として塚本先生に関するこ
とで、内村先生の言や高山兄の話を引用して語るを
聞いた。
祈禱會
石原兄の好意により同兄宅に於て開かれた。鈴木
虎秋兄と田村次郎兄と余らが六時までには集って
直ちに書斎に於て石原、余、田村、鈴木の順に
祈った。後八畳間に晩餐の饗食に預った。雑
煮餅であった。それより再び書斎に導かれ
柏木を中心として物語り、各自東北の野人共が
召されて此重任を帯ぶるに至った事は實に
不思議な事であって絶對信頼によって神の
榮光を現さん為の聖旨と解し信ずるの外な
きを感じた。此集會の為に
内村先生から特に贈られし菓子果物
を味い、九時十分深く謝して帰途に就いた。二兄は
中央線で余は西武電車で帰った。

一月四日（土）
湯澤健兄が山本泰次郎兄の内村塚本両先生に
對する態度を痛く憤慨して居ったという事を聞
いた。其何の事實であるかは知らぬが、昨秋
山本兄と其自宅に訪いし時、此夏水番掛に行って
て内村先生に思い切ったことを申して来たということ

5〜67.

を告げられしを思い出した。

今まで去就を判然せずに居った吉原利郎兄は愈々内村先生の方に残ることに決したということである。キリストの御名に為に汝の信ある如く為せそである。


一月五日（日）晴。


八時出発柏木に向った。凍った道は大變歩き易かった。今日は東中野の方面を選んで、一歩一歩恩師邸に近づくに及んで御容體は如何かと案じられる。先ず藤澤兄から早速其事を問うを常とする。今日の答は「日増良好」というのでそれはよかったと心を安んじた。

講堂の一隅に祈禱を献げて後、心を用い目を配り手を延して開會の準備をなす。聽て武藏屋君も見えて室内の温みも出来た。伊藤侍地の両未亡人が先ず出席して先生の御容體を聞いて安心、講堂の整理は一切余にお任せになって居らるるものゝ見え、先生は一回もお顔をお出しにはならなかった。

日曜禮拝（午前十時）
石原先生司會　三五、讃百三十篇

所感

△石原先生が内村先生の助手として講壇に立つに至りし理由として自分の無力無能を自覚つゝも敢て此事に當るに至りしは神に對する感謝の念に出ずるのとなし、神様が無力者を働かして神様の榮光を現わし給うに相違ないと言い、自の恥晒しを覺悟して立つ所以であると述べ、聖書の言葉は此事を證明するとて之を引照し朗讀せられた。

祈禱、さんび。

恩師夫人は御健在の様子にて出席せられた。

十二時一同退散　男十九　女十六、

十一時帰途に就かんとする時
先生に呼ばれて階上の書斎に至れば、秀英
舎よりの観劇会の招待状を示され
「良子さんは芝居を見ぬか、一つ私の
代理として歌舞伎座に行って呉れぬか
と問わる。余は自分に即答が出来ませんが
御用とあれば行かぬこともあるまいと思う旨を
申し、兎に角其招待券をお預かりして参
りませうと退いた。
茂夫に此旨を告げたら恐縮の體で、行った事
はないけれど参りませうと言った。

一月六日 月.
十時半駒込なる皇漢木村醫院に出向いた、淡野
猶三郎兄が長女の白帯の病氣を診療して貰
う為に来て居られた。新刊の両雑誌や塚本先
生のことを話して居る時に、藤澤音吉兄が見えて

自分の藥餌を貰うことの外に重大なる用務即ち
内村先生が木村醫師の来診を乞うの件
を嘱したとのことであった。矢張昨年先生の紹介に
よったもの、様である、醫師は本日四時か五時に
参上すると答えたと聞いた、両兄は十一時半頃
帰ったが、余は零時十分に辭した。

一月七日 火
茂夫は昨日の事を報告せん為に内村先生に行き
お奥様に語ったそうである。
先生は昨日木村醫師の御診察を受けられ
確かに治るが一年もかかります其間は矢張
全く休養という姿でなければよくない
といわれたとのことである。

一月九日 木.
一時半内村先生の御容體を伺った、皇漢醫家の
藥を服用せし以後昨夜も一昨夜も夜半脈膊
が甚だ多かったとのことであった。讀書も面

會も怒も笑も禁止といふことである。

廿「塚本先生が高山さんの嚴談を容れて、若い婦人を近寄せない事、「無教會」といふ言を過激に用ゐざること・せられたのを内村先生がお聞きになつて喜び且つ滿足せられし様子であると。

一月十日　金
十時近き頃柏木に向つた。雜誌發送の準備をなす。お奥様から木村醫師診療のことにつき色々承つた。十一時二十分から恩師夫人と二人にて包装に當る。一時汁粉餅の御馳走を頂き再び勞働に取掛り四時半までに内外共全部始末して了えた。武藏屋君が來て荷車で淀橋郵便局に運んだ。今月號は割合に早く濟んだので一同喜んだ。

一月十二日（日）　小雪
雪道を踏んで柏木に向つた。五十年間毎年數ヶ月を雪の中で送つた自分であるから雪に接すると一種の懐かしさを覺ゆると共に種々のことを追想し瞑想する。

今日も閉會まで先生はお見えにならなかつた。恩師夫人は講堂を見舞つて花や暖爐を御覽になつた。

今後日曜學校を田中兄が退いて令妹順子さんが受持つことになつたといふので熱心に講堂内の人々に報告された。

玄關先、門前の雪掻きをやつた武藏屋君は雪除けの天幕を張つた。

集會
石原先生司會　三六、詩篇第九篇、祈禱、二六四。
内村先生立つて平林廣人氏を紹介せらる。
一、神の恵みによつて今年も研究會を開き得ることを感謝す。
信仰の友人平林廣人君が丁抹の偉大なる教師グルントビーのことを語つて呉れるのは實に有り難い、彼によつて今や世界は多大の幸福を保たれつゝある。此事を知るは最も必要である。

グルンドビーの信仰　平林廣人

○農民に信仰を與ふることは日本全國の要求。

○今や農村問題のこゑが起れば丁抹のこゑが出で一変に内村先生の名が出て來る。私は夙に内村先生の『デンマークの話』を讀んで非常に益を得たものである。

○内村先生は此講壇に立って世界の爲に働いて居らる、。

○今の司會者の祈の内にあった生ける言葉というのがグルンドビーの始であって又終である。

○聖書の方面から考へて見る時には日本のみならず世界の教育は根本から新たにせざるべからざる節がある。

○十八世紀中葉から十九世紀二十世紀の今日に至る産業革命の爛熟で都市中心の思想とより解放せられて人間に歸らなければならぬ。

○物質文明の不安を去って、神の國への歩行に轉ぜねばならぬ。

○我々は靈魂の平安を求むるの叫びをなす。日本も明治二十年以來劃一教育を施して來たが目下の狀態となった。眞の教育を以て其實績を擧げんとせば昔の家塾教育に歸らねばならぬ。

○丁抹ではグルンドビーの教育を國家的に實驗して其成果を見て居るから之に則る時には必ず美わしき成績を見るに至るに相違はない。

○茲に二つ兩國の農村青年の思想を比較して見るに

日本　駄目だ！此聲は一般農村青年の心中を表白するもので、假令成績優等な學校を出た者でも學資なくして修學を繼續することが出來ず、農村に止る者も矢張駄目だ！我等は斯くて農村に朽つるのみだと言う。何という淋しい暗い聲であろう。

丁抹。　與えられたる此土地、我等は神の生ける力によって此土地を愛し最善の成績を擧げて人類のパンを製するのである。其希望其尊貴こそ眞に敬すべきである。一は金、一は信仰、寔に同時代に同じ地球上に棲息する同じ青年の聲とは思われぬのである。

生きたる言葉、生きたる仕事、生きたる信仰。此信仰は何處から來たかって、彼グルントヒーは親しく神より受けて之を自らに消化し體驗したもので一言一句悉く血と涙と汗の鐵門を通過してきたものである。此生きたる言葉が天下の志士を樹たしめたのである。

神の生ける言葉を人間の靈魂と實行の上に活かし、之を生けて人間に施すことは眞の教育である。此鍵を以てすればグルントヒーの思想事業を解することが出來る。

。ペスタロッチーは少年に見出したがグルントヒーは青年に見出したのである。

。イプセン、ストリンドベルヒの如きも此人の感化を受けたのである。

昔北歐海上にバイキングの運動というのがあってバルト海は勿論、佛蘭西、西班牙邊の海岸までも其活動の範圍内であった。然るに今日も亦バイキングは精神と姿とを變えて全世界の上に其活動は試られてあるのである。デンマーク人が信仰に基く神の國の文化的運動である。何處に行つても其處を天賦の地として獨立自由最善の生産を擧げて神と人とに奉仕しつゝある。實に悠々自適世界を我家となしつゝあるのである。

日本に於ても百人内外のデンマーク人は公使館の二人の外は皆農業なり教育なり音樂なりを以て健全なる生活を營みつゝある。

○滿洲に於ても病院を營みながら傳道して信望を一身に集めて居る人がある。條約にあらず武力にあらず、神の國の言葉を以て僅か三百四十萬の丁抹人は世界中にバイキングの運動を思ふ存分進めつゝある。日本國も軈ては此恩恵に與る時が來るに相違ない。

それには先ず吾國民に此神の言葉たる信仰を懐かしめ職業に對し土地に對する本當の考を以て生活せしむる様にせねばならぬ。

二六五、

内村先生曰く

「デンマーク人の心の中心を貫く信仰は是である、主は生命を與へて給うた、我等も亦生命を與ふるのであると、」

今日は實に善き話を承はつた。

内村先生

新年の希望

二十枚の原稿を鈴木虎秋兄代讀

(研究誌一月號所載)

次に「パウロと武士道」と題して先生の講演ある豫定なりしも醫師の許可せる十五分は

575.

既に費し盡したればこれ以上述べて醫師の注意に反するは不本意故祈禱を以て終ると申された。

祈禱せられた

七十年の長き間常にキリストが私の爲に働き給うたとの感謝を述ぶる時は涙にくれて暫時御言葉が出なかつた、我等も亦泣いたのである。

◎

高山兄と握手して新年初めて會ひて目出度の祝辭を交換した。

兄は内村先生の病状をそつと物語つて居つた。

散會後幹事等と共に夫人は暖爐の邊にて暫時話された、四人預言寺の六疊に坐して中食、食後先生の方から美味しいカステーラは送られ感謝して頂戴した。

塚本先生は基督傳の研究、其一、「其目的」であつたとのこと。

一月十六日、石原兵永の聖書講義はヨハネ傳を了へ使徒行傳に移つた。

一月十八日、土、晴

午後蒲池春江子姉來り、親切にも柏木に行く途中、態々立寄つて

内村先生が日曜日（十二日）の夜から病勢甚だ募り藤本、石原（重成）兩醫師の診療によつて大事を取つて安靜を要するとせられ心臟の活動力を強むる爲と臟腎（排尿）の爲に幾回も注射せられたとのことであつた。

御夫人が預言寺には見えられて御容體を精しく告げられた、夜間は一時間もお眠りにならぬ由である。

藤本重太郎さんが昨夜の如く今夜も看護の任に當つて呉れるし割合に手が揃つて居るから歸つて明日は會場をしつかり整理して頂きたいと申された。

石原兄と共に歸途につき荻窪まで電車中色々信仰の事を話し合つた。

弟は獨り講堂に祈り、杉林中に祈って先生の御病躰を蔭ら御見舞して居る。

藤沢杉林

一月十九日 日 晴

恩師の御容體は如何に……これ晝夜忘るる能わざる思念である。そして祈りの座に就く毎に先ず第一に聖旨に適うて恩師の御病氣の一日も早く全快せんことを祈るのである。

八時半柏木に着し、預言寺にて藤澤兄より昨夜今朝比較的靜かなる御容體なる由を承わりて感謝し直ちに講堂整理に當った。

集會

石原先生司會 三九、詩八四篇、祈禱、さんび、

植木良佐博士

信仰生活の難易

△信仰生活は容易のことではありませんとは誰でも長い間忠實に世を送りし人の言う所である。

△此事は路加十四、二十五節以下に於て一層強く明かに命せられてある。誰か之に應じ得んやである。

△又此喩は我等と神との戰であり、早く自らの無力を悟り和睦即ち悔改めて敵なる王即ち神に服從すべきである。

△廿六節の嚴格なる命令に對して馬太傳十章廿八節は矛盾の樣なれどこれはキリスト教の眞意である。キリストに信ずる者は成し能わざるなくしてである。

以賽亞五三ノ四節以下に預言せし如くイエスは實に我等の罪の爲に打たれ給うたのである。

さんびか(婦人)

鈴木虎秋兄代讀

内村先生

ノアの洪水 創六、九

一、ノアの洪水は科學的にも說明のつく事實

577.

である。科學は知識の屆く範圍に於て近き所に原因を認め、信仰は其一義たる根源に於て究むるのである。此等は衝突せざるのみならず互に相補うて完全の解を得るのである。

一、物質文明の最後は滅亡である、ノアの洪水は舊日文明の終であった、今や日本及世界の文明は最後の運命に急ぎつゝあるのである。

一、大正十二年九月の大震災は將に此意を豫表せられしものと見て差支ない。

祈禱　さんび、

報告　内村先生の御容體を適當の言詞を以て會衆に報告す。

○大島先生から私も御手傳しますという申出があった。

石原先生が大木重吉兄と講堂の一隅に於て何事をか話し合って居ったが遂に余の所に來り
此廿九日(水)の結婚式を貴下にたのむの外なきに至った
内村先生には御病氣の故に願い得ず塚本先生も今は獨立せられたれば望み得ず、矢張柏木の人を以てせられたしとの大木兄の希望故考え抜いた結果此事に決すというのであった。余に取っては正式なる此種の式は始めてのことでもあり無力無能なることを痛感すれど、然し主の命であれば信仰と愛とを以て此事に當るは聖旨と信じ十數分物語りし後承諾することにした。
それより場所其他に就て相談し結局市川町に於て舉行することゝなし正午別れた。
兄の令妹は多祈子と女子學院時代同級生であり其令妹は今や茂夫とギリシヤ語研究に於て同級なるを知り今回の事も決して偶然でないことを思わざるを得なかった。

一月二十日　月、晴。
簡單な中食を濟して柏木に向った
恩師の御病氣を見舞わん爲で
あった。正午恩師邸の勝手口に於
て御夫人から親切な御勧告を受けた。

○昨夜の看護も藤本重太郎さんが當って呉れた。
○然るに何事によるか一睡も出來ず、四時行って見
たら共に非常に緊張し、藤本さんは袴を穿
いたまゝ床の前に坐し、先生も亦病牀の上に坐
して居るという始末なので驚いて先ず藤本さ
んを就寝せしめ、先生も旨く諭して寝かし腹部
の痛い箇所を祈りながら静かに撫でゝ居った
所が呼吸が鎮まって遂に眠りに入り三時間程
繼續して今朝起きましたら疲勞も抜けしと
見え元氣も幾分回復して
今まで進まなかった粥や重湯を廢めて試み
に柔かき普通の御飯に牛乳を掛け卸し大
根のお数を勧めて見たら氣持ちよく適うて
胸がすいたと申した次第でした。
○久し振りで床の上で原稿を讀んで居ったが餘
り長く續けるのは如何かと思い輕い注意を與
えた所が早速之を容れて又靜かなる禱につ
きそして
一、死んで居ってもよいからベルが鳴るまで誰
も這入って來ぬ様に
とて目下其時間の繼續中で一同物音も立
てぬ様に注意して居る所です
○石原さんと藤本さんと應接間で色々と相談
して凡て適當な方法を執って呉れて居り
ます。今會合の事も克く行って居ること為、兄
弟等は或る人の如きは食を廢してまで祈つ
て居ることを以て慰めたら先生は
一、私ほど幸福な者は無い。天皇陛下と雖

もこんなに親しい人々に看護されて居
る人はあるまい
と申して居る次第です
余は講堂の玄関に腰かけて恩師と夫人の為に
祈りて後　潜り戸を開いて出で坂の下にて武藏屋
より薄荷菓子二拾錢代を借り受けて歸つた、
東中野より荻窪に至り下車徒歩廿五分雨宮
至り使徒十章ー十二章を講じ四時歸宅、

一月二十一日　火・晴
午前十時半柏木に恩師の御容體を伺つた今日
も御夫人に迎えられ勝手口にて平靜に向われし様子
を承わり衷心の喜びを懐き、令息祐之博士
か明朝着京する様出發したとの電報が
あつたので先生は大に喜びて居らるゝ旨をも聞いて
喜び十數分にして辭し獨、講堂の玄関にて感謝の
祈禱を捧げ出で、武藏屋の昨日の菓子代を拂い
荻窪を經て雨宮に至り訪問中の今村正子夫人と共
に中食の饗食に預り使徒十三章を講じ三時今村夫
人と物語りつゝ歸る。

一月二十二日　水・晴
午後一時半柏木に内村先生の御病状をお見舞した。
祐之博士が母堂と共に先生の傍に在るとから面
會せざるを可とする様考え、女中さんから其後
引續き御平安である旨を聞き安心して辭去し
講堂の玄関口に腰掛け感謝の祈禱を捧げて歸つた。

一月二十三日　木・晴
内村先生宅を訪うたのは九時近くであつた、恰度藤
本武平二兄来り祐之博士と物語中であつたから
預言寺で藤澤兄と信仰談をなし兄が夜間御
看護中先生から教えられし種々の實驗談、教
訓を語るを聞いた、
○先生が病苦に惱める時悪魔の襲い來る状態。

○山田氏及び四五人の妙な女學生を引取つて貰つた後に迎ふる春の長閑けさ。

三人で感謝の祈禱を捧げ それから祐之博士に會うて先生の御平安を喜び博士號三女安産の祝意をも述べ數分にして別れた。

一月二十五日 土、晴

十一時内村先生を御見舞して次第に御輕快に向はせらるゝ由を承つて大に感謝し、新宿に出で中村屋相馬愛藏氏を訪うた。令息（次男）がアマゾン河の上流地方に於て農場を監督して居たが熱帶病（マラリヤ熱）に罹り病死せる由を聞いて深く同情した。

一月二十六日 日、曇

恩師の御容體は依然として快癒に向はれつゝあることゝ信じて參つたが果して其通りであつた。

花の準備を美樹さんに賴み、余は直ちに講堂の整理に取懸つた。

三澤春須子さんが友人劉順子と共に櫻木に見えた。聽講券を貰わしてやつた。ストーブの側にて三十分色々と物語つた。

集會

石原先生司會 讃美歌、詩二十三篇、祈禱、讃美歌

ロマ書九章末節

躓きと信仰

内村先生（鈴木兄代讀）

再臨再唱の必要

内村祐之博士

挨拶と先生の御病狀報告

星野鐵男兄

所感 ペテロ前四章二節

大島正健先生

祈禱、祝禱。

大木兄と結婚式に就き打ち合せをなす。例の通り兄姉と中食。

歸途藤本兄と物語りつゝ歸る。

581.

一月二十九日 水 雨
千葉県八幡町菅野二八六に於て大木宣吉山口清子の結婚式を行う。同夜銀座宗十郎町ヤマト別館に披露会を開く。十一時終る。

一月三十日 木 晴
午后三時頃内村恩師邸に至り御奥様より先生の御容體を伺った。
一、一月十二日夕方よりの病勢募りしは恰度漢法の丸薬を飲んで胃腸を害せし時に始まったこと。
一、其後毎日多少ずつ發作があり近頃は晝間は起って居ったが一昨日より發作も全く無くなったので先生は喜んで居らるゝとのこと。
一、祐之には思い残す所なく語り聞かせ、祐之も亦治療は全然石原藤本二氏に委ね決して他の治療を乞う必要なきこと。斯くて如何なる事が起っても聊かの不満も無しと申されしこと。
一、大木様の結婚の事を告げ、遂に斎藤さんに式を司って貰うことにしましたというを喜ばれしこと。
一、二月お休みに決定した為に大変落ち付いて病むことになったとのこと。
今日は縁側に坐して理髪せられしこと
之をお聴きして大に感謝し、獨預言者の苦闘に於て感謝の祈祷を捧げ去って蒲池信兄宅の淀近会に赴いた。本会の感話の後に石河光哉兄の激しい質問のため一時混乱を見た。余の祈祷の後鎮って静かに退散した。

二月二日 日 雪
朝早く立って柏木に帰った。恩師の御平癒を感謝して講堂の整理に取懸った。ストーブに点く行つた八郎兄も武藏基君も容易に見えなかつた、雪の爲か出席數が割合に少かつた、十時五分に閉會した。

集會

石原兄司會　　三五、詩篇、祈禱、さんび。

藤本武平二兄

基督教と十字架

○聖書苦難のシンボルたる十字架を信ずるには非常に深き意味あること、一切を棄て、十字架を負ふこと、

○キリストは復活と再臨の希望を抱いて十字架を無難に受け給うた、

○我等はキリストの十字架の故に凡ての苦難を輕く易く受くることが出來る。

内村先生　（鈴木虎秋兄代讀）

弱くして強き基督信者

一、キリストを離れては我等何事をも爲し得ず。

一、主に在りては我等何事をも爲し得。

・・・

○南原、矢内原氏等の主催に成る祈禱會を當分毎水曜日午后七時、預言寺に於て守ることに決す、公表せざれど望みの人は出席差支なし。

○男子青年會は三十五歳以下の會員、次の木曜日午后七時柏木講堂に於て祈禱會を開くこと。

○先生の其後の御容體に就て石原先生から報知（五）があつた。

583.

大島正健老先生の祈禱・祝禱を以て終る。

大内君子姉は一旦先生と会ひ謝意を述べて帰る。

中谷氏六畳間で石原先生と植木博士とにて研究誌の校正。

此間に末永敏事氏の結婚破綻事件起る。

二月五日　水　曇

祈禱会

内村先生の御病気に関し預言寺八畳間に於て午后七時半有志の祈禱会を開く

藤本武平二兄司会　二三八、開会の祈

感話、蒲池、西岡、南原、植木、

祈禱、西岡、田村、南原、内海、斎藤、植木、

蒲池の七人

以上、黙禱、散会。

先生より恵まれし茶菓、

雑談、不眠症のこと、マルクス主義のこと等

感謝して門を出で大久保より四人同道帰る。

二月六日　木、雪

午後木村医院より妻の薬を貰い、途中内村邸に立寄り恩師夫人に会うて御見舞を申上げた。

一、発作は未だ全くは歇まぬこと。

一、頭脳は珍らしく明晳《せつ》になりしこと。

一、血壓は標准十以下に下ったから食物を攝取する必要あること。

一、夜は割合に睡眠が出来ること。

一、雑誌の校正は朝のうちにあること。

一、二月の雑誌は住谷氏左近氏共揚げず先生と青年丈で振って居ること。

静かに辞して帰る。

二月七日 金、晴
中村不折先生筆の新聞挿画の各冊の画題を寫し取って此仕事は全く終了した。十一冊で計七百七十枚ほどである。

二月八日 土、晴、
徳富愛子未亡人に手紙を送った。嘗て内村先生に宛てたる蘆花先生の書翰の返送に就ての問合せに返信を發したのである。

二月九日 日、雨
終日降雨、颱風的疾風、夜に入っても歇まなかった。
先生の御病状に就て感謝した。
講堂の整理例の通り、高壇には蘭とシクラメンと千兩の三つの瓶を置く。

集會 日曜兄弟會、讃美、詩篇、祈禱、さんび、
大島正健先生
エリヤ傳研究 （列王上十七章）

内村先生 （代讀） さんび、
預言の讀方
一、天然に關する預言は其通り代るけれど人に關する預言は條件附にて成る、
預言は約束であり又警告である。
一、罰せらるべき預言があっても罪を悔改むる時には却って恩恵が臨むのである。

牧野實枝治氏
札幌獨立教會の近況
祈禱、大島先生　　二六七、
内村先生の御容體の報告があった。
中食後 久しぶりで丸の内の集會に向ふ。

585.

九の内集會に臨んだ。先着者十餘名であった。受付には斎藤茂兄が立ち控室では八木一男兄が演題を書いて居った。座席を定め祈つて後後部の椅子に倚って入場者を見て居つた。開會前十分許りの時塚本先生が見えた。尊敬と愛心とを以て先生を迎えた。先生も喜びを笑いに含めて優しき禮を以て受けられた。先生は余の前にて祈られた。お祈が済むや否や、余は起って更めて先生に謝意を表した。先生は余に對して　大變ですね責任が重くなってと申された。

集會（九の内）

鈴木俊郎兄司會

一〇〇、詩一篇　祈禱、四四五（婦人）

塚本先生

○イエスの両親　路二・四一—五二

○主は聖靈によって生れたれば肉の両親の事は大した興味はない。

△然し主と雖も一人の肉の人である故に肉の親より何かを受けて居らねばならぬ。

△子は親に似て居る

△此意味よりしてヨセフを知るは面白いことである。

△親は子に如何なる感化を及ぼすか聖書の記事は甚だ少ない。

△太一ノ十八以下と路一ノ二十七、二ノ四及二ノ四十一以下の數行の記事に過ぎない。馬には一言もなく約には名が一ノ四五に出て居るのみ。

△彼の人格を探るは太一ノ十八以下によるの外はない、夢によってマリアの懐妊と其事情とを知り　夢によって　エヂプトに遁れ　又夢によって彼處よりナザレに歸る。

△今之を纏めて見るに

○彼はナザレに住むがりらや人。

○大工の職（太十三ノ五十五）
貧しき生活（路二ノ二十四）八日目に割禮を行いて後神殿に至り鳩を献えたるは羊を供ふる資力なき為ならん。
○マリアと聘定したる人、
○結婚前にマリア妊娠せる大事に逢いしとて義人（二様の意味ある）であつた、義の為に憐さと共に情の為にマリアを心配した。離縁を以て彼女を無難の境遇に置かんとした。申二二ノ二三によれば婚約は結婚と同じであるから此罪を犯す者は石にて打ち殺されることになつて居る。
○彼は聖靈妊娠を信じた。
○割禮を行い、宮詣をなし、戸籍登録の為ベツレヘムに行くなど市民としての義務を几帳面に行いし人

○夢の告に從いエヂプトに遁れ又其處より歸る
○イエスの十二歳の時逾越節にエルサレムに上つた。
以上を以て盡きて居る。經外書には神の聖母マリアのことを始め色々の事が揭げてあるけれども迷信に過ぎない。聖書にある分にて完全以上である。
△釋迦は王の子イエスは大工の子であつた。大工の子なることは傳道上甚だ必要であつた。
△大問題の起つた時常識によらず信仰によつて決した。
△神の現われ方はアブラハムに對してモーセに對しても其他預言者に對しても又ヨセフに對してり指す姿を以て聞ゆる聲を發し（ヨブ、モーセ）

という様な現われ方ではなく人の心に其御聲を響かされたのである。今日私共に臨まるると大差はない、考の上に浮ぶ、そして事柄は斯く導かれ恰も手を取られたというの外ない有様に至るのである。

そして此尊い經驗を度々繰り返すと神の御聲は判然て解る様になる。

△神の命を單純に信じて之を行った人、此一行の文があれば足れりである、充分である。

△立派な人であったという證據は主が神の恵みを求むる必要を説かる、時に、爾曹の父は求むる者に善物を予えざらんやと申され又神を父と申された、若しヨセフは平凡又は惡人であったならば、イエスは神を父と呼ぶことを言い給わなかったであろう。

△惡い父母を持った人は信仰に入るに面倒である。

△父の如何なるかは子の神に對する態度精神となる。

△故にヨセフはイエスの父として充分の資格があった。

△記事が少くとも不足を感じない。

△エノクの傳、彼三百年神と偕に歩む、神彼を取り給いたりとされにて充分である、我々も斯の如き生涯でありたい。

△四百八十年頃ペルシヤクセルクセスギリシヤを攻めセルモピレーの隘に戰って之を破った、其處に碑文がある。

此所を通る人よ　スパルタに行きて告げよ
我々は打たれて死んだ死んでも命令を守って此處に居るのだと

△問題が起った時單純に神の聲を聞き之に應

じて天に行けよ。

△お互子に取つて善き父母となる様に。

二六日、　祈祷。

散會後高見氏は其友山本愛子を余に紹介した。余は塚本先生に別れを告げて歸途についた。知らぬ間に出席して居つた千春子と茂之と陽子さんと六人一緒家路に向つた。

二月十日、日、　雨風

昨日午后二時半研究誌到着の報に接し急ぎ柏木に至り十時大分感謝して研究誌の包装を始めた。蒲池夫人とみきちやんと三人で働いたが御奥様と一寸来てお覧になられた。二時半までに内外全部の手配が出来、直ちに武蔵屋君が淀橋局に運んだ。石原夫人も見えた。蜜柑の御馳走に預り三時半辭去。

二月十二日　火

無産黨の大山郁夫 加藤勘十氏等が送り来る宣言状・推薦状は中々念の入つたものである。熱烈なる彼等の進出は侮るべからざるものである。

午後聖書研究社に代りて北隆館月報部に問合せの回答を認めて送つた。

◎北隆館月報部への回答

一、雑誌名　聖書之研究

二、百號發行年月　明治四十一年六月

三、主なる内容と編輯者

主筆たる内村鑑三編輯

第百號感謝號にて其内容の主なるものは

所感、

恩恵の數々、信仰の道、キリストと基督教、

十字架の教、教會と自由、真理と獨立等

研究

"誤解されし教義"

雑録

予と研究誌と題する愛讀者四十名の感想文

其他

四、百號發行當時及び目下の感想

只信仰により神の命を奉じて獨立、無援の間に生れ、本誌が希望溢るゝ百號を迎ふるに及んで榮光を神に歸し奉りしが其後變らぬ恩寵と愛護とを蒙りて茲に

満三十年三〇五十五號を見るに至り真に感謝に堪えず。單純にして深遠なる十字架の福音の證明の為に本誌存在の必要ある間は神は必ず之を繼續せしめ給ふと信ず。

（主筆病中につき一事務員記）

昭和五年二月十二日

二月十五日　土　晴

朝起きて話し合って見たら、友と同じ様に仁志も多祈子も内村先生の夢を見て居ったのである。其何の為であるかは知らぬが一刻も早く御見舞して御容體を伺いたく思い、朝食後早速用意して内村先生を訪うた。勝手口に立って看護婦の居るに氣付き先ず異様の感に打たれた。女中さんの語る所によれば

十三日の東京朝日夕刊に先生の御病気の重態の事が出た為、十四日は朝から御見舞の客が多くて應接に出られた奥様がお疲れになられたので看護婦を雇うたことが判ったが先生は漸次恢癒に向われ夫人も単にお疲れの御就床であると知って安心した。

久しぶりで植木屋君に逢うた。講堂の掃除をして居った、椅子の手入をした職人が、散々釘を散し放しにして行ったため草履の裏にこんなに附着して居ると余に示して居った。武藏屋君に聞くと植木屋が餘り油を多く附けて拭くから草履の裏がこんなに汚くなって居るといっている。人は自分の缺點には中々氣が付かぬものだ。

藤澤兄から恩師並に御夫人の御病状に就て聞き九時頃去って東京驛に向った。

丸ビルの八階美術倶楽部福中で開かれる堺利彦氏藏品即賣会を見た。書画短冊手紙類は陳列してあったが諸器具小物類は既に競賣となるというので陳列室の方に包んだまま積んであるの

と見た所なら多くの點數であった。陳列室は二室で漸く閑なばかりの所であった から僅々十人許りの人と正服巡査二人を認むるのみであった。余は是展覧品を一見したる後封緘葉書一、茜夕二氏ら堺氏に宛てた繪ハがき一、色紙（横）三枚と三圓五拾錢に求めた。

大逆帖

大逆帖といふは大阪の切抜帖様のものであったが二十枚足らずの古色を帯ぶる程人々に見古びされしものであった。

明治三十二年十二月 幸徳

幸徳秋水、菅野すが子、大石誠之助、内山愚童、新村忠雄、松尾卯一太、岡村寅松、飛松與次郎、森近運平、九人の原稿や端書やを規律よく貼附せるもので非賣品の札が貼ってあったが、買う人があったなら六百圓にて渡すと主人らしき人がひっそり語って居った。

（附言、本頁の浄書ったは義を顕す諸後をおちる厳しい残暑中で文字の煮染めるは右手の汗のなみである。八十餘年来の高温と報じて居る。二刻）

秋水常用の算盤といふが二十五圓で附札してあった。秋水の印といふは上掲の九顆であって其實物も陳列してあった價格は百圓とあった。何れも安いものだと思うた。此等は皆會期中に賣切となるであろう。

富岡鐵齋（九拾錢円）小川芋錢（六拾円）木下尚江（五円）岡本一平（五円）新渡戸稲造（拾円）という様なものも澤山に見えた。無産者のする所だけあって望外の値段の物で

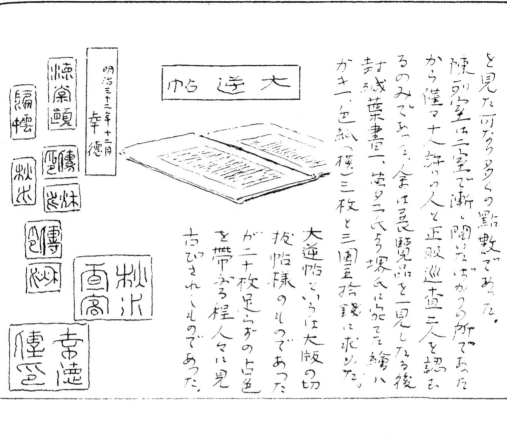

てはーつも見當らなかつた。上野公園に至り光風會展覧會に南薫造 和田英作三氏其他氏等の画を觀て歸つた。

二月十六日 日、

先生の御宅には別段變つた事は無かつた。

集會

石原先生司會　三九、聖書、祈禱、さんび・

ルカ傳研究　路一章一－四節

△事實の宗教である。

△ルカは先ず信仰で受けた。

さんびか

大島正健先生

エリヤ傳の研究　(二)

△王の官臣オバデヤには信仰があつた。公然其信仰を明かにする程の力がなかつたが陰にエホバの預言者百人を五十人ずつに別けて避難保護したるなどは力に應じたる働きを爲したるものである。

△今日の信者も主義信仰が合わぬなどゝ喧嘩して居るは宜しくない。應分の務めをなす區域が必ずあるのである。

宮部金吾博士

挨拶、

内村先生の病氣に就ての觀測と所感

藤本武平二博士

内村先生の容體に就ての報告

大島先生の祈禱・祝禱。

久しぶりにて高壇の側なる暖爐の前にて宮部博士と物語つた。先生は

○内村先生御病氣にて休講中なるにも拘らず斯くも多数の會員が出席せるのを見て驚きました。

○サイトウさん何か宜しく……とて恰も自分の事を依頼する様に切なる思いを現わされた、如何に深く内村先生との交誼が結ばれてあるかを推知することが出来るのである。

此日、案じられし御夫人も集會に出席せられ後に藤本博士と先生の服薬に就て相談せられて居った。

○蒲池信、名古屋常治両兄が　余を尋ねて言わるゝには
先生の誕生日は三月廿六日であるというが其頃に何か祝意を表する為に大袈裟でない方法で一つ現わしたいと思うが此事に就て考えて頂きたいと余は其旨趣を賛し藤本兄とも諮って見るべきを約して別れた。

△今日は二人掛くも満員であった、藤田少將を始め坂田祐先生など久しぶりで出席せし人も少くなかった、丸の内の幹事の兄弟達も全部見えた。十三日夕刊の朝日新聞を讀んで先生を思う結果であったかも知れない。

例の如く預言寺にて中食。

余は何か御用なきかを伺って見た。

○十四日にはあんなに見舞客が来るなら斎藤さんでもお願いすればよかった、古い友人の顔なども知って居るし私が應接しかねる時にはその方がよかった。　みき丈で歸すのはイカニモ相互の殘念とする所であった。
今日はお歸り下さって宜しいが若し忙わしい時にはお知らせするから　お手傳に来て頂きたいとお奥様からの御返事があった。

二月十八日 火
今村夫人が見えて内村先生の御容體を問われた。今日は知れ丈のことを答えた。夫人は大いに安心し私が親しく御伺いすれば却て御迷惑かと存じ只管祈って居ますと言わるゝから其由をお傳え致しましようて、いって別れた。

二月十九日 水
午后六時出發
預言寺祈禱 に出席 七時十五分開會
南原先生の指名により蒲池と余とが司會は當てられたが蒲池兄は何の準備もないからとて余に譲らる。私も同様なれどゝ言うたが快く引受けた
司會す
二六〇 太一ノ十八節以下 祈禱。
アガ山より今日迄の信仰の道の所感を述ぶ、
西園虎之進先生の感話
祈禱、西園、蒲池、田村、藤本、南原、石原、
四六二、

二月二十三日 日 曇
何時もより早く出掛けて柏木に至り恩師の御容體を伺い御異状無しと聞き安心して仕事に就いた

集會
石原先生司會
植木良佐博士
活けるキリスト
大島正健先生
エリヤ傳の研究九、三、 列王上十八章
感謝の集りであった。
名古屋兄から渡邊兄の住所を聞き、青木庄藏兄夫人の永眠を告げられた。
預言寺にて夕食。

内村先生に招かれ
零時十五分恩師の病室に於て用件を伺った。
一、今度思い出したが例の化合酸素を吸入して見たいと思う。
一、君は薬品が無いか、何処にか有る所を知って居らぬか、木脇薗子女史は何うであろう。一つ探して見て貰いたいが何うか。
神保氏は既に取次を他に移したと思って居るから全く不明であった。或は何処にか残って居らぬであろうと思ったから
の探しては見ますが必ずしも當にはならぬ旨を述べて去った
柔和なる恩師の膝下に進み入った時余の心は一種言うべからざる敬愛

の念に打たれた。思ったよりも御衰弱遊ばされたと感じた。

直ちに帰って化合酸素を探し求める為に努力した。

二月二十四日 日、晴
午前七時半、昨夜神保周蔵氏から譲受けたる小瓶を携えて柏木に向った。今日まで屢々歩みを恩師邸に向けしことは大いに其趣を異にして居るのである。

昨夜少しく発作的症状を呈せられし由であった何時からオゾンを使用することに致しましょうかと伺った。
一、昨夜からでも試みたかった
とのお話なので直ちに其準備に取掛り先ず二十四日から約一日中に於ける吸入の時間表を作って看護婦に渡し器械の洗滌を済し吸入瓶の装置をなし温度を与えて第一回吸入を午前九時半に於て実行した。

褥上に端坐して将に使用に移らんとせらるるや先生は余に向って

一、君先ず祈禱をして呉れい
と命ぜられた。余は感謝に満されて快諾し直ち
に簡單にして切なる祈禱を捧げた。それより信仰と
全快の確信とを以てオゾンの吸入を始めたのである。
第一回は僅かに二分間繼續の規定であつたが先生は
一、甚だ呆氣無い
と申され更に
一、大變氣分が好い
とて床上に憩われた
先生より渡された金貳拾圓を持参し再び曙町十九
番地なる神保氏方を訪い夫人に面會して金拾九
圓三拾五錢也を仕拂い新宿を經由して正午過ぎ
歸宅した。
午后七時頃又先生を見舞いオゾン吸用を廢し
感謝して歸つた。

今夜は妻が發作の模樣が見えるとて大いに用心をして居る様子
であつた。枕頭に水と手拭とを用意し手と足とを揉んでやつたが不思
議にも脈が落ち付き熟睡に入つた。

∴　∴　∴

今朝豫言寺にて暫時待ち居る間に藤澤音吉君と互に語
り合つた事を記す。
一、先生が一番心を痛められたのは塚本先生に就てで
あつた。
○ギリシヤ語の研究會は内村聖書研究會の直
接の事業に非ずして塚本先生の事業である
のに自分の爲に會を利用せしこと。
○今回獨立（特別の優遇）するに際し塚本先生に
武士の精神があれば柏木の會員を自分の係
に移すことを斷然固辭すべき筈である。
○丸の内の集會に入つた婦人でも個々の意志にあら
ずして四天王とか何とかいう頭株の誘導支配を受
けし者多きこと。
○實は此際感謝無教會主義を唱えねばなら

ぬのは、高山君の手厳しき一言によって之を喝らることを中止し且つ婦人との関係を断ちたるは利巧なる遣り口ではあるが厳然たる誠実の行為を欠きたることで。

○塚本先生の柏木存在は内村先生の大事業に取っては立派なる一大誘惑であったこと。

○先生の晩年を助けるという純潔なる信仰行為であったが、それが其性質は深刻でありしこと、随ってそれが又先生をして人知れぬ苦痛を嘗められしこと

∴　∴　∴

二月二十五日　火、晴

冬と思えぬほど緩やかな朝であった午前九時恩師の病室に入れば　日光照り輝き気温甚だ高く梅花庭に香りて実に天地に溢つる神恩を感ずること切であった。

今日も感謝の祈祷を捧げてオゾンの吸入を行った

軈て就床せられて左の物語をせられた、

一、藤田九一君が四十年前、札幌病院に往って血を吐きながら米國にオゾン（化合酸素）を十箱注文して毎日々々到着するのを待って居った。何日か経ってから横濱に着いたという報知があり、續いて小樽に着いたということになり、愈々待ち焦れた現品が手に入った時には両手で瓶を握って口に當てたということである。吸入三回目に血が止って其れから次第に治ったそうだ。

一、御心ならば今一度健康になりたい。そしてもっと福音を説きたい。實際まだ足りない。然し教会側では内村はもう澤山だ、あれ以上を望むのは慾だという。

一、以賽亞書の後半、哥林多後書、默示録の仕事など、まだ大物が澤山に残っている。

一、藤本重太郎君は極度に西洋醫者を非難す

るが宜しくない。彼は病氣を見付ける力はある。然し憎しみを以て西洋醫者を見るは無禮な話である。神は決して一人に真理を示し給わない。他を尊重する精神を懷き、其態度を執ることは必要である。

君は今日内を出て此處まで來るに何に乘つて來たのか、其電車と西洋醫者の藥と關係なきことと思うか。人間の食料は玄米と豆腐と大根と胡蘿蔔と牛蒡と青菜等であるといふて、禪宗の僧侶を例に擧ぐれど、彼等は大手町に出て四年間も續けざまに福音を傳うることをしたか。彼等の山中の禪室に安坐する生活と、巷に立つて戰う生活とは比較することは出來ない。

斯く語られつゝある間に

一、睡くなつた

とて安眠せられた。此時二時間も睡られたとのことである。

一、頼み序でに頼むが 君今から内村家の執事となつて病める者を慰め、看病する者を助けて呉れい

との御依頼に與かつた。

先生の夜の吸入は今日まで二分間であつた。

二月二十六日 水 曇

昨夜も家に歸つて眠り雜務を濟し朝食を急ぎて横濱、關東學院に向つた。茂夫の急病を報に今日の試驗監督を他の先生に代つて頂く爲であつた。

先生のオゾン吸入は今日は三回目で三分間であつた、先生は

一、それで醫者であろう。君は確信が有る乎と云われ、必ず癒ると思いますと答えた。

一、南原君今度は中（腹中・胸中・心中）を見せたが、此世に在って人物の發見は大發見だよ。

一、洞爺湖畔に居を定め右にシリベツ岳、前には噴火山灣を隔て、駒ヶ岳を望む所に正子は時々遊びに來るという。何うだ。

一、僕は何でもない正子も君も僕も皆同じ者だ。それを少しばかりのものを大きく見て、大人物だの世界的偉人だのというは誰だ。無實に憤慨の至りだ。人をそんなに見るから失望したり躓いたりするのだ。僕を本當に見て呉れる者は數人に過ぎない。

一、石原醫師はオゾンを蔑視して行った。日本の醫者は皆あの通りである。自分の藥の外は皆駄目という態度で互に反目し攻撃し憎しみ合って居る。

一、今から堅苦しい生活をやめた。日本人は皆不誠實である。其間に在って獨眞面目にして居っても始らない。

一、僕は中々の重病者だ。腦と心臟と肝臟と腎臟と大切な部分は皆病んでいる。そしすると喘息も起きて來そうである。此の足の腫れも生命を奪い取る可能性があり、心臟喘息の兆候も亦同様である。只僕の身體は醫師の診斷計算以外に力が有るから少しばかりのバランス加減で持續して居るのである。此疾病狀態は今に始つたことではない。若い時のことである。それ故醫者に見せたら何時でも活動を禁じ安静を命ぜられたのである。それを祈を以て今日まで働き續けたのである。それ故これ以上健康を保つは無理かも知れない。

一、若し私がオゾンで病氣が癒つたら傳道會の方で一組買つて置いて誰でも實費で使用する様にしよう。

今日から愈々執事の職を守つて來客の應接も主として余が當ること、なつた。然し今日は一人の訪問客も無かつた。多分見える程の人は大抵來た爲であろう。それは雜用の人は一人も見えぬから邸内は甚だ静かである。

祈禱會　を夕七時から預言寺に於て開いた。

南原先生司會　二三、イザヤ書四三章、祈禱、

イエスの謙遜に就て

我等の倣うべきことを述べらる

西田光造兄

エリヤに就ての所感

祈禱、西田、齋藤、藤本、藤澤、南原の順序に祈り讃美歌を捧げて閉會

眞に聖靈の御守を受けたる佳き會であつた。

先生のオゾン吸入は祈禱會濟んで後行われた。

十時西原先生と共に歸る。

二月二十七日　木　昨夜雪

二三日前は七十九度という高温であつたが昨夜は降雪となり積むこと一寸を越えた。八時半柏木着

先ず先生の御容體を伺つた

一、昨夜二十餘年前築地精養軒にて

理想園晩餐会に出席した当時の物語をした、多少元気になか二時間安眠出来た。目覚めて後多量の排尿あって今朝六時まで自然睡眠をつづけた

ということを承わり大に安心した。

朝の吸入をせられて後一時間許り睡眠を執られた。　中食に蕎麦少々で鍋焼うどんを頂いた。

午后研究社の事務室で古き研究誌の整理を行う。

今夜は預言寺に於て青年の祈祷会は開かれた、幹事の鈴木弼美氏先ず見舞、爐邊に於て恩師の御病状を告げた。

先生の吸入済むや直ちに帰宅を許された。祈祷会は深き敬意を拂って門を出た

二月二十八日　金　雨

寒気また雲天の影響を受けて御病状に變化なきかをお案じして先生を訪うた。

一、多少天候の為か睡眠成らずと今朝気分持が悪い

と言って居られた。

今夜は藤沢君の促しに應じ講堂に入り高壇の前の椅子に倚り、恩師の為に互に祈った、我等に取っては祈りの外に途がない。

預言寺の爐邊に坐し我等の見たる今回の塚本先生事件に就き色々と語り合った。聖書知識第二號巻末に於ける中田信藏氏の教友誌上の短文を引用しある點は實に言語道断であるということは深く共鳴した。全く糧食を給する同然である。先生の心を知らぬ者の態度である。知ってこれを為したとすれば反抗の態度を敢てしたものというの外はない。

十時吸入を用いられて後今夜は先生の左耳の上より頭部にかけ下方両耳に達する程の一尺位の部

分を揉んであげた、そのうちにお眠りになられたので奥様から暫時暇を賜って駒込なる木村皇漢醫宅に至り仁丹の藥を貰って來た。

余が二時間居らぬ間に來客が三人あったと聞いて不思議に思うた。一昨日任命されて後余は一人の客人より應接することがなかった。今日の客は美樹さんで事足りたというので安心した。

朝のオゾレが濟んでから一、二月の勞賃として電車賃と共に金二拾圓を下さった。實に二倍以上である。恐縮ながら御厚意を謝して頂戴した。

午後舊稿の「聖書之研究」を整理した。六時晩餐。夜のオゾレ吸入を濟し七時より

先生の右下肢同部、胸部、腹部を揉んだ。

所が終日塞って居った胃腸は開け其為か

一回に三百五十グラムの尿出で二時間にして又三回ぐらい出でたれば容體一變し夜半一種の藥を服用せし長き睡眠が保たるることとなったのである。

八時から九時までは再び右頸部特に肩胛骨の側なる一小部の筋肉を揉んで結滯を解かんと努力した。

九時過ぎ泥道を急いで歸った。歸途阿佐ヶ谷驛前通にて果物菓子筋子等を求めて孫等を驚かさんとした。されは先生より親しく命ぜられたのである、先生の細やかなる愛に感じた。

一九三〇年（昭和五年）

三月一日　土　晴

春三月の新しき日を迎えた。恩恵は内に外に溢れて

五體は之を受納するの器となった。

内村先生の好意に成る贈物の數々を出して三人の

孫女と家族とを喜ばした。長女（和子）曰く昨夜「内村先生の御病氣のお治りになる様にと祈りましたらお爺いさん！」次女（綾子）曰く、内村先生は何と善い先生であること

七時五十分盛裝して家を出で柏木に向つた。見る所のもの皆神の力の働きのみ。

先生の御容體は昨夜安眠七時間、尿量ノ十八回位 朝食は雑炊（おじや）二杯と承つて大安心

獨講堂に入りて陽光を浴びつゝ祈つた、今井信子未亡人の聖書を借りて繙けば詩篇第三十五篇。之を謹讀して古詩人の信仰の美わしさを嘆賞した。古代イスラエル人の間に此種の信仰者の多くあつたであろうことを思ふて神選民と恩寵の奇しきを感謝した。群馬縣桐生より遥々御見舞に出て來た長女田永君信子さんが二愛児を伴いて市外の親戚の家から歸り來り奥様と炉邊で物語りし後郷里に向われた。

先生は來客（信子）の為め一寸氣が落ち付かぬとてオゾン吸入は十時近くなせらるゝこととなつた。

先生は病床で時折余（のみ）に次の様なことを静かに語られた。

一、「私の病氣は實に不思議である。今日までの間に多くの變化があつた。或る時は最早大丈夫治ると云ふ所まで行つても亦ぶり返して駄目になり、又或る時は最早駄目だと思ふて居ると今度は快方に向ふと云ふ様な譯で、幾度も之を繰り返して居る。何うしても神様に支配されて居ることが判る。生きて居る必要があつて斯うしているのであろう。私には未だ二つ三つの仕事が残つて居る。私の用ではあるが之を果さぬうちは死なないだろうと思ふ。

一、家庭でも社會でも同じだが健康者から誰か力を奪うれのがあるものである。

一、全く祈の結果だよ、此類は祈と斷食に因らざれば作ることを能わずである。

一、竹内女醫(茂代)は肝臓の病症を發見して呉れた、肝臓の水を取って呉れた爲に心臓は餘程樂になった、彼女によって半年助かった。

一、藤本重太郎君は病氣を見付ける能力がある、氏の操療治によって十年間講演が出來た。

一、二新人物の發見は南原と鈴木弼美である、鈴木君を何う見るか、虎秋(鈴木)も善い田村も善い、要は理想の會計だ。

一、私には一つの深き惱みがあるのよと涙ながら震い聲で言わる(先生の真意を解するは容易のことでない、余は此言葉を有りのまゝ記録し置かん後に之を讀む人あらば誤解し妄評し謬らぬ様望む)。塚本君に悔改めて貰いたいということなのだ。四十を越えた塚本君が二十二三の娘子と結婚したいから承諾して式を擧げて呉れとの申越みだ、然も其女というは牛込か何處かの教會の女であって、二人の子の世話をしたいから住み込む事を許して貰いたいと言い出る程の女だ、私は一回も來て話したことは無い。二時間も待って居って大久保で待ち合して一緒に歸るという始末だ。若し欠點でも探す氣で見たならば、何んな事があるかも知れない、こんな女と關係して居る事が、惡いと思わぬのは、何という誇られたる心であろう。若し私がそれを許し其結婚でも司ったものなら責任は全ら私にあるのである。こんな醜い責任を私に負わしめ様としたのである。浅ましいことである。政治家にすれば立派な政治家だが、正義の心が無ければ眞の十字架は判らない。

一、今其結婚を實行したものなら講演會は破れて仕舞う、それも出來ずに困って居る様な始末だ。なぜ早くそんな關係を斷って仕舞って正當な婦人を迎えることをさしないのか。

一、こんなの不純な關係を恥とも思わぬ人を、私の側で働かして置いたら始末にをえないではないか。多年築き上げた基礎が傷くは當然である。必ず之を處分しなければならなかった

一、塚本君を信頼して一切を任せて優遇して來たのであったが、昨年（昭和四年）九月水口掛から歸って來て見たら何ということであろう。私が門の内に這入ったらもう其腐敗墮落のあることに氣附いた。僕は非常に驚いた。福音の爲に柏木の集會の爲に僕の使命たる事業の爲に一日も早く之を所斷せんければならぬと其時に決心したのである。

一、親しく其實狀を見ると巣の如く若き婦人の跋扈、信仰も誠實も無き若き女共の狂瀾怒濤は一大勢力の如くなって居るのであった。これは全く塚本なる人物の存在に伴う現象であることが疑われぬ事實であった。

一、獨黙し獨考え獨祈り獨苦んだ私の身

を想像して見たまえ、此儘になし置かんか柏木の信仰精神を如何せん、事實を公にして責任を明かにせんか塚本君の苦悩を如何せん、遂に全責任を自ら負うことに定め、一切緘黙して静かに彼を安全に獨立せしめんとし先ず若き婦人の入會を見合せると同時に柏木に本當の根を置かざる女の退會を促し置き次に本年塚本君が齢も時機も獨立するの時なるを以て斷然獨立自由を與うるの方法を執り會場の爲にも五百圓を給し全員をして直接間接に援助せしめ出來る丈穩和の所置を取り塚本君の事實缺點の少しにならぬ様に計り、自身は他よりの誤解や攻撃手を

甘んじて受くることにしたのである。

附記。我ガ内村鑑三先生ハ誰ニ向ッテ此事實此体驗此感想ヲ明カニセラレシコトカリヤ。余ハ備サニ當時ノ諸種ノ事情ヲ考ヘ見テ獨リ私ニノミ告ゲラレシコトヽ信ズル。就ニ於テ先生ノ私ニ對スル愛ト信用ノイカニ篤カリシカヲ察シ且シ共ニ余ノ責任使命ノイカニ大ナルモノアルカヲ思ヒ恐ワ次第ナル。
余ハ又筆ニ此事ヲ思ッテ止マズ

○先生ノ一家ノ福音ニ對スル精神（信仰）態度
○先生ノ天職ノ使命ニ就テノ自覺ト事遂行ニ於テノ努力
○先生ガ臨終ニ近ヅクニ從ヒ自ラ晩年ニ當タシ十字架ノ苦難ノ事實ヲ密カニ言ヒ遺シテ基督教ノ何タルカヲ後世ノ吾人ニ証明セントセラレシ周到ノ用意

等ヲ判知シテ神ノ攝理ノ深遠ナルヲ悟リ感謝讃美ニ堪エナイモノデアル
今日ニ至ルモ余ハ之ヲ秘シ置シ所以ハ心アル者ニハ解セらるコトト思フ。
余ノ如キ微弱ナル一路人ガ此任ニ選バレシコトニ就テモ今余自身ハ七十七年ノ長キ後ニ湖ヲ見テ全面ニ渉ッテ未タトノ愛ト智トカラ稱察シテ畏懼讃嘆、感謝スルハ當然デアルト信ズル
先生ノ後ヲ見、先生ノ苦難ヲ察シ先生ト共ニ夜半ノ祈ヲ捧ゲシメラレシ余ハ嬉シ、先生ノ言ヲ深思ワスレ隣シ一筆附記シ置クモノナルヲ感ジタモノデアル。 二荊生

一千九百五十三年（昭和廿八年）八月廿二日

俸給として二百圓、其後二百五十圓、僕が出ない時は三百圓そして夏期には保養の手當として金子を與えたのである。然るに一回と雖も謝することなく、如何にも當り前の如く取做し却って僕の方から辭を低うして呈したという有様であった。

一、昨年夏、信州に居る時、自動車代百圓を費したというが、それは若き婦人等の訪問の爲だというが實は例の女と二人で遊び廻った爲だという。昨年塚本君の家でモアブ婦人會のあった時、塚本君が女と二人で書齋に居ったことを婦人會員の誰も知らずに居ったが散會後二人が散歩に出掛けたということを知ったという様な有様である。信仰だ、純愛だというもの、何と醜い不心得な所為ではないか。

一、こんなにまで苦心されて居りながら、赤ん坊の手をねじって引き出した様に解して少しも好意を持たぬのは間違った態度と思う、宜しく主の御前に悔改めべきだ。

余惟う

「内村先生は後継者を絶對に置かぬのであるから、塚本先生の分離獨立は早晩行われねばならぬことであった。然し塚本先生は飽くまで内村先生の晩年をお助けするという報恩の意味の單純なる精神に出て居るのであるから平靜順調を繼續して居る場合には、到底獨立せしむべき機會が無いのである。其所え女關係の問題と山田鐵道氏の手紙問題が起って遂に自然に決行の運びに至ったのである。

内村先生は命じて説かしめ給いし神の純福音(自由・獨立・無教會)は知識や行いによらぬことを

607.

明かに眞理其物即ち十字架上のイエスの生命其物をして之を活動し保護せしめんとせば、内村先生の死ぬる前に其周圍より見ての重立ちたる活動家を遠ざけ置く必要が、神様に取ってはあるではないかと思わる。斯く考えて見る時に畔上塚本両先生の去るに至ったことは甚だ深き意味ある様に思わる。

要するに神の攝理の遂行成就である。」

一、不信者は仕様がない、今回は其例の一つだ。

一、我等は夢を見る、病める時に健康體になった夢を見る、覺めて見れば夢であるが、若しもそれは事實であったならば其喜びは何うであろう。我等が死んだ時は、それは夢ではなくて事實以上の事實である。我等の爲に完全なる靈體を備えられて、之が今からお前の身體であると言わる、のである。其時の驚きと喜びとは如何であろう。

私は先き程夢を見た、體に熱が出て苦しいと思うて目が覺めて見たら講堂では盛んに讃美歌を歌って居った。此儘に死の事實であってもよいと思うた。生涯の終りに我等は苦しき死の門を潜って彼方に入れば彼方では多くの天使が讃美を歌って待って居るのである。

一、一口に死、死というが、死は實際苦しい、人々がいやがるは無理はない。

一、五十年前の英米基督教諸國では一週に一回休んだということは懐かしいことである。教會に往復する爲の汽車、乳兒の爲に牛乳を運ぶ車の外は労働を休むということは何と美わしいことではないか、今は世界の何処にも見られない。

一、君がジョンス氏（E・H ジョンス加奈陀人バプテスト教會の宣教師）の世話になったという事は大變幸福な事であったよ。信仰の初期に於て、あの福音的基督教に接したことは實に安全であった。何といってもバプテスト教會は好い歴史を持って居る。若しも現代的の基督教の感化を受けたものならば、今頃は何うなって居るか知れないではないか。

∴

∴

∴

∴

∴

先生を見舞うた人々

一、野上賢造先生　指熱療法を受けて居るが實際効果がある様だと紹介せられた。先生にはお會いせずに預言寺から直ちに歸られた。

二、二瓶要藏氏　應接間に通いて好意を受けた、心臓には玉蜀黍が効くこと、不眠症は眠らぬ時は眠るまいと思うなら眠られた話、祈禱と斷食によって病氣を癒した或る牧師の經驗紹介、次に早苺を主として作物栽培のことを語り、祈って後歸らる。

三、福永文之助翁　先生と同年の警醒社主人、二晩でも三晩でも御看病致しますから御遠慮なく御命じ下さいといって親切を述べて歸らる。

三人の見舞客は様々談話の要點を先生に告げた、先生は

一、二瓶氏は邪氣無き好人物だ、矢張東北

609.

人型だ、東北人は九州人などゝは全く違う、九州人でも八木君(勇)の如き例外もある.東北人は概して愚直であるか いやな人物も多い、秋田、岩手の人間は一番悪いかも知れない、藩主の感化もあるであろう、山形は比較的宜しい、福島は高貴的だ

と申された、

夜の吸入の後一時間許り揉んであげて帰宅た。

三月二日 日、曇

先生の御容體に變化なかりし由を承って安心し獨講堂に入って祈る、

藤澤君と共に講堂に於て又祈る.

羽織を衣更えて講堂内に働く。

集会

藤本武平二兄司會 (四十二人出席)

石原先生

イエスの出生 (路一章)

○ルカは馬可及び馬太のイエスの傳記を参照して綴る、然し路加特有の記事は少くない、イエスの出生の記事は馬太と共に記載しあれど路加と馬太とは其書き振りを異にす、

只聖霊による奇跡的出生は同一である、

世界の學者でも信ずる者と信ぜざる者と一種の解釈を施して信ずる者とあり。

我等は如何なる態度を執るべきであるか、奇跡を信ずるが故にイエスを信ずるというは不可、

イエスは神の子なりと信ずるが故に此出生は當なりと信ずるにあり。

・さんび。

内村先生（鈴木虎秋之代讀）

神本位の基督教

一、聖書は誰の為に書かれたか、

一、基督は誰の為に人となりて生れ給いしか、

一、人類の為というは聖書に明かである。

一、然し翻っては(?)ない神御自身の為である。此事も聖書に明かである。

一、人は凡て神の僕婢である。

一、真に神の僕となることは最大の名譽であり幸福である。

一、基督教は神本位の教でなければならぬ。

今日の集会は祈祷もなし講演もなし讃美もなし会員の態度もよし実に感謝であった。

散会後名古屋兄から洗足会の様子を聞いた。恩師の古稀の祝の件は決定、塚本先生に謝意を表する件は中止、大抵の兄弟等は後者の事實を知らぬにより高山鉎吾兄が事實を發表せし為め一同之れ驚き見合すことに決心、兎に角賑かな面白い会合であったと聞いた。因に言す、此様子を殆んど反對の意味に取りて之を横濱なる山村儀市兄に報じた人があったとて一万里子夫人痛く嘆き之を恩師夫人に報ぜんとせしも機を得ずして蒲池夫人に語って歸ったとの事。

夜のオリゾン吸入を了え、少しく揉んであげて後に歸宅す。

三月三日　月．雨．

雨の朝何時もの如くに柏木に至り恩師の為に燃力を執らんとした、

サタン我に迫らば直ちに之を仆くる準備をして居らねばならぬ。彼は我が舌を捕えんとする。我が霊魂を塞がんとする。彼は我が今日の立場を知る。今日の我を捕うるは大なる収穫とする所である。危険々々、我も亦イエスの御手に在りながら此危険に接近するを究

れ得ないものである。信仰の目を覺して祈れ。
八時半柏木に到着、面白いオゾンの雰囲気をな
す。九時吸入を濟して床に就かる。
其時石原先生が見えて植木良佐兄の忙わ
しいという話の序に藤井武氏の父君の永眠の
ことが話頭に出た。先生は之を耳にして痛く
感ぜられ同情せられ

一、誰かを見舞に遣らねばならぬ、病
藤君だ、々々々
とて奥様に花料金拾圓を包ませ、電車賃
と一才の三圓と共に渡された。

午前十時出發、雨の中を大久保、澁谷、新町を經由して櫻並
木通に出で進み行きて目的地に近すや突然鈴木俊郎
兄に邂逅した。兄は余を藤井先生の門前まで案内して呉
れ左して附近の自宅に歸つた。
余は静かなる先生の戸口に立つて御免下さいを二三回
發した、お子様方の聲がして後、取次の若き婦人が

現われた。余は内村先生より使者として來れる旨を
傳えた。暫時待たれよと
奥に入つた。数分の後見
えられしは藤井武先生
であつた。
アア　サイトウさんで
すか　よくお出で下されたと云ふ

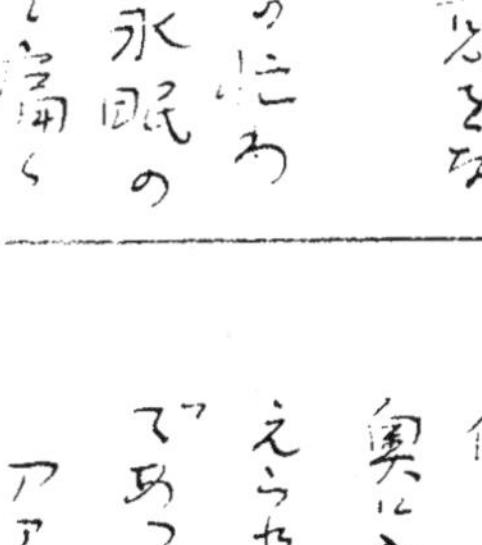

それより
毎日々々先生の病を思ふて是非お見舞に參
りたいと思ふて居るけれど、何分外出を許されな
いので其運びには至りかねて居ります。
父の葬式は今日午后二時塚本君の司會で
隣りの父の家で營みましたが矢張墓地へは
行くことを許されないという始末です
と言わる。何れ内村先生も先生も遠からずお癒
りなるに相違ないから其際ゆっくりお出でを願
うことに致しましよう。先生の御心中を歸ってよく

お傳え致します　と云って先生からの包み物を藤井氏の手に渡し　病中の瘠せ衰えたる藤井先生に深き同情を懐きつゝ其まゝ戸口から別れ去った。同じ道筋を通り正午柏木に歸宅して右の様子を恩師並に夫人に報告した。
九時までに柏木の仕事を了えて歸った。

三月四日　火　曇。

朝食の席に於て家人特に茂夫に對し、今回塚本先生が獨立したる事に就き巷間の浮説紛々たるに心を動かさぬ様に注意すべきことを告げ且つ事件の内容の一端を示して警戒を與えた。

八時出發柏木恩師邸に向う。

先生より左の言を告げられた。
一、今朝は二三の善き現象を見た
。食慾の起りしこと（夜間も空腹を感ずし
。左半身の運動が自由となる。
。運動と同時に体温増し、鬱血散ず

一、我等は一死の直前に於て備えらる、完全の靈體のあるを信ずるが故に一死と戰うは苦痛の極ではないが、若し未來は暗黒で只信仰に此肉に生きんとする望のみで戰うならばイカニ苦しいことであろう。
オゾン吸入の際呼吸に力附かれし様を認む。
○静岡市日基牧師柳田秀男氏お見舞として來る。研究誌の讀者で嘗て再臨問題の時京都で始めて内村先生にお目にかゝり過日長文を呈して時に塚本兩先生の去りしことにつき意見を明かにせし人という。鋼指療法の實驗を有するを以て之を施して上げたいその好意を表された。
塚本先生の獨立は其動機は内村塚本兩先生の何方にあるかとの質問を發したので、福音の爲に内村先生の方よりの様に見受けられますと答えた。

研究誌の帶紙に宛名を書いた。

研究誌三月號の原稿の校正を爲す。

十二時石原先生と塚本先生事件につき語り合った。

○晩餐は饂飩の美味なる調理であった。石原室戒夫人手製の物の由。菊江嬢給仕して呉れた。食後は夫人も見え三人で色々の事を話す。

△彼女（蜜川《ミツ》とよ）は本郷之人 田舎牧師より受洗せし牛込教會の信者。曩に神経衰弱にて引込み居る由。両親心配しゐるとのこと。 △曾て大阪驛にて塚本先生は内村先生と別れ若き女學生を連れ遊び廻って汽車時間に迫る時自動車にて歸り來りし由。 △九州之人 山岩永なる學生と共に行く。 △市中何處へでも二人で歩く電車のある所でも必ず歩くという始末。

夜先生の両肩を揉む。

「日々の生涯」の口授をせられて後 大分吸入。

先生の頭上に手を按く。

腹部に手を置きて温む。

先生、

一、此頃の人の死亡に脳溢血の為なるが多い。重なる原因は飲酒の為である。煙草も亦非常な害を人間に與える。

一、友愛結婚などいうことが流行って困ったものだ。舊來の虚偽の結婚と共に排斥すべきことである。

△菊江曰

此間或る雑誌社から三谷先生（民子）に友愛結婚に就ての意見を問うて來た。

ア、アノ結婚式も挙げず勝手に同棲生活をすることですか（左様です）あれならば私は大反對です サヨナラ

と先生此事をお聞きになって

一、上出來だ

と賞められた。

三月五日 水 雨

先生は今朝は室内を運動せられた。久しぶりで雑誌の校正をせられた。

先生

一、三月號が首尾克く出たらそれは日本武

士の痛我慢というものだ。
一、今は僕の身體に効く手は君、玉江、家内の順序だ、力が無ければ駄目だ。家内は疲れて力が乏しくなって居る。
一、今何もかも忘れて若き女の説教を聞い居った、それは素敵に旨いものであった、夢だった。
一、矢張君の力を借らんではオゾンは旨く行かない。
一、大層御苦労であった、確かに治るよ、呼吸は二十二であったか、下え行ってお茶でも飲みなさい。
一、萬事謙遜たよ、校正も編輯の時の間違であったならば其旨書いてやるが宜しい。

として自ら『編輯者の誤り、責を負う』と書いて秀英舎に送られた。
一、僕は夏の暑い日には原稿の端に
　暑いのに御苦労様です
と書いて遣るよ、労働者の心には少からず慰めとなるのである。
○小野塚大學総長夫人來訪（桜の會員）應接間に迎えて先生の御容體を告ぐ。静子夫人も出で話さる。先生の好意により
一、病室にて面會を許され暫時語られた後、下の夫人の室にて色々物語って歸られた。
○黒崎幸吉兄來訪、關西、四國方面えの旅行の歸途の由であった、余は先生の御病状を話して後、兄の問に應じ塚本先生に關する事實を少しく語った、旅行中も多く此事を問われし様子であった。

暇を見て雑誌の帯紙を書いた。

夜鈴木虎秋兄の話を聞いた
▲此川、岩永、清水は三羽烏 それに井上を加えて四天王か。
大久保驛新宿等で塚本先生の柏木から歸るのを擁するという有様は實に妙な熱心なものであった。田村君と僕とは何時も氣持悪くあった。ああした女の執拗なる心は我等には了解が出來ない。

湯澤君(健ちゃんのこと)は婦人に關して三回程も塚本先生に強き質問をするのを聞いた。

昨年十二月でダンテ會を解散したのはよかった。

僕は先日直接會ってギリシヤ語の方を斷って來たのはよかった。

祈禱會
西岡先生司會 さんび、祈禱、マタイ二十五章。
所感、(司會者)
祈禱 南原、齋藤、西岡
さんび 默禱 散會
聖書知識第三號 巻末雜感雜録欄に
赤ン坊の手をねぢる様に、この小さい私をねぢ伏せようとする敵が居る。しかし私は屈しない。
Athanasius contra mundum である。
たとひ私は屈しても神にある私は屈しない。其驚かされぬは彼らには亡の兆、なんぢらには救の兆にて此は神より出るならしである(ピリピ一ノ二八)
とあるを如何に讀まれしや試みに訊ねて見た。
南原先生は ハッと思うたが然し直ちに打消してこれは教會を指したのであると思うた。
西岡先生は 未だ讀まないが多分南原先生と同感、
石河光哉兄は マサカ! といって居った。
祈禱會の様子を先生に問はる、或は報告す。石河兄に強き所のあるを賞めて居られた。

夜の吸入を濟し少しく揉んであげて歸った。

三月六日 木、霙、
病人達には最っとも堪え難き不快の日であろう庭の梅の花やクロッカスは可哀想である。
先生の御容體は次第に少しずつ快方に向わることを認める。
一、オゾンの外にはオバルチンが効いた様に思われる。オバルチンは卵と小麦とココアと牛乳で製したものゝ由。
一、今の大抵の醫師は皆手柄を自分に歸せずしては満足しない。大學の立派な博士でさえ自分の盛った藥の外は悉く他を貶すという悪い風習がある。
基督教の牧師も亦其弊がある。醫者も傳道者も政治家も皆自分を宗とする爲の技術である。

人が治ったからとて心から喜んで呉れない、彼等は皆罪人だ。

余は朝晩の吸入の時の外に三四位先生の身體の何處かを揉んであげて居る。力と注意のある點を喜ばれる。其他の時間にても成る丈御退屈を慰めんために床邊に坐して話さるゝことを謹聴し、問わるゝことに答えて居る。

九時雨を犯して歸宅。

三月七日 金、雲、
例の如く栢木に向った
風雨荒ぶ天氣を先生は室内から眺めながら
一、何時天氣回復するか
と嘆いて居られた。病人には天候が著しく影響するから斯く申さるゝは當然のことである。

617.

先生

一、死は苦痛の最大なるものに相違ない、若しそうでなかつたならばキリストの死の意味が無くなる。

一、神の恩恵が人間に降つた時之を神の恩恵として受けずして自分のものとして感じ又之を用ゐるが常である恐ろしいことである。

一、ペテロは感情の人である、随つて行動に變化多く失敗も亦多い、然し其都度悔改めては信仰に立ち還る、其れがキリストの最愛の弟子であつて然も亦弟子達の首であるというのである、考えべきことだ。

一、（左胸部の患部を指されながら）これはセバスチヤンの矢の痕である、ここに抜け跡がある、何人の矢が當つて居るかなア。

一、機會の放棄、之は實に悲むべきことである、花巻に日本各地にある人々は直接間接に福音の恩恵に預りながら之を獲得しなかつたのは立派なる機會の放棄であつて、後の日に審かるゝ時、何とも言ひ譯が立たぬことである。

一、僕には借（精神上の）もあるが又貸も少くない、福田藤楠が北海道に行く時、自分には無資産で土地拂下が出来ないというので僕の所にやつて来て嘆願したが僕とても金錢上の援助の如きは到底出来ないから海保竹松に依頼してやつた、幸、承諾して呉れたので連名で何千町歩の上等なる土地を北見に於て拂下げを得た、然るに其時直ちに其内の木材を何萬圓と賣り、其金を以て洋行し八年間外國に學んだ、そして歸つて來た僕には一枚の繪を持つて來た、其後彼の行動は甚だ不徹底のものであつて社會主義傾向の雜誌などを出して居つたが當方えは一向顔を見せない。十二年經ても海保の方其儘であるので僕も濟まぬと思うから青木義雄に言うて適當の所置をする樣に語つた所で漸く二百町歩丈をやつたという事である。海保の方はそれで可なりとして僕の方えは如何にするか其事は少しも考えて居らぬらしい。實際ならば其十分の一を神樣に献ぐる心を以て僕に領つが本當である。僕にはいくらでも入用ある道があるのである。

一、「マアあんな奴をいじめまい、つまらない話だ。

此田夫人に代りて恩師の枕頭に一夜を看守るの任を受け喜びと感謝とを以て之に應じた、然しながら未だ不馴の爲夜半の食事の如きは到底出來ないから矢張夫人の手を煩わすこと、なつた、

一、君を散々叱つて居りながら今度は此大事の場合に君に看護して貰うとは

こて涙を流された、

一、此疾病の一の原因は急に肉食を廢したことにあると思う、藤本重太郎、左近義弼氏の説を用いた結果である、

活動する體に禪僧の如き食物では合う筈はない、今度健康恢復に向うと共に非常に肉を要求する心が起つて來た、極端の説は宜しくない。伊藤一隆君なども紐育で貧しくなつた時幾円か日本料理を食べて居つたら何とも言えぬ症状を呈して苦しかつたので

619.

普通のレストラントに返った所は治ったということであった。

一、日米の海軍力を比較して見ると今假りに太平洋上に於て戦端を開いたとすれば僅々二十七分間で日本は敗北することになって居るという恐ろしさである。

一、日本国は今僕に死なれては困る、今此事に気が付いた。

一、僕を怨んで居る人はあるかも知れない二人であるかも知れない。

一、初代の使徒達は復活のイエスを傳える為に西方亜細亜の寂しき高原地を旅し不息の病気に罹りし時手厚き看護を受けずに倒れたであろうと思えば温かき病院に在って同情の涙に咽ぶ。

一、今度講壇に立つ時までには何とかして会員の心が定まって欲しい。

一、今度一番喜ばしいことは祐之の信仰の復興である。

病に對しても信仰と祈禱とを以て當り神の御憐みを乞うことにした。

今日まで何十日となく毎夜二時前後を期して襲い来る病魔を今夜は二人の祈を以て防がんと用意し十時

恩師床上に坐して祈り

余も其側にあって祈った。

我々は消え失せて聖霊の神の臨在し給う感があった

斯くて恩師は静かに床に就かれ余は隣室に退いて主の御守を仰ぎつゝ平安なる眠に入った。

三時半に至りて目覚め、呼び出されて平安を感謝

620.

した。夫人も起き来りて葛湯鶏卵等を先生の為めに應じて勧められた。

勝利を歌いつゝ再び就眠

三月八日 土 雨

七時雨の朝を迎えた。然しながら昨夜は祈を聞き給う神の御恵みによって勝利の一夜を送ることが出来た。それ故前途には只光明を望むのみであった。

午前十時頃一旦帰宅して昨夜の様子を報じ心配して居る家人を慰めた。

明けても暮れても何時何處に居っても安心は恩師のことを以て一杯である。聖心成れかし、聖心成れかし 聖心ならば再び壮健の身體とならせんことを

主よ我主よ我牧主よ日夜に我を離れ給わぬ生ける我等の贖主よ 御力を顕ち給え、恩師の純けて高くして切なる祈を聴き給え全國に散在ある小羊等の捧げる祈に御耳を傾けさせ給え。

三月九日 日 曇

昨夜は栃木のまえ子さん愈々縁付くことに決し、お別れに臨んで最後の一夜丈でも先生の御看護を致したいと美わしい心情を表わしたので、それが先生の許諾せらるゝ所となり其為今夜は休養ということになった。

一、泊るも帰るも君の自由にせよ

と申されたるも今夜は帰りますと帰宅したのであった。

集會

藤本武平二兄

眞の愛 ヨハネ三ノ十六

（鈴木兄代読）

内村先生

神の忿怒と贖罪

會衆 百四十六名（男八十三 女六十三）

621.

先生の御元氣は大變に強くなられた。梯子段六段を昇降せられて敢て御疲勞の様子もなかった。

午后二時半 階段昇降脈搏試驗

先生 昇降前 56 昇降後 68 差12　余 前 58 後 68 差10

今夜も泊って御看護申上げた。

一、今回病氣を賜わった譯は祐之の信仰の爲であるということが判った。

此一事は私の長い間の苦惱であった。大學に居っても誰一人眞に信仰のことを教えて呉れるものがなく、獨逸に於ても同様であった。ましてや私から言うことも出來ず本當に祈って時の來るのを待ったが今度こそ彼の信仰の復興を見ることゝなった感謝である。此事の爲に病むというなれば敢て辭する所ではない。

一、祈って其結果を物質的に望むのは勿躰ない話だが毎度際私は天氣の爲に祈って聞かれたことがある。勝手に祈るのなれば無論不可なれども眞の愛の故に晴天を臨むを祈るという場合には聞かるべきものと信ずる。

三月十日 月 晴

昨夜專心看護の任に當り晨に入りて就寝、六時五十分起床。

先生には朝の食欲盛んにて

・一、美味しい

と申された。

九時半オリソン吸入、其四十分就眠せらる

九時五十分駒込を木村皇漢醫院に向う、途上上野美術館に太平洋画会を見、不折先生の二枚の出品を賞して去る。

一旦柏木に立寄り許可を得て帰宅し妻を薬品を渡して再び柏木に帰った。

「聖書之研究」三月號は三時に到着、直ちに感謝し、石原蒲池両夫人の助力を得て包装を進め七時半頃までに内地の分を済して發送した。

先生

一、批評するでもなく議するでもないが三人を比較して見ると

(一)石原は十字架の救いの実験を握って福音的である。

(二)塚本は神學書に力を得て學問的だ。ルーテルを知らない。

(三)畔上は文學的であるが福音の方は中間にある。彼はバレヤルの本を譯すことが出来る。塚本には其の資格は無い。

一、規則という奴は精神を亡ぼす奴でいかぬ我々は皆日夜此規則に縛られて居る、心すべきことである。

一、人を導く困難は、彼を獨立人ならしむべきものなるに直ちに自分に導いて仕舞うという恐れのあることである。

一、塚本君が女に接するに異性の感を持たぬというが彼の身を取り巻く多くの若き女を見るに悉く普通以上の美人揃なのは一体どういう譯か、其表白は嘘だよ。

一、君の義子さんは君の心を知って居って呉れるか。

一、生命、信仰、勇氣これでなくてはいけない。

一、内村家は素々健康の家柄であった、それを総掛りで不健康にして仕舞った。

一、元来信者の生涯というものは極めて簡單なものだ、それを色々と小さなことを持って

来て遂複雑にして仕舞うたのである。

一、柳會というのは難溢物であった皆新渡戸から来たのである。何れも婦人問題を起こして去ったが最後のは一番悪かった。彼を看破することが出来ないで側に置いたのは僕の不明の致す所である。

一、三谷民子は偉い女だ、今井信子も中偉い、三谷が今井を知るや直ちに其本性を認めて無二の友人となって仕舞った。

一、今や新渡戸(稲造)が天下に恐るべきものは一人もないが只僕のみ怖いのだ。彼はいやな人間だ、僕とは北と南程の違いだ、彼は基督信者だから堪ったものでない。

一、小野塚夫人が主人に語ったのが發端となって赤十字の内科部長なる五藤氏レントゲン的診察を受け、心臓擴大ということで僕の氣を打ったのである。今迄の態度は全然一變して家族までがそれに化せられ消極的恐怖的になって仕舞った。

一、どんな人でも醫者の前に立っては皆病人である。彼等の消極的の言に従ったら一生何も出来ないことになる。折角神様から與えられた生命力も遂に用うるの機を見ずして死んで仕舞うのみだ。

一、現代の醫師は、眞の生命を知らぬ所の憐むべき一白年の壽を理想に安全第一を標榜して戦々兢々と日を送る所の人間のみを相手として居るものだから醫師の態度は此悲むべき人生の寿を利用して何れも彼も怖い一方である。消極的方法で可惜人間を

無為の生涯と死にとを逐いやって仕舞う
本当に堪えられない話だ。
一、先生と思わず友人と思うて看護しなくてはいけない。

内村先生古稀祝に記念品贈呈の勧誘文

恩師内村先生には本年七十歳の齢を迎へられました。世に所謂古稀の壽で御座います。先生の過去七十年の御生涯は世の凡夫とは勿論比ぶべくもありません。不信国に於て如何に毅然として国人を教へ世と闘って来られしかは今改めて申上る迄もない事で御座います。夫れ丈に此今日を御迎へになりました事は一入御目出たい感じが致します。しかも今や遂に病床の人となられ一時稍御重態をさえ傳へられたのでありましたが御護りに依り昨今殆ど御平癒に向はれ近く先生の御温容に接することの出来ます事は実に慶びに堪へない次第で御座います。就きましては御快復方々左記に依り聊か先生の御瑞でたき古稀の御齢を御壽ぎ申上げたいと思います。何卒御賛成の程を御願い申上げます

昭和五年三月十日
発起人
齋藤宗次郎　藤本寛太郎　蒲池信
高山鉀五　藤本武平二　久山寅一郎
名古屋常治　石原兵永　鈴木弼美
山本泰次郎　鈴木虎秋　野村次郎
伊藤せい　松田敏子　植木良子
小林鉄子　山桝まり子

様

記

一、右祝意を表する為会員各自多少醵金して先生に記念品を贈呈致したいと思います。都合により三月二十六日先生の御誕生日に右祝賀の集りを致したいと思います。
一、醵金の方法は柏木講堂に於て三月十六日及三月二十三日の日曜の集りの際竹箱を備へ付けて置きますから封筒に入れて御投入を願います
一、御郵送の場合は小為替を以て市外柏木九一九番今井館氣付名古屋常治宛御送金を願います。三月廿三日を以て締切と致します。
一、成可く御一名壹円以上を御願ひ致したいと思います。
一、御一家の方は一組として御醵金差支御座いません

三月十一日 火 晴

午前に太平洋画會を觀、午後家に在って家人と共に春の気分を味い、夕方柏木に帰った。

そこの姿勢を借て先生のお體を揉んであげて居るところ

三月十二日 水、晴

午前十時頃柏木から帰り間もなく仁志と共に出發下谷初音町高知堂に仁志の知人を訪ねた、余は昨夜不眠の為今日は安易に眠かった。一時間位物語

つて別れ去り日暮里まで見送られて余は柏木に妻は宅に帰った。

余は顔言等にて煩雑に三十分ばかり假睡して疲れを回復した、其為め夜の御看護に楽であった。

横濱海岸教會(日基)牧師笹倉氏は多忙の身を態々来り見舞われ、好意を以て先生の身體を揉まれた。未明の四時まで揉んで後、下の八疊間に眠られた。それより余は看病の任に當った。其時先生から

一、笹倉さんを何う感じおるか親しみたいと思わぬか

と問われ、未だ人物をよく知らぬ故強答に苦んだが「尊敬はあるが親しみ難し」と答うるや

一、それはキリストの心ではない、柏木根性というものだ、其偏頗な心は改めねば駄目だ

僕は君の其言を聞いて甚だ慰めを得ない。

と申され、成る程余の心にイエスの精神の乏しきことを

痛感し聲を擧げて祈りたく思うた。

祈禱會

田村次郎兄司會

祈禱、西田、南原、齋藤、矢内原、蒲池、

所感、西田、　余（實驗の一二を語った）

三月二三日　木、雨、

先生は昨夜は珍らしく八時間に安眠せられた。大体に於て少しずつ快方に向われつゝあることを認める。

昨夜藤本博士、石原主治醫相談の結果、藥無しで治療することに決した。

少しの暇を貰いて午前に歸宅し、午后三時雨の中を急いで柏木に向った。

四時石原醫師は内村先生の診斷を濟し、本日より愈々藥を用ゆることに決して歸り去った。

間もなく大雨を犯して笹倉牧師は田中（節）醫師と共に來訪した。此時間は既に昨日電報にて豫報せられしのであった。夫人は兩醫師（石原、田中）の往診時間の前後の工合おきに感謝して喜ばれた。

兩人を病室に導いた。直ちに田中醫師の診察は始った。先ず坐して先生の容貌より一体の様子を熟視しそれより脈搏検温聴診、尿の検査という順序に頗る丁寧に診斷

を了え、而して後に余らに左の如く述べられた。

一、腎臓疾患　二、心臓の肥大なければ心嚢に水を持ち其中に浮游せる状態にて活動を束縛せられつゝあり。　三、神經衰弱し　四、胃腸の弱

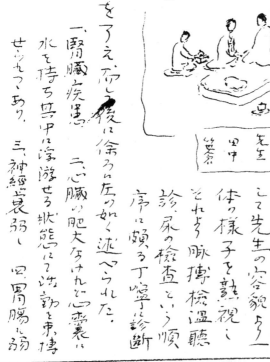

627.

り居られる。

治療の方法は
○順序として先ず腎臓を休ましむるにあり、
○藥用を廢し　○減食を實行すること
○利尿の爲に果物を主とすべきこと（西瓜、メロン、苺、梨等の生食）○食料の種類に制限はなけれど分量を輕減すること
○安靜を保つこと　○灌腸の必要　○日光浴
斯くする時には症状を呈せる諸機能を漸次快癒すること疑なし、又發作的危險の臨む事なし。

以上の如く合理的の診斷を紳士的に具陳する様は眞に名醫として尊敬すべく、先生も亦大に其言に賛し實行を期して滿足の意を表し謝意を述べられた。

此日藤本金太郎氏見舞われた、一時間程揉んだ。


午後九時胃部に疼痛を覺えらる、や、藤本氏は空腹の爲なりとて食餌を攝ることを勸められた、そこで米飯其他を食べらるや直ちに癒えた、氏は歸つた。

午前一時半まで奥様枕邊に看護し余は其れまで睡眠を與えられた、一時半より奥様に代つて看病の任に當つた。

三時再び空腹を訴えらるゝや葛湯を造つて上げた、夜は睡眠せらるゝことはなかつた。然し比較的平安であつた。余は

三月十四日　金、晴
午前七時半まで看護に勤めた。
夜睡らぬことは非常に心身に應える、朝來疲勞と睡氣とを感ずること強かつた、朝食後、[illegible]亭の八疊間に於て研究誌に揭げる先生の「日々の生涯」の淨書をなし更に自分の日誌を

認めた點、ある時は遂に机上に手を並べ其上に顔を置いて假睡に入った。其時僅かに半時間位であったかも知れぬが、眼覺めて見れば可なり疲勞は癒されてあった。

原崎源作先兄の訪問は余の意外とする所であった、余は日頃先兄を思いつゝあるものであった。此期図らずも相見るを得て非常なる喜びであった。余は先ず兄の問うままに恩師の病狀に就て精しく告げた。それから兄は左の如く語った

○私は當年七十三歳、然も老も死も皆忘れキリストの為に日々第一線に立って活動を継續しつゝあります。

○毎年一二回は茶業の用務を帯びて上京すれば格別の用件も無きに先生を煩わすは恐れ多きことで、寧ろ其使命時間を重んじて御訪問を控えて居ります。

○過般「東朝紙」の記事によって御容態を知り今度は親しく御訪ねして御容體を承わらんとしたのであります。

○嘗て研究誌第一六五號に掲載されし私の祈禱文は同志にも頒ち今猶新しき信仰を以て斯く祈りつゝあるものであるが、何時か暇を見て一度あれを讀んで見て頂きたいものだと先生に告げられたし。

○私が屢々粗茶を贈呈して居るのは先生を常に忘れざらん為であります。

老兄去って畔上先生来る

一、疲勞の為め今朝は面會は出来ないが何れ明日午前中に面唔せんという先生の御言葉を傳えた。畔上先生は宜しく看護を頼みますと好意を表して去った。

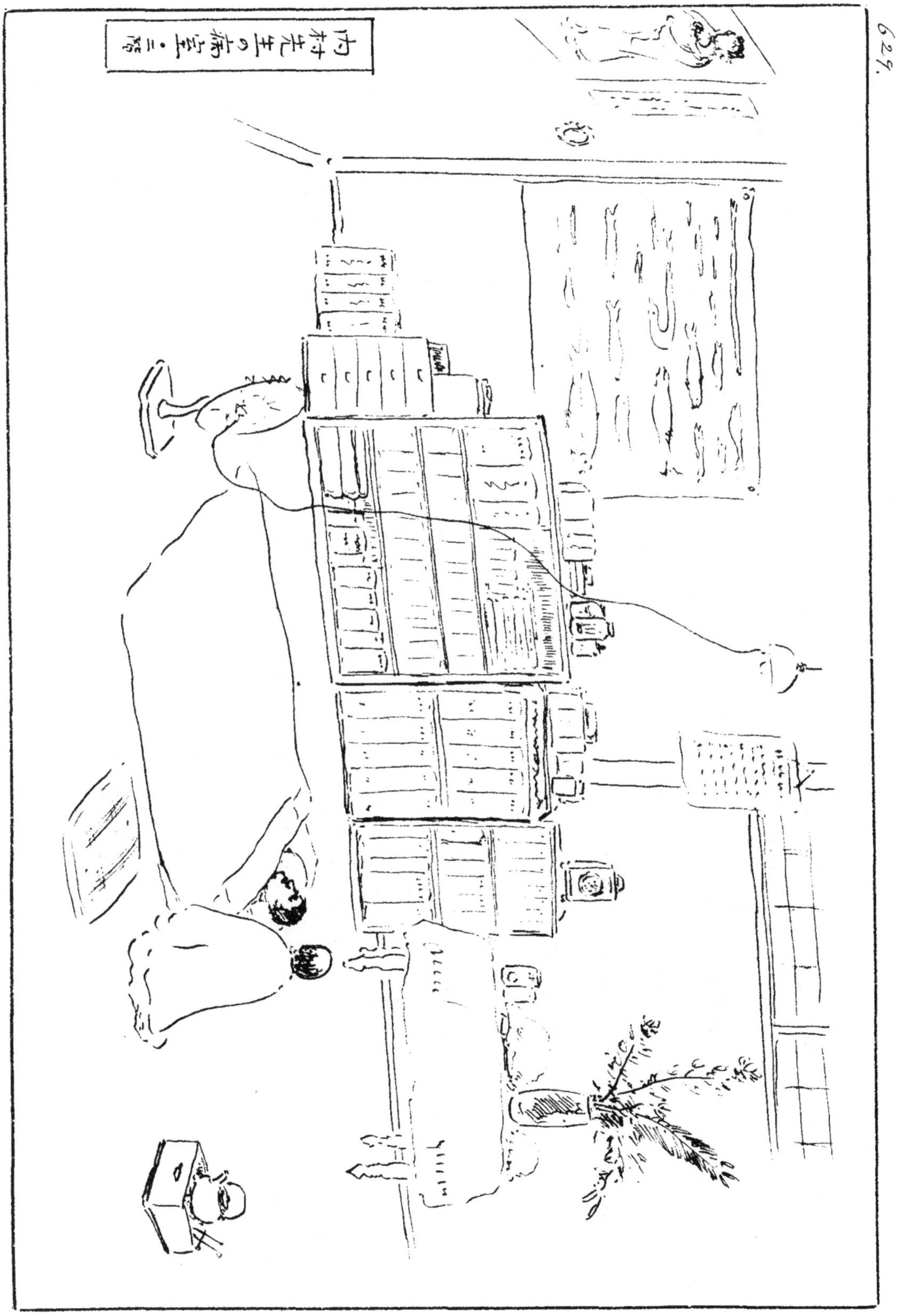
内村先生の病室・三階
629.

高山錦吾兄の訪問があった。預言者に於て二回の洗足会の様子其他を話して帰った。

先生の轉室

二階の六畳間に眠らるゝこと五十餘日なりし先生は轉地の氣持を以て隣室六畳間に病臥せらるゝことゝ二三夜にして本日午後四時頃殆んど突然獨自ら階段を下りて下の八畳間に移られたのである。そして非常に氣分好き御様子であった。一同亦大なる喜びであった。

今夜は藤本重太郎兄が看病に當って呉れるといふので余は一旦歸宅することゝなった。それ故オゾンの吸入は時間を早めて七時半に行った。事々に主の御恵みを拝するのである。

七時石原兵永兄見えし時先生は待筆す

べき言を發せられた。

一、無教會主義解散！

一、福音の為に予は此事を敢てするを恥としない。

一、日本國の為に予は他の多くの基督教界の人々と心を協せて福音を宣べ傳え最後の奉公をせん。

一、我は極端なる無教會主義を排斥する。

一、清き心を以てする行為は誰人に對しても敬意を拂い且つ其人を愛するは真にキリストの御心である。

鈴木虎秋兄縁に坐し障子を少しく開きて恩師の病状を見舞った

一、虎秋君は原稿を讀むことが上達した

と賞められた。兄は直ちに去った。
八時頃余は帰途についた。静かなる月夜であった。

三月十五日　土、雨風

昨夜自宅に在って安眠殆んど八時間、勢力を回復して新しき日を迎う。

朝食を喫し八時小雨の中を藤本に向った。大久保駅より預言寺までの下駄穿きは苦しかった。雨時々来り風強き日となった。

藤本量太郎兄を預言寺の爐邊に訪ず、兄は今回の先生を祝う醵金の途は其の方法に於て缺點ありて難かしい。吾は洗足会会員は二三回会合の上最善であると思う議案を決し祈って其の方法に出でしことであれば足らぬ所は主に補って頂いて事無く進めようではありませんかと述べた。兄には別に異議が無かった。

オゾンを用いしは九時過ぎであった。藤本兄を招いで之を説明し且つ目撃せしめた。賛成して居った。

それから人相を以て先生の現在の健康状態を指摘したが先生は

一、此は当って居る

と申された。兄帰って後

一、独逸必ずしも萬事勝れて居るのではない。百年の努力を以て国を建てながら遂に忽ちにして失敗の憂目に遭い百年前の状態より悪くなって仕舞った。今回これで僕の病氣が癒れば藤本の勝利だ、東洋薬つべからずだ

と申された。

十時より一時間半ばかり安眠せられた後、三十分許りラヂオで浪花節を聞かれ

一、三國盜んだ嫌疑を受けた女が自殺すると
いう所で西洋人には此意氣は無い
と稱せられた。
一、君ラヂオを掛けて居るか
と問われ否と答えた。
一、ナゼ
と反問された。無用の事多き為と更に答
えた。
二時腰湯を使われ
一、大變氣持よし
として床に横わって余に左手
を揉ませながら左のことを物
語られた。
一、サイトウ君し。君は聖

書の外には日本の本で何を最も好んで熟
讀したか
二十歳前後までは色々の本を讀みましたが、先生
の本を讀む様になってからは主として先生の本を
讀みました
一、實際僕の本のみを多く讀んだが、それ
は大缺點である。一人の本のみを讀むと其利
を受くる代り缺點までも受けて仕舞う。
一、僕は太平記を愛讀した祖父の遺した二三十
冊の大文字の本である。誰が著したか知らぬ
が、日本人で佛敎信者で當時のあらゆる知
識を咀嚼して書いた威嚴のある立派な
本だ。君一つ一日に一章ずつ讀んで見ようで
はないか。
一、唐詩選を讀んだ。常山紀談を讀んだ。佐

倉宗五郎を讀んだ、多くの軍談物を讀んだ。

一、聖書も近頃の日本語は實に讀むに堪えない。事實は偉大嚴肅なものであるから忍んで讀んでは居るが文學としては野蠻の文章である。

一、西洋の本ではオルヅオスを一番に愛讀した。(眞の意味の詩人と自認して居つたであろう)次にカーライルを讀んだ、カーライルは僕を毒した、然し彼の觀察には動かすべからざる眞理がある。其他歴史の本を多く讀んだ。

一、僕は神學書よりも歴史、哲學の本を讀んだ、宗教上の立派から見ても僕は平民的であつた。

一、信者の普通讀まぬ本で僕の多く讀んだ本は基督教の反對者の著書であつた、反對者にも中々偉い人が居る、反對者の本を讀まなければ敵に同情することは出來ない。

一、一体日本人の美點は小理窟を言わぬ點にある、其點から言えば僧侶は此心を毒した、夫故に儒者は僧侶を嫌つた。

南極探檢に際し、一行がこれ以上前進すれば糧食盡き皆餓死するのみだ、我れ獨り此處に止つて死ぬから諸君は此糧食を携えて歸り探檢の事實を本國に報告せよという偉大な人が居るからな。

實際探檢は慾望や好奇心のみで出來る業でない、

北極の氷海を航行することが出來ないから數千哩の間を潜航艇で氷の下の海中を潜

り抜くという遠大の計畫を樹て、居る人が居るから偉いものだ。

日暮れて雨歇み風も亦頓おりて朧月夜となった。人皆の想うべき時は刻々と近づきつゝある。余は常に枕頭に端坐して居った。先生は横臥せられしまゝ両手を床上に延べ親しく余に告げらるゝに左の言を以てせられた。

一、偉人の定義を教えてやろう、偉人とは人の美點長所のみ見えて其缺點の見えざる人を云う。小人とは人の缺點短所のみ見ゆる悪魔である。

ユダと雖も召されてキリストの前に立ちし時にはキリストの眼に只彼の美點のみ映じたであろう、そして最後まで其美點を復活せしめんと力を注ぎ給うたのである。私共に對しても亦有るか無きかに等しき長所をお認めになって父なる神の前に愛されつゝあるのである。然し餘りに悪の方が多いから遂に自身十字架の上に身を挺して其醜悪汚穢の點を根本より取り去り給うたのである。而して私共信者は皆此イエスの弟子ではないか、師の如くならねばならぬ。

曽てアマスト大學のシーリー先生の卒業生の名簿を示されし時には其名前に一々長所のみを列記してあるを見て其偉大さに感嘆したことがある。

世俗の世界的偉人というが如きは意味なきことである。

一、先ず他人の美點を数えて置いて、直ちに「ケレドモ」の言を附して今度は散々に多くの缺點を擧げるのは世の常である。それでは折角他人を賞めても之を取消して悪名を附して仕舞うのである。浅ましき事である。

一、善きサマリヤ人の喩譬は其出所は何處に在ったものか知らぬが、キリストは此話に接した時飛びつく喜びを禁じ給わなかったであろう。ユダヤ人を戒め給うに止らずユダヤ人の考を根本より全く覆し給うたのである。我れ神を信ずと高言しながら同胞に對して冷酷の態度を取るは大なる偽善である。

一、君は太平記中の美わしき所を知らしてやろう、實に偉い文章だ。

午后六時帰宅を許さる。

三月十六日　日、晴、雨、

藤本寛太郎兄によりて看護せられし恩師の御容體は次第に快方に向わる、眉を開きて安心した。

講堂の花として庭の沈丁花を折った。

集會

西岡兄司會

石原兵永兄

イエスの成長　（路加二章四十九節）

内村先生

世に勝つの道　（鈴木兄代讀）

恩恵豊かなる集會であった。

百九十一名（内獨逸人三名であった）

此日内村先生の古稀及全快御祝の醵金は三百四十七円であった（九十七名）

正午預言者等の中食、石原兄の贈物の話、講演の準備の話、栃木の兄上の話などあった。

午後零時半

一、これで逝ったら逝っても宜い　惜しくはない。

脈搏及呼吸をお調べになった。眼鏡を掛けて、之が呼吸に及ぼす影響をも調べられた。

一、今日はこれで用事が無い、枕元に侍する必要は無いから自由の行動を執って宜しい

と申された。そこで「日本の生活」を筆記し、先生の命令により眼鏡の左球を黒く塗り潰してあげた。

午后二時頃辞去して出で九段に高橋素子及び高山兄の令息の病を見舞い、神田の古本屋で太平記を探し上田敏著中村不折先生挿画の『耶蘇』を土産に求めて帰った。

三月十七日 月、晴。

先生の御容体は大した変化なし。大体に於て快方に向われつつあることゝ信ずる。午前中を平穏に送った。

先生は昨夕より川澄天則堂製剤の中、腎臓と心臓の二種類を用いて居られたが、浮腫を取る必要ありとて

一、君は親しく天則堂を訪問し事情を語って其薬を求めて来る様に

と命ぜられた。

午后一時澁谷八幡通一ノ二三なる同邸を訪れ主人不在の為め附近の神社、学校、古本屋等を廻り二時半再び天則堂に入った。主人と応接間で会談し内田先生の御病気の経過を叙し薬品二瓶三十九瓶の二種を選んで貰い、序に妻の分心臓、神経の二種を求めた。主人の語る種々の話に益を受け四時感謝して帰途についた。

日暮し頃恩師の枕頭に復命し早速之を試用した。

先生は生理学や薬品の事を調べて居らるるがアこさバしに就ても色々話された。

晩餐後帰宅を許され八時家に帰り天則療法を妻に説明した。

三月十八日 火、晴

庭のリはつカスの美観を賞した。

日頃定められ与えられたる務めを果さん為に八時柏木に向った。

恩師の御容體變りなし。
横濱の山桝夫人まり子姉来り蛔虫を驅除せし自分の實驗を述べられ、先生大に之に動じられ早速藤澤君に命じて「マクニン」錠劑を買わせられた。余も夫人も其服用に不同意なれば正面から反對する譯に行かぬ故大いに苦心した。夜八時頃までには二回も戰って後一時間の後によるに退し歸宅せんとしたが、先には用ひ今夜は用ひざることゝするを決定せられ喜んで歸宅した。我等の理由は
天則蘊奥の衝突を恐る。
先生は蛔虫居ると思われず。
マクニンは効力少し
の三箇條であった。

三月十九日 水、曇
妻の話に依ると先生に對して下大根《おろし》の腎臓病に有害なる二回を申した。有効と言ふは五十日間毎日食し来られたのを驚き、早速之を信じて攝取あることを中止せられた。
朝笹倉牧師来り「木角豆《ささげ》」を勸められた。今朝余の妻も亦余に此事を注意してあったので双方符合せるを喜び、直ちに淺井藥局に到り十錢に十六匁を求め来り其内四匁を一合の水に投じ五勺に煮詰めて先生にあげた。少し濃厚なるが氣掛りであったが夜までに全部を用いらるゝことゝなった。
此日田中吉備彦山本豪子の縁談の件に付午后二時柏木を出發し小石川林町三三〇ノ山本能子女史を訪ひ懇話して歸る。

祈禱會
午后七時廿分頃吉寺八畳間に開く。
南原繁先生司會
祈禱、齋藤、西田、田村、藤本(武)、蒲池、南原。
報告、余は先生の病状を報じた。
オゾン吸入の手配を為し九時歸宅

此日夕刻若町長嶋屋にて太平記抜萃本を買
錢にて求め歸來りて先生に示せしに
一、之は實に充分だよ大切な所は此中に有る
と申され更に
一、明日から一章づつ讀もう
と申された。

三月二十日 木、雨

「日々の生涯」の淨書を始めた、三週の後には
此文は研究誌上に現われて天下の愛讀者を
喜ばすのである。決して小なる仕事ではないと感
じつつ一心に之に當った。

德富愛子夫人に通知文を發した。蘆花先生
から内村先生に呈せし四通の手紙が書簡集編
輯の用意となったので余に向けて返送し來ったの
である。之を無事に受取ったという通知なのであ
る。海外漫遊の事は未決定であるという書翰を受
取ったのであった。

藤本重太郎氏は内村先生の御病氣につき必ず全治
あるという確實の希望あるのみならず、其療法は
自分は責任を以て當って居るということを懇々余に
告げ、同時に西洋醫者の不親切と誤れる療法につき
簡單なる説明をして居った。先生の病室に近き
廊下にて小聲に之を話せるを以て満足せず今度は
預言者に至り八疊間に坐し机に相對して盛んに其
事を論じて居った、余は亦氏の至誠と的確なる
論理に服するものである。

石原兄も來合して今先生の所で色々語った
が先生は頻りに
一、塚本君の歸還を望まれ
一、此事が決すれば予の病氣も全快する
とまで語られたそうで、
石原兄は、曩日鈴木俊郎君尋ね來りて話を告げ
たといって居った。 藤本氏直ちに相を卜し歸るけれども

可なり遠き後のことである。祈らなければならぬと語った。五時五分雨を犯し泥道を踏んで洗足會に臨む。沼袋の久山寅一郎兄宅に向った。

會には藤本、名古屋、高山、寶田、渡邊、菊池、永井、余の九名出席した。余は恩師の病氣を中心として其原因、其理由を人の側より悪魔の側より神様の御側より事實を以て述べた。

三月二十一日　金、晴

北海道の内村醫學博士一家の上京は一兩日遅れる旨昨日電報があった。

先生は昨夜二時頃より腹部に症状を呈せし為看護の藤本兄は大に鬪って遂に四時頃までは之を退散せしめたということである。

今朝は先生の氣分は大變宜しいということである。藤本兄は當人の自覺症状は當になからず大体に於て良好に向いつゝある由醫證あって述べて居った。

藤本醫師（室）の献身的看病に一任し信頼して
余は預言寺にて「日、日の生活」の浄書に餘念なし。

教友竹上正子姉チューリップの鉢を携えて恩師の見舞に見えた。恩師夫人は他の訪問客に應接して居らるゝを以て余は彼女を預言寺に案内し余の勞働の机に相對して彼女の好意を受け、余は希望多き恩師の容體に就て彼女に告げた。
○彼女の父は札幌獨立教會の熱心な信者
○八人の兄弟姉妹等は悉く宗教々育を受け信者と結婚せしに拘らず今は八人共信仰を墮し私一人のみは普通の女學校に學び不信の人と婚せしには一人信者として殘り居り。
○父は死に際して枕邊の子等にせめて遙か東京に居る私に信仰上の遺言をなした程である。
○家庭は日々に恵まれ今は夫までが教に心を寄するに至ったを深く喜びて感謝を紅の双頬に湛えた。

信州香掛星の温泉の主人を應接間に迎えて氏の好意を取次いだ。

山茶花の前の日当りよき所に立ち藤本寛太郎氏に恩師の病氣につき語り 兄の切なる心を汲んだ、只々感服であつた。

先生は

一、藤本君に壓《お》すと眠くなる所を指示して貰つた

して喜んで居られた。

晩餐を藤本兄と共にせし後、余は先生の病室に入つて室内の空氣を新陳代謝せしめ、オゾンの吸入と手配し、左腕下より腰にかけて揉み、後、左右をうへと強く揉んであげた。

藤本氏恩師の感覺を試み兩腕の皮膚を抓《つね》つて見た時に強く感ぜられたーと見え、高聲に

一、ア痛ツ

と痛さを訴えられたーを聞き御自身を始め一同大笑いとなつた。此様の事は一興なるのみならず病氣の為にも一同の胸を開く為にも必要のことと思つた。

八時辭して歸宅。

三月二十二日、土、晴

早朝上野驛に花巻方より上京せる折居正美君を清水谷の宿所に案内し

午前九時柏木に向つた。

一、人各々自分で勝手に他人のことを作つてそしてそれを其人の全体と見做して批判し上下して居る。自分も亦そんな勝手な批評を聞かされて、それを眞に受けて怒つて居る實に馬鹿氣切つたことだつた。

一、人は遠くから見たり他人から聞いた丈では判らない、愛を以て親しく交つて見て漸く判るものである、

一、ユニテリアンでもカソリックでも中々美わ

しい點が有るよ、それを皆引っくめて排斥するはキリストの僕の爲すべきことではない。

此日の著しき出來事は先生は

◎二階に昇って籐の寢椅子に憩われしこと

それから

◎椽側より庭前に出で尚進んで預言寺の前より講堂の便所の邊にまで至り引き歸られしこと

である。藤本重太郎氏は傍に附添うて居った。余は預言寺で此意外の光景を眺めて居った。

散歩後の脈搏は別に變化が無かったとのことである。

先生の浮腫は少しく多くなった。

余は一寸此光を預言寺で物語った。

藤澤君と蒲池夫人は洗足會の樣子を告げた。

午後六時半頃先生は二三日前より次第に重り來りし腰より足部にかけての浮腫につき非常に心配せられ、之に對する藤本重太郎氏の手當が頗る樂天的であると認められ

一、既に昨日あたりより快方に向うべき筈なのに何うしたものであるか、隊吉は當らないか、それでも安心か

と嚴しく問われた。之に對して藤本氏の答があったが先生は容易に受け入れられず、其當座困った樣子で、それでは私は短刀を先生にお預けして置いて御手當に當らなければならぬと極めて強い答に出た。先生は

一、私の病氣の爲に自殺する樣なことをされては困る、それは止すがよい

と言われた。兎に角、稍々二十分間程殺氣立った光景を出現した。奥様は大に憂い調停に努

められた。殆んど沈静に歸った時先生は藤
本金太郎氏に向い
一、時に診察に見えんとする藤本博士に
對して和親と尊敬とを懐きキリストの
弟子なる兄弟の睦みを以てせられたし
と云われ同氏も其温言に服したので全く平和と
なり直ちて同氏は座を進めて先生の脈を取
つた、調子が狂って居る由であった。
午后七時頃藤本武平二博士診察、脈搏の調
子亂れ居るは先刻の興奮の結果なるを知り
深腔の外には全体に於て容體宜しく特に顔色
の如きは壮健にて講壇に立たる、時と異ならずと
言った。一同喜んだ。
兩藤本兄は一旦應接間に於て夫人と三人にて懇
談された
余は獨先生に附添うて居った。再び

一、兩藤本さんを呼んで
と申された、二人にて先生の患部と自覺症狀
を感ぜらる。左腹部の一點を診察した。藤
本氏は、之は肩より背にかけての神經の作
用によるものにて別に此所に特別の病氣
の伏在するを認めないとの意見を述べた。
一、兄は偶此苦痛さえ去らるゝなれば
私は非常に樂になる
と申されしにより売藥を求め來り之を患
部に貼り付けた。
オゾンは夜分に用いられた。
食事は今夜はお攝りにならなかった様
である。
家庭祈禱會
なので余等も加って祈られたしと夫人が申されし

643.

り大に賛美し飯臺の周圍に一同坐して讃美、聖書朗讀、それから余は祈った。八時半暇を告げて冷たき春の星月夜を獨り吾が家に歸った。

三月二十三日　日、晴、

五時起床、雜務を了え　七時半出發　柏木に向った。

先生は六疊間にて一寸お目にかかった。御目の色の善くなきを見た。

一、昨夜はよくならなかったよ

と申された。

午后二時半に病室にお伺いした時に

一、今朝は危く死を免れたよ

夫人　日曜日でよかった藤本博士はカンフルを注射して貰いました。

一、私の生命を引留めんと思わば藤本武平二君の言に從うべし

一、「先生の命!!」冗談じゃないよ

夫人　本當にそうです皆大事に思って居ます

一、家内丈置かして下さい。宜しく賴みます

と柔かに申され　余の病室より退く樣注意せられた。

其時夫人は坐せる先生の背中を撫んで居られた。　私は　向って祈って居ますと答えて　静かに出た。

發記人會

を開いた。感謝會の準備の爲であった。廿六日午后二時　講堂に於て開くことに決し儀式會の後に一般に報告した。

茂夫はヘンデルの「救世主」なるレコード一組を蓄音機に添えて呈しては如何と申出た。

集会
石原先生司会　十九、詩篇、祈祷、
植木良佐氏
神との交、（ヨハネ一書一章）
内村先生
私の基督教（鈴木先代読）
及び　祝祷し大島先生
報告二つ
醵金を算せしに計一千十八円であつた。
会の順序について居残れる人のみにて相談した。
預言寺にて一時頃獨、中食を喫す。
預言寺の煖爐に午睡て起きたる藤本寅太郎兄は余を招きて此一月以来の先生の御病状と共に自分之に當たる誠意で労苦せて其功とを縷述した。余は勿論黙して聞くのみであつたが然し其間に於て余が親しく御看護申上げし事もあり御容體の變化について知れる點もあつたから悉く然りとくと思い得ざる節もあつた。

「先生の病褥の側にあつて」（恩師の病床に侍りてと改題）の感想の原稿を草し居つた。

偶々一婦人見え、
内村先生から親しく御教を乞いたい、若し出来なければ同じ系統の信仰の人の夜の集会なきか
と問う、無き由の答に不満足の様子にて八時半に帰宅せんとする。余に對し
少しにても教を乞い得べきか
と問われた、余は其誠実熱心なる態度に感じ
爐邊に於て彼女が
一、傳道に就て
二、各宗派が色々特別の教を高調すること例えば洗禮等のことについて
三、内村先生の教会観に就て等

の問題を提出せるに對し一々答へた。彼女は大に啓發せられる所あつて漸く決心を懐くことが出來たとて感謝の意を表して居つた。最後に余は祈つたが彼女も亦祈つて十時近き頃去つて余と共に大久保驛まで歸り澁谷なる山室軍平先生宅に向つた。

三月二十四日 月、晴

今日は札幌から祐之博士一行の着く日であるから先生には嘸御喜びであろうと思うて八時半頃柏木に向った。

九時半病床の先生に椽側から御目にかかった。

一、何うも御苦労です

と余が夫人に代つて横濱なる田中醫師に謝禮の為向うに對して申さる。

藤本重太郎氏が病室を一寸出た後に氏を指されて

一、實に偉い先生だ

と言われた。

一、私はまだ恐死病がある。

一、最早病氣と戰うまい、狭心症が來ようが何か來ようがお任せだ

十時田中節醫師に呈すべき「薄謝」の包みを奥様より頂き新大久保發車横濱に向った。十一時半横濱真砂町二丁目なる田中醫院にて院長田中氏に面會し包を呈し謝意を述べた。

○食物と藥とを廢して極度に腎臓を休ませしめ普通の状態に立歸らしめて自然に心臓其他の治る様にするのが適良の方法である。何分至難の病態に見受ける。

の注意を聞いて去る。途上山桝兄宅に立寄りて夫人と語り、櫻木町を立って二時半上野驛着、二番線を指

こゝで途めば八郎君藤澤君を始め菊江姉久留美未亡人及令嬢、武藏三君先着して居った。三時無事着の祐之博士一行七人を迎えた。自動車二臺に人々て荷物とを載せしめ余まで武藏屋君ては電車に乗て歸った。

恩師は靜かにして愛する人々を迎えん爲め頭を冷され、令息等は預言寺八疊にて母堂に迎えられて打ち寛ぎつゝ其後の病狀に就き語らるゝを聽取して居った。

後、最初に祐之博士は正子さんを伴って先生に面會せしに正子さんは握手したということである。

四時過ぎ名古屋、石原雨兒來り先生に謹呈すべきヘンデルのレコード一組(三枚九円)を四六にてまで保監すべく渡された。醵金九百二十円餘の内七百円を御祝として恩師に呈上すべく之は恩師夫人に渡した。他の品々は廿六日に一緒に呈することにした。

そして二人共歸られた。

午後五時

戸外にて恩師夫人より謝意を表せられのおれにて看護の手も揃えし故今にて當分用務減ずる由申され一と先ず歸宅することゝなりし若主人夫妻にも暇乞いをなし六時頃辭去した。二月二十五日葬事の職に就いてより約一ヶ月の事を追想し感慨無量な深きものがあった。

美代子夫人は多祈子の變りなきかを問われた。

此頃藤本博士來り二時毎の注射を始められ七時歸宅の由。

余は久しぶりにて早く歸り家人と晩餐を共にし三人の孫等を遊んで彼女等を喜ばした。

三月二十五日　火　曇

悪靈を逐い拂いしことにつき記念すべき日である。
恩師の御容體を案じつゝ勧め午后一時頃楳に向った。
午後三時十五分照井眞臣氏宅より先生、死の諭書到着

永年を友への道にいそしめは
[illegible]いてまさき勵みなん
[illegible]病床にありながらそを認めまゐらせ
[illegible]
上　[illegible]

午後三時半　獨病室に居られし先生はお眠りより覺めて
一、靜！
と一聲高く呼ばれたので余は障子を少しく開きて、只今参りますと申した先生は
一、余の方を凝視せられた
此時夫人並にみきちゃん入り來りて何かとお手當中
に在ようであった。

痛ましき出來事起る
昨夜十二時頃藤本重太郎氏來り、先生が平臥を望まるゝにも係らず抱いて看護、然も例の如く談話續きて盡きぬ様は六疊間の夫人の耳に響いたので驚き起きて病室に入らんとせしに之を拒絶したという暴状、然し此際之に應ずるの必要なく之を無視して先生の求むるまゝにはアダリンを供せんとせられた。此態度を憤りし爲か直ちに座を立って門外にまで出て去って仕舞った。氏は日頃の様に短刀とか自殺とか言い居るを思い出ては其儘に放任し置くこと出來ず、直ちに音吉君を呼び起して氏を探さしめ、令息をも起して此旨を告げられたとのことである。後歸り來りし其言行面白からず之が爲に先生は痛く心を勞せられし由である。夜明頃預言等を令息と何事とか喋々物語ったとのことである。

正午頃□氏が去るに臨み明日午后来るといつたそうである。

午前六時より八時まで安眠

九時より不快

午后一時頃重態に陥られし由にて一家一同枕邊に集りしに

二時頃又落ち付かれた、漸次枕邊を去った、

三時半頃には夫人とみきさんを相手に元氣な話さるゝを聞いた、

一、死ぬ時は煩悶あるか
（ときどき苦悶します）

一、アダリンを飲もう

一、それで死にそうには思われない大丈夫

一、二三時間寝て見ようか

一、湯タンポいらない

一、今夜一杯は持てるか（誕生日を待つ）

一、一つ浣腸して見ようか

四時病室に於て藤富氏に關する種々の疑問と觀察とは許さることを聞いた、

一、好意、親切は多とするも然し煩さい

と先生言わる。夫人は

催眠術でも應用するのか變な調子を見せる、彼の人の心が先生に乗り移って居って、すっかり同じ心になって來るは甚だ妙な看護ある者も甚だ辛い。其時みきさんは

何うも其様に思われます、

藤本博士は

催眠術を應用して心を轉換して善い氣分にさせることも出來ますか　それは一時的の現象に過ぎません

そこで一同

あれでは迚も病人の休まる折りがありません

先生は

649.

一、止めだ止めだ断るのだ

と言わる。此等の意味深き問答を襖の蔭から聞いて居って余は実に困惑であった。是は全く悪魔の誘惑に掛って居る者の行動であることを知って恐ろしく思うた。神の恩恵の御手は必ず適当なる時に臨んで来るに相違ない。

午后 五時まで眠らる。此時藤本博士見えられ内村博士も立会って診断せらる。

五時二十分

一、今晩大丈夫か

一、脈搏が切れても又還るか

一、宣太郎さん断った！

五時四十分 二人の博士応接間に対話す、藤本博士は今夜は大丈夫と見、祐之博士はそれより少しく重く見らる。

五時四十五分 余は藤沢君蒲池夫人に告げて帰る。鈴木虎秋兄と行て恩師の御病状に就て語り合う、夢の様な感じであった。

夕方 御眠りになりしも其後は長くお眠りならず。

八時五十分 余は隣室に在り

一、それは善い兆候だ

九時 蒲池兄と六畳室に語る。

八畳にて蒲池兄と祈る、武蔵豊君も来る二人に帰って貰うた。

九時半 ・獨預言者 八畳にて祈る後座布団を敷きて横わる 石原兄来訪、間もなく帰って貰う。

十時 つや子来り今夜の安全を告げ去る。

十一時 若先生来り 今先生は珍らしく平安、一死の準備も出来て居る有様、葛湯を飲んだ。

余は就眠を許さる。

十二時　藤澤武司吉君と藤崇氏のことを語り合う。余はサタンの誘惑に掛ったのである。早く之を明かにし、且つ彼を佑け煩さき捕われより放たれたるは感謝である。最早一死ぬまで生くるまで出来ぬであろう。

三月二十五日 午前零時三十分　高橋菅江先生来り其後の御容體を話さる

夜零時五十五分　大久保プラットホームにて独祈る

一時の電車にて大久保を発し家に帰る

三月二十六日　水、晴

夜半二時　就眠

三時　未だ恩師の上を色々と思ふ。

五時　未だ二時間睡眠

五時起床、妻と先生の事を物語る

永井久録兄を起して先生の容態を叙す。

五時五十分　阿佐ヶ谷橋にて祈る

五十五分　同驛発

六時七分　大久保驛着

車中にて詩篇三篇及び第十六篇を讀む

六時廿五分 柏木着

門は正面に

潜り戸に鍵かゞ

門柱に依りて

獨祈る

力は天より、助けはエホバの神より来て強く示さる。

六時三十分　つやさんに門を明けて貰って這入った

皆さんお休み、先生もお休み安心致しましたと

会庭及び道路の掃除

六時四十分　講堂にて感謝の祈禱

八時　朝食を巻いて済ます、白饅頭五つとバナナ、

植木屋萬さん来る。

651.

九時半　石原兄来る、研究誌及び會のことを語る。
十時　先生少しく不快に入らる
十時二十分　みきちゃんと物語り居らる
一、大丈夫か
のお聲聞ゆ
十時三十分
一、尿もあるし力もあるし……
と笑聲の問答あり
午前十時三十五分　余は静かに病室に入ってお
目にかゝる先生は余を凝視せられて
一、「戦いだ」と
と一聲力強く申さる、これは先生が直接
余に與えられし最後の御言葉である、
實に此一語に千萬無量の深意を感ずる、
主イエス・キリストの十字架を仰ぎ瞻て

進む余の生涯の警告訓諭として一日も忘
るべからざることである。
美代子夫人湯タンポを持参
一、足は冷えて居ないか？
美樹さん一心に手を盡す
富吉さん先生を背後より抱き居る。

十時四十分　藤本武平二博士来診
一、胸が苦しい
ゲップの出ることを望む
之を治して貰いたい
薄荷の温罨法をなし重曹半コップをあぐ、
體を起して床上に両足を投げ出したまゝ坐らる、
ゲップ　盛んに出た

一、少し加減がよい
と申さる。
一、祐之はこんなに出来ない。ボールを持つ
て立って居るとよい。
靜かに眠らして欲しい、其儘逝ってもよい
から眠る時は靜かに眠らして呉れい。
クリスチャン内村ではなくヒポクラテス
内村だ、生理學の内村だ。
福音の内村は羅馬書の研究で濟んで
居る。
一、多數だと氣が苛立つから成るべく少人
數居る樣に
一、サイトウ君用が無ければ君も向うに行
つて居つて呉れい
十一時 大聲に

日本國萬歳
福音萬歳
凡ては大勝利
我等の爲には凡てが善しである
余トタンの差込み便器を求め來る
一時　石原兄と預言寺の玄關に話し、それより
出で、行く行く話し、松屋に入り中食としての蕎
麥を食べながらも話す。我等は此際慰藉
と滿足と希望と感謝のみであった。
二時半
名古屋常治兄と石原兵永兄と二人で先
生に御祝として呈上すべき生花、菓子、レ
コードを玄關より入りて應接間に置きそ
れを祐之博士に渡す。

内村先生古稀誕生記念祝賀感謝祈禱會

一千九百三十年（昭和五年）三月廿三日午後二時 柏木聖書講堂

司會者……………………名古屋宗治
讚美歌 八十八番……………會衆一同
詩篇第十七篇朗讀……………司會者
祈禱……………………………石原兵永
開會の挨拶……………………司會者
祝辭……………………………齋藤宗次郎
讚美歌 二百十五番…………會衆一同
祈禱……………兩國虎造、矢内原忠雄、三谷隆正、小林錤子、荒城ます子。
謝辭……………………………内村祐之
感謝の祈、閉會………………藤本武平二
菓子配布（麗屋の生菓子二個づつ）
電氣蓄音機 ヘンデルの「救世主」なるレコードを掛く、
午后四時十五分閉會

余の述べし祝辭の大意

先生の過去七十年は、先生の尚ほ繼續せらるべき全生涯の一部分であって、未だ其眞義を明かにすることが出來ませんが、然し今日までの有りし事實を、目親しく見、耳之を聞き、手之に觸りし點より考えて其幾分を知ることが出來る。去れど單に先生の性質、學識、趣味、志望等を綜合し來るも知ることは出來ない。是に先生を知るには先ず第一に神樣の側より觀なければならぬ。即ち江戸に生れ、高崎に育ち、札幌、アメリカ等に學び、大阪、熊本、京都、名古屋、新潟、東京という樣な所々。文久元年より明治大正を經て昭和に至る舊幕時代、明治維新、教育勅語下賜、日清戰爭、日露戰爭、世界大戰等の時の爲に御心を碎き給いし點、そして之に對して與えられし
預言、傳道、實行（勞働）の重任、即ち十字架の福音の爲に國家、人類に負いし任務の大

なる點に、

第二に惡魔の方面より觀察せなければならぬ。先生の存在は十九世紀末葉より二十世紀初頭に亘っての惡魔の最大痛心事であるが爲に幾十年の長き經驗による巧妙なる手段を以て先生を攻撃し、誘試したる事實は、先生の言行の蔭に常に附き纏う所であった。故に今日までで一日の寧日も無かった。殊に晩年に於て最も著しき事件起り、正義と愛と福音の擁護の爲に心骨を粉碎なさるゝ苦痛を嘗められた。實に十字架を負われるの病氣まであった。

然れども今日まで常に無數の場合に於て勝利を博し來られたのである。是れ實に大に祝すべき所以である。先生の生涯は實に深き意義の上に立って居るが爲に、我等は未だ其一部を窺い知れるのみである。今後幾百年の間に、如何なる事が發揮し來るか想像することは出來ない。只今日懐かれて居る所の望は常に述べられてあるから、此事を知って之を實行し行くは我等の祝意を遂ぐる所以である。即ち

一、神の榮光の擧らんことを、内村鑑三は何れ有ることなし、凡ての事の目的は只是のみ

二、兄弟等よ相愛せよ然り又隣人を愛すべし

令息祐之博士を以て我等に傳えられし

病床に於ての内村恩師の言

萬歳、感謝、満足、希望、進歩、正義、凡ての善き事。

み心に適わば再び生き長らえて福音の爲に働かん。

信ずる者の上には悪いことは生涯臨むことはなし、凡て皆可なり。

655.

日本の隆盛、人類の福祉、宇宙の完
成を祈る。
一同に宜しく。

閉會の後に
○祐之博士は余に對しておつかれでしたろうと申され
○南舜熈兄は お話によつて力を得ましたと言わる。
○藤澤君は大變よかつたと語つて居つた。

此夜藤澤君は會の様子を聞かれ非常にお喜びであつたということである

夕方伊豆の久連の平林廣人氏又澁谷の渡瀬未亡人来り 財團法人は渡瀬氏の醵金の為に首尾克く成立したれば先生に喜んで頂きたいと語り。且つグルントビー氏の肖像入の氏の著書に署名して呈された。祐之博士を介して會つて貰つた。

余は此夜講堂に入り高壇の前の椅子を二脚並べ其上に敷物を敷き又纏いて一夜を過した。
轉輾眠り成らず、安眠は幾許なりしか知らず。

此夜十時半頃 塚本虎二先生は鈴木俊郎兄湯澤健兄と共に先生の御見舞として来られしも途中高橋菊江姉並に石原兵永兄に邂逅して事情を聞き、驚ける様子にて引き返し帰られたりと

此夜藤澤音吉君は先生を看護しつゝ聞いたことその大要は左の如くである。
當夜附添われた藤本博士に對し
一、君に一切を任せるから私の為め時間を提供して下さい、世評の如何を顧みず終りまで世話して貰いたい。私はどんな事が臨んでも宜しい又私は何も驚かない

から最後の時が來たら隱さずに語
つて貰いたい。
一、三吉！ お前の御苦勞を謝す。
一、みき！ お前の親切を感ずる
奥様に對し
一、今回贈られし七百円の内から三吉と
みきに・・・・・頒けてやってくれい
一、藤本重太郎君も最善を盡して呉
れたから相當の御禮をしてくれい
みきちゃんが昏睡から覺めてびっくりして先生
の握れる手を突然動かしたのに先生が気付
かれ、
一、死ぬ所か、藤本さんを呼ばぬぞと
よいか
と問われた。
一、萬歳々々、

とて勝利の生涯を眺めて福音を感謝し満足せ
らる、御様子。
三月二十七日 木、曇、時晴。
先生は昨夜よく眠られた。
余は五時起床、庭及び道路を掃除し
六時 三吉君に告げて歸宅家人に先師の容
體を報じ
八時 柏木に向った。
八時半 先師夫人に會して昨夜の様子を互に
語り一寸時間を隔いて
八時五十分 新大久保から大塚に至り清水谷に
居る村上正美君の世話を感謝して歸った。
仕事を見て語る、雜誌の原稿をどし〳〵
進める覺悟。
午前十時半、病室に於て父子二人にて懇談。
即ち所謂遺言であろう。意味深き

記念すべき時間である、萬一のことがあれば
死後の事實は此所に暗示あること多いで
あろう。
十一時　諸之先生と石黒氏
と四月號聖書之研究
のことにつき相談。
午前一時　著しき發作起り石黒醫師に急報
一、肩凝る
一、ヨシハ息子でおかね
一、咳一つ出ず
一時七分　注射
一、昨夜は横になってよく眠った、
これより暫時靜肅、閑寂。
今應接間を許す
石黒氏、樂になったらお休みなすって頂きます。

一、ヨシ！　大丈夫！
氷で冷やす、何事かを聞いて夫人笑って語る
一時二十七分
一、何事かを靜かに問わる
一、續いて石黒氏に物語らる
○美代子様入って何かを問う
一時三十一分まで石黒氏と對話つゞく
一時四十分
一、一言話さる
石黒氏諸之先生と應接間に退き語る。
再び石黒氏を呼ばる
一、遺言など皆濟んで仕舞ってあるから
若し最後が來たら靜かに眠らして
下さい
一、う う う……

午前一時五十分
一、ウ ウ ウ 飲み込めない
ウ……………　夫人笑う
一時五十七分　美代子さんを預言ながら呼ぶ
二時　石男醫師に
一、息苦しさは少し減じて來ました
藤澤君と余とで砕きし氷片を侍す.
二時五分
一、讃美歌！　とて
一、神の恵み主イエスの愛　豊かに満
つ此みこの……　と獨歌われ
一、此歌えよ
と言われしも余は涙に咽んで聲が出なかった。

二時七分　石男、薬が効き少しは楽になりますよと夫人
美代子が來て氷をあげて居ますよと夫人告ぐれば
一、理想的！
とて家人の為の平和の病室の様を言わるゝのであろう。
これより静けさつゞく　一同默す
二時十四分
一、ウ ウ ウ ウ……
二時十七分　石男醫師に向い
一、キリスト教は……佛教、法然
上人……等
二時十八分
一、赤飯あるか
一、美味しい 美味しい
とて二摘み召上る

659.

二時二十分
一、日本武士として此上なし
一、最後になってもよい
二時三十分
一、又来るかな
と発作のことを案じらる、又来ると思わる方は思いのである、と石原氏答う。
一、呑む力は段々なくなって来る
これより落ち付かる
畔上夫人、塚本善子来訪
祐之博士に面唔。
畔上先生来る
夫人三人に許さる

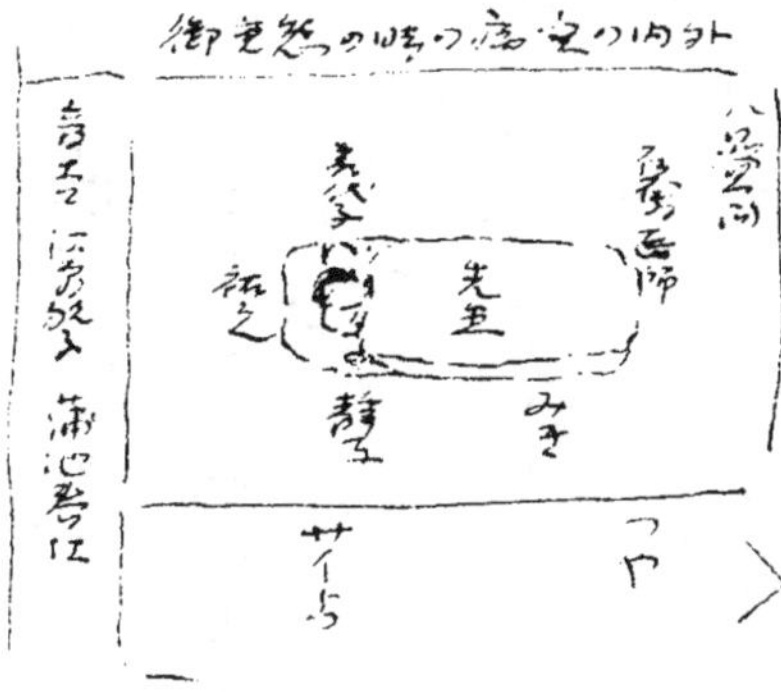

先生睡眠に入らる　此時無看護
五時　藤本博士来診、續いて石原医師見ゆ
祐之博士と三人にて應接間に語る
五時五十五分
一、ポンカン二切れ召上らる
六時　余晩餐（吾飯も）を頂く
七時二十分　吾等会堂の祈禱会
鈴木弼美、湯澤健、鈴木虎秋、外二君熱心に祈る
十時三十五分まで余講堂の燈下に日誌を認む
それより
三月二十八日　金、曇
午前四時まで講堂の圖に朱點の位置の椅子に半醒半睡の状をつづけた、其間に藤沢君三回程余を見舞うて二回目の時は毛布を持参して掩うて呉れた。
昨夜十時より十一時まで苦痛を覚えられた。

藤本武平二兄を呼び

一、君一人にて内村、日本、人類を代表して終まで看護して呉れい キリスト、僕、君三人で澤山だ、

一、悪魔ー無抵抗主義勝つ

一、中々戰いは偉い

一、何らか睡る法なきか

一、存外僕は臆病だからな

一、死ぬる様かな、睡っても天國で會えるから注射をして呉れい

一、心を悩して居った山田鐵道も赦す、塚本君も赦す、藤本重太郎君も赦す、其代り僕もキリストに在って罪を赦して貰おう。

十二時五十分頃 藤澤君が病室に入った時

一、誰か？

一、立田吉にか ヨシヨシ

午前二時

一、誰か居ないか と佐之博士に命い

一、餘り樂過ぎるがこれで大丈夫か

三時五十分

一、苦しい と言われ注射

四時 藤澤君講堂に來り奥様に齋藤様と代りますと申して來ましたから直ちに行って六疊に坐して應急の用務に當って下さいて言われた、余直ちに袂なき羽織と袴のまゝ襖を一重隔てたる室に坐して

祈って居った。

為四時十三分

○大咳一ッ

軽くウウウ、、、、

(全然其處に在りて絶対信頼の態度を執ることの苦心と熱心に祈る心を懐くことの至難を感じた。サタンが巧みに此心を奪わんとしたからである)

四時二十二分……何事をか一言語った。其時令息(祐之)が聞い返されたれど先生は黙せられ

○プゥープゥー

を反復せらる

四時二十五分　強き呼吸二ッ

四時二十九分　令息より母を起して下さいと命せられたれば静かに六畳に至り其旨を告げた。母上直ちに病室に入られた

四時三十五分……呼吸十二

四時四十分……令息祐之博士病室を出で藤本武平二博士入り来る。

四時四十七分……藤本博士、苦しくございませんかと先生に問う

此時又令息入り来る(遥かに太鼓の音聞ゆ)

四時五十分……大呼吸三ッ

之を耳にせられし夫人先生に何でか申す、然し御返事はなかった。

此時令息と藤本博士と二人にて室の一隅に於て頭を寄せ小声にて何事かを相談す。

四時五十六分……注射

五時……呼吸甚だ静かであった。

五時一分。又もプゥー……の呼吸を始む

五時八分　藤本博士令息と又相談

爲五時十二分…輕く唸らる
ウウプー｜｜ 呼吸十二
五時十三分…輕く一ツ唸らる
二博士相談
五時十五分…注射
五時十七分…呼吸九
五時二十分…呼吸九
五時二十五分…呼吸八半
五時二十六分…呼吸八
五時二十八分…呼吸九

○雀の啼声を耳にす。
此間更に苦痛を覚えられぬ由であった。
此時藤森博士室外に出ず。

五時三十分…呼吸八半 夫人室外に出らる
五時四十分…呼吸八半 大呼吸一
五時四十八分…呼吸八
五時五十五分…枕頭の物音をも苦にせられぬ様子にて深き眠りを取り居らる。

此時祐之博士預言寺の八畳に歸り寝具に身を寄せらる。
六時……呼吸七
夫人、脈が悪い様だから祐之に此方に來て居る様に言って下さいと余に命ぜらる。
直ちに祐之博士室に入る
六時三分　美代子さんも亦預言寺の二階より下りて病室に入り來る。
六時二十分　祐之博士六疊間の半身を現わし
臨終近きに似たり
枕邊に來られよと
余に語らる。
余は之に應じ急ぎ然し静かに恩師の枕頭に坐して
祈った
それより高橋菊江子田中八郎兄藤澤喜吉君みきちゃんも順次に這って來た。

御容體平穩　室內靜寂つゞく

我等は或は祈り、或は泣き、或は先生の平和の御顔を凝視して刻一刻と臨終に近ずき行く時を薄暗き病室に於て守ったのである。

此莊嚴なる時間は可なり長く繼續した。五十餘年の長き間、人間の靈魂に神の福音を宣へ傳えられし此の呼吸は次第に其數を減じて其最終の一つを神の御手に捧げまつるのである。

七時四十分……畔上賢造先生來る

八時　一大呼吸あり、藤本博士注射

石原主治醫及石原兵永兄來る。

八時十五分……尚ほ強き呼吸一つ

美代子さん水を脱脂綿につけて先生の唇を潤おす、

八時二十分……呼吸七

午前八時二十五分……言語に似たる呼吸二

八時二十九分……呼吸六

そして暫時呼吸休む

八時三十七分……藤本博士立って靜子夫人に座を讓る、祐之博士夫妻二人右に並ぶ

此時又石原博士相談

八時四十五分……言語的呼吸一

美代子さん先生の唇を水にて潤おす

八時五十分……令息祐之博士恩師の耳に顔を近ずけて祈禱を捧ぐ、

……呼吸四

三月廿八日

午前八時五十一分　令息の祈禱終るや

輕く コト と音を遺して

最後の息を神の大能の聖手に捧げらる。

噫　嚴肅靜謐なる恩師の最後なる哉

周圍に集う人々の嗚咽を壓して
祐之博士は嚴父の御顔に口を近ずけ

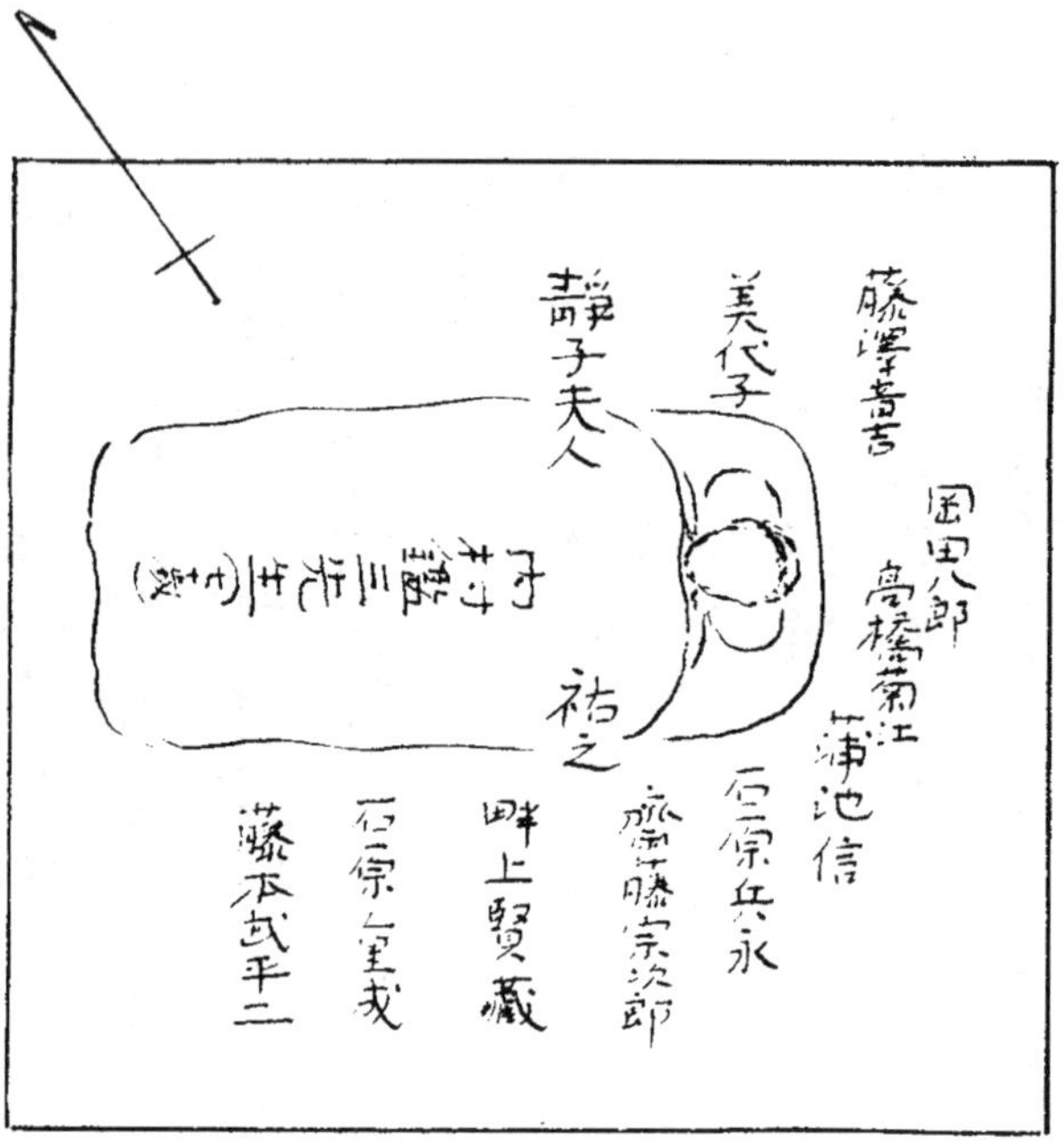

オトォサン！ 私は決して内村家を傷ける様な事を致しませんから御安心して歸つて行つて下さい！
と聲高く言明せられた。

午前八時五十五分　畔上賢造祈禱。

恩師の御永眠に際して其枕邊に居合したるは左の十二名

内村靜子夫人
令息祐之博士
祐之夫人美代子
岡田八郎
高橋菊江
藤本武平二
畔上賢造
石原兵永
蒲池信
石原重成
齋藤宗次郎
藤澤音吉

午前九時五分……令息の指圖により清水を脱脂綿に先生の唇に塗り以て愛敬の意を表す。
余、石原、菊江、音吉、みき子、畔上睦子、田中龍夫 蒲池春江 いや子
庭前の櫻花今曉開き 春雨蕭々荘厳の極であつた。
九時二十分……御遺族の外は一同退出
十時頃……祐之博士一々命令を發せらる
余は通信係、會計係を仰付けらる
午後九時半 恩師の御遺骸の前に祈禱會を開く。
司會者 畔上賢造氏 會衆五十餘名
祈禱 六名

午前十一時 高橋菊江姉より、先生が此二月廿一日自ら病中に認めたる余に宛てゝの未發送の書簡を渡さる。
（先生自筆の最後の書簡ならば疑いなし）
午後二時十五分 山桝儀市兄来り談す。
二時二十分 名古屋帯治兄来り余に葬儀の顧問なれよという
二時五十分 藤澤音吉君 余に先生の事記起稿を勧む。
三時後
畔上、藤本、藤井、塚本、名古屋、蒲池の諸氏葬儀につき協議。
朝日新聞夕刊に精しき記事掲載
九時頃 今村力三郎夫人正子、仁志と共に見ゆ
（茂夫は午后一時半に見ゆ）

三月二十九日 土 晴

恩師逝りし後の第一夜は明けた。遺族、友人、同志等夫々思い思いの感を胸に浮べて誰人も未だ静かなるを得ないであろう。

余の如きは恩師の逝かれし感が無いが、それでも昔日の種々の場合に於て余の眼に映せし恩師の面影を追憶して其の非凡の言行に今更の如く敬意を懐かせらるゝのであった。

会員は夫々の任務を尊び早朝から詰めかけて内外の事務に當った。余は相變らず会計部の位置を守って品代の費出に當った。植木屋「石」に見え講堂の掃除に力む。

訪問客は少なからず見えた。寄贈の花輪は運ばれた。婦人会の人々は食事に意を用いて呉れた。

「死亡廣告は 朝日、東日、時事、國民(依頼しなかったが)にも出た。三新聞で一日分二百餘円ぐらいであった。

恩師記事の出た新聞は朝日、時事、萬朝、中外、日本等であった

混雑という程のことはないが準備の手が盛んに動く間に半日は過ぎ去った。令夫人は気がかりして居られ祐之博士は一絲亂れぬ毅然たる態度で萬事を指揮し命令して居られるから着々進捗を見るを得て嬉しかった。

恩師の死體解剖

これは祐之博士の希望によったものであろう。恩師と雖も反對せられぬこと、考えられる。令夫人も亦、勿論同意せられたのであった。

午後二時頃御床に仰臥せられたまゝ、擔架に移し正門から出て寝臺自動車に乗せ、附添の自動車には祐之博士 植木博士 湯澤學士が乗って醫科大學に向った。藤本博士 鵜崎學士の二名は別に同所へ赴いた。

解剖室に於ける状態は余は目撃しないから知らないが聞く所によれば

執刀の長與博士は一見して非凡の腦なることが判つたと言はれ、右半部は左半部より餘程大きく總量千八百グラムを算し、疾病の中心は心臓であつたが他の部分には症状明かならざる由であつた。病名は心囊炎といふのであらうか。

四時近き頃歸つて來られた。解剖後の綳帯せられし御顔は大いに原形と變つて居つた。昨夜デス・マスクを取つて善かつたと思うた。

歸らるゝや否や近親相集つて納棺を行つた。頸の上は祐之博士、其以下は石原學士が主となつて適當に棺内に安置し、詰め物を入れて動搖を防いだ。顏面の周圍に花を飾るのは御家族のみにて爲し一同は室外に退出した。

五時半頃には全く納棺が濟んだ。其儘八疊間の北西部の中央に北枕に安置し左右を花輪を以て飾つた。其前には小机を据え贈呈の香奠を供えた。

八時頃藤井武先生司會にて祈禱會を開いた。同氏の祈禱の後余の外に數名祈つた。廊下には勿論庭前に立ちし人も少くなかつた。

三月三十日 日。曇

愈々恩師の告別式の日となつた。早朝起きて心身を潔め、七時柏木着、會計、會場、應接其他種々の用務に當つた。

久しぶりにて多くの友人に面晤した。何れも悲嘆よりも奮勵感謝の色を面に浮べて居つた。宮部、藤井（武）、山室、大島、蔔巻諸氏の顏には一種異様の閃きを認めた。

内村鑑三葬儀執行順序

司会者……石原兵永
讃美歌　第三十五番……会衆一同
聖書朗読（イザヤ書四十章　ロマ書三章）……司会者
祈禱……司会者
讃美歌　第百八十五番……会衆一同
内村先生の生涯……畔上賢造
先生の臨終に侍して……藤本武平二
私の見たる内村先生……藤井武
讃美歌　第四百四十六番……会衆一同
友人を代表して……宮部金吾
祈禱……植木良佐
讃美歌　第四百六十二番……会衆一同
祝禱……大島正健
遺族挨拶……内村祐之
有志告別　零時十五分より行われ一般告別と直ちに之に續く。之より三時頃迄には一千餘人を算した。

内村先生の葬儀は午前十時より柏木内村聖書講堂に於て石原兵永先生司会の下に厳粛に行われた。数百名の会衆のうち前列は令息、令夫人を始め遺族親戚、次の列は友人、其他は会員と地方の友人であった。余は藤澤兄と共に高壇に近く立った。讃美、祈禱、感話一として涙の種ならざるはなく、感慨の餘り嗚咽の聲諸所に起るを聞いた。余も亦感涙滂沱胸の裂くるを感じた。藤本博士が臨終に達するまでの恩師の言行を讀む時は余も亦共に病室の内外に坐して親しく見聞せしことであるだけ新しき記憶が繋って湧き来って座に堪えぬ様であった。藤井武先生の深遠にして熱烈なる觀察と感想とは全会衆をチャームし去り、特に塚本虎二何處に居るか来って詫びよの意味を疾呼せられし時の如きは感極って森厳の気式場を壓するを覚えた。真に聖霊の躍う信と力なるを讃美感謝せざるを得なかった。儀式ではなくして麗日輝き、慈雨漲り、海濤響き萬雷轟き、白雲飛び、煙霞靉き、疾風飆るの天然現象の轉變錯綜然り大調和であつた。恩師の生涯の縮圖なるの觀を呈したるは奇と言わざるを得ず攝理の美と言わざるを得なかつた。

午後三時二十分全ら結る。

出棺は午後三時半で講堂の門より棺を靈柩自動車に移し之に四臺の自動車は附隨し余は三番目の自動車に教友四人と共に乘つた。最後の自動車には新渡戸、宮部、藤本の三博士等乘つて居つたが東中野の新道でパンクし十數分遲れて到着した。

四時高圓寺の燒場に會葬者打揃ひ祭場に於て石原兄司會の下に簡單なる葬場式を行つた。六十餘名の人々靈柩の前に半圓を作つて立て並び涙ながらに讚美を歌い祈禱を捧げた。

四時半式場より階下に下り車上に移され靈柩は三人の係人によつて靜かに火爐の室に入れられ直ちに扉を閉し錠をかけられた。此再び見得ざる悲壯の光景を凝視して居たる人々は思わず固唾を呑んだ。最後の祈を黑崎幸吉兄は捧げた。時しも婦人の一團は靜かに「また會う日まで」の送別の讚美歌を歌つて石段を下つて來たので我等一同之に和して痛む胸を撫しつゝ最後まで歌い續けた。

宮部、新渡戸兩博士は余の背後に立ち五十餘年の交友が一時に募り來りし爲か涙に咽びて長く顏を擡げ得ざる樣であつた。紅蓮の焔に亡き人の棺を灰塵に化する音響は微かに爐の奧に聞えて腸の千切れる覺えがした。後髮を引かるゝ思ひして一同屋外に出で過半歸り去つて我等二三十人のみは用意し置きたる茶亭の休憩所に入り燒け上る時間まで色々と物語つた。

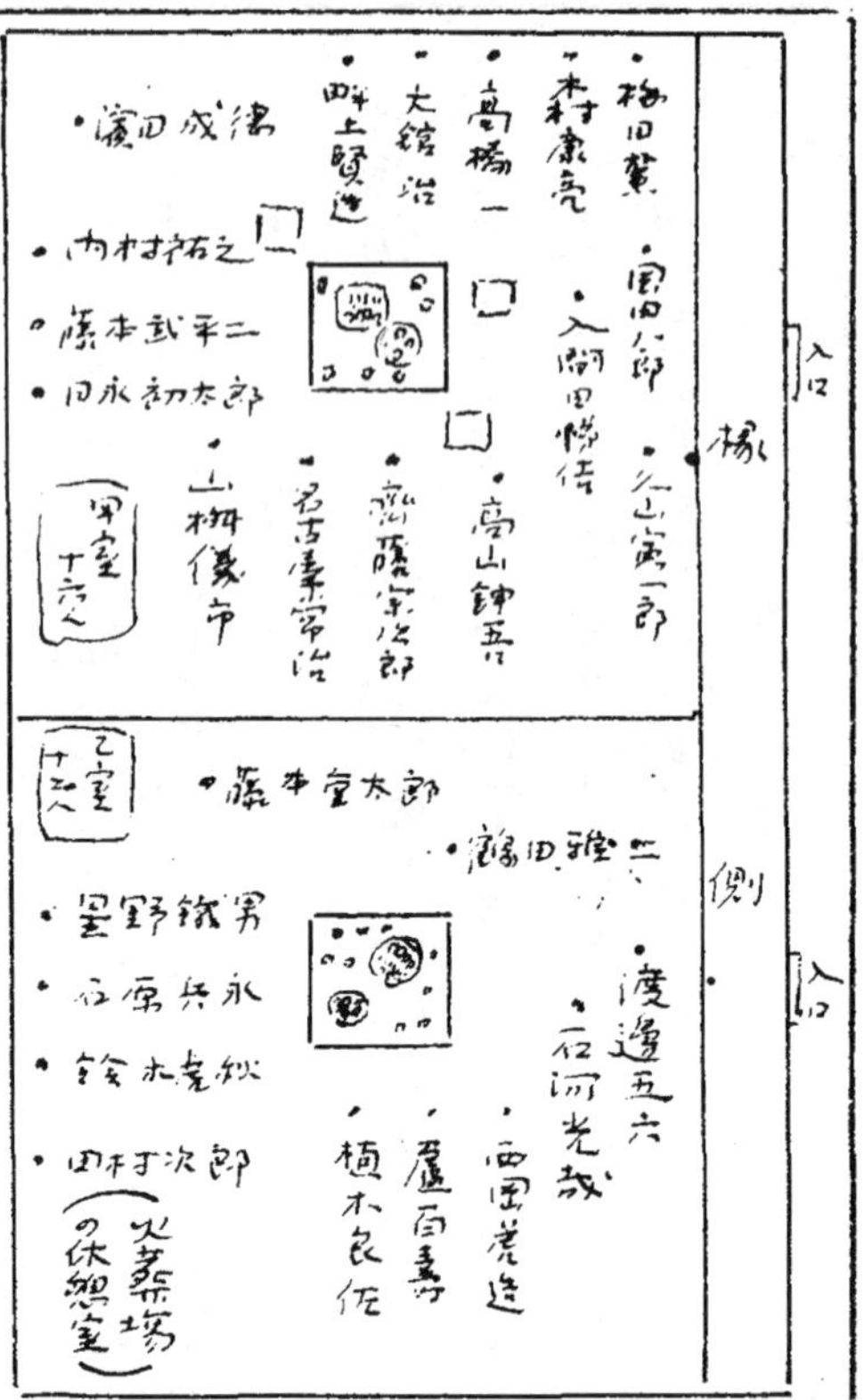

午後七時二十分 焼け上りたりとの報に接し再び竈の前に集る。余の携え居たる鍵によって扉を開き棺を置きたる台を引き出せば恩師の肉躰は忽ちにして少許の白骨と化して仕舞った。二人の労務者は鄭重に其遺骨を別の器に移し直ちに納骨室に運んだ。長き木の箸を以て祐之博士より順序に遺骨を特製の壺の中に納

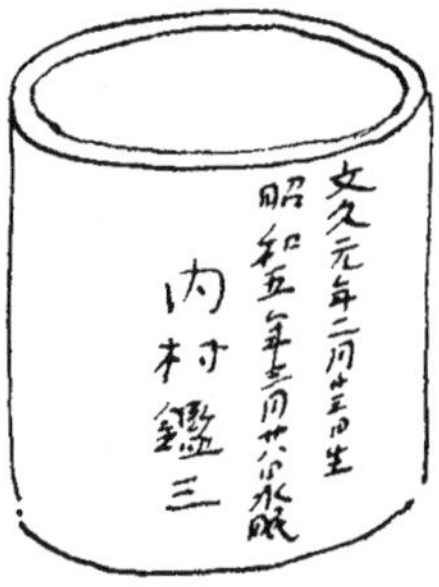

め蓋をなし木の箱に入れ黒布を以て包み之を携えて八時柏木に向って帰った。一同晩餐の食事を摂り

八時半 藤本武平二兄司会の下に祈祷会を八畳間に開いた。集る者数十名、祈祷する者数名であった。

后十時半余は藤本石原二兄と共に帰途に就いた。萬事は恩恵であった。感謝であった。

(一千九百五十三年(昭和二十八年)八月三十一日(月)山本泰次郎氏の聖書講義第一百五號発行 自ら其三部を我家に持参せられし日そして大阪の創能子より手紙と二夏兄の寫眞の届きし日の午後一時半 本篇の浄書を完了す。

斎藤二荊(七十七歳)

注——『内村鑑三全集』との対応関係を中心として

岩野祐介

＊ゴシック体の「頁」数は、本書本文の各頁の肩に付された宗次郎の手書きの数字を指す。
＊注の文中、「テキスト」とあるのは『内村鑑三全集』収録の文書を指す。

上

一頁

一九二六年九月一九日　理想と現実　内村の日記では、「理想の実現」とされている。
『全集30』（四四五—　頁数をあらわす。以下も同様）に「理想と其実現」として収録される内容と推測される
報告にある内村聖書研究会資格については、『全集30』五一七　社告・通知のなかの「秋気清し」一九二六年一〇月一〇日号　として収録
九月二六日「團合一致」の幸福　日記『全集35』一〇〇に記載あり。原稿化はされていない模様
一〇月三日　斎藤が会場整理役として、山田鉄道に加わる

二頁

「知と行」　日記『全集35』（一〇三）に記載あり。原稿化はされていない模様
一九二六年一〇月七日　世界伝道会
山西省、甘粛省への医療伝道援助の件は、『全集28』（二一五—）、『全集30』（五一六—）、日記（『全集34』三三二、三五〇、三五六、三六一）に記載がある。

三頁

ドイツ宣教師ウルリッヒとその南洋伝道については　日記『全集35』（七七）に記載。
朝鮮の女学校については日記『全集35』九六で言及している（ことの顛末についてまでは、内村の日記には記されていない）

四頁

小沼（松本）泰平（太平）の徳之島伝道については、日記（『全集34』一二一、二二八）に記載あり

五頁

一九二六年一〇月一〇日、一七日
エルサレム会議についての講演はのちの「パウロ伝の一部」になっている可能性がある?
一〇月二四日　福音欧州に渡る「パウロ伝の一部」の「パウロの矛盾と偉大」『全集30』（二四九—二五一）

六頁

一〇月三一日　ピリピ伝道「パウロ伝の一部」の「ピリピ伝道」『全集30』（二五三—二五五）
一一月一日　御光来下さる　宗次郎は九月三日、花巻を離れ、翌朝、東京・阿佐谷に到着。ただちに長女夫妻が準備していた「新屋」に落ち

ついたが、工事は完全に終っていなかった。刊行後一一月三日「恩師」の「御光来」を仰ぐこととなる（『二荊自叙伝』第一八巻、八八—九〇、一二四、一七五—八三）

一一月七日　ピリピ書の一瞥　「パウロ伝の一部」の「腓立比書の一瞥」『全集30』（二五六—二五八）

七頁

一一月一四日　テサロニケ伝道　「パウロ伝の一部」の「テサロニケ伝道」『全集30』（二五八—二六一）

アイの攻略　「聖書大意」の「アイの攻略」『全集30』（一三〇—一三二）

一一月二一日　アテンスに於けるパウロ　「パウロ伝の一部」「アテンスに於けるパウロ」『全集30』（二六一—二六四）

八頁

アフリカ伝道　シュヴァイツァーのアフリカ伝道に対する援助については、『全集30』（五二四）、また日記（『全集35』一二〇、一二二、一四八等）でしばしば言及

一一月二八日　アテンスに於けるパウロの説教　「パウロ伝の一部」の「アテンスに於けるパウロの演説」『全集30』（二六四—二六六）

士師記大意　「聖書大意」の「士師記大意」『全集30』（一三三—一三五）

九頁

一二月五日　西洋文明と基督教　『全集30』　四六〇—四六二「基督教と西洋文明」

一二月一二日　基督教と東洋文明　『全集30』　四六三—四六五「基督教と東洋文明」

一〇頁

サムエル前書の大意　「聖書大意」の「撒母耳前書大意」『全集30』（一三八—一四〇）

一二月一九日　基督教と日本　『全集30』　四六六—四六八「基督教と日本」と思われ、テキスト化されたものには一二月一九日との記載もある。しかし、ここでの内容は全集に収められた内容とかなり異なっている

ニアンデルの訪問については一二月一二日の日記（『全集35』一二七—八）に記載

一二頁

井上博士　井上哲次郎（一八五五—一九四四）。内村不敬事件に際し、『教育と宗教の衝突』を書き、日本主義的立場からキリスト教を排撃した哲学者のこと。

一三頁

ダビデ対ゴリアテ　『全集30』の「聖書大意・撒母耳前書大意」には、一二月一二日の日付が記されているため、この一九日分の内容は反映されていないのかもしれない。事実、ダビデ対ゴリアテを東洋対西洋、信仰対物質文明とする解釈は「聖書大意」では示されていない

心霊的苦難の経験　花巻非戦論事件での経験のこと。斎藤宗次郎はこのとき自分の体験と内村の体験を重ね合わせていたので、「感激骨髄に徹」したと思われる

一五頁

一二月二六日　大正天皇崩御に関する内村の談話　前半は日記『全集35』（一三三—一三四）

一八頁
茂夫　斎藤茂夫のこと

一九頁
リヴィングストン　David Livingstone（1813-73）　イギリスの宣教師、探検家。アフリカのヴィクトリアの滝などを発見。『全集30』（三七八）

二一頁
一九二七年一月九日　コリント伝道　「パウロ伝の一部」の「コリント伝道　其一」『全集30』（二六六―二六九）

二二頁
サムエル後書の大意　「聖書大意」の「撒母耳後書大意（上）」『全集30』（二四一―一四三）と思われる
一月一六日　コリント伝道に就て（続き）「パウロ伝の一部」の「コリント伝道　其二」『全集30』（二七一―二七三）
サムエル後書の大意（続き）「聖書大意」の「撒母耳後書大意（下）」『全集30』（一四三―一四六）

二三頁
一月二三日　パウロの剃髪　「パウロ伝の一部」の「パウロの剃髪」『全集30』（二七三―二七六）
列王記略上　「聖書大意」の「列王記略上の大意」『全集30』（一四六―）前半部分か？　テキストには日付記載なし

二五頁
二月一三日　現代思想と基督教（一）「現代思想と基督教」の「其一　近代人の基督教」『全集30』（三七三―三七五）

列王記略上大意（二）「聖書大意」の「列王記略上の大意」『全集30』（一四六―）後半部分かと思われる　テキストには日付記載なし

二六頁
二月二〇日　現代思想と基督教（二）「現代思想と基督教」の「其二　基督教是れキリスト」『全集30』（三七六―三七八）

二七頁
「エリヤ伝」　この日以降連続で講義されるエリヤ伝については、原稿化されていないように思われる。一九〇八年に「預言者エリヤ」としてすでに註解を試みているためか

二八頁
二月二七日　現代思想と基督教（三）「現代思想と基督教　其三　生けるキリスト」『全集30』（三七八―三八一）

二九頁
ワナメーカー　John Wanamaker（1831-1922）　米国の著名な慈善家、キリスト教信徒。フィラデルフィアの百貨店経営者
頭本元貞（一八六三―一九四三）　ジャーナリスト、ジャパン・タイムズ創刊者。札幌農学校での後輩にあたる

三〇頁
三月六日　福音エペソに入る　「パウロ伝の一部」の「福音エペソに入る」『全集30』（二七六―二七九）

三二頁
三月一三日　アポロの出現　「パウロ伝の一部」の「アポロの出現」

『全集30』（二七九―二八一）

三月一八日　宗教法案反対基督教大演説会での講演は『全集30』「完全なる自由」（三三六―三四〇）として収録

三三頁

三月二〇日　エペソ伝道の成功　「パウロ伝の一部」の「エペソ伝道の成功」『全集30』（二八一―二八四）

三五頁

（四月二日と書かれているが、日曜日なので三日のはずである）

トロアスの集会　「パウロ伝の一部」の「トロアスの集会」『全集30』（二八七―二八九）

三七頁

四月一〇日

ミレトスに於けるパウロの告別演説　「パウロ伝の一部」の「パウロの告別演説」『全集30』（二八九―二九二）

三九頁

エステル書研究　「エステル書の研究」『全集30』（四〇三―）の、「其一　エステル書の紹介」

四月一七日　ミレトスよりエルサレムまで　「パウロ伝の一部」の「ミレトスよりエルサレムまで」『全集30』（二九二―二九五）

四〇頁

ワシテの没落　「エステル書の研究」の「其二　女王ワシテの没落」『全集30』（四〇六―四〇八）

四月一八日　青木義雄訪問。青木義雄（一八六八―一九五一）は栃木県氏家町（現さくら市）の銀行家。物心両面から内村を助けた（『全集39』五〇五より）

四一頁

四月一九日　烏山中学校に黒木耕一を訊ねる。黒木は角筈時代の教友（『全集35』一七七）

四三頁

四月二四日　パウロ対エルサレム会議　「パウロ伝の一部」の「パウロ対エルサレム教会」『全集30』（二九五―二九七）

四四頁

エステルの栄顕　「エステル書の研究」の「其三　エステル女の栄顕」『全集30』（四〇八―四一一）

五月一日　パウロの自己弁護　「パウロ伝の一部」の「パウロの自己弁護」『全集30』（二九七―三〇〇）

四五頁

ハマンの悪計　「エステル書の研究」の「其四　ハマンの悪計」『全集30』（四一一―四一四）

五月八日　苦難と伝道　「パウロ伝の一部」の「苦難と伝道」『全集30』（三〇〇―三〇三）

四七頁

エステルの勇敢　「エステル書の研究」の「其五　エステルの勇敢」『全集30』（四一五―四一七）

五月一一日　佐波亘（一八八一―一九五八）は日本基督教会の牧師。『植村正久と其の時代』編著者である

四八頁

五月一五日　パウロを審きし人々　「パウロ伝の一部」の「パウロを審きし人々」『全集30』（三〇三―三〇五）

四九頁

ハマン対モルデカイ　「エステル書の研究」の「其六　ハマン対モルデカイ」『全集30』（四一七―四二〇）

五月二二日　余は日曜学校に於いて

罪の救いの宗教　『全集30』「罪の赦しの宗教」（四三九―四四一）　内村の日記でも「赦し」と記されている（『全集35』一八八）

五〇頁

ユダヤ人対異邦人　「エステル書の研究」の「其七　ユダヤ人対異邦人」『全集30』（四二一―四二三）

キシネクは現在モルドバ共和国首都キシナウ。ここで一九〇三年ユダヤ人排撃事件が起こった。ドライフスは、フランスで一八八四年に起きたユダヤ人冤罪事件の中心人物、陸軍大将アルフレッド・ドレフュス。

酒井勝軍の名前は、右記のテキスト化されたものには含まれていない。

酒井勝軍（一八七三―一九四〇）伝道者、日猶主義を唱えたことで知られる

五一頁

五月二九日　祈禱の効力　『全集30』「祈禱の効力」（四八七―四九〇）

五二頁

罪の赦しの宗教　前の週と基本的に同じ内容、内村日記で曰く「多少変へて話したが、繰返は自分の性分に合はず、甚だまづかつた」（『全集35』一九二）

六月五日　金の価値　「金の価値」『全集30』（四九二）

五三頁

六月六日　今井樟太郎二十一周年記念会

今井樟太郎（一八六九―一九〇六）は大阪の香料商。死後、今井未亡人から寄せられた寄付金により建てられたのが今井館である

五七頁

六月一二日　パウロ獄中の二年　「パウロ伝の一部」の「カイザリヤ禁固の二年」『全集30』（三〇六―三〇八）

エズラ書研究　内容からして、「世界歴史とイスラエル」『全集30』（四九七―四九九）ではないかと思われる

五九頁

六月二六日　パウロ対アグリッパ王の内容は、「パウロ伝の一部」には収録されていないようである。

縲絏《るいせつ》　罪人を縛る縄

六〇頁

剛愎《ごうふく》にして悖り順わざる　強情でもとりさからい順わない

エズラの使命　テキスト化はされていないようである

六一頁

報告　二業指定地とは花街のことである。

料理屋、待合茶屋、芸者屋（置屋）をあわせて三業といい、茶屋と置屋で二業とよぶこともある

六月二八日　二業指定地廃止同盟大演説会

栗原彦三郎　衆議院議員、田中正造に私淑　刀工でもある

三宅驥一（一八七六―一九六四）植物学者、東京大学教授
吉岡彌生（一八七一―一九五九）東京女子医大創立者
久布白落実（一八八二―一九七二）日本基督教婦人矯風会総幹事
益富政助（一八七八―一九七六）鉄道基督教青年会創立者。
頭山満（一八五五―一九四四）玄洋社総帥　国粋主義者
子の為を思うて「子の為を思ふて」『全集30』（三八三―三八五）
六月三〇日「パレスチナ旅行談」の石河光哉（一八九四―一九七九）は画家　今井館所蔵の内村鑑三肖像画を描いた人物である
路得子（ルツ子）（一八九四―一九一二）は夭折した内村の娘である

六六頁
七月四日　花江さんとあるのは姪の岡田花江である（『日記三五』二〇五）

六七頁
七月七日　内村祐之を港に迎えに行く
内村の長男、祐之は一九二五年よりヨーロッパへ留学していた

七九頁
七月二七日　茂夫と共に富士登山七合目の石室　富士吉田口の馬返しで馬車を降り、絶景を愛でながら登ったが、七合目の石室では喧噪、汚塵、悪臭に悩まされ、安眠できなかった。しかしその後、「此の世に於ては理想郷のあらぬこと……如何なる事が起っても絶対に主を信頼し奉り、聖旨に随順すべきこと」を悟った（『三荊自叙伝』第一九巻、四六三）

八三頁
九月四日　山形県、小国伝道報告
小国には、のちに内村の弟子鈴木弼美が移住し、そこに基督教独立学園を設立することとなる

九四頁
一〇月二日　イザヤ書の紹介　「イザヤ書の研究」の「其一　イザヤ書の紹介」『全集31』（七―九）
「イザヤ書の研究」は『全集31』（七―七三）に収録

九九頁
一〇月九日　イザヤと其時代　「イザヤ書の研究」の「其二　イザヤと其時代」『全集31』（一〇―一二）
テキスト化されたものに考古学への言及はない

一〇七頁
一〇月一六日　イザヤの名に就いて　「イザヤ書の研究」の「其三　イザヤの名に就て」『全集31』（一二―一五）

一一〇頁
一〇月二三日　『全集39』（三一六）　内村美代子宛はがきによれば「先日来政池の厳重過ぎる会員証調べに対し大分に不平が起り、今日よりはすべて委員を断はり家族の者が玄関番をすることに定めた」とある
花枝さん、八郎さんは岡田花江・岡田八郎。義理の姪、甥にあたる
『内村鑑三日録一二』（一九二―一九三）にも記載あり
七八頁、七月二四日の記載にも、「無袴の青年が山田鉄道兄の詰問に遭った」旨記されている

一一二頁
預言と異象　「イザヤ書の研究」の「其四　預言と異象」『全集31』

（一六―一九）

一一五頁
一〇月三〇日　齋藤は講演の浄書中、内村嘉寿子のことを思い出し、墓を詣で祈ったと記す。
ブライアントの詩「春の日は琥珀の光を放ち」は、「愛吟」（『全集4』三五二）にも引用されている。

一一七頁
エホバの大訴訟　「イザヤ書の研究」の「其五　ヱホバの大訴訟」『全集31』（二〇―二三）

一一九頁
一一月六日　青年館の都合で、この日は柏木で行う（『日録一二』一九七）

一二〇頁
信仰の始終　「信仰の始終」『全集31』（八八―九一）

一二三頁
横井時雄（一八五七―一九二七）　牧師、のち同志社社長、衆議院議員

一二四頁
信仰と失敗　テキスト化されておらず全集未収録と思われる

一二六頁
青木（庄蔵）家の結婚披露宴出席者
青木庄蔵（一八六四―一九四七）はクリスチャン実業家、社会事業家。出席者にも
留岡幸助（一八六四―一九三四）牧師、社会事業家
長尾半平（一八六五―一九三六）クリスチャン実業家、政治家
山室軍平（一八七二―一九四〇）救世軍日本司令官
等、社会活動面で大きな働きをなしたキリスト教関係者が並ぶ
（『日本キリスト教歴史大事典』参照）

一二七頁
罪の本源　「イザヤ書の研究」の「其六　罪の本源」『全集31』（二三―二六）

一二九頁
一一月二〇日　偽わりの宗教　「イザヤ書の研究」の「其七　偽はりの宗教」『全集31』（二七―三〇）

一三二頁
一一月二七日　罪の消滅　「イザヤ書の研究」の「其八　罪の消滅」『全集31』（三〇―三二）

一三八頁
一二月四日　審判と救い　「イザヤ書の研究」の「其九　審判と救ひ」『全集31』（三二―三五）

一四一頁
一二月一一日　平和実現の夢　「イザヤ書の研究」の「其十　平和実現の夢」『全集31』（三五―三八）

一四三頁
平和実現の途　「イザヤ書の研究」の「其十一　平和実現の夢」『全集31』（三八—四一）

一四八頁
一二月二三日　柏木有志晩餐会「キリストにも必ずヒューモアがあったに相違ない」内村の発言として興味深い

一五三頁
一二月二五日　生けるキリスト　「生けるキリスト」『全集31』（一一九—一二二）

一五八頁
一九二八年一月一日　感謝の心　「感謝の心」『全集31』（一三六）

一六三頁
一月八日　聖俗差別の撤廃　「聖俗差別の撤廃」『全集31』（三三七）

一七〇頁
一月一五日　繁栄と審判　「イザヤ書の研究」の「其十二　繁栄と審判」『全集31』（四一—四四）

一七一頁
一月一九日　府立第一高等女学校は現在の東京都立白鴎高等学校・附属中学校である

一七六頁
一月二二日　単独の勢力　「単独の勢力」『全集31』（一〇三—一〇五）

一七八頁
エルサレム会議、基督教世界大会はエルサレムでの世界宣教会議と思われる
この会議は一九二八年三月二四日から四月八日までエルサレムで開かれた。一九一〇年エディンバラでの世界宣教会議に続くもので、一〇年ごとに実施するはずが、第一次世界大戦のため予定が延ばされていた

一八〇頁
一月二九日　波上の歩行　「波上の歩行」『全集31』（二八八）

一八三頁
理想と実現　「イザヤ書の研究」の「其十三　理想と実際」『全集31』（四四—四七）

一八七頁
二月五日　人生の最大問題　「来世問題の研究」の「其一　人生の最大問題」『全集31』（一七二—一七四）

一九〇頁
実際のユダとエルサレム　「イザヤ書の研究」の「其十四　実際のユダとエルサレム」『全集31』（四七—五〇）

中

一九二八年二月一二日

一九三頁
予《また》うる
穎悟《えいご》　才知がすぐれ賢いこと

一九四頁
聖書の来世問題　「来世問題の研究」の「其二　聖書と来世問題」『全集31』（一七五―一七六）

一九六頁
二月一九日　復活と其後の状態　「来世問題の研究」の「其三　復活と其後の状態」『全集31』（一七六―一七九）

一九八頁
ヱルサレムの婦人　下　「イザヤ書の研究」の「其十六　ヱルサレムの婦人」『全集31』（五三）
ヱルサレムの婦人　上は二月一二日、午後の集会で講ぜられおり、斎藤はそこに不参加であったため記録していない

二〇一頁
二月二六日　永生の基礎　「来世問題の研究」の「其四　永生の基礎」『全集31』（一七九―一八二）
インガーソルの娘についての言及は、原稿化されたものには含まれていない
インガーソルはロバート・グリーン・インガーソルと思われる

二〇二頁
潔められしヱルサレム　「イザヤ書の研究」の「其十七　潔められしヱルサレム」『全集31』（五六）

二〇四頁
三月四日　活動の来世　「来世問題の研究」の「其五　活動の来世」『全集31』（一八二―一八四）

二〇六頁
三月一一日　イエスの栄光体に就て　「来世問題の研究」の「其六　イエスの栄光体に就いて（上）」『全集31』（一八五）
基督教は何を教うるか　テキスト化はされていないように思われる

二一一頁
三月一八日　イエスの栄光体に就て　下　「来世問題の研究」の「其七　イエスの栄光体に就いて（下）」『全集31』（一八七―一九〇）

二一三頁
イエスは如何なる意味に於て神の子なる乎　「イエスは如何なる意味に於て神の子である乎」『全集31』（二八五―二八七）

二一四頁
咸錫憲（一九〇一―一九八九）韓国の思想家、平和運動家。後年無教会主義から離れ、クエーカーに属した

二一六頁
三月二五日　平安獲得の途　テキスト化されてはいないように思われる

二一七頁
聖書の中心　「大阪の集会の様子」とのことであるが、阪神読者会（三月二一日、中之島公会堂）で話した講話のタイトルが『聖書の中心

に就て」（『全集31』二三九）である

二二〇頁

四月一日　イエス・キリストの教会　日記（『全集35』三〇三）では「キリストの教会」と記されている。そのままテキスト化されてはいないようであるが、内容としては「教会問題に就て」『全集31』（一二三―一二三〇）と重なる部分が多い。ただし、この問題は内村が独立伝道を開始して以来、絶えず訴えていた問題である

二二二頁

イザヤの聖召（二）「イザヤ書の研究」の「其十九　イザヤの聖召（二）」『全集31』（六一―六四）

イザヤの聖召（一）については三月四日午後の集会で講義されているが、斎藤はそれに出席していないため（会場整理までで塚本の講義がはじまるころ帰宅とある）、記載されていない

二二三頁

四月八日　タイトルは記されていないが、ここでの内村の講話は「復活祭の意義」『全集31』（一四八）と思われる

二二四頁

イザヤの聖召（三）「イザヤ書の研究」の「其二十　イザヤの聖召（三）」『全集31』（六四―六七）

二二九頁

四月二二日　何西阿書の研究（一）ホゼアの紹介「何西阿書の研究」の「其一　何西阿の紹介」『全集31』（二〇九）

二三一頁

イザヤの聖召（四）「イザヤ書の研究」の「其二十一　イザヤの聖召（四）」『全集31』（六七―七〇）

二三二頁

四月二九日　内村の報告で言及されている「浅草の日基の牧師」は永井直治（一八六四―一九四五）を指す。『全集31』（一四一）に内村が永井訳『新契約聖書』に寄せた序文が収録されている

二三三頁

イエスとホセア「何西阿書の研究」の「其二　イエスとホセア」『全集31』（二一二―二一四）

二三四頁

イザヤの聖召「イザヤ書の研究」の「其二十一　イザヤの聖召（五）」『全集31』（七〇―七三）

二三六頁

五月六日　家庭の不幸「何西阿書の研究」の「其三　家庭の不幸」『全集31』（二一四―二一七）

二四三頁

五月一三日　審判と救拯「何西阿書の研究」の「其四　審判と救拯」『全集31』（二一七―二二〇）

二四五頁

ノア・ウェブスター編纂のAn American Dictionary of English Languageは一八二八年刊

二四九頁
五月二〇日　人の愛と神の愛　「何西阿書の研究」の「其五　人の愛と神の愛」『全集31』（二二〇―二二三）

二五二頁
信仰の歴史　テキスト化はされていないように思われる。なおタイトルについて、日記『全集35』（三二〇）では「余の手に渡りし最初の聖書」とされている。

二五八頁
五月二七日　神に倣うべし　「何西阿書の研究」の「其六　神に効ふべし」『全集31』（二二四―二二六）

二五九頁
五十年前に於けるニューイングランドのピューリタン主義　テキスト化はされていないように思われる。なおタイトルについて、日記『全集35』（三二三）では「札幌に於けるピューリタン主義」とされている。

二六一―二六三頁
斎藤宅訪問については五月三一日の日記（『全集35』三二五）に記載あり。

二六四頁
六月三日　ハリスの墓参については六月二日の日記（『全集35』三二六）に記載あり
ハリス（Merriman Colbert Harris 一八四六―一九二一）アメリカ・メソジスト監督教会宣教師

二六五頁
曠野の囁き　「何西阿書の研究」の「其七　曠野の囁き」『全集31』（二二六―二二九）

二六七頁
私は如何にして聖書を研究せしか　テキスト化はされていないように思われる。なおタイトルについて、日記『全集35』（三二七）では「余は如何にして聖書を学びし乎」とされている。

二六八頁
チェンバー　チェンバーズ百科事典と思われる
バーンス　アルバート・バーンズ（Albert Barnes 一七九八―一八七〇）アメリカの長老派牧師。新約聖書、旧約聖書の膨大な註解書を刊行

二七六頁
六月一〇日　民と其祭司　「何西阿書の研究」の「其八　民と其祭司」『全集31』（二三〇―二三二）

二七七頁
如何にして我が天職を知らんか　次週の「自分の天職を知る事」も含め、テキスト化はされていないように思われる。なおタイトルについて、日記『全集35』（三二九）では「天職発見の途」とされている。

二八二頁
六月一七日　スイスからの訪問客についてアールバッハと書かれているが、内村の日記にはマールバッハとある（『全集35』三三一）

二八四頁
浅き悔改　「何西阿書の研究」の「其九　浅き悔改」『全集31』（二三二―二三五）

二九〇頁
六月二四日　イスラエルの罪　「何西阿書の研究」の「其十　イスラエルの罪」『全集31』（二三五―二三八）

二九二頁
何うしたら幸福は得らるるか
テーマは「幸福の獲得」（『全集31』二〇〇）に類似　時期的に、原稿が先で、その内容について改めて語ったものか？
言及される松平節子は雍仁親王妃勢津子（一九〇九―一九九五）

二九五頁
七月一日　アムンゼン　テキスト化されてはいないと思われる

二九八頁
米国大統領選挙　テキスト化されてはいないと思われる
一九二八年のアメリカ大統領選挙では、カトリックのアル・スミスが民主党候補となっており、結果が注目されていた。投票は一九二八年一一月六日である

二九九頁
西川光二郎は東京独立雑誌時代の仲間であったが、廃刊時内村に「反逆」したうちの一人であった
西川光二郎（一八七六―一九四〇）明治期の社会主義者　社会民主党結成に加わり、のち平民社に参加

三〇〇頁
七月八日　天地の道と神の道　「天地の道と神の道」『全集31』（二〇七―二〇八）

三〇五頁
七月一五日　実利主義の基督教　「実利主義の基督教」『全集31』（二六六―二六八）

三〇八頁
七月二二日　罪と完全　「罪と完全」『全集32』（五三―五四）

三一三頁
九月二三日　休養と労働　「休養と労働」『全集32』（一三四―一三九）

三一六頁
私は今年の夏何を為したか　テキスト化はされていないように思われる。なおタイトルについて、日記『全集35』（三六六）では「余は今年の夏何を為せし乎」とされている。

三一九頁
九月三〇日　聖霊を授かるの途　「聖霊を授かるの途」『全集32』（一七―二二）

三二一頁
教理研究の必要　「教理研究の必要」『全集31』（二六一―二六二、斎藤の記述が簡略であるため内容を詳しく測り知ることはできないが、時期的におそらくこのテキストであろう）

三三二頁
一〇月七日　死に関する聖書の教示　「死に関する聖書の教示」『全集31』（三五〇）なお、テキスト化されたものの日付は一〇月一七日となっているが、内村の日記（『全集35』三七二）でも斎藤の記録と同じく一〇月七日とされている

三三七頁
神のある証拠　テキスト化はされていないように思われる。なおタイトルの表記について、日記『全集35』（三七二）では「神の在る証拠」とされている。この講義について内村は「甚だ振るはなかつた。頭が疲れてゐたからである。来会者に対し気の毒であつた」と記しており、それがテキスト化されなかった理由ではないだろうか

三三八頁
一〇月一一日　マルチンは内村の日記によればシュヴァイツァーの書記とのこと（『全集35』五二二）

三四〇頁
一〇月一四日　オバデヤ書の紹介　「オバデヤ書の研究」の「其一　オバデヤ書の紹介」『全集31』（三二〇—三二二）

三四二頁
神に関する思想　「神に関する思想」の「其一　無神論と不可思議論」『全集32』（一七二—一七五）

三四三頁
一〇月二一日　詩篇第十八篇　内容について記されてはいないが、以下、講義のたびに取り上げられる詩篇が、「詩篇摘要」で扱われる詩篇と合致しているため「詩篇摘要」の「詩篇第十八篇」『全集32』（七—八）と思われる。
エサウとエドム　「オバデヤ書の研究」の「其一　オバデヤ書の紹介」『全集31』（三二三—三二五）

三四四頁
自然神教　「神に関する思想」の「其二　自然神教」『全集32』（一七五—一七七）

三四五頁
一〇月二八日　教誨としての艱難　「教誨としての艱難」『全集32』（八九—九〇）

三四六頁
テマンの智慧負け　「オバデヤ書の研究」の「其三　テマンの智慧負け」『全集31』（三二五—三二八）

三四八頁
凡神教　「神に関する思想」の「其三　汎神教」『全集32』（一七八—一八〇）

三四九頁
一一月四日　エドムの罪　「オバデヤ書の研究」の「其四　エドムの罪」『全集31』（三二五—三二八）

三五〇頁
日本国存在の理由　テキスト化はされていないように思われる

三五二頁
一一月一一日　詩篇第二十篇　「詩篇摘要」の「詩篇第二十篇」『全集32』（八―一〇）
ヱホバの日　「オバデヤ書の研究」の「其五　ヱホバの日」『全集31』（三一一―三一三）

三五三頁
米国に於ける羅馬カソリック教の潰敗　内容としては「米国に於ける羅馬加特利教の大敗」『全集31』（三六九―三七三）と重なると思われる前出の一九二八年のアメリカ大統領選挙で、プロテスタントの候補フーバーがカトリックの候補スミスを破った

三五四頁
一一月一八日　詩篇第四十五篇　「詩篇摘要」の「詩篇第四十五篇」『全集32』（一四―一六）

三五五頁
イスラエルの救と世の終末　「オバデヤ書の研究」の「其六　イスラエルの救と世の終末」『全集31』（三三四―三三六）

三五六頁
凡神教　テキスト化された「神に関する思想」「其三　汎神教」には十月二十八日の日付があるため、この一一月一八日分の内容は反映されていない可能性がある。斎藤の記載は簡略であり、詳しい内容を測り知ることは難しい。
一一月二一日　「井口君」とあるのは信州穂高で研成義塾を運営していた井口喜源治（一八七〇―一九三八）
研成義塾記念式典は、内村が風邪をひいたため斎藤が記念原稿を代読する形に（三五九頁）

三五八頁
一一月二五日　詩篇第二十四篇の大意　「詩篇摘要」の「詩篇第二十四篇」『全集32』（一〇―一一）
預言の必要　「亜歴士書の研究」の「其一　預言の必要並に実益」『全集32』（三〇―三二）

三五九頁
基督教有神論　「神に関する思想」の「其四　基督教有神論」『全集32』（一八〇―一八三）
一二月一日　回顧三十年（斎藤の代読原稿）『全集32』（五五）、『二荊自叙伝』第二巻一九二八年一二月一―三日の項にさし絵入りで詳しい記録あり

三六二―三六三頁
一二月九日　詩篇第二十五編　「詩篇摘要」の「詩篇第二十五篇」『全集32』（一一―一三）
アモス書の研究　「亜歴士書の研究」の「其二　テコアの牧者アモス」『全集32』（三三―三五）
長谷川松七については日記（一九二二年一〇月八日、一九二八年一一月二二日、同一二月一二日）等に言及がある。なおテキスト化された「亜歴士書の研究」では長谷川への言及なし。

三六五頁
一二月一六日　詩篇第二十六篇　「詩篇摘要」の「詩篇第二十五篇」『全集32』（一三―一四）

三六六頁
預言の出所　「亜歴士書の研究」の「其三　預言の出所」『全集32』（三五―三八）

三六九頁
昴宿と参宿の話　この講義そのものはテキスト化されていないようであるが、かつて一九一七年にも非常に似たタイトルの文章「昴宿と参宿」（『全集23』二一九）がある

三七〇頁
小山内薫との関係をめぐる内村と斎藤との問題については、斎藤『恩師言』（教文館、一九八六年）三八一―三八五頁、鈴木範久『内村鑑三日録12』（教文館、一九九九年）二八〇頁等を参照。斎藤は謹慎を命ぜられ、それは翌年一月三〇日の内村からの手紙（三七七頁、また『全集39』四〇五）で解かれるまで続いた。従って三七〇―三七六頁における集会に関する情報は、娘婿斎藤茂夫等によりもたらされたものと考えられる。
一二月二三日　詩篇第二十七篇　内容の記述はないが、「詩篇第二十七篇」『全集32』（二八―二九）と思われる
アモス書研究（三）（三）とあるが、一二月一六日が三なので四のはずである。
「亜歴士書の研究」の「其四　正義の神ヱホバ」『全集32』（三八―四一）にも、一二月二三日の日付が記されている。

三七五頁
一月一三日　創世記第一章第一節　内容の記述はないが、「創世記の研究」の「其一　天地の創造　創世記第一章」『全集32』（二六七―二六九）と思われる

三七六頁
一月二〇日　詩篇第三十編　「詩篇摘要（二）」の「詩篇第三十篇」『全集32』（六八―六九）と思われる
一月二七日　詩篇第二十八編　「詩篇摘要（二）」の「詩篇第二十八篇」『全集32』（六六―六七）と思われる
内村より斎藤への手紙は『全集39』（四〇五）に収録

三八一頁
二月三日　詩篇三十一篇　「詩篇摘要（二）」の「詩篇第三十一篇」『全集32』（六九―七二）

三八四頁
二月一〇日　詩篇三十二篇　「詩篇摘要（三）」の「詩篇三十二篇」『全集32』（七八―八一）

三八七頁
二月一七日　アダムとエバ　「創世記の研究」の「其二　人の創造　創世記第二章」『全集32』（二七〇―二七二）と関わる講演か？　斎藤の記述が簡略であるため、判断はしづらい

三八九頁
二月二四日　科学と仏教　そのままのテキスト化はされていないようである。内容は田中龍夫に対する批判と関わるもの。
田中龍夫（一八八一―一九三六）一九〇二年の夏期講談会以来内村に師事。東京芝浦製作所技師であったが、退社して伝道に専念。伝道者としての立場はキリスト教、仏教、神道を結合する汎神論に近づき、一九二九年二月の『聖書之研究』には田中との交際を絶つむねの「謹告」が発表された（『全集39』五一八参照）

三九三頁
三月三日　仏教対基督教　「仏教対基督教」『全集32』（二一六―二一八）　ここでも田中博士（龍夫）についての言及あり

三九四頁
詩篇三十四篇　「詩篇摘要（三）」の「詩篇三十四篇」『全集32』（八四―八八）

三九七頁
三月一〇日　罪と其出所　「罪と其根絶」『全集32』（一九三―一九五）

三九八頁
本間俊平（一八七三―一九四八）秋吉台の聖者と呼ばれた伝道者。大理石採掘に従事しながら伝道につとめ、また刑余者・非行少年の更生事業に関わった（『日本キリスト教歴史大事典』参照）

四〇〇頁
悲観楽観　聖書之研究に掲載されたテキストではないが、札幌独立教会の『独立教報』に記載されたものが、「悲観と楽観」『全集32』（別篇参考、三五六）として収録されている

四〇一頁
三月二四日　詩篇三十六篇　「詩篇摘要（四）」の「詩篇三十六篇」『全集32』（一一八―一二一）

四〇三頁
三月三一日　詩篇三十七篇　「詩篇摘要（五）」の「詩篇三十七篇（上）」『全集32』（一二七―一三〇）　ただしテキスト化されたものは、斎藤の記録とかなり異なっており、小栗上野介についての言及、クロムウェルに関するロウエルの引用等もない

四〇五頁
無宗教無教会　「無宗教無教会」『全集32』（九七）と思われる

四〇七頁
四月七日　詩篇三十七篇（中）「詩篇摘要（五）」は前記の「詩篇三十七篇（上）」と四月二七日付けの「同（下）」から成っており、この中編はテキスト化されていないようである

四〇九頁
今村力三郎（一八六六―一九五四）弁護士、のち専修大学学長　弁護士として足尾銅山鉱毒事件、大逆事件等を担当。捜査当局の行き過ぎと事実の歪曲に対し、被告の人権を擁護（『二〇世紀日本人名辞典』参照）

四一三頁
四月二一日　報告及び訓諭　については、テキスト化されていない。

下

下巻の途中より、病床の内村に関する描写が大半を占めるようになる。病床の内村の様子については恩師言とほぼ同内容である。ただしこちらでは、周囲の人々の様子がより詳細に記されている。

一九二九年五月

四四七頁
七月一一日　米国の婦人を悪く言った、とは「Womanhood East and West. 東西の女性観」『全集32』（一四七—一四八）を指すと思われる。
四五一頁
八月六日　俵孫一（一八六九—一九四四）官僚、政治家
朝鮮総督府臨時調査局副総裁、三重・宮城県知事、北海道庁長官を経て政界に入る
浜口内閣に商工相として入閣（『二〇世紀日本人名辞典』参照）
四五二頁
八月一三日　浅見仙作（一八六六—一九五二）日露戦争の頃アメリカで『聖書之研究』に接し、内村の非戦平和主義に共鳴。帰国後は北海道で農業、浴場業を営みつつ独立伝道に従事。一九四四年、治安維持法違反に問われたが、大審院に上告して「無罪」となる（『全集』三九、五〇六より）
四五三頁
小野塚帝大総長は小野塚喜平次。
小野塚喜平次（一八七一—一九四四）政治学者、東京帝国大学総長、貴族院議員
一九一八年東京帝国大学法科大学学長、一九二八—一九三四総長。南原繁らを輩出（『二〇世紀日本人名辞典』参照）
六一四頁の斎藤の記述によれば、小野塚夫人が柏木聖書研究会の会員であった。
四五五頁
東京府農事試験場は現在の東京都農林総合研究センター（東京都立川市）の前身である。
四五八頁
九月八日　楕円形の話（上）「楕円形の話」『全集32』（二〇七）
全集では八月一二日沓掛にてとの記載があるため、原稿を送って石原兵永が代読したものと考えられる
四六〇頁、九月一五日の（下）についても同様
四六一頁
九月二二日　社会事業としての聖書研究「社会事業として見たる聖書研究」『全集32』（二一三）
マルクス主義への言及は、テキスト化され刊行されたものにはない
四六四頁
九月二九日　ここで言及される山田鉄道と内村との間の問題については、鈴木範久『内村鑑三日録12』三二七—三三〇頁に詳しい
四六六頁
「社交的動物」ということに就て「「社交的動物」と云ふ事に就て」『全集32』（二四九—二五一）
四七五頁
一〇月一三日　聖善の勝利「聖善の勝利」『全集32』（二二四—二二八）
四七七頁
一〇月二〇日　何故に自分はキリストに愛せらる、乎「キリストは何故に私を愛し給ふ乎」『全集32』（二二九—二三二）

四八〇頁
コンボルションに就て
斎藤の記述が簡素であるため判別しがたいが、「コンボルションの実験」『全集32』（三一二―三一六）と関連している可能性があるように思われる

四八九頁
一〇月二七日　人と天然　「人と天然」『全集32』（二四五―二四八）

四九二頁
基督教と忠孝　テキスト化はされていないようである
ケルリンは内村がかつて滞在した、ペンシルヴァニア州エルウィンの児童養護施設の院長

四九六頁
一一月三日　創世記第一章　「創世記の研究　其一　天地の創造　創世記第一章」『全集32』（二六七―二六九）と思われる

五〇二頁
一一月七日　太平洋会議　太平洋問題調査会の第三回京都会議と思われる。一九二九年、一〇月二三日から一一月九日まで京都で会議がおこなわれていた
太平洋問題調査会　アジア、太平洋地域に関する政治、経済、社会問題などの科学的研究の促進、専門家の相互交流を目的とする国際的な民間の調査研究団体。一九二五年設立（『ブリタニカ国際大百科事典』）

五〇四頁
一一月一〇日　明治学院神学部と東京神学社は一九三〇年に合同、日本神学校となった。現在の東京神学大学の前身である

五〇七頁
創世記二章の研究　「創世記の研究　其二　人の創造　創世記第二章」『全集32』（二七〇―二七二）

五一二頁
一一月一四日　神の国（天国）の建設　「神の国の建設に就て」『全集32』（二四〇―二四一）

五一七頁
一一月一七日　創世記第二章　この講義に関しては、前回分と合わせて「其二　人の創造　創世記第二章」とされたのであろうか。ここで挙げられる「女が男に服従すべく造られ教えらるるは聖書全体の精神」（五一八頁）といったことばそのままの表現は、「其二　人の創造　創世記第二章」には見受けられない

五二〇頁
一一月二一日　預言の必要　「預言研究の必要」『全集32』（三三八―三四〇）テキスト化されたものには一一月二〇日稿とある。前日の原稿をもとに講じたものか

五二二頁
一一月二四日　創世記三章　「創世記の研究　其三　人類の堕落　創世記第三章」『全集32』（二七二―二七五）

五三〇頁
一二月一日　カインとアベルの話　「創世記の研究　其四　カインと

アベル　創世記四章一―一六節」『全集32』（二七五―二七七）

五三九頁

一二月七日「一体高山君は美以の信者で」とある「美以」は美以教会を指す。美以教会とはメソジスト監督教会の、清代中国における通称であり、Methodist EpiscopalのMEに美以の文字をあてたもの。日本でも公称として用いられた（『日本キリスト教歴史大事典』を参照）

五四二頁

一二月八日　創世記五章「創世記の研究　其五　アダムよりノアまで　創世記五章」『全集32』（二七八―二八〇）

五四七、五四九頁

青木義雄については上巻の註を参照のこと

五五四頁

一二月一五日　創世記六章の大意　内容から、「創世記の研究　其六　ノアの大洪水（一）　創世記六章より九章まで」『全集32』（二八〇―二八三）と思われる

五六二頁

一二月二二日　創世記六章「創世記の研究　其七　ノアの大洪水（二）　創世記第六章―第九章」『全集32』（二八三―二八五）

五六三頁

コンボルションに就て（鈴木虎秋代読）　四八〇頁についての註を参照

五六五頁

一二月二三日　私に叱られし時　モアブ婦人会のクリスマス（一二月六日）でも「内村先生に叱られた時」とのタイトルで話した（一二月六日の日記、『全集35』五二六）

一九三〇年

五七四頁

一月一二日　新年の希望（鈴木虎秋代読）「新年の希望」『全集32』（二八九―二九四）

五七六頁

一月一九日　ノアの洪水（鈴木虎秋代読）　前出の、「創世記の研究　其六　ノアの大洪水（一）　創世記六章より九章まで」「創世記の研究　其七　ノアの大洪水（二）　創世記第六章―第九章」を代読したものか。なお関東大震災への言及があるのは後者（二）である。

五八〇頁

一月二五日　相馬愛蔵（一八七〇―一九五四）中村屋創業者　一九〇一年東京・本郷のパン屋中村屋を譲り受け開業、一九〇七年新宿に移転。またロシアの亡命詩人エロシェンコ、インドの独立運動家ラス・ビハリ・ボースらを援助した。ボースから直伝されたカレーの製法による「カリーライス」を店に出し有名となる（『二〇世紀日本人名辞典』参照）

一月二六日　再臨再唱の必要（鈴木代読）「再臨再唱の必要」『全集32』（三二七―三二九）。テキスト化されたものには、一九二九年五月一五日稿と記されている

五八二頁
二月二日　弱くして強き基督信者（鈴木虎秋代読）「弱くして強き基督信者」『全集32』（三二一―三二三）

五八四頁
二月九日　預言の読み方（代読）「預言の読み方」『全集32』（三三四―三三七）。テキスト化されたものには、一九二九年九月一三日稿と記されている

五八八頁
大山郁夫（一八八〇―一九五五）　政治学者、社会運動家、政治家
一九二七年労働農民党委員長に就任、一九三〇年の衆院選で当選。ファシズムの台頭に抵抗を続けたが一九三八年アメリカに実質的に亡命、一九四七年帰国。一貫して軍国主義を批判し平和と自由を説いた
加藤勘十（一八九二―一九七八）　政治家、労働運動家
一九三六年衆院選当選、一九三七年日本無産党委員長となるが人民戦線事件に連座して検挙
戦後は日本社会党創立委員として結党に参加、要職を歴任
（『二〇世紀日本人名辞典』参照）

六〇〇頁
理想団「理想団」は『万朝報』の社員を中心に社会の頽廃を匡正する目的で組織された団体（『全集9』五四一、田村光三による解題より）

六〇二頁
日永信子（浅田信子）（一八八五―一九六七）　内村鑑三の長女。内村の最初の妻、浅田タケとの間の娘である。父鑑三の信仰を学び、『聖書之研究』および、父の死後はその全集を愛読した（『全集39』五〇五）

六〇八頁
福永文之助（一八六二―一九三九）　警醒社社長。一八七九年『七一雑報』発行所の福音社（神戸）に入社。一八八八年上京し、東京福音社を開業。一八九〇年経営不振にあった警醒社を譲り受け、個人経営とし、九一年警醒社書店と改称（『日本キリスト教歴史大事典』参照）

六一〇頁
三月二日　神本位の基督教（鈴木虎秋代読）　内容からして、一九二五年の「神本位の宗教」（『全集29』三〇七―三一三）と思われる

六一三頁
三谷民子「歌の文通」の筆者

六一七頁
三月七日　セバスチャンの矢の痕　セバスティアヌスは三世紀末の伝説的殉教者、聖人。殉教伝によれば、ディオクレティアヌス帝の命令で矢を射かけられたが生き延び、棒で殴り殺されたとされる。中世ヨーロッパ絵画においては、矢を浴びる美青年として描かれた。

六二〇頁
三月九日　神の忿怒と贖罪（鈴木代読）『全集22』（二三七）この文章は一九一六年、藤井武の「単純なる福音」における贖罪論批判を、内村が再批判して発表したものである。詳しくは、『全集22』解題四九一―四九二、また藤井武「先生と私（五）」『藤井武全集第十巻』（一二八―一三三）、藤井「代贖を信ずるまで」『藤井武全集第十巻』（三一三―三一七）を参照。

六二五頁

三月一二日　笹倉牧師は、笹倉弥吉（一八六八―一九四六）日本キリスト教会牧師。一九〇六年から一九四〇年まで横浜海岸教会の牧師をつとめた（『日本キリスト教歴史大事典』参照）

六二八頁

原崎源作（一八五八―一九四六）　静岡出身の製茶業者。社内の青年会に内村鑑三を招き講演を依頼したことがある（『全集39』五二二）

六三五頁

三月一六日　世に勝つの道（鈴木代読）「世に勝つの途」『全集29』（三二一―三二五）

六四四頁

三月二三日　私の基督教　同題の文章は『全集27』（四八三―四八七）と『全集32』（一〇三―一一四）の二編がある。全編を代読したのであるとしたら、長さからいって前者の方が適当であるように思われる

六四八頁

三月二五日　藤重氏とあるのは藤本重太郎のことと思われる

「聴講五年」の注について

岩野祐介

本書の注は、内村鑑三に関連する事項を中心に付してある。このようにした理由は、主に以下の二つである。

一つは、注釈者の主たる研究対象が内村鑑三の思想であることである。また知名度や先行研究の蓄積等により、内村鑑三への興味から本書を手に取る読者が多いのではないか、と考えたことによる。

注釈者の主たる関心は、内村の文章、とりわけその成立過程にあった。本書には、内村の講演に関する記録が多数掲載されている。それら斎藤による記録を、実際に文章として『聖書之研究』に収録されたものと比較すると、内容においてかなり異なっていることがあるのである。本書における記録は、斎藤によるものであるから、当然斎藤個人の聞き方、興味関心を反映している側面があると推測される。しかし、後述するように、斎藤には内村のことばをできる限りそのまま（斎藤の解釈を加えず）記しておきたい、との意識が強くあったようである。少なくとも意図的に内村の発言のある部分を削ったり、あるいは斎藤が付け加えたり、といったことはしなかったであろう。従って、内村の講演自体とそれが文章になったものとでは、ある程度の差異がある、ということになる。なお、本書において斎藤は、自らの見解を書き込む場合、他より小さな字を用いる、書き出しの位置を下げる等の工夫により内村に関する記述である本文と区別できるようにしている。

内村の講演と、文章化されたものの違いということでは、たとえば「羅馬書の研究」に関して、興味深い事実を挙げることができる。「羅馬書の研究」については、その文章の大部分が畔上賢造によるものであること（「羅馬書の研究　例言」『内村鑑三全集28』三五八頁）が内村自身により示されている。また、「羅馬書の研究」の第二九講から第五九講に関しては、講演にあたって内村が準備していた草稿であるという「羅馬書講演約説」も公開されている。「羅馬書の研究」の文章が大部分畔上によるものであるとしても、刊行される前に内村がその内容を確認していることは確かである。そのようにして成立した「研究」の文章を「約説」と比較すると、前者はしばしば後者の内容から大きく発展し、より豊かな内容となっている。内村は、事前に草稿を用意しながらも、実際に講演に臨む段階で多くをそこに付け加えており、さらにそこに手が加えられて内村の文章ができあがっているのだと推測できるのである。

従って、斎藤が内村の講演を忠実に記録しているとすれば、それらと内村の「著作」とを比較することにより、その場で言葉を紡ぎ出す内村の能力や、自分に対する編集者としての視点などをうかがい知ることができるように思われる。内村はおそらくその都度の聴衆から力を得ながら（あるいはまさにそこに満ちた霊の力をうけながら）語っていたのではないだろうか。また、時事問題等に敏感であり、社会や政治の動向について言及することも多かったようである。しかし、それらのすべてが文章化されて、『聖書之研究』に掲載されたわけではないのである。内村は、聴衆を前にした講演と、雑誌に掲載され読まれる文章との違いを意識していたように思われる。

今回、斎藤の記録を内村の日記と実際に突き合わせ、さらに『聖書之研究』に掲載された日付とを確認したところ、講演が文章になり、それが掲載されるまでにかなりの時間が経過していることを改めて認識することとなった。たとえば「聖書大意」の「アイの攻略」は『聖書之研究』一九二七年一月一〇日付の三一八号に掲載されている。一方この文章のもととなった講演は、一九二六年一一月一四日になされている。刊行され、読者が目にするまでの間はだいたい二か月である。一方で、「何西阿書の研究（二）ホゼアの紹介」は一九二八年四月二二日の講演であるが、『聖書之研究』一九二九年八月一〇日付の三三七号に掲載されている。この場合は一年以上経過しているわけである。この間に、内村は客観的な、編集者としての目により自らの講演を見直しているようにも思われる。あるいは、そのために敢えて内村は間をおいて、文章を掲載し刊行していると推測することもできるのではないだろうか。

本書において内村関連事項に注を付したもう一つの理由は、斎藤宗次郎がこの詳細な記録を残した動機は「恩師」内村鑑三に関わるできごとを後世に伝えたいというものであった、と思われることである。斎藤が自らの名前を歴史に残すため、これらのできごとを記録したということではないであろう。

本書に序文、跋文は付されていない。従って本書を著述した斎藤の意図が、はっきりと示されているわけではない。しかしたとえば、『恩師言』に於いて斎藤は、次のように記している。

幾度か先生と相見相語るの機を与えられし毎に、時に応じ時に適する言葉を以て、余の難問は釈明せられ、境遇は善化せられ、前途に光明を示され、以て先生の十字架の信仰は、弱小なる余の霊肉に於て奇しくも美花を開き珍果を結んだのである。此等の言は骨となり肉となって独り余を益したるに止らず、敬虔に誠実に内村先生の生涯を探って神の聖旨を解せんとする人に取りても実に貴重な材料たるを信ずるのであるから、数十年の長き歳月の間に、先生から承った言を調べ、其全部の内何分の一かに過ぎないことであろうけれど、其の時時の手記と記憶とを合せ考えて正確なる事実を順次に記録せんとするのである（斎藤『恩師言――内村鑑三言行録――ひとりの弟子による』教文館、一九八六年、一五頁）。

斎藤が詳細な記録を残したのは、尊敬し、敬愛する「恩師」内村鑑三に関する記録を通して、神と出会う読者がいるだろうと考えたからであるという。したがって、本書でも、主に内村に関することについて注を付すこととしたのである。

恩師言といい、本書聴講五年といい、斎藤の記録に対する情熱、執念には驚くべきものがある。記録する、ということ自体への思い入れも相当なものであると思われるが、齋藤いうところの「恩師」内村に対する思いにも、大いに驚かされる。なぜ、ここまでせねばならないと思ったのであろうか。一九世紀末から二〇世紀にかけての激動の時代を生きた斎藤は、事実が事実として、歴史として正しく記録され、理解され引き継がれることの重要性を痛感していたということなのであろうか。恩師内村は一九三〇年に神のもとへ召されたが、斎藤は第二次世界大戦後まで生きた。その戦前から戦後にかけての変化を斎藤はどう見たのであろうか。そのなかで、「不敬事件を起こした人物」が、戦後になり「反骨の預言者的キリスト者」として捉えられるようになっていく様子を、斎藤はどう見ていたのか。『斎藤宗次郎・孫佳與子との往復書簡』において編者の児玉実英は、斎藤は戦中において非戦と聖戦という矛盾を抱えることによる葛藤に苦しんでいたのではないのか、と指摘している（斎藤・児玉著、児玉編『斎藤宗次郎・孫佳與子との往復書簡』教文館、二〇一三年、一二七頁）。戦後になって、戦前までのできごとの記録をわざわざ清書しなおした（巻末には一九五三年八月三一日浄書終了とある）という経緯からは、やはりそこに斎藤の何らかの意図があったと考えるべきであろうが、その意図は残念ながら明らかではない。矢内原忠雄や大塚久雄のような、アカデミズムの中心で活躍し、社会的・政治的な影響力を持ち得た人々と比較して、斎藤は庶民層寄りの人物であると言ってよいであろう。戦後民主主義社会を支えた偉大な人物たちの偉大な師としての内村鑑三、ではなく、市井の人物が身近で見た内村鑑三の姿を斎藤は記録しておきたかったのであろうか。

なお本書には、塚本虎二による講演の記録や、塚本の発言の多くも記録されている。しかし前述の通り、注釈者は内村鑑三の思想を主たる研究対象とする者であるため、塚本に関することがらについては扱いきれないと判断し、読者の受け取り方に任せることとした。今後塚本のキリスト教理解、塚本におけるテキストの成立に関する研究等が進展していく際には、本書における記録が参照されることであろうと期待している。

参考文献

児玉実英・岩野祐介

斎藤宗次郎編・発行『基督信徒之友』月刊、全一一四号、一九三四―四三年。

斎藤宗次郎『花巻非戦論事件における内村鑑三先生の教訓』山本泰次郎編、クリスチャン・ホーム、一九五七年。牧歌社、一九六三年。

斎藤宗次郎『ある日の内村鑑三先生』教文館、一九六四年。

斎藤宗次郎『恩師言――内村鑑三言行録――ひとりの弟子による』解説・渋谷浩、教文館、一九八六年。

斎藤宗次郎『二荊自叙伝　大正一〇年―一五年』山折哲雄・栗原敦編、上下全二冊、岩波書店、二〇〇五年。

斎藤宗次郎「柏木通信」第一―三三信、『聖書之真理』、一九三一・一・一―一九三三・一〇・一、三九号―七一号。なお私家版『柏木通信――聖書之眞理より』（奥付なし）には、前記に加え、「過去追想」（『聖書之眞理』第五〇号、一九三一・一二・一）が採録されている。

斎藤宗次郎「吾家の歴史」（後に「随順日記」と改題）手稿、未出版、花巻市博物館蔵。

斎藤宗次郎「二荊自叙伝」全四〇巻、一八七七―一九三八年、手稿、大正一〇年から一五年を除き未出版。一九五九年まで執筆。今井館蔵。

斎藤宗次郎「一日一地点」全三巻、一九五二年作成、手稿、未出版、今井館蔵。

斎藤宗次郎「聴講五年」全三巻、手稿、一九五三年作成、今井館蔵。

斎藤宗次郎「内村鑑三先生之足跡」全五巻、別冊（詳目次、柏木邸平面図、内村愛唱歌等）一九五七年作成、手稿、一部を除き未出版、今井館蔵。第五巻が前掲書『恩師言』に「付録」として採録されている。

斎藤宗次郎・児玉佳與子著『斎藤宗次郎・孫佳與子との往復書簡――空襲と疎開のはざまで』児玉実英編、教文館、二〇一三年。

岩手大学編、山折哲雄『宮沢賢治と斎藤宗次郎――「雨ニモマケズ」物語』、岩手大学開学記念講演会記録、二〇〇六・六・一。

岩野祐介「内村鑑三における師弟関係――斎藤宗次郎『二荊自叙伝』を手掛かりに」『アジア・キリスト教・多元性』第四号、京都大学現代キリスト教思想研究会、二〇〇六年。

岩野祐介『無教会としての教会――内村鑑三における「個人、信仰共同体、社会」』教文館、二〇一三年。

内村鑑三『内村鑑三全集』全三八巻、岩波書店、一九八〇―八四年。

オーティス・ケーリ「新島襄と内村鑑三とアーモスト大学」『文化学年報』第九輯、同志社大学、一九五九年。

オーティス・ケーリ「内村の決断の夏、一八八五――新島・内村の往復書簡にあらわれた近代日本思想史の一断面」『人文学』第二四号、同志社大学、一九五六年。

Otis Cary, "Kanzo Uchimura," *Amherst Alumni News*, July, 1957.

雑賀信行『宮沢賢治とクリスチャン』雑賀編集工房、二〇一五年。

斎藤茂夫編著『甦りの朝を望みて――斎藤宗次郎追憶集』私家版、一九六八年。

斎藤茂夫編「二荊自叙伝詳目次」全二巻（第一巻・一八七七―一九二八年、第二巻一九二八―一九三八年）、手稿、未出版、作成年不明。

斎藤駿一郎「北上ゆかりの斎藤宗次郎のこと」『北上の先人』北上史談会、二〇一一年、九七―一〇〇頁。

佐竹一秀「凜として――『雨ニモマケズ』のモデル？　斎藤宗次郎」(1)―(5)『産経新聞』二〇〇五年三月七日―三月一一日。

鈴木範久「第三十二巻について」『内村鑑三全集月報』三三、岩波書店、一九八三年。

鈴木範久『内村鑑三談話』岩波書店、一九八四年。

鈴木範久『内村鑑三日録12』教文館、一九九九年。

滝沢義雄編『藤巻家文書に見る歴代の人々』藤巻文書刊行会（代表斎藤陸郎）、一九八七年。

滝沢義雄編『斎藤宗次郎と父母』斎藤宗次郎著作刊行会（代表斎藤洋子）、一九八八年。

滝沢義雄編『藤巻家文書目録』斎藤悦郎発行、私家版、一九九五年。

谷口和一郎「斎藤宗次郎――宮沢賢治「雨ニモマケズ」のモデルと言われた人物――新聞配達を生業とし、人々を愛す――内村鑑三に最後まで従う」『リバイバル新聞』二〇〇五年一月一日新年号、一一頁。

田村光三他共訳、カルロ・カルダローラ著『内村鑑三と無教会』新教出版社、一九七八年。

富永国比古「賢治の近くにいたスピリチュアルな人たち」、椚山義治・富永国比古共編著『銀河鉄道の夜と聖書』キリスト新聞社、二〇一五年。

中沢治樹他無教会史研究会編著『無教会史I　第一期生成の時代』新教出版社、一九九一年。

中原遼「『雨ニモマケズ』のモデル？　斎藤宗次郎、一八七七―一九六八」『百万人の福音』八〇一号、二〇一七年三月号、一六―一七頁。

中原真「宮沢賢治と斎藤宗次郎」『生命の光』二〇一一年六月号、三一―三五頁。

日永康「無教会の原点」、内村鑑三記念キリスト教講演会運営委員会編『内村鑑三の現代的意義――内村鑑三、七五周年記念シンポジウム』キリスト教図書出版社、二〇〇五年、四六―五八頁。

藤田英忠『斎藤宗次郎の信仰とその足跡――宮沢賢治のいぶし銀、花巻の人』九十九の風文庫二、九十九の風舎、二〇一二年。

宮沢賢治イーハトーブ館編『企画展示・宮沢賢治と斎藤宗次郎、一九九五年一月五日―九月三〇日図録』一九九五年。

山折哲雄「内村鑑三における『闘争』」『内村鑑三全集月報』七、岩波書店、一九八一年。

山折哲雄『教えること、裏切られること――師弟関係の本質』講談社現代新書、二〇〇三年。

山折哲雄『さまよえる日本宗教』中公叢書、二〇〇四年。

山折哲雄「斎藤宗次郎、今いずこ」『図書』岩波書店、二〇〇五年六月。

山折哲雄『デクノボーになりたい――私の宮沢賢治』小学館、二〇〇五年。

山枡雅信「内村鑑三と、その『家庭の建設』について」、山枡雅信編著、内村鑑三著『家庭の建設』私家版、一九七四年。

山本泰次郎『内村鑑三とひとりの弟子――斎藤宗次郎あての書簡による』教文館、一九八一年。

山本泰次郎『脚注新約聖書4　ヨハネによる福音書』聖書の友社、二〇一三年。

『キリスト教大辞典』教文館、一九六三年。

『日本キリスト教歴史大事典』教文館、一九八八年。

『二〇世紀日本人名辞典』内外アソシエーツ、二〇〇四年。

『ブリタニカ国際大百科事典』ウェブ版、2018 Britannica Japan Co., Ltd.

旧岩波版『内村全集』の校正をする斎藤宗次郎。

斎藤宗次郎略年譜

児玉実英

一八七七（明治一〇）年　二月二〇日　轟《とどろき》木宗次郎、岩手県和賀郡笹間村（現在花巻市北笹間）の曹洞宗渓雲山東光寺に、父轟木東林、母さだの三男として生まれる。口絵参。母の実家は、飯豊《いいとよ》（現在北上市）の肝煎《きもいり》（名主）をつとめていた斎藤家。

幼時より、早朝の勤行に際し、父や兄とともに、歴代天皇の諡号《しごう》を唱え、国家安寧を祈った。のち、宗次郎は「父より信念、徳義、愛国心、勤労の精神を、母よりは武士道と慈愛心、農耕の精神を、遺伝胚芽として宿されてあった」と書いている（『花巻非戦論事件における内村鑑三先生の教訓』二―三頁）。

一八八四（明一七）年　八才　北笹間尋常小学校（四年制）に入学。一〇才ころ兄から、キリスト教は邪教と教えられた（前掲書三頁）。

一八八八（明二一）年　一二才　高等小学校（四年制）に進学。

一八九一（明二四）年　一五才　斎藤武次郎《ぶじろう》の養子となり、花巻里川口町専念寺門前町に住む。口絵参。

一八九二（明二五）年　一六才　高等小学校校長より修身の時間、内村鑑三は不敬事件をひきおこした「国賊」であると教えられ、内村を「甚だしく憎悪」した（前掲書四頁）。

一八九四（明二七）年　岩手県師範学校に入学、寄宿舎に入る。教育学、地理学、絵画に興味を持つ。

一八九五（明二八）年　地理が好きなら、と、友人の岩手中学生、出渕勝次（のち駐米大使）にすすめられ、内村鑑三の『地理学考』を読んだところ、意外にも大きな感動をおぼえ、以後いろいろ内村の著作に接するうち、その精神に共鳴するようになる。

一八九八（明三一）年　二二才　花巻太田村（現在花巻市清水）の音羽山清水《きよみず》寺第一八代住職、清水《しみず》宗諄《そうじゅん》の次女スエと結婚。岩手県師範学校卒業後、ただちに花巻の里川口小学校に奉職。口絵参。

一八九九（明三二）年　三月、初めて内村鑑三に手紙を書く。『東京独立雑誌』二一六号に「社会の腐敗を嘆ずるものの千万……。然るに真面目に之を矯正せんとする者一人もあるなし」と内村が嘆いたのにたいし、宗次郎は「予は社会の腐敗を矯正せんとする至誠に至っては、固《もと》より人後にあらざるを自覚す……」と書き送った。内村は、返事しなかったが、この花巻の青年のために、しばしば祈りを捧げていたと、後日静子夫人から聞く。

一九〇〇（明三三）年　二四才　授業中に喀血。八月宮城県七ヶ浜村海水浴場に療養をかねて出かけ、友人佐々木博方に連れられ、カナダ人のバプテスト教会宣教師E・H・ジョンスを訪ねる。暖かく迎えられ、キリスト教の話を聞き、洋食でもてなされる。

一二月一二日、花巻南郊、豊沢川の深淵で小野村功牧師立会いのもと、ジョンス師の手によって「全身を浸さるるバプテスマ」を受けた。

一九〇一（明三四）年　二月一五日、長女愛子生まれる。一〇月、盛岡市で内村鑑三と初めて会い感激する。

一九〇二（明三五）年　養父斎藤武次郎、続いて実父轟木東林、永眠。

一九〇三（明三六）年　七月、『聖書之研究』読者訪問巡遊中の小山内薫ら花巻を訪ね、しばらく滞在。

このころロシアが南下政策を進め、大連、旅順の租借権をえて、シベリアから鉄道を敷設、兵器、弾薬が運び込まれ、軍隊、艦船が派遣され、アジアの平和をおびやかしていた。日本国内ではロシア撃つべしという声が巷に満ちていたが、内村はキリスト教平和主義にもとづき、『万朝報』その他で非戦論を展開していた。花巻では、宗次郎は、「基督信者は断然兵役を拒絶する」べきと考えるに至った。信仰の友照井真道乳《まみち》は、「納税の大部分は海陸軍費に用いらるるを以て、又之をも拒まざるべからず」と主張した。宗次郎はさらに「髙橋君に問う。君遠からず徴兵検査の年に達すべし。其際如何にする也。君曰く拒まんのみと」（「二荊自叙伝」第四巻二四〇―四一頁）。

一二月二六日、このような花巻の雰囲気の中で、銃殺を覚悟しながら宗次郎は内村鑑三に手紙を書き、翌日投函する。

今や之を断行せんとするに臨み、……当然一大事の産出すべきを思うが故に、一応先生にお伺いする次第であります（同二四三頁）。

一二月八日、内村鑑三は即答した。「斎藤二荊様、外花巻諸兄姉」にあてて、

今日書面を以て御問合せの件は、頗る重大なる事件に御座候間、御面会の上篤と小生意見申上ぐるまでは、確定御控へ願上候（同二四八頁）。

中村不折画　斎藤愛子肖像（33×25cm）。添え書きは「逝けるあい子さんの小照　土足のおぢさん　不せつ　うつす」。水沢で撮影した愛子の写真をもとに描かれたもの。

一二月一九日午前二時、内村は花巻駅に到着。雪の中、そりと毛布を用意して出迎えた三人とともに、午前二時半、宗次郎宅に到着、就眠。朝食前に宗次郎は、内村から諄諄とさとされた。

昼の散歩、午後の「土曜日の集会」（約二〇名出席）、夜の祈禱、安息日の「朝の集会」（三八名出席）、散歩、午後の「質問会」、「懇話会」などで内村が語った内容は多岐にわたっていて、「二荊自叙伝」四巻、二六五―九八頁に詳しく記されているが、そのうち宗次郎に対して説かれたことばの要点は、三つあった。

一、兵役、納税拒否の問題については、真理と真理の応用を混同してはいけない。

二、個人が非常に重い責任を負うことになるが、それだけでなく、家族や知人、信者たちに大変な迷惑が及ぶことになる。これは愛なき精神である。

三、最大の問題は、これが「聖書の曲解」なるを免れず、「余の黙する能わざる所」である、という。

それでも「君の良心の命であれば、敢て制圧は加えない」。だが、他人に「強いてはならぬ」。

斎藤宗次郎は、「花巻独立教会代表」として、「無限の歓喜と感謝」をもって内村の忠告を受け入れ、一二月二一日九時一〇分、師を見送るため「ステーション」に向かう（同二九五―九八頁）。

後年、この一件は「花巻非戦論事件」と名づけられ、広く知られるようになる（山本泰次郎「解説」、斎藤宗次郎著『花巻非戦論事件における内村鑑三先生の教訓』三三―三六頁など参）。口絵参。

一九〇四（明三七）年　二月、日ロ戦争が始まる。宗次郎、ヤソ、ハゲとののしられ、石を投げられ、激しい迫害を受けていたが、五月一〇日付け小学校教師退職の辞令を受ける。口絵参。

一九〇五（明三八）年　書籍雑誌学用品店、のち新聞雑誌取次店「求康堂」を開く。口絵参。新聞を扱うようになってからは、雨の日も風の日も配達してまわる。次女多祈生まれる。

一九〇七（明四〇）年　妻子とともに上京、内村鑑三を訪ね、柏木教友館に宿泊。内村、花巻を訪問。

一九〇八（明四一）年　内村の紹介により、佐藤昌蔵より宅地、畑を購入。宗次郎所有の土地建物は、しつこく要求してきた義母にすべて贈与する。六月、今井館開館式出席のため上京。

一九〇九（明四二）年　長女愛子、前年一一月三日天長節の日にいじめが高じて受けた腹部打撲が原因で腹膜炎を発症、悪化。四月一五日永眠。東京教友会より郵送の花が「棺中の水晶のような顔」を埋める（「二荊自叙伝」第七巻二五頁）。内村からは弔電、中村不折からは弔文をそえた寒椿の花の絵が届く。口絵参。

一九一〇（明四三）年　内村を花巻に迎え、ともに愛子の墓参。

一九一一（明四四）年　内村、髙橋ツサ子葬儀司式のため花巻訪問。

一九一二（明四五、大正元）年　六月一二日、内村鑑三からルツ子永眠の電報を受け取り、宗次郎上京、葬儀で弔詞を読む。妻スエ辛労重なり肋膜炎が悪化。八月一九日二九才で永眠。内村鑑三より弔電、続いて弔辞を受けとる。一〇月多祈をつれて内村にしたがい札幌訪問。

一九一三（大二）年　多祈を伴い、高知県安芸に川島家を訪問。一二月花巻で川島仁志と再婚。このころから宗次郎に対する花巻の人の態度が変化。しだいに同情と尊敬の目で見られるようになり、やがて「斎藤先生」と呼ばれるようになる。

一九一七（大六）年　多祈、内村のすすめで東京の女子学院に入学、寮生活を始め、淋しさをまぎらわすため勉強とピアノの練習にはげむ。

一九一八（大七）年　九月、中村不折から欧州滞在中の作品「聖セバスチアンの殉教」をもらう。伊香保で静養中の内村を訪ねる。

一九一九（大八）年　内村、水沢に目の不自由な池田政代を訪ねる。宗次郎同行。

一九二二（大一一）年　宗次郎上京し、内村を訪問。多祈の卒業式に列し、多祈が「祝辞」を読むのを聞いて涙を流す。多祈ピアノ独奏、メンデルスゾーンの「狩の歌」を弾く。東京女子大学文科予科に入学。

一九二三（大一二）年　八月、多祈、鈴木茂夫と結婚。九月一日関東大震災当日新婚夫婦は花巻にいて無事。宗次郎は「正午頃酔漢の走るような地震があった」とだけ記している。東京、横浜方面の大災害については、翌朝の地方紙によって初めて知る（「二荊自叙伝」第一四巻八六―八八頁）。九月一二日、花巻「西郊に新築せる農学校」に宮沢賢治を訪ね、「共にベートーベンの第四シンフォニーに心身を傾倒して恍惚たるものがあった」（同一〇二頁）。

一九二四（大一三）年　二月七日、農学校で新聞代金を受け取った後、当日「宿直番たる宮沢賢治先生の乞いに応じ暖爐を囲んで」話をしていると、賢治は「卓上の原稿を予の膝の上に」置き、「これは私の妹の死の日を詠んだもの……善し悪しは別です　只其通りです」といった。「若き兄妹の永訣の朝の真情」に接し「予は心臓の奥の轟きを覚えた」。そして、「一椀の雪」が天上で「美味なるアイスクリームになれよと祈った」（同四一六―二三頁）。三月、多祈、内村から受洗。宗次郎上京して立ち会う。七月、長孫黎子生まれる。

一九二五（大一四）年　内村、花巻を訪問。「来て見れば昔ながらの花巻や甞《あま》き苺に友の真心」の一首を残す。口絵参。

一九二六（大一五、昭和元）年　三月、次孫頌々子生まれる。館小路の役場のすじ向かいに移していた求康堂新聞雑誌取次店を鍛治町の宮沢彌次郎《やじろう》に譲渡、業務は宮沢豊治が引きつぐことになった。口絵参。九月二日、花巻駅に二百人ばかりの人が集まり、別れを惜しみ見送る中、宗次郎は荷物とともに上京。東京杉並町成宗《なりむね》二六五番地の新居に斎藤茂夫・多祈一家とともに住む。一一月、新築の成宗の家に内村鑑三を迎え祈禱会をもつ（同一〇二頁）。

一九二七（昭二）年　四月、内村にしたがい栃木県に出かける。六月、いちごの季節、内村一家を成宗の家に迎える。一二月、第三孫創能子生まれる。

一九二八（昭三）年　「七月下旬の或る日、余は山本泰次郎兄とともに内村先生に呼び出され、此の夏、君等二人で白河若松間の伝道の処女地なる旧奥州街道を伝道する様との命を受け、金百円を渡された」（本文三〇六―〇九頁参）。

宗次郎は七月二五日、札幌伝道に出かける内村とともに出発、途中で別れ、青森、岩手、宮城三県内の『聖書之研究』愛読者を訪問。「八月二日郡山で山本兄と落ち合い、直ちに若松に至った。……山本兄とともに祈りつつ伝道に当たりし数日間の旅行は、実に楽しきものであった」（「一日一地点」四月一四日）。

一二月二日　内村病気のため、代読を命じられ、内村の原稿をもって東穂高の研成義塾三〇年記念祝賀会に出席（本文三五九―六一頁参）。

一二月、小山内薫に書簡を送り内村の逆鱗にふれ、謹慎を命ぜられるが、四〇日後許される。

一九二九年（昭四）年　このころ内村、医師の診断により講壇に立つことを禁じられ、代りに塚本、矢内原、藤本武平二などが日曜日の集会で語ったが、四月二八日には斎藤宗次郎が午後「私の救われし途」と題して語り、「聴衆の中に感涙を催せし婦人を少なからず認めた」（本文四一六―二九頁参）。

左から、頌々子、多祈、創能子、茂夫（後ろ）、佳與子（前）、眞生子、黎子

一九三〇（昭五）年　内村の病気治癒を祈り看病にあたる。三月には内村の病室の隣や講堂に泊り、家族と交代で看病につとめる。三月二八日、内村逝く。通信、会計係を仰せつかる。四月、内村聖書研究会解散。各地で記念講演会が開かれる。六月、第四孫眞生子生まれる。一一月、岩波版内村鑑三全集の編集実務委員、のち編集委員を委嘱される。

一九三二（昭七）年　内村の墓地を雑司ヶ谷から多磨に移す実務にたずさわる。

一九三三（昭八）年　七月、第五孫佳與子生まれる。

一九三四（昭九）年　四月、宗次郎自身の編集、発行による月刊誌『基督信徒之友』を創刊。

一九三五（昭一〇）年　今井館聖書講堂、目黒区中根町に移転、改修、開堂。

一九三六（昭一一）年　内村祐之、東京大学に栄転。祝賀会に出席。

一九四一（昭一六）年　太平洋戦争勃発。

一九四三（昭一八）年　『基督信徒之友』用紙の配給が止まり、第一一四号をもって終刊。宗次郎　裏庭に大きな防空壕を掘って本棚を設置。家財とともに『内村鑑三全集』を運び入れる。

一九四四（昭一九）年　八月、佳與子、集団疎開で長野県真田村に出発。一一月創能子、松阪廣一と結婚。空襲が激しくなる。

一九四五（昭二〇）年　二月、内村静子夫人、疎開先で永眠。三月一〇日東京大空襲。一五日、高射砲の破片が成宗の家の大屋根に落ち、穴を修理。信仰の友大賀一郎博士宅も燃える。

三月、埼玉県越生《おごせ》に疎開先が見つかり、家族は次々荷物とともに移り住む。宗次郎は、内村全集を守るため、東京にふみとどまる。茂夫、家財運搬の帰途、米軍艦載機の機銃掃射を受けるが、無事帰宅。八月終戦の詔勅のラジオ放送。一〇月から一一月にかけ、家族が次々疎開先から帰宅。再会を喜ぶ。

成宗の庭にて（1962年）。

一九四六（昭二一）年　松阪に長曽孫女郁子《いくこ》生まれる。

一九四八（昭二三）年　信仰の友照井真臣乳永眠。葬儀司式のため花巻へ。

一九五〇（昭二五）年　松阪に曽孫女真希子《まきこ》生まれる。

一九五一（昭二六）年　郵政大臣室で、内村鑑三記念切手発行記念贈呈式があり、宗次郎陪席。

一九五二（昭二七）年　黎子、山本泰次郎と結婚。

一九五三（昭二八）年　山本に曽孫女祐子《ゆうこ》生まれる。頌々子、渡辺忠雄と結婚。八月三一日「聴講五年」の浄書を完了。

一九五四（昭二九）年　渡辺に曽孫守雄《もりお》生まれる。

一九五七（昭三二）年　『花巻非戦論事件における内村鑑三先生の教訓』をクリスチャン・ホーム社から出版。口絵参。

一九六〇（昭三五）年　眞生子、田村明と結婚。

一九六一（昭三六）年　佳與子、児玉実英と結婚。

一九六三（昭三八）年　児玉に曽孫実夫《まさお》生まれる。

一九六四（昭三九）年　『ある日の内村鑑三先生』を教文館から出版。宗次郎米寿、仁志喜寿、茂夫、多祈、金婚の感謝祝賀会を一族二〇人が集まって開く。口絵参。

一九六六（昭四一）年　児玉に曽孫実史《まさふみ》生まれる。

一九六八（昭四三）年　一月二日、宗次郎無熱性肺炎のため九二才で永眠。小平霊園四一区一般一〇側七番、「甦りの朝を望みて」と刻まれた墓石の下に眠る。

あとがき

内村鑑三の最晩年、一九二六年から三〇年までの五年間、斎藤宗次郎は、柏木聖書講堂や内村邸などで、「先生」に極めて近く接していた。一九二七年二月四日の「随順日記」によると、彼が内村邸を訪ねたおり、八帖の居間に通され、「予は炬燵《こたつ》から三尺ばかり離れて坐した」。すると、内村から「毎日一度づつ来て呉れ給へ。私が丈夫で居る間にナニカニ手傳って覚えて居て貰わねばならぬことがある」といわれた。さすがに毎日はむりだったが、しばしば彼は柏木を訪れるようにして、内村の手伝いをした。

また同年二月一一日の日記には、「君忙しくなければ、私と一緒に九段まで行って呉れぬか」といわれ、『ザ・ジャパン・クリスチャン・インテリジェンサー』の事務所まで同行している。その道すがら、またその他多くの旅行に同道する間、彼はいろいろ内村から話を聞き、書き残している。

「聴講五年」の特徴

本書は、斎藤宗次郎がつぶさに書きつづった日記と、彼の記憶をもとに、内村の公私にわたる言行の粋と彼が思った部分を集めたものである。しかし本書は、内村だけの話や講演の要約ではない。柏木聖書講堂や日本青年館その他の集会で、塚本虎二、畔上賢造、石原兵永、少しのちには藤本武平二、内村祐之、大島正健、宮部金吾、南原繁、など、そして自分自身が語ったことばが要約されている。壇上からの話だけではない。内村邸や「預言寺」などで語られた鈴木俊郎、田村次郎、西岡虎造、山田鉄道、山本泰次郎、政池仁、藤本重太郎、それに静子夫人や美代子夫人、髙橋菊江さん、藤澤音吉君、美樹さん、などの話もみごとに要約されている。

しかし本書の特徴は、たんなる「要約」ではないことである。全篇をとおして、そこに美しい信仰共同体の姿が浮かび上がってくるように書かれていることである。聖書や信仰の話、祈り、そして食卓への招きや連絡事項が書きつづられていく中で、若いときに比べ穏やかになった内村を中心に、清らかな交わりにもとづく一つの「エクレシア」

が、自然な形で描き出されていくのである。

「嗚呼美わしき此の集合《あつまり》、栄光《さかえ》の天国《みくに》に居る乎と思えり」これは一九〇三年に内村が書いた「陸中花巻の一二月二〇日」という詩の一節からとったものであるが、まさにこのときと同じような「栄光の天国」に浸る気持ちを抱いて、宗次郎は柏木で五年間を過ごしたのであろう。

本書成立の背景

時間は少しさかのぼる。斎藤宗次郎は、五十年住みなれた郷里花巻を去り、東京に移るにあたって、次のようなことを書いている。自分は、娘多祈と夫茂夫が結婚まもなく東京に新居をかまえたので、東京で彼らといっしょに住むことにしたというのは、第二の目的であった。第一の目的は、内村の近くで内村にできるだけ接し、自らの「信仰を深めるため」だと記している。

内村はそのことを察し、

君が東京の柏木近くに移り来て其晩年を一緒に送るようになったことを喜ぶ

君若し事情が許すならば、今より聖書研究社の名誉社員になって事務を見たり相談に預ったりして貰ひたい。然し責任は負はせない積りだ

傳道に出張する時一緒に行って貰ふこともあらう。聴衆のうちに一人の同志が居るといふことは大なる助けとなる（「随順日記」一九二六年下、九月二三日）

と告げた。このことばを聞いた宗次郎は、感激し、内心欣喜雀躍だったにちがいない。「微力ながら尽力いたしたい」と答えている。そして「此日の恩師の会見ハ余の生涯に取って重大なるものになることを知る」と書きそえている。

実際宗次郎は、その後内村の近くにはべり、出版物の封入、発送、出張の同行、ほか、自ら進んで屋内外の清掃もした。また「会場整理係」も仰せつかり、いすの配置、花活け、扉の開閉、入口での会員証の確認、新入会希望者の面接などもした。禅寺で生まれ育った宗次郎は、そのような「作務《さむ》」が信仰を深める道だと信じていたのではないかと思われる。

このころ内村鑑三は六六才、斎藤宗次郎は五十才だった。内村は当時の常識的な停年の年齢を過ぎていた。そろそろ健康に不安を感じていた。そしてなにかと心細く、信頼のおける「同志」にほんの少し頼りたい気持ちがあったのかもしれない。内村と宗次郎は若いころ、ともに迫害を受けたり、幼い娘を失ったり、妻がいなくなったり、似た経

1926年、杉並町成宗に、茂夫の設計で建てられた新居。

験を共有し、読書好き、旅好きで、互いに共感しあうところが多かった上に、師弟愛と信頼感とそして信仰とで、固く結ばれたもののように思える。内村は、若いころの「突進的」な「激情型」の姿がうすれ、「とげとげしいヨナタン」から穏やかなヨナタンに変っていた（山折哲雄「内村鑑三における『闘争』」参）。また宗次郎も、花巻非戦論事件いらい二〇年の霜月を経て、柔和な敬愛される好々爺になっていた。しかし内村は、毎日曜日の集会では、相変わらず力強いメッセージを送り続け、ときに五〇〇人を超える聴衆にたいし、心に沁み入るようなオーラを送り出していた。そして宗次郎は、その霊気を全身に浴びていた。「聴講五年」には、このような背景は、書かれていないが、実は極めて張り詰めた気持ちをもって本書はまとめられたのである。そしてその情況が本書執筆にあたって宗次郎のとったスタンスをしっかり定めたのだと思われる。

エクレシアのとび地

宗次郎は、杉並に建てられた新しい家を、たんなる家でなく、理想的な家庭を容れるうつわにしたいと思っていたふしがある。内村鑑三は「家庭の建設」の中で、「世に欲しきものとして、幸福なる家庭《ホーム》のごときはありません。これは地上の楽園であります」とした上で次のように述べている。

> 家庭とは家屋のことではありません。もちろん家庭をつくるには家屋は必要であります。……家庭は精神であります。……家族は肉体でありまして、家庭は霊魂であります。……家庭とは、神より愛を受けた者が、その愛を相互に交換する所であります。これは其れ故に、教会(真の)一種であります(『聖書之研究』一九〇三年四―六月)。

ちょうどそのころ宗次郎は熱心に『聖書之研究』を購読していたので、当然この一文にも接していたと思われる。またこのころ、宗次郎は長女愛子が二才になり、暖かい家庭を築こうとしていたときだったので、この内村のことばは宗次郎の胸に深く刻みこまれたことだろう。しかしその後すぐ愛子が死に、続いて妻スエも死んでしまった。仕事も忙しさを増し、親族間の問題もあり、残された次女多祈がいたとはいえ、また仁志と再婚したとはいえ、ホーム建設の夢は束の間、四年後に多祈は内村のすすめで東京の女子学院に入学、寮生活をすることになってしまった。暖かいホーム建設が期待できるようになるのは、一九二六年宗次郎が、花巻から東京に移り、杉並の家で、妻と娘に加え、婿茂夫、孫黎子、頌々子などと同居することになってからである。

そこで宗次郎は、家族たちの間に、内村のいう「自由」を互いに認めあいながら、「愛」をもって結ばれ、その上で、彼らの心の中に信仰の灯火がともされることを望んでいたにちがいない。彼は内村にご来駕を乞い、杉並の家でともに祈りを捧げる機会をつくろうとし、少なくとも四回、師の訪問を受けている。宗次郎はそのような折、恩師の座った応接間の椅子を大切にし、自分もしばしばそこに家長として座った。宗次郎は自分の家庭が柏木のエクレシアの小さなとび地になることを望んでいたのだろう。

「孤独なヨナタン」から「赦しのヨナタン」へ

内村鑑三は、最晩年、静子夫人や長男夫妻に囲まれ、幼い孫を愛し、穏やかな家庭に恵まれていたと思われる。

　乳母車笑むおさなごのあと押して
　　あたる都の朝のすず風

の一首を残している（三谷民子「歌の文通」）。

しかし他方、弟子たちに去られたり、短気をおこしたり、わびしく淋しい数年でもあった。小山内薫の「背教」や、塚本虎二との奇妙な行きちがいなどは、すでに多く語られているので、また宗次郎もあまり触れようとしないので、ここでは省略したい。ただ、内村は、弟子たちに独立を説きながら、皮肉にも淋しい思いをして苦笑していたらしいことは、宗次郎の記録から読みとれる。それはまた、三谷民子あての「文通」にも現れている。

　甘過ぎて人を誤る羊羹は
　　柏木の師に好くも似たる哉

彼は晩年、弱音を吐かないが淋しい「孤独なヨナタン」になっていた。

しかし本書の圧巻は、なんといっても内村の死の前、約一か月の凄絶かつ詳細な記録である。一九三〇年二月一六日、病める内村の意を体した静子夫人から、宗次郎に「お手伝いに来て頂きたい」と依頼された（本文五七二頁）。次の週、内村は宗次郎を呼び「例の化合酸素を吸入して見たい」ので、探し求めるよう依頼する。「化合酸素」とは、宗次郎が三〇年近く前、花巻で吐血したとき、内村のすすめでその吸入を試み、結果、結核が完治した「オゾン」のことである。二月二四日、宗次郎がオゾンを見つけ、その吸入の準備をととのえ、「将に使用に移らんとせらるるや、先生は余に向って、君先ず祈禱して呉れいと命ぜられ」、切なる祈禱を捧げて吸入開始。既定にしたがって、「僅か二分間継続」しただけだったが、「大変気分が好い」と床に憩われたという（同五九四—九五頁）。

三月七日、「夫人に代りて恩師の枕頭に一夜を看守るの任を受け、喜びと感激を以て之に応じた」が、その夜、内村は

君を散々叱って居りながら、今度は此大事の場合に君に看護して貰うとは、とて涙を流された（同六一八頁）

という。

三月二五日以後は、「分」きざみの記録になる。三月二六日、宗次郎は午前三時から五時まで二時間しか睡眠がとれなかった。一〇時四〇分藤本武平二来診。内村は「サイトウ君用が無ければ君も向こうに行って居て呉れい」と気をつかった。すると一一時、突然叫び声が聞こえた。

日本国萬歳　福音萬歳　凡ては大勝利　我等の為には凡てが善しである

これは内村の死の前々日のことである。いよいよ前日の三月二七日午前一〇時半、病室に祐之が呼ばれる。「父子只二人にて懇談、即ち所謂遺言であろう」と宗次郎は察した。午後二時五分、内村は独りで賛美歌をうたいはじめ、「皆歌えよと言われしも、余は涙に咽んで声がよく出なかった」という。午後一〇時から一一時、苦痛をおぼえながら藤本武平二を呼び、

心を悩まして居った山田鉄道も赦す
塚本君も赦す　藤本重太郎君も赦す
其代り僕もキリストに在って罪を赦して貰う（六六〇頁）

と語った。あれほど執拗に遠ざけようとしていた弟子たちを、一方的ではあるが「赦す」と宣言し、神にも自分の罪の赦しを願い、和解を望むのである。

三月二八日午前三時五〇分、「苦しいと言われ注射」。宗次郎は講堂の椅子で二時間仮眠していたが、午前四時、六帖の間に座して祈りを捧げた。五時一七分、呼吸九、五時二〇分、呼吸九、と呼吸を数えはじめるうち、六時二〇分、内村祐之博士は「臨終近きに似たり」と告げ、宗次郎は「師の枕頭に座して」また祈った。「刻一刻臨終に近附き行く……荘厳なる時間」がいつまでも続くように思えたが、（『二荊自叙伝』二五巻四六頁）やがて午前八時五一分、内村は「最後の息を神の大能の聖手に捧げらる」（本文六六三頁）のであった。

謝辞

本書の出版にあたり、多くの方々のお世話になったが、まず高木謙次氏に感謝申し上げたい。氏は宗次郎の書き残した多くの記録類の中で、この「聴講五年」と、「内村鑑三先生之足跡」は出版の価値がある、と、出版の準備をはじめておられた。なんでも、山本泰次郎さんも、かつてそういっておられたし、自分もそう思う、とのことだった。しかし諸般の事情で、手をひかれたが、氏には貴重な先鞭をつけていただいたことになる。

その後しばらくこの計画は放置されていたが、そのうち今井館の福島穆《あつし》氏や関西学院大学の岩野祐介氏などから助言をいただき、姉の田村眞生子、当時存命中の亡妻佳與子と相談、前向きで考え、岩野氏と私で編集し、斎藤宗次郎没後五〇年を記念して、このような形で出版する運びになった。

山折哲雄先生からは、機会あるごとにお励ましをいただき、また宗次郎と宮沢賢治、内村鑑三とのかかわりについて、種々ご教示いただいた。

大槻忍氏には、花巻を中心に、宗次郎が残した足あとを現地で案内していただいた。その上花巻市博物館も紹介していただき、わが家に眠っていた宗次郎の手稿未出版資料、とりわけ膨大な「吾家の日記」と続編「随順日記」、それに宗次郎愛用の、内村鑑三も座ったという椅子などを受け入れていただくことに尽力していただいた。なお随順、とは「聖旨に随順」の意味である（「二荊自叙伝」一九巻四六三頁参）。おかげで私も大急ぎでそれらに触れたり目を通したりして、過去を肌で感じることができたわけである。この件については、山折先生も花巻市長の上田東一氏をとおし、また花巻市博物館館長の高橋信雄氏をとおして、すすめてくださっていて、感謝している。同館学芸員の皆さん、とりわけ小原伸博氏にも大変お世話になった。

花巻や北上では、東光寺の清水《しみず》孝雄氏、清水《きよみず》寺の清水《しみず》光文氏、藤巻本家の斎藤洋子氏などが取材に応じて下さり、地元での宗次郎にかかわる話をいろいろ聞かせてもらった。

宗次郎の曽孫に当たる猪股祐子、渡辺守雄、山下郁子、徳田真希子の皆さん、それに児玉実夫《まさお》、児玉実史《まさふみ》からは、この出版に関し快く賛意をえ、とくに猪股祐子さんにはパソコンに打ちこむ作業や校正などを引き受けてもらい、それに本書の装丁にもかかわってもらい、大変ありがたかった。

本書が出版可能になったのは、財政的援助を惜しまなかった田村眞生子に負うところが多い。感謝のほかない。

今井館の福島穆氏、荒井克浩氏には、資料に関しいろいろ便宜をはかっていただいた。とりわけ「聴講五年」の原文を借り出す件でお世話になった。

最後に、教文館出版部の髙木誠一氏には、本書のレイアウトやデザインからはじまり、編集全般にわたって大変お世話になった。

他にもいちいちお名前をあげなかったが、お世話になった方も多い。これらすべての方々に、この場を借りて、厚く御礼申し上げたい。ありがとうございました。

二〇一八年五月

児玉実英

執筆者紹介

監修　田村眞生子（たむら・まきこ）

一九三〇年六月、斎藤茂夫、多祈の四女として、東京に生まれる。

一九五一年、東京女子大学外国語科卒業。杉並区立高南中学校などで、英語を教える。

一九五〇年より、今井館での矢内原忠雄の日曜の聖書集会に出席、その関係で、一九六〇年三月、田村明と結婚。夫が都市プランナーとして、横浜市の戦後復興プラン（六大事業）等の計画立案に参画、実施するのを支えた。夫・明は、都市計画の実践と理論の両方を体現した日本ではじめての人といわれて居る。また世界一三〇か国余りを旅行してスライドを残した。

一九六五年、義母田村忠子より草月流「いけばな」を習いはじめ、その後本部家元より一級師範顧問を取得、自宅及び横浜地方裁判所その他で、二〇〇八年まで教える。

二〇〇四年秋より「あけび」句会にて、和田知子先生に俳句を学び、二〇〇七、〇八、〇九年、NHK全国俳句大会に入選。二〇一〇年、句文集『枝垂桜』（早蕨文庫）を上梓。

二〇一六年四月、五十三年間住んだ横浜（山下公園、菊名）より、静岡県東伊豆町に移住、今日に至る。

編集・注釈　岩野祐介（いわの・ゆうすけ）

一九七一年名古屋市生まれ。京都大学文学部卒、京都大学大学院文学研究科博士後期課程思想文化学専攻（キリスト教学）研究指導認定退学。同大学にて博士学位（文学）取得。

二〇〇八年より関西学院大学神学部助教。現在同教授。専門は日本キリスト教史、日本キリスト教思想史。

著書『無教会としての教会――内村鑑三における「個人・信仰共同体・社会」』（教文館、二〇一三年）、『自死と遺族とキリスト教――「断罪」から「慰め」へ、「禁止」から「予防」へ』（共著、新教出版社、二〇一五年）、『よくわかる宗教学』（共著、ミネルヴァ書房、二〇一五年）等。

編集　児玉実英（こだま・さねひで）

一九三二年京都生まれ。同志社大学文学部英文学科卒。米国アーモスト大学卒（ＢＡ、一九五八年）、ワシントン州立大学大学院修士課程修了（ＭＡ、一九五九年）。一九六一年斎藤佳與子と結婚。文学博士（同志社大学、一九八五年）。同志社女子大学名誉教授、元学長、米国チャタム大学名誉博士。

編著書　*American Poetry and Japanese Culture* (Shoe String Press. 1984)、*Ezra Pound and Japan: Letters and Essays* (Black Swan Books, 1987)、『アメリカのジャポニズム』（中公新書、一九九五年）、『石中火あり』（オリオン新書、二〇〇〇年）、『アメリカの詩』（英宝社、二〇〇五年）他。

没後50年記念
復刻　聴講五年——晩年の内村鑑三に接して

2018年8月8日　初版発行

著　者　斎藤宗次郎
監修者　田村眞生子
編　者　児玉実英・岩野祐介
発行者　渡部　満
発行所　株式会社　教文館
〒104-0061 東京都中央区銀座4-5-1 電話 03(3561)5549 FAX 03(5250)5107
URL　http://www.kyobunkwan.co.jp/publishing/
印刷所　株式会社　平河工業社

配給元　日キ販　〒162-0814　東京都新宿区新小川町9-1
電話 03(3260)5670　FAX 03(3260)5637

ISBN978-4-7642-9978-8

©2018　　落丁・乱丁本はお取り替えいたします。　　Printed in Japan